财经
法治

9

财税法学前沿问题研究

财税法理论创新与深化财税体制改革

中国法学会财税法学研究会／主办
刘剑文／主编

财税

CAISHUIFAXUE
QIANYANWENTI
YANJIU

CAISHUIFA LILUN
CHUANGXIN YU SHENHUA
CAISHUI TIZHI GAIGE

法律出版社
LAW PRESS·CHINA
北京

图书在版编目(CIP)数据

财税法学前沿问题研究. 9, 财税法理论创新与深化财税体制改革 / 刘剑文主编. -- 北京 : 法律出版社, 2021

ISBN 978-7-5197-4425-0

Ⅰ. ①财… Ⅱ. ①刘… Ⅲ. ①财政法－法的理论－研究－中国②税法－法的理论－研究－中国 Ⅳ. ①D922.201

中国版本图书馆 CIP 数据核字(2020)第 272320 号

财税法学前沿问题研究 9:财税法理论创新与深化财税体制改革
CAISHUI FAXUE QIANYAN WENTI YANJIU 9: CAISHUIFA LILUN CHUANGXIN YU SHENHUA CAISHUI TIZHI GAIGE

刘剑文 主编

策划编辑 沈小英
责任编辑 沈小英 毛镜澄
装帧设计 汪奇峰

出版发行 法律出版社
编辑统筹 法治与经济出版分社
责任校对 周合芝 周诗湄 李景美
责任印制 吕亚莉
经　　销 新华书店

开本 710 毫米×1000 毫米 1/16
印张 25.5 **字数** 550 千
版本 2021 年 11 月第 1 版
印次 2021 年 11 月第 1 次印刷
印刷 北京虎彩文化传播有限公司

地址:北京市丰台区莲花池西里 7 号(100073)
网址:www.lawpress.com.cn
投稿邮箱:info@lawpress.com.cn
举报盗版邮箱:jbwq@lawpress.com.cn

销售电话:010-83938349
客服电话:010-83938350
咨询电话:010-63939796

书号:ISBN 978-7-5197-4425-0
定价:156.00 元

序　　言

2018 年 10 月 20～21 日，中国法学会财税法学研究会主办、常州大学史良法学院、常州大学中国财税法治战略研究院承办的中国法学会财税法学研究会 2018 年年会暨第 29 届海峡两岸财税法学术研讨会在中国常州隆重召开。本次年会的主题为“改革开放四十周年中国财税法发展的回顾与前瞻”。

年会共有来自北京大学、中国人民大学、武汉大学、厦门大学、中国政法大学、中南财经政法大学、西南政法大学、中央财经大学、华东政法大学、台湾大学、东吴大学等高校和科研机构、法律实务部门、期刊出版机构近 300 名财税法学专家学者和实务工作者参加会议。时任常州大学校长陈群，中国法学会研究部巡视员李存捧，国家税务总局江苏省税务局副局长姜跃生，国家税务总局原副局长、中国国际税收研究会副会长张志勇，东吴大学法学院客座教授、中国台湾地区税法学会理事长葛克昌，中国法学会财税法学研究会会长刘剑文教授出席会议并在开幕式致辞。

与会专家学者围绕“四十年来财税法治实践的成就与不足”“四十年来财税法理论研究的回顾与总结”“国际税法专题”“财税法实务问题”等议题展开激烈讨论，碰撞出思想的火花。

本次年会共收到论文 160 余篇，经会长会议研究决定，一如既往遴选出版优秀论文。最终编入本书出版的有 44 篇论文，分为“40 年来财税法理论研究的回顾与总结”“40 年来财税法治实践的成就与不足”“全面落实税收法定与深化财税体制改革”“国地税机构合并与财税征管的制度完善”“中国台湾地区学者专论”栏目。

本书由中国法学会财税法学研究会副会长、中国人民大学法学院教授朱大旗统筹编辑工作，中国法学会财税法学研究会常务副秘书长、中国政法大学民商经济法学院副教授翟继光具体负责统稿、修改等编辑工作，北京大学中国教育财政科学研究所副所长魏建国、中南财经政法大学法学院副教授侯卓、首都经济贸易大学法学院讲师胡翔，以及法律出版社沈小英编审、陈妮副编审和毛镜澄编辑等为本书的编辑做了大量工作，特此说明并表示感谢。

希望本书的出版能够进一步扩大中国财税法学研究成果的影响力，继续发挥“理论改变社会，思想构筑未来”的作用，助推中国财税法治事业的进步。

中国法学会财税法学研究会

2021 年 11 月 8 日

目　　录

第一篇　40年来财税法理论研究的回顾与总结

第二篇　40年来财税法治实践的成就与不足

第三篇 全面落实税收法定与深化财税体制改革

第四篇 国地税机构合并与财税征管的制度完善

第五篇　中国台湾地区学者专论

第一篇　40 年来财税法理论研究的回顾与总结

迈向繁荣成熟的财税法:40 年的回顾与前瞻*

施正文**

2018 年是我国实行改革开放 40 周年,也是我国现代意义上财税法的孕育、发展和走向成熟的 40 年。站在新的历史节点,为温故而知新,确有必要对财税法的理论发展、制度实践进行回顾、总结和前瞻,以进一步推动新时代财税法的繁荣发展,更好地发挥财政在国家治理中的基础和重要支柱作用。

一、改革开放 40 年财税法发展的阶段划分

(一)孕育建立阶段(1978 ~ 1993 年)

改革开放之前,由于实行计划经济和民主法制的缺失,税收几乎没有生存空间,税法更是无从谈起。但是,1978 年 12 月 28 日召开的党的十一届三中全会拉开了我国波澜壮阔的改革开放的序幕,也催生了现代意义上财税法的诞生。本阶段的标志性制度建设,一是与探索市场取向的经济体制改革进程相适应,财税改革遵循"减税让利"的原则,首先从改革财政体制开始,自 1980 年 2 月 1 日起分三步推行了"划分收支、分级包干"的财政包干体制。二是为适应对外开放和引进外资的需要,1980 年 9 月 10 日第五届全国人大第三次会议通过了《个人所得税法》和《中外合资经营企业所得税法》,1981 年又制定了《外国企业所得税法》,这 3 部税法的颁布初步建立了涉外税法,并且于 1991 年将上述两部涉外企业所得税法合并为统一的《外商投资企业和外国企业所得税法》。三是以"两步利改税"为中心,实施了 1984 年的税制改革。1984 年 9 月 18 日国务院发布了 6 个税收条例(草案):《产品税条例(草案)》《增值税条例(草案)》《盐税条例(草案)》《营业税条例(草案)》《资源税条例(草案)》《国营企业所得税条例(草案)》,突破了此前几十年统收统支体制的格局和对国营企业不能征收所得税的禁区。四是 1986 年 4 月 21 日国务院颁布了《税收征收管理暂行条例》,初步建立了统一的税收征管制度,并于 1992 年 9 月 4 日由全国人大常委会通过了《税收征收管理法》,实现了税收程序制度的法律化。五

---

* 本文原载《税务研究》2018 年第 10 期。

** 中国政法大学民商经济法学院教授、博士研究生导师,中国政法大学财税法研究中心主任,中国财税法学研究会副会长。

是1983年9月6日中日税收协定正式签订,这是我国签订的第一个双边税收协定。六是1987年通过了《海关法》,设专章对关税基本制度进行了规定。七是1991年10月21日国务院颁布了《国家预算管理条例》,预算制度开始走向规范化。

与此同时,学术界也开始了财税法学理论研究。首先,翻译借鉴外国财税法教材,比较重要的有《苏联财政法》(李建英编译,中国财政经济出版社1985年版)、《日本税法原理》(金子宏著,刘多田等译,中国财政经济出版社1989年版),后者对我国税法研究产生了重要影响。其次,出版了一批初步探讨财税法问题的教材,其中最有代表性的是刘隆亨教授主编的《中国税法概论》(北京大学出版社1986年版),该书被认为是中国税法学形成的标志。此外还有罗玉珍主编的《财政法教程》(法律出版社1986年版)、高尔森主编的《国际税法》(法律出版社1988年版)。最后,发表了少量税法学术论文,特别是谢怀栻教授发表的《西方国家税法中的几个基本原则》,① 第一次较系统地介绍了发达国家税法的基本原则,对于我国税法基础理论研究具有破冰意义。

本阶段肇始于1978年党的十一届三中全会至1994年推行市场经济体制税制改革之前,经过15年的孕育探索,建立了与从计划经济向市场经济过渡相适应的财政包干体制、税制体系、预算管理制度,出版了对税法理论问题进行初步研究的若干教材,新兴的财税法在我国得以正式建立。

(二)创新发展阶段(1994～2013年)

1993年11月党的十四届三中全会通过了《关于建立社会主义市场经济体制若干问题的决定》,正式确立了市场经济体制的改革目标;1997年9月党的十五大明确提出了"依法治国,建设社会主义法治国家"的治国方略,并于1999年载入《宪法》,从而开启了我国社会主义市场经济财税改革和财税法治建设的征程。本阶段的标志性制度建设,一是国务院颁布了《关于实行分税制财政管理体制的决定》,自1994年1月1日实施,从此我国正式实行分税制财政体制。二是自1994年1月1日实施了具有里程碑意义的新税制改革,② 包括全面改革商品劳务税、统一内资企业所得税和统一个人所得税等,从而基本奠定了延续至今的市场经济体制下的税制体系。三是1995年1月1日我国首部《预算法》正式实施,自此预算管理迈上法治化轨道。四是2000年3月通过的《立法法》确立了财政、税收的基本制度只能制定法律的财税法定原则。五是2001年对《税收征收管理法》进行了大幅修订,强化了税务机关的执法手段,注重保护纳税人权利。六是2001年12月11日我国正式成为WTO成员,以降低关税税率为中心的关税和进出口税收制度改革取得重要突破。七是2002年制定了《政府采购法》,彰显财政资金使用的法治化。

① 该论文刊载于刘隆亨主编:《以法治税简论》,北京大学出版社1989年版。

② 1993年,国务院集中发布了《增值税暂行条例》(1993年12月13日)、《消费税暂行条例》(1993年12月13日)、《营业税暂行条例》(1993年11月26日)、《企业所得税暂行条例》(1993年11月26日)、《土地增值税暂行条例》(1993年11月26日)和《资源税暂行条例》(1993年11月26日)6部税收行政法规。

八是 2004 年 7 月启动了增值税由"生产型"向"消费型"的转型试点改革，并于 2009 年在全国实施。九是 2005 年 9 月 27 日全国人大常委会举行个人所得税法修订听证会，听取社会公众对基本费用扣除标准（起征点）的意见。十是 2007 年通过《政府信息公开条例》，开始推行预算公开。十一是自 2006 年 1 月 1 日起废止《农业税条例》，我国延续了 2600 年的农业税退出历史舞台。十二是《企业所得税法》自 2008 年 1 月 1 日起施行，实现了内外资企业所得税制的统一。十三是 2011 年 11 月 28 日上海、重庆开展房产税试点改革，地方税改革迈出实质性步伐。十四是 2012 年 1 月 1 日在上海试点实施"营改增"，增值税改革进入扩围阶段。

与本阶段财税实践呈现的制度创新相适应，财税法理论研究硕果累累：一是将重点聚焦在财税法基础理论方面：高度重视以税收法定原则为中心的税法基本原则研究；可税性和税收要素研究；税权划分和财政体制法研究；以税收债务关系为中心的税收法律关系研究；以财政立宪、预算民主为中心的财政法基础理论研究；纳税人权利保护研究；税法解释研究等。财税法基础理论研究成果集中反映在刘剑文所著《财税法专题研究》（北京大学出版社）、张守文所著《财税法疏议》（北京大学出版社）等著作中。二是重视对税制改革与税收实体法的研究，对增值税、消费税、营业税、企业所得税、个人所得税等税种改革和立法进行专题研究。三是重视对税收程序法研究，其特点是紧密结合税收征管法修订、税收征管改革和税收执法实践，如施正文所著《税收程序法研究》（北京大学出版社）。四是重视对财政法的研究，对预算法、监督法、政府采购法、财政转移支付制度等进行了深入研究，如熊伟所著《财政法基本问题》（北京大学出版社）。五是重视对国际税法的研究，重点是围绕税收协定中有关征税权分配等法律问题，如廖益新主编《国际税法学》（北京大学出版社）。

本阶段是我国财税法建立之后持续发展的 20 年。按照发展市场经济和推行依法治国的要求，财税法学者聚精会神、勇于创新，积极借鉴国际经验，对财税法基础理论、财税基本制度、财税法实务问题等进行了系统、深度研究，产生了一大批学术成果，有力推动了财税改革和财税立法，财税法学科自身也获得了长足进步，成为法学园地中的"显学"。

（三）繁荣成熟阶段（2013 年以后）

2013 年 11 月 12 日党的十八届三中全会通过的《关于全面深化改革若干重大问题的决定》，对我国全面深化改革作出了顶层设计和全面部署，提出"财政是国家治理的基础和重要支柱""建立现代财政制度""落实税收法定原则"，我国财税法开始向繁荣成熟的现代财税法迈进。① 本阶段的标志性制度建设，一是 2014 年 6 月 30 日中央政治局审议通过了《深化财税体制改革总体方案》，对深化财税体制改革的意义、基本思路、原则、重

① 2013 年 12 月 26 日国家税务总局局长王军在全国税务工作会议上提出，到 2020 年基本实现税收现代化的目标，其内容是"逐步建立完备规范的税法体系、成熟定型的税制体系、优质便捷的服务体系、科学严密的征管体系、稳固强大的信息体系、高效清廉的组织体系"。

点工作和任务进行了全面部署。二是2014年8月31日《预算法》修订通过,全面规范、公开透明的现代预算制度初步建立。三是2015年3月15日《立法法》修订通过,对税收法定原则进行了明确和细化。四是2015年3月中央审议通过了《贯彻落实税收法定原则的实施意见》,对2020年前完成相关税收立法作出了安排。五是2016年5月1日全面实施"营改增",实现了货物和服务税制的统一。六是2016年12月25日通过了《环境保护税法》、2017年12月27日通过了《烟叶税法》和《船舶吨税法》,落实税收法定原则进展顺利。七是2017年5月5日国家税务总局发布《涉税专业服务监管办法(试行)》,统一、开放、规范的现代涉税专业服务市场基本建立。八是自2018年3月起改革国税地税征管体制,将省级和省级以下国税地税机构合并,实行以国家税务总局为主与省(区、市)人民政府双重领导的管理体制。九是2018年8月31日第十三届全国人大常委会第五次会议通过了《关于修改〈中华人民共和国个人所得税法〉的决定》,建立综合与分类相结合的个人所得税制取得实质性突破。

本阶段的理论研究成果表现在,一是经过此前长达35年的孕育探索和创新发展,财税法学界提出了具有丰富内涵的"公共财产法""领域法学""理财治国观""财税债务关系说"等理论,财税法形成了具有自身特质的理论学说。二是出版发表了一大批高质量的财税法著作、论文等。三是2018年4月10日教育部发布《普通高校法学本科专业教学质量标准》,财税法学列入法学专业核心课程,极大地促进了财税法学教育、人才培养和理论研究。

"九州生气恃风雷"。40年的改革开放,全面改变了中国,深刻影响了世界,也使新兴的财税法经历了15年孕育建立、25年创新发展和5年初步繁荣成熟的演进历程。进入"四十而不惑"之年的财税法,在新时代必将进一步焕发活力,阔步迈向繁荣成熟。

二、改革开放40年财税法主要制度建设和理论研究评述

(一)实行分税制财政管理体制,理顺政府间的财政关系

财税体制在整个财税制度体系中具有支柱性的地位,也始终是我国财税改革的重点。为了彻底改革计划经济下的统收统支财政体制,1994年我国正式实施与市场经济和现代法治相适应的分税制财政管理体制:划分中央政府与地方政府的事权和支出;按照事权与财权相结合的原则,按税种划分中央与地方的收入,将税种统一划分为中央税、地方税和中央地方共享税,分设中央与地方两套税务机构分别征管;实行中央财政税收返还和转移支付制度;建立健全分级预算制度,从而初步建立了"分事、分税、分管"相结合的分税制。其后,我国继续对财税体制进行改革和调整,2002年开始推行所得税收入分享改革,所得税收入中央分享60%、地方分享40%。2013年党的十八届三中全会提出保持中央和地方财力格局总体稳定,根据税种属性,进一步理顺中央与地方收入划分,建立事权与支出责任相适应的制度。自2016年5月1日开始,在全面推开"营改增"试点后将中央与地方增值税收入的划分,由原来的75%:25%调整为五五分成。2016年8月24日国务院《关于推进中央与地方财政事权和支出责任划分改革的指导意见》(国发

〔2016〕49 号）、2018 年 1 月 27 日国务院办公厅《关于印发基本公共服务领域中央与地方共同财政事权和支出责任划分改革方案的通知》（国办发〔2018〕6 号），对事权和支出责任划分予以明确和细化。

可见，我国财税管理体制改革呈现这样的特点和问题：开始逐步重视对各级政府的事权划分，适度加强中央事权和支出责任；在税收划分上，继续坚持“税收立法权都要集中在中央”的原则，从“事权与财权相结合”转变为“事权与支出责任相适应”，中央地方的税收划分重在“分钱”而不是“分权”，① 共享税成为税收收入的主体，这与学术界倡导的重在“分权”存在很大差距；省以下分税制并没有真正建立，实际上是各种各样的分成制；税务征管机构经历了“统一——分设—重新统一”的过程，并实行以中央领导为主的集中征管体制；转移支付逐步规范，提高了一般性转移支付的规模；财政收支划分制度法治化程度低，主要以国务院规范性文件的形式规定，财政转移支付制度甚至连部门规章都没有，财税体制的权威性、稳定性和规范性不够，② 与党的十八届四中全会提出的“推进各级政府事权规范化、法律化”还有很大差距。

（二）推进财政改革，完善预算法律

1994 年实行分税制改革之前，财政改革主要是探索和推行财政包干体制。1994 年分税制从收入方面初步理顺了中央与地方之间的分配关系，其后财税改革的着重点转移到财政支出管理方面，主要是推行部门预算制度、政府采购制度、国库集中收付制度、政府收支分类制度等改革，以及为治理预算外资金和加强廉政建设而实行收支两条线管理。1998 年 12 月正式提出财政改革的目标是建立公共财政，以进一步明确政府和市场的关系，深化市场经济体制改革；至 2013 年党的十八届三中全会，提出建立现代财政制度，突显了财政改革的法治化方向。③ 实际上我国早在 1992 年就提出了依法理财，财政部门也一直在持续加强财政法制建设。

预算是财政的基石，民主和法治是预算的特质，预算法被各国誉为“经济宪法”和“宪法性法律”，因此预算改革的成效呼唤法律的规范和保障。我国在 1994 年通过了《预算法》，对预算管理职权、预算收支范围、预算编制、审批、执行、调整、决算、监督和法律责任等进行全面规范，预算活动开始走向规范化。随着此后预算体制改革的深入发展，除 2002 年通过的《政府采购法》将政府采购改革成果法律化外，其他预算改革亟须通过修改预算法予以确认。为此，我国自 2004 年启动了长达 10 年的预算法修改历程，于 2014 年 8 月 31 日通过了修订后的《预算法》。新预算法改变了宏观调控的传统思维，将建立现代预算体制作为立法的宗旨，强调预算的目的是“规范政府收支行为，强化预算约束”

---

① 参见高培勇、杨志勇：《推进政府间财政关系调整》，载《经济研究参考》2014 年第 22 期。

② 参见马海涛、李升：《对分税制改革的再认识》，载《税务研究》2014 年第 1 期。

③ 参见蒋悟真：《中国预算法实施的现实路径》，载《中国社会科学》2014 年第 9 期。

"建立健全全面规范、公开透明的预算制度"。[①] 其主要的体制创新有：实行全口径预算，编制一般公共预算、政府性基金预算、国有资本经营预算和社会保险基金预算；健全和扩大预算公开制度，提高预算透明度；实行规范、公平、公开的财政转移支付制度，以推进地区间基本公共服务均等化为主要目标；强化人大预算审批权力，审核预算的重点由平衡状态、赤字规模向支出预算和政策拓展；[②] 增强预算执行的规范性，开放和规范地方政府债务，健全以国库单一账户为核心的国库集中收付制度；强化预决算监督，严格预算法律责任制度。[③] 目前，全面实施的绩效管理正在成为预算管理的一个新重点。

我国财政和预算制度建设在取得积极成效的同时，也存在不少问题：缺乏财政法、财政转移支付法、政府投资法、政府债务法、财政资金支付条例等法律法规，财政基本制度有待法律化；一般公共预算规模小，与其他预算的衔接不够；转移支付科学性不强，难以实现公平性目标；预算公开不够细化，预算公开信息回应性不够；人大对预算编制的参与度低，审查和监督力度有待提高；预算调整范围窄，预算资金使用随意性大；政府债务管理不够严格，地方债务风险高；单一账户国库体系尚未真正建立，国库监督职能没有充分发挥等。

（三）深化税制改革，加强税收立法

1984 年的税制改革重在解决对国营企业的"利改税"，是向市场经济体制税制的过渡性改革。1994 年的税制改革则适应建立社会主义市场经济体制的要求，遵循"统一税法、公平税负、简化税制和合理分权"的原则，是我国历史上规模最大、时间最集中、影响深远的一次税制改革，其主要内容是推行以增值税为主体的流转税制度，对少数商品征收消费税，对大部分非商品经营继续征收营业税；统一内资企业所得税和个人所得税。此后进行的税制改革在时间上没有集中推行，而是按照 2003 年 10 月党的十六届三中全会提出的"分步实施税收制度改革"，遵循"简税制、宽税基、低税率、严征管"的原则。2013 年 10 月党的十八届三中全会则对未来税制改革提出新的要求，即"深化税收制度改革，完善地方税体系，逐步提高直接税比重"。综合来看，改革开放 40 年税改的着重点在以下几个方面：一是增值税改革始终是重点。2003 年改革出口退税机制；2004 年 7 月从东北开始试点消费型增值税"转型"改革，到 2009 年在全国实施，允许抵扣机器设备等固定资产进项税额；2012 年 1 月 1 日在上海市实施"1 +6"增值税"扩围"改革，2016 年 5 月 1 日推行全面"营改增"，转型改革也得以最终完成，营业税退出历史舞台；以后又进行了简化税率档次、降低税率水平等改革。二是消费税改革。按照发挥消费税调节功能的原

① 刁义俊：《新预算法与人大预算审查监督》，载《国家行政学院学报》2015 年第 4 期。

② 2018 年 3 月 6 日中共中央办公厅专门印发了《关于人大预算审查监督重点向支出预算和政策拓展的指导意见》。

③ 参见朱大旗、李帅：《法治视野下的司法预算模式建构》，载《中国社会科学》2016 年第 10 期；曹义孙：《必须启动问责机制》，载《人民政协报》2016 年 7 月 6 日，第 11 版。

则,对消费税的征税范围和税率进行了多次调整。2008年12月实施成品油价格和税费改革,取消养路费改征消费税;以后又对卷烟、成品油等税目的税率多次进行调整,取消和新增若干税目。未来改革方向是"调整消费税征收范围、环节、税率,把高耗能、高污染产品及部分高档消费品纳入征收范围"。三是企业所得税改革。改革的基本思想和轨迹是"统一税制,公平税负"。1991年将中外合资经营企业所得税、外国企业所得税合并为外商投资企业和外国企业所得税,实现了外资企业所得税的统一;1994年将国营企业所得税、集体企业所得税和私营企业所得税合并为一个统一的企业所得税,实现了内资企业所得税的统一。① 2008年将内外资企业所得税统一,适当降低了税率,取消了外资超国民待遇,减少了过多不合理的税收优惠,有力促进了市场公平竞争,具有里程碑意义。②此后,又多次扩大小微企业减半征税优惠范围,加大促进企业创新的优惠政策。四是个人所得税改革。1993年10月31日对《个人所得税法》进行了第一次修订,将原来主要适用于外籍个人的个人所得税和城乡个体工商业户所得税、个人收入调节税合并为统一的个人所得税;在改革的目标上,早在1996年就提出了"建立覆盖全部个人收入的分类与综合相结合的个人所得税制",但此后多次改革都主要是调整基本费用扣除标准(起征点),直到2018年8月第七次修订时,才推出从分类所得税向综合与分类相结合所得税制的关键性改革,将工资、薪金所得、劳务报酬所得、稿酬所得、特许权使用费所得等作为综合所得,按纳税年度合并计税;扩大部分税率级距;综合所得基本减除费用标准由每月3500元提高到5000元,设立子女教育支出、继续教育支出、大病医疗支出、住房贷款利息或者住房租金、赡养老人支出等专项附加扣除;增加反避税条款等。五是地方税改革。主要是通过税费结合改革的方式,整合和规范政府收入形式。自2011年开始推行资源税从价计征改革,到2016年7月1日全面推进资源税改革,清费立税,将水资源等其他自然资源纳入征税范围。推动环境保护费改税,2018年1月1日开征环境保护税,不再征收排污费,绿色税制建设取得标志性突破。2013年中央提出"条件具备时对不动产开征统一规范的物业税";为加强对房地产市场的调节,健全地方税体系,2011年11月28日上海、重庆开展对个人住房征收房产税试点;党的十八届三中全会明确提出"加快房地产税立法并适时推进改革"。

税收法定原则是我国自1954年制定首部《宪法》时就确定的一项法律原则。改革开放伊始,我国首先依据法律对外资企业和个人征税,于1980年、1981年分别制定了《中外合资经营企业所得税法》《个人所得税法》和《外国企业所得税法》。鉴于当时法制建设刚刚起步,对内资企业和个人则通过全国人大常委会授权立法的方式,仍然由国务院制定暂行条例进行征税。2007年3月16日通过了《企业所得税法》,2011年2月25日通过了《车船税法》。党的十八届三中全会提出"落实税收法定原则"后,我国税收立法提

① 参见刘佐:《新中国60年税制建设的简要回顾与展望》,载《经济研究参考》2009年第55期。

② 参见熊伟:《法治视野下清理规范税收优惠政策研究》,载《中国法学》2014年第6期。

速。2016 年 12 月 25 日通过了《环境保护税法》，2017 年 12 月 27 日通过了《烟叶税法》和《船舶吨税法》。为了完善税收法律体系，为制定单行税收法律法规提供依据，全国人大常委会曾经将税收基本法列入立法规划，财政部还起草了税收基本法草案，学者们就此也展开了广泛的研究。①

我国税制改革和税收立法取得了重大成绩，有效地发挥了税收功能。但税制结构仍有待优化，特别是直接税比重偏低，对收入差距的调节弱；税种定位不够科学，存在重复设置和交叉设置问题；法定税负偏高，影响了税法遵从和税制竞争力；地方税体系建设长期滞后，缺乏地方主体税种。②

（四）积极推进税收征管和税收司法改革，不断完善税收程序法律

在计划经济时期，我国征管模式长期实行的是专管员管户制度，即"一员进厂，各税统管"，"征、管、查"合一。改革开放后经历了征、管、查"两分离"或"三分离"的探索，到 1997 年 1 月 1 日国务院转发国家税务总局《深化税收征管改革的方案》，正式推行"以纳税申报和优化服务为基础，以计算机网络为依托，集中征收，重点稽查"的新征管模式，相应实施新的税收管理员制度。2008 年国家税务总局成立纳税服务司和大企业管理司，2011 年在全国开展税源专业化管理试点并启动了新一轮深化税收征管改革。至 2017 年 4 月 27 日国家税务总局发布《关于转变税收征管方式提高税收征管效能的指导意见》，提出"以推行纳税人自主申报纳税、提供优质便捷办税服务为前提，以分类分级管理为基础，以税收风险管理为导向，以现代信息技术为依托"的现代税收征管方式。以增值税发票管理为中心，自 1994 年开始实施的金税工程已经进入三期，目前已覆盖所有税种和全部税务工作。

1986 年首次提出依法治税，2001 年召开全国税务系统依法治税工作会议，特别是 2004 年国务院《关于印发全面推进依法行政实施纲要的通知》发布后，税收法制工作得到进一步加强，税收征管工作逐步走上依法行政的轨道。税收征管制度建设一直是我国税收程序立法的重点，1986 年《税收征收管理条例》颁布后，初步实现了税收征管制度的专门立法；1992 年通过《税收征收管理法》，基本实现了税收征管制度法律化。2011 年对税收征收管理法进行了较大幅度修改，主要是强化税务机关的执法手段，并明确提出保护纳税人权利。2009 年国家税务总局发布《关于纳税人权利义务的公告》，纳税人权利保护工作进一步推进。为了适应提高直接税比重的需要，2008 年新一轮《税收征收管理法》修订工作启动，并于 2013 年、2015 年两次将草案公开征求意见，重点是健全第三方涉税信息提供制度、建立税额确定制度，引入税收事先裁定、③ 税收利息制度，完善争议救济和法律责任制度等。1995 年国家税务总局制定《税务稽查工作规程》（2009 年进行了

① 参见涂龙力、王鸿貌：《税收基本法研究》，东北财经大学出版社 1998 年版，第 202 页。

② 参见汤贡亮：《完善我国地方税收法律制度的建议》，载《涉外税务》2007 年第 10 期。

③ 参见刘磊等：《事先裁定制度研究》，载《税务研究》2012 年第 9 期。

重要修改),特别是1992年《税收征收管理法》、1996年《行政处罚法》的制定,有效地保障了依法公正办理税务稽查案件。2010年2月10日国家税务总局发布的《税收规范性文件制定管理办法》,对于规范税务机关执法行为,从源头上治理红头文件起到了重要作用。1989年《行政诉讼法》、1990年《行政复议条例》、1999年《行政复议法》通过后,我国税务行政诉讼和行政复议制度正式建立。2004年国家税务总局发布了《税务行政复议规则(暂行)》(2015年进行了重要修改),2014年全国人大常委会对《行政诉讼法》进行了重大修改,税收救济制度进一步完善。税收救济制度对于及时解决税务争议,保护纳税人权利,监督和保障税务机关依法行政发挥了重要作用。1979年《刑法》首次规定了偷税罪,1997年《刑法》则专节规定了"危害税收征管罪",2002年最高人民法院《关于审理偷税抗税刑事案件具体应用法律若干问题的解释》,2009年《刑法修正案(七)》将偷税罪改为逃税罪,这些刑事法律和解释,对于打击偷逃税、虚开增值税专用发票等税收犯罪发挥了重要作用。

我国税收征管和行政执法存在的主要问题是:对自然人征管尚处于起步阶段,没有建立第三方涉税信息提供制度;纳税评估定位不清,亟待转型为以税额确定为中心的纳税评定制度;纳税服务质量不高,纳税人权利保护需要加强;税务稽查存在选择性执法问题,公信力和执法水平有待提升。《税收征收管理法》不适应新税制改革的需要,亟待修订完善。受"缴税前置"影响,税收司法尚未真正开放等。

(五)实现从"涉外税法"到"国际税法"的转型升级,国际税收法律体系不断健全完善

1980年、1981年通过的《中外合资经营企业所得税法》《个人所得税法》《外国企业所得税法》,是我国涉外税法建立的标志;自1983年9月6日中日税收协定正式签订后,我国逐步重视通过双边措施调整国际税收关系;1991年通过《外商投资企业和外国企业所得税法》、1992年国家税务总局发布《关联企业间业务往来税务管理实施办法》,自此我国转让定价税制基本建立。本阶段的涉外税法主要是对外资给予税收优惠,与改革开放初期以"引进来"为主的对外开放政策相适应。自2001年加入WTO后,我国对外资由实行超国民待遇转向国民待遇原则,对外开放政策也逐步重视"走出去",国际税收规则向国际通行规则转变,至2008年统一后的《企业所得税法》实施,实现了"涉外税法"向"国际税法"的转型。随着经济全球化和数字化的深度发展,为了应对日益泛滥的跨国逃避税行为,推进国际合作和全球治理,国际税收秩序面临新的挑战和变革。以2015年税基侵蚀和利润转移(BEPS)15项行动计划成果发布为标志,传统国际税收规则也迎来了自其形成近百年以来的首次重塑。与此同时,我国也加快构建开放型经济新体制,2013年提出实施"一带一路"倡议,2014年已成为资本净输出国,我国国际税法进入了升级版。

自2008年进入国际税法阶段后,我国国际税收法律体系不断健全和完善。一是税收协定网络不断扩大。截至2017年10月,已与107个国家和地区签订了税收协定、与117个国家和地区建立了双边税收合作法律机制,并制定了多部有关税收协定解释的文

件,为"一带一路"倡议的实施和跨境投资创造了良好的税收法律环境,维护了国家的税收利益。二是积极参与国际税收规则的制定。例如,全程参与了 BEPS 各项行动计划,与其他 G20 成员一道提出"利润应当在经济活动发生地和价值创造地征税"的观点;参与联合国税收协定范本修订工作,将"成本节约""市场溢价"等创新理念写入《联合国发展中国家转让定价手册》;参与《实施税收协定相关措施以防止税基侵蚀和利润转移的多边公约》的制订工作,并于 2017 年 6 月 7 日成为首批签署方。三是积极推动国际税收合作,加强非居民企业税收管理,打击国际逃避税。例如,2013 年签署《多边税收征管互助公约》,2016 年举办第十届税收征管论坛(FTA)大会,2014 年就《海外账户税收遵从法案》(FATCA)与美国签订政府间协议,2015 年签署《金融账户涉税信息自动交换多边主管当局间协议》,2018 年 7 月 1 日实施统一报告标准(CRS)。与此同时,国内法层面的反避税制度和非居民税收管理制度不断健全,例如,国家税务总局 2009 年发布《特别纳税调整实施办法(试行)》,2014 年发布《一般反避税管理办法(试行)》以落实 BEPS 行动计划,2017 年发布《特别纳税调查调整及相互协商程序管理办法》;2009 年发布《关于加强非居民企业股权转让所得企业所得税管理的通知》,2015 年发布《关于非居民企业间接转让财产企业所得税若干问题的公告》等;特别是 2018 年修订后的《个人所得税法》,新增加了反避税条款。四是坚持包容性发展理念,展现大国税务担当。例如,为发展中国家提供税收培训,与 OECD 合作在我国建立多边税务中心,帮助发展中国家提高税收征管能力。

我国国际税法存在的主要问题是:法律层级不高,国际法与国内法协调不够,国际税收政策未能及时调整和反映我国国际经济地位的变化,对于国际税收规则的参与和推动需要进一步提升等。

(六)持续推动理论创新,新兴的财税法学科逐步走向繁荣成熟

"时代是思想之母,实践是理论之源。"波澜壮阔的财税改革实践为财税法理论研究提供了丰富的问题和素材,而其所形成的理论成果又及时用于指导实践,并在实践中得到检验和完善。一是以税收法定原则为核心的税法基本原则研究,① 有效地推动了税制改革不断走上法治化路径,促进了税收法律体系的健全;② 而对量能课税原则的研究则强调了税法的公平价值,为提高直接税比重提供了理论依据。③ 二是为推进分税制改革,对事权、财权(税权)、④ 支出责任划分、转移支付理论等进行了研究,为财政法或政府间财政关系法的立法提供了理论支撑。三是为了建立新型的税收征纳关系,促进税务机关

① 参见徐孟洲:《论税法原则及其功能》,载《中国人民大学学报》2000 年第 5 期;周序中:《加强税收立法的思考》,载《法学杂志》1996 年第 5 期。

② 参见朱为群:《房地产税立法面临的八大问题》,载《中国财政》2015 年第 21 期。

③ 参见徐爱国:《税收的岁入与公平功能》,载《人民法院报》2010 年 7 月 9 日,第 7 版。

④ 参见张富强:《论税权的二元结构及其价值逻辑》,载《法学家》2011 年第 2 期。

树立服务理念，保护纳税人权利，在税收立法中更好地借鉴私法制度，开展了“税收债务关系说”、[①] 税收债法理论、[②] 税收要素理论、可税性理论、纳税人权利保护理论研究，促进了税法的私法化，最终推动了“公共财产法”理论的形成。四是为推动征管改革和征管法修订，对税收程序价值、税收程序范畴、税收程序制度等税收程序法进行了深入研究，促进了税务机关依法治税工作。五是为推动预算改革和预算法修订，开展了预算民主、预算法治、财政立宪等理论研究，推动了“理财治国观”理论的形成。六是为了揭示财税法独特的学科定位和研究方法，深入研究了财税法与经济法、行政法乃至财税经济学等学科的关系与区割，形成了“领域法学”理论，财税法核心课程也得以设立等。

我国财税法理论创新成果之集中体现，乃是形成于 2013 年前后以刘剑文教授为代表的财税法学者提出的“公共财产法”“财税债权债务关系说”“领域法学”“财税一体化”“理财治国观”，此“五位一体”学说构筑了财税法的基础理论，也是财税法学初步繁荣成熟的标志。[③]

“公共财产法”是从私人财产权与公共财产权的二元结构出发，强调国家依据其财政权通过税收等形式取得私人财产的正当性及其法律规制，强调由此形成的公共财产在分配、使用和监督中应当惠及全体公民和纳税人，以提升社会福祉。“财税债权债务关系说”[④] 以“社会契约论”和“交换说”为思想基础，从平等和对价原则出发，强调作为征税阶段中税收债务人的纳税人，享有在用税阶段中作为公共物品的债权人依法要求政府提供公共物品的权利，体现了以人民为中心的思想。“领域法学”以问题导向为研究范式，运用包括宪法、行政法、民法、国际法、刑法乃至经济学、管理学等相关学科的方法，对财税领域的法律问题进行交叉性、综合性、包容性研究，提高了解决财税法律问题的实效性和开放性。“财税一体化”立足于收入、支出和管理的财税活动全过程和整体性，强调从收入和支出两端分析财税问题和设计财税制度，这种“收支两端联动思维”和“财税一体方法”，既拓宽了财税法的视野和范围，也符合财税自身的逻辑和规律，更彰显了现代财税法分权制衡的法治精神。如果说，领域法学是所有新兴法学学科共同的研究方法，那么财税一体化则是财税法自身独有的法律方法和法律思维。“理财治国观”强调财税法的宗旨和功能是规范政府理财行为，促进民主法治发展和社会公平正义，从而使财税从单一的经济宏观调控提升拓展到国家治理范畴，凸显了现代财税法具有的“治国安邦”和“经世济民”功能，有助于发挥其在国家治理中的基础和支柱作用。上述五大理论是相互

---

① 参见杨小强：《税收债务关系及其变动研究》，载刘剑文主编：《财税法论丛》第 1 卷，法律出版社 2002 年版。

② 参见施正文：《税收债法论》，中国政法大学出版社 2008 年版，第 3 ~ 5 页。

③ 参见刘剑文：《学科突起与方法转型：中国财税法学变迁四十年》，载《清华法学》2018 年第 4 期。

④ 需要指出的是，由德国学者提出的“税收债务关系说”旨在否定征税权的权力属性，它仅限于征税阶段；而我国学者提出的“财税债权债务关系说”，已拓展到税款使用的财政支出阶段，它更深刻地揭示了税收的本质和功能，也与“财税一体化”方法相衔接，两者是中国学者对世界财税法理论发展作出的重大贡献。

关联的统一整体,其中“公共财产法”居于统率地位,它决定了财税法作为新型财产法的法律属性,归属于综合性法律学科的学科定位,具有理财治国为民的功能作用。

不可否认的是,我国财税法理论在取得巨大进步的同时,尚存在基础理论学说需要继续提炼完善,各分支学科的具体理论需要深化和精细,财税法理论研究、学科建设、课程体系、人才培养和国际交流需要更紧密结合财税改革和经济社会发展实践等问题。

三、未来财税法发展的前瞻和趋势

1. 加强理论创新和方法变革,进一步推动财税法走向繁荣成熟。新时代财税改革和法治建设的深入发展,更加迫切地需要财税法理论的引领和推动作用。我国财税法基础理论虽然基本创立,但由于它形成的时间不长,还需要接受实践的检验和修正。作为新兴的法学学科,一方面,必须重视从传统学科中挖掘学术资源,滋养法律韵味和夯实根基;另一方面,要勇于创新,从解决新兴的财税法律问题出发,提炼出原创性的理论学说和分析方法。例如,“公共财产法”“财税一体化”等理论还需要深化,财税权利、财税行为等财税法范畴的研究应当尽快取得突破。此外,还要注意加强国际比较研究,既借鉴他国经验,又贡献中国智慧。

2. 制定财政法,加快建立现代财政制度。财政法(财政基本法)是实现财政基本制度法律化的基石性法律,其核心内容是规范政府间财政关系,即对政府收支行为的基本原则、基本形式、基本内容以及事权、财权、支出责任相匹配的中央和地方财政关系等作出明确规定,为分税制财政体制提供具有可操作性的法律保障,它无疑将成为加快建立现代财政制度的核心任务。要加快制定财政转移支付法,保障财政转移支付的公平、公正、规范和科学;制定政府债务法,规范政府债务的规模、结构和行为,防范债务风险;制定预算公开条例、政府投资条例、财政资金支付条例、预算绩效管理条例等法规,健全预算法配套制度。

3. 加快直接税改革和地方税建设,完善税收法律体系。当前我国税制改革已进入攻坚期,作为第一大税种的增值税改革,亟须继续在税率、扣除和征管制度上予以完善并尽快完成立法;提高直接税比重的目标主要依靠个人所得税改革,应当尽快推出综合与分类相结合的税制改革,相应调整税率结构、扣除制度和征管方式;为了解决地方税体系建设长期滞后带来的一系列问题,必须下决心推进房地产税改革,配套推进消费税、环保税、资源税改革。在深化税制改革和落实税收法定原则的过程中,必须坚持提高直接税比重,健全地方税体系,大幅降低名义税负和适度降低实际税负,推进社会保险费改税等税费改革,尽快建立成熟定型的税收法律体系。

4. 推进税收征管方式转变和依法治税,进一步健全和完善税收征管法律。为适应直接税改革和建立自然人征管体系的需要,推进放管服改革和优化营商环境,必须加快转变税收征管方式,将优化纳税服务和实行风险管理放在更加重要的位置,建设以数据治理为重心的税收信息化体系。要全面实施依法治税,深化税收稽查体制改革,规范税收执法行为,开放税收司法,切实保护纳税人权利。加快税收征管法修订步伐,将建立第三方涉税信息提供制度、税额确定制度、自然人征管制度,降低过高的税收处罚,废除缴税前置门槛等作为重点内容,加快建立现代税收征管制度。

5. 健全国际税收法律体系,深度参与全球税收治理。要根据我国所处经济社会发展阶段的变化和对外开放的新形势,坚持“引进来”和“走出去”并重,加快我国以来源地国为主的传统国际税收规则向更加重视居民国管辖权的新国际税收规则的转型,例如,在税收协定中坚持消极所得优先征税原则、限制使用税收饶让条款、重视非歧视条款等。要全面客观评价 EPPS 行动计划对我国的影响,及时调整完善国内税制体系和国际税收法律规则。要充分利用国际税收合作机制,在国际税收规则制定中争取更多话语权,展示大国税务的理念和担当。

40年来中国税制改革的简要回顾

刘 佐*

1978年党的十一届三中全会召开以后,中国的社会主义革命和社会主义建设进入了一个崭新的历史时期,中国的税制建设也是如此。随着国家的不断发展和改革的逐步深入,中国的税制改革也在不断前进,取得了一系列的重大成果。从时间和内容上来看,1978年以后中国税制的改革进程或许大体可以划分为3个阶段:第一个阶段是1978~1993年(十一届三中全会至十四届三中全会以前),即经济转轨时期,这是中国改革开放以后税制改革的起步阶段,以建立涉外税收制度为起点,继而实行了国营企业"利改税"和工商税收制度的全面改革;第二个阶段是1994~2013年(党的十四届三中全会至十八届三中全会以前),即建立社会主义市场经济体制时期,这是中国改革开放以后税制改革深化的阶段,逐步建立了适应社会主义市场经济体制需要的新税制;第三个阶段从2013年(党的十八届三中全会)开始,即全面深化改革时期,这是中国改革开放以后税制改革完善的阶段,改革的目标是建立适应新时代要求的现代税收制度。

一、经济转轨时期的税制改革(1978~1993年)

自1978年年底至1982年,党的第十一届中央委员会第三次全体会议明确提出了改革经济体制的任务;党的第十二次全国代表大会进一步提出要抓紧制定改革的总体方案和实施步骤,在第七个五年计划期间(1986~1990年)逐步推开。这些重要的会议及其所作的一系列重大决策,对于这一时期中国的经济体制改革和税制改革具有极为重要的指导作用。

这一时期是中国税制建设的恢复时期和税制改革的准备、起步时期,从思想、理论、组织和税制等方面为后来的改革做了大量的准备工作,打下了良好基础,税制改革取得了改革开放以后的第一次重大突破。

从思想、理论方面看,这一时期中国财税部门全面贯彻党的十一届三中全会所制定的路线、方针和政策,实事求是,解放思想,认真总结新中国成立以来税制建设的历史经验和教训,纠正了一系列轻视税收工作、扭曲税收作用的错误思想,正确地提出了从中国

---

* 中国法学会财税法学研究会副会长、国家税务总局税收科学研究所原所长。

国情出发,按照经济规律办事,扩大税收在财政收入中的比重,充分发挥税收的经济杠杆作用,为社会主义现代化建设服务的指导思想。

从组织方面看,各级税务机构迅速恢复和加强,税务干部队伍很快得到了大力充实。到1982年年底,各地各级税务机构普遍建立,省级税务机构的地位得以提高,省以下税务机关实行地方政府和上级税务机关双重领导的体制得以恢复,全国税务系统的人员从1979年的17.9万人增加到28.6万人,其中1981年国务院批准增加税务干部8万人。

从税制方面看,财税部门自1978年年底、1979年年初就开始研究税制改革问题,提出了包括开征国营企业所得税、个人所得税等内容的初步设想和实施步骤,并确定,为了配合贯彻国家的对外开放政策,第一步先行解决对外征税的问题。

1980~1981年第五届全国人民代表大会先后公布了《中外合资经营企业所得税法》《个人所得税法》《外国企业所得税法》。同时,对中外合资企业、外国企业和外国人沿用20世纪50年代制定的税收法规继续征收工商统一税、城市房地产税和车船使用牌照税。这样,就初步形成了一套大体适用的涉外税收制度,适应了中国对外开放初期引进外资和对外经济、技术合作的需要。

在建立涉外税制的同时,财税部门就改革税制和国营企业利润分配制度做了大量的调研工作,并选择部分地区和企业开展试点工作。在此基础上,财政部于1981年向国务院报送了关于税制改革的设想,并很快得到批准。

1982年时任国务院总理赵紫阳在第五届全国人民代表大会第五次会议上所作的《关于第六个五年计划的报告》提出了今后3年税制改革的任务,并得到了会议的批准。同年,国务院批转了财政部《关于征收烧油特别税的试行规定》,发布了《牲畜交易税暂行条例》。

20世纪80年代中期,中国的社会主义经济理论有了重大突破,提出了发展有计划的社会主义商品经济,自觉运用价值规律,充分发挥税收等经济杠杆的作用,搞活经济,加强宏观调节。在所有制理论上,提出了所有权与经营权分离的论点,并肯定了集体经济、个体经济和私营经济存在的必要性和重要性。这一切,分别写进了1984年中国共产党第十二届中央委员会第三次全体会议通过的《中共中央关于经济体制改革的决定》、1987年时任中共中央代总书记赵紫阳在中国共产党第十三次全国代表大会上所作的报告和1988年第八届全国人民代表大会第一次会议通过的《宪法修正案》等一系列重要文献,从而为这一时期的税制改革提供了强大的理论武器和法律、政策依据。

这一时期是中国税制改革全面展开的时期,取得了改革开放以后的第二次重大突破。

作为国营企业改革和城市改革的一项重大措施,1983年国务院决定在全国试行国营企业"利改税",即将新中国成立以后实行了30多年的国营企业向国家上缴利润的制度改为缴纳企业所得税的制度,并取得了初步的成功。这一改革从理论上和实践中突破了国营企业只能向国家缴纳利润,国家不能向国营企业征收所得税的禁区。这是国家与国营企业分配关系改革的一个历史性转变。

为了加快城市经济体制改革的步伐,1984年9月经全国人民代表大会批准和全国人民代表大会常务委员会授权,国务院决定自当年10月起在全国实施国营企业"利改税"的第二步改革和税收制度的全面改革,发布了《产品税条例(草案)》《增值税条例(草案)》《盐税条例(草案)》《营业税条例(草案)》《资源税条例(草案)》《国营企业所得税条例(草案)》《国营企业调节税征收办法》。

1985年第六届全国人民代表大会第三次会议通过了《关于授权国务院在经济体制改革和对外开放方面可以制定暂行的规定或者条例的决定》。此后,国务院据此陆续制定了一系列的税收法规。

1985~1989年国务院先后发布了《城市维护建设税暂行条例》、《进出口关税条例》、《集体企业所得税暂行条例》、《国营企业奖金税暂行规定》(修订)、《国营企业工资调节税暂行规定》、《集体企业奖金税暂行规定》、《事业单位奖金税暂行规定》、《城乡个体工商业户所得税暂行条例》、《房产税暂行条例》、《车船使用税暂行条例》、《个人收入调节税暂行条例》、《耕地占用税暂行条例》、《建筑税暂行条例》(其前身是国务院1983年发布的《建筑税征收暂行办法》)、《私营企业所得税暂行条例》、《印花税暂行条例》、《筵席税暂行条例》、《城镇土地使用税暂行条例》,并决定开征特别消费税。

1991年第七届全国人民代表大会第四次会议将中外合资企业所得税法与外国企业所得税法合并,制定了《外商投资企业和外国企业所得税法》。同年,国务院将建筑税改为固定资产投资方向调节税,发布了《固定资产投资方向调节税暂行条例》。

至此,中国的税制一共设有37种税收,即产品税、增值税、盐税、特别消费税、烧油特别税、营业税、工商统一税、关税、国营企业所得税、国营企业调节税、集体企业所得税、私营企业所得税、外商投资企业和外国企业所得税、个人所得税、城乡个体工商业户所得税、个人收入调节税、国营企业奖金税、集体企业奖金税、事业单位奖金税、国营企业工资调节税、房产税、城市房地产税、城镇土地使用税、耕地占用税、契税、资源税、车船使用税、车船使用牌照税、印花税、城市维护建设税、固定资产投资方向调节税、屠宰税、筵席税、牲畜交易税、集市交易税、农业税和牧业税。此外,船舶吨税自1986年起转为预算外收入项目。

为了加强税收工作,促进税制改革,这一时期的税务干部队伍和税务机构建设进一步加强,税务干部继续大量增加:1983年和1985年国务院先后批准增加税务干部4万人和10万人;1988年国务院机构改革时财政部税务总局(司级机构)升格为国家税务局(财政部管理的副部级机构),税务系统双重领导、以垂直领导为主的领导体制得到强化。

1978~1993年随着经济的发展和改革的深入,中国对税制改革进行了全面的探索,改革逐步深入,取得了很大的进展,初步建成了一套内外有别、城乡不同,以货物和劳务税、所得税为主体,财产税和其他税收相配合的新的税制体系,大体适应了中国经济体制改革起步阶段的经济状况,税收的职能作用得以全面加强,税收收入随经济发展持续稳定增长，宏观调控作用明显增强，对于贯彻国家的经济政策，调节生产、分配和消费，促进改革开放，起到了积极的促进作用，并为以后税制改革的深入打下了重要基础。

1993年中国的税收收入达到4255.3亿元，比1978年增长了7.2倍；税收收入占财政收入、国内生产总值的比重分别为97.8%、11.9%，前者比1978年提高了51.9个百分点，后者比1978年降低了2.3个百分点。在税收收入中，货物和劳务税收入为3054.9亿元，占71.4%，比1978年降低了12.2个百分点；所得税收入为756.7亿元，占17.5%，比1978年提高了7.1个百分点；财产税收入为150.7亿元，占3.4%，比1978年提高了3.2个百分点。此外，农业税、牧业税收入为90.2亿元，占全国税收收入的2.1%，比1978年降低了3.4个百分点。

二、建立社会主义市场经济体制时期的税制改革(1994~2013年)

1992年以后，中国进入了建立社会主义市场经济体制时期，社会主义经济理论和实践取得了重大进展，税制改革随之深化，取得了改革开放以后的第三次重大突破。

1992年年初邓小平同志发表重要谈话，中共中央政治局为此召开全体会议以后，中共中央、国务院作出了关于加快改革开放和经济发展的一系列重要决定。从此，在中共中央、国务院的直接领导下，财税部门开始加快税制改革的准备工作。

1992年10月江泽民同志在中国共产党第十四次全国代表大会上所作的报告中提出了建立社会主义市场经济体制的战略目标，其中包括税制改革的任务。

1993年11月中国共产党第十四届中央委员会第三次全体会议通过了《中共中央关于建立社会主义市场经济体制若干问题的决定》，确定了税制改革的基本原则和主要内容。至当年12月底，税制改革的有关法律、行政法规陆续公布，包括《个人所得税法》(修订)、《增值税暂行条例》、《消费税暂行条例》、《营业税暂行条例》、《企业所得税暂行条例》、《土地增值税暂行条例》、《资源税暂行条例》、全国人民代表大会常务委员会《关于外商投资企业和外国企业适用增值税、消费税、营业税等税收暂行条例的决定》，均自1994年起实施。

1994年税制改革的主要内容是：第一，全面改革货物和劳务税制，实行了以比较规范的增值税为主体，消费税、营业税并行，内外统一的货物和劳务税制；第二，改革企业所得税制，将过去对国营企业、集体企业和私营企业分别征收的多种企业所得税合并为统一的企业所得税；第三，改革个人所得税制，将过去对外国人征收的个人所得税、对中国人征收的个人收入调节税和城乡个体工商业户所得税合并为统一的个人所得税；第四，大幅调整其他税收，如扩大了资源税的征收范围，开征了土地增值税，取消了盐税、烧油特别税、集市交易税等12个税种，并将屠宰税、筵席税的管理权下放到省级地方政府，增设了遗产税、证券交易税(这两种税后来没有立法开征)。

至此，中国的税制一共设有25种税收，即增值税、消费税、营业税、关税、企业所得税、外商投资企业和外国企业所得税、个人所得税、土地增值税、房产税、城市房地产税、遗产税、城镇土地使用税、耕地占用税、契税、资源税、车船使用税、车船使用牌照税、印花税、证券交易税、城市维护建设税、固定资产投资方向调节税、屠宰税、筵席税、农业税和牧业税。

为了进一步加强税收工作，配合税制改革和分税制财政管理体制改革，这一时期的税务机构建设进一步加强，税务干部大量增加：1993年4月国务院机构改革，财政部管理的国家税务局升格为国务院直属机构，并更名为国家税务总局。同年12月，该局升格为部级机构。1994年省以下税务机构分设为国家税务局、地方税务局两个系统；全国税务系统的人员从1993年的58.1万人增加到1995年的75.3万人。

1995～2013年根据中国共产党第十五次至第十八次全国代表大会和有关中央委员会全体会议的要求，第九届至第十一届全国人民代表大会先后批准的中国国民经济和社会发展五年计划、规划纲要，为了适应建立完善的社会主义市场经济体制的需要，中国继续完善税制，分步实施了下列重大改革，基本实现了税制的城乡统一、内外统一。

1.改革农业税制。2000年中共中央、国务院发出了《关于进行农村税费改革试点工作的通知》，此后农村税费改革逐步推进。2005年全国人民代表大会常务委员会决定自2006年起取消农业税。2005～2006年国务院先后取消了牧业税和屠宰税，对过去征收农业特产农业税的烟叶产品改征烟叶税，公布了《烟叶税暂行条例》。

2.完善货物和劳务税制。1998年以后，经国务院批准，财政部、国家税务总局陆续调整了消费税的部分税目、税率（税额标准）和计税方法。2000年国务院公布了《车辆购置税暂行条例》，自2001年起施行。为了适应加入世界贸易组织的需要，逐步降低了进口关税的税率。2003年国务院公布了新的关税条例，自2004年起施行。2008年，国务院修订了增值税暂行条例、消费税暂行条例和营业税暂行条例，初步实现了增值税从"生产型"向"消费型"的转变，结合成品油税费改革调整了消费税，自2009年起施行。自2012年起，经国务院批准，财政部、国家税务总局开始实施营业税改征增值税的试点。

3.完善所得税制。1999～2011年全国人民代表大会常务委员会先后5次修改《个人所得税法》，主要内容是调整工资、薪金等所得的扣除额和对储蓄存款利息征税的规定。2007年全国人民代表大会将过去对内资企业和外资企业分别征收的企业所得税合并，制定了《企业所得税法》，自2008年起施行。

4.完善财产税制。1997年国务院发布了《契税暂行条例》，自当年10月起施行。自2001年起，国务院将船舶吨税重新纳入财政预算管理。2011年，国务院公布了《船舶吨税暂行条例》，自2012年起施行。2006年国务院将对内征收的车船使用税与对外征收的车船使用牌照税合并为车船税，公布了《车船税暂行条例》，自2007年起施行；2011年，全国人民代表大会常务委员会通过了《车船税法》，自2012年起施行。2006～2009年国务院先后修改了《城镇土地使用税暂行条例》《耕地占用税暂行条例》，将对内征收的城镇土地使用税、耕地占用税改为内外统一征收，分别自2007年、2008年起施行；自2009年起取消了对外征收的城市房地产税，规定中外纳税人统一缴纳房产税。2011年国务院修改了资源税暂行条例，自当年11月起施行。

此外,国务院先后于2000年停止征收固定资产投资方向调节税,2008年、2013年取消了筵席税、固定资产投资方向调节税,自2010年12月起将外商投资企业和外国企业纳入城市维护建设税的纳税人范围。

至2013年,中国的税制一共设有18种税收,即增值税、消费税、车辆购置税、营业税、关税、企业所得税、个人所得税、土地增值税、房产税、城镇土地使用税、耕地占用税、契税、资源税、车船税、船舶吨税、印花税、城市维护建设税和烟叶税。

1994年税制改革是中华人民共和国成立以来规模最大、范围最广泛和内容最深刻的一次税制改革,改革的方案是在中国改革开放以后税制改革的基础上,经过多年的理论研究和实践探索,积极借鉴外国税制建设的成功经验,结合中国的国情制定的,推行以后从总体上看,取得了很大的成功。经过这次税制改革和后来的逐步完善,中国初步建立了适应社会主义市场经济体制需要的税收制度,税制逐步简化、规范,税负更加公平,对于保证财政收入,加强宏观调控,深化改革,扩大开放,促进经济和社会的发展,起到了重要作用,并为以后全面深化税制改革奠定了坚实的基础。

2012年中国的税收收入达到100,614.3亿元,比1993年增长了22.6倍;税收收入占财政收入和国内生产总值的比重分别为85.8%和18.6%,前者比1993年降低了12个百分点,后者比1993年提高了6.7个百分点。在税收收入中,货物和劳务税收入为59,659.5亿元,占57.8%,比1993年降低了13.6个百分点;所得税收入为30,547.3亿元,占29.6%,比1993年提高了12.1个百分点;财产税收入为8707.4亿元,占8.4%,比1993年提高了5个百分点。

三、全面深化改革时期的税制改革(2013年以后)

2013年以后,中国进入了全面深化改革时期,税制改革随之全面深化,并取得了一系列重要进展。

2013年11月中国共产党第十八届中央委员会第三次全体会议通过了《中共中央关于全面深化改革若干重大问题的决定》,其中确定了深化税制改革的基本原则和主要内容。

2016年3月第十二届全国人民代表大会第四次会议批准了《国民经济和社会发展第十三个五年规划纲要》,其中提出了"十三五"期间税制改革的任务。

2017年10月中共中央总书记习近平在中国共产党第十九次全国代表大会上所作的报告中提出了深化税制改革的要求。

2018年9月公布的第十三届全国人大常委会立法规划,提出了增值税、消费税和房地产税等10个税种的立法和修改《税收征收管理法》等规划。

这一时期深化税制改革采取的主要措施如下。

1. 完善货物和劳务税制。自2013年起,经国务院批准,财政部、国家税务总局逐步实施了营业税改征增值税的试点。其中,2016年全面推行此项试点;2017年废止了《营业税暂行条例》,修改了《增值税暂行条例》。此外,调整了增值税的税率、征收率,统一了小规模纳税人的标准。在消费税方面，经国务院批准，财政部、国家税务总局陆续调整了部分税目、税率。在关税方面，进口关税的税率继续逐渐降低。

2.完善所得税制。2017年全国人民代表大会常务委员会修改了《企业所得税法》中的个别条款。经国务院批准，财政部、国家税务总局等单位陆续作出了关于部分重点行业实行固定资产加速折旧的规定；小微企业减征企业所得税的规定，而且减征的范围不断扩大；提高企业研究开发费用税前加计扣除比例的规定；购进单位价值不超过500万元的设备、器具允许一次性扣除的规定；提高职工教育经费支出扣除比例的规定；等等。在个人所得税方面，2018年全国人民代表大会常务委员会修改了《个人所得税法》，主要内容是：调整居民个人、非居民个人的标准，部分所得合并为综合所得征税，调整税前扣除和税率，完善征管方面的规定，自2019年起实施（其中部分规定自2018年10月起实施）。此外，国家税务总局公布了修改以后的《个体工商户个人所得税计税办法》；经国务院批准，财政部、国家税务总局等单位陆续联合作出了关于上市公司股息、红利差别化个人所得税政策、完善股权激励和技术入股有关所得税政策、科技人员取得职务科技成果转化现金奖励有关个人所得税政策等规定。

3.完善财产税制。逐步调整资源税的税目、税率。2016年根据中共中央、国务院的部署，财政部、国家税务总局发出《关于全面推进资源税改革的通知》，自当年7月起实施，改革的主要内容是扩大征税范围和从价计税方法的适用范围。

此外，2016年全国人民代表大会常务委员会通过了《环境保护税法》，自2018年起施行。2017年全国人民代表大会常务委员会通过了《烟叶税法》《船舶吨税法》，均自2018年7月起施行。

至2018年，中国的税制一共设有18种税收，即增值税、消费税、车辆购置税、关税、企业所得税、个人所得税、土地增值税、房产税、城镇土地使用税、耕地占用税、契税、资源税、车船税、船舶吨税、印花税、城市维护建设税、烟叶税和环境保护税。

通过上述改革，中国的税制进一步简化、规范，税负更加公平并有所减轻，税收的宏观调控作用进一步增强，在促进经济持续稳步增长的基础上实现了税收收入的持续稳步增长，有力地支持了中国的改革开放和各项建设事业的发展。

2017年中国的税收收入达到144,369.9亿元，比2012年增长了43.5%；税收收入占财政收入和国内生产总值的比重分别为83.6%和17.5%，分别比2012年降低了2.2个百分点、1.1个百分点。在税收收入中，货物和劳务税收入为74,982.2亿元，占51.9%，比2012年降低了5.9个百分点；所得税收入为48,995亿元，占33.9%，比2012年提高了4.3个百分点；财产税收入为13,704.5亿元，占9.5%，比2012年提高了1.1个百分点。

2018年为了降低征纳成本，理顺职责关系，提高征管效率，为纳税人提供更加优质、高效和便利的服务，省级以下国家税务局、地方税务局合并，具体承担所辖区域以内各项税收、非税收入征管等职责，实行以国家税务总局为主与省级人民政府双重领导的管理体制。

展望未来,中国将继续全面深化税制改革,不断完善税制,主要内容应当包括落实税收法定原则、合理调整宏观税负、优化税制结构和完善各个税种。在完善税种方面,近期的主要内容应当包括完善增值税制度,调整消费税的征收范围、税负和征收环节,完善综合征收与分类征收相结合的个人所得税制度,改革房地产税收制度,社会保险费改税等。

论纳税人依法纳税权入宪的逻辑进路*

张富强**

一、问题的提出

依法纳税仅仅是我国纳税人的一项宪法义务，同时还应该是一项宪法权利。这个问题长期引发我国理论界和实务界的争拗而至今仍未能达成共识。问题的症结在于，我国长期以来一直视税法为一种特殊的法，一种权利义务不对等的法。

显然，我国之所以如此强调纳税人的纳税义务，主要有来自现行税收法律制度设计上的不足：我国《宪法》第 56 条仅规定“公民有依照法律纳税的义务”，却并未赋予其拥有相应的权利；我国《税收征收管理法》虽规定纳税人具有一些程序性权利，却没有明确这些程序性权利乃应当以保障其他实体税法所规定的实体性权利实施为前提，因为后者根本就没有涉及实体性权利的设计。可见，依法律纳税作为一种权利要进入我国宪法的视野，需要同时跨越观念上的殊多障碍。

事实上，我国自改革开放以来就开始了由“无税国家”“少税国家”逐步向“税收国家”①的转变。而党的十八届三中全会提出依宪治税、全面深化税制体系的战略决策②，也正在成为我国构建税收国家的一个重要契机。税收“法定性”、“授权性”和“对价性”的观念正在激烈地冲击传统的“纳税义务观念”，政府在依法征税进程中的“优质服务性”和税收支出的“民生性”也正在逐渐得到良好的体现。但毕竟这些进展难以取代宪

---

* 本文为国家社会科学基金项目“税收公平正义价值下房地产税立法的顶层设计研究”（14BFX098）和教育部人文社会科学研究规划基金项目“营改增试点扩围与国民收入分配正义价值的实现”（13YJA820065）的阶段性成果。本文原载《政法论坛》2017 年第 4 期，原标题为《纳税权入宪入法的逻辑进路》。

** 华南理工大学法学院教授、博士研究生导师，中国财税法学研究会副会长。

① 税收国家，是国外财政学学者和财税法学者从财政角度对现代国家形态所作的界定，一般是指国家既不直接拥有财产，也不直接从事营利性经营活动，而是运用公权力向全体纳税人征取税收获得全部或绝大部分财政收入的一种形态，与之相对应的还有“资产收益国家”“规费国家”等形态。参见张富强：《论税收国家的基础》，载《中国法学》2016 年第 2 期。

② 为贯彻落实党的十八大关于全面深化改革的战略部署，在十八届中央委员会第三次全体会议上对全面深化改革的若干重大问题作出决定，并于 2013 年 11 月 15 日正式公布《中共中央关于全面深化改革若干重大问题的决定》。

法本身的重要性，纳税人依法律纳税的权利与义务作为税收法定原则的一体之两面，唯有进入作为国家根本大法的宪法的视野，真正地上升为一项宪法权利，才能得到宪法法律的切实保障。正因如此，运用社会契约理论和现代税收债权理论，在澄清税权本源及其国家税权与纳税人权利二元外观结构和应然内在本质的基础上，① 以务实的态度，从观念创新和体制创新两个层面入手，探索作为纳税人权利体系核心权利的依法纳税权入宪入法的逻辑进路，构成了现代宪法语境下税法研究的一大任务。

二、我国纳税人依法纳税权入宪的观念障碍

纳税人依法纳税权入宪，不仅有赖法律制度"人为"的精巧设计和构建，而且还有赖其生于斯而长于斯的税收观念的"自我生长"。② 也就是说，税收国家不仅取决于"外在"制度层面的长期建设，更需要"内在"的社会本土税收文化机制和思想观念的精心培育。而在此意义上，我国纳税人依法纳税权利要进入宪法视野，首先会遭遇传统纳税义务观念的殊多障碍。

（一）我国传统税收义务观念仍拥有较大泛滥空间

显然，就我国而言，通过立宪或修宪的途径赋予公民依法纳税权，并非一蹴而就之功，需要深厚的税收意识形态或税收观念的培育和嬗变。改革开放以来，随着民主法制进程的不断深入，我国税收观念正在经历一场前所未有的变革，但传统的"纳税义务观念"仍或多或少地占据主导地位，从而对我国税收体制的深层次改革带来诸多的负面影响。

体制改革，观念先行。无论是市场经济的机制体制建设，还是国家的法制建设，都取决于税收观念的引领。所谓税收观念，是指税收知识、税收思想、税收价值和税收心理等隐性文化形态所凝聚而成的税收意识形态，即人们对于税收的基本看法或态度，就是本着什么的思想或原则，运用什么规则，去规范税收关系主体的行为，去处理税收关系之间发生的具有权利义务内容的社会关系。滋生出诸多的问题：（1）国家与国民：量能课税原则尚未真正落实，宏观税负达到 38.56%。可见，我国大幅降低税负、让利于国民的目标任重而道远。（2）财政部、国税局和海关三大机关并存：机构重叠违背财税效率原则。（3）中央与地方：税收分配违背财政平等主义。（4）征税机关与纳税人：征税机关缺乏服务意识。（5）纳税人之间：税负不公现象严重。③ 凡此种种，阻碍着我国税权利文化的铸成和国民税权利意识的觉醒，进而延缓我国税收国家建设的步伐。

---

① 相关内容，笔者在《论税权的二元结构及其价值逻辑》（《法学家》2011 年第 2 期）一文中已经作了详细阐述，在此不再赘述。

② 限于篇幅，对于欧美国家经验的分析研究，笔者已另文撰写，请参见《论税收国家的基础》，载《中国法学》2016 年第 2 期。

③ 具体的分析，参见张富强：《论税收国家的基础》，载《中国法学》2016 年第 2 期；张富强：《论营改增试点扩围与国民收入分配正义价值的实现》，载《法学家》2013 年第 4 期。

(二)我国纳税人权利观念仍处于较为薄弱状态

所谓纳税人权利观念,亦称税权利观念,是指在欧洲文艺复兴时期,人们受社会契约论、国家起源学说的启蒙和熏陶,清楚地意识到国家的产生并非传统观念所强调的"应天命"来治理百姓,而是源于国民的授权与部分权利的让渡,故国家的职能在于为国民提供必需的公共物品和公共服务。同理,税权由国家税权力与国民税权利组成,国家税权力来自纳税人的授权与部分财产权的让渡,旨在根据纳税人的需求保障纳税人享用公共产品的权利,在此意义上,税法名为保障国家财政收入之法,而实为保障纳税人权利之法。但客观而言,这种税权利观念在我国仍然处于相对薄弱的状态。

我国缺乏培育税权利观念的深厚的文化土壤和条件。自近代中国五口通商,特别自1978年改革开放以来,随着发达国家税权利观念持续、广泛的传播,社会各界才逐渐开始对传统税义务观念进行反思,以开放的姿态接触发达国家税权利观念,并逐渐迎来了税权利意识的觉醒、发育和初成,税收"法定性"、"授权性"和"对价性"观念的传播亦有了一定的思想基础。但相比税义务意识,这种税权利意识仍然是非常薄弱的,反映到国民收入分配领域,我国纳税人还未真正意识到税权利观念的养成对于构建税收国家、实现国民收入分配正当性,维护国民财产权的重要性。目前有不少发达国家已经发展成为典型的税收国家,其财政收入的90% ~95%来自税收,纳税人除依法向国家纳税外,很少有额外的非税负担。而我国税收收入占财政收入的份额不大,直至2013年,我国政府财政仍未能真正实行全口径预算,政府公布的财政收入属小口径政府收入,而以大口径的政府全部收入计,税收收入仅占50.04%。① 这就意味着,税收与政府各种行政事业性收费一起构成了各自的"半壁江山"。我国纳税人除依法纳税外,还得通过各种渠道向政府交纳包括行政事业性规费、国有企业部分利润和土地出让金在内的各种费用,与税收的比例大致为1∶1。可见,从现行的财政收入构成分析,我国属事实上"税收国家"、"资产收益国家"和"规费国家"的混合形态,正好处于从非税收国家走向税收国家的转型时期,反映在国民的税收权利意识上,就是对于承受国家税收之外的各种收费,虽有诸多的意见、不满和批评,但毕竟还未能从国民财产权神圣不可侵犯及国民收入分配的法定性、正当性的高度,明示不同的或反对的声音。② 这不能不说我国纳税人的权利观念仍然存在巨大的提升空间。

---

① 根据专家的深入研究,2013年我国全口径财政收入达到21.9382万亿元(与国内生产总值56.8万元相比,宏观税负达到38.56%),可见我国大幅降低税负、让利于国民的目标任重道远,其构成包括政府小口径财政收入129,143亿元+政府性基金收入52,239亿元+社会保险费收入约28,000亿元+交通、计生和城管等罚没收入至少达10,000亿元。其中税收110,497亿元,占政府全口径财政预算收入的50.04%。参见杨迪:《2013年全国财政收入12.9万亿,完成全年预算目标》,载《人民日报》2014年1月23日,第2版,并参见《2014年政府工作报告》、《关于2013年中央决算的报告》和《中国统计年鉴2014年》的相关数据。

② 关于这方面的具体分析,可以参见笔者的新作:《我国房地产保有税立法的正当性》,载《华南师范大学学报(社会科学版)》2016年第4期;《论税收国家的基础》,载《中国法学》2016年第2期。

（三）我国从税义务观念向税权利观念转变仍遭遇较大阻力

税权利观念文化构成了税收国家的社会文化基础，而这种权利观念文化，主要表现为现代税收文化观的养成，具体而言，就是应该实现从"纳税义务意识"向"纳税人权利意识"的转型。但客观而言，我国尚未能真正地实现这一转变，且恐仍需相当的时日。

纳税义务观念与纳税人权利观念仅3字之差，其内涵却差之千里。纳税义务观念以国家课税权的保障为主导，强调纳税人的纳税义务。而纳税人权利观念则是以纳税人的权利保障为核心，强调纳税人的权利主体地位，限制国家课税权的任意行使。由于税收是纳税人为获得政府提供的公共产品而支付的对价，因而在现代税收关系中，"代表政府的征税机关和纳税人之间不是单纯的征收与被征收关系，而更多的是平等主体之间的平等关系"。在这种平等的关系中，纳税人在获得国家对于其自身主体地位和存在价值认同的同时，也日益增进了对税收依法征纳的认可度。因此，税收国家的公民常常乐于以"纳税人"自居，视税收为生活必不可少的一部分。

就我国而言，现行税收立法过分强调国家的课税权力和公民的纳税义务，没有充分反映纳税人的权利及其相应的愿望、期待和要求，没有充分体现对纳税人的人文关怀。税收立法的随意性、征税机关过多的自由裁量权、过头税的泛滥、税负的过重以及执法的不公、腐败，严重损害了税法的权威、践踏了税法的尊严，导致纳税人对税法的冷漠和不信任。只有当税法的制定充分体现税收法定原则、税收公平原则和量能课税原则，充分体现纳税人的权利，反映纳税人的利益；只有当国家切实实行全口径财政预算，通过深层次的"税费改革"，逐渐削减乃至取消所有的行政事业性收费项目，通过国有企业的混合改革，以税收取代"利润上交"，将税收的比重提升到政府全部收入的90%以上，从而使纳税人除依法纳税外，不再使财产权和财产遭受法外分割之苦。唯有如此，才能使纳税人发自内心地信仰税法、守护税法和执行税法，从而为实现从纳税人义务观念向权利观念的转型提供必要的法理和实践基础，最终为实现从现行混合形态的国家向单一的税收国家转型提供必要的税收观念基础。我们应当清楚地认识到，实现这一目标，我们仍然会遇到各种困难，还需要付出极大努力。

三、我国纳税人依法纳税权入宪的制度障碍

在我国税收法治尚且不完备的背景下，依法律纳税还未能切实成为纳税人的一项权利而经常表现为一项单向的义务。纳税人依法纳税权的缺失，显然与税收法律制度设计的滞后有密切的关联。我国税收法定原则的缺失，正阻碍着纳税人依法纳税权精神内核的形成和对逻辑内涵的阐析。纳税人权利立法的不完整阻碍了依法纳税权的具体内容的明晰化，而救济制度的不完善则更难以为纳税人权利的实现提供程序上的保障。

（一）税收法定主义不尽明确

如前所述，纳税人依法纳税权产生于税收法定主义内涵的演变和深化，因而这种权利的确立首先有赖税收法定主义的确立。由于税收是国家取得财政收入的重要手段，稍有不慎，就有可能对公民财产权构成直接的"不法侵害"，因而须由国家根本大法——

《宪法》作出规限,以切实保障税收立法在代表全体公民意志的国家立法机关的主持下进行。

我国《宪法》是否对税收法定原则作出规定?目前学界存在肯定和否定两种不同的观点。① 笔者持“可基本肯定但仍需完善”的态度,理由是:《宪法》第56条明确规定,“中华人民共和国公民有依照法律纳税的义务”,第13条也规定,“公民的合法的私有财产不受侵犯”。如果将这两个条文相结合,无疑可以体认“税收法定原则”的寓意。实际上,宪法中“公民有依照法律纳税的义务”的规定,可以理解为既是对公民纳税义务的确认,也是对公民纳税义务的范围及征税权具体界限的明确规定。② 我国是否确认税收法定原则的关键并不在于《宪法》是从正面还是侧面规定了“税收法定原则”(当然明确规定最好,可以避免产生歧义),而在于对《宪法》第56条规定的“法律”是作广义还是狭义理解。尽管《宪法》本身并没有对此作出解释,但从《宪法》的上下文分析,“法律”一词当以狭义理解为妥,即仅指由全国人大及其常委会制定的规范性文件。然而可惜的是,无论是《税收征收管理法》还是《立法法》的相关规定,却在对“法律”作出狭义解释的同时,又为“税收法定原则”作出广义解释留下了空隙。

在我国,《税收征收管理法》最早正面涉及税收法定原则,其第3条第1款规定:“税收的开征、停征以及减税、免税、退税、补税,依照法律的规定执行;法律授权国务院制定的,依照国务院制定的行政法规的规定执行。”从该条的前半句规定看,“税收法定”之法,显然是仅指由全国人大及其常委会制定的规范性文件;但从后半句看,虽把“国务院制定的行政法规”排除在“法律”之外,但如果该行政法规是“法律授权国务院”制定的,则也视同于“法律”予以执行。可见,此处表述的“税收法定”并不彻底,除由全国人大及其常委会制定的法律外,还将获“法律授权”的国务院行政法规囊括其中。这种对于税收法定中“法”的扩大解释明显有悖于税收法定主义的真实意旨。《立法法》亦存在同样问题,该法第7条明确规定,“全国人大制定基本法律,全国人大常委会制定基本法律之外的其他法律”;该法第8条则将税收方面的基本制度列入只能制定法律的范围。但何谓“税收基本制度”,该法却并未作出明确界定。同时,该法第9条还对第8条进行了例外规定,“本法第八条规定的事项尚未制定法律的,全国人民代表大会及其常务委员会有权作出决定,授权国务院可以根据实际需要,对其中的部分事项先制定行政法规”。据此,“税收法定”中“法”的边界就可以超越全国人大及其常委会制定的法律,扩大到国务院“根据授权”制定的行政法规。

从前述税收法定原则的发展历程分析,我国目前所谓的“税收法定主义”仍旧徘徊于初始阶段。对于“法”的狭义与广义混淆的解释,使征税权的行使连“税收法定”最基本的形式要件都难以符合,从而严重淡化了纳税人权利的法律保障。既然在税收法治史上

① 参见杨小强:《税法总论》,湖南人民出版社2002年版,第107页。

② 参见张富强:《税法学》,法律出版社2007年版,第62页。

纳税人依法纳税权是随着税收法定主义内涵的不断丰富而产生和发展的,那么在税收法定主义尚未真正确立的情景下,我国纳税人依法纳税权利的缺失也就不难理解了。

(二)纳税人权利立法的不尽完整

我国2001年修订的《税收征收管理法》规定了纳税人在纳税中的知情权、申请退税权、陈述申辩权、救济权等16项权利。2009年11月国家税务总局颁布的《关于纳税人权利与义务的公告》,则更加明确地归纳为纳税人拥有知情权、保密权、减免退税权等14项权利,把对纳税人权利的保障提升到更直观的层面。但客观而言,上述权利基本上属于程序性权利,即在纳税人纳税过程中方可行使的具体权利,却并未涉及纳税人在纳税前、纳税过程中和纳税后同样拥有并可行使的诸如税收公平权、税收立法参与权等实体性权利。

程序性权利体现的是纳税人在纳税过程中与征税机关发生的关系,法律依据主要为《税收征收管理法》等有关纳税程序的法律规范。但从总体上考量,《税收征收管理法》和《关于纳税人权利与义务的公告》远未能全面界定纳税人所应当享有的权利。而我国《宪法》除了第57条规定了公民有依照法律纳税的义务外,对于纳税人拥有哪些宪法意义上的税收基本权利和实体性权利却未作明确规定,从而使我国纳税人权利由于缺乏宪法依据而难以得到确实有效的保障。同时,由于我国税收立法的滞后,至今没有制定税收通则法等一类重要的实体法,因而也无法以法律形式明确规定纳税人在纳税全过程中所应当拥有的具体的权利或权利体系,从而使纳税人无法了解自己除拥有纳税过程中10多项程序性的权利外,在纳税前后还拥有哪些具体的实体性权利。

显然,当我国的税法尚未成为纳税人权利保障之法时,自然只能单纯地成为国家征税之法,甚至成为征税机关及其工作人员毫无顾忌地侵害纳税人权利之法,进而严重地损害国家与纳税人之间理应存在的那种和谐的税收信赖关系,使国家与纳税人处于一种根本不应该呈现的隔阂、猜忌甚至对立状态,极大地挫伤了纳税人对国家的认同感、主人感以及依法纳税的自觉性和积极性。

(三)权利救济制度不尽完善

没有权利就不存在救济,合法权利是救济存续的依据;同样,没有救济就没有权利,以救济保障自身的完整性是权利的内在逻辑。权利与救济是法治社会价值的两个要素,是一个整体中的两面。① 我国法律并未明文规定纳税人依法纳税的权利,而且由于税收法定原则尚未真正确立,依法纳税的"权利精神"也未真正见于端倪。在此种背景下,所谓纳税人依法纳税权的法律救济在逻辑上并不具备发生的前提。

但是,依法纳税权应当构成纳税人权利体系的基本权利。纳税人权利救济制度基于先行确定的纳税人权利而产生,而完善的权利救济制度又将为不断丰富的纳税人权利体系的实现提供一种程序保障机制。在现行税法架构下,众多程序性权利之中,纳税人的

---

① 参见程燎原、王人博:《赢得神圣——权利及其救济通论》,山东人民出版社1998年版,第349页。

法律救济权无疑是最重要的程序性权利之一。《税收征收管理法》第 88 条和《关于纳税人权利和义务的公告》第 12 条都规定了纳税人如对征税机关的处罚不服有行政复议和行政诉讼两种救济途径。在这两种程序的衔接上,采取的是复议前置和自由选择相结合的模式,而在复议之前,又规定了缴纳税款(纳税担保)前置,即双重前置程序。对于纳税争议,虽然复议前置便于发挥税务机关的专业优势,有助于减轻法院负担,而缴纳税款(纳税担保)前置有利于税款的及时安全入库。但是,由此所产生的制度缺陷同样明显。以方便税收管理为由而以缴纳税款(纳税担保)前置限制纳税人的救济权,这在手段与目的之间明显缺少必要的平衡,其不仅违背了公正原则和比例原则,而且也在根本上剥夺了那些无力完税或提供担保的纳税人依法享有的救济权。此外,复议机构作为税务机关的内设机构,其本身便难以保持独立,因其非中立性所导致的公正性不足,也使复议前置的效果在一定程度上受到减损。①

四、纳税人依法纳税权入宪入法的逻辑进路

鉴于"本质上税法无法逃避对人民自由权财产权之干预与介入的命运,先天上亦较其他法域更受宪法基本价值观,特别是基本权理念之拘束",而"在社会法治国中,国家须先在宪法上决定其租税正义衡量准则"。② 也就是说,唯有在确立纳税人权利观念的前提下,通过修宪、修法等逻辑进路,使纳税人依法纳税这种基本权利入宪、入法,才能从宪法高度彰显纳税人的权利本位,使纳税人在法理层面享有公共产品之债权不致成为空洞的幻想,在税权"国家税权力—纳税人税权利"二元结构中确立的主体地位不致形同虚设,切实行使仅仅依照法律规定纳税并拒绝法律规定以外任何纳税要求的权利。

(一)纳税人基本权利入宪、入法

税法作为"纳税人权利保障法"的性质定位不仅需要观念的转变,也需要制度的支撑。鉴于纳税人依法纳税权首先是一种宪法意义上的权利,是基于宪法而拥有的一种基本权利。由于宪法的基本价值目标是通过对政府施加合法的制约以防止权力被滥用,通过限制政治权力以保障公民权利,并通过有效利用这些权力制定政策,提高公民福祉。因而,应当努力促成纳税人基本权利入宪、入法,从而切实保障纳税人行使依法纳税权的充分实现。

所谓纳税人基本权利入宪,是指推动修宪进程,启动对《宪法》第 56 条的修改程序。首先,将该条修改为"中华人民共和国纳税人有依照法律纳税的权利和义务",并列为该条的第 2 款,从而确立纳税人权利在宪法层面的应有地位。其次,增加"税收事关国计民生。税收的开征、停征与变更,税种、税率的厘定与变更必须由全国人民代表大会及其常务委员会审议通过"一款,并列为该条的第 1 款,明确规定税收事项为法律保留事项,只能由全国人大及其常委会制定的法律来规定。从宪法层面上明确且详细地规定税收法

① 参见刘剑文、熊伟:《税法基础理论》,北京大学出版社 2004 年版,第 486 ~ 488 页。

② 张富强:《税法学》,法律出版社 2007 年版,第 4 页。

定原则的应有之义,意味着国务院及其财税职能部门此后不能再行使税收条例和税收规章等行政立法权,而仅保留执行税法的权力,这无疑是完善和确立我国税收法定原则的最优路径。

所谓纳税人基本权利入法,就是首先应启动对《立法法》的修改,明确规定立法机关应当坚持自行立法为原则,授权行政机关立法为例外,立法机关只有在情势所亟须,且只能在满足法定程序的前提下,才能将宪法没有规定为绝对保留事项的部分立法权授予行政机关行使,且授权立法只能一事一授权,不能类推、延用,更不能变特殊为常态。① 其次,应致力推动税收通则法和纳税人权利保障法的立法进程,使之尽快纳入全国人大常委会的立法计划,以促成早日制定实施。

鉴于修改《宪法》和《立法法》以及制定税收通则法和纳税人权利保障法需要一定的条件和时机,我们应当遵循立法的逻辑机理,立足于当前,以正在紧锣密鼓进行中的《税收征收管理法》修改活动为契机,② 对纳税人依法纳税权利加以明确的规定,以便为今后修改《宪法》和《立法法》以及制定税收通则法和纳税人权利保障法奠定基础。(1)明确规定纳税人依法纳税权同时也是一种贯穿于整个纳税过程的程序性权利,这着重体现为纳税人享有只缴纳法律规定应纳税款的权利。因而可将《税收征收管理法》第7条修改为:"纳税人享有依法缴纳应纳税款的权利。税务机关应当广泛宣传税收法律、行政法规,普及纳税知识,无偿地为纳税人提供纳税咨询服务,以合理的手段协助纳税人纳税。"(2)对税收授权立法加以严格的规限。一是严格贯彻授权明确性原则,禁止空白的、一般性的和概括的授权,也就是只能是一事一授权,不得类推、延用,不能变特殊为常态,更不得转授;二是加强立法机关对授权立法的监督,对税收行政法规实行批准生效制度。③ 据此,可将《税收征收管理法》第3条第1款修改为:"税收的开征、停征以及减税、免税、退税、补税,依照法律的规定执行;法律授权国务院规定的,国务院根据授权的目的、范围制定行政法规并报全国人大常委会批准生效后,依其规定执行。"从根本上改变国务院既是税收立法者,又是执法者,更是用税者的状态。(3)将纳税人依法纳税权利具体化和明细化,将现行程序性权利扩大到为实现实体性权利需要而包括整个征税前、征税中以及征税后(用税)的全过程,并在总则的规定中将纳税人依法律纳税的权利与征税机关提供必

---

① See Zhang Fuqiang, *On Realization of Taxism in China*, *US-China Law Review*, USA, Vol. 4th, No. 8 (Sertal No. 33), Aug. 2007, p. 31 – 33.

② 在我国,修改宪法是一项重大的工作,而且修改宪法也有非常严格的程序。宪法的修改须由全国人大常委会或者1/5以上的全国人大代表提议,并由全国人大以全体代表的2/3以上多数通过。就目前的情况来看,我国修宪的可能性甚小。既然无法从根本上压缩税收领域授权立法的制度空间,那么,只好退而求其次,应当把握本次修改《税收征收管理法》的契机,对有关事项作出具体的修订,特别是对税收授权立法本身进行必要的严格规制。

③ 参见曹鸿轩、彭立峰:《我国税收授权立法初探》,载刘剑文主编:《财税法论丛》第4卷,法律出版社2004年版,第201、204~205页。

要协助的义务相结合,以通过纳税人与政府在宪法、法律层面上的利益平衡,构建新型和谐的税收关系,进而真正体现人民国家为人民服务的性质。

(二)构建纳税人权利体系

纳税人依法纳税权的确立有赖税收立法对于纳税人权利体系的构建。纳税人权利体系由实体性权利和程序性权利两部分组成。[①] 从状态与过程的角度进行解读,实体性权利是静态的权利,是权利主体对某种实体利益享有的受法律保护的资格;程序性权利是动态的权利,是权利主体为了行使、主张或保障其实体权利而享有的作为或不作为的资格。[②] 在税法领域,纳税人所享有的实体性权利一般规定于宪法、税收基本法和一般单行法等实体法之中,程序性权利一般规定于税收征收管理法等程序法之中。为此,我们应当积极呼吁早日启动税收通则法和纳税人权利保障法的立法程序,以专章形式阐述纳税人的基本权利,下设纳税人实体性权利和纳税人程序性权利二节,第一节概述纳税人纳税前与纳税后的实体性权利,第二节概述纳税人的程序性权利。[③] 同时,配合当前开启的《税收征收管理法》修改程序,遵照"征纳双方法律地位平等""优化纳税服务""保障纳税人权益"的精神,进一步细化纳税人程序性权利,将纳税人权利保障机制的各个环节加以完善,并对现行《关于纳税人权利与义务的公告》作出相应修改,增加纳税人实体性权利的部分,以补充《税收征收管理法》之不足。

(三)依法纳税权的实体性权利体系

纳税人依法纳税权的享有虽离不开其纳税义务的履行,但显然不能将纳税人纳税义务的现实履行与其依法纳税权的享有相等同。纳税人依法纳税权的边界不应当仅限于税收的征纳环节,它还应当存在于征纳前与征纳后,具体而言,纳税人依法纳税权可以纳税人的纳税过程为依据,具体地划分为纳税前权利、纳税(过程)中权利和纳税后权利。其中,纳税中的权利可称为程序性权利,纳税前和纳税后的权利可称为实体性权利。从现代法治国家的实际情况来看,纳税人的实体性权利主要包括以下几种:(1)税收公平权;(2)诚实纳税推定权;[④] (3)公共产品选择权;[⑤] (4)参与税收立法权;(5)税收征收监督权;(6)用税监督权;等等。我国应适时启动税收通则法和纳税人权利保障法的立法程序。

(四)依法纳税权的程序依托

实体性权利中包含的实体利益需要经由权利本身的行使来实现。实体权利的行使,

---

① 与税收法定主义在税法中占据"帝王条款"的地位相适应,依法纳税权是纳税人权利体系的核心权利,其他实体性和程序性权利则由此派生或衍生而成。

② 参见施正文:《略论税收程序性权利》,载《税务与经济(长春税务学院学报)》2003 年第 1 期。

③ 参见张富强:《论税权的二元结构及其价值逻辑》,载《法学家》2011 年第 2 期。

④ 参见张富强:《论纳税人诚实纳税推定权立法的完善》,载《学术研究》2011 年第 2 期;张富强、许健聪:《论税收宏观调控中纳税人信赖利益之保护》,载《法学杂志》2016 年第 9 期。

⑤ 参见甘功仁:《纳税人权利专论》,中国广播电视出版社 2003 年版,第 55 页。

又需要在一系列的程序中进行，而程序的启动与运行又需要一系列程序性权利的行使。程序性权利虽然不直接包含具体实体利益，但其作为实体性权利的延伸与保障，同样具有重要作用。显然，纳税人依法纳税权的运行或实现同样需要法律赋予纳税人一系列的程序性权利加以支撑，主要包括：(1)税收法律政策的知情权。(2)申请退还多缴税款的权利。(3)陈述申辩权。(4)拒绝非法税务检查权。(5)依法要求听证权。依法纳税权的实现需要赋予纳税人依法要求听证的权利。纳税人对自身即将受到的行政处罚有权要求听证。纳税机关应根据纳税人的要求组织听证，如果未能进行听证，则行政处罚不能成立。这一权利的规定是纳税人实现纳税人依法纳税权的又一重要途径。(6)请求保密权。(7)依法寻求救济权。(8)申请延期缴纳税款权。(9)申请减免税权。(10)请求回避权。(11)索取收据或清单完税凭证权。(12)委托税务代理权。(13)控告和检举、举报权等。

(五)完善纳税人权利的救济制度

完善纳税人权利的救济制度，是保障纳税人权利实现的最后途径。目前我们同样应当把重点放在推进《税收征收管理法》以及《关于纳税人权利和义务的公告》相关条款的修改上，以尽快为纳税人权利救济提供切实的法律依据，以为今后修改《宪法》，制定税收通则法打下基础，从宪法层面上真正地建立完善的纳税人权利救济制度。

1. 修改《税收征收管理法》相关条款的基本思路

权利的自身逻辑必然要求相应的救济制度与之附和。救济作为权利结构当中一个重要的环节，及时、合理的救济是权利最终实现的必要条件。在纳税争议中，纳税人面对的是强大的征税机关，权力的扩张与滥用使权利极易受到侵害。因此，在税法领域，权利的救济显得格外重要。

目前，国外对于纳税争议的处理主要存在德国复议前置模式和自由选择美国模式的差异。根据德国《税收通则》的规定，如果纳税人对于税收核定不服，应向行政机关的上级机关或其他有管辖权的机关提出复议的诉愿；如对该诉愿决定仍然不服，才可以向财政法院请求裁判。① 美国则采取自由选择的模式，如果纳税人对税务机关的处罚决定不服，可以在 30 日内申请复议，也可在 90 日内直接向税务法院提起诉讼。虽然在纳税争议的处理模式上存在差异，但是，对于是否需要缴纳税款前置的问题，美国、德国的态度基本一致。德国没有将缴纳税款作为对征税行为申请异议审查的前提条件，而是将选择权交给了纳税人。但是，德国同时规定，纳税人不能延迟纳税，否则要加收罚款或滞纳金。因而不缴纳税款或提供担保便径行申请异议审查的纳税人需要承担一定的不利后果。美国的做法相对宽容，无论在复议阶段还是诉讼阶段，纳税人可以不缴纳有争议的税款。当税务法院作出不利于纳税人的裁决时，纳税人则需支付税务利息。② 显然，我国

① 参见陈敏译：《德国租税通则》，我国台湾地区财政事务主管部门财税人员训练所 1985 年版，第 363、385 页。

② 参见熊伟：《美国联邦税收程序》，北京大学出版社 2006 年版，第 183～190 页。

确立的复议前置模式,旨在贯彻穷尽行政救济的原则。但美国的大量案例表明,并非取消复议前置,纳税争议便会集中涌向法院。在行政复议环节有效的消除分歧,关键不在于复议前置的强制规定,而在于合理中立的机构设置。而在"纳税人权利保障之法"的制度语境下,纳税人的财产权利与税款安全,孰轻孰重,德国和美国弃用缴纳税款(提供担保)前置的立法经验提供了借鉴。我国可以基于纳税人权利本位的立场,取消复议前置和取消缴纳税款(提供担保)前置①的规定,把选择权交给纳税人。

2. 修改《税收征收管理法》第88条第1款、第2款的具体建议

鉴于上述思路,应当对《税收征收管理法》第88条第1款作出部分删除,余下文字与第2款合并为1款,并修改为:"纳税人、扣缴义务人、纳税担保人纳税人、扣缴义务人、纳税担保人同税务机关在纳税上发生争议时,或对税务机关的处罚决定、强制执行措施或者税收保全措施不服的,可以依法申请行政复议,也可以依法向人民法院起诉"。这样,借鉴美国在纳税争议上采取的自由模式,取消原第1款在发生纳税争议的情形下把纳税人缴纳"有争议的"税款作为行政复议"前置",把行政复议作为向人民法院起诉"前置"的规定,由纳税人根据自己的判断作出缴纳"有争议的"税款是否更有利于自己的选择,并自行决定权利的救济途径,且无论在税务复议阶段还是在税务诉讼阶段,皆不会因为先不缴纳"有争议的"税款而产生不利后果。只有在人民法院最终作出不利于纳税人的裁决时,纳税人才需支付"有争议的"税款及相应的利息,从而在最大程度上保障纳税人的合法权利。

---

① 参见张富强、吴茂树:《论我国纳税担保法律制度的完善》,载刘剑文主编:《财税法论丛》第10卷,法律出版社2009年版,第67~69页。

我国财税改革和法制建设40年的主要经验和启示

俞光远*

一、总结财税体制改革的经验启示，明确现阶段财税改革的主攻方向和深刻变化

(一)40年来我国财税体制改革的主要启示

回顾总结40年来我国财税体制改革的伟大历程和丰富实践，给了我们许多方面的经验体会，主要有以下几个方面的启示。

启示一，财税体制改革是一项重大而关键的基础性改革。这项改革涉及各领域、各方面、各层次的改革，财税体制改革牵一发而动全身。只有在我们党的正确领导下推进财税体制改革，才能保证改革方向正确、改革思路清晰、改革举措科学、改革效果良好。

启示二，财税体制改革是整体改革的重要内容。我国财税体制改革的一大特点，就是它始终作为整体改革的一个重要组成部分，始终与整体改革捆绑在一起并服从、服务于整体改革的需要。在经济体制改革初始阶段如此，改革攻坚亦如此，进入全面深化改革新阶段更是如此。

启示三，财税体制改革要与经济体制改革协调配套。40年来，财税体制改革事实上存在一条上下贯通的主线索，这就是伴随由经济体制改革走向全面深化改革的历史进程，不断地对财税体制及其运行机制进行适应性变革：以"财政公共化"匹配"经济市场化"，以"财政现代化"匹配"国家治理现代化"，以"公共财政体制"匹配"社会主义市场经济体制"，以"现代财政制度"匹配"现代国家治理体系和治理能力"。这是我们从这一适应性改革历程中可以获得的基本经验。

启示四，国家治理现代化必然要求财政现代化。经济市场化必然带来财政公共化，国家治理现代化必然要求和决定财政现代化；发展市场经济，就必须发展公共财政；推进国家治理现代化，就必须以建立现代财政制度作为基础和重要支柱。

(二)明确现阶段财税体制改革的主攻方向和深刻变化

党的十八大以来，以习近平同志为核心的党中央提出全面深化改革的顶层设计和总体规划，引领着新时代全面深化改革更为宏伟壮丽的新航程。作为经济体制、政治体制、

* 中国法学会财税法学研究会顾问、全国人大常委会预算工委法案室原主任。

文化体制、社会体制、生态文明体制等各领域改革和改进联动集成的全面深化改革,党的十八届三中全会通过《中共中央关于全面深化改革若干重大问题的决定》指出:"全面深化改革的总目标是完善和发展中国特色社会主义制度,推进国家治理体系和治理能力现代化。"①

这一变化带给财税体制改革最深刻的影响就是,财政由一个经济范畴跃升为一个国家治理范畴,财税体制由经济体制的一个组成部分跃升为国家治理体系的一个组成部分。故而,将财政与国家治理、财税体制与国家治理体系密切联系在一起,在国家治理的大棋局中谋划并推进财税体制改革。

在财税体制改革方面,就出现了一系列大不同于以往的深刻变化。

变化一,从适应和匹配经济体制改革到适应和匹配全面深化改革。财税体制改革不再局限于适应和匹配社会主义市场经济体制要求,而同包括经济体制、政治体制、文化体制、社会体制、生态文明体制改革在内的所有改革进程紧密对接,致力于适应和匹配各个领域的改革联动、适应和匹配改革的总体效果、适应和匹配推进国家治理现代化的总体目标。

变化二,从立足于经济领域到立足于国家治理领域。财税体制改革不再局限于经济范畴、经济制度安排的简单思维,而是站在国家治理的高度,按照"财政是国家治理的基础和重要支柱"的定位,将财税体制作为全面覆盖国家治理全过程、各领域的综合性制度安排加以构建。

变化三,从追求"性质匹配"扩展至"现代化匹配"。财税体制改革不再局限于属性特征、单纯追求财税体制与社会主义市场经济的"性质匹配",而是由属性特征扩展至时代特征,追求财税体制与国家治理体系和治理能力的"现代化匹配",从现代财政文明出发,打造现代国家财政制度的一般形态——顺应历史规律、切合时代潮流、代表发展方向、匹配中国国情的现代财政制度。

上述变化,标志着在初步实现"财政公共化"的基础上,与全面深化改革进程相伴随,我国财税体制改革进入了财政现代化的新阶段——建立现代财政制度。从这个意义上讲,建立现代财政制度同构建公共财政体制框架一脉相承,其实质是推进建立在财政公共化基础之上的财政现代化。

二、必须围绕国家的中心工作,坚持发展是硬道理,促进经济持续协调发展

(一)搞好财税改革和立法,必须围绕国家的中心工作

从本质上看,财税改革和立法都是为党和国家的中心工作服务的。因此,为了保证财税改革和立法正确的政策取向,无论是财税改革,还是财税立法,都必须紧紧围绕党和国家的中心工作。比如,在市场经济体制转轨时期,财税改革和立法要紧紧围绕体制转轨,要有利于促进社会主义市场经济体制的建立,这就要求财税立法不仅要同财税改革

---

① 《中共中央关于全面深化改革若干重大问题的决定》,人民出版社2013年版,第3页。

相协调,而且要同改革开放进程相适应。立法要总结改革开放的经验,把实践证明是正确的东西以法律的形式肯定下来,使改革开放的成果得以巩固。但仅仅这样做还不够,还必须充分认识法律对社会经济发展的指导作用。应当通过法律来规范和指导改革开放的发展,依靠国家的力量排除改革开放中遇到的阻力,有力地推动社会主义市场经济体制的建立。对于一些应兴应革的事情,要尽可能先制定法律后行动。要适当打破一点常规。对于立法中出现的不同意见,要注重立法协调及时解决,以利于加快立法步伐,尽量避免税收立法滞后于财税改革、滞后于改革开放,避免脱离党和国家中心工作需要的状况。在"四个全面建设"时期,要围绕财税改革和全面发展中的问题导向,深化财税体制改革,加快财税法治建设,促进财税制度机制的创新发展,推进国家治理体系和治理能力的现代化。

(二)必须坚持发展是硬道理,促进经济持续协调发展

改革的重要目的是促进生产力的发展,指导改革、衡量改革的标准也是发展。因此,必须坚持"发展是硬道理"、是"第一要务",全面贯彻落实科学发展观,推进财税改革,促进经济又好又快发展。为此,必须从我国实际出发,吸收市场经济发达国家实行公共财政的成功经验,界定调整政府与市场、政府与企业、政府与社会、中央与地方的关系,转变财政职能,主要承担基础设施、基础产业的投入,退出一般性、竞争性的投资领域;集中财力用于调整经济结构、加大科技教育的投入;除保证国家机器正常运转的合理需要外,不断提高财政用于环境保护、社会保障、改善民生等公共服务支出的比重。从财政改革的发展方向来看,按照有利于推进经济、政治、文化和社会的协调建设,有利于消除"瓶颈"制约、产业结构的调整优化,有利于促进财力的总量与结构均衡、各类分配关系的协调的总体要求,逐步建立新的财政发展模式。即建立一种具有稳定与发展统一,总量与结构均衡,激励与约束兼容,直接调控与间接调控配合,开放度广、服务性强、权威性高等特点的新财政发展模式。由于这种模式开源与节流并重,公平与效率兼顾,财权统分适度,因此能够有效发挥其运行中的最大效应,真正促进经济高质量、可持续、协调发展。

三、必须增强大局观念和责任意识,正确处理改革发展与财政承受能力的关系

(一)推进财税改革和立法,必须增强大局观念和责任意识

无论进行财税体制改革,还是起草制定财税法律,一定要从全局出发,从维护国家和人民的根本利益出发,避免不适当地强调局部的、部门的、地方的利益和权力。部门之间、地方之间互相扯皮,不仅会影响财税改革的顺利进行,贻误财税法律的制定出台时机,而且还会阻碍全国统一开放市场的形成和健全。发展社会主义市场经济,必然要打破行政权力划分的传统格局,打破地方封锁和行业垄断。财税改革和立法,既要有利于促进统一开放的大市场的形成和健康有序运行,又要有利于促进政府转变职能,重点转向宏观调控、市场监管、社会管理和公共服务上来,有利于建立健全适应社会主义市场经济发展要求的现代财税制度。

现阶段,财政作为国家治理的基础和重要支柱,一要充分发挥财政优化资源配置、维

护市场统一、促进社会公平、实现国家长治久安的制度保障功能。二要在国家治理过程中,充分发挥财政的基础作用和支撑作用,通过制度创新和政策优化设计,服务和保障国家的发展战略和改革方向,理顺经济与社会、计划与市场、中央与地方等的重大关系,有效发挥中国特色社会主义制度的优势。三要按照全面推进依法治国的要求,严格依法理财、依法治税,促进国家治理体系和治理能力的现代化。四要全面构建匹配现代国家治理的财政运行新格局,按照"四个全面"战略布局的要求,促进创新、协调、绿色、开放、共享发展理念的贯彻落实。

(二)必须坚持统筹兼顾的基本要求,正确处理各方面的分配关系

社会生产力的发展,必须与生产关系相适应;生产关系不相适应的部分必须加以调整。作为调整生产关系不适应部分的改革,必须通过利益关系的调整和变革来实现。财政作为国民收入分配的主要渠道,正确处理各方面的分配关系是财政的重要职责,不仅要尽力而为支持整个改革开放和现代化建设事业,而且要通过深化财税改革,不断发展壮大自己,建立稳固、平衡、强大的财政。为此,财政改革必须遵循统筹兼顾的基本要求,围绕财权的适度集中、财力的适度分散,逐步形成中央财权相对集中、中央和地方财力与其事权相匹配的财政体制。

财权必须适度集中,这是由中国市场经济的"社会主义特色"和社会主义的"初级阶段"的国情所决定的,也凸显了现代社会经济中宏观调控的地位和作用。财力必须适度分散,这不仅是为了调动地方的积极性,而且是为了使地方财力与其事权相匹配。如分税制财政体制设计的指导思想:一是正确处理中央和地方的分配关系,既要适当提高中央财力,以增强中央政府的宏观调控能力,又要考虑地方的利益,以调动地方发展经济壮大财力的积极性;二是合理调节地区之间的财力分配,既要有利于经济发达地区继续保持较快的发展势头,又要通过中央财政对地方的税收返还和转移支付,支持经济欠发达地区的发展和老工业基地的改造振兴等;三是坚持统一政策与分级管理相结合的原则。如划分税种既要考虑中央与地方的收入分配,又要考虑税收对经济发展和社会分配的调节作用,还要考虑税收管理的特点与需要。但需要强调的是,这种财权的适度集中与财力的适度分散,必须依据当时国内外情况的变化、国家发展的战略重点需要、宏观调控的重点目标需求而定。

现阶段,正确处理中央与地方财政关系的改革方向,应当是构建"财权与事权相适应,财力与事权相匹配,事权和支出责任相适应"的财政机制。总之,统筹兼顾是贯彻科学发展观的根本方法,统筹兼顾的关键要求在适度上。回顾财政体制改革 40 年的历程,就是如何统筹兼顾中央与地方、国家与企业、国家与个人的利益分配关系的历程,就是处理全局与局部、长远和眼前的利益关系的历程。只有正确处理各方面的分配关系,统筹兼顾各方面的利益,才能调动各方面的积极性,才能最大限度地解放和发展社会生产力,才能全面建成小康社会,实现中华民族复兴的中国梦。

（三）必须坚持量力而行的原则，正确处理改革发展与财政承受能力之间的关系

财政改革既要有利于发展生产力、发展社会经济，又要有利于发展国家财政、壮大国家综合实力。换言之，就是要促进财政蛋糕不断做大。这既是由财政与经济的关系所决定的，也是由财力与国家实力相互关系所决定的。财政改革 40 年来，财政为支持国企改革、支持投资改革、支持科技教育卫生等改革、支持"三农"和民营经济发展而进行了一系列改革。由于投入改革和建设的资金与取得财政增收收入的改革效应之间有时间差，加之为"熨平"经济周期波动而实施宏观调控，财政往往要发生短期的扩大支出等，如实施积极财政政策，势必扩大财政赤字，增加财政平衡的难度。为此，财政改革必须始终坚持正确处理改革发展大局与财政承受能力之间的关系。如在坚持财政收支平衡方针的同时，实行紧中有活的政策，从保障全局性的需要出发，允许在中央预算中安排一定的赤字，并努力控制赤字数额；为了应对亚洲金融危机，确保我国经济安全持续健康发展，而实施积极财政政策，从源头确保财政发展的基础，并从发展的趋势上控制赤字的规模；把保持财政平衡与深化改革结合起来，促进企业转换经营机制，提高效益，从而增加财政收入；适当调整分配政策，开辟新财源，调动各方面的积极性，努力增收节支等。

财政改革不仅要处理好改革发展需求与财政承受能力的关系，而且要通过不断深化财政改革尽可能地支持各方面的改革与发展。如通过财税改革，为企业经营创造一个公平竞争的良好环境，并引导企业转换经营机制，提高经济效益，打牢财政经济发展的根基；通过税收征管制度改革，强化税收征管，堵塞收入流失，增加财政收入；通过改革，调整和优化财政支出结构，压缩行政经费等开支，保证国家重点建设支出，支持农业生产支出、教育科学支出等事关国家发展大局和发展重点的开支；通过改革，拓宽理财领域，适当举借内外债，合理引导社会资金的流向，使之用到国家急需发展的产业和重点项目上来，以便缓解国家财政资金的紧张状况，提高财政资金的使用效益。

目前，财政要积极支持中央 2016 年年初提出的供给侧改革，积极支持"去产能、去库存、去杠杆、降成本、补短板"五大任务，积极支持治理产能过剩，弥补产能不足，充分发挥财政在解决供需矛盾，调整产业结构，转变经济发展方式，真正启动内需等方面的优势，为国民经济持续健康发展提供持久的动力。

四、必须坚持系统论的科学方法，优化财税改革顶层设计并与外部改革协调配套

（一）必须坚持系统论的科学方法，优化财税改革顶层设计

财政改革必须坚持系统论的思想方法，坚持顶层设计、整体规划、逐步推进、配套改革的原则。由于改革没有既定模式，没有坦途，更没有现成答案。因此，必须审时度势、权衡利弊、渐行推进。不仅要有顶层设计、整体规划方案，而且要分阶段逐步推进，进行配套改革。不仅在综合性的财政改革中，预算体制改革要与企业财务体制改革、税制改革等的改革协调配套，在综合性的税制改革中，各种税制包括企业所得税制、个人所得税制、增值税制、消费税制、营业税制等的改革协调配套，而且在单项财税体制改革中，如分税制财政体制改革，也要借鉴国外经验，从我国实际出发，在明确改革目标的基础上，规

划好方案,抓住重点,分步实施,进行配套改革,逐步完善有关措施,尽量规范管理办法。针对收入流失比较严重的状况,国家通过划分税种和分别征管堵塞漏洞,保证财政收入的合理增长;优先划分好主要税种,逐步规范其他收入的划分;作为过渡办法,地方的补助、上解和有些结算事项继续按原体制运转;逐步提高中央财政收入占全部财政收入的比例,逐步进行对地方利益格局的调整。总之,通过渐进式改革逐步把分税制基本框架建立起来,进行协调配套改革,并在实践中不断加以完善。又如,目前进行的房地产税改革,不仅涉及的税种很多,涉及土地增值税、房产税、城镇土地使用税、耕地占用税,而且涉及的利益主体更多,既涉及国家、集体、个人的利益分配,又涉及中央财政与地方财政的分配关系,包括中央财政、省级财政和县级财政的利益分配。因而这项房地产税改革牵一发而动全身,改革任务非常繁重且艰巨。为了房地产税改革的顺利推进,必须把房地产税改革纳入财税改革顶层设计,并与其他财税改革协调配套,促进房地产税新旧税制的科学转换、顺利衔接和平稳过渡。

(二)以系统论为指导思想,搞好财税改革及其与外部的配套改革

整个经济体制改革是一项极其复杂、非常庞大的系统工程。各项改革是相互联系的,单项改革突进往往难以奏效,必须综合配套进行。从以往的改革情况看,由于财政体制改革在整个经济体制改革中处于非常重要的核心地位,因此它与其他各项改革配套进行格外重要。这是由于国家财力对其他方面改革有不容忽视的制约作用,超越国家财力而进行的改革是难以成功的。各项体制改革的进行要与财政体制的改革协调配套,这些改革的效益最终都要反映到财政上来。因而财政体制改革既不能超前,也不能滞后,在积极推进财税自身改革的同时,与其他各项体制改革相协调配套,以便形成整体合力,提高改革的综合效应。我国改革开放40年的历程证明,凡是与其他体制改革协调配套的财税改革,成功的概率就高,取得的成效就大。目前,存在的许多深层次的矛盾与问题,也有待于不断深化配套改革加以解决。党的十七大以后,我国财政体制改革要围绕推进公共服务均等化和主体功能区建设,完善公共财政框架体系;科学界定财政职责与职能,建立并完善公共财政的支出体系和收入体系,构建公共财政的宏观调控体系和建立科学规范的公共财政管理体系;同时,深化预算制度改革,强化预算管理和监督,健全中央和地方财力与事权相匹配的预算体制,加快形成统一规范透明的财政转移支付制度,提高一般性转移支付规模和比例,加大公共服务领域投入;实行有利于科学发展的财税制度,建立健全资源有偿使用制度和生态环境补偿机制,建设以民生为重点、以协调发展为标志的和谐财政,促进社会经济又好又快发展。

现阶段,围绕党的十八届三中全会提出的全面深化财税体制改革,建立现代财政制度,聚焦三项改革:一是改进预算管理制度,实施规范公开、透明的预算制度;二是深化税收制度改革,完善税收制度;三是建立事权和支出责任相适应的制度,理顺中央与地方的收入划分。这三项改革既是整个财税改革的重要组成部分,是一个有机整体,又相对独立、各有侧重,必须运用系统论的科学方法,推动三项改革的顶层设计、整体规划、分项改

革、逐步推进、协调配套,才能取得改革预期的良好效果。

五、必须立足我国国情参考国外有益经验,为改革开放、财税改革保驾护航

(一)财税立法立足我国国情,参考国外有益经验

无论是财税改革,还是财税立法,都必须一切从实际出发,从我国国情出发,但这并不排除我们借鉴国外的成功经验。说到底,国外经验实际上是人类共同的财富。凡是国外财税改革和立法中比较成功的、又适合我国目前情况的经验成果,我们可以吸收借鉴;凡是他们走过的改革弯路和立法的失败教训,我们都应当认真借鉴吸取,避免前车之鉴。有些适合我国国情的又具有某些共性的法律条文,可以借鉴,在实践中不断充实、加以完善。市场经济是开放型经济,特别是在经济全球一体化的发展趋势下,我国有关市场经济的一些财税法律,需要同国外的有关法律特别是国际惯例相衔接。这样不仅有利于加快我国市场经济的立法步伐,完善有中国特色市场经济法律体系,促进我国经济与国际经济的发展一体化,参与国际经济竞争。

(二)财税立法必须配合改革开放、为财税改革保驾护航

改革开放以来,特别是党的十四大以来,随着社会主义市场经济的发展,我国的财税立法工作取得了很大成绩,初步形成了适应社会主义市场经济体制要求的,以宪法为统率,以财税法律为主体,以相当数量的财税行政性法规和地方性法规为辅助的财税法律体系框架。这不仅对于推进依法理财、依法治税,规范财税管理监督,优化财税收支结构,严格财经秩序,促进社会经济可持续协调发展,起到十分重要的推动作用,而且充分发挥了财税法制建设对于财税改革的引导作用、促进作用和保障作用,强化财税宏观调控能力,加快公共财政建设,增强公共服务功能,促进财税职能的根本转变,配合改革开放,为财税改革保驾护航。现阶段要按照党的十八届四中全会《关于全面推进依法治国若干重大问题的决定》提出的要求,加强重点领域立法,围绕建立现代财政制度,搞好预算制度改革、税收制度改革和中央与地方财政体制改革三项重大改革,重点开展财税立法:全面修改完善预算法律制度,制定中央与地方财政关系法,全面修改完善税收法律制度,包括修订《个人所得税法》、完善《税收征收管理法》、加快制定房地产税法等,全面落实税收法定原则。

六、必须加强社会主义财税法理研究,注重民主立法、科学立法

(一)搞好财税法制体系建设,必须加强财税法理研究

财税立法是一门新兴的综合科学,既涉及财政税收的基本理论、有中国特色社会主义的理论,又涉及法学的基本理论和立法学理论。推动财税立法,不仅要加强财政税收理论和社会主义市场经济理论的研究,而且要加强社会主义法学基本理论和立法学理论的研究。加快财税法律制度建设,构建中国特色社会主义财税法律体系,必须以科学的法学理论作指导,加强财税法理研究,建立和发展中国特色社会主义财税法学理论,并用科学的法理指导财税立法的具体工作,这样才能使制定财税法律规定符合中国特色社会主义的发展方向,体现人民群众的意志和利益,才能建立科学、系统、协调、开放的社会主

义财税法律体系,为促进“四个全面”建设作出应有贡献。

(二)提高财税立法质量,必须注重民主立法、科学立法

财税立法应当充分发扬民主,认真听取各方面的意见特别是不同意见,在广泛发扬民主、深入比较研究的基础上进行分类梳理、归纳对比、科学决策,坚持从群众中来,再回群众中去,反复用实践来检验,使财税立法充分反映人民的意志和各方面的客观实际,不断提高立法的质量和效率。一是制定财税立法规划,应当广泛听取有关各部门、各方面的意见,集思广益,善于吸收宝贵的意见和有益的建议;二是组织财税法律起草班子,应当尽可能地吸收各有关方面的人员和专家学者参加,组成由立法机关、有关部门和专家学者相结合的立法班子,充分发挥专家学者在财税立法中的重要作用;三是开展财税立法工作,应当讲究财税立法方法,注重科学的立法技术,特别是加强和改善立法协调,对于立法中的重大问题及其重大分歧意见要适时报告高层领导,由高层有关领导及时会商协调、决策解决,以免争论不休、久拖不决,加快财税法制建设,提高财税立法质量。

公共财产与私有财产分离下的财税法一体化*

吕铖钢**

一、引言

财产是法律发展历史中的核心概念。财产作为社会发展的重要伦理安排,其概念的形成也促使“私的所有制在正义、进步、和平以及幸福的基础上逐步发展起来”。① 根深蒂固的习惯并未能阻止公共财产与私有财产的分离,“私有财产从共同所有权中分离出来的过程,是私有财产史发展最为关键的一环”。② 财产法的发展是社会发展的必然,也必然引起法律制度的回应,因此,“对私有财产的承认必然导致财产法律的建立”。③ 对财产的法律保护“创造了有效率的使用资源的激励”,④ 进而引发财产法律制度的进一步变迁。由此可见,公共财产与私有财产的分离,是财税法学科研究的逻辑起点。

法律是一种“地方性知识”,⑤ 与特定的地域以及特定的知识生成情境有关,意味着特定的利益关系将决定法律的立场与视域,也意味着法律的本土化可能会引发“水土不服”,进而造成法律适用的“淮橘成枳”。⑥ 是故,厘清财税法学产生的源流与嬗变,明晰公共财产与私有财产分离的边界,是财税法学研究理论自洽与制度构建的重要前提。

二、两权分离:财政税收法律一体化前提

我国财税法学的研究多集中于某一具体的财税制度,而缺少了对财税法基础理论的关注。回应社会上的财税热点问题固然是财税法与时俱进品质的体现,但这也造成了财

* 本文原载《财政研究》2018 年第 12 期。

** 浙江工商大学法学院讲师。

① 肖厚国:《所有权的兴起与衰落》,山东人民出版社 2003 年版,第 1 页。

② [英]梅因:《古代法》,江西教育出版社 2014 年版,第 130 页。

③ [澳]斯蒂芬·巴克勒:《自然法与财产权理论:从格劳秀斯到休谟》,周清林译,法律出版社 2014 年版,第 9 页。

④ [美]理查德·A. 波斯纳:《法律的经济分析》,蒋兆康译,中国大百科全书出版社 1997 年版,第 40 页。

⑤ [美]克利福德·吉尔兹:《地方性知识——阐释人类学论文集》,王海龙、张家瑄译,中央编译出版社 2000 年版,第 273 页。

⑥ [英]赫胥黎:《天演论》,严复译,商务印书馆 1981 年版,第 22 页。

税法缺少共通性理论的现状。法国学者以“有机的公法学”[①] 概念重塑公法部门,我国学者也以“统一的公法学”[②] 概念来梳理与整合公法理论和公法传统,而我国财税法学者虽然开创性地将财政法律与税收法律整合成为“财税法”,却缺少了对其共通性和一体化的基础理论研究。然而,毋庸置疑的是,财税体制作为优化资源配置、维护市场统一、促进社会公平、实现国家长治久安的制度保障,其日益突出的重要性呼唤财税法学整体性的研究。独立的调整对象是一个部门法独立的前提,申言之,共通的调整对象是法律之间一体化的前提。无论是财政法律,抑或是税收法律,都有共同的调整对象,也即“公共财产法律关系”,而“公共财产法律关系”的本源便是“公共财产”。是故,对财产概念的理解与澄清是财政税收法律一体化的前提。

(一)公权与私权的分离:以财产权为视角

两权分离是财税法产生的前提和基础。[③] 两权的分离,是指国家财政权(公共财产权)与国民财产权(私有财产权)的分离。私有财产权,是指归属于个人的对财产占有、使用、收益和处分的权利;公共财产权,是指归属于国家的通过财政收入法律获得的具体财产及其权力。财产权是公共财产权和私有财产权共同的基础概念,财产权概念的历史演进及形成时序,是明晰公共财产权和私有财产权分离的重要参考坐标。

自罗马法以来,民法有了财产法与身份法的界分,财产法保障财产制度,身份法规范人身秩序。财产权在“所有权概念推演的基础上发展而来”,“财产权承继了所有权的一些特点”,而所有权又源于大陆法系。所有权概念的确立是一种社会发展的必然,卢梭在《论人类不平等的起源》中论证了土地私有制的产生是法律制度产生的前提,[④] 在私有化的影响之下,产生了公有与私有概念的区分,也产生了所有权的概念。[⑤] 正如马克斯·韦伯所言,“概念不是目的,而是手段”。[⑥] 所有权概念的创设是为了确立产权划分的规则,保护所有权人对财产的投入,赋予其使用财产的排他性权利。因为所有权有保护产权和促进效率的独特机能,权力机构必然会影响所有权的界分以维持国家的良好运转,所以“权力机构不仅根据每个国家的不同情况以及自主裁量,制定和引入财产取得的新模式;还要界定公共利益和私人利益,同时还要废止某些陈旧的财产模式”。[⑦] 由此可见,财产权视域下公权与私权的分离,实际上是基于人类行为而发生的。

潘德克顿精巧的民法体系遵循的是严谨的逻辑概念体系,所有权概念的创设是财产权利体系的起点,在绝对所有权的基础之上衍生出了担保物权、用益物权等概念。英美

---

① 参见[法]莱翁·狄骥:《宪法学》,钱克新译,商务印书馆1959年版,第500页。
② 参见袁曙宏:《现代公法制度的统一性》,北京大学出版社2009年版,第1~252页。
③ 参见张守文:《财税法疏议》,北京大学出版社2005年版,第35页。
④ 参见[法]卢梭:《论人类不平等的起源和基础》,李常山译,商务印书馆1997年版,第213页。
⑤ 参见[日]加藤雅信:《“所有权”的诞生》,郑芙蓉译,法律出版社2012年版,第1~62页。
⑥ [德]马克斯·韦伯:《社会科学方法论》,韩水法、莫茜译,中央编译出版社2005年版,第55页。
⑦ [荷]格劳秀斯:《格劳秀斯私法导论》,张淞纶译,法律出版社2015年版,第55页。

法系的财产权虽然对大陆法系的所有权有所承继,① 但其灵活开放的法系依托的是裁判实践与司法经验,财产权利体系中并没有"所有权"这一概念统摄全局,既避免了"一物一权"的桎梏,也有利于权益的"裁剪"与"分割"。虽然在英美法系的用语中没有严格地对财产权和财产进行概念区分,但其财产权却被分割成普通法所有权(legal title)与衡平法所有权(equitable title)。在财产权的历史演进过程中,不可避免地对所有权进行了改造与变通,例如,所有权作为一项"普适性价值"被赋予了所有的人,而无形财产权则仅被赋予了少数人。所有权的分离还包括"动产与不动产的分离""有形财产与无形财产的分离""管理与享有的分离""共有财产与非共有财产的分离"。申言之,财产权的概念设计与作用机理奠定了公权与私权分离的基础。

(二)公有与私有的分离:以征税权为界限

关于财产权的起源,发达国家曾有两种截然不同的学说,其差异性决定了公权介入私权、公法介入私法的深度与广度。有学者将财产视为一种天然的权利,如亚里士多德就认为私人的财产是"自然法的命令",② 私人的财产是对人类本性的贴切还原,因此,"私有财产源于自然的安排"。③ 自然法视域下的财产权是一种绝对的所有权(absolute ownership),意味着财产的绝对私有以及财产的不可侵性,并排斥共同财产制。与此相反的是,柏拉图认为,财产的要义在于共享,他在理想国中描绘了安排财产的最佳方案。西塞罗认为,财产是通过长期的占有,或者通过征服,或者通过适当的法律程序、互易、购买或者通过分配取得的。④ 洛克则用劳动论来论证财产权是一种自然权利,劳动创造了财产权,不需要经过他人的同意。⑤ 随着资产阶级的掌权以及经济的快速发展,"功利主义财产权"日渐代替了"自然权利财产权"。笔者亦赞同财产是人类法的创造,"没有自我,就没有财产"。⑥ 承认财产是人类的创造,可以进行互易与分配,这为公权介入私权创造了一定的理论空间。

"不经某人的同意不可从他那里取走",⑦ 这是洛克对财产权的定义。这个略显古老的定义包含了对绝对所有权的修正,因为它承认了在一定条件下对财产的让渡。财产的所有者对财产的让渡以同意为前提,这个同意既可能是基于财产的互易,也可能是国家的命令,实际上,洛克的财产思想中包含了税收法定主义的萌芽。霍布斯的理论则进一步推进了公权的范围,"财产权是公民用以排斥其他公民的权利,但却不能排斥主权

---

① See Lawson F. H., *The Rational Strength of English Law*, Stevens & Sons Ltd., 1951, p. 79.

② [古希腊]亚里士多德:《政治学》,吴寿彭译,商务印书馆1997年版,第55~56页。

③ Schlatter R., *Private Property*, Russell & Russell, 1951, p. 57.

④ 参见[古罗马]西塞:《西塞罗三论》,徐奕春译,商务印书馆1999年版,第98~99页。

⑤ 参见蒋永甫:《西方宪政视野中的财产权研究》,中国社会科学出版社2008年版,第78~79页。

⑥ [美]施瓦茨:《美国法律史》,王军等译,中国政法大学出版社1990年版,第98页。

⑦ [英]詹姆斯·塔利:《论财产权:约翰·洛克和他的对手》,王涛译,商务印书馆2014年版,第156页。

者”。[①] 公民的私有财产权不能对抗国家的征税权,因为在社会契约理论下,“国家是公民一切财产的主人”。[②] 随着财产权概念的历史演进,财产权不再是绝对的所有权,而成为一种“相对所有权”。财产权法律制度的变迁应及时满足经济的变化。于是,财产上同时附着公共财产与私有财产的观念也被逐渐接受,财产权也不再享有“免受国家干涉”的优越地位。正如法国社会连带主义法学派学者狄骥所言,所有权不是一种权利,而是一种社会义务。

顺应财产权观念的变迁,世界各国的立法与司法都对财产的绝对性作了一定程度的限制,并在传统物权法的基础上对财产权进行了一定程度的突破。《德国基本法》第 14 条规定:“所有权承担义务,它的行使应当同时为公共利益服务”。《日本宪法》第 29 条规定:“财产权不得侵犯。财产权之内容,应由法律规定以期适合于公共福利。私有财产,在正当的补偿下,得为公共利益而使用之。”

“规制性征收”(regulatory takings)[③] 或者“占有性征收”(possessory takings)是财产法领域不容忽视的重要议题,因为对私有财产的侵权与财产的私人所有之间必然存在扞格之虞。对私有财产的征收实际上代表了“公法对于私人财产关系的介入”,[④] 公法上的征收权与私法上的侵权之间有密切关联。[⑤] 通过征税权,国家得以征收最狭义的财产,最终取得了曾经属于私人的那些财产的所有权和占有权。我国学者梁慧星认为,对私权的限制有两种路径:一为外部限制,二为内部限制。外部限制,是指以公法上的国家征收及适当的行政管理措施限制其不可侵性;内部限制,是指对权利本身附加义务,权利的行使应为社会公益的目的。公权势必会对私权进行抑制与约束,但国家将征税权合法化的前提并非源于对私有财产的限制,而是基于主权的内在权力、纳税人的同意以及作为税收对价的公共服务。国家将征税权合理化的要义则在于确立私有财产保护的“中立基线”。[⑥] 税法是国家行使征税权的法律,是国家以合法形式剥夺纳税人财产的“侵害规范”,[⑦] 税法的规定不能对财产保护的“中立基线”视而不见。

(三)税史钩沉:公私分离的历史参照

财产权是社会发展的产物,是故,财产权乃历史之观念而非逻辑之产物,常因具体国情与历史的差异而有所不同。钩沉我国税收的历史,不难发现,我国纳税人财产权的形

---

① [英]霍布斯:《利维坦》,黎思复等译,商务印书馆 1985 年版,第 192 ~ 193 页。

② [法]卢梭:《社会契约论》,李平沤译,商务印书馆 2011 年版,第 25 页。

③ [美]杰拉尔德·科恩戈尔德、安德鲁·P. 莫里斯:《权利的边界:美国财产法经典案例故事》,吴香香译,中国人民大学出版社 2015 年版,第 1 ~ 365 页。

④ [英]劳森、冉得:《英国财产法导论》,曹培译,法律出版社 2009 年版,第 220 页。

⑤ [美]理查德:《征收——私人财产和征用权》,李昊等译,中国人民大学出版社 2011 年版,第 52 页。

⑥ See Wittman, *Donald. Liability for Harm or Restitution for Benefit*?, Journal of Legal Studies, 1984, 13(1), p. 57 – 80.

⑦ 参见[日]金子宏:《日本税法》,战宪斌、郑林根等译,法律出版社 2004 年版,第 88 页。

态可谓变动不居,我国古代的财产权也经历了从一元模式到公私分野下财产权架构的二元体系的转变。

土地是我国古代纳税人最重要的生产资料,因此,土地财产权的历史演变构成了我国古代纳税人私有财产变动的主线。秦朝废井田、开阡陌之后,我国土地私有制才开始正式确立。唐朝实行的均田与限田等土地制度,也是在承认土地私有制的基础上解决土地分配不均的问题。“唐德宗之后均田制彻底破产,土地私有制遂完全确立,并依两税法课税。”① 土地私有制的确立有助于纳税人私有财产权的形成,但我国古代纳税人的财产权并不完整。首先,我国古代纳税人私有财产的权利义务关系严重不对等,“王法典章详尽地规定了庶民的纳税义务”,② 但对于纳税人权利的规定却寥寥无几;其次,在古代中国,税收行为并不总是道德的,因为征税的依据通常是政治权力而非纯粹的财产权利,“税收的征收丝毫不考虑纳税人或者其代言人的异议”;③ 再次,纳税人土地财产权的流通权能也被限制,在某些朝代的特殊时期,农民不能自由买卖或者典当土地;最后,封建王朝的统治者虽然在一定程度上承认土地私有,但历朝历代的封建统治者都会把农民的私产强行纳为已有,并将附着于土地上的“课税权”转让给王侯封君。在不完整财产权的视域下,我国历代土地财产权的重点在于对土地的具体利用,“一地常有三主者,小租户负责对土地的耕种与经营,大租户对小租户有收取大租之权,并负责正供(钱粮)等国课”。④ 小租户(田皮主、下皮主、小业主)享有的是土地的使用权和部分收益权,大租户享有的是土地的部分收益权和转租权,封建统治者享有的是对土地的课税权。这种现象的根源在于我国封建专制政治下的“地主权贵二位一体”。由此可见,我国古代纳税人的财产权与发达国家的“不完整的所有权”(incomplete ownership)十分类似,封建统治者的课税权则与发达国家的“收租权”(census-right 或者 rent-right)十分类似。

行文至此,笔者发现,我国古代的财产权经历了从国家所有的一元模式到公私分野下财产权架构的二元体系的转变,这个过程既包含了“从身份到契约”的过渡,又存在“从契约到身份”的部分回归。“从身份到契约”,是指土地私有制之后,封建统治者按田收税,而无论耕地的归属,农民对地主的人身依附性日渐减轻。在一个朝代的经济条件形成之后,耕地可以自由兼并,耕地的交易双方之间是平等的契约关系。在契约平等的原则之下,纳税人的财产权又带有身份性的特征。“从契约到身份”,是指契约社会中的农民基于其身份专享某些福利与特权,以弥补契约平等所带来的不公平。我国农民的问题在于,虽然耕地是其最重要的生产资料,耕地保障了农民的生存权和发展权,但耕地终究只是扮演了“福利”角色而无“产权”的实质功能,农民仅仅享有耕地制度中占有和使

① 赵冈、陈钟毅:《中国土地制度史》,新星出版社 2006 年版,第 40 页。

② 张晋藩:《中国法律的传统与近代转型》,法律出版社 1997 年版,第 161 页。

③ 李胜良:《税收脉络》,经济科学出版社 2004 年版,第 49 页。

④ 谢在全:《民法物权论》(上册)(修订 5 版),中国政法大学出版社 2011 年版,第 108 页。

用的"用益物权",而缺少了对耕地的处分权能。

三、收支分离:财税法一体化的法律困境与理论出路

公共财产与私有财产的分离既是社会发展的自然过程,也是产权制度被人为地重新配置的过程,更是公共财产权成为独立权力的过程。公共财产权为财税法学科的存在提供了理论解释,我国的学者虽然将财政法和税法开创性地打通,将两者纳入统一的法律谱系进行研究,但一直缺少对两者共通性的研究。我国传统税法学一直以来将岁入面和岁出面视为两个泾渭分明的法理层面,以此来解释和界定税收概念,并认为公共财产的分配与公共财产的筹集毫不相关。一方面,财政税收法律一体化面临的是法律层面的割裂;另一方面,财政税收法律一体化追求的是法理层面的融合。

(一)财税法律制度的割裂

1. 宪法层面的割裂

宪法具有"统合性",宪法作为根本大法可以促进法律制度之间的协调,并充当各个法律部门的共识基础。我国《宪法》第56条只规定了我国公民依照法律纳税的义务,却没有规定相应的税收权利,这在一定程度上导致了我国财税法律制度的不完整性。"财政宪法"是一个国家提取和课征岁入的规则和程序。① 美国的公共选择学派也使用了"财政宪法"的概念,并据此对国家的收入与支出观点进行学理上的修正,通过收入与支出制度的控制确保政治体制内的利益得到长远保障。② 财政宪法的调整范围是财政收入领域与财政支出领域,广义的财政宪法包括预算、决算以及税收,狭义的财政宪法仅包括财政收支划分以及税捐事务。③

2. 法律层面的割裂

财政安排(课税权力与支出权力的规定)是各级别政府之间合约的核心。④ 收入与支出制度在法律层面的贯通既是事权与财权相匹配的前提,也是中央政府与地方政府之间、地方政府之间财政平衡的重要保障。我国现行的收入与支出法律制度尚存在一些问题。第一,财税法律体系效力层级缺陷。现行有效的法律层级的法律数量十分有限,包括《预算法》《政府采购法》《个人所得税法》《企业所得税法》《税收征收管理法》《车船税法》等;第二,财税法律体系的范围缺陷。我国在财政收支划分、财政投资、资产管理、国库管理以及财政监督等领域缺少了真正意义上的财税法律,并缺少了统筹规范各类财政收入与支出行为的财政基本法;第三,财政收入权限过分集中在中央政府,地方政府无法形成有效且稳定的财政自主权;第四,财税领域的立法主体多元性导致财税方面的行政法规和规章数量众多且互相矛盾,财政收入与支出制度缺乏整体协调性,导致了财政收

---

① 参见[美]利瓦伊:《统治与岁入》,周军华译,格致出版社2010年版,第51页。

② See Brennan G., Buchanan J. M., *The Power to Tax*, Cambridge Books, 2006, p. 34 - 49, 153 - 163.

③ 参见李建良:《宪法理论与实践》,台北,学林文化事业有限公司2004年版,第362页。

④ [美]马斯格雷夫:《财政理论与实践》,邓子基、邓力平校译,中国财政经济出版社2000年版,第41页。

支划分的不确定性。①

(二)财政税收法律一体化的理论出路

如前所述,建构于私有财产之上的公共财产是财政法与税法共同的调整客体。虽然财政法与税法在共通性的事实上没有太多争议,但是,财政法与税法各自作为独立部门法学或者"领域法学"缺乏财税一体化的相关理论。财税体制是国家收支领域最重要的制度安排,财政政策的强力推动与税收立法的频繁变动又构成了财税一体化理论的现实困境。如何在追求法的安定性的同时调和法律与现实的冲突,并通过理论的完善实现自身法律体系的日臻完善,是财税一体化理论所面临的重要问题。笔者认为,财政法与税法各自有相对完善的理论体系,不妨以公共财产为契机,以各自的理论作为参照系,在理论的取舍上采取"求同存异"的态度,并由此形成财政税收一体化的理论概括。

1. 以公共财产权为逻辑起点

我国在法律传统上通常被归类为大陆法系国家。无论是立法模式的选择,还是法律概念的继受,我国都或多或少地以大陆法系为原型。具体到财政税收领域,无论是"税收债权债务说"等税法学说的引入,还是类型化、经济观察法等研究方法的运用,大到税法的建制原则与价值理念,小到具体的税法概念,都与大陆法系息息相关。在浓厚的大陆法系语境中,我国财政税收领域却没有使用大陆法系的所有权概念,而使用了英美法系的财产权概念,并根据财产权的概念分离出了"公共财产权"这一财税法的基础概念,这其中的原因值得深思。

原因之一,权能设置上的差异。虽然"所有权"与"财产权"在学术研究中常常被混为一谈,但两者内涵的实际差异,却不容忽视。所有权是一种权利的集合,不仅有宪法层面的所有权概念,还有私法层面的所有权概念,经济法、刑法以及行政法领域都有各自的所有权概念。财税法强调私有财产向公共财产的让渡,需要两权分离的权能设置。所有权虽然也有公权与私权的区分,但公权往往建构于私权之上,如"一地三主"的所有权现象,这种模式的权能设置不利于公共财产与私有财产的隔离。是故,现代财税法领域的财产概念与所有权的权能设置兼容性较差。

原因之二,法律保护的差异。基础概念是法律大厦的基石,财税法相关概念的选用势必会影响财税法律体系的构成与稳定。在财产权概念的使用上,纳税人的财产在完成私有财产向公共财产让渡之后,便可以有效阻却国家公权力的再次侵犯。在所有权概念的使用上,所有权语义的模糊性不利于纳税人财产的保护,因为栖息于同一财产上的不同主体的所有权之间很难区分。另外,我国《宪法》第 13 条规定,公民的合法的私有财产不受侵犯。宪法对财产保护的规定也决定了我国财税法在财产概念选用上的取向。概念上的差异势必会影响征税方式,财产权的概念在程序法上更容易获得权利的保障,因此,也更有利于纳税人权利的法律保护。

① 参见刘剑文:《重塑半壁财产法:财税法的新思维》,法律出版社 2009 年版,第 87～105 页。

原因之三,英美法与大陆法的融合趋势。伴随经济全球化以及法律现代化的进程,法律领域之间的交流与借鉴日益频繁,“英美法与大陆法逐渐走向融合”。[①] 英美法系和大陆法系在发展过程中各自扬长避短、互补缺漏,在互相影响的同时形成适用于现代社会的法律范式。“英国财产法的发展便在一定程度上承继了罗马法,承继的内容甚至包括法律概念的核心部分。”所以,财产权概念在我国财税法领域的法律适用没有太多的技术障碍。

2. 财政税收法律一体化的法理融合

财政税收法律一体化并非财政法与税法的简单相加,而是两者的法理融合。财政法与税法皆是以公共财产法律关系为调整对象的法律,有共通的法律调整机制和相近的法律目标与价值,在法理上具有天然的互补性。在实现财政税收法律一体化之前,可以尝试先实现财政税收法理的一体化。囿于篇幅所限,本文仅对财政法与税法建制原则的一体化作一些简要论述。其一,税收法定原则与财政法定原则的一体化。税收法定原则是各国税法学界的帝王原则,指导着税收的立法与实践。我国学者在税收法定原则的基础上提炼出了财政法定原则(又称财税法定原则),并对两者进行了一体化的分析。日本学者北野弘久亦认为,税收法定与财政法定具有同质性,他在“税收法定三阶段论”中提出税收征收与使用的贯通是税收法定最高阶段的要求。[②] 笔者认为,税收立法权与财政权皆源于人民的授权或者委托,纳税人享有对两者的同意权和否定权,税收法定原则与财政法定原则具有相同内涵,可以使用财税法定原则对其进行一体化的概括。其二,税收公平原则与财政公平原则的一体化。税法视野中税收公平原则指的是“按照国民间承担税的能力来进行公平的分配,在各种税法律关系中,必须公平地对待每一个国民”。[③] 财政法视野中的财政公平原则指的是财政收入方面纳税人的均等付出以及财政开支方面纳税人的均等受益。由此可见,财政视野中的公平原则已经部分包含了税收公平原则,税收公平是起点,财政公平是终点。是故,税收公平原则与财政公平原则可以共同纳入财税公平原则的内涵之中。其三,应能负担原则(应益课税原则)与收益支出配合原则的一体化。税法视野中的应能负担原则指的是地方居民有权利享受地方政府提供的服务与福利,同时有义务分担其财政经费负担,而不宜将其支出负担转嫁给其他地方自治团体之居民。[④] 财政法视野中的收益与支出配合原则指的是收入应分配需支出负担者,以满足其必要的财政支出需要。应能负担原则与收益支出配合原则均强调对财政收入与支出的关联性,两者同样可以进行一体化的研究。其四,其他原则的互补。无论是财政

---

① 谢哲胜:《财产法专题研究(三)》,中国人民大学出版社2004年版,第20页。

② 参见[日]北野弘久:《日本税法学原论》(第5版),郭美松、陈刚译,中国检察出版社2008年版,第81页。

③ [日]金子宏:《日本税法》,战宪斌、郑林根等译,法律出版社2004年版,第64页。

④ 参见陈清秀:《现代财税法原理》,台北,元照出版有限公司2015年版,第632页。

法领域,还是税法领域,都有一些独特的原则。将这些原则补充到财政税收法律一体化的研究之中,未尝不是一种可行的路径。例如,将税法中的实质课税原则放置于财政法的视野之中,通过对被转移支付对象的实质审查来确定财政支出的对象,防止一些县城通过贫困县的噱头来骗取国家的财政援助。对量能课税也可以进行财政法意义的解读,量"私能",确立"公共的义务与负担","私能"就是私有财产权,"公共负担"就是公共财产权。同理,财政法的相关原则也可以置于税法的领域进行互补性研究。

四、有机统一:财政与税收法律制度的应然一体

笔者认为,财政税收法律一体化以公共财产权为导管,以财政税收共通的视角审视财税法的相关问题,依此设计财政税收体制及其运行程序,并对公共财产权进行监督,具有本体论的意义。公共财产法理论的建构,恰好为财政税收法律一体化提供了一个契机,公共财产的收入、支出、管理等领域与财税法的各个领域相契合,通过公共财产这个核心范畴将收入、支出、管理划分为公共财产收入、公共财产支出、公共财产管理三类。财政税收法律一体化融合财政与税收两个领域的法律,包含了税法与财政法的双向互动。

(一)以税法审视财政法

以税法审视财政法,意味着税法层面的纳税人权利将延伸至财政法层面,例如,纳税人在税法层面的征税同意权转变为财政法层面的税款使用同意权,这实际上是纳税人对源于私有财产的公共财产继续"使用"的权利。日本宪法的法理构造中将财政权(课税权)与纳税义务统一纳入法律的内容,以一元性认识岁入与岁出。财政税收法律一体化的前提是"一元性的租税概念"。也就是说,现代租税概念是税的收入与支出的整合性概念。从税法的伦理角度上看,纳税人缴纳税款是为了维持国家权力机关的运行,而国家权力机关的运行则是为了保障纳税人权利。从税法的权源上看,纳税人基本权包括了收入与支出的权利,征税的同意权属于纳税人,用税的同意权亦归属于纳税人。

根据社会契约理论,全体人民把权利转让给共同体形成主权者。① 主权者代表人民行使其权力,主权属于人民。② 又因为征税权是主权的"心脏",③ 所以,征税权归属于人民。在代议制的语境之下,纳税人的征税权转变为对征税的同意权,同意的主体也由全体人民转变为了议会等代议制机构,于是,英国等国家现代税收理论的核心就变成了"不经议会的同意就没有税收"。④ 笔者认为,纳税人对征税的同意权的实质是对私有财产向公共财产让渡的同意权。德国学者认为公共财产权的概念源于公权力和私权利的互

① [法]卢梭:《社会契约论》,李平沤译,商务印书馆 2011 年版,第 21 ~22 页。

② [法]博丹、[美]朱利安·H. 富兰克林:《主权论》,李卫海、钱俊文译,北京大学出版社 2008 年版,第 16 页。

③ [美]查尔斯·亚当斯:《善与恶——税收在文明进程中的影响》,翟继光译,中国政法大学出版社 2013 年版,第 173 页。

④ 施诚:《中世纪英国财政史研究》,商务印书馆 2010 年版,第 120 页。

相让渡及其矛盾关系。[①] 因此,在私有财产向公共财产让渡之后,公共财产向私有财产的再次让渡也是顺理成章的过程。笔者认为,在私有财产向公共财产转变之后,税收收入层面的公共财产必然转变成为财政支出层面的公共财产,而这个转变的过程在“租税国家”只有“量”的改变而没有“质”的飞跃,因此,纳税人对征税的同意权将传导到财政支出层面并演变为对税款使用的同意权,这实际上是纳税人对源于私有财产的公共财产继续“使用”的权利。将税法层面的同意权落实到财政支出层面,就演变为了对政府使用预算的同意权以及参与预算的权利等。在财政法与税法分立的视野下,这两个层面的权利看似没有关系,而在财税法的视野中,两者实际上是同属于纳税人的同一权利。财政税收法律的一体化有助于实现纳税人权利的一体化,通过法律制度将税法层面的纳税人权利与财政法层面的权利连接起来以形成一个完整的权利链条,有助于规范税收层面的国家权力和财政层面的国家权力,形成财税法治的强大助力。

以税法审思财政法的相关问题,不难发现,许多财政法问题实质上就是税法问题,如分税制是诸多财政问题的根源。从税法审视中国财政,一个重要的问题是地方税体系的完善与地方政府财政自主权的形成。中央政府财政关系的稳定化与规范化亟须税收法律制度的改革,在“营改增”完成之后,还应在企业所得税和个人所得税的改革、消费税改革、房产税和资源税的改革上为地方政府寻找可持续的地方财政收入方式。在财政支出方式上,合理地采用税收优惠方式,逐步探索以“税式支出”的方式将减免税纳入预算管理。

(二)以财政法回应税法

国家在调整财政时既应衡量财政收入能力,也应衡量支出需要,可以说,财政支出与财政收入是公共财产的两个剖面。如果说,税法位于公共财产权的上游地区,那么财政法必然位于公共财产权的下游地区。财政法的时空序列决定了财政法应有的角色定位,一方面,财政法应然获得了税法提供的公共财产权;另一方面,财政法对税法亦有所回应。财政法对税法的回应主要体现在 3 个方面:纳税人监督权的回应、税收用途的回应以及收支平衡的回应。

在纳税人监督权方面,财政法的设计应容纳税法的需求。我国财政支出制度缺少的是程序的正义、信息的公开以及公众的参与。财政法作为一种回应型、责任性的法律制度,应在制度设计上回应纳税人的信息诉求与参与诉求。虽然将纳税人对公共产品的选择偏好转变为权力机关的预算决议是一个“高交易成本”的过程,但财政法对纳税人监督权的实现只需过程的控制,即参与的民主以及信息的公开,至于具体的技术操作权限将会授权给权力机关。如前文所述,财政税收法律一体化将会让纳税人的同意权传导到财政支出制度上,所以,财政法未来的制度设计应考虑纳税人的同意权。

在税收用途方面,财政法与税法应存在一种必要的联系。学者张君劢早有疾呼:“民

---

① [德]费希特:《自然法权基础》,商务印书馆 2004 年版,第 208 ~ 209 页。

国之统一并非真的统一，财政与税法之统一，乃真统一也。"① 税法关注的重点在于"取之于民"，财政法关注的重点在于"用之于民"。"取之于民，用之于民"为私有财产与公共财产的让渡创造了一种正当性的语境，描绘了和谐的征纳关系。如果财政法不在"用之于民"上对"取之于民"作出回应的话，"用之于民"将无异于国家行使征税权的一种掩护。

在收支平衡方面，财政法应在"量出为入"上有所回应。税法上的纳税义务限制的是私有财产权，而财政法上的支出义务限制的则是公共财产权。政府用税的正义并不必然导致征税的正义，政府不能以公共支出为借口对纳税人"巧取豪夺"。国家在筹集税款之后，理应在统筹分配税收的比例上有所限制，即不应超过"最适课税点"。② 法国经济学者塞逸很恰当地指出了岁出与岁入的关系："所有财政计划中最好的，便是少费；同时，一切租税中最好的，便是少取。"英国财政改革论者帕奈尔也主张："超过维持社会秩序与抵抗外来侵略绝对要求的必需之外，则分文的支出，都是浪费。"③ 可见，量出为入是现代财政制度设计需要考虑的重要因素。

五、结语

揆诸史实，我国古代的财产权经历了从国家所有的一元模式到公私分野下财产权架构的二元体系的转变，这个过程既包含了"从身份到契约"的过渡，又存在"从契约到身份"的部分回归。回归现实，公共财产权为财政税收法律一体化提供了法理基础。财政与税收法律秩序的统一关系国家的治理能力与社会的长治久安，我国财税法的现实困境是，法律是多元的，权力是一元的。无论是在财税法的研究中，抑或是在财税法律的实践中，财税法遵循的通常都是一元的"公共财产权"模式，而非二元的"公共财产权—私有财产权"模式。一言以蔽之，财税法的法律体系是碎片化的，财税法的权源却是一元化的。

我国目前的财税体制改革主要是针对公共财产权的权力改革，而非针对私有财产权的法律变迁，常态化的财税体制改革不仅影响了纳税人对经济活动的合理预期（如"营改增"），更是削弱了对纳税人私有财产权的保障。因此，笔者认为，必须建立一个统一的、权威的财税法律秩序，有效整合碎片化的财税法律，让公共财产权服从于财税法律规则的约束，并以公共财产权为导管，以财政税收共通的视角审视财税法的相关问题，依此设计财政税收体制及其运行程序。

---

① 张君劢：《宪政之道》，清华大学出版社 2006 年版，第 83 页。

② 参见葛克昌：《地方课税权与纳税人基本权》，载《台湾本土法学杂志》2002 年第 35 期。

③ 崔敬伯：《崔敬伯财政文丛》（上），中央编译出版社 2015 年版，第 63 页。

第二篇　40 年来财税法治实践的成就与不足

税收法定视阈下消费税调控权研究*

熊　伟**

消费税适合成为政府调控经济社会发展的工具。然而,随着落实税收法定原则的持续加速,有必要反思消费税调控权的配置,是继续由政府斟酌裁量,还是将其归入税收法定原则的麾下？此外,有关税收法定与行政问责的关系,税收收入功能与调控功能的协调,财税法学为何要走出宏观调控法误区,税收调控权研究如何遵循领域法学思维等,都是本文关注的问题。

一、多重价值目标下消费税调控功能的定位

"基于预设的政策目标,国家经常运用法律等手段对经济运行进行宏观调控,推进国民经济发展和社会全面进步。因而,现代立法的目的性越来越强,立法目的条款也发挥着越来越重要的功能。"① 通过目的条款,得以判断立法者所欲实现的政策目标。然而,与绝大多数的法律法规设置目的条款形成鲜明对比的是,税法领域近乎 70% 的法律法规都没有设置目的条款,②《消费税暂行条例》也不例外。但是,从消费税税目的调整、税率的变化、税收优惠的变迁,仍可判断出消费税的调控目的。鉴于较长一段时期内我国税收法定原则落实并不顺畅,消费税政策调整并未体现于《消费税暂行条例》的修改中,而是主要体现在财政部、国家税务总局联合发布的规范性文件中。

近 5 年来,消费税调整涉及税目、税率、征税环节以及税收优惠,几乎覆盖了消费税构成要素的方方面面。从税目角度观测,这些调整涉及成品油、卷烟、小汽车、电池、涂料以及化妆品,其目的主要是促进资源综合利用、保护环境、节能减排、引导消费、调节收入分配,其中调节收入分配出现的频率较低、引导消费次之,资源节约与环境保护最多。就

---

* 本文原载《社会科学辑刊》2019 年第 1 期,标题稍有不同。本文的写作得到武汉大学法学院博士研究生冯铁拴的协助,在此致谢。

** 法学博士,武汉大学法学院教授、博士研究生导师,中国法学会财税法学研究会常务副会长,教育部青年长江学者。

① 刘风景:《立法目的条款之法理基础及表述技术》,载《法商研究》2013 年第 3 期。

② 参见叶金育、褚睿刚:《环境税立法目的:从形式诉求到实质要义》,载《法律科学(西北政法大学学报)》2017 年第 1 期。

税目与调控的对应关系看，成品油、小汽车、电池、涂料与资源节约、环境保护的目的密切相关；卷烟主要与财政收入目的相关；高档奢侈品与引导合理消费联系紧密。从发文的数量来看，与成品油税目相关的规范性文件最多。通过以上文件的梳理不难发现，自党的十八届三中全会以来，消费税制变迁展现出消费税较强的经济社会调控功能，其中促进资源节约与环境保护的功能尤为突出。

将消费税用于调控绝非中国独创，不少国家和地区都有这方面的实践。以经济合作与发展组织（OECD）中的国家为例，绝大多数国家都对酒精、饮料、矿物油以及烟草产品征收消费税，且这些国家消费税的政策目标近乎相同，除增加财政收入外，越来越重视限制人们对有害产品的消费，近几年来环保因素的比重持续增加。① 消费税之所以能够限制对有害产品消费，归根结底"在于其纳税范围的选择性、征税内容的歧视性、常常对纳税义务采用某种定量测定形式"。②

消费税限制有害产品消费的过程，正是政府调控社会经济发展的过程。其原因在于，什么产品有害取决于政府的判断。当环境容量不足时，高污染产品成为有害产品；在能源危机来临之际，高耗能产品成了有害产品。同样，当政府认为贫富悬殊需要加以调控时，奢侈品消费也就成为有害消费。除节约资源、保护环境外，其他目的也可能为消费税所承载，甚至不同的课税对象可以承载不同的意图，让消费税成为多重价值目标的综合载体，对外呈现形式上的统一性，对内则条分缕析，各司其职。

二、税收法定还是行政主导：消费税调控权的配置

很长一段时期以来，税收法定原则落实不畅，国务院垄断了我国绝大多数税种的立法权，消费税立法同样无可避免。亦因如此，消费税调控经济社会发展的职权也就旁落到国务院及其财税部门。行政机关在实践中已彻底掌握消费税的调控权，2014 年岁末到 2015 年岁初成品油消费税税率 3 次上调如此，2015 年卷烟消费税税率提高亦如此，取消汽车轮胎这种具有污染产品性质的税目和增加涂料、电池这两大税目同样如此。

从税收是政府对公民财产合法侵犯的角度看，政府征税毫无疑问要经过代表民意的立法机关的同意，需要恪守法定原则。然而，也有学者认为，财税法的主要功能是宏观调控，而宏观调控具有高度的专业性，严格遵守税收法定原则会束缚政府的手脚，导致宏观经济运行的低效甚至无效。另外，民意机关也并非理性群体，其制定的规则未必符合经济社会发展需要，因此，应允许政府相机抉择。③ 此种看法毫无疑问有其合理之处，在判

① 参见经济合作与发展组织：《消费课税趋势（2012 年版）：增值税/货物服务税和消费税的税率、趋势以及管理问题》，中华人民共和国财政部税政司译，中国财政经济出版社 2014 年版，第 98 ~ 99 页。

② ［荷］赛伯仁・科诺森主编：《消费税理论与实践：对烟、酒、赌博、污染和驾驶车辆征税》，李维萍译，中国税务出版社 2010 年版，第 2 页。

③ 参见史际春：《地方法治与地方宏观调控》，载《广东社会科学》2016 年第 5 期；史际春：《政府与市场关系的法治思考》，载《中共中央党校学报》2014 年第 6 期；史际春、肖竹：《论分权、法治的宏观调控》，载《中国法学》2006 年第 4 期；史际春、宋槿篱：《论财政法是经济法的"龙头法"》，载《中国法学》2010 年第 3 期。

断宏观经济社会发展的形势问题上，政府相较立法机关的确更具专业性，否则 19 世纪末 20 世纪初以来，行政立法不可能会兴起，规制国家也同样难以建立。尽管如此，笔者仍然认为，消费税调控权应主要配置给立法机关，行政机关不宜拥有过多决策权。

消费税之所以成为政府调控经济社会发展的工具，源于其改变了纳税主体与国家之间的财产分配状况。通常而言，税收应当恪守中性原则，不应扭曲市场主体的生产或者消费。然而，消费税恰恰违背中性原则，旨在改变生产者或者消费者的行为模式，以实现政府的调控目标。但是，征税的过程毫无疑问也是私人财产流入国库的过程。若过度夸大政府的调控职能，忽视权力滥用或失效的一面，公民财产容易遭受侵犯，因此调控仍必须受法治原则约束。

以我国卷烟消费税为例，对其征税本应以控烟为目的，然而由于立法机关对行政机关过度信赖，税收法定原则落实不力。这一点既可以从《关于调整烟产品消费税政策的通知》(财税〔2009〕84 号)文件的目的条款"为了适当增加财政收入，完善烟产品消费税制度"看出端倪，亦可以从我国卷烟行业对财政收入近几年财政贡献呈现的持续增长态势窥测出来。因此，消费税的调控职能不宜由行政机关把持，应回归税收法定的初衷，由立法机关主导税制设计。

当然，政府也并非毫无发挥作用的空间。至少就税收调控权而言，行政机关与立法机关既是竞争关系，也可以合作。换言之，在恪守税收法定原则，由立法机关主导消费税调控权的前提下，行政机关的参与空间仍然客观存在。

其一，在消费税立法阶段，行政机关可以通过法律起草影响立法。"在立法资源短缺，特别是人才和信息资源短缺的情况下，行政部门起草法律法规草案这一立法模式可以有效地缓解立法压力。"① 也正因如此，行政机关起草的法律草案一旦形成，通常很难在审议阶段作出重大改变。行政机关起草法律案的过程实际上也是表达自身价值与诉求的过程。

其二，立法机关可以赋予行政机关适量的调整空间。当基于优化产业结构而需调整消费税要素时，有必要给政府保留相应的政策空间，赋予行政机关一定的税收裁量权。例如，立法机关可以设置幅度税率，在此范围内由政府相机决定，以满足行政机关调整产业结构的需要；或者在限定条件的前提下，允许政府出台减免税措施，促进新兴产业的发展。

其三，行政机关可利用税法解释和适用，贯彻自己的政策意图。只要不违反法律的原则和目的，在解释和适用税法时，行政机关实际上拥有较大的自由。在税务实践中，股权激励如何征收个人所得税，限售股的原始成本如何确定，房产税中房屋的范围如何界定等，都是通过行政规范性文件确定的。在"常州悦达卡特公司案"中，原告利用废弃动

---

① 高凛：《论"部门利益法制化"的遏制》，载《政法论丛》2013 年第 2 期。

植物油提炼“生物重油”,是否属于消费税的应税“燃料油”;[①] 财税〔2010〕118号文[②]提到的纯生物柴油到底应该适用免税待遇,还是应该排除在课税范围之外,无疑也属于具体的调控措施。

可见,在税收法定原则的指导下,消费税坚持立法主导的模式,并不会绝对排除政府的调控空间,无论是通过法案起草还是法内授权,或是法律解释与适用,行政机关都有大量机会实现政策意图。税收法定不是政府宏观调控职能的终结者,反而是其有力的保障措施,可以防范行政滥权,维护纳税人合法权利,创造良好的法治环境,为企业营造更好的营商环境。

三、经济调控的行政问责不能替代税收法定

在经济调控权的监督与控制方面,除税收法定原则外,还存在另一种选项:行政问责制。有学者认为,“如果政府的角色担当不好,利益冲突,角色错位、越位、不到位,或者经不起问责,就应该承担法律上的不利后果,即依法承担法律责任。这是一种有担当的自由裁量或法治的‘民主集中制’”。[③] 之所以主张用问责制来防范政府的肆意调控,是因为调控权具有很强的灵活性、随机性,难以由立法机关事先确定固定规则。[④]

笔者认为,税收法定原则和行政问责制皆是规范政府调控权的可取方式,二者并不矛盾,可以相互补充,相得益彰。税收法定原则是问责制发挥作用的前提,问责制是实现税收法定原则的重要途径。

“从行政决策的视角来看,行政问责制就是指各种问责主体对政府及其公务员一切行政决策行为以及行为后果都必须且能够追究责任的制度。”[⑤] 税收调控作为政府的行政决策,基于权责一致的原则,如果内容和程序违反规则,或者实施后未能达到预期效果,政府毫无疑问应承担责任。就此而言,问责制实际上是驱使政府在税收调控过程中更加积极地履行职能的手段。[⑥] 从这个角度来说,尽管问责制本身与税收法定原则不存在直接关联性,但通过对行政问责制的应用,税收法定原则的实质要求可以得以实现。

在规范政府调控权方面,税收法定原则与行政问责制各有侧重。问责制的目标在于确保政府合法、科学以及民主行使税收调控权,在限制税收调控权上具有较强的事后性以及消极性。税收法定原则旨在事前对政府税收调控权予以限制,力图把政府的税收调控权限制在代表民意的立法机关可接受范围之内。如果没有税收法定原则所确立的税法规则体系,只是依赖行政机关的良心或善意,即便事后想问责,也会失去可供遵循的

---

① 参见江苏省常州市中级人民法院(2017)苏04行终6号判决书。

② 参见财政部、国家税务总局《关于对利用废弃的动植物油生产纯生物柴油免征消费税的通知》(财税〔2010〕118号)。

③ 史际春:《政府与市场关系的法治思考》,载《中共中央党校学报》2014年第6期。

④ 参见史际春、肖竹:《论分权、法治的宏观调控》,载《中国法学》2006年第4期。

⑤ 刘峰、舒绍福:《中外行政决策体制比较》,国家行政学院出版社2008年版,第267页。

⑥ 参见彭忠益:《政府领导力与政府责任》,中国社会科学出版社2012年版,第286~291页。

依据。

消费税的调控目标通常具有高度的概括性与模糊性。以成品油税目为例,其目的是节能减排和环境治理。它看起来似乎比较明确,但实际上并非如此。节能减排与环境治理充其量只是一种方向性目标,至于要达到何等程度便无从得知。再如,超豪华小汽车加征消费税的目的是"引导合理消费,促进节能减排",这一目的较之前者更加模糊,除很难确定节能减排的具体指标外,还很难界定"合理消费"的边界。问责制的作用空间因此严重受限,仅能用于判断政府行为是否符合预定的方向。

就消费税调控的结果而言,它同样难以测度和衡量。税收只是众多社会控制手段的一环,税收调控的效果与其他手段调控的效果往往混合在一起。同样以成品油消费税为例,要想计算出消费税在节能减排和环境治理上的贡献,至少需要准确界定有助于节能减排和环境治理的各种政府工具以及各自所实现的效果。姑且不论其他有助于节能减排和环境治理的政策工具,仅就税收政策工具而言,至少就有环保税、消费税、车船税、资源税、增值税以及企业所得税中的税收优惠措施等,就消费税内部而言,涉及税目就有成品油、涂料、电池以及小汽车等。由此可见,要想准确界定成品油消费税税率调整的节能减排以及环境治理效果,显然是不可行的。

结果导向的问责制既然难以充分发挥作用,就应当允许以过程、程序为导向的税收法定原则充当限制政府税收调控权的手段。尽管立法机关制定的税法同样不一定能清楚界定税收调控的目标,准确测定税收调控的效果,但这是立法机关集体决策的结果,代表公共参与和纳税人同意。即便偏离目标或者效果不佳,也只能通过修改立法的方式纠正。

四、从消费税看财税法"宏观调控"研究的局限

自德国《租税通则》明确税收可以收入为附随目的以来,税收调控功能日渐强化。也因如此,不乏学者认为,税收的调控功能的增强,尤其是一系列调控目的税的出现,使传统税法建制原则濒于崩溃,尤其是量能课税原则。① 实事求是地讲,诸如环境保护税之类的新型税种,确实很难运用量能课税原则对其予以解释。但这绝不意味税法建制原则体系的彻底崩溃。在调控目的主导的税种中,税收法定原则同样需要遵循。究其根源,调控目的的实现有赖税收财政功能,从而不能逃脱宪法对公民财产权的保障。

其一,调控目的的实现取决于税收的财政功能。尽管在以调控为主导目的的税种中,财政收入筹集是其次要目的,但这不等于说财政收入筹集功能不重要。恰恰相反,若调控税的财政功能不充分发挥,其调控目的将难以完全实现。这是因为,一个税种要想对于国民经济和社会发展起到较大作用,其财政收入功能就必须较显著。因此可以说,收入体量大的税种会具有更强的调控功能。

---

① 参见熊伟:《环境财政、法制创新与生态文明建设》,载《法学论坛》2014 年第 4 期;黄茂荣:《法学方法与现代税法》,北京大学出版社 2011 年版,第 57 ~ 58 页。

其二,财政目的是税收调控赖以存在的前提。而当税收不再带来收益的时候,税收调控所展现出的诱导性效果也将不复存在。此时的税收调控亦沦为“直接禁止”。实际上,若税收以消灭某类行为为目的,而非以柔性方式改变其所欲调控的行为时,此时的税收调控也应为宪法和法律所禁止。税收之所以得以干预市场主体的某种行为,其前提便是,宪法和法律对此等行为的态度是限制而非禁止。

既然税收调控无法脱离税收的财政功能,就必须正视税收调控过程中纳税人财产权益的牺牲,恪守宪法保护公民财产权的原则。也正因如此,体现“无代表,不纳税”理念的税收法定原则毫无疑问也应该被调控目的税所遵守。就此而言,无论是调控目的税还是财政目的税,法律在捍卫公民财产权利、限制政府征税权上并无本质区别。

从现有的研究成果看,基于宏观调控法的视角研究税收调控,主要限于税收调控目标与手段。然而如前所述,税收调控目标难以做到清晰和精确,而对税收调控手段的研究又容易遁入效率主导的经济学分析模式,显然不是法学学者所擅长。若能打开思路,运用公共财产法的视角去观测税收调控,将重心置于课税而非调控,一系列值得挖掘的学术资源都将迸发出来。

其一,税收调控决策的民主机制。现代以来,人民的同意与授权主要表现为税收法定。然而,这种间接民主在反映纳税人的意志时终有其局限性,民意机关的官僚化在某种程度上也在促使立法与纳税人的意志发生偏离。这也就意味着,税收民主的落实除贯彻税收法定原则外,还应考虑“治理”理念,允许纳税人直接参与税收调控决策。因此,完善税收调控的决策民主仍值得推进。

其二,税法解释的功能发挥。以消费税为例,它只对税法明确列举的税目课税,但现实中纳税人时常通过改变其生产的产品的名称来规避缴纳税款。要想对此准确定性,只能诉诸对税法调控规范予以解释。此外,对税法中意义较抽象模糊的概念,如“应税消费品的计税价格明显偏低并无正当理由的”中的“明显偏低”以及“无正当理由”,同样需要基于税法调控规范的目的做出解释。

其三,税收调控规范的司法审查尺寸。针对政府调控行为是否可以进行司法审查,学者们意见不一。观点的交锋有助于人们更好地认识宏观调控行为以及司法审查的界限,但这种类型的研究也有其不足之处,它很难对政府宏观调控权起到实质监督作用。正因如此,对宏观调控行为司法审查的研究重点可适度转移,可以考虑借助2017年修订后的《行政诉讼法》,重视对财税规范性文件的司法审查,引入对政府调控行为的外在监督机制。

其四,税收调控权中立法与行政的协作关系。税收调控如何在灵活性与法定刚性之间寻求平衡,也是一门值得关注的学问。尽管前文对消费税调控权的配置作了简单分析与思考,但税收调控权中立法与行政的协作关系仍有待进一步探索。实际上,税收调控权中立法与行政的关系,不仅不同国家之间存在差别,同一个国家不同时期、不同税种中立法与行政的协作关系也会存在诸多差异。

五、从领域法学看财税法的多元融合与功能耦合

长期以来，学界围绕财税法是宏观调控法还是公共财产法展开的争论，在很大程度上也佐证了不同角度下财税法会呈现不同的面相。从部门法角度去审视财税法，将之归为宏观调控法有其合理性。但是，财政作为国家治理的基础和支柱，对财政的认知不应停留在经济制度上。相应地，对财税法也应从国家治理的高度予以审视，而这显然不是宏观调控法所能覆盖的。更何况，宏观调控法只是经济法的一部分，而经济法又只是国家治理中的很小一环。即便从部门法角度观察，仍有诸多财税关系是宏观调控法难以调整的，例如，央地财政关系、税法合宪性审查、地方税以及授权立法、税务行政救济等。这些问题很难由宏观调控法乃至经济法所涵盖，归入税收宪法和税收行政法更合适。此外，诸如应对国际经济环境变化时，一国税制改革如何作出回应，这类问题更非宏观调控法所能解释，应该归入国际法或税收政策的范畴。

同是财税问题，却分属不同法律部门，这对于探寻财税法的内在规律并无裨益。相反，以领域法学的规范集成方法分析前述问题，财税法的整体性特点将跃然纸上。究其原因，在部门法下，财税法分属不同部门法，遵循不同部门法的内在规律；而在领域法范式下，分属不同部门法的财税法，无论是财税经济法还是财税行政法，抑或是财税社会法、财税文化法，它们所处理问题的核心都是限制与规范政府财税公权，保护纳税人财产权利。

笔者并不否认财税法的宏观调控性，而是强调对财税法的研究应当关注其本体性、基础性功能。财税法调控效果的发挥能且只能在约束国家财政权、保护纳税人财产权的前提下去考虑。另外，尽管经济法学以往非常强调财税法的宏观调控功能，但极少从法学角度深化对其特性的研究，以致人们认为宏观调控法就是财税法的全貌，这显然也是对财税法的误解。① 跳出财税法仅有宏观调控功能这一思维藩篱，对财税法加以整体性观察，厘清财税法各项功能之间的关系，财税法学研究才能不断深化，逐渐回归其法学本性。

本文谈及的消费税调控功能是学界主张财税法为宏观调控法的典型例证。通过对前文的考察已然不难看出，消费税的调控功能尽管极为重要，但调控功能发挥的基石是其财政功能与财政目的的实现。要想规范政府消费税的调控权，必须直面其公共财产法属性，维护好纳税人的财产权利。扩大至财税法整体，这一结论亦能成立。一言以蔽之，无论宏观调控功能在财税法中拥有何等地位，财税法的基础功能与定位仍然是保护纳税人合法财产权，保障政府的财政权。因此，对政府税收调控权的规范应回归税收的本体功能，政府调控权的限度不在于调控权本身，而在于纳税人的财产权。

---

① 参见姚海放：《财税法下需要“走出宏观调控误区”吗?》，载史际春主编：《经济法学评论》2017 年第 1 期，中国法制出版社 2017 年版，第 3 ~ 10 页。

税收法定下的地方立法权重塑

——40年税收立法变革的线索之一

郭维真[*] 任 倩[**]

一、引言

1994年分税制的建立,其背景之一包括:随着经济体制改革的发展,国有企业对国家财政的义务更多地表现为税款的缴纳,如何实现企业与国家关系的稳定,包括收入的稳定,其中之一便是对原有隶属关系的延续;而分税制改革中企业所得税按企业隶属关系划分正是这一思想的反映。① 甚至可以说,中央(政府)和地方(政府)之间权责利的离合发展,其实是中国经济的一条隐性主线。

在分税制改革之前,1984年全国人大常委会"根据国务院的建议,决定授权国务院在实施国营企业利改税和改革工商税制的过程中,拟定有关税收条例,以草案形式发布试行,再根据试行的经验加以修订,提请全国人大常委会审议"。② 而后,1985年决定"授权国务院对于有关经济体制改革和对外开放方面的问题,必要时可以根据宪法,在同有关法律和全国人大及其常委会的有关决定的基本原则不相抵触的前提下,制定暂行的规定或条例,颁布实施,并报全国人大常委会备案。经过实践检验,条件成熟时制定法律"。③ 授权立法的形式一般有两种,一是横向的授权,二是纵向的授权。从权力集中的程度来说,前者不但没有改变权力集中在中央层面的状况,反而更加分散了人大的立法权,使权力更多地集中于具有一定封闭性的行政系统内部;而后者的权力分散,却依然使

---

* 中央财经大学副教授,博士。

** 中央财经大学法学院硕士。

① 2001年年末,国务院发出通知,决定从2002年起实施企业所得税收入分享改革。在中央企业收入所得仍由国税征管的前提下,决定由地方和国家共享地方企业收入所得。

② 2009年6月,第十一届全国人大常委会第九次会议通过决定,废止1984年对国务院的授权。1985年的授权则保留至今。

③ 2013年3月9日,全国人大代表赵冬苓表示,她已将《关于终止授权国务院制定税收暂行规定或者条例的议案》正式上交大会议案组。

这部分权力进入了地方行政系统的内部。

二、1982 年《宪法》下的我国税收立法权配置的历史演进：1978 ~ 1994 年

1982 年《宪法》确认了全国人大和全国人大常委会共同行使国家立法权。[①] 国务院有权规定行政措施，制定行政法规，发布决定和命令。[②] 各部部长和各委员会主任在本部门的权限内可以根据法律和国务院的行政法规、决定、命令，可以发布命令、指示和规章。[③] 地方各级人大依照法律规定的权限通过和发布决议，民族乡的人大可以依照法律规定的权限采取适合民族特点的具体措施。[④] 县级以上地方各级人民政府依照法律规定的权限发布决定和命令。[⑤] 虽然分散到地方的权力从表述上看与 1954 年《宪法》差别不大，然而 1982 年《宪法》在宪法、法律、行政法规之下，赋予了省、直辖市的人大及常委会以制定地方性法规的权力，[⑥] 赋予了民族自治地方以制定自治条例和单行条例的权力。[⑦] 换言之，1982 年《宪法》确立了我国法律体系的基本格局。

而立法权向中央的集中，在税法领域始于 1977 年。财政部《关于税收管理体制的规定》(财字〔1977〕15 号)明确规定，"凡属国家税收政策的改变，税法的颁布和实施，税种的开征和停征，税目的增减和税率的调整，都由国务院统一规定"，财政部掌握了某些审批权，同时地方上的减税和免税权力被限缩在很小的范围内。然而基于对外开放的需要，税收立法权存在向下分散的空间到省级单位。[⑧] 换言之，税收立法权并没有复制宪法中鲜明的科层安排。

在实践中，税收立法权并非由全国人大或者通过 1982 年《宪法》获得了立法权的全国人大常委会行使。随着改革开放的推行，一系列重要的税收立法工作不断展开，既包括规则的建立，也包括在新税制下如何处理好政府与公有制企业(经济)的关系，当然也包括如何应对国门打开之后的新情况。为了应对不断发展变化的社会经济，根据宪法的相关条款，全国人大常委会进行了系列授权，其中与税法相关的授权有：1984 年 9 月 18 日全国人大常委会《关于授权国务院改革工商税制发布有关税收条例草案试行的决定》、1985 年 4 月 10 日全国人大常委会《关于授权国务院在经济体制改革和对外开放方面可

---

① 1982 年《宪法》第 58 条。

② 1982 年《宪法》第 89 条。

③ 1982 年《宪法》第 90 条。

④ 1982 年《宪法》第 99 条。

⑤ 1982 年《宪法》第 107 条。

⑥ 1982 年《宪法》第 100 条。1979 年制定的《地方各级人民代表大会和地方各级人民政府组织法》在 1982 年第一次修订时，赋予了省、自治区的人民政府所在地的市和经国务院批准的较大的市的地方性法规草案的拟定权。1986 年第二次修订时，赋予了省、自治区的人民政府所在地的市和经国务院批准的较大的市的地方性法规的制定权。

⑦ 1982 年《宪法》第 116 条。

⑧ 1981 年 7 月 19 日中共中央、国务院同意并转发的《广东、福建两省和经济特区工作会议纪要》在承认前述原则的前提下，提出除了烟、酒、糖、手表 4 种产品外，(广东、福建)两省对于其他产品，某些行业或企业的减税、免税照顾，地方各种税收的减免、开征和停征，可以自行确定。

以制定暂行的规定或者条例的决定》。[①] 这些授权的结果是国务院主导税收立法权,基本形成了我国现有的税法体系。

围绕国有企业利改税问题,先后颁发了《关于对国营企业征收所得税的暂行规定》(财政部,1983年)、《国营企业所得税条例(草案)》(国务院,1984年,已失效)和《国营企业调节税征收办法》(国务院,1984年,已失效)等规定。

围绕税制的建立,1984年国务院先后颁发了《产品税条例(草案)》(已失效)、《增值税条例(草案)》(已失效)、《营业税条例(草案)》(已失效)、《盐税条例(草案)》(已失效)、《资源税条例(草案)》(已失效)。1986年国务院颁布的《个人收入调节税条例》主要对中国公民适用。

围绕涉外税制,全国人大1980年颁布了《中外合资经营企业所得税法》和《个人所得税法》,全国人大常委会1981年颁布了《外国企业所得税法》,基本解决了所得税方面的涉外课征问题。1991年全国人大合并了上述两部涉外企业所得税法,制定了《外商投资企业和外国企业所得税法》。

可以发现,这一阶段的立法权集中呈现两头收缩的局面,一方面是全国人大及其常委会的立法权收缩,另一方面是地方的立法权收缩;而立法权的功能依然保持完整性,部分主体的权力收缩,必然伴随部分主体即国务院的权力扩张。

然而这一阶段,改革意味着放权,整个20世纪80年代的经济改革实际上也是中央对地方不断放权让利、激发地方积极性的过程;[②] 而财政管理体制方面开始了"分灶吃饭"的尝试,无论财税包干采用何种模式,直接后果之一便是地方政府的财政主体地位得以逐步确立。[③] 换言之,这一阶段的税收立法权的分配和税收收益权的分配呈现极不匹配的模式,这种不匹配实际上是税收执法权与立法权的背离以及税收执法权不稳定性的产物,而根源则是税收立法权的过度集中与税法在政治上的合法性问题。[④]

三、1994年以来我国的税收立法权配置以及立法法的孱弱

(一)1978~1993年立法权配置的经验与包袱:源流考

回顾1993年之前的税收立法权配置的历史,我们会发现立法权在宪法上的地位(不

---

① 此外,相关的授权还有1983年9月2日全国人大常委会授权国务院对职工退休退职办法进行部分修改和补充。

② 这也激发了地方行政性投资的扩张和地方保护主义,如1985~1988年的地区原料大战,1988~1992年的地区产品大战。参见辛向阳:《百年博弈——中国中央与地方关系100年》,山东人民出版社2000年版,第269~277页。

③ 随着中央政府向地方政府下放事权和财政支出责任,地方政府成为向当地居民和企业提供公共物品的重要组织。地方政府也一度成为推动国民经济发展的一支重要力量。

④ 对此有学者指出,由于地方政府在20世纪80年代获得了很强的财政自主权,并且在这一时期对于什么才是好的税收政策存有非常大的不确定性,税收立法权集中的合理性在这一时期应当处于其最弱的阶段。参见崔威:《税收立法高度集权模式的起源》,载《中外法学》2012年第4期。

仅是税收立法权）和其在实际政治生活中的地位存在相当的不匹配性。无论在 1954 年《宪法》的年代还是 1982 年《宪法》的年代，立法权仅掌握在全国人大及其常委会手中，作为人民民主专政政权的组织形式，人大制度体现并且巩固了一切权力属于人民和民主集中制的原则。在中国，社会主义国家的性质使人大不仅表现出立法机关的一般属性，而且具有权力机关的独特地位。国家是通过权力运作而运行，人大行使权力的主要形式即会议，会议可以议事（一事一议，如审批预算等）、可以议规则（如立法）；然而，人大更多选择了前者，而几乎放弃了后者。这一原因是无法从制度本身探究而得的。

同时，虽然 1994 年之前，包含了若干个历史阶段。然而历史的发展却循着不变的主线。

在中国，立法权具有宪法上的至高性，然而无论是对战争对集中高度需求的回应，还是在其治理理念中更强调庶务的管理，管理是无法通过有限的会议进行的。

权力在中央的高度集中，和权力在最高权力机关的弱化，使国务院的权力无疑得到扩充。在 20 世纪 80 年代以前，对地方下放的税收立法权和税地方的收入权至少是匹配的；换言之，地方的收入收取是在合法且可控的框架内运行。而 20 世纪 80 年代以来，一方面，税收立法权高度集中在中央，全国人大通过对国务院授权立法消极行使税收立法权；另一方面，国务院基于改革试点的需要对地方政府的授权，在财政包干的体制①下，无形中提升了试点城市在财政分成上的议价能力，发展到一定程度又将成为中央（财力）的威胁。在两方面的作用因素下，一是国务院对地方政府的授权，无形中将立法机关弱势的局面复制到地方，自上而下地引发权力机关立法权能的空缺；二是地方财力的膨胀却并非基于制度化的税收，而是基于议价等非正式制度，合法性的色彩和法治化的要求日益被淡化。

而这一切都是 1994 年税制改革不得不面对的问题。

（二）1994 年分税制决定权的背后

作为分税制改革的重点，中央与地方财权重新划分的核心是税收收益权的集中。然而以国务院决定的形式出现却是自有其背景。

分税制最早在 1990 年 12 月 30 日党的十三届七中全会审议通过的《中共中央关于制定国民经济和社会发展十年规划和“八五”计划的建议》中被提及，建议明确指出，要“改革财政税收体制，建立稳定的和规范化的财政税收制度”，“改革的方向是在划清中央和地方事权范围的前提下实行分税制。”1991 年第七届全国人大第四次会议批准通过的《国民经济和社会发展十年规划和第八个五年计划纲要》指出，在稳定和完善财政包干体制的前提下，在有条件的城市和地区，积极进行分税制的改革试点。此后，中央对部分

---

① 国务院《关于实行“划分收支、分级包干”财政管理体制的通知》（国发〔1980〕33 号，已失效）、国务院《关于改进“划分收支、分级包干”财政管理体制的通知》（国发〔1982〕141 号，已失效）、国务院《关于实行“划分税种、核定收支、分级包干”财政管理体制的规定的通知》（国发〔1985〕42 号）。

地区实行“分税制”财政体制试点,在试点期间共享收入的预算暂全部列入地方预算。[①] 而最终奠定分税制改革政治基础的是1993年11月14日《中共中央关于建立社会主义市场经济体制若干问题的决定》,决定中明确指出,“把现行地方财政包干制改为在合理划分中央与地方事权基础上的分税制,建立中央税收和地方税收体系”。同年11月15日国务院《关于实行财政分税制有关问题的通知》颁布。1993年12月15日国务院发布《关于实行分税制财政管理体制的决定》。

在分税制的一系列进程中,人大的作用体现在对党中央“八五”计划的批准上,而无论是试点还是最终决定的作出,依然承袭了立法机关缺位的既有传统。当然原因是多方面的:一是时间因素,不在全国人大常委会会议召开的时间段内[②],也不能等待全国人大会议召开。二是角色定位,在1994年3月的全国人大会议上,在全国人大常委会工作报告中,对其过去一年工作涉及财政税收的仅提及“关于外商投资企业和外国企业适用增值税、消费税、营业税等税收暂行条例的决定”以及个人所得税法的修改,[③] 也并不以未主导分税制改革为意。也许还有第三个原因,即来自1985年的授权,然而1985年的授权明确了国务院的立法行为为“制定暂行的规定或条例,颁布实施,并报全国人大常委会备案”,然而分税制的冠名上并不符合授权的需要;[④] 虽然其内容符合授权的范围,但其自我赋予的合法性是来自党的决定。[⑤] 因此通过1994年分税制决定权的分析,对于国务院权力膨胀的原因在“议行合一”思想影响之外,还有宪法之外的党的决定对合法性的贡献。

分税制改革在“进一步明确了我国税收管理权限集中统一原则”[⑥] 的同时,并不触及中央与地方税收立法权的重新配置,继续沿袭税收立法权集中模式:国务院在1984年、1985年两个授权之下基本完成了我国税收法律体系的框架构建,而地方对相关税种

---

① 参见财政部《关于实行“分税制”财政体制试点办法》(财地〔1992〕63号)、《关于分税制财政体制试点地区中央与地方共享收入缴库问题的通知》(〔1992〕财预字第96号)。

② 参见《全国人民代表大会常务委员会议事规则》(1987年11月24日第六届全国人民代表大会常务委员会第二十三次会议通过)。

③ 参见田纪云:《全国人民代表大会常务委员会工作报告》(1994年3月15日第八届全国人民代表大会第二次会议)。

④ 根据1987年制定的《行政法规制定程序暂行条例》(已失效)第3条的规定,“行政法规的名称为条例、规定和办法”,不能使用“决定”。

⑤ “根据党的十四届三中全会的决定……”,参见国务院《关于实行分税制财政管理体制的决定》。而此前1985年国务院《关于实行“划分税种、核定收支、分级包干”财政管理体制的规定的通知》中也有“为了贯彻落实党的十二届三中全会《关于经济体制改革的决定》”,1982年和1980年国务院关于财政管理体制的两个通知中也有“为了贯彻落实‘调整、改革、整顿、提高’的方针”。

⑥ 《对湖南省人民政府法制办公室〈关于地方政府制定城市房地产税施行细则有关问题的请示〉的复函》(国法秘函〔2003〕169号)。

执行的具体办法也几乎全部是以地方政府规章形式颁布的。[①] 1998 年 3 月国务院发布《关于加强依法治税严格税收管理权限的通知》(国发〔1998〕4 号)进一步重申,“中央税、共享税以及地方税的立法权都集中在中央”,各地区、各部门“不得超越权限擅自制定、解释税收政策,也不得越权批准减免税收、缓缴税和豁免欠税”。[②]

(三)立法法之下的税收立法权

1. 全国人大(及其常委会)与国务院的权力分享

2000 年 3 月 15 日《立法法》通过,有学者认为其最大的贡献是“在中国的立法史上第一次对中央政府和地方政府的立法权作了划分,特别列举或限制了中央政府的专属立法权”,也预示我国立法体制的制度化发展。然而如前所述,从新中国成立开始的 50 年里,立法权的重叠、秩序混乱以及实践对规定的背离,使诸个子系统之间的协调和修复能力弱化近于零。最突出的便是全国人大及其常委会的立法权无法定程序即由国务院行使以及不当的授权和转授权。

根据《立法法》,我国的税收立法权并不属于绝对法律保留,对于税收基本制度中的“部分事项”,国家立法机关可以授权国务院立法,同时这也意味着“部分事项”外的税收基本制度事项属于法律保留的范畴,只能由立法机关以法律的形式规定。然而,此时我国的税法体系依据 1984 年、1985 年的授权已经基本建立,对于业已形成的格局立法法并无溯及力;其生效之后的新立之税法仅有《企业所得税法》和《车船税法》。新制定的国务院行政法规主要是《车辆购置税暂行条例》[③](国务院令第 294 号,已失效)、国务院《关于印发所得税收入分享改革方案的通知》(国发〔2001〕37 号)和《船舶吨税暂行条例》[④](国务院令第 610 号,已失效)。

国务院对于车购税的立法权,根据《国务院批转财政部、国家计委等部门〈交通和车辆税费改革实施方案〉的通知》(国发〔2000〕34 号),其目的在于加快交通和车辆税费改革;而《公路法》第 36 条“国家采用依法征税的办法筹集公路养护资金,具体实施办法和步骤由国务院规定”的规定,似也提供了一个符合《立法法》要求的授权路径。

而对于船舶吨税的立法权,《车船税法》却没有给出一个授权,仅在《车船税法实施条例》中规定了“按照规定缴纳船舶吨税的机动船舶,自车船税法实施之日起 5 年内免征车船税”,这对于国务院来说是一种逾越,对于全国人大常委会来说则不能不说是立法的

---

① 根据数据库检索,1994 ~ 2000 年仅有 5 部地方性税收法规(《浙江省个体工商户税收征收管理条例》《江苏省实施〈中华人民共和国税收征收管理法〉办法》《大连市税收征收管理条例》《抚顺市个人所得税征收管理条例》《五峰土家族自治县农业特产税征收管理条例》);29 个省、市人民政府颁布了 60 余部地方税收规章。

② 国务院《关于纠正地方自行制定税收先征后返政策的通知》(国发〔2000〕2 号)重申了先征后返政策作为减免税收的一种形式,审批权限属于国务院。

③ 其前身为《车辆购置附加费征收办法》(1985 年 4 月 2 日国务院发布)。

④ 其前身为《海关船舶吨税暂行办法》(1952 年 9 月 16 日政务院财政经济委员会批准,1952 年 9 月 29 日海关总署发布施行)。

失误。

反观国务院《关于印发所得税收入分享改革方案的通知》(国发〔2001〕37号),作为"规范中央和地方政府之间的分配关系"的重要法律文件,属于《立法法》第8条规定的基本事项应无异议。而在实践中应是将其视为1994年分税制决定的补充文件,因此在立法主体上也恰如其分地保持了一致。

在行政法规之外,国务院通过会议决定房产税的试点、"营改增"的试点,以及地方债的试点(从代发到自发自还),这是一种以非常态的改革对法治状态的一种侵蚀。

2. 地方人大的立法权缺失

检索立法法施行以来的地方性法规与规章,我们发现其在规范地方税收立法权方面并无实质性约束力。根据我国《立法法》的规定,我国现行的法制结构表现为国家的宪法、全国人大及其常委会制定的法律、国务院制定的行政法规、地方人大及其常委会制定的地方性法规和国务院各部委制定的部门规章、地方政府制定的地方政府规章。

然而2000年3月15日[①]之后的税收地方性立法的格局仍然沿袭了1994～2000年的模式,地方性法规仅有3部;[②] 而地方政府规章近百部,[③] 内容不仅涉及各个具体税种,[④] 也涵盖税收征管、税收保障等综合性规定。在这近百部的地方政府规章中,其制定规章的依据可以分为以下几类:

第一,源于国务院(行政法规)的转授权。如《个人所得税法》第5条关于减税的规定,"国务院可以规定其他减税情形"。而《个人所得税法实施条例》将减征幅度和期限的立法权直接交由省、自治区、直辖市人民政府规定。

第二,源于国务院(行政法规/常务会议)的直接授权。又可细分为修订类与新制定类。

对于修订类,主要是由于国务院条例进行了修订,因此针对依据条例制定的地方规章的修订。综合性授权的主要体现为"施行细则由省、自治区、直辖市人民政府制定,抄送财政部备案"的表述,出现在《城市维护建设税暂行条例》(1985年)、《车船使用税暂行条例》(1986年)、《房产税暂行条例》(1986年)、《耕地占用税暂行条例》(1987年,已失效)、《城镇土地使用税暂行条例》(1988年)等。特定事项的授权如《资源税暂行条例》(1994年,已失效)只授权特定条件下的减免税事项,以及管理权限的完全下放,如牧业税。

对于新制定类,主要是上海、重庆房产税试点的两个办法。

---

① 此处以《立法法》通过之日为数据统计始点,基于《立法法》正式施行前的辐射和示范效应。

② 《山东省地方税收保障条例》(2010年)、《长阳土家族自治县农业特产税征收管理条例》(2001年)、《淄博市地方税收征收管理若干规定》(2000年3月31日通过)。

③ 根据北大法宝数据库检索结果,进行纠错、调整、合并而得。

④ 涉及的税种有个人所得税、房产税、耕地占用税、城镇土地使用税、车船(使用)税、资源税、城市维护建设税、农业税(牧业税)等。

第三，源于法律的直接授权。《车船税法》(2012年)将适用税额、公共交通车船等的减免以及申报纳税期限明确授权给地方政府。①

对此种情境，与《立法法》施行前几乎一般无二，对此笔者不得不提出这样一个疑问：权力机关在税收立法权的如此式微，究竟是法律制度的问题，还是国家治理理念的问题？

四、地方人大的立法权重塑

(一)从《立法法》修订到《宪法修正案》

党的十八届四中全会《中共中央关于全面推进依法治国若干重大问题的决定》提出要“形成完备的法律规范体系”“完善立法体制机制”，同时“明确地方立法权限和范围，依法赋予设区的市地方立法权”。

为落实上述全会精神，2015年3月第十二届全国人大第三次会议通过关于修改立法法的决定。修改后的立法法依法赋予设区的市地方立法权，明确地方立法权限和范围，进一步完善了我国立法体制，享有地方立法权的主体在原有31个省、自治区、直辖市和49个较大的市的基础上，又增加了274个，包括240个设区的市、30个自治州和4个未设区的地级市。

党的十九届二中全会通过的《中共中央关于修改宪法部分内容的建议》提出，“设区的市的人民代表大会和它们的常务委员会，在不同宪法、法律、行政法规和本省、自治区的地方性法规相抵触的前提下，可以依照法律规定制定地方性法规，报本省、自治区人民代表大会常务委员会批准后施行”。该建议则纳入了2018年《宪法修正案》中。

由此可见，立法权在中央层面从行政部门逐渐收回；地方人大立法权的重塑，则是在地方层面重塑地方权力机关在立法领域的主导地位。

(二)税收法定的进路折射

党的十八届三中全会通过的《中共中央关于全面深化改革若干重大问题的决定》，首次明确提出“落实税收法定原则”；党的十八届四中全会通过《中共中央关于全面推进依法治国若干重大问题的决定》，又将制定和完善“财政税收”法律作为“加强重点领域立法”的一项任务。此后，中央批准《贯彻落实税收法定原则的实施意见》，明确了开征新税应当通过全国人大及其常委会制定相应的税收法律，同时对现行税收条例修改上升为法律或者废止的时间作出了安排。可以说，落实税收法定原则不但在理念上为各界广泛认知，更落足于立法实践。从2016年以来，环境保护税、烟叶税、船舶吨税、耕地占用税、车辆购置税的法定，到2018年以来城市维护建设税、印花税、土地增值税分别处于不同的立法阶段中可以看到，我国税收立法进程在循序渐进的基础上不断提速。

但地方人大的税收立法权在严格的税收法定主义的框架内却难以寻求存在的空间。《立法法》第8条第6款对法律保留的事项规定为“税种的设立、税率的确定和税收征收

① 《车船税法》第2条、第5条、第9条。

管理”，[①] 内容看似具体实则概括了所有税收的基本要素，再加上税收立法由中央进行的立法现状，实际上已经排除了地方税收立法权的行使空间。[②] 与此同时，《税收征收管理法》第3条“税收的开征、停征以及减税、免税、退税、补税”则从另一角度对“任何机关、单位和个人”更是在文义上将税收基本制度的内容几乎完全囊括，压缩了地方立法权的存在可能。

因此，如何在税收法定的背景下对立法法中的授权立法予以具体化，或者说，如何在授权立法的背景下对税收法定予以变通，不仅在理论上，更在路径选择上有现实的意义。

在较长的历史时期中，针对这样两个趋势——国家立法权与个人的关系弱化趋势，国家立法权在与行政权的竞争中趋于弱势——对税收立法权的强化，一方面可以确保个人对法律建构起来的税收关系的信任；另一方面可以在规范意义上确认立法权的国家主导，由此使个人与国家就税引发的契约关系真正作为一种内嵌的价值内核。通过地方人大在地方税上的立法权建构，确立和确保地方的财力，才能构建完善的地方公共服务基础。个人除国家层面的归属外，还有地方层面的归属性，双重的归属性既包含了双重的义务负担，也包含了双重的权利享有。

当然，无论是国家与个人的依赖与对抗，以及在这过程中构成核心要素的国家与个人的财产权；还是为了探求良性互动的地方性推进制度改革所带来的法治统一的争议，税收立法权的议题实际上已经超越了本身所局限的领域。税收从来就不是简单的财政问题，而是牵扯利益再分配的大问题，甚至是牵涉政府导向鼓励民众如何选择人生的大问题。任何制度变革都有其制度需求，更有其制度背景，当下的税收立法权的重新分配也未尝不是国家治理改良的路径之一。

从近年几部税法的修正和征求意见稿中不难看出，如《环境保护税法》第6条、[③]《耕地占用税法》第4条[④]等，对那些税收利益归属于地方的相关税种则是将决定权赋予了地方人大常委会，在某种意义上正是对原先自中央而下行政权在立法体制中的主导地位从不同维度的纠偏。这种基于国家治理理念的转变而带来的立法权制度的变革，恰恰反映了原有弊端源于治理理念的固化。

---

① 2014年年底，提请第十二届全国人大常委会第十二次会议审议的《立法法修正案（草案第二稿）》中规定，“税种、纳税人、征税对象、计税依据、税率和税收征收管理等税收基本制度由法律规定”。但实际通过的《立法法》（2015年修正）中删减掉了“纳税人、征税对象和计税依据”。

② 参见苗连营：《税收法定视域中的地方税收立法权》，载《中国法学》2016年第4期。

③ 《环境保护税法》第6条第2款规定：“应税大气污染物和水污染物的具体适用税额的确定和调整，由省、自治区、直辖市人民政府统筹考虑本地区环境承载能力、污染物排放现状和经济社会生态发展目标要求，在本法所附《环境保护税税目税额表》规定的税额幅度内提出，报同级人民代表大会常务委员会决定，并报全国人民代表大会常务委员会和国务院备案。”

④ 《耕地占用税法》第4条第2款规定：“各地区耕地占用税的适用税额，由省、自治区、直辖市人民政府根据人均耕地面积和经济发展等情况，在前款规定的税额幅度内提出，报同级人民代表大会常务委员会决定，并报全国人民代表大会常务委员会和国务院备案……”

五、余语

受狭义的税收法定原则的限制，地方所享有的财政自主权十分受限。中央依法制定的税收规则，地方必须严格执行，这一点毋庸置疑。但在遵循中央制定地方税法律的过程中，授权由地方参与某些地方税的制定和调整要素，在法定的前提下以授权立法方式使立法权得以实现，体现了对地方自主的尊重。以“法定 + 授权”的模式，将全面落实税收法定原则与地方税收立法权相结合，不失为实现税收法定的现实路径。

关于新个人所得税法的初步研究*

刘　佐**

2018 年 8 月 31 日第十三届全国人民代表大会常务委员会第五次会议通过了《关于修改〈中华人民共和国个人所得税法〉的决定》（以下简称《决定》）。本文拟就《决定》和修改以后的《中华人民共和国个人所得税法》（以下简称《个人所得税法》）提出一些粗浅的个人看法，侧重条文和法理分析，谨供读者参考，也欢迎大家批评指正。

一、关于居民个人和非居民个人标准的调整

《决定》第 1 条修改了《个人所得税法》第 1 条，使用了居民个人、非居民个人的术语，并将居民个人的标准，从在中国境内有住所，或者无住所居住满 1 年，改为在中国境内有住所，或者无住所居住累计满 183 天；将非居民个人的标准，从在中国境内无住所又不居住，或者无住所居住不满 1 年，改为在中国境内无住所又不居住，或者无住所居住累计不满 183 天；居民个人应当就其源于中国境内、境外的所得缴纳个人所得税，非居民个人则应当仅就其源于中国境内的所得缴纳个人所得税。这种做法是目前很多国家通行的做法，其好处是可以合理地扩大中国个人所得税居民纳税人、征税所得的范围，从而扩大中国的税收管辖权，限制某些境外个人的避税行为，也有利于平等地处理中国与有关国家的个人所得税关系（截至 2019 年 3 月，中国已经与 107 个国家签订了关于避免对所得双重征税和防止偷漏税的协定）。这是 1980 年中国制定《个人所得税法》以来的一项重要的基础性改革，各方面的认识也比较一致。

有人说，这是中国第一次在税收立法中提出居民、非居民的概念。这种说法不符合事实。1980 年 9 月 2 日全国人民代表大会常务委员会法制委员会副主任顾明在第五届全国人民代表大会第三次会议上所作的关于《中华人民共和国个人所得税法（草案）》的说明中，已经介绍了外国对居民、非居民征税的情况和中国参照多数国家的做法、结合中国情况的考虑，只是当时没有在税法中直接使用居民、非居民的术语。在 2007 年 3 月 16 日第十届全国人民代表大会第五次会议通过的《企业所得税法》中，已经使用了居民、非

---

* 本文原载我国台湾地区元照出版有限公司出版的《月旦财经法杂志》2019 年第 44 期。

** 中国法学会财税法学研究会副会长、国家税务总局税收科研所原所长。

居民的术语。

据悉在这次修改税法的过程中，一些国内学者和香港税务学会反对上述关于居民个人、非居民个人标准的调整，理由是：这样做会增加境外人才的个人所得税负担，不利于中国吸引境外人才，甚至会导致人才外流，从而不利于中国的发展，所以主张维持原有规定。但是，似乎没有见到他们就此作出详细的论证，也未见外国政府和权威人士对此项改革提出异议。但可以确定的是，上述新标准并非中国特色，不是对境外人才特别是特定国家和地区人才的歧视待遇，也不一定导致所有从中国境内取得所得的境外人员增加个人所得税负担。即便中国需要调整境外人员的个人所得税负担，也可以根据公平税负、合理负担的原则采取其他措施。大家可以看到，在随后公布的税法实施条例等相关法规中，不仅保留了很多原有的优惠规定，而且某些规定更加优惠，上述担心应该可以解除了。

二、关于征税模式的调整

《决定》第 2 条修改《个人所得税法》第 2 条时，将原税法采用的分项按年、按月和按次征收的征税模式，改为按年综合征收为主、分项按次征收为辅的征税模式，这是 1994 年中国个人所得税制度改革以来的一次重大突破，是落实多年来税制改革规划、计划的一项重要举措，有利于更好地贯彻简化税制、公平税负和量能负担的原则，体现了各界人士特别是个人所得税纳税人的意愿，而且这种征税模式是目前很多国家通行的。

有人说，这次修改《个人所得税法》是中国个人所得税制度中第一次采用综合征收的方式。这种说法不太确切。早在 1986 年 9 月 25 日国务院发布的《个人收入调节税暂行条例》(已失效)中，就曾经规定将工资、薪金收入，承包、转包收入，劳务报酬收入，财产租赁收入四类收入合并为综合收入计税，只是当时该条例仅适用于中国人。

上述征税模式调整带来的一个重要问题是：在综合征收为主并设置多类、多项涉及家庭成员的费用扣除的情况下，纳税人的申报纳税方式是否应当调整？继续实行个人申报纳税，不允许选择个人申报纳税、夫妇联合申报纳税和家庭联合申报纳税等方式，在一个家庭中多位成员取得综合所得，分别计算各人的应纳税所得额的情况下，就可能出现扣除不足、重复扣除和扣除不均衡等不合理的情况。因此，似乎今后应当允许纳税人根据自己的情况和意愿自主地选择申报纳税的方式为好。

从征税模式发展的趋势看，综合征收的范围应该继续逐步扩大。但是，最终是否应当合并所有所得以后综合征收，似乎还有待进一步研究，不必急于作出结论；其他国家和地区的做法也不尽相同，应该可以借鉴。

三、关于应纳税所得范围的调整

《决定》第 2 条修改《个人所得税法》第 2 条时，将居民个人取得的工资、薪金所得，劳务报酬所得，稿酬所得和特许权使用费所得四类所得合并为综合所得[财政部部长刘昆 2018 年 6 月 19 日在第十三届全国人大常委会第三次会议上所作的关于税法修正案(草案)的说明中称为劳动所得]，按年计税，这是综合征收的一项重要措施，有利于简化税制和平衡不同形式的劳动所得的税负。同时，综合所得的范围似乎可以进一步研究。鉴于特许权使用费所得的特殊性，并参考其他国家的做法，此项所得是作为劳动所得征税为好，还是作为财产所得征税更好，似乎值得斟酌，国内很多知识界、法律界人士可能更加倾向后者，据悉香港税务学会也不赞同将此项所得作为劳动所得征税。当然，如果将来各类所得都要合并为综合所得计税，上述争议应该也会随之消失。

《决定》第 2 条修改《个人所得税法》第 2 条时，将原《个人所得税法》第 2 条中的个体工商户的生产、经营所得和对企业、事业单位的承包经营、承租经营所得合并为经营所得，这样做有利于简化《个人所得税法》的条文。但是，经营所得的含义不如工资、薪金所得和劳务报酬所得等项目那样直观，所以，在《个人所得税法》中具体写明可能更好。

除合并个体工商户的生产、经营所得和对企业、事业单位的承包经营、承租经营所得外，在上述经营所得中还包括过去按照国务院的规定比照个体工商户的生产、经营所得征税的个人独资企业和合伙企业投资者的生产、经营所得。这是一个历史遗留问题，因为国务院的上述规定是 2000 年 6 月 20 日作出，自当年 1 月 1 日起施行的，到 2018 年已经 18 年了。在此期间，全国人大常委会已经先后 5 次修改《个人所得税法》，但是都没有在该法中列入这个征税项目，这次修改该法仍然没有彻底解决这个问题，只是将这个征税项目列入了税法的实施条例，希望能够在下一次修改该法时能够将这个征税项目“升格”到《个人所得税法》中。

此外，从广义看，财产租赁所得也属于经营所得，与特许权使用费所得有些类似，此类所得以后可否并入经营所得计税，似乎可以研究。

四、关于综合所得适用税率

《决定》第 3 条修改了《个人所得税法》第 3 条关于税率的规定，其中综合所得的适用税率以原《个人所得税法》中工资、薪金所得适用的 7 级超额累进税率为基础，降低了适用 3%、10%、20% 税率的应纳税所得额和部分适用 25% 税率的应纳税所得额的税负，30%、35% 和 45% 税率适用的应纳税所得额不变，所有纳税人都会因此受惠，其中，中低收入者减税幅度更大，体现了重点为中低收入纳税人减轻税负，同时继续调节高收入的政策取向。如果可以进一步优化税率结构，并参考目前绝大多数国家个人所得税的最高适用税率不超过 40% 的情况，似乎中国也可以考虑取消 25%、35% 两档税率，并将 45% 的最高适用税率降至 40%。虽然这次修改《个人所得税法》没有采纳关于降低最高适用税率的建议，但是官方在回应民意时并未否定以后降低最高适用税率的可能性。

这里似乎有一个问题应当注意：新《个人所得税法》第 6 条第 1 款第 2 项规定：“非居民个人的工资、薪金所得，以每月收入额减除费用五千元后的余额为应纳税所得额；劳务报酬所得、稿酬所得、特许权使用费所得，以每次收入额为应纳税所得额。”该法中综合所得适用的《个人所得税税率表一》下边的注 2 规定：“非居民个人取得工资、薪金所得，劳务报酬所得，稿酬所得和特许权使用费所得，依照本表按月换算后计算应纳税额。”上述规定似乎有些费解：按月取得的工资、薪金所得，依照该税率表按月换算后计算应纳税额比较容易理解和操作；按次取得的劳务报酬所得、稿酬所得和特许权使用费所得，如何依照该税率表按月换算以后计算应纳税额，则不太容易理解和操作。2018 年 12 月 19 日国家税务总局发布的第 56 号公告补充了《个人所得税税率表三》，规定了上述情况的计税方法，但是似乎不太合理（主要问题是税负偏重），需要改进，而且此类规定似乎应当列入《个人所得税法》或者税法实施条例为好。

有观点主张把综合所得适用的累进税率中的最高税率降至 35%、30%、25% 甚至更低，还有观点主张实行较低水平的比例税率。他们希望大幅降低高收入者个人所得税负担的想法可以理解，但是上述主张恐怕不尽合理，也不太现实。因为，适当的累进税率有利于按照量能负担的原则调节纳税人的收入，同时取得一定的财政收入；个人所得税的税率、税负与企业所得税的税率、税负，个人所得税不同征税项目的税率、税负，都需要适当协调，不能只考虑其中的一个方面；即便需要降低个人所得税的最高税率、税负，也应当循序渐进，不能操之过急。

目前确有一些国家按照比较低的比例税率征收个人所得税，但是此类国家的数量很少，而且其中很多国家是经济不太发达的小国，没有经济发达的大国，而美国、日本、英国、瑞典、澳大利亚等经济发达国家和印度、埃及、巴西等发展中国家的个人所得税制度则普遍采用超额累进税率。

比较不同国家个人所得税的最高适用税率还应当注意选用资料的时点、所选国家税制结构，否则难以准确地说明问题。例如，有些人说目前美国、日本个人所得税的最高适用税率分别只有 35%、37%，都大大低于中国。实际情况是：美国总统特朗普上任以后确实曾经提出过将该国联邦个人所得税的最高适用税率降至 35% 的主张，但是美国国会最后通过的税制改革方案确定的联邦个人所得税最高适用税率是 37%。日本已经于 2007 年将个人所得税的最高适用税率从 37% 提高到 40%，后来又将 40% 的税率提高到 45%，迄今未变。此外，上述两国的很多地方政府还要根据当地的法律征收个人所得税。还有一些国家将个人所得税与社会保险税费合并征收，在进行税率的国别比较时也需要注意。

此外，多年来一直有人批评中国个人所得税法中劳动所得适用的最高税率为 45%，大大高于利息、股息、红利等资本所得适用的 20% 的税率和企业所得税的基本税率 25%。所以，应当大幅下调劳动所得适用的最高税率，提高资本所得适用的税率。持上述看法的人们可能存在一些误解。从风险方面看，由于投资资本市场获利和经营企业获利的风险高于雇员取得工资，所以在征收所得税的时候应当有所考虑。从技术方面看，目前中国的利息水平普遍不是很高，而且在所得税前扣除时会有很多限制；股息、红利是企业缴纳企业所得税以后分配的收益，如果将企业在获利环节缴纳的企业所得税和个人在取得股息、红利环节缴纳的个人所得税一并计算，最高税负有可能高达 40%。从政策方面看，应当统筹考虑劳动所得和资本所得的税负平衡，兼顾公平和效率。在目前中国大力鼓励投资和创业的背景下，上述大幅调整劳动所得和资本所得个人所得税适用税率的主张，恐怕不一定合适；降低劳动所得的个人所得税负担，也可以采用调整税基和税率结构等方式,不一定必须降低最高适用税率。从外国的情况看,对个人取得的资本所得按照较低的税率征收个人所得税,也是很多国家常见的做法。

五、关于经营所得适用税率

新《个人所得税法》第 3 条中规定的经营所得的适用税率,以原《个人所得税法》中个体工商户的生产、经营所得等适用的税率为基础,5% ~35% 的 5 级超额累进税率不变,但是加大了每级税率适用的应纳税所得额的级距,与原《个人所得税法》相比,税负明显下降。

在考察上述税率各级应纳税所得额级距的时候,应当注意此类所得的税负与其他类型的个人所得的税负、法人企业(特别是小型微利企业)所得的税负的适当平衡。

为了发展经济,促进就业,鼓励创业,近年来中国给予小型微利企业的企业所得税优惠不断扩大,个人所得税中经营所得的税负水平似乎应当与此协调,略低一些为好。假定某小型微利企业 2019 年的应纳税所得额为 100 万元,按照现行规定可以减按 25% 计税,适用税率为 20%,应当缴纳企业所得税 5 万元;税后利润 95 万元全部分红给个人,并按照 20% 的税率缴纳个人所得税 19 万元,以上企业和个人缴纳的所得税合计 24 万元,总体所得税负担率为 24%。某个体工商户当年的应纳税所得额同为 100 万元,按照上述经营所得的适用税率计算,应当缴纳个人所得税 28.45 万元,所得税负担率约为 28.45%,应纳税额和负担率都大大高于上述小型微利企业。但是,从实际情况看,无论是小型微利企业还是个体工商户,财务管理水平普遍不高,所以其所得税大多采用核定征收的方法,实际税负差异应该不会很大。

六、关于综合所得税前扣除类别

新《个人所得税法》第 6 条第 1 款第 1 项中将居民个人综合所得的税前扣除项目分为费用扣除、专项扣除、专项附加扣除和依法确定的其他扣除四类。其中,费用扣除标准为每年 6 万元,平均每月 5000 元。专项扣除包括居民个人按照法定的范围和标准缴纳的基本养老保险费、基本医疗保险费、失业保险费等社会保险费和住房公积金等支出,其中基本养老保险费、基本医疗保险费和失业保险费简称“三险”,住房公积金简称“一金”,上述 4 项缴费统称“三险一金”。专项附加扣除包括子女教育费用、继续教育费用、大病医疗费用、住房贷款利息、住房租金和赡养老人支出等支出。依法确定的其他扣除包括哪些项目,依据哪些法律扣除,如何扣除,税法中没有规定,似乎应当补充为好,不宜仅在税法实施条例中笼统规定。

从文字和逻辑看,专项费用扣除、专项附加扣除都属于与基本费用扣除对应的专门费用扣除,意思相近,文字重叠,似乎不必分列,可以考虑合并为专项费用扣除。

根据目前的国情,并借鉴外国的经验,中国在实行个人所得税综合征收之初,税前扣除似乎应当适当从简为好,扣除项目或许可以大体划分为基本费用扣除和专项费用扣除两类。其中,基本费用扣除的内容是基本生活费用,包括纳税人本人及其赡养人口(包括配偶、子女和父母等)的生活费用。适用此项费用扣除的人数,比较理想的做法是按照实际人数计算，并与基本养老保险、抚恤、最低生活保障等社会保险、优抚、救助和福利制度衔接；在条件暂时不具备的情况下，也可以按照纳税人本人和赡养人口的系数测算。每个人的费用扣除标准，从低可以按照城镇居民最低生活保障标准设计，从高可以按照城镇居民人均消费支出设计，也可以折中按照城镇居民人均基本消费支出设计。就中国目前的情况而言，可能采用第二种方法比较稳妥，今后的努力方向似乎应当是第三种方法。专项费用扣除是纳税人的基本生活费用以外的具有专门用途的费用的扣除，包括社会保险、住房、教育和特殊医疗等方面的费用扣除。

此外，综合所得的税前扣除和经营所得的税前扣除似乎应当适当衔接，并且在《个人所得税法》中明确规定为好，目前税法实施条例中的相关规定今后应当"升格"。

七、关于基本费用扣除标准

新《个人所得税法》中规定每年的费用扣除标准为 6 万元，似乎大体上可以理解为基本费用扣除。这个标准是否合适，应当综合多方面因素考量，如原《个人所得税法》规定的分项征税所得的各种扣除项目和扣除标准，2011 年以来中国工资、物价和居民消费支出的变化，前述专项费用扣除的设计、税率和适用应纳税所得额级距的调整，基本养老金等收入免税，纳税申报主体是否调整等，具体测算总体税负变化情况以后进一步研究。

毋庸置疑，上述费用扣除标准提高和税率调整实施以后，工资、薪金所得的个人所得税负担将会下降，中低收入纳税人的税负下降会更加明显。例如，某职工月薪 1 万元，没有其他收入，2018 年 9 月可以按照规定扣除"三险一金"2250 元（其中 4 个项目大体分别为 800 元、200 元、50 元、1200 元）和费用 3500 元以后缴纳个人所得税，应纳税额为 320 元。当年 10 月新《个人所得税法》实施以后，按照新《个人所得税法》规定的费用扣除标准和税率计算，该职工当月的应纳税额减少到 82.5 元，税负下降了近 3/4。如果该职工月薪只有 6400 元，没有其他收入，当年 10 月则不再需要缴纳个人所得税。

国家统计局公布的 2017 年全国城镇非私营单位、私营单位就业人员月平均工资分别为 6193 元、3813 元，城镇居民人均消费支出每月为 2037 元；人社部公布的 2017 年各省、自治区和直辖市的最低工资为每月 1400 元至 2300 元不等；财政部测算的我国城镇就业人员人均负担的消费支出，2017 年约为每月 3900 元，2018 年约为每月 4200 元。据此来看，按照新《个人所得税法》平均每月扣除 5000 元似乎大体可行。考虑到不少纳税人希望进一步提高费用扣除标准的意愿，将上述费用扣除标准再提高一些似乎也未尝不可（与很多外国人不同，很多中国人将此项扣除额视为个人所得税的"起征点"，对其他扣除和税率则不太关注）。

由于工资、薪金所得是中国个人所得税的主要来源（据国家税务总局统计，近年来中国对工资、薪金所得征收的个人所得税约占每年个人所得税收入总额的 2/3），工薪收入者是中国个人所得税纳税人的主体，所以，应该可以预期，这次《个人所得税法》修改将会产生普遍减轻个人所得税负担的效果。

同时，上述费用扣除标准确定以后，不应当继续多年固定不变，而应当根据中国工资、物价和居民消费支出等情况的变化适当调整。为了提高工作效率,似乎可以建议全国人大或者全国人大常委会授权国务院按照《个人所得税法》规定的原则和程序,定期调整上述费用扣除标准。

多年来,不断有人批评中国的个人所得税"已经沦为'工薪税'",是"穷人税",这些看法恐怕存在误解。有意者不妨看一看目前各国的个人所得税来源,有哪些国家不是以工资、薪金为主要来源,其主要来源是什么。以美国为例,在美国联邦个人所得税的所得来源中,工资、薪金所得约占七成。不应该采用多重标准讨论同一个问题,批评中国个人所得税来源不合理时说它是"工薪税",赞扬美国个人所得税来源合理时不说它是"工薪税"。从各国包括中国的情况看,"工薪族"里既有穷人,也有富人;穷人也未必都属于"工薪族"(如一部分农民和个体工商户)。虽然对工资、薪金所得征收的个人所得税是此税的主要来源,但是少数高薪者缴纳的税款才是其中的大头。而且,按照财政部公布的有关数据推算,2017 年中国个人所得税纳税人占全国就业人员的比重大概只有 25%,实行每年 6 万元费用扣除标准以后则可能降至 8% 左右。按此推测,增加专项附加扣除等规定以后,上述比重应该更低。与收入比较低、没有达到缴纳个人所得税条件的绝大多数就业人员相比,上述纳税人恐怕都不能说是穷人。

有观点认为,新《个人所得税法》中规定的上述费用扣除标准太低,应当提高到每月 6000 元、7000 元、8000 元甚至 10,000 元以上。他们希望适当降低个人所得税负担的想法可以理解,但是他们可能没有注意到,个人所得税负担的轻重是多方面因素决定的,除基本费用扣除外,还有"三险一金"和专项附加扣除等费用扣除、税率、减免税等因素需要同时考虑,并具体测算在上述因素联动情况下的税负变化情况;这些人也没有注意到目前中国绝大多数纳税人的收入水平,如果把新《个人所得税法》中的基本费用扣除额提高到每月 10,000 元,大概月薪 12,900 元以下、没有其他收入的工薪收入者扣除"三险一金"和上述费用以后,都不用缴纳个人所得税了,这恐怕不是这次个人所得税制度改革的初衷,也难以被全国人大常委会通过。

实际上,如果大家希望通过普遍降低个人特别是中低收入者的税费负担改善民生,最好的办法可能不是减少个人所得税,而是减少所有雇员缴纳的社会保险费。以 2018 年 9 月为例,月薪万元者大约需要缴纳"三险"1050 元,高于其应当缴纳的个人所得税 2 倍多(10 月则高出近 12 倍)。但是,这样做的时候必须兼顾社会保险基金支出的安排,其中主要是养老金和医疗费等"刚性"支出。其次是减少对货物和劳务普遍征收、累退性明显的增值税。如果上述月薪万元者缴纳"三险一金"和个人所得税以后到手的 7000 多元全部用于生活消费,按照现行的增值税税率、征收率估算,可能要拿出其中的 700 多元用于支付增值税,高于其应当缴纳的个人所得税 1 倍多(当年 10 月则高出 8 倍左右)。但是,有时商家会趁政府减税之机涨价,政府减税以后消费者能否受惠,受惠多少,恐怕很难确定,看一看近年来国务院降低部分增值税税率以后有关物价的变化情况就清楚了。由此可见,中国有必要进一步优化税制结构,逐步降低增值税收入在税收总额中的比重,逐步提高其他税收包括个人所得税收入在税收总额中的比重。

另有观点认为,新《个人所得税法》中规定的上述费用扣除标准不低,甚至偏高,理由是美国等国家的个人所得税的基本费用扣除额大约仅为纳税人平均收入的一成至二成,而中国个人所得税基本费用扣除额占职工平均工资的比重已经大大高于美国等国家。笔者认为,比较各国个人所得税的基本费用扣除额占职工平均工资的比重,具有一定的借鉴意义。但是,比较时应当注意各国经济发展水平的差异,选择经济发展水平近似的国家比较可能更合理。因为,低收入者的消费支出结构与高收入者的消费支出结构差别很大,前者的消费支出中衣、食、住、行等基本生活方面的"刚性"支出很多,这部分支出占低收入者收入的比重也很大,难以与高收入者的消费支出结构相比。此外,有些国家个人所得税纳税人的基本费用扣除额和赡养人口的费用扣除是分别规定的,在进行税前扣除的国别比较时也应当注意。

有观点提出,中国各地的个人收入、物价水平差别很大,采用全国统一的基本费用扣除标准不合理,上述标准应当根据各地的不同情况分别规定;或者允许各地在全国统一标准的基础上,结合本地区的情况适当调整。上述意见不无道理,但在实践中恐怕难以操作。因为中国各地个人收入、物价水平的差别是多方面原因引起的,也是动态的,难以通过税收包括个人所得税直接调节;一个纳税人的收入可能来自中国不同的地区和国外,其开支也可能用于中国不同的地区和国外,按照国内不同的地区和不同国家分别设计扣除标准,可能会导致税制的复杂和征纳手续的烦琐,也可能引起国家、地区之间的不适当的税收竞争,甚至对人员的正常流动产生一些不利影响。从其他国家的个人所得税制度看,似乎也罕见上述"区别对待"的做法。而且,纳税人的薪酬水平通常是其任职单位根据多方面因素确定和调整的,政府收取的税费也是其中的重要因素。

另有观点认为,提高基本费用扣除标准的减税效应,但是认为这样做会使高收入者得到更多的好处,应当采取必要的限制措施。这种意见有一定的道理,但是恐怕不宜极而言之。从税率方面看,在采用超额累进税率的情况下,增税、减税的时候,高收入者的税收增加额、减少额,分别会大于低收入者的税收增加额、减少额;但是高收入者的税收增加幅度、减少幅度,则会小于低收入者的税收增加幅度、减少幅度。从税前扣除方面看,目前"三险一金"等扣除都有上限规定,高收入者并不能多扣除,估计以后其他扣除也会有所限制,限制高收入者税前扣除的方式也可以改进。从收入来源看,高收入者除工资、薪金所得外,可能还有很多劳务报酬所得、稿酬所得和特许权使用费所得,过去这些所得适用分项征税方法,最高适用税率都低于工资、薪金所得的最高适用税率;按照新《个人所得税法》,这些所得要与工资、薪金所得合并为综合所得,按照超额累进税率计税,最高适用税率是45%,综合所得很多的纳税人的税负也有可能提高。

此外,新《个人所得税法》取消了原《个人所得税法》第6条中关于在中国境内无住所而在中国境内取得工资、薪金所得的纳税人和在中国境内有住所而在中国境外取得工资、薪金所得的纳税人适用的附加减除费用(1994年修改《个人所得税法》时的标准是每月3200元,2011年修改《个人所得税法》时已经降至每月1300元),这样做有利于公平税负,符合目前的实际情况,似乎也未见相关人士提出异议。

同理,过去规定外国人暂免征收个人所得税的某些所得,本来应当在这次改革中按照合理、公平和规范的原则一并清理,如以非现金形式或者实报实销形式取得的住房补贴、伙食补贴、搬迁费和洗衣费,按照合理标准取得的出差补贴,取得的探亲费、语言训练费和子女教育费等。但是,为了平稳过渡,财政部、国家税务总局规定,在2019~2021年,纳税人可以按照规定选择享受新《个人所得税法》规定的专项附加扣除,或者继续享受上述免税补贴,采取此类灵活措施应该具有积极的意义。

八、关于专项费用扣除

专项费用扣除应当符合国家的有关政策,与有关制度衔接,并且具有比较强的可操作性。

新《个人所得税法》第6条中规定的专项扣除中,"三险一金"属于历史遗留问题,早已陆续按照国务院的规定扣除,现在只是"平移"到《个人所得税法》中了。但是,属于职工福利的住房公积金与法定的近似税收的"三险"不同,是否应当扣除,按照什么标准扣除,一直存在不同意见。因为,此项公积金的去留争论已久,目前缴费单位的数量占全国企业、事业单位和行政单位等单位总数的比重和缴费职工人数占全国就业人员总数的比重也都很低。

新《个人所得税法》第6条中规定的专项附加扣除中,子女教育费用、继续教育费用、大病医疗费用、住房贷款利息、住房租金和赡养老人支出等支出的范围、标准如何确定,扣除时如何操作,这些扣除如何与中国现行的义务教育、公费教育、助学金、奖学金和助学贷款,职工教育、培训经费,医疗、健康保险,大病医疗救助,住房公积金、贷款和公租房,社会保险、民政等相关政策和制度衔接;对于高收入者的上述支出是否应当有所限制,如何限制,似乎都需要作出适当的具体规定。如果上述问题处理不好,粗放操作可能导致管理成本很高,漏洞很大,矛盾很多。所以,有些问题似乎可以先在基本费用扣除额中综合考虑。

有观点提出,目前很多纳税人需要赡养未成年的子女,经济负担很重。所以,应当在《个人所得税法》中增加未成年子女的费用扣除项目。上述意见有一定道理,但是此类费用扣除似乎不一定作为专项费用扣除,也可以考虑纳入前述基本费用扣除,并与最低生活保障、抚恤等社会救助、优抚、福利政策和制度衔接。同理,赡养老人、残疾人和病人的有关问题似乎也可以考虑这样处理。

还有观点提出,子女教育、住房等方面的扣除只能被已婚的纳税人享受,单身的纳税人享受不到这些扣除,所以与已婚的纳税人相比要多缴个人所得税,有"单身税"之嫌,政府应当给予补助。上述看法似乎有些狭隘,逻辑上不太严谨,也不符合实际情况。因为,已婚的纳税人不一定都有上述支出,单身的纳税人不一定都没有上述支出,人们的婚姻状况也有可能变化。按照上述"单身税"的逻辑推论,由于没有生大病而享受大病医疗费用扣除的纳税人与由于生大病而享受大病医疗费用扣除的纳税人相比要多缴个人所得税,是不是也有"健康税"之嫌,应当由政府给予补助?还有很多人由于收入比较低,没有达到缴纳个人所得税的条件,因而无法享受任何税前扣除,应当如何照顾?

如前所述,目前中国就业人员中个人所得税纳税人的占比很低,这次个人所得税制度改革以后将会更低,纳税人的平均年收入至少10多万元。既然绝大多数就业人员的收入没有达到缴纳个人所得税的条件,也就无法享受任何税前扣除,大量增加税前扣除项目、提高这些扣除项目标准的措施只会让极少数高收入的纳税人受益,恐怕不太可行。

教育、医疗、住房和养老等都是关系民生的大事,应当通过多方面措施解决,税收包括个人所得税也是措施之一,但是作用很有限,不宜夸大,期望值也不宜过高。如前所述,目前我国中低收入者负担的主要税费是社会保险费和增值税,个人所得税在中低收入者收入中的占比较小,金额也比较少,还有很多人没有达到缴纳个人所得税的条件,指望通过减免个人所得税解决上述民生重点问题,恐怕只能是杯水车薪,而政府的教育、医疗、住房、养老、民政等方面的支出和相关制度的作用远远大于个人所得税。

如前所述,这次《个人所得税法》修改以后,中国个人所得税的纳税人将大幅减少,个人所得税收入及其占全国税收的比重可能会因此受到一些影响,包括收入增速的减慢甚至负增长即下降、此税的收入占全国税收的比重也可能下降。但是,笔者估计此税的收入及其占全国税收的比重应该不会发生很大变化,因为目前此税的收入主要来自高收入纳税人,采用综合征税方式以后,这部分纳税人缴纳的税额可能不会减少很多,甚至其中有些人缴纳的税额还有可能增多;因而这部分税款占全国个人所得税收入的比重可能不会下降很多,甚至有可能提高,从而可以抵销中低收入纳税人缴纳的税额减少的影响。即便当前出现了个人所得税纳税人减少、收入增速减慢甚至负增长和此税的收入占全国税收的比重下降的情况,也将是暂时的现象,不必过虑。因为从中长期看,随着经济的发展、个人收入的增加、法治建设的推进、税制的改革、征收管理的加强和国民纳税意识的增强,中国个人所得税的纳税人一定会逐渐增多,个人所得税的收入及其占全国税收的比重也会"水涨船高"。

九、关于征管规定

新《个人所得税法》中增加了第8条关于反避税的内容,即个人通过不具有合理商业目的的安排获取不当税收利益的,税务机关有权按照合理方法进行纳税调整;需要补征税款的,应当补征税款,并依法加收利息。作出上述规定很有必要,可以弥补现行税法和税收征管法等法律的不足,从而有利于加强个人所得税的管理。上述规定与《企业所得税法》第六章的有关规定大体一致。由此可见,同类税法的相互借鉴很有必要,也比较容易。待修改《税收征收管理法》时,似乎可以考虑将《企业所得税法》《个人所得税法》中的此类条款纳入《税收征收管理法》。

新《个人所得税法》第9条第2款规定:"纳税人有中国公民身份号码的,以中国公民身份号码为纳税人识别号;纳税人没有中国公民身份号码的,由税务机关赋予其纳税人识别号……”居民身份证上标注的公民身份号码是中国公民常用的号码,以此号码为纳税人识别号比较合理,也比较容易操作。同时,似乎可以考虑在《个人所得税法》中规定,没有中国公民身份号码的纳税人,可以以中国、外国护照和类似证件(如外国人永久居留证、港澳台居民居住证等)上标注的相关号码为纳税人识别号,国家税务总局发布的相关规定似乎应当“升格”为好。

新《个人所得税法》第11条第1款、第3款分别作出了关于税款预扣预缴、汇算清缴的规定,“居民个人取得综合所得,按年计算个人所得税;有扣缴义务人的,由扣缴义务人按月或者按次预扣预缴税款;需要办理汇算清缴的,应当在取得所得的次年三月一日至六月三十日内办理汇算清缴”。“非居民个人取得工资、薪金所得,劳务报酬所得,稿酬所得和特许权使用费所得,有扣缴义务人的,由扣缴义务人按月或者按次代扣代缴税款,不办理汇算清缴。”作出上述规定很有必要,也是目前很多国家通行的做法。同时,居民个人的应纳税款如何预扣预缴、汇算清缴,非居民个人的应纳税款如何扣缴,既涉及税收征收管理,也与税制设计有关,似乎应当在《个人所得税法》中作出具体的规定,国家税务总局发布的相关规定似乎应当“升格”为好。

新《个人所得税法》第11条第2款中规定:“居民个人向扣缴义务人提供专项附加扣除信息的,扣缴义务人按月预扣预缴税款时应当按照规定予以扣除,不得拒绝。”这里似乎说的是按月支付工资、薪金时的情况,不一定按月支付的劳务报酬所得、稿酬所得和特许权使用费所得可否扣除专项附加费用,如何扣除,似乎也应当在税法中规定,税法实施条例中的相关规定应当“升格”为好。同时,提供专项附加扣除信息可能涉及纳税人和相关人员的隐私,应当规定相应的保护措施为好。

此外,上述税款预扣预缴、汇算清缴的规定对于纳税人的纳税申报、税务机关的征收管理和分税制财政管理体制的改进都提出了新的、更高的要求。例如,似乎有必要将个人所得税由中央与地方共享税改为中央税,以适应纳税人平时来自中国各地和中国境外的属于综合所得的收入就地预扣预缴税款、年终在其户籍所在地汇算清缴的新情况。由此导致的某些地方本级财政收入的不足,应当通过合理的中央财政转移支付予以处理。

新《个人所得税法》第13条第5款规定:“纳税人因移居境外注销中国户籍的,应当在注销中国户籍前办理税款清算。”这是一条重要的税收管理新规定,也是目前很多国家通行的做法,不仅有利于在出境环节妥善处理拟移居中国境外的中国纳税人与中国政府的税收关系,也有利于促使所有中国纳税人平时处理好自己的纳税事项。

新《个人所得税法》中增加了第15条关于公安、人民银行、金融监督管理、教育、卫生、医疗保障、民政、人力资源社会保障、住房城乡建设等相关部门和不动产登记机构、市场主体登记机关协助税务机关加强个人所得税管理,将纳税人、扣缴义务人遵守税法的情况纳入信用信息系统,并实施联合激励、惩戒等规定,既有利于税务机关强化征收管理工作,也有利于促使纳税人更好地依法纳税。同时,这是一项比较艰巨、复杂的工作,必须尽快推进和落实,否则《个人所得税法》中的相关规定将无法正常操作。

同时，该条第2款“个人转让不动产的，税务机关应当根据不动产登记等相关信息核验应缴的个人所得税，登记机构办理转移登记时，应当查验与该不动产转让相关的个人所得税的完税凭证。个人转让股权办理变更登记的，市场主体登记机关应当查验与该股权交易相关的个人所得税的完税凭证。”似乎应当进一步完善，因为个人转让不动产、股权不一定获利，没有获利就不需要缴纳个人所得税，也无法提供完税凭证，但是不能因此影响不动产转移登记和股权变更登记。《税收征收管理法》第34条的相应规定是：“税务机关征收税款时，必须给纳税人开具完税凭证。……”

十、关于授权规定

与原《个人所得税法》相比，新《个人所得税法》中增加了两项授权条款，即在第6条第4款中规定：专项附加扣除的“具体范围、标准和实施步骤由国务院确定，并报全国人民代表大会常务委员会备案。”上述规定与第十三届全国人大常委会第三次会议审议的税法修正案(草案)中“专项附加扣除的具体范围、标准和实施步骤，由国务院财政、税务主管部门商有关部门确定”的提法相比改进很大，也比较符合目前中国的实际情况，国务院已经据此发布《个人所得税专项附加扣除暂行办法》。但是，鉴于此类扣除与民生和个人所得税收入关系很大，经过一段时间运行、总结经验和完善有关制度以后，其具体范围、标准似乎还是应当纳入税法，并授权国务院在一定条件下适当调整，如定期根据物价上涨情况适当提高扣除标准为好。

新《个人所得税法》第11条第1款中规定：居民个人取得综合所得，有扣缴义务人的，由扣缴义务人预扣预缴税款，“预扣预缴办法由国务院税务主管部门制定”。上述预扣预缴税款既涉及税收征收管理，也与税制设计有关，在分税制财政管理体制下还关系中央政府、地方政府的税收收入分配和财政支出安排，不是简单的征税技术、程序问题。根据中国的现实情况，目前预扣预缴办法似乎可以考虑暂由国务院规定，待以后条件成熟时纳入税法为好。

《决定》还按照税收法定的原则修改了原《个人所得税法》中的授权条款，大多体现了税收法定的原则，值得肯定，似乎也有值得商榷之处：

1. 删除了第2条关于征税所得规定的第11项“经国务院财政部门确定征税的其他所得”。有关方面认为，《个人所得税法》中规定的征收所得的范围已经比较全面，继续保留此类“兜底”规定已经没有必要。此外，从形式上看，上述规定似乎对财政部授权很大，但是实际上自1980年《个人所得税法》制定以来该部很少行使此项授权。也有一些人认为应当保留此项，改为“国务院规定的其他征税所得”，并规定此项征税规定由国务院报全国人大常委会备案即可。笔者认为第二种意见比较稳妥、合理，与第4条第10项等类似规定比较协调。与此相关的问题是，此前按照“其他所得”征税的项目已经没有法律依据，似乎应当明文取消为好。

2. 将第4条关于免税所得规定的第10项“经国务院财政部门批准免税的其他所得”改为“国务院规定的其他免税所得”，并规定此项免税规定由国务院报全国人大常委会备案。实际上，自1980年《个人所得税法》制定以来，财政部很少行使上述授权，国务院规定的免税项目也很少。

3. 针对第5条第1项残疾、孤老人员和烈属的所得和第2项因自然灾害遭受重大损失的减税规定，增加了“具体幅度和期限，由省、自治区、直辖市人民政府规定，并报同级人民代表大会常务委员会备案”的规定；取消了第3项“其他经国务院财政部门批准减税的”，增加一款“国务院可以规定其他减税情形，报全国人民代表大会常务委员会备案”。其中，“具体幅度和期限，由省、自治区、直辖市人民政府规定”的规定，是从原《个人所得税法》实施条例中“升格”而来的。

4. 将第6条第2款“个人将其所得对教育事业和其他公益事业捐赠的部分，按照国务院有关规定从应纳税所得中扣除。”改为第3款“个人将其所得对教育、扶贫、济困等公益慈善事业进行捐赠，捐赠额未超过纳税人申报的应纳税所得额百分之三十的部分，可以从其应纳税所得额中扣除；国务院规定对公益慈善事业捐赠实行全额税前扣除的，从其规定。”其中，“捐赠额未超过纳税人申报的应纳税所得额百分之三十的部分，可以从其应纳税所得额中扣除”的规定，是从原《个人所得税法》实施条例中“升格”而来的。

笔者认为上述第4项规定中有3个问题似乎值得进一步研究：

第一，教育事业和慈善事业不同，教育事业以外的其他公益事业可以涵盖慈善事业，“公益慈善事业”的提法似乎罕见。

第二，全额税前扣除应当属于重大事项，而且力度超过了前文规定的30%的上限，似乎应当在《个人所得税法》中作出具体规定，或者暂由国务院规定，报全国人大常委会备案。

第三，此类扣除似乎应当与企业所得税制度的有关规定适当衔接。《企业所得税法》第9条规定：“企业发生的公益性捐赠支出，在年度利润总额12%以内的部分，准予在计算应纳税所得额时扣除；超过年度利润总额12%的部分，准予结转以后三年内在计算应纳税所得额时扣除。”

5. 新《个人所得税法》第18条“对储蓄存款利息所得开征、减征、停征个人所得税及其具体办法，由国务院规定，并报全国人民代表大会常务委员会备案”，与原《个人所得税法》第12条相比，增加了报全国人大常委会备案的内容。笔者认为，储蓄存款利息所得征收的个人所得税不仅涉及储户的实际利息收入、政府的税收，而且涉及国家的金融政策及其对金融市场的影响，应当属于比较重大的事项，似乎应当直接在《个人所得税法》中规定为好。此外，上述规定中似乎不应当遗漏免征的情形。

我国房产税制 70 年:传承与转型*

李玉虎**

一、问题的提出

据考证,早在 4000 年前,我国就存在房产税。《周礼注疏 · 地官 · 司徒二》所记载的“廛布”“廛人”与房屋税有关。所谓“廛”是官府建的商用店房;“廛布”是对买卖、存储货物的店房的税收;“廛人”是指管理市场的官员。另据历史记载,周朝就开始对房舍征税。① 房产税的征税对象主要体现为土地和独立的房屋。西汉时期,房屋与家庭其他财产一起合并作为计税对象,但房产税还没有成为一个独立的税种。唐代德宗建中四年(公元 783 年),房产税开始作为一个独立税种,称为“间架税”②。当时,间架税的课税对象是长安城内的居民住房,然而,由于“见屋就征”的做法引起民众的强烈反对,推行不到一年就被废除了,但其作为一种独立税种,却开启了我国直接征收房屋税的先例。五代十国的后晋、后周以及宋代都开征过“屋税”。宋代确立的城郭之赋(房产税),以及随着宅税和地税分为两个税种,屋税正式成为独立税目,改变了此前屋舍、土地利用和经营税混而征税的情况。③ 元代的“产钱”,即当时的房产税,是按房产地基面积计征收粮食,或折钱缴纳。明代废除了宋代的“城郭之赋”,改征“官店钱”④ 和“门面税”⑤。清代初期,采取与民休息政策,只有田赋和丁赋是正赋;清代中后期增加税费名目,但是没有对房产征税。

迫于财政危局,清政府推行捐例、大量发行货币、举借内外债、增加赋税等财政措施。

---

* 本文为国家社科基金一般项目“我国纳税人权利保护理论重构与制度创新”(项目编号:15BFX78)的阶段性成果。

** 西南政法大学财税法研究中心研究员,西南政法大学经济法学院副教授。

① 《礼记 · 王制》中就有“廛,市物邸舍,税其舍而不税物”的记载。

② 其称呼源于“每屋两架为间”。

③ 参见吴晓亮等:《先秦至唐宋屋舍之税嬗变研究》,载《清华大学学报(哲学社会科学版)》2015 年第 5 期。

④ 类似周朝的“廛布”,是租金与营业税的组合,官府在城中划出市场,修建供商人买卖存储货物的“塌房”,收取货款 1/20 的“官店钱”,不久又放宽到 1/30。

⑤ 对城中私有店铺征收,类似营业税。

房屋成为当时各地增加赋税的对象,对房屋征收房捐和铺捐。[①] 例如,为解决巡捕房的经费,在租界内征收"房捐""房铺捐"。光绪年间,户部通令各省议办房捐,但未及开办,就被行文停止。直到"辛丑条约"签订之后,各省分担赔款,户部按照旧章重新试办。1901年(光绪二十七年),浙江省先行实行房捐,其课税范围仅限于铺户行店,按月租金纳税,对民房住户不征税。此后,各省创兴警政之后,相继开设房捐,用以补充经费,并逐渐普及。当时的房捐属于地方税,但是各省制度繁简不一,经常出现分歧。但是,房捐制度一直沿用到民国时期,这是我国近代对房屋征税的源头。

1913年北洋政府首次实行中国历史上的"分税制",并将房捐划归地方税,并于次年颁布《房税条例草案》。1915年南京国民政府将此前存在的针对房屋征收的各种名目的捐、税,统一称为"房税"。财政部虽然有整理的意图,但是未能实施,仍然按照各省确定的课税标准和税率等实施。民国时期征收的房铺税,作为一种收益税,其含义是:"房铺捐为政府对民间所有铺屋住屋之不动产,九七应得租金,所征课之税。"[②] 1935年颁布的《地方税法》,将地捐、房捐作为地方税种,地捐是对土地的课税,房捐是对市街地上的房屋的租价课税。与地方税法同时颁布的《地方税法施行规程》中将房屋的范围明确为住房、店铺、工场、仓库及其他各种房屋。1941年国民政府颁布的《房捐征收通则》规定,由县(市)政府征收机关负责征收房捐,并规定各省自定章程,自行征收。1947年国民政府颁布的《房捐条例》统一规定了各市县征收房捐的规则,将未依土地法征收土地改良税的市县政府所在地及其商业集镇的房屋,作为征税对象。将应纳房捐的房屋分为营业用房屋和住家用房屋,分别依据出租的租金或者自用的房屋现值计税和确定捐率。而且,在发生房屋恐慌的都市,经市县参议会决议,可以征收空房捐,分别按照营业房屋和住家用房,比照自用房屋率加倍征收。从征税对象和税率看,民国时期开征的房捐,是依据房屋的出租、自用、营业或住户分别确定4种税率,实行累进税制,仅在大城市征收,开征地区较少。此外,随着外国房产税制被介绍到中国,一些学者将当时存在于奥地利、英国、法国、日本等国的房产税翻译为"家屋税"。[③]

当然,我国现阶段实施的房产税制,以及改革中的房地产税制度,都不能与国民时期的房产税制相提并论。回望我国房产税制70年的演变轨迹,梳理其传承与转型路径,揭示并发掘房产税制度变迁的轨迹,从而为制定科学合理的房产税法提供历史线索。从房产税的历史演进看,不仅应当认识到房产税的财政功能优先于房价调控功能,而且需要从我国土地财政制度演变及其可持续性层面,将房产税作为新时期地方治理的财政基础。

---

① 房产税纷繁复杂且名称多变,江南地区称"廊钞""棚租",北京称"檀输税"。

② 朱博能:《地方税论》,地方行政研究所1941年版,第43~44页。

③ 参见张效敏:《中国租税制度论(续)》,载《大中华》1916年第9期。

二、土地公有制与城市房地产税开征阶段

1949年以后，我国针对房屋和土地开征过多个税种，经历过多次改革，针对房屋保有环节课税的税种，出现过城市房地产税、房产税、个人住房房产税地方试点。1950年发布的《全国税政实施要则》中规定全国统一征收房产税，从此以后，房产税几乎伴随我国税制变迁的始终。1951年8月中央人民政府政务院颁布的《城市房地产税暂行条例》，①规定在城市中的房屋合并征收房产税和地产税，称为城市房地产税。但在计税依据和税率上，房地产税被分为房产税和地产税两种情况。房产税依标准房价按年计征，税率为1%；地产税依标准地价按年计征，税率为1.5%。1956年社会主义公有制改造完成后，针对个人（或家庭）的住房逐渐失去了征收房产税的所有权依据。1973年简化税制时，把对国内企业征收的城市房地产税并入工商税制中，对房地产管理部门和个人的房屋，以及外资企业、中外合资、合作经营企业的房屋，征收城市房地产税。城市房地产税以企业为主要纳税人，在当时，个人交纳房产税，既缺乏合法性，而且也基本上不具备相应的税收负担能力。

1978年改革开放以后，随着我国对外经济合作的发展，中外合资经营企业在我国兴建、购买厂房，华侨、侨眷购买和建造住宅的情况不断增多，为了明确合资企业和华侨、侨眷占用房地产的税收问题，财政部发布的《关于中外合资企业、华侨、侨眷拥有的房产、住宅以及使用国家土地征免税收问题的通知》（财税字〔1980〕82号）② 规定，中外合资经营企业的自有房产，仍按《城市房地产税暂行条例》的规定，征收房产税。同时授权房产税的征收地区，由各省、市、自治区按照本地区的实际情况，自行确定。合营企业使用的土地，所有权属于国家，征收土地使用费，不再征收地产税。华侨、侨眷用侨汇购买或建造的住宅，其土地所有权属于国家，征收土地使用费，不再征收地产税。房产税应按税法及有关法规征收，即从发给产权证之日起，免征5年，期满后，按实际价格计算征收。

1984年10月国务院决定对国营企业实行第二步利改税和改革工商税制时，考虑到房地产税的税名，已不符合当前的实际情况，将城市房地产税分为房产税和土地使用税。改革初期的城市化进程迅速扩大了对土地的利用，工业建设用地范围不断扩大，开辟新的税源成为国家建设的迫切需要。在此背景下，国务院批转财政部《关于在国营企业推行利改税第二步改革的报告的通知》（国发〔84〕124号）批转的"财政部关于在国营企业推行利改税第二步改革的报告"中所提出"根据国务院领导同志指示精神，确定对城市维护建设税、房产税、土地使用税、车船使用税4个地方税，保留税种，暂缓开征"。这一改革措施，实际上把原来单一的房地产税拆分为多个独立税种，从而摆脱了土地所有制性

---

① 根据国务院关于废止《城市房地产税暂行条例》《长江干线航道养护费征收办法》《内河航道养护费征收和使用办法》的规定（国务院令2008年第546号），自2009年1月1日起全文失效。

② 根据财政部《关于公布废止和失效的财政规章和规范性文件目录（第十一批）的决定》（财政部令2011年第62号），本文自2011年2月21日起全文失效。

质对房产税的制约。进而,国务院批转财政部发布的《国营企业第二步利改税试行办法》规定,对国营企业征收房产税和土地使用税,拥有房产的国营企业,缴纳房产税;使用属于国家所有土地的国营企业,缴纳土地使用税。将房屋和土地的所有权与使用权分别征税。同时规定,房产税和土地使用税"保留税种,暂缓开征",这为以后的开征奠定了法律依据。之所以暂缓开征,其原因在于受制于当时的土地制度所限,此后实行的"两权分离"的土地制度,解决了针对土地所有和利用不同情况征税的法律障碍。

三、两权分离下城市房地产税与房产税的并存阶段

1986年6月25日第六届全国人民代表大会常务会第十六次会议通过的《土地管理法》,建立了"两权分离"的土地制度,将土地权利分为土地所有权和土地使用权。在土地制度改革的背景下,1986年9月颁布的《房产税暂行条例》,将房产税从城市房地产税中独立出来,房产税成为一个独立的法定税名,征税对象为房屋,按照房屋的计税余值或者出租房屋的租金收入计征,对个人所有的非营业用的房产免征房产税。在《财政部、国家税务总局房产税宣传提纲》(财税地字〔1986〕7号)中,将开征房产税的目的解释为:"征收房产税,有利于运用税收经济杠杆,促进加强对房屋的管理,提高房屋的使用效益,有利于控制固定资产投资规模和配合房产政策的改革,有利于调节收入,并由于增添了税种,为实行按税种划分中央财政收入和地方财政收入分级财政管理体制创造了条件。"之所以在城市、县城、建制镇和工矿区征收房产税,是因为"国家为开发建设这些地区,花了大量投资",而且"企业应该为国家筹集资金作出贡献,加快四化建设"。这也成为当时征收房产税的正当性理由,具有国家投资"分红"的性质。1988年开征城镇土地使用税,从此,开始实行房屋和土地分离的税制。

作为一种财产税,房产税由产权所有人缴纳。如同我国税收立法时一般回避界定法定税种的课税对象的概念一样,《房产税暂行条例》也没有规定作为房产税征税对象的房产的定义,但是何为房产,是计征房产税的前提,必须予以明确,否则难以计算。根据《财政部、国家税务总局房产税宣传提纲》(财税地字〔1986〕7号)的定义,房产税是以房屋为征税对象,按照房屋的计税余值或出租房屋的租金收入征收的一种财产税。《房产税暂行条例》实施后,对外籍人员和华侨、香港特别行政区、澳门特别行政区、台湾地区同胞在内地(大陆)拥有的房产,仍然按照1951年的《城市房地产税暂行条例》的规定征收房产税,形成针对不同纳税人,实行两种房产税制的格局。

自1991年推行出售公有住房、集资建房和合作建房等商品化市场化的城镇住房制度改革以来,我国住房产权开始发生变化,在改革过程中,出现了房屋的全部产权和部分产权的区别。[①] 针对住房制度变化引起的房产税问题,财政部通过发布《关于住房制度改革中财政税收政策的若干规定》(财综〔1992〕106号),按照产权属性以及用途,规定个人以标准价向单位购买公有住房,以及通过集资、合作建房等形式取得住房,用于自住

① 国务院《关于继续积极稳妥地进行城镇住房制度改革的通知》(国发〔1991〕30号)。

的,免征该住房个人出资部分的房产税。单位出资部分,以及个人按标准价购买住房不用于自住的,均按规定计征房产税。1993 年税制改革时,取消了对外资企业、外籍人员征收的城市房地产税,统一实行房产税。①

值得注意的是,房产税开征后,城市房地产税被房产税替代,还是房产税属于新开征的税种,不甚明确,甚至连地方税务机关都存在疑问。例如,国家税务总局发布的《关于城镇土地使用税等税种可否按全额提取手续费问题的函》(国税函发〔1990〕1111 号),对湖南省审计局“湘审财字〔1990〕第 120 号请示报告”的答复中表明:“……一九八六年以后,将……城市房地产税分成为城镇土地使用税和房产税,但改名后这三个税种并不是新税种,而只是对原来两个税种的更名和修改。”事实上,《房产税暂行条例》实施后,原来的房地产税并没有立即失效,而且仍然适用于涉外企业。例如,1990 年 2 月国家税务总局《关于外国企业在华开采陆上石油资源税收问题的通知》(国税发〔1990〕20 号)②规定:从事开采陆上石油资源的外国企业,应按照 1951 年 8 月 8 日前中央人民政府政务院公布的《城市房地产税暂行条例》的规定,缴纳房产税。税名的变化使房产税的征税范围发生变化,但是其与原先存在的城市房地税之间的关系如何,当时缺乏明确的规定,以至于省级政府都不清楚城市房地税的效力,提出了“1951 年 8 月 8 日中央人民政府政务院公布的《城市房地产税暂行条例》是否现行有效”的疑问。③ 针对此疑问,国务院法制办的答复是:“1951 年 8 月 8 日中央人民政府政务院发布的《城市房地产税暂行条例》对外商投资企业和外国企业是有效的。”④

在 1993 年《国务院批转国家税务总局工商税制改革实施方案的通知》(国发〔1993〕90 号)中提出:取消对外资企业、外籍人员征收的城市房地产税,统一实行房产税。然而,这个实施方案实际上并没有执行。因为,根据 1994 年税制改革时国家税务总局下发的《关于外商投资企业、外国企业及外籍个人适用税种问题的通知》(国税发〔1994〕123 号),其中明确外商投资企业、外国企业及外籍个人适用 1951 年 8 月 8 日中央人民政府政务院发布的《城市房地产税暂行条例》。直到 2008 年 12 月 31 日,国务院公布了第 546 号令,规定自 2009 年 1 月 1 日起废止《城市房地产税暂行条例》,外商投资企业、外国企业和组织以及外籍个人,依照《房产税暂行条例》缴纳房产税。取消城市房地产税,对外资企业和外籍个人统一征收房产税,标志我国房产税制度实现了内外统一,也彻底结束

① 《国务院批转国家税务总局工商税制改革实施方案的通知》(国发〔1993〕90 号)。

② 根据国家税务总局《关于公布全文失效废止、部分条款失效废止的税收规范性文件目录的公告》(国家税务总局 2011 年第 2 号公告),本文自 2011 年 1 月 4 日起全文失效。

③ 湖南省人民政府法制办公室《关于地方政府制定城市房地产税施行细则有关问题的请示》(湘政法〔2003〕8 号)。

④ 国务院法制办公室对湖南省人民政府法制办公室《关于地方政府制定城市房地产税施行细则有关问题的请示》的复函(国法秘函〔2003〕169 号)。

了内、外资分设税种的历史。①

四、房地产业发展与房产税改革转型探索阶段

1998年开始全面停止住房实物分配制度,实行住房的货币化分配,城镇住房制度发生了根本性转变。此后,以住宅为主的房地产市场不断发展,对拉动经济增长和提高人民生活水平发挥了重要作用。2003年8月12日发布的国务院《关于促进房地产市场持续健康发展的通知》(国发〔2003〕18号)提出,房地产业已经成为国民经济的支柱产业。房地产业的迅速发展,不仅对经济增长带来直接影响,而且影响涉及房地产业的税费制度改革。

在房地产业发展的初期阶段,就开始考虑整合相关税费的问题,并借鉴香港特别行政区的房地产及其税制,提出了物业税的思路。② 按照建设部发布的行业标准,物业(property),特指正在使用中和已经可以投入使用的各类建筑物及附属设备、配套设施、相关场地等组成的单宗房地产实体以及依托于该实体上的权益。

2003年10月24日党的十六届三中全会通过的《中共中央关于完善市场经济体制若干问题的决定》中明确提出,按照"简税制、宽税基、低税率、严征管"的原则,实施城镇建设税费改革,条件具备时对不动产开征统一规范的物业税,相应取消有关收费。从此,物业税的概念及其税制方案成为学术界讨论的热点话题。当时,学术界对物业税的基本框架达成的基本共识认为,物业税是在房地产的保有环节对拥有房产所有权和土地使用权的单位和个人开征的一种财产税,计税依据为房地产的评估价格。

2005年国家税务总局关于印发《2005年全国税收工作要点》的通知(国税发〔2005〕1号)提出,"研究改革物业税,在部分省市开展房地产模拟评税试点工作"的税制改革方案。国家税务总局《关于进一步加强房地产税收管理的通知》(国税发〔2005〕82号)中提出了房地产税收一体化管理的总体目标和要求:在土地使用权的出让和房地产开发、转让、保有诸环节分别征收营业税及城市维护建设税和教育费附加、企业所得税、外商投资企业和外国企业所得税、个人所得税、土地增值税、城镇土地使用税、房产税、城市房地产税、印花税、耕地占用税、契税等税种。

2006年第十届全国人民代表大会第四次会议通过的《国民经济和社会发展第十一个五年规划纲要》明确提出"改革房地产税收制度,稳步推行物业税并相应取消有关收费"。2007年国家税务总局关于印发《2007年全国税收工作要点》的通知(国税发〔2007〕1号)再次提出"研究物业税方案,继续进行房地产模拟评税试点"的深化税收制

① 财政部、国家税务总局有关司负责人就取消城市房地产税,统一征收房产税问题答记者问(2009年1月20日)。

② 在我国香港特别行政区和一些东南亚地区,"物业"(英语为"property"或"estate")是作为房地产的别称或同义词而使用的。参见席月民:《我国物业税立法问题研究》,载王晓晔、邱本主编:《经济法学的新发展》,中国社会科学出版社2008年版,第263~294页。

度改革目标。根据党的十七大和中央经济工作会议精神，国家税务总局关于印发《2008 年全国税收工作要点》的通知（国税发〔2008〕1 号），推进房地产税制改革，深化房产模拟评税工作，扩大试点范围。

2009 年国务院批转发展改革委《关于 2009 年深化经济体制改革工作意见的通知》（国发〔2009〕26 号）指出，2009 年是进入 21 世纪以来我国经济社会发展最为困难的一年，针对国际国内经济形势，在"加快推进财税体制改革，建立有利于科学发展的财税体制"部分，明确提出"深化房地产税制改革，研究开征物业税"的工作任务，并指定由财政部、税务总局、发展改革委、住房城乡建设部负责。

五、房产税与个人住房房产税地方试点并存阶段

从 2010 年开始，物业税的概念和思路淡出公众视野，在国家的政策文件中，物业税的概念被房地产税所替代。2010 年 10 月党的十七届五中全会通过的《中共中央关于制定国民经济和社会发展第十二个五年规划的建议》明确提出要"研究推进房地产税改革"。由于房产税开征时，我国实行的是公共住房制度，城镇个人拥有住房的情况极少，因此，《房产税暂行条例》规定的房产税针对的是生产经营性房产，对个人所有的非营业用房产（个人自住住房）免税。如果说，房地产市场发展的前 10 年，房屋的住宅属性比投融资属性更加明显，那么，从 2010 年开始，房地产的投资功能逐渐凸显，房价不断被推高。为了抑制房价的过快上涨，国家出台了一系列调控措施，其中，房地产领域的税收政策成为房地产市场调控的重要工具。

2010 年 9 月 29 日多部委联合出台新一轮楼市调控措施，其中提出"加快推进房产税改革试点工作，并逐步扩大到全国"。随后，国务院文件中又提出要"加快推进房产税改革试点工作"。根据国务院常务会议精神，2011 年 1 月上海市和重庆市率先开展对部分个人住房征收房产税的试点工作。① 与此同时，房地产税改革的步伐并没有只停留在地方试点层面，国家税务总局《关于印发〈"十二五"时期税收发展规划纲要〉的通知》（国税发〔2011〕56 号）中，也强调要"立足于合理配置税权与完善地方税体系，以研究推进房地产税改革"。

当然，重庆市和上海市试点的房产税，本质上是对现行房产税的免征部分予以开征。但是两市制定的征税依据中都没有提及开征的法律依据，以至于这种试点工作被认为违反税收法定原则。2013 年 2 月 20 日召开的国务院常务会议，专题研究部署继续做好房地产市场调控工作，将"扩大个人住房房产税改革试点范围"作为抑制投机投资性购房的措施。② 不同于 1986 年在全国范围内开征房产税的理由，对个人住房开征房产税，具有

---

① 基于此授权，上海市和重庆市同时于 2011 年 1 月 27 日宣布，将于 2011 年 1 月 28 日在本市特定区域内针对个人住房征收房产税。

② 2013 年 2 月 26 日国务院办公厅公布的《关于继续做好房地产市场调控工作的通知》（国办发〔2013〕17 号），载中央人民政府网，http://www.gov.cn/ldhd/2013-02/20/content_2336331.htm。

三个方面的特殊背景：一是应对房价过快上涨的局面，将房产税作为税收调控的工具，寄希望于房产税的开征，抑制房价过快上涨；二是将房产税作为地方主体税种，完善地方税体系；三是以地方试点作为改革的突破口，由国务院授权个别直辖市地方政府制定试点政策，并在本地区范围内实行。

由于针对个人住房开征房产税的地方试点效果与预期效果存在一定的差距，试点推广基本停滞。2013年11月党的十八届三中全会《中共中央关于全面深化改革若干重大问题的决定》要求"加快房地产税立法并适时推进改革"。从此，基于地方试点然后扩大试点，再到全国推定的房产税改革模式被放弃了。国务院批转发展改革委《关于2014年深化经济体制改革重点任务意见的通知》（国发〔2014〕18号）提出"坚持正税清费，推进房地产税立法相关工作"。但是，房地产税立法工作推进缓慢。

在落实税收法定的背景下，2016年国家税务总局《关于印发〈"十三五"时期税务系统全面推进依法治税工作规划〉的通知》（税总发〔2016〕169号）再次提出推动房地产税立法工作。2018年、2019年全国"两会"政府工作报告中都提出"推进房地产税立法"。但是，不同于2018年全国"两会"政府工作报告中"健全地方税体系，稳妥推进房地产税立法"的提法，2019年全国"两会"政府工作报告中提出"健全地方税体系，稳步推进房地产税立法"。从"稳妥"到"稳步"立法，预示房地产税的立法仍然存在诸多需要解决的矛盾问题，短期内出台的可能性降低。

六、结语

从历史上看，虽然缺乏准确的统计数据来衡量房产税在国家税种中的重要性，但是从不同时代针对房屋征税的情况看，实际上大多数朝代都没有真正对房屋征税，只有五代十国分裂时期北方的几个横征暴敛的短命军阀割据政权征收过房产税。即使从民国时期房捐制度的演变看，尽管通过立法方式确立房产税的合法性，但从本质上看，当时的房捐制度沿袭了清政府及其以前封建王朝对房屋征税的制度缩影。在时局动荡年代，由于房捐作为地方治理的财政基础，其具有明显的战时税收和军阀税制的影子。民国时期房产税制混乱和不稳定的状况，在本质上反映出中央政府陷入了既要为适应战时财政需要而集中国家税收，又要为防止地方军阀侵蚀税收而不得不"适当"地让与地方一部分税收权的"两难"境地。①

之所以，1951年房产税和地产税合并征收，到1956年"一化三改"完成后不再征收，是因为在公有制下，一方面，个人（家庭）住房不再是私人财产，征收房产税缺乏法理依据；另一方面，私人收入有限，不足以额外付出。所以，在公有制和计划经济下，不得不停征房产税。20世纪80年代以来，虽然对个人住房不征收房产税，但是从房地产税中分离出的或者与房地产有关的土地使用税、土地增值税、耕地占用税、城市维护建设税、教育

① 参见任祎卓、李亚楠、郑备军：《民国时期房捐制度：考证、评价及借鉴——基于税收体制视角的分析》，载《江西财经大学学报》2018年第5期。

费附加税等替代性税收,实际上发挥着房地产税的财政功能。

2010年以来,全面开征房地产税的呼声不绝于耳。研究制定房地产税法的文件一个接着一个,给社会公众的感觉是房地产税就要立即推出,但直到现在,国家都没有公布其立法进展和法律文本草案。究其可能的原因,一方面,人们寄希望于通过房地产税来抑制高企的住房价格;另一方面,通过向居民开征房地产税来解决地方财政困局。但是,经济学理论和外国房地产税的实践均表明,房地产税作为一个税种,其基本功能是财政功能,没有证据证明其可以有效地抑制房价。即使从税收中性角度看,税收不应当干扰市场竞争,其实也无法解决高房价的难题,因为全国各个城市房价高于居民普遍的承受能力,需要从市场供求关系和政府对房地产的宏观调控,以及近些年形成的地方政府对“土地财政”的依赖中寻找原因。

当然,全面开征房地产税,毫无疑问在短期内可以增加财政收入,但是其负面影响也是开征该税种时不得不重点考虑的问题。毕竟,房地产税的正当性与土地制度、税收用途、计税依据等密切相关。第一,在土地私有制的国家和地区,向个人(或家庭)开征房地产税没有制度障碍,符合财产权的赋税义务,但是在土地公有制前提下,全面开征房地产税并不是那么的理直气壮。第二,按照税收“取之于民、用之于民”的原则,房地产税的税收收入应当主要用于改善当地居民的公共生活环境,事实上国外开征的房地产税都是地方税,税收收入由地方政府(社会公共团体)支配。第三,一旦开征房地产税,首要任务是确定税基、计税依据和税率等,从国外征收的情况看,多数国家(地区)开征的房产税,其税基由房屋的评估值决定,而且政府要定期评估房屋的市场公平价格,因此,在税率不变的情况下,房屋的估值越高,需要缴纳的税收就越多。

在我国,房地产税与土地制度的衔接还存在制度性障碍;房地产税的地方税属性一直没有得以明确;房地产税的税基和应税额计算都存在诸多难题。如果在这些矛盾没有解决之前,仓促推出房地产税,可能难以实现其最初的目的。之所以2011年开始的上海、重庆个人住房房产税改革试点一时难以在全国推广,是因为房地产税难以承担作为地方财政收入的主渠道之重任。从我国房产税制70年的演变看,在经济改革和土地制度改革背景下,当经济运行状况良好时,通过“嵌入式”税制改革,即社会各方都能获取一定比例的增量利益时,从中抽取税收是一种“税负痛感”相对轻微的时机。当经济下行、普遍减费减税阶段,针对房屋持有环节的税收,其实是不合时宜的举措。70年来房产税与地产税的分分合合,与土地制度和税制结构改革有关,在落实税收法定原则的背景下,将房产与地产合并为房地产税的思路,是房产税转型的一种方式,但不是唯一的方式,还可以探索更加符合我国特色的房地产税制。

税收法定主义下房地产税的立法构建

张　弛*

一、问题的提出

在我国，房地产税的话题一直是公众关注的焦点，尤其近10年来房地产价格出现大幅增长，而住房又是群众最关心的民生问题，因此有关房地产税的改革与实施就始终吸引社会各界的目光，引发了热烈的讨论。2003年10月中央在第十六届三中全会通过的《中共中央关于完善市场经济体制若干问题的决定》中就已经提出了“开征统一规范的物业税，并相应取消有关收费”的设想，拉开了房地产税改革的序幕，但直到2016年，中央才将房地产税的设想明确推上立法日程。随着社会的发展和经济形势的变化，国家每隔一段时间都会针对某些税种进行开征、调整或者停征，但任何一个税种的改革都不像房地产税这般阻碍重重，历经多年都未产生明显的效果。

在这10余年间，上海和重庆两市实施的房产税试点工作是我国进行房地产税制改革向前迈出的重要一步，效果姑且不论，沪渝两地的试点工作存在程序瑕疵。我国《立法法》和《税收征收管理法》规定，有关税收的事项必须制定法律，即由全国人大制定税收法律；或是在特定情况下，经由全国人大或其常委会授权，国务院根据实际情况制定相关的行政法规；在其他情况下任何机关、单位和个人不得违反法律、行政法规的规定擅自作出税收开征和停征的决定。与此同时，上海市和重庆市政府颁布的房产税暂行办法，是依据国务院2011年第136次常务会议的会议精神而制定的，在全国人大及其常委会没有明确的规定和授权下，国务院是没有权力将税收立法权力转授给其他机构或者下一级政府，也就是说，重庆和上海两市政府并没有当然的立法权来制定有关房产税征收的政府规章。在程序瑕疵的情况下，沪渝两地的试点工作是与税收法定原则相违背的，无论试点取得多么良好的效果，其实施都是对纳税人权利的侵犯。笔者认为，课税权本质上就是立法权，房地产税的立法、开征与改革，必须严格贯彻落实税收法定原则，充分保护纳税人的合理期待权益。

---

* 中国人民公安大学法学院助理教授。

二、房地产税"法定"的必要性

(一)税收法定的诉求

根据税收法定原则的一般要求,税收法律关系主体及其权利(力)和义务必须由法律加以确定,即没有法律依据下任何主体不得征税,国民也不得被要求缴纳税款。"法"仅指狭义上的法律,我国《立法法》规定,税种的设立、税率的确定和税收征收管理等税收基本制度只能由全国人大及其常委会制定法律,即房地产税的开征必须经过人民的授权或同意,从本质上来说,课税权是立法权的延伸。

在过去,我们国家更多地将关注点聚焦在税收的宏观调控职能上,而对于能够反映税收法定精神内核的税收事项的规范性、法定性强调得不够充分,理解得不够深刻。随着现代税收治理理念的不断发展,人们越来越关注税收程序的正当性,即税收法定原则的贯彻和落实。税收在本质上是一种财政收入的形式,也是最主要的形式;另外,税收还作为一种文明的对价形式展现出来,其本质上是一种国家和人民达成的契约,是纳税人通过无偿让渡自己的一部分财产权利以获得国家为其提供公共产品和公共服务的结果。由此可见,税收的缴纳是要建立在全体人民同意的基础之上。那么,什么样的法律才是能够体现人民整体意志的法律,答案是不言自明的。在我国,从法律产生的程序上看,只有全国人大及其常委会制定的法律才能代表人民的整体意志。相较行政机关制定的行政法规、规章及其他规范性文件,法律的制定过程本身更加规范、公开和透明,也更能体现全体性、更具权威性,法律位阶更高。

在通常意义上,税收法定原则的概念大致可分为两个内容。第一个被称为税收要件法定主义,其含义是:有关纳税人、征税对象、计税依据、税率等课税要件应尽可能在全国人大或其常委会制定的法律中作明确、详细的规定。第二个被称为税收合法性原则,其含义是:税务机关必须严格依照税收法律的规定进行税种的征收,该原则要求税务机关不能根据恣意的判断来解释和适用税法。从中可以看出,第一个原则是税收法定原则在立法方面的具体要求,第二个原则是执法方面的要求。在上述原则的要求下,有关纳税义务的建立和消除,应当尽可能详细、严格地规定在法律当中。税收法定原则是通过严格、详细地制定法律来防止税务机关对税法的恣意解释和适用,因此在税法领域绝不允许不确定的概念、概括性条款以及自由裁量的规定进入。根据税收法定原则的要求,应当严格地解释和适用税法规定,不允许进行法律的类推以及扩大性解释及适用,同时一般禁止使用判例法、习惯法等。而对于纳税人不利的税收法律,原则上也不采用溯及既往的方式。按照法律明文规定有溯及既往力的法律,也仅限于对纳税人作有利的变更,而不允许作不利的变更,否则法律的稳定性将会受到损害。为了使税收民主真正得以实现,就需要在立法过程中将社会公众的治理引入,税收法律能对公众的权利义务产生重大的影响,因此在制定过程中要充分听取社会公众的意见,即为了使法律规定的内容更趋于合理,应当重视"正当程序"及"程序上公正"的要求。为此,在法律的制定过程中,不仅要公开重要的制定程序,而且还要有包括专家在内的第三者审议会对草案进行审议,以求达到税收法律的科学及合理。

(二)房地产税特性的要求

传统观点认为,税收具有无偿性,即国家向纳税人征收税款时不需要付出任何直接形式的报酬,也不需要向纳税人进行任何直接形式的返还,不存在对于纳税人的对待给付义务。但是,无偿性并不代表绝对意义上的不给予任何形式的给付,相反,税收也有以间接的对待给付义务为基础的形式存在,这就是税收的受益性。①

房地产税属于受益税。税收的受益性,是指纳税人缴纳的税款,实际上是纳税人享用政府提供的公共服务而支付的对价。房地产是不动产,不动产具有稳定、价值高、收益高的特点,因此以房地产为对象取得的税收收入构成了地方政府主要的财政来源。而地方政府将征收房地产税所取得的资金收入,又主要用于兴建公共建筑、提供公共服务、促进公共保障,例如,广场的修建、道路的改善、管道的维修以及各类教育、医疗、养老服务的提供等。公共设施与公共服务的最终享受人群是纳税人,因此等同于说,地方政府收取房地产税,是向纳税人提供了间接的对待给付义务。同时,该给付义务应当符合等价原则,即地方政府征收的房地产税款,应当以其提供的公共设施和服务价值为基准,不得有明显不相当的情形存在。② 由此可见,税收的最终去向是与纳税人息息相关的公共设施和服务,这种受益性的对待给付机制使纳税人有权参与到房地产税征收的决策机制中去,从而促进房地产税征收机制更为民主和透明,保障税收收入能够在纳税人的监督下使用到正当的项目中,以获得地方政府和纳税人共同的最大化效益。由于房地产的价值同附近公共设施与服务的水平呈正相关关系,地方政府提供的公共设施与服务水平越高,房地产的价值也越大,因此在一个有效的制度内,纳税人缴纳的税款越多,享受到的设施和服务就越好,其所拥有的房地产价值也越高,地方政府也就能收到更多的税款,从而形成良性的发展循环。③

因此,在受益原则的视角下,为了使地方所提供的地方公共产品数量与人口达到帕累托最优状态,房地产税的实施本质上就是要求地方政府将征收的税收收入"取之于民、用之于民",这与税收法定原则的内涵是互为因果的。房地产税的开征必须经过社会公众的授权或同意,通过社会公众来评估该税种的开征会否最终使大部分人受益,并监督政府取得的收入是否使用在使社会公众受益上。

(三)房地产税价值的追求

美国著名学者约翰·罗尔斯在其名著《正义论》中旗帜鲜明地提出:"正义的对象是社会的基本机构——即用来分配公民的基本权利和义务、划分由社会合作产生的利益和

---

① 参见陈清秀:《税法总论》,台北,元照出版有限公司2010年版,第71~78页。

② 等价原则,又称禁止过分原则,是第二次世界大战后德国税收制度建立的原则,在经济学上也被称为"以支定收"或"量出为入"。

③ 参见侯一麟、任强、张平:《房产税在中国:历史、试点与探索》,科学出版社2014年版,第11~12页。

负担的主要制度。"[①] 罗尔斯在书中所表达的正义观点可以被具体概括为:"所有社会价值——自由和机会、收入和财富、自尊的基础——都要平等地分配,除非对其中的一种价值或所有价值的一种不平等分配合乎每一个人的利益。"[②] 在正义的理论基础下,税收制度作为社会制度中的一项,其根本价值目标也应当是实现税收正义,这也意味着税收正义是税收制度的灵魂,是税收制度制定所要遵循的最高主旨和价值标准。税收正义有实质和程序两方面的双重含义,这与税收法定原则的内涵是一致的:在实质含义上,它表明除非有适当的法律依据、经过适当的法律程序,否则纳税人的自我权利和自由不能被无端剥夺;在程序含义上,它意味着一个正当的制度应当伴随一切应由法律来决定的行为,包括制定程序正当、实施程序正当、保障程序正当、争议解决程序正当等。[③]

房地产税收制度作为我国税收制度的一部分,也是与纳税人最为息息相关的一个税种,判断和评价其是否符合社会发展的要求以及公众的认可必须以它的内容是否能够反映正义性与正当性为依据。[④] 在正义价值理念的指引下,房地产税收制度的实施应当注重实质正义和程序正义,保证立法机关和征税机关的权力没有被滥用、保障纳税人的合法权益不被侵害以及确保法律结果的公平公正。[⑤] 税权作为一种与公民私人财产权相冲突的权力,其行使必须符合正当的法律程序,即应当遵循税收法定原则,而无论其目的有多么正确。反之,法律对税权的行使予以了必要限制,税权如果不依照正当的法律程序行使,也就失去了其正义性的基础。在房地产税制的改革与实施中,为了切实保护纳税人的合法权益,防止国家公权力的过度侵害,应当把税收正义的精神融入房地产税制的每一项行为中,保证做出公平合理的税收结果。

在税收法定原则的要求下,一方面,税收正义原则应当涉及房地产税制的各个方面,包括法律草案的起草、公开意见的征集、试点工作的开展、税收要素的设计、征管制度的完善、配套制度的协调、纳税人权利的保护等具体的规定;另一方面,税收正义原则不得被违背,立法机关及税务机关违反税收正义原则而作出的房地产税制行为并不属于性质轻微的瑕疵行为,不能通过事后的补正而转变为合法行为,其性质严重,应当属于无效行为,自始不发生效力。

三、房地产税"法定"的实施路径

房地产税的开征和实施与社会公众的利益息息相关,因此它的制定过程应该具有高度的开放性、透明性,让有关利益群体有充分表达意见的机会,决策方式或机制对于落实税收法定原则,形成符合公众利益的税收政策至关重要。

---

① [美]约翰·罗尔斯:《正义论》,何怀宏等译,中国社会科学出版社1988年版,第3页。

② 同上书,第63页。

③ 参见刘东亮:《什么是正当法律程序》,载《中国法学》2010年第4期。

④ 参见施正文:《税收程序法论——监控征税权运行的法理与立法研究》,北京大学出版社2003年版,第71页。

⑤ 参见季卫东:《法律程序的意义》(增订版),中国法制出版社2012年版,第11页。

(一)社会治理的引入

房地产税是否开征、如何开征,在这个问题上决策者如果一味地为了保证决策质量而限制社会公众参与治理,效果只能是适得其反。税收制度作为一项制度安排,不可否认具有专业性,其拥有自成体系的研究方法和理论支撑,但决策者因此认为税制改革是专业人士的游戏,那就大错特错了。税制改革最终是运用于社会公众身上,社会公众对公平与效率的理解和认知多基于公众自身的利益,如果决策者此时不听取和整合社会公众的意见,自行通过"闭门造车"制定出的税收制度,势必无法使社会公众对税制的公平与效率达成共识,将会极大阻碍税制改革决策的作出。同时,在税制改革中,社会公众对政策接受度的要求往往高于对政策质量有效性的要求,甚至可以说,被公众广泛认知并接受的税制改革就是公平与效率的税制。

我国的税法施行通常有这样一个特点,即在某一税收法律法规出台之后,为解决执行中遇到的种种问题,会随之制定并公布大量的行政法规、部门规章来补充法律的相关内容。除去不断变动的社会因素的影响,税制改革制定之初缺乏必要的社会公众治理是造成这种现象普遍发生的重要原因。税收制度决策者往往依靠自己对社会公众偏好的认知和理解来制定税收制度,其获取的相关主体的信息还远远不够,导致决策中考虑到的问题过少,对可能出现的问题没有预见性,这就很容易造成决策的失败。因此,在房地产税制改革过程中,必须更多地引入社会公众治理,以防止低效的决策产生。

另外,社会治理不足及滞后导致我国许多税制改革的目标难以被认可。我国所谓的社会治理往往是在决策者确定了政策目的、厘清了政策范围之后,象征性地引导社会公众参与,使社会治理流于形式。实际上,税收政策的影响因素众多,涉及的利益关系错综复杂,如果仅依靠决策者自身对税制改革的认知来制定目标和限定范围,难免会遭到社会公众的质疑。而此时再引入社会治理,无疑是杯水车薪,决策者将处于极其被动的地位。所以,正确的社会公众参与治理实践应当是在制定税制改革目标的过程中,使税制改革的目标和范围得以更清晰的界定,税收制度本身也更容易被社会所认识和接受。

综上所述,宪法和法律赋予了决策者制定政策的权力,但这并不能够使决策者制定的税收制度具有天生的合法性;相反,社会公众对税制改革的认同和接受才真正地赋予了税收制度的后天合法性。只有充分引入社会治理,使社会公众参与制定税制改革的相关政策,相关政策才能体现民主和民意,才能代表社会公众最普遍的利益追求和制度愿景,这才是房地产税制改革政策合法性的最主要来源。

(二)社会治理的实现

1. 进行意见统计

意见统计在发达国家的选举中运用得较多,实际上,在公共参与决策中,这一方法也被广泛运用。意见统计是决策者在决策初始阶段获取信息的较好方法。决策者可以借助这一手段了解公众对政策问题的大致看法,发现相关人群,同时,由于公众在参与时耗费的时间和其他成本较小,对分享决策权力意愿也会较低,要保证意见统计结果的质量,需要科学设计问卷,确保调查样本的随机性,保证调查程序的公正性等。当然,如果意见统计存在一些固有的缺陷,会影响统计的准确性,如公众对问题措辞上的微小变化十分敏感、回答会出现多变的情形、回答未能充分显示对问题的情感强弱度等。因此,在解释统计结果时必须保持相当的谨慎。

2. 建立决策咨询委员会

在地方公共治理机制中,可以成立决策咨询委员会,由地方商业团体、房地产协会、公共部门官员及公众代表组成。在确保主要不同利益群体的代表性前提下,委员会规模不宜过大,以方便讨论和沟通。该决策咨询委员会的主要功能是给不同群体利益表达的机会,相互协调沟通包括与决策者的沟通,甚至辩论,以达到对相互意见和态度的了解,达成一定的妥协或作出意见决定。当然,这需要决策者让渡一部分决策权力给咨询委员会,否则该委员会可能会被看作"装饰"而变得无关紧要,导致其在公众中的影响力不足。

3. 构建交流平台

提升公众参与治理的另一种重要方式就是,构建一个全民能够参与问题讨论的交流平台,在这样一个公共交流平台上,公众有关房地产税的各种立法构想可以得到充分讨论,各种立法分歧可以得到统一,各种利益诉求可以被采纳和吸收,通过这样的方式制定得出的房地产税法才能获得公众的认可。依照我国当前的规定,房地产税法的草案在起草完成后,由国务院法制办依照法定的立法程序向社会公布房地产税法征求意见稿,经过一定时间公示及收集意见和建议后,结合各方的意见和建议进行修改后再提请全国人大常委会讨论决定。但在实践中,在通常情况下征求意见稿的公示时间都不长,收集建议信息的渠道也有限,因此对于普通民众来说,参与治理进程和表达自身意见并不是很容易就能够办到,导致征求意见的效果往往不甚理想,甚至有可能仅仅成为形式上的工具。值得注意的是,房地产税涉及法律、税务、财政、产权等多个方面,任何一个方面的改变和调整都能够牵涉征税机关、纳税人以及其他相关人员的利益和博弈。因此,只有通过充分合理的交流和讨论,平衡房地产税实施后的各方利益,才能有效降低改革阻力,提升民众认同,促进房地产税的落地。而构建一个充分的公共交流平台,既有利于向社会公众解释房地产税立法过程中产生的各个质疑和询问,形成社会大众之间利益的平衡,还有利于在分析讨论的基础上构建完善的房地产税制内容以及相应的配套实施机制。①

四、房地产税的立法构建

(一)纳税人的确定

当前,世界上主要国家的通行做法是,由房屋的所有人或使用人对房产进行纳税,由于房地产税的设计是针对保有阶段的房产征税,那么根据"谁保有,谁纳税"的基本原则,将房屋所有人作为纳税主体,毫无疑问是合理的。但是,房屋在很多情况下不仅限于所有人个人居住,而是整个家庭成员共同居住,鉴于家庭并不是法人实体,以家庭作为纳税

① 参见殷啸虎:《协商民主的法治引领与规制》,载《政治与法律》2016 年第 11 期。

义务人缺乏相关法理基础,而且征管上也难以实现。因此,房地产税的纳税人应设定为权属所有人,即房屋产权证上登记的权利人。首先,从物权的角度来看,所有权关注的是对房地产占有、使用、收益、处分的法律主体是谁,而不考虑其经济性质或社会关系,而在产权理论中也不存在所谓家庭的定义,因此对房地产征税,应以产权证上登记的权利人为纳税人,这样设定一目了然。其次,从家庭定义看,家庭是以婚姻、血缘或收养而产生的亲属间的共同生活组织,内涵和外延十分广泛,且缺乏相对稳定性,以家庭作为纳税义务人显然不便于税务机关进行实际征收。最后,从法律上对家庭范畴的界定,需要整合公安、民政、卫生等各个部门的现有信息,根据目前的情况,要真正实现各地、各部门间完全信息的共享并非易事,需要长时间的磨合与行之有效的制度保障,这也是我国个人所得税以家庭为单位的综合申报制度迟迟未能推行的重要原因。当然,从长远考虑,以家庭为单位综合计税,更有利于体现税负的公平性,可以将其作为一个长远的目标,但短期内仍应以产权证上登记的权利人为纳税人,对尚未进行权利登记或无法进行权利登记的,可由税务机关指定家庭中的一位成员为纳税义务人。

(二)确定从价计征

房地产税的计税依据应当是当前房产的评估价值,实行从价计征。确定这一计税依据主要有以下几个方面的原因。其一,我国不适宜采用租金收入作为房产税的计税依据,虽然近年来我国房地产租赁市场发展迅速,但相关法规与制度的不健全导致隐性租赁的大量存在,假若以租金作为计税依据,税收征管的难度较大,势必导致税收流失。其二,市场评估价值能全面地反映房地产作为经济资源的价值,同时也能比较客观地反映房产的价值和纳税人的承受能力,房地产市场价值是由多种因素决定的,包括房地产的用途、位置、所处环境等这些因素都可以在市场价值中得以体现,以市场评估价值作为计税标准,更具科学性和公平性。其三,以市场价值作为计税依据有利于增强税收的弹性,即税收收入随房产市场价值的变化而相应改变。另外,由于房产周边公共基础设施的完善有利于提升其市场价值,从这个角度看,以评估价值作为计税依据还有助于促进政府加强公共服务,增强基础设施建设、改善投资环境的积极性。① 确定以评估价值为房地产税计税依据后,提高评估原则、评估标准和评估制度的科学性、合理性和公平性,就成为房地产税制度推行的关键因素,应当在立法中予以明确,在税收要素的制定上体现税收法定原则。②

(三)税率的设定

房地产税是地方税种,由于各地经济发展水平不一,地方财力情况差异很大,所以在全国范围内统一制定税率难以灵活适应不同情况。因此,为了保障税收法定原则的落

---

① 参见张富强:《关于我国物业税立法的基本构想》,载《法学家》2009年第1期。

② 参见北京市地方税务局编:《房地产税制改革研究——北京经验与国际比较》,中国税务出版社2014年版,第141~142页。

实，应当由国家制定的法律规定房地产税的税率幅度，同时授权地方性法规在法定幅度范围内自行确定具体适用的税率。由于我国住房价格相对较高，因此房地产税税率不宜过高。笔者认为，单一税率不能适应各人之间的差别以及各地之间发展的不同，应当实行较低的比例税率，以减轻居民税负并逐步推进，但对于具有强烈投资投机性的囤积性住房，可以实行累进税率。在税率的确定机制上，笔者建议根据地方政府的税收规模设置税率。地方政府征收的房地产税率是在法律规定的幅度范围内，由地方政府根据社会治理程度由社会公众来决定每年需要政府提供的公共服务数量，在此基础上确定政府的支出数额，扣除其他可预估的收入来源，比如，来自上级政府的转移支付等以后，按照掌握的税基评估情况，倒推出适用的税率并报请地方人大审议通过。这种由地方根据年度支出总需求倒算确定的税率，实际上是税收法定原则和社会治理体系的相互结合和补充。①

---

① 参见施正文：《国家治理现代化视角下房地产税的改革设计》，载《探索与争鸣》2018 年第 3 期。

改革开放40年消费税功能定位的回顾与展望

方赛迎*

一、背景与问题

随着完善和发展中国特色社会主义制度、推进国家治理体系和治理能力现代化成为我国全面深化改革的总目标,作为在经济、政治、文化、社会和生态文明"五位一体"总体布局中推进的税制改革,自然应以建立匹配国家治理体系和治理能力现代化的现代税收制度作为出发点和归宿。故对消费税功能定位与制度设计等问题的讨论,自然应"嵌入"到此一时代背景,才能讨论得恰当、妥帖,具有意义。正如钱穆先生所言,任何一项制度,绝不是孤立存在的。各项制度间,必然是互相配合的。①

党的十九大报告从全局和战略的高度,强调要加快建立现代财政制度,并明确了深化财税体制改革的目标要求和主要任务。而深化税收制度改革的目标是形成税法统一、税负公平、调节有度的税收制度体系,促进科学发展、社会公平和市场统一。具体到消费税的改革,是"结合实施中央和地方收入划分改革,研究调整部分消费税品目征收环节和收入归属"。② 在这一税制改革的部署中,如果从表象上理解,可视为对消费税具体的税法要素予以完善,而假若从深层次的角度探究,则可发现其实质上是要求在现代税收制度语境下,作为深化税收制度改革一环之消费税制度的立法完善,应首先厘清和明晰其功能定位,在准确定位消费税的功能前提下,确立消费税的立法宗旨,进而引领、推动、规范与保障当前消费税改革与法律制度的完善,实现对消费税有关税法要素的合理设计。

由于认识上的局限,我们也许无法直接对当下的消费税功能予以定位,以避武断之嫌。然正如钱穆先生所言,"某一制度之创立,决不是凭空忽然地创立,它必有渊源",且"任何一制度之创立,必然有其外在的需要,必然有其内在的用意","我们讨论一项制度,固然应该重视其'时代性',同时又该重视其'地域性'",基于此,本文将通过对改革

---

* 暨南大学法学院副教授。

① 参见钱穆:《中国历代政治得失》,九州出版社2012年版,第2页。

② 肖捷:《加快建立现代财政制度》,载《人民日报》2017年12月20日,第7版。

开放 40 年来消费税规范性文件及规范内容的系统梳理，观察消费税置身不同的历史阶段时，基于“时”“地”需要的不同所呈现的功能效应轨迹，发现并总结其规律，以明晰消费税在我国当下应然的功能定位。

二、消费税功能定位的法规范梳理

消费税的功能，自应符合税收功能的一般规律，即除最基本的财政目的功能之外，还可包括经济目的的功能和社会目的的功能。尽管目前从税收法律主义的角度而言，我国现行法律规范并未对消费税的定义予以界定，然有一种较广义的理解，即认为商品税的主要课税对象是消费的商品或劳务，因而商品税也就是对销售者所课征的间接消费税。这种间接消费税又可分为一般消费税和特种消费税。我们所讨论的，是其作为一个税种，即此处的特种消费税的概念，① 是指仅针对特定的消费品或特定的消费行为的流转额为计税依据而征收的一种商品税。故而基于消费税的此一界定可知，其功能除财政目的之外，实然的应具备经济目的或社会目的功能。是故，本文所讨论的消费税功能定位问题，是在消费税具有此 3 种功能语境下，探究其是主次关系还是并列关系？如若是主次关系，则以何为主等问题，通过对消费税法律规范予以查究，总结提炼改革开放 40 年来消费税法规范所呈现出来的功能定位一般规律。

鉴于历次税种变革、调整均为因税制改革、税制变迁，故消费税功能定位的讨论当可以我国改革开放以来的税制变迁的历史分期②为依凭，来探究在不同的税改阶段，消费税的功能定位究竟为何，其所呈现的功能效应轨迹又是怎样等问题。而基于我国现行的消费税法律规范中普遍没有专门设立目的条款，我们自无法直接依法律文本的条款明晰其功能定位，故只能依其所采取税目为核心的立法模式，通过考察其最核心内容——税目及相关规定，来推断及提炼其功能定位。具体内容详见表 1。

---

① 参见张守文：《财税法学》（第 3 版），中国人民大学出版社 2011 年版，第 207 页。

② 与我国市场经济的发展程度紧密相连，我国改革开放以来的税制变迁可分为恢复重建税法制度、建立与市场经济体制相适应的税法体系与建立更加规范、完备的税法体系 3 个阶段：即“84 税改”（1979～1993 年）、“94 税改”（1994～2003 年）以及“04 税改”（2004～2014 年）3 个阶段。此处“84 税改”阶段的起始时间之所以前溯至 1979 年，是因为我国早在 1979 年后，税制改革就已逐渐展开，在改革开放初期为数不多的立法中，税收立法就可谓独树一帜，开启经济立法之先河。只是直至 1984 年国营企业第二步“利改税”，以及多部税收条例（草案）集中推出，才形成了当代中国税法体系的基本架构，而此次规模空前的税法变革，也因此被称为“84 税改”。此外，将“84 税改”阶段的起始时间界定为 1979 年，也能很好实现衔接和连贯改革开放之前的税种变革、调整阶段。参见张守文：《税制变迁与税收法治现代化》，载《中国社会科学》2015 年第 2 期；刘隆亨：《中国税法概论》（第 3 版），北京大学出版社 1996 年版，第 14～21 页；邓子基：《税种结构研究》，中国税务出版社 2000 年版，第 170～175 页。

表1 不同税改阶段消费税规范及功能

税改阶段	法律规范名称	实施日期	税目及相关规定	功能定位
"84 税改"(1979～1993年)	《产品税条例(草案)》(已失效)	1984年10月1日	共24类270个税目,包括:①烟类,②酒类,③食品饲料类,④纺织品类,⑤皮革/皮毛/皮制品类,⑥服装/鞋/帽类,⑦纸类,⑧文化用品类,⑨日用机械和电器类,⑩电子产品类,⑪日用化工类,⑫其他工产品类,⑬药类,⑭玻璃制品及玻璃纤维制品类,⑮橡胶制品类,⑯陶瓷类,⑰建材类,⑱矿产品类,⑲电力/热力类,⑳气体类,㉑成品油类,㉒化工类,㉓黑色/有色金属产品类,㉔其他工业品类	财政目的
	国务院批转《关于征收烧油特别税的试行规定》(已失效)	1982年7月1日	用于锅炉以及工业窑炉燃烧用的原油、重油	经济目的
	国家税务局《关于对彩色电视机征收特别消费税的若干具体问题的通知》	1989年2月1日	彩色电视机	社会目的
	国家税务局《关于对小轿车征收特别消费税有关问题的规定》	1989年2月1日	①小轿车,②吉普车(包括变型车),③面包车(包括工具车)	社会目的,兼具财政目的

续表

税改阶段	法律规范名称	实施日期	税目及相关规定	功能定位
“94 税改”（1994 ~ 2003 年）	《消费税暂行条例》（已失效）	1994 年 1 月 1 日	共 11 个税目的产品，13 个子目。具体包括：①烟，②酒及酒精，③化妆品，④护肤护发品，⑤贵重首饰，⑥鞭炮、焰火，⑦汽油，⑧柴油，⑨汽车轮胎，⑩摩托车，⑪小汽车	财政目的
	财政部、国家税务总局《关于对低污染排放小汽车减征消费税的通知》（已失效）	2000 年 1 月 1 日	对生产销售达到低污染排放限值的小轿车、越野车和小客车减征 30% 的消费税	社会目的、经济目的（为保护生态环境，促进低污染排放汽车的生产和消费，推进汽车工业技术进步）
	财政部、国家税务总局《关于香皂和汽车轮胎消费税政策的通知》（已全文废止）	2001 年 1 月 1 日	对“护肤护发品”税目中的香皂停止征收消费税；对“汽车轮胎”税目中的子午线轮胎免征消费税，对翻新轮胎停止征收消费税	社会目的
	财政部、国家税务总局《关于调整酒类产品消费税政策的通知》（部分失效）	2001 年 5 月 1 日	调整粮食白酒、薯类白酒消费税税率，由比例税率调整为定额税率的比例税率。由从价定率计算应纳税额的办法调整为实行从量定额和从价定率相结合计算应纳税额的复合计税办法；调整啤酒消费税单位税额	财政目的，兼具社会目的
	财政部、国家税务总局《关于调整烟类产品消费税政策的通知》	2001 年 6 月 1 日	调整卷烟消费税税率，由比例税率调整为定额税率和比例税率；调整卷烟消费税计税办法，由从价定率计算应纳税额的办法调整为实行从量定额和从价定率相结合计算应纳税额的复合计税办法	财政目的，兼具社会目的

续表

税改阶段	法律规范名称	实施日期	税目及相关规定	功能定位
"04 税改"（2004～2014 年）	《消费税暂行条例》（2008 年修订）	2009 年 1 月 1 日	共 14 个税目的产品，21 个子目。具体包括：①烟，②酒及酒精，③化妆品，④贵重首饰及珠宝玉石，⑤鞭炮、焰火，⑥成品油，⑦汽车轮胎，⑧摩托车，⑨小汽车，⑩高尔夫球及球具，⑪高档手表，⑫游艇，⑬木制一次性筷子，⑭实木地板	—
	财政部、国家税务总局《关于调整和完善消费税政策的通知》（部分失效）	2006 年 4 月 1 日	新增高尔夫球及球具、高档手表、游艇、木制一次性筷子、实木地板税目；取消汽油、柴油税目，增列成品油税目。汽油、柴油改为成品油税目下的子目（税率不变）。另外新增石脑油、溶剂油、润滑油、燃料油、航空煤油 5 个子目。取消护肤护发品税目，将原属于护肤护发品征税范围的高档护肤类化妆品列入化妆品税目；调整小汽车税目税率	财政目的、社会目的（为适应社会经济形势的客观发展需要）
	财政部、国家税务总局《关于调整部分成品油消费税政策的通知》（部分失效）	2008 年 1 月 1 日	对石脑油、溶剂油、润滑油按每升 0.2 元征收消费税，燃料油按每升 0.1 元征收消费税	经济目的、社会目的（为促进以石脑油为原料的国产乙烯和芳烃类产品与进口同类产品的公平竞争）
	财政部、国家税务总局《关于调整乘用车消费税政策的通知》	2008 年 9 月 1 日	气缸容量（排气量，下同）在 1.0 升以下（含 1.0 升）的乘用车，税率由 3% 下调至 1%；气缸容量在 3.0 升以上至 4.0 升（含 4.0 升）的乘用车，税率由 15% 上调至 25%；气缸容量在 4.0 升以上的乘用车，税率由 20% 上调至 40%	社会目的（为促进节能减排）

续表

税改阶段	法律规范名称	实施日期	税目及相关规定	功能定位
"04 税改"（2004～2014年）	财政部、国家税务总局《关于提高成品油消费税税率的通知》	2009 年 1 月 1 日	将无铅汽油的消费税单位税额由每升 0.2 元提高到每升 1.0 元；将含铅汽油的消费税单位税额由每升 0.28 元提高到每升 1.4 元；将柴油的消费税单位税额由每升 0.1 元提高到每升 0.8 元；将石脑油、溶剂油和润滑油的消费税单位税额由每升 0.2 元提高到每升 1.0 元；将航空煤油和燃料油的消费税单位税额由每升 0.1 元提高到每升 0.8 元	经济目的、社会目的、财政目的（建立完善的成品油价格形成机制和规范的交通税费制度，促进节能减排和结构调整，公平负担，依法筹措交通基础设施维护和建设资金）
	财政部、国家税务总局《关于调整烟产品消费税政策的通知》	2009 年 5 月 1 日	调整卷烟生产环节消费税计税价格；调整卷烟生产环节（含进口）消费税的从价税税率；调整雪茄烟生产环节（含进口）消费税的从价税税率；在卷烟批发环节加征一道从价税	财政目的（为了适当增加财政收入）
	财政部、国家税务总局《关于调整部分燃料油消费税政策的通知》（已失效）	2010 年 1 月 1 日	对用作生产乙烯、芳烃等化工产品原料的国产燃料油免征消费税，对用作生产乙烯、芳烃等化工产品原料的进口燃料油返还消费税	经济目的（为了促进烯烃类化工行业的健康发展和生产同类产品企业间的公平竞争）

续表

税改阶段	法律规范名称	实施日期	税目及相关规定	功能定位
"04 税改"(2004～2014年)	财政部、国家税务总局《关于调整消费税政策的通知》	2014年12月1日	取消气缸容量250毫升(不含)以下的小排量摩托车消费税。气缸容量250毫升和250毫升(不含)以上的摩托车继续分别按3%和10%的税率征收消费税;取消汽车轮胎税目;取消车用含铅汽油消费税,汽油税目不再划分二级子目,统一按照无铅汽油税率征收消费税;取消酒精消费税。取消酒精消费税后,"酒及酒精"品目相应改为"酒",并继续按现行消费税政策执行	社会目的
	财政部、国家税务总局《关于提高成品油消费税的通知》	2014年11月29日	将汽油、石脑油、溶剂油和润滑油的消费税单位税额在现行单位税额基础上提高0.12元/升;将柴油、航空煤油和燃料油的消费税单位税额在现行单位税额基础上提高0.14元/升。航空煤油继续暂缓征收	社会目的(为促进环境治理和节能减排)

从表1中可见,"84税改"阶段最为基本的消费税法律规范,应为《产品税条例(草案)》。此一阶段在开征增值税的同时,对此20多个特定产品,列举品目,规定不同的税率,按产品的销售收入征收产品税。而这些产品基本为人们的日常生活用品,以日用化工类为例,其税目就包括了化妆品、雪花膏、花露水、爽身粉、痱子粉、洗发水、香皂、肥皂及皂粉、牙膏、火柴、蚊香等,由此可见,其财政目的昭然。尽管之后基于经济目的、社会目的征收烧油特别税、彩电和小轿车特别消费税,但相较产品税的规定,显然无法撼动此一阶段消费税以财政目的为主的功能定位。而"94税改"和"04税改"阶段,尽管经济目的及社会目的有增强的趋势,但同样无法改变此两个阶段消费税在功能定位上以财政目的为主的基调。

三、消费税功能定位的历史检视

从上文可知,消费税的功能定位,与一时之政治、经济、社会等要素密切关联。消费税作为税收制度的组成部分,其功能定位必服从于税制改革的整体目标,并成为其有机组成部分。故下文将对改革开放以来,在历次的税制改革中,税改目标对消费税制度变迁与功能定位的影响予以梳理和探究,以厘清税改目标与消费税功能定位变迁的关联,揭示消费税功能定位的演变规律。具体内容详见表2。

表 2　不同税改阶段改革目标与消费税制的关联

税改阶段	税改目标	消费税制	功能定位
“84 税改”(1979～1993 年)	建立与“有计划的商品经济体制”相适应的“工商税制”,理清国家与企业的分配关系,确保国家获取稳定的税收收入	产品税(1979 年开征,1994 年在生产环节和批发零售商业全面实行增值税,在此基础上选择一些消费品再征收一道消费税,取消产品税)、烧油特别税(1982 年开征,1994 年并入消费税)、特别消费税[包括彩电特别消费税(1989～1992 年)与小轿车特别消费税(1989 年开征,1994 年并入消费税)]	财政目的,兼具经济目的、社会目的
“94 税改”(1994～2003 年)	统一税法、公平税负、简化税制、合理分权,构建与市场经济体制相适应的税制,提升国家税收收入占 GDP 的比重,增加国家(特别是中央本级)的税收收入,提升国家宏观调控能力	消费税(1994 年开征,对 11 种消费品予以课征;2001 年“护肤护发品”税目中的香皂停征、“汽车轮胎”税目中的子午线轮胎免征、对翻新轮胎停征消费税;2001 年将粮食白酒、薯类白酒以及卷烟消费税税率由比例税率调整为定额税率和比例税率)	财政目的,兼具经济目的、社会目的[1]
“04 税改”(2004～2014 年)	完善税制结构,进一步优化税制,提升经济效率,促进税负公平,降低国民负担,提升税制的合理性和合法性	消费税(2006 年新增了高尔夫球及球具、游艇等 5 个税目,取消和调整部分税目和税率;2008 年提高成品油消费税税率;2009 年调整烟产品消费税,提高烟产品生产环节的消费税负,在卷烟批发环节加征一道从价税;2014 年,取消小排量摩托车消费税、汽车轮胎税目、车用含铅汽油消费税以及酒精消费税)	财政目的,兼具经济目的、社会目的[2]

[1]我国消费税在 1994 年开征后,在税收收入中占比为 10% 左右,成为我国第四大税种。国家有关政策意图可通过该税体现,具有一定的调节意义,政策导向明显,同时还能实现对个人收入进行再分配。参见邓子基:《税种结构研究》,中国税务出版社 2000 年版,第 178～180 页。

[2]2004～2014 年,我国消费税收入基本稳定,对全部税收收入的贡献度基本呈现总体上升趋势,消费税收入占全部税收收入的比重(%)分别为:6.22;5.68;5.42;4.84;4.74;8.00;8.29;7.73;7.83;7.45;7.47。数据来自财政部网站历年全国财政决算报告。

通过上述梳理可见,在改革开放以来至2014年的历次税制改革中,消费税制度的调整与税改目标密切相关,而且是实现税改目标具体举措的重要组成部分。在我国改革开放以后,随着我国公共财政此一财政形态的确立,消费税功能定位在历次的税制改革中也呈现稳定的、一致的规律。财政目的功能在税制变迁中无一例外是消费税最基本的、主要的功能。如果说"84税改"中基于此一阶段税收功能的报复性"复位",消费税的财政目的功能自不必赘言,那么"94税改"消费税的开征,其起因之一便在于1993年年底之前仍征收产品税的烟酒、石化、化工等行业,在统一改征增值税后,税负大幅降低,为因应平衡财政收入之需,对税制结构所作的相应调整。① 而从消费税在1994年开征后,在税收收入中占比为10%左右的表现,便是很好的印证。"04年税改",对消费税税目和税率的调整,显然是为配合"结构性减税",平衡财政收入之需。2008年12月财政部、国家税务总局下发《关于提高成品油消费税税率的通知》,自2009年1月1日起实行调整,以及2009年对烟产品消费税的调整,消费税在全国税收收入的占比即从4.74%(2008年)上升到8%(2009年)、8.29%(2010年),由此可见,财政目的功能应为消费税基本的、主要的功能。随着社会主义市场经济体制的确立和发展,现代社会需要综合治理、多管齐下,故消费税除财政目的功能得到彰显和强调之外,其所具备的经济目的或社会目的功能也皆得以发挥。开征消费税,也是国家通过税收对经济进行宏观调控的手段之一,集中体现了国家的产业政策和消费政策。②

四、新税改时期消费税的功能定位

2014年被称为中国全面深化改革元年,新一轮财税改革被置于突出位置。根据党的十八届三中全会关于税制改革的部署以及此后中共中央政治局审议通过的《深化财税体制改革总体方案》,可见解决"94税改"即已凸显但至今仍未有效解决的中央与地方的财政分配问题,应是此新一轮税改的重要目标之一。③ 而党的十九大报告进一步作出关于"深化税收制度改革,健全地方税体系"的部署,更是明晰了新税改的方向和实施路径。就此,新税改时期对消费税的立法完善,当可将其功能定位为财政目的为主、兼具经济目的和社会目的。消费税这样的功能定位不仅完全符合消费税的本质属性以及其一以贯之的功能定位发展规律,而且完全契合新税改对消费税的政策部署,符合我国当前发展阶段对消费税改革的客观要求。

具言之,当我们将消费税的立法完善嵌入新税改的总体格局之下时,我们便能从更深层次理解和明晰,应将消费税定位为中央与地方共享税种,以财政目的为其基本、主要的功能。众所周知,当前和今后一个时期中央和地方财政关系的构建,权责清晰是前提,

---

① 参见刘隆亨:《中国税法概论》(第3版),北京大学出版社1995年版,第171~172页。

② 同上书,第170页。

③ 参见张守文:《税制变迁与税收法治现代化》,载《中国社会科学》2015年第2期。

财力协调是保障,区域均衡是方向。[①] 故如何妥恰地解决“营改增”之后地方财政收入下降以及地方税主体税种缺失的问题,保障中央和地方财力协调,发挥中央和地方两个积极性,应是深化税收制度改革的重要一环。基于我国消费税的性质与功能高度符合中央地方共享税的内在规定,[②] 而且在 2014 年公布的《深化财税体制改革总体方案》中,将地方税体系由“主体税种 + 共享税种 + 辅助税种 + 费金收入”模式调整为“共享税种 + 辅助税种 + 费金收入”模式,[③] 显然,此时将消费税调整为中央与地方共享税种,不仅是消费税自身价值的合理回归,更是健全地方税体系之举。而在此种情势之下,消费税的收入目的功能必然要被突出强调,即如《中共中央关于全面深化改革若干重大问题的决定》、党的十九大报告中对消费税改革所作出的相关部署和政策目标。而从消费税的功能属性和发展规律看,消费税也确能担当此任。其可通过调整征收范围,在把高耗能、高污染产品及部分高档消费品纳入征收范围的基础上,将新兴的诸如私人飞机等奢侈品、高档会所等高端服务消费行为也一并纳入;同时,还可在对征收效率和征纳成本予以考量的基础上,将现行消费税的征收环节前移至批发或零售环节;优化、调整税率,适当提高消费税负,从而实现正当、合理地增加消费税对财政收入的贡献度。

此外,基于消费税是有选择地针对一些特定的消费品或特定的消费行为予以开征,故其在充分发挥财政目的功能的同时,还可根据我国经济社会发展和消费升级的情况,适当地配合消费政策和产业政策的要求,顺应产业结构升级的基本规律,以及满足人民美好生活需要的消费要求,通过调整相关税目以及税率,发挥其经济目的功能和社会目的功能。

---

① 参见肖捷:《加快建立现代财政制度》,载《人民日报》2017 年 12 月 20 日,第 7 版。

② 参见郝晓薇、黄登辉:《“营改增”背景下基于中央地方共享税定位的消费税改革探析》,载《当代经济管理》2015 年第 6 期。

③ 参见李平:《立足新时代描绘税收改革发展新蓝图——“新时代税收改革发展理论与实践”研讨综述》,载《税务研究》2018 年第 2 期。

改革开放 40 年我国政府采购法的发展

任　超*

一、1978～1995 年无法律规制阶段

人们普遍认为，中国政府采购改革与立法的历史始于 20 世纪 90 年代中期。但是，政府采购与我国招标投标的发展有密切关系。完整意义上的政府采购包括货物、服务、工程等，然我国政府采购受制度、传统的影响，最初是从工程招标开始的，招标投标机制开始被引入是政府采购行为和政府采购法探索的起点。

1. 20 世纪 80 年代的探索

党的十一届三中全会之后，由于国家决定在广东、福建两省及深圳等地设立经济特区，从此，国际资本及先进的生产技术与设备、先进的管理经验大举涌入，以国际招标投标为主要代表的世界先进贸易及交易方式也随之而来。为适应形式需要，1980 年 10 月 17 日国务院在《关于开展和保护社会主义竞赛的暂行规定》中首次提出，为了改革现行经济管理体制，进一步开展社会主义竞争，“对一些适于承包的生产建设项目和经营项目，可以试行招标、投标的办法”。之后，我国先后在公共工程建设、机电设备、科研课题等领域实行了招标采购制度。

2. 20 世纪 90 年代中期的实践

20 世纪 90 年代中期，招投标主要在机电设备方面大力发展，全国各地，如天津、湖北、辽宁、上海、内蒙古等地的机电设备取得很大成绩。

1995 年是“八五”计划的最后一年，机电设备招投标工作也已开展了 10 年，历经试点、全面推行进口设备国内招标和实行国际招标 3 个阶段，逐步走上了适应社会主义市场经济要求的发展道路。同时，为招投标服务的行业，招投标代理公司、咨询服务公司和建设监理公司等也在崛起。

---

* 华东政法大学经济法学院教授。

二、1996～2002 年政府采购立法准备阶段

（一）试点背景

1. 制度背景

1997 年党的十五大讨论通过的《“九五”财政法律建设发展规划》对建立适应社会主义经济体制需要的财政法律体系已经有一个初步安排。根据党的十五大的精神和加快国有企业改革的需要，其中一项重要工作就是，研究制定政府采购法，节约财政支出。这是有效实现宏观调控的重要手段，也是反腐倡廉整顿经济秩序的重要措施。

2. 财政制度

1994 年 3 月 22 日第八届全国人民代表大会第二次会议通过《预算法》，并于 1995 年 1 月 1 日起施行。1994 年分税制改革：在体制改革过程中，国家首先实行“财政包干”“分灶吃饭”的体制，继而普遍推行分税制，在划分中央和地方的基础上，辅以必要的财权，并在实施过程中不断完善。这种改革虽然也在一定程度上产生了地方财政分散过多、中央财政集中程度相对较低的问题，但从根本上说，却使各级地方政府有了自己独立的财政，能够根据本级政府的事权划分，充分发挥组织和安排使用财政资源的职能。这对于增强中央财政的宏观调控能力，调动地方政府培植财源、组织财政收入的积极性，发挥了重要作用。

上述财政预算和财政收入方面的进步让我们看到财政支出的不足。政府采购是政府财政支出的重要工作，相关立法的缺失导致财政收入利用不合理、效率低下等问题，因为了探索财政支出管理体制和法制建设的改革，财政部于 1996 年开始对政府采购的有关问题进行研究，并积极在上海、深圳等一些地方试点政府采购制度，相应的地方规定了很多政府采购的规定，为全国性的《政府采购法》积累了经验。

（二）试点进程

1. 中央相关立法

1998 年国务院基于建立政府采购制度的需要与国际惯例接轨目标，明确财政部为政府采购的主管部门，履行拟定和执行政府采购政策的职能。随后，地方人民政府也相继在财政部门设立或明确了政府采购管理机构，负责制定政府采购政策，监督管理政府采购活动。财政部于 1999 年 4 月 17 日颁布了《政府采购管理暂行办法》，国务院机关事务管理局于 1999 年 5 月 11 日发布《关于在国务院各部门机关试行政府采购的意见》，之后又陆续颁布了《政府采购招标投标管理暂行办法》《政府采购合同监督暂行办法》，2000 年财政部又发布了一些有关政府采购的重要规定，包括《关于推进政府采购制度工作的意见》《中央单位政府采购管理实施办法》《政府采购品目分类表》《政府采购信息公告管理办法》《采购运行规程暂行规定》《关于加强政府采购信息统计报表编报工作的通知》《关于进一步加强地方政府采购管理工作的通知》《关于中国政府采购网管理问题的通知》等，并提出了中央单位 2001 年政府采购实施方案的意见，研究草拟了《政府采购资金财政直接拨付管理暂行办法》。解放军总后勤部在 2000 年还发布了《总后勤部军用物资

采购招标管理暂行办法》。全国大部分地区制定了相应的实施办法,为依法开展政府采购工作提供了制度保证。2000年6月中央国家机关政府采购工作会议在北京召开,要求加快推进政府采购工作,严格中央国家机关经费支出管理,要求各部门对于事业经费中安排的采购项目要积极实行政府采购。同月,中央政府主管政府采购的财政部,进行内部机构改革,成立了国库司政府采购处。

2001年1月《政府采购法》初稿形成。2001年3月国家新闻出版总署批准财政部创办《中国政府采购》杂志。该刊的创办,标志我国报纸(《中国财经报》)、网络(中国政府采购网)、杂志(《中国政府采购》)三位一体的政府采购信息管理体系已经建立。2001年4月财政部印发了《中央单位政府采购管理实施办法》,该办法对中央各部门和各单位开展政府采购工作时应遵守的程序及管理要求作出了明确规定。2001年7月监察部、财政部、审计署联合印发《关于2001年进一步加强推行政府采购制度工作的通知》,明确了扩大政府采购的范围和规模、建立健全政府财股管理体制、加快政府采购计划和财政资金直接拨付实施的任务。2001年10月和12月人大常委会分别对《政府采购法(草案)》进行了第一次和第二次审议。

2. 地方试点成效

随着市场经济的发展和完善,我们清醒地认识到我国的财政支出管理体制改革滞后。为了探索财政支出管理体制的改革,政府采购制度的建设逐渐提上了议事日程。一方面,经济的发展使各单位的支出规模迅速扩大;另一方面,企业实行自主经营后供应渠道五花八门,价格千差万别,从而使各单位的采购活动出现了一些不经济的现象。价值伴随自主权的扩大和一些单位不正当竞争手段的使用,在政府采购活动中也出现了一些以权谋私、权钱交易等腐败现象。根据这种情况变化和政府采购活动发展的需要,我国从1995年开始,政府采购工作试点在上海展开。这是我国政府采购制度化建设的起始点。政府采购制度之所以发源于上海,主要有两个原因。一是1994年上海利用世界银行贷款引进了一批计算机及其配套设施。根据世界银行的规定,凡使用世界银行贷款购买的设备必须进行公开招标采购,采购贷款也由世界银行直接支付给供应商。二是1994年上海与英国财政专家联合研究一个预算监督方面的课题,英国财政专家介绍了英国政府采购的大致做法和效果。以此为契机,1995年上海市财政局和卫生局联合下发了《关于市级卫生医疗单位加强财政专项修购经费管理的若干规定》,要求对市、区(县)两级财政安排的维修和设备购置,采用政府采购的办法,在市级卫生系统试行招标采购,此举拉开了我国政府采购的序幕。1996年上海又将试点扩大到教育、科研等系统和区、县政府。行政事业单位使用财政专项资金购置设备实行招标制度,取得良好效果。如浦东新区教育系统配置净水器,相同资金以招标方式可购买净水器的数量由计划的67台增加到85台;黄浦区红光医院3次招标共节约资金12.89万元,平均节约率20.86%。之后,政府采购工作的试点在上海、深圳、重庆等地开展,取得了良好的经济效应和社会效应。

三、2002～2014年旧《政府采购法》实施阶段

(一)《政府采购法》的颁布

《政府采购法》的颁布是我国财政支出管理制度改革的重要举措,也是中国"入世"与世界接轨的需要。地方政府采购试点的成功也进一步证明政府采购的法制化和规范化可有效节约财政资金、遏制行政腐败,达到经济效益和社会效益的"双赢"。在国际国内双重背景下,全国人大财经委员会开始着手制定《政府采购法》。

1. 立法框架

《政府采购法》建立了我国政府采购制度的基本架构。该法共有9章88条,除总则外,按照顺序排列的是政府采购当事人、政府采购方式、政府采购程序、政府采购合同、质疑与投诉、监督检查、法律责任和附则。该法的立法框架基本上是以政府采购合同的订立、履行和保障为设计思路,即合同当事人、合同的订立方式、合同的订立程序和合同的保障。

2. 立法成就及不足

《政府采购法》的颁布,标志社会主义市场经济条件下统一的政府采购法律制度的建立,是真正意义上的政府采购基本法。

确立了完整的调整范围。《政府采购法》将各级国家机关、事业单位和团体组织使用财政资金进行货物、工程、服务采购的行为纳入其调整范围,能更广泛地对政府采购活动进行规制。尤其是将工程采购也作为其规制对象具有十分重要的意义,这可使《政府采购法》中有关采购方法与程序的规定、质疑与投诉程序的规定同样适用于《招标投标法》所管理的政府采购项目,体现了我国实质意义上的统一《政府采购法》的要求。

确立了现代政府采购的基本原则。《政府采购法》规定了政府采购行为必须遵循公开透明原则、公平竞争原则、公正原则和诚实信用原则。且在顺位上,其将公开透明原则这一体现现代政府采购法基本特征的基本原则确立为我国政府采购的第一原则,并将其体现在许多具体条文中(如其要求采购人公开采购标准和采购结果),足以体现其对该原则的重视。此4项基本原则在《政府采购协议》和《联合国国际贸易委员会货物、工程和服务采购示范法》均有明文规定,故也体现了我国政府采购立法逐渐与国际标准接轨。

第一次规定了质疑与投诉程序。《政府采购法》将质疑与投诉程序以法律的形式确定下来,这不仅有利于供应商维护其参与政府采购的权益,而且强化了供应商的监督机制,从而有利于确保政府采购制度实现为公众提供公共服务的效能,能够更有效地避免寻租行为和腐败现象的产生,促进廉政建设。

强化了对政府采购活动的监督。《政府采购法》对集中采购机构的工作业绩提出要求,对政府采购监督管理部门考核集中采购机构业绩并公布考核结果提出要求。

但《政府采购法》仍存在立法不足。一是适用范围过窄。《政府采购法》规定了采购主体的特定性,对该法的适用范围进行限定。其将企业法人使用财政性资金进行的采购(主体不适格)和政府采购人利用民间资本进行的采购(资金来源不适格)排除在其适用

范围之外，可能会引起规避《政府采购法》的情况出现。地方政府很有可能会利用这种法律形式上的差异规避其在《政府采购法》上的义务。

二是缺乏具体的实施细则。《政府采购法》仅确立了我国政府采购的法律框架，在实务中操作性较差，仍需进一步制定具体的实施细则。如《政府采购法》中有关政府采购信息发布的问题、供应商质疑与投诉程序问题都是一些原则性的规定，具有很强的政策性，但在实务中往往较难操作。因此，要使政府采购真正发挥提供公共服务的效用，必须对《政府采购法》进行补充与完善。

（二）《政府采购法》的细化完善

《政府采购法》颁布后，中央立法和地方立法出台了相应的配套规定和补充规定对该法进行细化完善，使我国政府采购在法制化、规范化进程中迈出了一大步。

1. 中央立法的配套规定

（1）制度体系

在我国政府采购领域，中央层面的制度体系如下：首先，宪法具有最高的法律效力；其次，是以《政府采购法》《招标投标法》《预算法》等为代表的法律；再次，是以《招标投标法实施条例》、国务院办公厅《关于进一步加强政府采购管理工作的意见》等为代表的行政法规；这些行政法规统领《政府采购货物和服务招标投标管理办法》《政府采购供应商投诉处理办法》《政府采购信息公告管理办法》《政府采购代理机构资格认定办法》《政府采购非招标采购方式管理办法》等部门规章；最后，是以财政部、国家发展改革委《关于印发〈节能产品政府采购实施意见〉的通知》《集中采购机构监督考核管理办法》《政府采购评审专家管理办法》为代表的规范性法律文件。

（2）实施成效及不足

2004年8月财政部通过《政府采购货物和服务招标投标管理办法》，对公开招标公告、招标文件的内容作出具体规定，并对开标、评标、定标的流程提出具体要求，对触碰法律红线的招标采购单位和采购代理机构设定相应的法律责任，从而推动政府采购在货物和服务领域的规范化，加强对政府采购活动的监督管理。同月，财政部通过《政府采购供应商投诉处理办法》，对供应商的投诉提起与受理、投诉处理与决定进行细化，以防止和纠正违法的或者不当的政府采购行为、建立规范高效的政府采购投诉处理机制、保护参加政府采购活动供应商的合法权益、维护国家利益和社会公共利益。同月，财政部还通过了《政府采购信息公告管理办法》，明确规定政府采购信息的公告范围与内容、细化政府采购信息指定媒体管理，以规范政府采购信息的公告行为、提高政府采购活动的透明度、促进公平竞争。

2005年12月财政部出台《政府采购代理机构资格认定办法》，并于2010年10月再次进行修订。新法将政府采购代理机构资格细分为甲级资格和乙级资格，并授权不同等级的行政部门对相应政府采购代理机构资格进行认定，根据不同资格规定不同的资格申请条件，从而进一步规范政府采购代理机构资格认定工作，加强政府采购代理机构资格管理。2013 年 12 月财政部发布《政府采购非招标采购方式管理办法》,分别对竞争性谈判、单一来源采购、询价等非招标采购方式作进一步的规定,以加强对采用非招标采购方式采购活动的监督管理,以维护社会公共利益和政府采购当事人的合法权益。

中央立法的多项配套规定健全了我国政府采购的法律体系,创新采购方式,扩大采购规模,提高了采购质量和效率,有利于落实国家扶持中小企业的产业政策,有效发挥了政府采购的政策功能,同时实现了政府集中采购的规模优势,资金节约效果明显。虽然中央立法的配套规定对我国政府采购法律体系有所完善,但仍存在诸多不足。我国《政府采购法》的适用范围过窄,政府采购监督管理体制仍待完善,政府采购的信息问题仍待解决,而且《政府采购法》与《招标投标法》之间的矛盾冲突也未得到彻底解决。

2. 地方立法的补充规定

(1)制度体系

在我国政府采购领域,地方层面的制度体系如下:首先是地方性法规,如《深圳经济特区政府采购条例》;其次是地方政府规章,如《深圳经济特区政府采购条例实施细则》(以下简称实施细则)、《上海市政府采购管理办法》;最后是地方政府规范性文件,如《〈上海市政府采购管理办法〉实施意见》、北京市《关于在政府采购活动中禁止指定品牌有关问题的通知》等。

(2)各地方立法的亮点

《政府采购法》出台后,各地方纷纷积极响应,对政府采购制度进行补充规定。各地政府采购立法亮点颇多,试点采购实践也取得显著成效,为《政府采购法》的完善提供了大量经验以供借鉴。

①深圳——提高采购信息透明度、加强监督机制

深圳是我国第一个颁布政府采购地方性法规的城市,其政府采购立法与实践始终位于我国前沿。其在 1998 年制定《深圳经济特区政府采购条例》后,于 2012 年对该条例进行修订,并在 2013 年 6 月制定实施细则,就政府采购工作中特区政府集中采购机构的职责、非公开招标方式采购的申报程序和具体办法、采购项目申报的具体程序和内容、预选采购、公务采购卡、合同续期奖励办法等进行了细化规定,体现了较强的可操作性、务实性和创新性。

实施细则的亮点如下:一是通过公开项目预算金额或者预算金额之下的最高限额,促进政府采购公开透明、公平竞争,同时引入采购项目预审机制,制定政府采购标准,科学确定项目预算金额;二是明确了对非保密的采购项目采购结果公示的内容,包括投标供应商名称、资格响应文件和报价、评审专家名单、候选中标供应商名单以及中标供应商名单等;三是对评标定标分离原则进行了细化,明确了评定分离的评审方法、定标方法和评委会组成,新增了定性评审法,规范评标定标程序;四是规定了公务采购卡的使用范围,将公务采购卡制度及禁令要求法律化;五是建立了全过程、多方面的政府采购监督框架,增强和完善了深圳市政府采购监督管理体系。

②上海——以电子化促规范化、信息化建设，绿色政府采购

上海是实行政府采购较早、采购工作较成功和规范的地区，其早在1999年就出台了《上海市政府采购管理办法》和作为配套措施的6个办法，对政府采购行为进行规制。其2001年公布的政府采购目录中就包括货物、工程和服务3个方面，使政府采购的内容从单纯的货物类扩大到工程类和服务类，为之后的中央立法——《政府采购法》确定规制对象提供了经验。《政府采购法》出台后，上海市政府于2003年5月出台《〈上海市政府采购管理办法〉实施意见》对《上海市政府采购管理办法》的相关内容进行细化规定。

"十二五"规划期间，上海市政府采购中心大力推进政府采购电子化建设，提高采购信息的透明度。其主动配合上海市财政局的政府采购信息管理平台建设，创新工作思路，顺利完成年度电子集市项目公开招标；积极筹建采购中心电子监控系统、电子评标室和采购中心综合管理信息系统；创建采购中心业务分析会制度和重点项目会审机制，为其他地区的政府采购电子化建设发挥了示范作用。

同时，上海市政府落实了《政府采购法》中的节能环保政策，要求所有政府购买的产品、所有预算的支出，必须要符合环保清单的要求，以求更好地服务社会经济的和谐发展。例如，在上海市的办公家具采购中，已经开始探索对资产循环利用，旧家具的循环利用达到了40%。上海市政府采购中心将之称为"利旧"，即利用好旧家具，这一做法在避免污染的同时，达到了节约经费的效果。

③北京——强化监管、绿色政府采购

北京市政府采购地方立法的一大亮点是强化监管、严惩不法行为。2004年7月北京市财政局出台《关于在政府采购活动中禁止指定品牌有关问题的通知》，指出"政府采购活动中只能提出具体的技术要求，禁止任何形式的指定品牌"，以规范政府采购行为。2004年11月北京市财政局发布《北京市财政局政府采购供应商投诉处理工作规程(试行)》，细化了供应商的投诉处理流程，规定北京市市本级政府采购的供应商投诉处理事宜由北京市财政局法制处和北京市政府采购办公室共同负责，并明确了这两个部门的职责。2011年11月《北京市朝阳区物业定点服务供应商监督考核暂行办法》出台，对朝阳区物业定点供应商进行日常检查和定期考核，且在综合评价中详细规定了6项指标。北京市财政局按照政府采购"监管者"和"守夜人"的角色定位，努力当好维护政府采购规则的"尖兵"和"利剑"。此外，北京市财政局还将政府采购违法失信行为的记录推送至中国政府采购网曝光，对不法行为人形成有力震慑。

北京市政府采购工作的另一大亮点为注重绿色政府采购。2008年奥运会在北京召开，北京市政府同时也开展了一系列政府绿色采购试点工作并取得了一定进展。北京奥组委也为此实施了《北京奥组委采购环境保护指南》，明确表示在奥运设施建设中，广泛使用绿色环保建筑材料。奥运会结束后，可持续发展的绿色采购观得以延续，成为北京市政府进行采购活动的指导理念。

四、2014 年 8 月至 2018 年新《政府采购法》实施阶段

(一)《政府采购法》的修订(2014 年 8 月)

1. 修订内容(见表 1)

表 1　《政府采购法》的修订内容

条文	修改前	修改后
第 19 条第 1 款	采购人可以委托经国务院有关部门或者省级人民政府有关部门认定资格的采购代理机构,在委托的范围内办理政府采购事宜	采购人可以委托集中采购机构以外的采购代理机构,在委托的范围内办理政府采购事宜
第 71 条第 3 项	采购人、采购代理机构有下列情形之一的,责令限期改正,给予警告,可以并处罚款,对直接负责的主管人员和其他直接责任人员,由其行政主管部门或者有关机关给予处分,并予通报: …… (三)委托不具备政府采购业务代理资格的机构办理采购事务的 ……	删除第 71 条第 3 项
第 78 条	采购代理机构在代理政府采购业务中有违法行为的,按照有关法律规定处以罚款,可以依法取消其进行相关业务的资格,构成犯罪的,依法追究刑事责任	采购代理机构在代理政府采购业务中有违法行为的,按照有关法律规定处以罚款,可以在一至三年内禁止其代理政府采购业务,构成犯罪的,依法追究刑事责任

2. 修订后的《政府采购法》的不足

(1)权责不对等

《政府采购法》第六章规定了供应商的投诉代理制度,但是在该法实施的过程当中,采购活动实施者为采购人及政府采购代理机构的,这两者不负责对投诉进行处理。而政府采购监督管理部门虽然未参与采购活动,却因为处理针对采购人和采购代理机构的投诉而经常成为投诉人行政复议的被申请人或投诉人提起行政诉讼的被告,这就导致了行为主体与责任主体的不一致,这给监督管理部门造成了较大的困扰。

(2)对采购程序的规定存在缺陷

首先,《政府采购法》对招标程序的规定过于简单,仅见于第 34 条至第 37 条共 4 条条文,规定过于简单,不够全面,存在立法技术问题。其次,《政府采购法》对等标期的规定缺乏弹性,增加了推行公开招标的难度。最后,《政府采购法》对非招标程序的规定过于原则,不够具体,缺乏可操作性。

(3)投诉救济制度存在不足

现行《政府采购法》下的投诉制度带有较明显的公法色彩。《政府采购法》明确规定,政府采购合同适用合同法的规定,据此,合同项下的所有纠纷也应依照合同法,即按照民事法律进行处理。但《政府采购法》却规定,当供应商对采购人或采购代理机构的答复不满意时,可以向同级政府采购监督管理部门进行投诉。用行政手段解决民事纠纷,显然不妥。另外,《政府采购法》对救济权利的内容规定得不够全面,有待进一步完善。

(二)《政府采购法实施条例》的颁布(2015 年 1 月)

1. 明确政府采购的适用范围

根据《政府采购法》,政府采购适用范围由采购主体、资金来源、采购标的和采购项目 4 个因素进行界定。《政府采购法实施条例》(以下简称《条例》)主要对资金来源和采购标的进行了细化规定。针对资金来源,《政府采购法》将其界定为"财政性资金",但对于什么是财政性资金,《政府采购法》并未明确,因此在实践中对这一概念一直存在争议。本次《条例》的出台解决了这一问题,根据《条例》第 2 条的规定,财政性资金,是指纳入预算管理的资金。以财政性资金作为还款来源的借贷资金,视同财政性资金。针对采购标的,《政府采购法》明确为货物、工程及服务。货物的概念不存在争议,而工程及与工程建设相关的货物和服务与《招标投标法》存在重叠,另外,服务是否包含政府向社会公众提供的公共服务认知也不尽相同。因此,《条例》对工程、与工程建设相关的货物和服务与《招标投标法》及其实施条例作了对应性规定,并对《政府采购法》中服务的定义作了细化规定,即"包括政府自身需要的服务和政府向社会公众提供的公共服务"。

2. 协调《政府采购法》与《招标投标法》的适用

《政府采购法》和《招标投标法》都对工程采购进行了规定,在实践中,具体适用哪部法律也未有统一的结论,造成两部法律冲突的情况。《条例》出台之后,两部法律之间的矛盾得到了较好的解决和协调。对于政府采购工程的法律适用,《条例》规定,政府采购工程以及与工程建设有关的货物、服务,采用招标方式采购的,适用《招标投标法》及其实施条例;采用其他方式采购的,适用《政府采购法》及《条例》的规定。

3. 提高政府采购透明度

为了遏制权力寻租,保障政府采购的公平公正,政府采购过程当中的透明度十分重要。为提高政府采购的透明度,《条例》进行了如下规定:其一,项目信息须公开;其二,采购文件须公开;其三,中标、成交结果须公开;其四,采购合同须公开。通过 4 项规定有效提高了政府采购的透明度。

4. 强化政策功能,发挥调控作用

《政府采购法》第 9 条明确规定了政府采购的政策功能,但在实践中,这项功能的发挥差强人意。为此,《条例》作出了以下规定:首先,国务院财政部门会同其他有关部门制定采购政策,通过政策的制定为政策目标的实现提供先决条件。其次,采购人、采购代理机构须根据政府采购政策编制采购文件。再次,采购人为执行政府采购政策,经批准,可以依法采用公开招标以外的方式进行采购。最后,采购代理机构未按照规定执行政府采购政策的,依法追究其法律责任。

5. 保证评审专家的公平、公正

为保证评审专家在评审过程中保持公平、公正,《条例》作出以下规定:一是明确省级以上人民政府财政部门对政府采购评审专家库实行动态管理,保证专家通过随机的方式产生;二是明确评审专家的评审要求和责任;三是强化对评审专家的失信惩戒,增加其违法成本;四是针对评审专家不同违法行为的性质,区别设定相应的法律责任,做到行为与责任的对应。

6. 细化采购回避制度,明确恶意串通情形

对于采购回避制度与恶意串通,《政府采购法》都进行了规定,但同时,《政府采购法》的规定都较原则,不够具体,因此缺乏可操作性。该《条例》,一是细化了采购回避制度,明确政府采购活动中"利害关系"的外延及供应商提出回避申请的程序、如何处理回避申请等;二是具体规定了 7 种恶意串通的情形,增强对恶意串通进行判断的客观性。

7. 明确违法责任追究

针对在实践中出现的违法采购结果无人负责,违法责任无法追究的问题,《条例》增列了 34 种违法情形。同时,针对采购人、采购代理机构、供应商的违法情形,明确规定给予限期改正、警告、罚款,同时还要追究直接负责的主管人员和其他直接责任人员的法律责任。

新税法理念下税收法定主义之实现

——以“公共财产法为视角”

陈阵香*

一、“公共财产法”视野下税法理念的更新

（一）新的税法理念之提出

税法理念是“人们对税法的理解”。① 对于税法理念，学界有传统的属于公法范畴的税法理念，以及以公法理念为主导与私法理念兼容的新型税法理念。本文从税法的功能及目的的角度，将其分为“维护稳定型”的税法理念与“发展促进型”的税法理念并进行分析。

1.“维护稳定”是“税收法定”初始阶段的税法理念

税法随着经济社会的发展而变迁。税收法定主义的实践，开始时主要是着重以法定的形式确定租税，并不规定租税法律的内容。② 处于较低级阶段的税收法定主义主要是为了解决纳税人对国家征税是否拥有基本的话语权，以及对君王恣意征税权力能否加以限制的问题。

在税收法定主义发展的低级阶段，在保障纳税人的合法财产权不受国家征税权的过度侵犯的核心理念中，仍然存在税收属于统治者的假设，“税收法定”只是限制纳税人的合法财产权益不受国家征税权的过度侵犯，即统治者有权侵犯纳税人的合法财产权，只是不能过度侵犯。

事实上，低级阶段的税收法定主义停留于保障纳税人的合法财产权益不受国家征税权的过度侵犯，实质是为了缓和统治者与被统治者、征税人与纳税人的关系，将统治者对

* 上海立信会计金融学院法学院教师，法学博士。

① 谭志哲：《当代中国税法理念转型研究：从依法治税到税收法治》，法律出版社 2013 年版，“前言”第 3 页。谭志哲认为：“税法理念是指人们在对税收法律现象进行反思与总结的基础上，所形成的对税收法律的基本看法、意识、信念或观念，是人们对税法的理解以及由此形成的税法认知模式。”

② 参见［日］北野弘久：《税法学原论》（第 4 版），陈刚、杨建广等译，中国检察出版社 2001 年版，第 73 ~ 80 页。

被统治者的财产侵犯控制在被统治者或是纳税人可以承受的范围之内。这个阶段的税法我们认为只是一种以“维护稳定”为其核心理念的税法。

2.“税收法定主义”基本假设的更新

随着“税收法定主义”实践的深入,仅规范征税、纳税的税法开始从形式延伸到内容,即确认国家征税不得侵犯纳税人财产,除非纳税人同意让渡权利、有偿交换等,这是“税收法定主义”基本假设的更新。

保障纳税人的合法财产权益不受国家征税权的过度侵犯的税法,并未深刻地涉及税收法定主义应有的核心内容。

随着“税收法定主义”实践的深入及其理论阐释的深化,规范征税、纳税的税法内容也进一步明确,税法理念也有了新的变化。上述理论事实上是认为,国家代表全社会从分散的纳税人手中筹集税收,是由于作为财产所有者的纳税人向国家让渡其权利,或者是有偿交换等,即税收不是归属于统治者的财产,而是纳税人的私人财产。这就从税收立法的税收内容上肯定了纳税人的财产权是不容侵犯的,除非纳税人愿意让渡权利、有偿交换等。由此,便极大地促进了对课税立法权滥用的限制,将量能课税、公平负担、保障纳税人权利等基本原则,贯穿于税收的立法、行政和司法等之中,在征税、纳税的法定上,对实体法与程序法都予以了正当性的基础。

3. 税法理念应从维护稳定向促进发展变化

无论是税收属于国家的假设,还是税收属于纳税人财产的假设,两者都没有涉及税收如何使用的问题。换言之,税收如果属于国家(这里的国家是指全社会的代表人,不是直接指全社会),当然地由国家支配、利用,那么与纳税人便无关;如果税收属于纳税人,那么纳税人已把权利让渡给国家,或者与国家进行了有偿交换,税收的物权已经流转到国家手中,纳税人便无权干涉国家对税收的支配、利用。可以认为,税收法定主义的实践促使了纳税人开始“关注和参与税收支出”① 的立法,“财政法定”也随之发展起来。因此,国家无权侵犯纳税人的财产权,纳税人对所纳的税款也并没有丧失所有权,税收只是转变为了公共财产权,纳税人对税收(公共财产)仍然享有相应权利。

由此可以证明,纳税人对税收,并非只有在征税、纳税中享有限制征税人权力的权利,同时他们也享有关注和参与税收支出的权利,即包括对税收具体用途、经营公共物品的效益、对滥用“用税”权行为的处理、纳税人能否公平享用国家“用税”制造的公共物品等。

当税收立法深入“用税”法定时,税收法定主义才真正从形式层面进入实质层面。税收法定主义从形式向实质层面的过渡,蕴含了促进发展型税法的理念。具体而言,征税、纳税与“用税”的一体化,体现了纳税人从投入到产出直到“消费”享用的全部过程,即纳税人的财产利益离开了自己再回到自己。纳税人通过享用公共物品,既要保证自身的存量利益不受侵害,又要在此基础上提高自己的增量利益。纳税人存量利益的保障来自税

① [日]北野弘久:《税法学原论》(第 4 版),陈刚、杨建广等译,中国检察出版社 2001 年版,第 73 ~80 页。

法发挥其维护稳定的功能,而纳税人增量利益的发展则来自税法应有促进发展的功能。因此,税法理念应从维护稳定向促进发展进化。

"发展促进型"税法理念,是一种将征税、纳税与"用税"融为一体的、着重税收的运用效益的现代税法的理念,它突破了维护稳定的传统的税法理念,但又是在此基础上发展起来的。社会只有不断地向前发展,才能真正地保持稳定。税法只有是兼顾维护稳定与促进发展,才能真正实现财税法治之目的。

(二)"公共财产法"理论对更新税法理念的支撑

"税收法定主义"实践逐步深化,其主要表现形式是征税、纳税与"用税"法定的"财税法律一体化"的税收立法趋势。税法从"维护稳定型"向"促进发展型"进化是必然的。税法应对保障经济社会可持续健康发展发挥作用。税法,不仅要保障国家能够顺利地获得税收收入、纳税人能得到税收公平;更要保障税收的筹集、管理、分配和使用的效益,以及对公共物品的"消费"享用公平,从而达到全面的税收公平,以为经济社会可持续健康发展服务。党的十九大提出:"中国特色社会主义进入新时代,我国社会主要矛盾已经转化为人民日益增长的美好生活需要和不平衡不充分的发展之间的矛盾。"① 在此背景下,我们提出运用税法的"公共财产法"理论,更新税法理念,构建"促进发展型"税法,发挥税收的分配功能,以更好地服务于解决发展不平衡、不充分的问题,是适合时宜和符合实行税收法定主义之目标的。

一是在当今社会化大生产与资本逐利竞争的市场经济中,税法如果只关注限制征税权,不关注"用税"权的规制,国家不能向全社会供给数量充分的、质量较高的公共物品,必然会阻碍经济社会的可持续健康发展。现代市场经济向前发展的两大支撑,一方面,市场主体之间经营私人物品的公平竞争,它推动商品的生产与交易的发展。当然,如果发生了非理性的市场竞争行为(如损害劳动者权益、不正当竞争、损害消费者权益等),抑或是资本逐利的理性行为都可能会导致经济社会不能持续健康地发展。因为,资本逐利的理性行为也可能带来整体与长远的非理性,而使国家介入经济活动成为必然。另一方面,国家征税、"用税"为全社会提供公共物品的内容增加,为促进经济社会持续健康发展所需的公共物品范围扩大,所消耗的经费增加,税收运用的效益与法治问题也日益突出。纳税人已不再只是关心国家征税、自己纳税是否公平,也开始关心国家通过"用税"向全社会提供公共物品,纳税人的享用是否公平。

二是税法不能只发挥其限制或者控制政府征税权力的功能,即不仅限于保障纳税人的合法财产权益不受国家征税权的侵犯;税法还需要从良法善治的意义上,促进政府"用税"的效益及效率,能够在为全体纳税人提供经济社会可持续健康发展的公共物品中,使纳税人与征税人实现共同发展。在经济全球化、全球市场化、市场竞争化、竞争法治化的

---

① 《决胜全面建成小康社会,夺取新时代中国特色社会主义伟大胜利——在中国共产党第十九次全国代表大会上的报告》,载《人民日报》2017 年 10 月 28 日,第 1 版。

趋势下，体现“用税”的效益与公平的税法是国际制度竞争中的一项重要内容。

因此，把税法打造成“促进发展型”税法已是大势所趋。这就说明，征税、纳税的国家征税权力要限制；或者说财产权为天赋权利，除非纳税人让渡权利或有偿转让，国家不得侵犯纳税人财产权等税法理论，不足以为“税收法定”提供理论支撑。而税法属于“公共财产法”的理论是可以支撑“促进发展型”税法构建的。其一，税法是“公共财产法”的理论，即实质是以确认税收虽然属于国家，但只是有限度地属于国家的假设。其二，权利让渡、有偿交换均以税收本属于纳税人所有的财产为假设，该假设虽然有其道理，但不足以解释为什么转让权利、有偿交换不由纳税人自主而要受国家强制，纳税人纳税之后，纳税人又为什么还享有对国家“用税”进行监督等权利。因此，只有当税收是公共财产，税法属于“公共财产法”时，才能较好地回答这些问题。

国家依靠公权力征税，是因为以个体存在的纳税人需要依赖国家而生存，因此，纳税便成了一项法定的义务（缴纳维持国家行使其职能的费用的义务），而为了保障纳税的公平，征税便主要采取了国家强制而非由纳税人自主纳税的模式。但对国家来说，它并非就此取得了所有权，即便是国家可以代表全社会行使税收的所有权，它也必须对真正的税收所有权人负责；对纳税人来说，缴纳税款并不意味着财产已被剥夺，这部分财产只是以全社会公共财产的方式继续存在，每个纳税人可以全社会成员的身份，关注国家的“用税”行为并公平地享用公共物品。这正如人类社会中的人，本来他就只有作为自然人的个人而存在。而作为自然人个人的结合体，如法人等，只是自然人个人的派生形式，财产的所有权本来也只有自然人个人的财产所有权，而税收等为全社会所有的财产所有权，也只不过是其派生形式，其财产所有权的权利的发生、行使与消灭，不会超出民法对私人财产权规范的范围。也就是说，税收是属于全社会的公共财产，税法属于“公共财产法”不是一个被单独划分出来的体系，仍旧属于财产及财产权的范畴。否则，也就无法回答为什么转让权利、有偿交换不由纳税人自主而由国家强制；纳税人纳税之后，纳税人为什么还有对国家“用税”进行监督等权利的一系列问题。

二、新税法理念下实现税收法定主义的税法体系

以税法属于“公共财产法”为理论指导，并根据“税收法定主义”的实践，向征税、纳税与“用税”法定一体化的、着重税收运用效益的现代税法发展趋势，我们应当构建新的以促进发展为理念的税法体系，其结构大体如下。

（一）新税法理念下税法体系的构成

新税法理念即着重“促进发展型”税法理念下的税法体系，可由“税收法定”入宪的原则规定，以及税收基本法与纳税人权利保护法构成。

“税收法定”入宪的原则规定是实现税收法定主义的顶层设计，它可以指导并带动整个税法体系的构建。但是，在宪法对税收法定的原则规定与各项税收基本制度的立法之间，需要制定税收基本法来加以联结，使各项税收基本制度的立法系统化。同时，制定纳税人权利保护法，实现在征税、纳税、“用税”各个环节对纳税人的全面保护。全面保护纳税人的权益是税收法定主义入宪的精神实质,也是各项税收基本制度立法所共同追求的目标。不仅如此,保护纳税人的合法权益是“税收法定主义”所称之法是否为“税之良法”的标准及达到“国之善治”的表征。

税法体系具体由征税、纳税、“用税”的税收实体法体系与征税、纳税、“用税”的程序法体系构成。

(二)征税、纳税与“用税”的税收实体法体系

征税、纳税与“用税”的税收实体法体系主要包括4个方面:

一是征税、纳税的“一税一法”的税收实体法体系。这是实现税收法定主义最基本的税收立法的内容。

二是“用税”方面的立法。这里将“用税”加上引号,是因为“用税”与征税不同并单独制定了法律。有关“用税”的规定大都可以包括在“财政法定”的财政基本制度的立法中,如预算法、政府间财政关系法等中;税收的征收与运用构成财政收支的重要组成部分,可以说,财政收支制度的立法,实际上主要是征税与“用税”的立法。因此,“用税”的立法,既是财政收支立法的组成部分,也是税收立法的一部分内容。从征税、纳税与“用税”“财税法律一体化”的意义上,从其内在逻辑和关联性来说,“用税”法定是税收法定主义的核心内容,关系纳税人纳税的付出能否得到回报的问题。例如,我国过去实行的分税制,也是有关“用税”的法律规制。

三是“税收法定”与非税收入相衔接的法律治理。“税收法定”着重税收利益的协调,有一定的局限性。非税收入于国家财政是一把“双刃剑”,一方面,在财政紧缺之时,非税收入是一项很好的补充手段,可以用来解决财政收入不足的问题;另一方面,非税收入也可能成为人们应付“税收法定”的手段,是政府滥用财政收入或利用财政收入效率低下可以寻求的出路。所以,在实现税收法定主义之时,就必须以税收法定为税法第一原则,且不允许利用非税收入来达到违背税收法定主义的目的。各种非税收入凡是可转化为税收的,就纳入“税收法定”;需要保留的,也应当以法律规定之,与“税收法定”相衔接。

四是税收收入之税收风险的法律治理措施。“税收法定”是征税、纳税的法律保障,但它并不能完全地决定税源,影响税源的主要因素仍旧是经济,而经济情况又是由多种因素决定的。因此,经济情况如果发生变化,依照“税收法定”征税,也可能无法满足税收收入的预期目标,那么税收收入出现不可完全预知的税收风险时,法律上就应当有相应的规制,允许利用变通的手段保障国家税收收入。

(三)征税、纳税与“用税”的税收程序法体系

征税、纳税与“用税”法定的税收程序法体系主要包括4个方面:

一是征税、纳税方面的税收征收管理法。税收征收管理是国家征税机关依据国家税收法律的规定,按照统一的标准,通过一定的程序,对纳税人应纳税额组织入库的一种行政活动,是国家将税收政策贯彻实施到每个纳税人,有效地组织税收收入及时、足额入库的一系列活动的总称。从立法目的上看,“为了加强税收征收管理,规范税收征收和缴纳

行为,保障国家税收收入,保护纳税人的合法权益,促进经济和社会发展",[①] 须制定税收征收管理法。税收征收管理法作为税收征收管理的行政执法程序规范,是用来保障税收实体法之实施的。此外,政府性基金等非税收入的征收管理则可另行立法,且也应当与税收征收管理立法相衔接。

二是处理征税、纳税案件的仲裁与诉讼程序立法。如果征税、纳税案件可通过仲裁处理,就存在税收仲裁立法问题。而税收民事、行政与刑事案件的诉讼,虽然可适用民事诉讼法、行政诉讼法与刑事诉讼法,但有关税收的诉讼是否还有或者还会发生一些特殊问题,需要一些特定的诉讼程序来处理,又怎样通过完善上述诉讼法来解决问题?这是值得研究的问题。

三是"用税"案件的税收公益诉讼程序立法。税收公益诉讼,主要是针对纳税人纳税所形成的全社会的公共财产,是用于国家提供公共物品归全社会享用的,而不是纳税人将财产所有权向国家进行让渡,只是权利的暂时转移,纳税人依然拥有对财政资金(主要由税款构成)的实体权利,故对国家机关及其公职人员"用税"经营公共物品,损害公共财产利益的行为,纳税人有权提起公益诉讼。这显然也是属于税收程序立法问题。

四是政府债务的法律治理。"税收法定"虽能在一定程度上保障国家的税收收入,但不能避免税收风险问题的发生。国家可能通过举债、政府基金等方式取得非税收入以应对税收风险。此外,经济发展的某些不确定性和"用税"法定的完善与否,都会对政府债务产生影响。因此,政府债务的法律治理成为实现税收法定主义的一个重要内容,其中,尤其地方政府通过破产程序立法,来解除债务危机是一个绕不过去的问题。

(四)促成"税之良法"保障税收法定主义的实现

实现税收法定主义,首先,应使征税、纳税与"用税"能"有法可依",有比较"完备的税法体系可依";其次,有"税之良法"可依。因此,为提高税法质量,就需要有促成"税之良法"的法律措施作为税收立法的保障。促成"税之良法"并不是关于税收立法范围的问题,而是在税收立法范围内如何提高税法质量的问题,具体包括:其一,如何优化宪法以及立法法等直接针对税收立法的规定,从源头上解决税收依宪立法、依法立法,提高税法质量的问题。其二,可将宪法、立法法中,用于提高"税收法定"质量的规定,按照"税收法定"的特定要求,纳入税收基本法中加以细化。其三,对促成"税之良法"所设计的制度制定专门的法律。

可以认为,提高税法质量所采取的法律措施与有完整的税收法律体系可依,这两者之中,后者是税收法定主义适用范围的问题,而前者是税收法定主义的质的要求与衡量标准的问题。因此,需将这两者结合起来,在量与质上统一地构建促进发展型的税法体系。当前我国正致力于全面落实税收法定原则,实现税收法定主义,如果能以促进发展为理念构建税法体系,可为我们探索税收法定主义的实现指明方向。

---

① 《税收征收管理法》(2015 年修订)第 1 条。

新发展理念下消费税征税范围的法治审思*

耿 颖**

针对伴随传统经济增长模式而渐趋严重的环境和资源问题,《关于全面加强生态环境保护 坚决打好污染防治攻坚战的意见》《打赢蓝天保卫战三年行动计划的通知》等中央文件接连发布。由于征税范围是税收制度最基本的要素,直接体现了一种税的性质和功能,① 本文将结合税收原理和税法原则,对新发展理念下消费税的征税范围和具体税目的设置问题予以检视,并就相应制度的重构提出建议。

一、时代背景:发展理念升级

在现代化建设中,随着进入快速工业化和城市化的阶段,较粗放的经济增长模式和日益膨胀的消费主义相叠加,诱发了环境污染、能源短缺、城市拥堵、贫富差距拉大等社会经济问题,在一定程度上出现"过密型商品化"和"没有发展的增长"(growth without development)② 现象,经济增长成果面临持续性和公平性的双重挑战。正如《中国人类发展报告》所指出的,"较低的技术水平所导致的资源低利用率和人口众多带来的快速增长的需求相互作用,造成经济增长的不可持续性"。③ 这不仅使经济缺乏新的增长点和持久稳定的生命力,而且危及当代人和后代人的健康生存环境。鉴于此,亟须加快结构更新和制度创新,转变高污染、高能耗、低效益的生产和生活方式,逐步实现全面、均衡、和谐的可持续发展,以回应资源节约型、环境友好型和创新型社会的迫切需要。又由于供给层面的产业结构与需求层面的消费结构是联动的,而工业社会受消费驱动的生活方式比起人口规模来讲更是环境破坏的根源,④ 因此,引导消费者适度消费、绿色消费、理

* 本文原载《税务研究》2019 年第 3 期。

** 北京大学法学院博士研究生。

① 参见谷成、金哲:《中国税制》(第 2 版),清华大学出版社 2015 年版,第 13 ~ 14 页。

② 参见黄宗智:《经验与理论:中国社会、经济与法律的实践历史研究》,中国人民大学出版社 2007 年版,第 38 ~ 43 页。

③ 联合国开发计划署编:《中国人类发展报告 2009/10:迈向低碳经济和社会的可持续未来》,中国对外翻译出版公司 2010 年版,第 1 页。

④ 参见[美]巴里·康芒纳:《封闭的循环——自然、人和技术》,侯文蕙译,吉林人民出版社 1997 年版,第 140 页。

性消费，与生产者调整产品结构、清洁生产、提高技术创新能力的双向驱动，便共同构成破解当前发展困境、寻求新的发展之路的有效机制。

正是在这一语境下，“创新、协调、绿色、开放、共享”的新发展理念应运而生。2018年3月修订后的《宪法》在“序言”部分明确写入“科学发展观”“贯彻新发展理念”“推动……社会文明、生态文明协调发展”等内容，为改革和法治进程中新发展理念的落实提供了根本大法的依据。要想实现发展方式的转型，税收作为国家治理的关键领域和经济社会关系的连接点，应当发挥促进作用，同时，法治思维和法治方法日渐融贯于改革之中，建立现代税法体系亦为题中之义。诚如有学者所阐发的，税制和税法变迁通常有潜在的政治动因，并与宪法在变革方向上紧密关联，如此紧密的关联在其他法律制度变迁方面几乎难以找寻。① 由此，在财经政策和宪法的指导下，税制改革和税收立法工作应秉持新发展理念，以此为指引展开整体税制结构和具体税收要素的合理和规范设计。

要言之，新发展理念从不同侧面对税制和税法变革予以指引，并且它们之间是彼此连通的。创新发展理念要求“通过税收制度创新从体制机制上为创新驱动发展战略建立起一个良好的税收生态系统”，② 提高供给质量和产品的科技含量；协调发展理念包含城乡之间、行业之间等多重协调性考量，要充分运用税收手段和税法思维来优化产业和消费结构；绿色发展理念强调节约资源和保护环境的基本国策，通过税收目的和征税范围、计税依据等税收要素的调整来“绿化”税制；开放发展理念关注全球经济治理和国际税收环境，毕竟“现在，撇开国际影响要素和可能产生的国际后果来考虑国内经济政策，包括税收政策，几乎是不可能的事”。③ 有必要同步了解、借鉴其他国家和地区的税改进展，并考察本国税制的国际影响；共享发展理念主张人民共享发展成果，这与结构性减税方案相契合，一方面优化税制结构，降低纳税人的整体税负；另一方面保证财政收入的有效汲取和公共化支用。

二、税种定位：性质与征税对象分类

在我国税制体系中，消费税因选择性地以少数实物和服务消费为课税对象，并往往通过价格渠道转嫁给最终消费者负担，④ 故能起到对消费者的直接引导和对生产者的间接引导作用，在践行新发展理念的进程中不可或缺。究其本质，消费税属于非财政性税

---

① 参见张守文：《税制变迁与税收法治现代化》，载《中国社会科学》2015年第2期。

② 许多奇：《新税制改革与创新驱动发展战略》，载《中国社会科学》2018年第3期。

③ 参见[美]B.盖伊·彼得斯：《税收政治学：一种比较的视角》，郭为桂、黄宁莺译，江苏人民出版社2008年版，第19页。

④ 严格地说，市场定价取决于卖方和买方的弹性，然而，“立法者规范时即预定转嫁给最终消费者负担，亦即通过销售价格内含税负方式予以转嫁，至于实际上是否转嫁，在所不问”。参见陈清秀：《税法各论》，法律出版社2016年版，第29页。

收中的“引导税”,或称“社会目的税”“矫正税”。① 换言之,虽然消费税兼具引导功能、财政功能和分配功能等,但引导消费和生产的功能占据首要地位。这一价值导向决定了其“与其他税种相区别的特殊性在于,征税范围的可选择性、有目的的差别待遇和确定应税义务的特定计量方式”。② 正因为消费税征税范围具有特定性和复杂性,需明确为系列税目,故而消费税征税范围及下设税目不仅彰显了其功能的覆盖广度和影响程度,还构成后续设置差异化的税率和计税依据的前提。

我国1994年颁布的《消费税暂行条例》设置了11个税目,搭建起征税范围的基本框架。随后,消费税制度调整频仍,其中涉及征税范围的多达7次,形成了现今15个税目的格局(见表1)。从表1可见,目前征税对象均为实物商品,未包含服务消费。有学者将这些消费品分为劣值品、污染品、混合品、奢侈品和低弹性消费品五大类。③ 还有学者认为,需要进行特殊税收调节的消费品主要有6类:过度消费对人类健康、社会秩序和生态环境造成危害的;奢侈品;高能耗及高档消费品;不可再生和替代的消费品;非生活必需品;具有一定财政意义的消费品。④ 这两种划分方法杂糅了消费税的多重功能,难免导致各类消费品之间出现交叉和重叠。

表1 我国消费税征税范围的调整情况

规范名称	《消费税暂行条例》	《关于香皂和汽车轮胎消费税政策的通知》(已全文废止)	《关于调整和完善消费税政策的通知》(已全文废止)	《消费税暂行条例》(修订)	《关于调整消费税政策的通知》	《关于对电池、涂料征收消费税的通知》	《关于调整化妆品消费税政策的通知》	《关于对超豪华小汽车加征消费税有关事项的通知》
规范层级	行政法规(1993年12月13日发布)	规范性文件(财税〔2000〕145号)	规范性文件(财税〔2006〕33号)	行政法规(2008年11月5日修订)	规范性文件(财税〔2014〕93号)	规范性文件(财税〔2015〕16号)	规范性文件(财税〔2016〕103号)	规范性文件(财税〔2016〕129号)

① 引导税,是指首要目的为引导公民出于经济利益等考虑以某种方式作出或不作出某一行为,从而协助国家实现经济和社会政策等方面的公共目标的一类税收。Vgl. Hans Herbert von Arnim, Besteuerung und Eigentum, VVDStRL 39, 1981, S. 339ff. 转引自陈征:《国家征税的宪法界限——以公民私有财产权为视角》,载《清华法学》2014年第3期。在税种性质界分的基础上,另有学者对税法规范进行相应的类型化,其中便包含“社会目的的规范”。具体可参见侯卓:《论税法分配功能的二元结构》,载《法学》2018年第1期。

② Sijbren Cnossen, *Theory and Practice of Excise Taxation: Smoking, Drinking, Gambling, Polluting and Driving*, Oxford University Press, 2005, p. 2.

③ 参见朱为群:《消费课税的经济分析》,上海财经大学出版社2001年版,第55页。

④ 参见刘剑文、熊伟:《财政税收法》(第7版),法律出版社2017年版,第253页。

续表

<table>
<tr><td rowspan="20">税目</td><td>烟</td><td colspan="9">甲类卷烟;乙类卷烟;雪茄烟;烟丝</td></tr>
<tr><td rowspan="7">酒及酒精</td><td colspan="4">粮食白酒</td><td rowspan="2">子目合并更名为“白酒”</td><td rowspan="6">税目更名为“酒”</td><td colspan="3"></td></tr>
<tr><td colspan="4">薯类白酒</td><td colspan="3"></td></tr>
<tr><td colspan="5">黄酒</td><td colspan="3"></td></tr>
<tr><td colspan="4" rowspan="2">啤酒</td><td>甲类啤酒</td><td colspan="3"></td></tr>
<tr><td>乙类啤酒</td><td colspan="3"></td></tr>
<tr><td colspan="5">其他酒</td><td colspan="3"></td></tr>
<tr><td colspan="5">酒精</td><td>取消该子目</td><td></td><td></td><td></td></tr>
<tr><td colspan="2">化妆品</td><td></td><td colspan="5">纳入原属于护肤护发品税目的高档护肤类化妆品</td><td colspan="2">取消所含普通商品,更名为“高档化妆品”</td></tr>
<tr><td colspan="2">护肤护发品</td><td>对香皂停征</td><td colspan="2">取消该税目</td><td></td><td></td><td></td><td></td><td></td></tr>
<tr><td colspan="5">贵重首饰</td><td colspan="5">更名为“贵重首饰及珠宝玉石”</td></tr>
<tr><td colspan="10">鞭炮、焰火</td></tr>
<tr><td colspan="3">汽油</td><td rowspan="4">成品油</td><td rowspan="2">汽油</td><td>含铅汽油</td><td>取消该子目</td><td></td><td></td><td></td></tr>
<tr><td colspan="3" rowspan="2">柴油</td><td colspan="5">无铅汽油</td></tr>
<tr><td colspan="6">柴油</td></tr>
<tr><td colspan="2"></td><td></td><td colspan="6">航空煤油;石脑油;溶剂油;润滑油;燃料油</td></tr>
<tr><td colspan="2">汽车轮胎</td><td colspan="4">对翻新轮胎停征;对子午线轮胎免征</td><td>取消该税目</td><td></td><td></td><td></td></tr>
<tr><td colspan="2" rowspan="3">摩托车</td><td rowspan="3"></td><td colspan="3" rowspan="2">气缸容量≤250 毫升</td><td>取消 <250 毫升的子目</td><td></td><td></td><td></td></tr>
<tr><td colspan="4">=250 毫升</td></tr>
<tr><td colspan="7">>250 毫升</td></tr>
</table>

续表

<table>
<tr><td rowspan="16">税目</td><td rowspan="9">小汽车</td><td rowspan="4">小轿车</td><td rowspan="2">气缸容量≥2200 毫升</td><td rowspan="6">乘用车</td><td>气缸容量≤1.5 升</td></tr>
<tr><td>1.5~2.0 升</td></tr>
<tr><td>2200 ~ 1000 毫升</td><td>2.0~2.5 升</td></tr>
<tr><td><1000 毫升</td><td>2.5~3.0 升</td></tr>
<tr><td rowspan="2">越野车</td><td>≥2400 毫升</td><td>3.0~4.0 升</td></tr>
<tr><td><2400 毫升</td><td>>4.0 升</td></tr>
<tr><td rowspan="2">小客车</td><td>≥2000 毫升</td><td colspan="2" rowspan="2">中轻型商用客车</td></tr>
<tr><td><2000 毫升</td></tr>
<tr><td></td><td></td><td></td><td>超豪华小汽车</td></tr>
<tr><td></td><td></td><td></td><td colspan="2">高尔夫球及球具</td></tr>
<tr><td></td><td></td><td></td><td colspan="2">高档手表</td></tr>
<tr><td></td><td></td><td></td><td colspan="2">游艇</td></tr>
<tr><td></td><td></td><td></td><td colspan="2">木制一次性筷子</td></tr>
<tr><td></td><td></td><td></td><td colspan="2">实木地板</td></tr>
<tr><td></td><td></td><td></td><td></td><td>电池</td></tr>
<tr><td></td><td></td><td></td><td></td><td>涂料</td></tr>
</table>

鉴于此,一个更加简明的思路是单纯着眼于消费税的引导功能进行类型化,而财政和分配功能则不被纳入分类标准。具言之,可根据各征税对象的主要引导方向,将其分为 3 类:一是危害人体健康的消费品,如烟、酒;二是损害生态环境的消费品,包括污染环境的鞭炮、焰火、成品油、摩托车、小汽车、电池、涂料,以及破坏生态的木制一次性筷子、实木地板;三是高档消费品,如高档化妆品、贵重首饰及珠宝玉石、超豪华小汽车、高尔夫球及球具、高档手表、游艇。当然,这只是根据上述消费品的主要特征所作的分类。一些

消费品跨越多个类别，从而使相关税目呈现复杂和综合的引导功能。例如，烟除有害消费者自身健康外，还污染了空气；再如，设置的小汽车、实木地板等税目不仅具有生态环境保护功能，还往往与调节高档消费的方向相暗合；又如，第二类和部分第三类征税对象其实也多为高能耗商品，对其征收消费税亦体现了节约不可再生能源的功效。总体来说，诸税目的设置理念可以被提炼为“可持续消费和生产”（sustainable consumption and production）。①

三、回顾梳理：征税范围变迁的反思

回顾税制改革的进程可以看到，我国消费税征税范围已历经7次调整，对其变化趋向总结如下。

第一，在规范形式上，法律文件的效力层次普遍偏低。《消费税暂行条例》为国务院依据全国人大1985年授权立法决定而制定的暂行条例之一，该授权决定因笼统、抽象而受到合法性质疑，一系列至今仍在“暂行”的税种条例亟待上升为狭义的法律。更遑论在消费税征税范围的7次调整中，除2008年征税范围调整是通过同等效力层次的行政法规所作的修改外，其余6次都仅由财政部、国家税务总局发布规范性文件，涉及税目及子目的取消、扩大、新设或重新组合。从法理上说，规范性文件只是行政机关的内部规范，不具有普遍约束力，但其却在实践中被多次用来对征税范围这一税收基本要素进行重大变动，突破了《消费税暂行条例》，此举无疑影响纳税人的切身利益，不利于维护税法的可预期性、稳定性和权威性，背离了税收法定原则。

第二，在功能重心上，引导绿色消费和适度消费的功能显著加强。首先，旨在引导绿色消费和适度消费的征税对象逐渐扩围。包括2006年取消“汽油”“柴油”税目并扩大为“成品油”税目，增加高尔夫球及球具、高档手表、游艇、木制一次性筷子、实木地板5个新税目；2015年新增电池、涂料两个税目；2016年在“小汽车”税目下增设“超豪华小汽车”子目。这些晚近被纳入的征税对象要么危害了生态环境，要么属于高档消费品。其次，一些原有税目在名称不变的表象下悄然发生了主要功能的变易。比如，在消费税创设之初，对摩托车征税是因为该行业“生产厂家多、布局分散”，② 小汽车税目的收入功能尤为突出，但随着环保意识的觉醒，这两个税目的主要功能无形中蜕变为引导节能减排。最后，一些税目或子目进一步细化。比如，2006年将“小汽车”税目的子目调整为

---

① 1994年在奥斯陆召开的可持续消费专题研讨会上首次正式提出“可持续消费和生产”（SCP）一词，在报告中将其界定为“提供服务以及相关的产品以满足人类的基本需求，并在提高生活质量的同时，使对自然资源和有毒材料的使用减到最少，服务或产品的生命周期中所产生的废物和污染物减到最少，从而不危害后代需求”的消费和生产模式。该定义包括5个核心观念：满足人类的基本需求，而非对欲望和奢侈品的渴求；生命关怀的质量优先于生活的物质标准；使资源使用量、废物和排污量最小化；采用生命周期方法；以关切后代的方式行动。See Symposium, *Sustainable Consumption*, *Norwegian Ministry of Environment*, 1994. Available from: http://enb.iisd.org/consume/oslo004.html#top.

② 国家税务总局《关于开展对摩托车行业消费税政策执行情况检查的通知》（国税函发〔1995〕489号）。

“乘用车”和“中轻型商用客车”，并依据气缸容量将前者细分为6个档次。又如，2008年在“啤酒”税目下依据每吨出厂价增设“甲类啤酒”和“乙类啤酒”子目，在“汽油”子目下分设“含铅汽油”和“无铅汽油”，对前者征收更重的消费税，这都有助于更精准地引导消费。

第三，在回应性上，征税范围因消费水平和需求逐渐提高而适时变化。一些商品随着社会经济发展程度和民众生活水平的提高而成为普通日用品，不再承载前述3类应税消费品的任何特征，因而被移出征税范围。一个典例是原“护肤护发品”和“化妆品”税目的变迁，2000年对“护肤护发品”中的香皂停征消费税，2006年取消“护肤护发品”税目并将其中的高档护肤类化妆品列入“化妆品”税目，2016年剔除“化妆品”税目所含的普通化妆品，并将税目更名为“高档化妆品”。

第四，在简便性上，税目及子目的结构趋于合理清晰。比如，2008年将“粮食白酒”和“薯类白酒”子目合并为“白酒”子目，有助于避免因认定分歧而引发争议，使税法更具可操作性；再如，一些非基础用途的护肤品兼具护肤和化妆功效，很难与化妆品截然区分。[①] 而且，高档护肤品具有与高档化妆品相近的奢侈品属性，有必要承受相同程度的税负。因此，将两者并入同一税目，更符合逻辑。

四、优化路径：税制改革与法治化

结合新发展理念检思消费税征税范围的演进，其成果值得肯定，但仍存在效力层级较低、征税范围较窄、与相关税种衔接不畅等缺陷。在推动改革的同时，征税范围的确定和调整应遵循法治路径，加快制定消费税法。2018年立法计划列入消费税法等6部税法，彰显了中央积极落实税收法定原则的决心，但消费税立法绝非对现行暂行条例和规范性文件的简单法律化，而应制定一部表述清晰、内部构造完整、与其他税种相协调的良法。

（一）落实税收法定原则

税收法定原则强调，用民主力量和法律形式约束征税权，包含要素法定、要素确定等内涵。[②] 前者意即，征税范围等税收要素因直接关系纳税人义务是否成立及大小，应由法律加以规定。立法机关在必要时可就特定事项授权国务院制定行政法规，但必须限定内容、目的和期限，且不得转授权。后者则在要素法定的基础上，对法律规范的明确和清晰性提出更高要求，避免模糊和出现歧义。

由此，应将税收法定原则贯彻于消费税法的制定及此后税收要素的每次调整之中，强化法律在税收规范体系中的主体地位。首先，消费税法应摒弃“宜粗不宜细”的立法风

---

① 国家税务总局《关于美宝莲恒莹全天候粉底液等产品征收消费税问题的批复》（国税函〔2005〕1231号）指出了这一点，表明该认定问题在税收执法实践中已困扰纳税人和税务机关。该批复将粉底液归入当时“护肤品”税目中“其他各种护肤护发品”来征税，其实也反映出护肤品与化妆品税目并立的不妥之处。

② 参见刘剑文、耿颖：《税收法定原则的核心价值与定位探究》，载《郑州大学学报（哲学社会科学版）》2016年第1期。

格,对征税范围等作尽量精确、易懂、明了的规定,便于纳税人和税务机关理解和遵从。其次,税目的结构和用语应逻辑严谨,提高立法质量。“如果立法语言是明晰的、智慧的,经过深思熟虑且组织严密,那么税法的效率将大大提高。”① 比如,建议将“高档化妆品”税目更名为“高档护肤及化妆品”,从文义上更贴合该征税对象的品类。再次,在法律实施后若要调整征税范围,须通过全国人大及其常委会修法,或明确授权国务院制定行政法规等法治方式进行,转变相关部委发布规范性文件的既往做法。最后,对于征税范围等攸关纳税人财产权的税收基本事项,在立法和修法时应充分听取吸纳民意,保证税法的民主性和可接受性。

(二)扩充和合理设置税目

在从形式层面落实税收法定原则的同时,还需以引导功效的充分发挥为目标,对征税范围予以实质性改进。现有征税对象大致符合消费税原理和国际立法例,并设置了鞭炮、焰火、摩托车、黄酒等体现中国特色的税目或子目,但仍存不小的缺漏。

其中,生态环境破坏类和奢侈类消费品的征税范围尤应扩大,以填补目前的调节缺位。而在全面完成“营改增”的背景下,亟须将同属上述类型的服务消费也纳入消费税征税范围,凸显消费税在增值税普遍征收之上的特殊引导功能。具体说,在前一类征税对象中,除木制一次性筷子和实木地板外,还可考虑纳入其他实木家具和一次性包装物等;除电池、涂料外,污染产品还包括化学农药和肥料、不可降解塑料制品、含磷洗涤用品、含氟利昂产品等;除对成品油征税外,可考虑将煤炭、燃气、电力等能源商品也纳入征税范围。另外,鉴于废轮胎所造成的“黑色污染”加剧,建议重新设置“轮胎”税目。其虽然在名称上近似于已取消的“汽车轮胎”税目,但装上了环保功能的“新酒”,对子午胎与斜交胎、汽车轮胎与小全地形车轮胎等各种用途的轮胎无例外地征税。

在后一类征税对象中,建议补充已进入我国消费市场却尚未被纳入消费税征税范围的消费品,如私人飞机、娱乐性帆船、高档时装、高档皮具、高档家具等。另外,随着高收入群体从实物消费逐渐转向注重享乐过程的行为消费,仅对奢侈品征税远远不够,片面地对高尔夫球及球具、而非对高尔夫消费征税的做法更是不合常理。因此,在增值税已扩围至全部货物和服务的情况下,消费税征税范围不应局限于奢侈品,有可能也有必要扩容至奢侈服务消费,包括高尔夫、狩猎、赛马、高档酒店、高级航空服务、高档美容健身、高档歌舞厅、私人会所等。由于这些消费项目多为高级会员制消费,可专门设立税目予以统合,并相应剔除“高尔夫球及球具”税目。亟须建立奢侈品和奢侈服务消费的客观界定标准,对所含具体征税对象逐一甄别、明确罗列。

应当注意,立法者在填充征税范围之“缺位”的同时亦不能“越位”,毕竟税收对民众消费自由权和生活方式的介入是有限度的,这尤其反映在不健康消费品中。烟和酒的消

① ［美］V. 图若尼:《税法的起草与设计》(第 1 卷),国际货币基金组织、国家税务总局政策法规司译,中国税务出版社 2004 年版,第 77 页。

费产生了一定的负外部性,并被公认为对人体健康危害很大,因而对它们征收消费税为国际通行税收规则。至于其他不健康食物,“当然适度饮食是有利的,但是要辨别哪些是高脂食物或垃圾食品则非常困难”。① 因此,依据比例原则,对于这些危害相对不明显、且几无负外部性的所谓不健康食品,如烧烤、饼干、汽水、甜点、腌菜、油炸食物等,国家不宜“家长式”地利用消费税来引导人们改变饮食行为。换言之,前述第一类征税对象应限于烟、酒,在有扩张理由时需格外谨慎。

(三)统筹协调与其他税种的关系

为完善消费税的征税范围,不仅要以功能主义视角审视其税目及结构在发挥引导效应上的缺漏,还要以整体主义视角统筹消费税与车辆购置税、车船税、环境保护税等邻近税种间的关系。目前,消费税与上述税种的征税范围存在交叠或配合不力等现象,有必要协同考量其税制改革方向,进行整体化的税收立法。

笔者建议,进行协调的征税对象包括但不限于:

第一,车辆。在现行税制中,与车辆相关的税种有购买环节的消费税“小汽车”税目、车辆购置税,保有环节的车船税,以及使用环节的消费税“成品油”税目。其中,购买环节征税的目的在于鼓励消费者购买低排量汽车。“小汽车”税目与车辆购置税虽然计列方式暂有不同,但功能别无二致,税种的重复设置必然会加大税制的运行成本,② 因此,建议在时机成熟时将车辆购置税并入消费税。保有环节侧重以财产税来调节社会财富分配,但现行车船税以发动机排气量为计税依据、而未考虑售价因素,有待商榷。而且,其与消费税“小汽车”税目下的“超豪华小汽车”子目有相似功能。建议取消“超豪华小汽车”子目,并对车船税的计税依据和税率加以细化和优化。

第二,污染产品。有学者提出,成品油、电池等污染产品不应由消费税选择性调整,而应纳入环境保护税的征税范围。③ 其实,这些污染产品由消费税调节未尝不可。从税种分工讲,环境保护税从排污费演化而来,以生产经营者的污染排放量为依据征税。与之不同,汽车烧油、废弃电池、燃放鞭炮、使用农药等消费品所造成的污染是非点状的,很难确认和监控排污口,直接测定污染量难度大、成本高且无法达到精确的程度。因此,对污染产品依其销售额或销售数量课税更有效率,更适合采用消费税的征税逻辑,而不宜划归环境保护税的范畴。至于污染产品的范围,则应结合社会环保标准和环境科学进展进行动态调整。

五、结语

如何推动环境效益、经济效益和社会效益多赢,从20世纪末起一直是全球性的突出

---

① [英]詹姆斯·莫里斯、英国财政研究所:《税制设计》,湖南国税翻译小组译,湖南人民出版社2016年版,第163页。

② 参见刘植才、刘荣:《从交通和车辆“税费改革”的反思论消费税制度的完善》,载《税务研究》2010年第8期。

③ 参见叶金育:《污染产品课税:从消费税到环境税》,载《中国政法大学学报》2017年第5期。

议题,在我国也已然刻不容缓。作为可持续发展的关键要素,“可持续消费和生产”与“绿色增长”密切相连,① 指向这一整体目标。在回应型税制和税法体系中,消费税能够使国家财政的汲取能力与重要的社会经济价值相结合。以推动绿色发展为目标,即将出台的消费税法应体现合法性和合理性、公平性和效率性等基本要求,将法治思维贯穿于消费税制现代化的新征程中,进而实现形式与实质维度的税收公平正义。

① See *Sustainable Consumption and Production: A Handbook for Policymakers*, United Nations Environment Programme, 2015, p. 10.

BEPS背景下转让定价税制的冲突与协调

——以特殊地域优势的利润分割原则与方法为中心

曹明星*

自形成以来,转让定价税制一直存在独立交易原则与公式分配法的冲突,在税基侵蚀与利润转移(BEPS)背景下又面临无形资产特别是特殊地域优势等因素的挑战。在新的历史条件下,如何理解经济合作与发展组织(OECD)与联合国(UN)转让定价范本或指南中的规则理念,如何借鉴国际上最新实践经验,尤为重要的是,如何基于中国国情构建既有利于中国也有利于世界的平衡的转让定价税制,是摆在我们面前的重大历史课题。

一、转让定价税制体系的冲突传统与BEPS新因素

(一)转让定价税制的发展过程与冲突传统

随着经济全球化的发展,关联企业的跨境交易成为一种常态,为了规制跨国企业利用跨境交易进行不合理的转让定价,主权国家和一些国际组织设计了相应的税制体系。然而,历史的局限和理念的狭隘导致转让定价税制一开始就先天不足,内部存在巨大矛盾。

1.转让定价税制发展的简要历程。最早的转让定价主要是基于独立交易原则按照分离会计法发展出来的以价格比较为基础的可比非受控价格法、再销售价格法和成本加价法。随着跨国经济规模的扩大,尤其是为了适应无形资产在企业经营中的重要作用,产生了以利润为基础的主要适用于调整无形资产的转让定价方法,具体包括可比利润法、利润分割法和交易净利润法。美国是世界上较早对无形资产转让定价问题作出规定的国家。后来,由于在涉及跨州和跨国的税收分割问题上的低效甚至无能为力,在全球主义税收管辖权的促动下,美国又最早提出和实践了公式分配法。公式分配法在处理国内各州之间的税收分割时,依据所谓的马萨诸塞三要素(资产、工资、销售额)细则,根据占有和使用生产要素的比例来确定企业在跨国企业全部所得、利润中分配的比例,从而

* 中央财经大学财政税务学院副教授。

确定各个企业在各州的应税所得。

如果将公式分配法和公平交易法(经常与独立交易原则混用)进行比较,可以很容易看出它们的区别:公式分配法是将所有的收入包括从无形资产获得的收入按既定的要素及其比重分配给生产国或销售国;相反,公平交易法将收入分配给具有(无形)资产所有权的企业所在国。总体而言,有些利润法(如剩余利润分割法)虽然更类似于公式分配法,但由于独立交易原则的原发性、实施标准的模糊性和在实践中的传统优势地位,在实践中总是不自觉地被归类在独立交易原则之下。由此也就无形中形成二者之间尖锐的非对称性冲突。

2. 独立交易原则与公式分配法的冲突。国际税收理论的滞后性突出表现在独立交易原则与公式分配法之间的概念不对称、逻辑不平衡的矛盾。必须承认,独立交易原则在处理可比性分析时选择性确实受到限制。特别是在经济数字化和无形资产交易日益频繁的今天,当将各种可比性因素,如财产或劳务的特征、合同条款、经济情形、经营策略都纳入考虑范围后,能够供企业和税务机关选择的可比性交易非常有限;同时,可选择的调整方法的多样性也导致了企业对交易调整的不确定性,增加了纳税人的税务合规负担,也加重了税务机关的监管成本。

应当说,与独立交易原则相比,公式分配法确实有很多优点,比如,极大地避免了困难的审计问题、大量减少国际贸易中的有害税收竞争、有效消除避税港效应等。但是,由于前述立场与方法在根本上的不同,加之存在国家经济发展的阶段、产业价值链的地位和区域财税体制的构造等多方面的巨大差异,公式分配法并没有取得国际实践的广泛认可。尤其是基于自身利益考虑,加之历史惯性和认知局限性,最早设计了转让定价指南的 OECD 对独立交易原则情有独钟,长期以来拒绝接纳公式分配法的适用。

(二)BEPS 背景下的特殊地域优势因素及其国际认知

由于公式分配法短期内难以广泛推行,独立交易原则主导了转让定价传统价格型调整方法并限制了利润型调整方法,导致整个体系无力应对以无形资产扩张、集团内协同效应(synergy effect,类似于规模效应概念)为代表的新型国际经济的发展,税权分配与经济实质脱节的问题日益凸显;而特殊地域优势因素的出现,又加剧了这种冲突,增加了国际社会对国际税收新问题的认知和应对难度。

1. 特殊地域优势因素的出现。选址节约是特殊地域优势问题出现时的最初概念,通常被理解为是跨国企业利用生产要素价格的差异而获得的(净)成本节约。在 OECD 发布的 2010 年版转让定价指南中,涉及商业重组部分有一个简短的描述,可以被当作一个间接的、对该问题定义的起源:“选址节约来源于跨国集团公司将它的部分生产经营活动从成本较高的原始发生地转移到成本较低的新址,这种转移本身也可能会产生一些成本。”

2011 年国家税务总局《关于 2010 反避税工作情况的通报》中首次提出了“市场溢价”理念,即跨国公司在某一司法管辖区内依照其独有品质所能影响某种服务或某一产品的销售和需求的运营方式而获得的超额利润。2012 年 10 月作为联合国《发展中国家转让定价操作手册》(以下简称 UN 手册)的一部分,中国实务篇将"市场溢价"连同"成本节约"(location savings)一并视为"地域性特有优势"(Location-Specific Advantages, LSA)被予以确认。

2. 特殊地域优势国际认知的困局。特殊地域优势因素的横空出世,对转让定价税制构成了更大挑战,国际社会对此也力图进行回应。2013 年由二十国集团(G20)主导的 BEPS 行动计划正式启动,其行动计划第 8 ~ 10 项涵盖了 OECD 就转让定价方面所包含的具体工作,特别强调了转让定价的税收结果应与价值创造相一致,并在第 8 项计划对"市场溢价"的现实地位作了重申。另外,由联合国主导、发展中国家积极参与制定的 UN 手册,对传统转让定价独立交易原则的内涵作了延伸。需要指出的是,UN 手册认可独立交易原则为转让定价的国际标准,但在草案起草过程中强调应充分考虑发展中国家遇到的现实问题,并将利润分割法或公式分配法视作该原则最后一种协商解决的预期方案。作为手册中最典型的一章,第 10 章分别介绍了巴西、中国、印度和南非的具体做法。

应当说,针对特殊地域优势的问题,国际社会对转让定价税制有重大的改进,但这种改进在本质上仍然是渐进的、边际性的,无法从根本上解决问题。

二、跨境交易利润分割的理念创新与新因素再认识

为了解决上述跨境交易利润分割的历史与现实的矛盾,必须对传统国际税收理念进行改革和创新,通过还原跨境交易的层次结构与主体框架,厘清新的历史条件下利润分割因素的本质及其依据,才能有效创新和重构转让定价税制。

(一)跨境交易的层次结构与利润分割的主体框架

转让定价税制之所以存在冲突和不协调,其根本原因在于囿于客观和主观的局限性,片面地强调市场中微观企业的利益和权利,忽视跨境交易构成的层次性和相关利润分割主体的全面性。

1. 国家的宏观经济贡献下的跨境交易的层次结构。现代经济中的跨国交易是在微观和宏观的环境下发生的。事实上,跨境交易是一个立体的框架,是集微观企业主体和宏观国家主体于一个整体的层次性结构。既然跨境交易是在双层乃至多层框架下实现的,这里必然包括政府、市场和企业之间的互动,这就意味着跨境交易的利润不仅应该在企业间分配,还应该在市场和政府之间分配。

税收是文明的对价,政府提供公共产品和服务首先应以税收的形式获取回报;如果政府认定税基受到侵蚀,就会为了获取公平的税基份额而对交易进行干预和重新定性;在有些情况下,政府还会进一步出面支持本国纳税人争取公平的利润份额。自现代以来,基于个体主义和自由主义发展路径,理论和实践中均没有认识到国家的宏观经济贡献,或者弱化、边际化国家的贡献,导致经济和政治等社会科学对国家产生误解和偏见。

2. 国家角色凸显中的利润分割主体的框架结构。国家正面出现在跨境交易的利润分割主体框架之中是历史发展的必然结果。国家是跨境交易的"大写的"合同参与方,有

权按照自己的意志争取自己的利益,有权在企业按照独立交易原则分割利润之后声明自己的正当权益,有权在企业不按独立交易原则分割利润时对其进行干预。

当然,还原和凸显国家的利润分割主体角色,并不是为了扩大乃至独占跨境交易的收益和利润,而是为了正确认知并达成科学的利润分割主体框架。但是也必须注意到,相对现代化早中期时代的以企业分工竞争为基础的生产方式,跨境交易主要关注企业利益的实现,当前和未来的现代化后期则表现为整体的聚合式生产越来越成为现代高级生产方式,以国家为代表的整体利益的实现和增长也是应有之义,在这个过程中不断进行动态衡平将是转让定价税制不断发展和完善的原动力。

(二)特殊地域优势本质及其利润分割依据

1. 特殊地域优势的经济本质。依照上述创新理论,显而易见,特殊地域优势并不是企业所有和所能够控制的因素,与其说特殊地域优势是对企业盈利作出贡献的因素,不如说其是特定国家整体基于自身特色形成的应该归属于国家税收的新型贡献因素。特殊地域优势在本质上需要强调两点:第一,它是国家利益的整体体现和综合实现;第二,主体性国家的税收利益不是来源企业的价值创造,而是国家由于自身存在所贡献的应得收益。

2. 特殊地域优势的利润分割依据。特殊地域优势的利润归属和利润分割是遵循价值创造的根本原则的。我们以数字经济税收为例加以说明。假设数字经济平台公司将平台技术应用于 X 国以产生利润,并且假设为 X 国用户部署该技术不排除在其他地方采用相同的技术,则该技术产生的超额收益只与 X 国有关,应该归结为 X 国。在这里,特殊地域优势表现为国家作为整体平台以用户所在地创造价值的形式为企业提供了额外利润。

如果科学合理地按照收益与价值创造和贡献一致的基本原则,我们就自然而且必须接受特殊地域租的概念,即跨境交易中的数字服务税实际上是对一种特殊地域租的征税。而在过去,传统的利润归属规则只适用于将正常收益归于各种企业的业务功能,并且传统的转让定价原则显然可能会抵触这样的利润归属,而是将继续坚持基于管理决策、知识产权的合法所有权以及承担金融风险等因素赋予公司剩余(和额外)利润的分配权。当然,这种拒绝改变的传统做法只能沦为对定价和价格的量的测度,在本质上是对用户/地域平台创造价值的基本理念的徒劳回避。

三、转让定价税制改革的原则打通与方法协调

(一)公平份额原则的引入与转让定价税制原则的打通

1. 公平份额作为一种原则的引入。长期以来,OECD 尤其是其中的部分欧盟国家一向对公式分配法持反对态度。但是,在无形资产和特殊地域优势因素的严重冲击下,OECD 的立场也在不断发生变化。事实上,在 OECD 发布的 BEPS 行动计划中,可以看出 OECD 似在有意淡化独立交易原则的可比性要求,转而强调关联交易利润应在生成利润的(实质)经济活动发生地和价值创造地课税,以确保转让定价课税结果与价值创造实质贡献相匹配。OECD税收政策与管理中心主任宣布：OECD数字税务解决方案将“重新审视”基本原则，OECD致力于在2020年就如何应对数字经济的税收挑战达成全球共识；最新提案包括全球最低所得课税政策和重新分配征税权的解决方案，它将超越国际税收的基础原则之一的“独立交易原则”，以解决在数字时代对企业征税的问题。

基于此，有理由相信，受困于税基侵蚀和利润转移，在BEPS行动计划中反复提到的公平份额(fair share)——旨在谋求跨境利润分割中实现公平份额的企业利润和国家税收——将极有机会发展成为一种回应型的国际税收基本原则，对主权国家的税收利益进行支撑，以平衡目前的转让定价税制的失衡格局。

2. 新理念下转让定价税制原则的打通。公平份额原则的引入是转让定价税制和国际税收规则在逻辑技术上的创新，它还原了跨境交易中的不同利益主体的意志格局，结合以公式分配法为代表的方法体系，将有力地保障主权国家的税收利益和权利的实现；公平份额原则的引入也将创新转让定价税制的原则与方法体系，从而使冲突的对象将变为公平份额原则与独立交易原则的冲突，而不再是公式分配法与独立交易原则的冲突，独立交易就真正的主要是一个原则而不是方法，利润法也将得以归位和细分。

在新理念下，比较而言，独立交易原则较关注具体发生的事实，强调企业的、微观的经济贡献及其分割依据，注重起点和过程；公平份额原则较关注预先确定的机制，强调国家的、宏观的经济贡献及其分割依据，注重结果。公平份额原则的引入似乎更加凸显了原则的冲突问题，但是事实上，独立交易与公平份额二者不应视为两个极端，而可以看作从可比非受控价格法到预先确定公式分配法之间的整个谱系的连通性。在本质上，二者分别强调企业/国家在跨境交易中的价值贡献，这也就意味着，作为分配标准的贡献因素的谱系完整性，将是二者能够打通的根本基础，二者的打通是完全可以实现的。

(二)利润分割方法的折中升级与交易主体的利益衡平

1. 利润分割法的传统应用与折中升级。在利润分割原则可以协调共存的情况下，转让定价税制的完善在根本上取决于是否能够兼顾跨国企业与主权国家在转让定价税制博弈中的利益平衡，并以此为基础进行方法的设计与升级。在传统上，最终合并利润在关联企业之间进行分割通常有两种方法，当前比较推崇的是剩余利润分割法。在该方法下，首先将经营收入在各关联企业之间进行分配，分配的原则是使每个关联企业分得的收入都能够弥补其成本费用并得到与其从事的经营活动相对称的报酬；其次，将余下的利润作为关联企业集团的剩余利润，对其分配主要是考虑各关联企业所特有的资产，尤其是其中的无形资产。

但是，在剩余利润的具体分配比例上，当前的转让定价税制将企业无形资产几乎视作唯一重要的参考因素，限制了方法的内在功能和广泛适用。其实，一个可行的折中升级方案是：交易利润先由企业按照独立交易原则采用可比分析方法进行分配，剩余利润(前提是企业没有进行避税而显著侵害国家税收利益)则由国家按照公平份额原则采用公式分配法来分割。在实践中，由于国家间的共识标准尚无法达成，一些国家通常采用预约定价/安全港规则的方式进行替代。

2. 转让定价税制完善中的主体利益衡平。基于原则的打通和方法的升级，跨境交易转让定价中的主体利益就有了根本的衡平之道。以特殊地域优势为例，它要解决的主要是在剩余利润分割法下如何看待、如何归属属于不同国家的税收利益问题。依据前述理念、原则和方法，我们自然就会将特殊地域优势确定为国家的、整体性的利益所在，国家与企业间、国家与国家间的利润分割将首先遵循主权国家的财政意志依据公平份额原则来加以实施，当然这绝不是排除依据企业意志按照独立交易原则对自身利益的要求。由此，采用升级版的剩余利润分割方法，在跨国企业的利润分割没有违反独立交易原则进行激进避税的前提下，对跨国企业初步分割后的剩余利润进行再分割，不过这时候关注的是国家代表的整体利益的实现。

然而，这里必须指出的两点是：第一，特殊地域优势等新概念的产生，凸显了主体性国家的角色，完善了现代跨境交易框架，对传统转让定价税制进行了创新与完善，是重大的国际税收理论创新；第二，转让定价税制主要关注和解决的是关联企业之间的价值创造与利润分配，而类似特殊地域优势则关注的不仅是跨国企业集团的利润分割，更关注在其之外的越来越庞大的国家/社会的整体利益问题，特殊地域优势因素也就不再仅仅是转让定价税制能够解决的问题。

总之，在现代转让定价税制下，独立交易原则与公式分配法的冲突，其实质是交易法与利润法的出发点相左。在全球经济高度融合、跨国经营盛行的当下，基于独立交易原则的交易法难以恰当地反映各国的经济贡献，不仅滋生税基侵蚀与利润转移，也使国际税收规则复杂化，使经济效率无谓损失，因此，必须全面改革完善转让定价税制才能使今天的国际经济关系走出困境。但是，新的转让定价规制之道可能不仅来自（国际）税法，也来自竞争和其他领域监管法，所有这些领域的新学说都需要发展，才能应对这些新的挑战。正因如此，这种体系性创新将推动财政理论乃至整个社会科学的变革，推动世界经济和社会走上更平衡和全面的发展道路。

后BEPS时代国际反避税困境下我国反避税制度的创新

白　玉*

在国际反避税的后时代,一方面,国际社会对BEPS行动计划给予热烈回应,国际反避税行动似乎选择了一条光明大道;另一方面,国际避税的复杂性、BEPS反避税规则与体制的缺陷都让国际反避税的国际行动陷入各种政治、经济利益交织、博弈的困境。在这一背景下,我国更需要审慎地进行BEPS反避税规则的整合与选择,在我国反避税制度创新的基础上顺利推进反避税工作,保护我国的税收利益,同时为国际反避税困境的突破提供我国的解决路径。

一、后BEPS时代国际反避税的进展

后BEPS时代,不少国家和组织积极地通过国内立法进行扬弃与转化BEPS反避税规则,表达自身的主张,打击国际避税行为。英国在2015年开征企业转移利润的"谷歌税",并在其后进行特许权使用费的改革,降低跨国企业避税的可能性。美国在2015年的财年预算提案中列入了BEPS建议,并修改了《美国税法典》第7874节有关转让定价的相关规定,并在2017年年底施行了税基侵蚀与反滥用税制度(BEAT)和全球无形低税所得制度(GILTL)。欧盟在2016年6月成功通过了对欧盟全体成员都有约束力的《反避税指令》,大大推进了欧洲税收的一体化进程。2018年3月欧盟进一步公布了数字经济公平课税建议,为解决国际反避税的核心问题——国际税收征管权的划分——提出了革新的解决思路。我国香港特别行政区也于2018年通过《2018年税务(修订)(第六号)条例》,广泛采纳BEPS行动计划的最低标准,出台了自己的转让定价法规。

自BEPS行动计划实施以来,各国打击跨国公司的避税行为取得了显著成效。短短几年间,苹果、宜家、星巴克、谷歌等几乎所有利用税制差异进行避税的知名跨国公司均受到了税务调查,并已经或将要接受补缴巨额税款的处罚。截至2016年1月,谷歌已向英国政府纳税监管部门补交1.3亿英镑(折合人民币约12亿元)的税款,并同意未来承

* 重庆工商大学财政金融学院教师,重庆大学经济法学博士。

担更大的纳税负担。2016 年欧盟在反避税“一揽子方案”出台之后,基于苹果公司和爱尔兰政府达成的税务安排协议违反欧盟法规,裁定苹果公司需要向爱尔兰最多补交 130 亿欧元的税款(折合人民币约 900 亿元)。

二、后 BEPS 时代国际反避税的困境

后 BEPS 时代,国际反避税行动一方面似乎光明在前,另一方面又因为反避税的行为方式的失衡、反避税规则的缺陷、反避税的机制不足等问题而陷入困境。

(一)反避税的方向之困

后 BEPS 时代国际反避税行动侧重保护国家的税收利益,忽略了纳税人权利的保护和国内公平税制的建设,战略方向失衡,正如有学者所言,“BEPS 方略主要着力于增强政府间国际税法规则的一致性、企业间利润配比的合理性、国际税收征管的确定性以及国际税收合作的效率性,其功能局限于如何为各国政府取得‘节流式’税收效果,从而使得方略具有很强的技术性色彩,也必然表现出相应的战略局限性”。各国在 BEPS 行动计划的指引下,将反避税视为增加国家财政收入的“节流式”的行为,侧重打击国际避税行为以维护国家的税收利益,对纳税人在跨境交易安排中的合法节税权利的保护没有给予专门的关注。不难想象,忽略了在国内进行税制公平改革、降低纳税人避税的主观动机、吸引资金回流的“开源式”的反避税思路,后 BEPS 时代的国际反避税行动总会像“猫捉老鼠”般地陷入事倍功半的困境。

(二)反避税的规则之困

“税法的形式具有相对固定性,经济的内容具有绝对开放性,以相对确定的法律概念涵摄不断变化的社会经济关系,自然需要实质主义的补足。”① BEPS 行动计划通过确定“确保在经济活动的发生地和价值的创造地,对利润予以征税”的实质正义原则,进行反避税的国际税收利益划分,但是,“价值创造论”却从未在 G20、OECD 的有关文献中进行完全清楚的解释,因为“创造价值的程度不一定与经济活动的强度合乎比例”。② 实质课税原则一方面要求以经济活动的实质而不是形式来确定税收利益的分割,另一方面亦重视纳税人的权利保护。

BEPS 行动计划的价值创造论既不能体现经济活动的实质,也难以兼顾纳税人权利保护的问题。鉴于 BEPS 价值创造论的不确定性,各国结合自身的特点来理解价值创造,生产经营地、策划研发地、经销消费地都可以成为价值创造的地方,一些国家还正以此开征新的税种或有此打算,如为防范数字经济下的税收逃避,印度在 2016 年 2 月开征了针对数字服务的衡平税,法国参议院也于 2019 年投票通过了数字服务税的草案。

---

① 参见吕铖钢、张景华:《实质课税原则的路径重塑》,载《税务与经济》2018 年第 1 期。

② 乔安娜·海伊:《“在价值创造地征税”与 OECD/G20 税基侵蚀与利润转移项目》,陈新译,载《国际税收》2018 年第 6 期。

（三）反避税的机制之困

目前的反国际避税的"G20 + OECD"国际反避税机制中，G20 为全球反避税治理提供了政治推动力，OECD 构建出一个让所有 G20 成员平等参与全球反避税治理的"议题性制度架构"。① OECD 的技术优势并没有形成强烈的凝聚力。即使在资本主义国家内部，也并非所有的国家都认可 BEPS 行动计划，例如，美国从前期的热情到后期另起炉灶，通过《减税与就业法案》推行国内税制改革让税收负担大幅降低，使美国变成类似避税地的存在，让国际税收竞争更加剧烈，并在事实上对 BEPS 行动计划的推进造成了妨碍。具体到 BEPS 的各个行动方案来看，第 13 项国别报告、第 8 ~ 10 项行动转让定价规则、第 6 项与协定滥用限定规则以及防止有害税收竞争相关的第 5 项行动因在内容上与大多数国家在这些领域的制度比较，而被较多国家接受。行动 2 ~ 5 的资本弱化和专利盒制度虽受到较多关注，但大多数国家在国内立法上都不积极，即使日本、韩国这种承诺了将其列为优先事项的国家，也没有在立法上作出实质回应。

BEPS 行动计划下的"G20 + OECD"国际反避税机制受到了广大的发展中国家的挑战。发展中国家受困于反避税立法、执法能力和参与国际税收合作水平的低下，容易被跨国公司选中为其实施避税行为的场所，遭遇更多的税基侵蚀，其反避税治理面临更加严重的形势。因此，发展中国家更期待倾向保护其税收利益的反避税规则，故对 BEPS 反避税规则的反应也较冷淡，只能给予较低程度的接纳与转化。目前，发展中国家除中国和印度对 BEPS 行动计划的反应比较积极之外，大多数发展中国家都持一种观望的态度；相反地，他们积极在联合国表达自己的税收主张、在签订国际税收协定时更多使用联合国的有关条款，坚决推动联合国成为国际税收的协调机构，并一直致力建立一个广泛、权威、有力的国际税收协调平台。

三、后 BEPS 时代我国反避税制度创新的路径

中国的反避税法制经过几十年的发展已较完备，并正在产生巨大的功效，进入后 BEPS 时代以来，我国迅速、及时对接 BEPS 规则，国家税务总局在 2017 年 4 月发布了《特别纳税调查调整及相互协商程序管理办法》，借鉴了 OECD 和 G20 的反避税成果，对我国的反避税规则进行了重大调整。但是，我们仍与其他国家一样面临国际反避税的困境，因此，我国需要梳理现存反避税制度体系的不足，明确反避税制度的创新路径，在完善我国反避税制度的同时，探索突破国际反避税困境的方案，为国际反避税助力。

（一）平衡反避税方向

第一，加强国内税制改革。在经济全球化时代，尤其是 2008 年全球金融危机之后，各国政府迫于巨大的财政压力，在打击避税的同时也加强了对本国税制的改革。国内税制公平改革要以税收公平的视角来开展。其一，提升直接税比重，消除税收累退效应。

① 参见朱杰进：《国际机制间合作与 G20 机制转型——以反避税治理为例》，载《国际展望》2015 年第 5 期。

今后的税制改革应提升直接税的比重，真正做到直接税与间接税并重，加强国家的宏观调控能力，推动税收公平的实现。其二，增强个人所得税的贡献，提升政府对收入不公的调节能力。中国的基尼系数早就超过国际公认的 0.4 警戒线，本应承担调节贫富悬殊功能的个人所得税却没有完成这一任务，今后可继续完善个人所得税，提升其调节收入的功能。其三，继续加大减税力度，降低纳税人的痛苦感。中国的企业所得税税率为 25%，高于周边许多国家和地区，如"爱尔兰为 12.5%，新加坡为 17%，英国、泰国、柬埔寨均为 20%，瑞典为 22%，由此致使跨国公司很容易利用转让定价将在中国产生的利润转移到这些低税区"。① 我们可以配合"营改增"、税制简化等改革继续降低税负，降低纳税人痛苦感，弱化避税动机。

第二，保护纳税人权利。反避税的全过程都要重视对纳税人的权利保护。在税收法律关系中，无论是根据"社会契约论"、"公共选择理论"抑或是"人民主权论"的主张，国家与纳税人的地位都应该是对等的，纳税人不仅是纳税义务人，更应该是纳税权利人。② 在反避税行为中要注意提示纳税人避税风险，允许纳税人进行特殊纳税调整的自我申报；在纳税检查和税收情报交换的过程中要保护纳税人的商业秘密。另外，虽然美国、英国、法国等国的反避税立法规定了对避税行为施以罚款的行政处罚方式，但鉴于对避税的违反性仍然存在争议，制裁的手段要谨慎运用，因为"避税制裁事关财产权利的强制剥夺，其目的有别于特别纳税调整，处罚要件事实与课税要件事实亦应有所不同，适用程序应更为严格，以符合处罚正义的要求"。③ 所以，对避税行为的处理要以补缴税款为主，尽量不要对其进行罚款或更重的处罚行为，在实践中，被调查的跨国公司避税案也基本采取的是这样的处理方式，"苹果避税案""谷歌避税案"均是如此。对纳税人充分的权利保障能提升其对税收公平的认同感，主动提高税收的遵从度，保护其从事国际投资和贸易的热情。

（二）突破反避税的理论缺陷

BEPS 行动项目的核心问题是研究"收入是在哪里创造出来的，并防止收入与创造价值的活动割裂，将收入转移至低税区（避税地）"，这也是转让定价税制改革的核心。国际经济活动中的每个环节，生产的选址、销售市场都与最后的利润实现关系紧密，每个环节的价值都应得到公平的驱动。值得一提的是，就算发达国家倚重的无形资产，也会有委托其他国家和地区开发的时候，受托者创造的价值不亚于委托者。中国提出的"成本节约、市场溢价"等观点和主张，被《联合国发展中国家转让定价手册》所接受，虽然这样的建议还不足以撼动现行的国际税收划分标准，但仍是我们参与国际税收秩序重构的新

---

① 参见甄真：《BEPS 方略下的国际税收新秩序及中国应对措施》，载《全球化》2016 年第 12 期。

② 参见谭金可、陈春生：《纳税人权利保护视角下的〈税收征管法〉修改考量》，载《东南学术》2012 年第 2 期。

③ 汤洁茵：《避税行为可罚性之探究》，载《法学研究》2019 年第 3 期。

起点。

BEPS行动计划之下，转让定价的重要性被空前凸显，15项具体行动计划中，第8项无形资产、第9项风险和资本、第10项其他高风险交易，以及第13项转让定价资料（国别报告）都是关于转让定价的内容。我国在借鉴了BEPS行动计划的相关成果后，进行了转让定价税制的提升，如国家税务总局2017年颁布的《特别纳税调查调整及相互协商程序管理办法》第30条规定的转让定价调整需考虑各方在无形资产开发、价值提升、维护、保护、应用和推广中的价值贡献。今后在国内税制改革中，在认定所得来源的价值创造理论上，本土化、地域性、消费市场都是我们要重点考虑的。

（三）创新反避税制度

第一，构建系统的反避税体系。我国的反避税制度存在“立法层级低、内容碎片化”的问题，《个人所得税法》《企业所得税法》《税收征收管理法》等法律，《企业所得税法实施条例》《税收征收管理法实施细则》《一般反避税管理办法（试行）》，和大量财政部、国家税务总局的通知、批复、函等位于不同法律位阶的法律文件构成了反避税的法律制度。这样的立法现状既不利于纳税人的税务遵从和税务机关的反避税行动，也不利于我国在国际反避税中表达自己的立场和观点。

在反避税上较有经验的发达国家多采取将相关避税措施进行集中规定的做法，如美国的《美国税法典》、英国1970年的税收法令、日本1985年的特别课税法等。我国可以借鉴国际经验，在制定一部反避税法时机还不成熟的时候，可以在《税收征收管理法》中设置一个“反避税管理”规定的专章将针对企业所得税、个人所得税、增值税、消费税等税种的反避税规则体系统一起来。这部分专章的基本内容应包括何为避税、反避税的基本原则、目标、针对一般反避税制度、主要的特殊反避税制度，以及关于避税地的定义及认定标准等。

第二，完善具体反避税规则。其一，在坚持有利于发展中国家的价值创造论的基础上完善“独立交易”的转让定价，并探索完全不受“独立交易”原则束缚的公式分配法的可能性。其二，强化受控外国规则，将居民个人纳入受控外国公司税制，列出避税地“白名单”“黑名单”，采纳法律控制测试和经济控制测试同时适用的测试是否构成受控外国公司的测试方法。其三，要丰富防止税收协定滥用的手段，制定专门的反税收协定滥用规则，制定税收协定的范本和具备法律效力的解释文件，多采用详细的利益限制条款的客观测试，减少一般反避税条款的适用概率，提升反税收协定滥用条款的准确性。其四，要加强国际税收情报交换制度建设，以基本法的形式整合国际税收情报交换制度，加强对高净值个人国际避税行为的防范，尽快通过立法授予税务机关从国内金融机构处有分别地获取居民账户和非居民账户信息的权限，并积极探索建立我国专属的“隐形FATCA”条款。

（四）提升反避税能力

反避税的实效不仅取决于完善的反避税制度，也在于反避税能力的高低，发展中国家的反避税能力建设一向是短板，今后我国要在提升反避税规则的同时，大力加强反避税能力建设，提升反避税实效。

第一，实现国际税收征管的数字化、专业化和现代化。首先，我国需要积极建立国内税收大数据体系，在金税三期数据集中的前提之下，搭建起一个全新的数据应用框架，覆盖整个税收征管系统，“实现国内税务、工商、海关、银行、公安等部门的数据共享，实现对纳税人信息‘一户式’查询、管理、存储，形成一体化的统计、监控、分析、决策体系”。[①] 在此基础上，辅以第三方网络平台的税收情报，大力夯实税收征管的数据基础。同时，通过建立跨境投资企业新设税务登记及变更税务登记制度、专项档案管理制度、跨境投资企业的数据库，以及通过国际税收情报自动交换体系，尽量破除国外税收信息的不对称。其次，从税收征管的事项上看，对税收风险分析、纳税服务、纳税评估、税务稽查等事项进行分类管理，有助于实现税收征管的专业化和现代化、提升税收征管的实效。今后我国可以通过专业化的机构设置，展开系统的税收风险评估、纳税服务与税务稽查工作。此外，还可以推进建立早于纳税人纳税申报的适时审计制度，引进现代的数据诊断工具来判断税务机关的反避税实效。

第二，加强税收专业人才的培养。在当前的国际税收领域，一方面是越来越现代化、隐蔽化的国际避税行为；另一方面是以 BEPS 项目为代表的越来越专业、复杂、精巧的反国际避税的方法与手段。只有不断加强对税务工作人员的培养，提升其征管能力，才能跟得上国际反避税运动的发展趋势。目前，我国税收征管人才的培养应以 BEPS 行动计划为依托，展开专项技能培训。BEPS 项目的数据分析、混合错配、利息扣除或其他金融支付、转让定价、税收争议解决、受控外国公司税制等各个具体行动计划涉及经济学、金融学、税收制度、法律制度等各个专业领域，对税务工作人员的素质要求极高。

我国应专门建立反避税的税务征管技能培训制度，通过日常学习、集中培训、国际交流等多种方式，提升税收征管人员的专业技能。同时，要充分利用现有的国际税收领军人才的培养机制，培养出一批综合素质强的反避税专家。另外，还要依托税务专家队伍，对跨境企业税务风险的防范和税收遵从提供服务与指导。此外，还应培养一批精通税收理论与实务、熟悉法律与管理、懂得谈判的专业人才，参与各种国际税收会议、学习国际税收规则，展示我国的税改成果并深入地进行国际税收协定的签订协商。

(五)探索新的反避税机制

第一，继续利用现有“G20 + OECD”反避税机制。今后我国要继续利用 OECD 伙伴国家的身份，深入研究 BEPS 反避税规则，进行合理的对接，全面提升我国的反避税制度。完善我国的双边和多边税收协定网络，运用好《多边税收征管互助公约》，以履行《BEPS 多边公约》为契机，更好地推动我国的国际税收协定的谈签工作。G20、OECD 一

① 刘奇超：《我国新一轮税收征管改革的制约、重点与实现路径——以国外税收征管发展新趋势为借鉴》，载《经济体制改革》2015 年第 1 期。

直视中国为重要的合作伙伴，在现有的反避税机制之下，我国应利用好 G20 峰会、国际税收征管论坛等税收平台，充分开展国际税收征管的合作与交流，并建立税务人员互派和共同培养的机制。我国还应该同其他发展中国家一道接受 OECD 从政策、资金、到技术的专项国际税收征管援助。

第二，推动建立更包容的反避税机制。国际税收作为一项"零和游戏"，意味着一个国家增加税收，另一个国家相应要减少税收。因此，如何确保国际税收的公正公平就成为重中之重。[①] "G20 + OECD"反避税机制因为无法为广大的发展中国家发声，保证国际税收公平，导致其推行实效欠佳。发展中国家近年来一直致力于在联合国框架下建立更具代表性的国际税务组织，以求在制定国际税收规则时能保证发展中国家的平等话语权。[②] 中国多年来一直秉承积极的态度，主动地参与各种类型的国际税收交流合作的平台，提出自己的见解和主张、借鉴国际经验。作为最大的发展中国家和世界贸易组织的正式成员，中国同时还是联合国推选的国际税收合作专家委员会成员，中国完全可以在联合国框架内，有效利用国际货币基金组织、世界银行、欧盟、非洲税务管理论坛、美洲税务管理、金砖国家组织、中非合作论坛、上海合作组织关于国际税收方面的主题讨论与交流的机会，加深与广大发展中国家的合作交流，搭建联合国这个最大的国际税收协调平台，推行税收协定的联合国范本，并在时机成熟的时候建立自己的反避税国际公约，探索包容性更广的反避税合作机制。

四、结语

BEPS 给全球经济带来了无可估量的巨大损害，保守估计 BEPS 造成的全球收入损失每年为 100 亿 ~240 亿美元，或占全球企业所得税收入的 4% ~10%，[③] 在未来很长的时间内，反避税都是国际税收领域的热点问题。在后 BEPS 时代每个国家都应采取有效措施提升反避税水平，突破国际反避税困境。一方面，我国应着力于构建国内的公平税制，减轻纳税人的痛苦感，从源头降低纳税人动机；另一方面，需要以与 BEPS 规则的对接与创新为契机，突破目前税收利益划分的理论缺陷，构建新的反国际避税机制。后 BEPS 时代也是发达国家和发展中国家关于税收利益划分的话语权的竞争时代，未来我国需与广大发展中国家一道，在国际反避税行动的错综复杂的政治、经济斗争格局中，谋求创建公平的国际税收秩序。

---

① 参见徐海燕：《国际税法变革中的多边主义：兼评 OECD/G20 的 BEPS 一揽子方案》，载《经贸法律评论》2019 年第 4 期。

② 参见张泽平：《全球治理背景下国际税收秩序的挑战与变革》，载《中国法学》2017 年第 3 期。

③ See OECD, *OECD Presents Outputs of OECD/G20 BEPS Project for Discussion at G20 Finance Minister Meeting*, Accessed June 20, 2019, http://www.oecd.org/ctp/oecd-presents-outputs-of-oecd-g20-beps-project-for-discussion-at-g20-finance-ministers-meeting.htm.

财税法定视域下全口径预算的实施困境及其走向*

杜　坤**

蕴含鲜明中国特色的全口径预算既是中国深化财政体制改革的特殊产物，又是经过数十载反复酝酿与思考的成果。尤其在党十八届三中全会《中共中央关于全面深化改革若干重大问题的决定》提出的“实施全面规范、公开透明的预算制度”的时代背景下，无论是全面预算的要求抑或是政府财政收支透明的规范，终须回归到全口径预算这一前置性问题上来。

2018年颁布的《预算法》第4条言明，“政府的全部收入和支出都应当纳入预算”，即实现政府收支的全口径预算。此条文备受财税法学界的褒奖与推崇，一致认为全口径预算是一场悄然发生的财税制度革命，① 足见其在财税体制改革中的分量与地位。实际上，从全口径预算概念，预算规则体系完备程度以及改革实践评估维度进行品察，此项改革成果的效能难言乐观。法律条文合理性瑕疵以及相互冲突、部门既得利益的守成、繁多的法定支出以及人大预算监督的失范等诸多因素阻遏了全口径预算规范政府收支“控权”品性的彰显。如果任由此等问题任意发展，则全口径预算极有可能在长期的预算博弈中沦为政治性宣誓。因此，如何在现有法律框架内破解全口径预算的实施障碍是财税法理论与财政实践亟须认真对待的问题。

一、透视全口径预算法律规则设置的旨意

以往财政学、经济学对全口径预算内涵从不同维度展开研析，立法与行政层面和预算文件完整性是较典型的观察视角，不可否认，从立法与行政两个层面揭示了全口径预

* 本文原载《浙江工商大学学报》2015年第5期。基金项目：国家社科基金重大课题项目“国家治理现代化视角下预算法治化研究”（14ZDC015）；西南政法大学研究生科研创新计划博士重点项目“预算法现代化的追问——兼评2014年《预算法修正案》”（XZYJS2014011）。

** 西北政法大学经济法学院讲师，西北政法大学电子商务法治研究中心主任，法治陕西建设协同创新中心研究员。

① 参见杨光：《全口径预算管理是一场革命》，载《中国财经报》2014年5月10日，第6版。

算制约与监督的内涵,[①] 但忽视了预算过程的政治性,对全口径预算所暗含的权力结构分析不足;而预算文件完整性进路对于预算公开,[②] 强化社会主体的预算监督颇有助益,却忽略了预算过程中各个机构之间的利益博弈对预算文件完整性的影响。可以说,上述两种视角仍有改进之余地。《预算法》的颁布,以法律规则的形式对全口径预算予以固化。十分遗憾的是,财税法学界对全口径预算法律本质的探究欠缺应有的理论关怀。

财政法定原则无疑是解读全口径预算法律本质的利器,其要求财政领域的基本事项应由立法机关通过法定程序制定法律加以规范,[③] 尤其在"社会国家"语境下,其规范政府财政权的功能与品质日益凸显。实际上,财政法定从横纵两个维度展开,横向维度上以立法机关与行政机关之间的权力配置为重心,涵摄财政权的授予与规制;纵向维度上以行政机关财政权力的规范为重心,以法定的实体标准、程序要求以及责任后果构筑政府财政权规范运行的法治框架。全口径预算可以追溯到古典预算中的"预算全面性原则",[④] 要求在同一财政年度的国家整体收支,应该无遗漏地全数被载明在预算草案或者预算文书之中,使议会能以整体财政收支情形作为审查与监督的考量因素。毋庸置疑,全口径预算是财政法定原则的践行者和布道者,以对政府所有收支的预算控制为手段达致政府财政权规范化运作的终极目标。《预算法》第4条透射出的人大预算审批权增强和政府预算编制权、执行权受限的基本脉络,足以为该条的设置提供富有解释力的注脚。

综观我国预算"二上二下"的编制流程,不难发现其中充斥人大与政府预算权力的博弈。人大预算审批权能否在无声的预算审批战役中赢得胜利,取决于预算编制质量的高低。除会计规则的限制、财政政策与法律变动等因素影响预算编制质量的因素外,预算编制范围的选择势必是决定预算编制质量的核心要素。如果预算编制中仅仅涵摄部分政府收支,则导致未纳入预算的政府收支游离于人大预算审批权之外。预算外资金不仅成为扰动市场经济秩序的干扰项,还易出现权力"寻租"等负面效应,我国1983~2004年

① 参见高培勇:《中国财政政策报告2008/2009:实行全口径预算管理》,中国财政经济出版社2009年版,第219页。

② 参见王雍军:《"全口径预算"改革探讨》,载《中国财政》2013年第6期。

③ 参见刘剑文:《论财政法定原则——一种权力法治化的现代探索》,载《法学家》2014年第4期。

④ 在我国的学者的著述中,"预算全面性原则"也被称为"预算整体性原则"或者"预算完整性原则"。尽管表述略有不同,但其内容均是要求政府的所有收支都纳入预算之中。参见蔡茂寅:《预算法之原理》,台北,元照出版有限公司2008年版,第37~40页。

预算外资金的“治乱”过程便是明证。[①] 与此相反,全口径预算对于政府预算编制来说,则是一项禁止性规定,给政府预算编制戴上了“紧箍”,杜绝政府在预算编制环节对政府收支纳入预算的任意取舍,规范政府预算编制权。对于人大来说,全口径预算则是正面的权力清单,人大预算审批权范围从以往的部分政府收支扩展到政府全部收支,对于扭转“强政府、弱人大”的怪相无疑是一剂良方。

此外,经人大审议通过的预算案成为各级政府财政部门执行的依据。以往预算执行过程中,频繁发生预算调整致使预算案的权威性和刚性有所减损。究其原因大致包括预算编制中“预测误差”和各级政府预算利益驱动的“人为因素”两个,除“预算误差”客观原因外,频繁发生的预算调整是政府预算执行自由裁量权过大,尤其是绕过人大预算审批,政府直接进行预算调整对预算案的刚性和权威损伤最大。基于此,全口径预算,一方面,提高了预算编制的科学性,能够减少“预测误差”;另一方面,为政府财政部门执行预算案提供了全面的行动准则,可以限缩政府预算执行自由裁量权的适用范围。

总而言之,《预算法》第 4 条设置的旨意是将人大预算审批权适用范围予以扩容,即从部分政府收支扩展到所有政府收支。与此相对,政府预算编制权的自由度大为降低,从原来有选择的适用转变为预算编制应全面覆盖政府所有收支。全口径预算背后暗含“法律意志”与“权力意志”角力,其最终落地生根仰仗于“法律意志”在预算编制、审查、监督等方面占上风,依赖预算法治对政府财政权力的刚性约束,以期防范权力滥用的负外部性效应。[②] 此外,全口径预算将徘徊于预算之外的资金回归“制度笼子”,降低了对国家宏观调控与综合信贷平衡的冲击与破坏。尽管全口径预算能够为财政管理体制改革带来诸多的正面效应,但是这些良好愿景的实现绝非依靠《预算法》第 4 条的单打独斗便可获得的,尚需其他预算法律规则的配合与协调。甚至可以说,预算法律规则的良莠是全口径预算终极目的直接决定因素。鉴于此,我们有必要进一步检验支撑全口径预算的法律规则能否成为财政体制改革的“良法善治”。

二、全口径预算实施的法律困境

诚如有学者所言:“在法律体系化的过程中会检查法律规定之间竞合、冲突以及调和

---

① 当我国从计划经济向市场经济迈进时,财政管理体制也相应调整,由“统收统支”转变为“分权让利”。组合式的“分权让利”财政政策诱使预算外资金在 1978 ~ 2006 年非常规无序膨胀,以预算外资金的总规模为例,1978 年仅为 347.11 亿元,而在 28 年后则是 3854.92 亿元。预算外资金的增长,不仅扰乱了国家宏观调控的布局,也破坏了综合信贷平衡。党中央、国务院、财政部不得不采取“抑制生长”的财政政策阻断预算外资金的恶性膨胀,主要财政政策有:1983 年《预算外资金管理办法》、1986 年《关于加强预算外资金管理的通知》、1988 年《关于加强行政事业性收费管理的通知》、1996 年国务院《关于加强预算外资金管理的决定》以及 2001 年《关于深化收支两条线改革进一步加强财政管理的意见》等。尽管有关部门对预算外资金的控制力度不断加强,但治理效果却差强人意,甚至陷入了“治理—规范—不规范—再治理”的治乱循环当中。(以上数据参见中华人民共和国财政部:《中国财政年鉴 2007》,中国财政杂志社 2007 年版,第 411 ~ 412 页。)

② 参见杜坤:《预算法现代化的法治逻辑》,载《华东政法大学学报》2015 年第 2 期。

问题，以贯彻法律所立基的原则，去除期间的矛盾，使法律规范全体在争议实践上，朝向统一的方向发展。"① 同样，全口径预算的实现依赖与其他法预算法律规则所形成的制度耦合。笔者认为，在现有预算法框架内，第4条与其他条文之间并未形成良好的规则合力，在此语境下，全口径预算的应有效能会因法律条文的合理性欠缺以及相互冲突而消解殆尽。

（一）财政收入与预算收入之间的裂痕：全口径预算规制重心的选择

依财政学理论，政府收入与财政收入在内容上并无二致，均以满足政府履行职能所需而向社会筹集的一切资金。② 在政府预算管理中，政府收入将被转述为预算收入。因此，在理论上《预算法》第4条第1款规定的预算收入应与政府收入画等号。然而，事实却并非如此，我国政府财政报告公布的预算收入并不等于实际的政府收入，政府收入与预算收入之间的数据差额已成为"公开的秘密"。《预算法》第4条第2款试图将政府收入与预算收入之间的数据空隙进行无缝对接，但难改差额之客观事实，二者并未完全对接。造成巨额数据空隙的根源在于对政府非税收入有限的预算控制。

按照财政部《关于加强政府非税收入管理的通知》（财综〔2004〕53号）（以下简称《通知》）的规定，政府非税收入管理范围包括：行政事业性收费、政府性基金、国有资源有偿使用收入、国有资产有偿使用收入、国有资本经营收益、彩票公益金、罚没收入等。根据《预算法》第5条之规定，预算包括了一般公共预算、政府性基金预算、国有资本经营预算和社会保险基金预算。由于一般公共预算和社会保险基金预算的范围相对确定，则在政府非税收入转述为预算收入时，第5条试图扩大政府性基金预算、国有资本经营预算的适用范围将所有政府非税收入予以吸纳。由于非税收入预算是政府性基金预算和国有资本经营预算的上位概念，此条文的合理性值得推敲。可以说，第5条非但不会修复政府收入与预算收入之间的数据空隙，反而使数据空隙的正当性与合法性增强。笔者认为，全口径预算的规制重心倾向修复此种数据裂痕，但在现有复式预算框架下修复效果却不容乐观。

（二）政府非税收入预算体系分类模糊：松动全口径预算规制重心

非税收入预算并不等同于政府性基金预算和国有资本经营预算。以非税收入子项目的彩票公益金为例，在《通知》中彩票公益金与政府性基金是并列关系而非种属关系，吊诡的是，《彩票管理条例》第33条却将彩票公益金纳入政府性基金预算。对此种现象的唯一解释是，彩票公益金纳入政府性基金预算并不是因为其性质相同或类似，而是一种工具主义或者政策导向的便宜选择，但是此种规则以不合理的外在形式掩盖了非税收入的分类过程。

① 黄茂荣：《法学方法与现代税法》，法律出版社2011年版，第127～128页。

② 参见［美］哈维·S.罗森、特德·盖亚：《财政学》（第8版），郭庆旺、赵志耘译，中国人民大学出版社2009年版，第134～135页。

除彩票公益金外,其他非税收入的预算分类同样也存在上述问题。最典型的是不具有政府性基金性质的土地出让金亦被纳入政府性基金预算,2011 年国有土地使用权出让收入 3316.24 亿元,国有土地使用权出让收入安排的支出 2931.99 亿元。如果扣除上述数字,全国政府性基金仅剩 8193.39 亿元,政府性基金支出也只有 6777.44 亿元。此外,将 2010 年《全国政府性基金项目目录》与 2011 年《中央政府性基金收入预算表》相对比发现,不属于政府性基金预算的收入还包括:新增建设用地土地有偿使用费收入、中央特别国债经营基金财务收入、船舶港务费收入、铁路资产变现收入等。政府非税收入的种类纷繁复杂,具有异质性强而同质性弱的特征,[①] 从提高法律条文规则效能的角度看,所有政府非税收入纳入预算之后并不意味着都纳入政府性基金预算或者国有资本经营预算,而应该针对不同非税收入项目的性质和特点施以具体的预算控制方式。政府非税收入预算体系的模糊不仅对控制非税收入无益,还不利于全口径预算修补预算收入与政府收入之间的裂痕。

(三)政府性基金预算的动态扩张:弱化全口径预算规则的控制力

从政府收入层面考察,《通知》中将政府性基金定义为各级政府及其所属部门根据法律和中共中央、国务院有关规定,为支持某项公共事业发展,向公民、法人和其他组织无偿征收的具有专项用途的财政资金。从上述规定看,政府性基金的适用主体是各级政府及其所属部门,征收法律依据是法律、行政法规以及中共中央、国务院的有关规定,征收目的在于支持公共事业和公共基础设施,征收的对象是公民、法人和其他组织,征收的方式是无偿征收。

从预算管理层面考察,《预算法》第 9 条将政府性基金预算规定为依照法律、行政法规的规定在一定期限内向特定对象征收、收取或者以其他方式筹集的资金,专项用于特定公共事业发展的收支预算。与上述政府性基金的概念相比较,不难发现政府性基金预算概念发生了很大变化,一方面是征收法律依据的变化,另一方面是政府性基金征收与征收对象之间存在特定关联。但征收方式上却从无偿征收变成了无偿征收与有偿服务相结合,即政府性基金预算的范畴有所扩容,最终结果是政府性基金预算的范围已远大于政府性基金财政收入的范围,形成了政府性基金与政府性基金预算概念之间的裂痕。

政府性基金预算概念的扩容是为了弥补非税收入预算控制的缺省,其初衷无疑是良好的,但会造成概念使用的混乱,在财政收入中政府性基金收入是非税收入的子集,而在财政预算管理中,除国有资本经营收入预算以及一般公共预算中的非税收入外,其他非税收入预算却是政府性基金预算的子集。另外,非税收入预算单凭扩张政府性基金预算难以有效规制,甚至会引发财政收入预算管理的混乱。非税收入是国家基于基本制度框架中规定的权力和权利的衍生物,[②] 扩张后的政府性基金预算不能有效说明非税收入的

① 参见张斌:《全口径预算改革的目标、措施与基本框架》,载《地方财政研究》2014 年第 8 期。

② 参见刘尚希:《论非税收入的几个基本问题》,载《湖南财政经济学院学报》2013 年第 3 期。

取得依据是基于公共产权还是公共权力。在以往的制度惯性的促使下，政府仍会按照无偿征收方式进行，财政权力亦会处于扩张状态。

（四）《预算法》第 28 条对法律保留的突破：撼动全口径预算规则的确定性

较之《预算法》第 27 条对一般公共预算收支范围的详细规定，第 28 条就政府性基金预算、国有资本经营预算以及社会保障基金预算（以下简称后 3 本预算）的收支范围以授权立法方式，转交给法律、行政法规和国务院的规定执行。但依据《立法法》第 8 条法律保留之规定，财政、税收等基本制度只能由全国人大及其常委会制定法律，即便是授权国务院制定行政法规，授权之目的、范围与程序亦应明确清晰，禁止国务院以转授权的形式将财税立法交给相关部委。这说明与全口径预算相关法律依据的最低层次应是人大授权制定的行政法规。[①]《预算法》第 28 条对后 3 本预算收支范围的授权立法游走于法律保留边缘且有所突破。事实上，在《预算法修正案》（二审稿）第 25 条中将后 3 本预算收支范围的规定授权给国务院已饱受诟病，然而，第 28 条并未完全治愈该遗留问题。尽管第 28 条在文字表述上增加法律、行政法规后，法条行文趋于严谨，但难改后 3 本预算收支范围法规缺失的现实。充斥在预算编制、执行过程中大量的财政政策越位适用在预算实践中比比皆是。[②]

当代政府行政职能不断扩张和财政机能持续延展已成为不争的事实。与此同时，“随着政府规模的扩大，决策权日益从选举产生的立法者手中转移到非经选举的官僚手中”，[③] 这使以下两种倾向成为可能：一是社会经济之相关立法权开始逐渐向行政靠拢与集中，授权立法成为一种常态和必然；二是行政本身各项赖以成立的要素中财政的重要性日益凸显，财政作用和财政行为对行政的决定性也进入人们的视野。与此相适应，财政收入行为作为财政行为中最活跃的组成，更加重视其行为的合法性。[④] 然而合法性欠缺的财政政策的尖刀将逐步撕裂全口径预算，收支范围摇摆不定的后 3 本预算与全口径预算确定性之间的紧张关系会逐步凸显。

三、全口径预算实施的现实困境

除对预算法律条文合理性以及相互冲突展开研析外，还应将全口径预算放置在“中国语境”的预算实践当中予以考察。不难发现，政府部门对非税收入的“圈地”思想仍带有计划经济时代的烙印，政府预算与准预算部门之间就有限财政资源展开激烈的争夺与反争夺，种类繁多的法定支出都有可能撕毁全口径预算“善治”的本意。此外，人大在法

---

① 参见熊伟：《财政法基本原则论纲》，载《中国法学》2004 年第 4 期。

② 详见国务院《关于试行国有资本经营预算的意见》；财政部《关于印发〈政府性基金管理暂行办法〉的通知》；财政部《关于加强政府非税收入管理的通知》；财政部颁布的《全国性及中央部门和单位行政事业性收费目录清单》、《全国性及中央部门和单位涉企行政事业性收费目录清单》和《全国政府性基金目录清单》。

③ ［美］布坎南、［澳］布伦南：《宪政经济学》，冯克利、秋风、王代等译，中国社会科学出版社 2004 年版，第 237 页。

④ 参见刘剑文：《民主视野下的财政法治》，北京大学出版社 2006 年版，第 61～67 页。

律形式意义上乃是我国的权力机关,但实质上人大权力的"空心化"已经成为众人皆知的秘密。人大对政府预算草案审查监督的失范成为全口径预算实现的制度硬伤。

(一)部门既得利益、准预算部门、法定支出制约全口径预算的推进

1.部分非税收入归属引发的政府部门利益冲突降低全口径预算实现的可能性。诚如康芒斯所言,"制度是集体行动控制个体行动",[①] 全口径预算的本质是通过多数人理性决策的法律控制政府部门财政收支的个体行动。政府预算表现为贴有价格标签的一系列目标选项,预算决策就是多数人的未来利益与少数人的既得利益的彼此博弈,其最终结果的达成意味双方讨价还价的交易结果。预算过程本质上是各个利益集团彼此竞争的交易过程。[②] 个体行动受到利益分配的外在驱动,政府部门在预算过程中的行动始终以实现部门利益最大化为目标,由此引发政府部门之间的激烈冲突。

在我国二元财政体制中,人大预算控制薄弱且受政府自由裁量的非税收入在长期的制度惯性中固化为各个部门的既得利益。全口径预算试图以正式法律制度将这部分资金改道引流到预算编制、审批、执行、监督规范化的轨道上。当制度与部门利益发生碰撞时,部门会为维护利益而展开激烈博弈。财政部门与征收部门的利益博弈,对于部分非税收入,如果财政部门严格执行"收支两条线管理",将其纳入预算,将会降低征收部门的征收收入的积极性,进而减少财政支出。而且在收入减少后,财政部门还必须承担这些部门目前用这些收入支持的支出。财政部门往往在激烈的利益冲突中选择比较务实的策略,即对这些部分非税收入网开一面。因此,激烈部门利益的冲突无疑降低了全口径预算实现的可能性。

2.准预算部门对财政资金的统筹安排成为全口径预算推进的障碍。我国双轨预算模式导致"预算碎片化"。所谓双轨预算模式,是名义核心预算机构与准预算机构并存,核心预算机构主要负责经常性预算的分配,而资本预算通常是一个计划部或者发展部来分配的。[③] 实质上我国政府预算采用了双轨模式,除财政部门这一核心预算机构外,还有发展与改革委员会(以下简称发改委)、科技部、国有资产监督委员会等准预算机构,这些机构对财政资金享有分配权。

准预算部门对其所有的财政资金实行统筹安排成为核心预算部门开展全口径预算管理的障碍。我国进行部门预算改革试图扭转双轨预算模式的不利影响,将财政部门转变成政府内部进行行政控制的核心预算机构。"如果预算过程中的权力结构依旧,那么预算改革实际上不可能真正地改变预算过程",[④] 部门预算改革并未实质上触及准预算部门的预算分配权,财政部门与发改委、科技部等准预算部门之间激烈的权力竞争依旧

---

① [美]约翰·康芒斯:《制度经济学》,赵睿译,华夏出版社2009年版,第107页。

② 参见马蔡琛:《初论公共预算过程的交易特征》,载《河北学刊》2006年第5期。

③ 参见华国庆:《全口径预算:政府财政收支行为的立法控制》,载《法学论坛》2014年第3期。

④ Wildavsky, *The Politics of the Budgetary Reform*, Harper Collins Publisher Inc., 1988, p.411.

存在。以财政部门与发改委在基本建设支出的资金来源的争夺为例。我国基本建设支出主要源自国家项目配套资金以及土地出让金。由于发改委控制国债发行,地方政府为了能够争取到国债资金便支持发改委做国家的项目。然而项目一旦获准,财政部门就要给予发展改革委相关的配套资金,这就无疑增强了发改委对本级资金的预算权;发改委基于特定职能享有土地出让金的预算分配权。一旦基本建设支出总额在预算支出安排中予以确认,财政部门则很难介入相关的资金安排。① 由此可以管窥,"切块"管理资金的预算权牢牢掌控在发改委等准预算部门手中致使作为核心预算机构的财政部门通过全口径预算规范政府收支的理想难以实现。

3. 繁多的法定支出制约全口径预算的纵深发展。在预算实践中各级财政部门对全口径预算持疑虑的态度,究其原因在于散布于我国单行法中的法定支出冲淡了财政部门预算资金的分配权。法定支出的初衷是对某些特定领域的预算安排所作出的强制性规定,以期通过财政资金的倾斜性配置使基础性事业得以改进和完善,② 也正是得益于法定支出的强制优先安排,我国教育、农业、科技领域才得到长足发展。然而法定支出的支出额度不确定、支出依据前置、刚性支出等特性决定了预算并不能控制法定支出的具体数额,而只能在预算文件中对法定支出的款项进行解释。因此,繁多的法定支出既有损于短期的财政控制,又不利于政府长期稳定其财政状况的能力。③

事实上,我国法定支出由单行法规定以及上级政府无经费式的指令组成。笔者简要整理了我国《义务教育法》、《农业法》以及《科学技术进步法》等单行法,发现散布其中的法定支出有10余条之多,④ 总体而言,我国法定支出有进一步扩大的趋势。繁多且具有强制性的法定支出一方面消解了核心预算部门对有限财政资金的分配权限,另一方面,由于法定支出免受年度预算的控制,法定支出纳入全口径预算后将在一定程度上加大了财政经常性收入的基数。由此,过多过滥的法定支出会减损全口径预算的"控权"本性,使其徒具统计意义。

(二)有限的人大预算监督权制约全口径预算的推行

全口径预算的终极目标是实现人大对政府所有收支的审查监督,让预算成为治理政府的法治工具。人大对政府预算草案的审查监督效果直接决定全口径预算设置旨意能

---

① 参见马骏、於莉:《中国的核心预算机构研究——以中部省会城市为例》,载《华中师范大学学报(人文社会科学版)》2007年第2期。

② 参见闫海:《论法定支出的中国特色及其治理》,载《地方财政研究》2014年第1期。

③ 参见[美]艾伦·希克:《当代公共支出管理方法》,王卫星译,经济管理出版社2000年版,第71~72页。

④ 笔者大致整理了散见于教育、农业、科技领域的法定支出。在教育领域有《义务教育法》第42条,《教育法》第54条、第55条,《职业教育法》第27条以及《高等教育法》第60条;在农业领域有《农业法》第38条;在科技领域有《农业技术推广法》第28条和《科学技术进步法》第59条,上述法律中规定了财政支出的比率或者额度。

否实现，然而在预算实践中却是一个存疑的话题。

1. 人大对政府收支的监督以形式审查为主，不利于推行全口径预算。尽管《宪法》《预算法》《各级人大常务委员会监督法》赋予人大对政府预算草案监督的权力，① 但实际上人大预算审查监督权的深度和广度均十分有限。最关键的因素是，人大对政府预算审查更倾向合规性的形式审查而不是合理性的实质审查。以《预算法》第 48 条为例，除第 4 项、第 7 项对重点支出与重大投资项目以及举债安排的合理性有所涉及外，其余审查项鲜有涉及政府预算草案内容的合理性。预算审查必须对政府提交的预算草案进行实质审查，即对政府提交的预算草案是否真实、科学、合理以及是否符合国家的方针政策和经济发展的客观规律尤其是大多数之意愿等进行严格审查。② 对预算草案内容实质审查的缺失会导致人大收紧“钱袋子”的初衷流于形式与表面，难言对政府所有收支进行全口径预算的法律控制。③

2. 人大代表的组成、审批时间的不足是限制人大监督力度的关键变量。除人大预算监督形式外，人大代表的人员构成以及对预算草案的审批时间同样也直接关乎人大对全口径预算的监督力度。从人大代表的人员构成来看，我国各级人大代表以兼职代表为主，而具有专业财政知识背景的人大代表寥寥无几；从预算草案的审批时间来看，在短暂的人大会期中，代表们既要修改或制定法律还要决定经济社会政策，同时还要对政府预算草案进行审议。④ 工作时间有限，人大代表对预算草案的审批质量必定有所减损，加之预算草案的技术性很强，以及政府在预算编制中人为制造的“语焉不详”，这些因素使人大预算审批仅具有理论上的可行性。某些地方人大的全体会议，对于高达上千亿元的政府预算资金，直到近两年才专门安排半天时间加以审议，与发达市场经济国家的议会预算审议期间动辄数月的期限形成鲜明对比。⑤

3. 人大分项审批权以及预算修正权的缺失是人大监督失范的重要因素。我国人大对预算草案采用“综合审批”方式进行监督，即全部的政府预算收支汇集在一张综合预算表中由人大代表投票决议。问题在于当人大代表察觉到某一部分预算收支合理性欠佳时，该如何表决？在“综合审批”模式中，人大代表只能在“整体通过”与“整体否决”预算草案之间进行取舍。倘若放任不合理预算收支通过，会对下一财政年度的预算执行产生负面影响。“综合审批”弱化了人大代表对预算审批的主动性和科学性，使预算审批表决沦为财政冒险。赋予人大代表分项审批能够有效解决“综合审批”中的漏洞。此外，当人

---

① 参见我国《宪法》第 62 条、第 69 条，《预算法》第 43 条以及《各级人民代表大会常务委员会监督法》第 18 条。

② 参见华国庆：《预算民主原则与我国预算法完善》，载《江西财经大学学报》2011 年第 4 期。

③ 参见刘剑文、熊伟：《预算审批制度改革与中国预算法的完善》，载《法学家》2001 年第 6 期。

④ 参见叶姗：《财政赤字的法律控制》，北京大学出版社 2013 年版，第 206 页。

⑤ 参见习人：《北京市人代会首次专门安排半天审预算》，载中国网，http://www.china.com.cn/city/2013-01/22/content_27758080.htm。

大代表与政府财政部门在预算编制中的某一问题上的看法不一致或者不完全一致时,应当如何如理?我国《预算法》对此问题并没有正面回答。值得我们借鉴的是,发达市场经济国家以通过赋予议会预算修正权的方式解决此问题。总之,人大对政府预算草案的分项审批权以及修正权的缺失在一定程度影响了全口径预算愿景的实现。

四、实施全口径预算的法治走向

全口径预算的实现道路布满荆棘,不仅有来自法律内部体系合理性的障碍,还有来自立法与行政机构之间利益博弈的困境。如何在现有法律框架内将全口径预算推向纵深是值得认真思考的问题。笔者认为,应当从修补法律规则体系合理性以及调整预算权力结构两个层面对上述障碍予以回应,具体方式如下。

(一)规则修正:回应实现全口径预算的法律障碍

1. 预算收入与政府收入画等号是全口径预算实现的基础前提。上文述及,《预算法》第2条中的预算收入不能与政府收入画等号的主要"病根"在于,政府非税收入的征收与预算控制出现漏洞。总体上说,强化政府非税收入在征收和预算管理阶段的规范化控制是应对该问题的解决之道。具体而言,其一,在政府非税收入征收阶段,非税收入的开征、征管以及上缴的法律控制显得尤为关键。首先,课征非税收入的最低限度的依据应该是法律法规,如果依据缺位,社会主体有权拒绝缴纳;其次,非税收入的征管做到应收尽收,对于挪用、留存非税收入的政府部门,可以追究相关责任人的法律责任。此外,借鉴湖南和辽宁的地方经验,非税收入上缴可以考虑"零账户"的形式上缴财政专户或者国库,避免将资金积压在政府部门手中。其二,在非税收入预算管理阶段,强化预算案对非税收入的控制。首先,细化非税收入的预算编制,一方面将非税收入的编制科目细化到"项"一级,另一方面对于除弥补公共物品成本补偿、化解负外部性以及国有财产所有权获得收益外的非税收入项目进行删减;其次,在预算执行阶段禁止非因经济变动、自然灾害、法律调整等客观原因的非税收入预算调整,以期减少部门利益对非税收入的依赖。

2. 理顺政府非税收入预算体系是推进全口径预算的充分条件。上文已述,我国政府非税收入预算体系功能定位的不清晰直接影响了全口径预算的实施,对于此问题可以从如下几个方面解决:其一,明确政府非税收入的范围。经济合作和发展组织(OECD)通常将政府总收入分为经常性收入、资本性收入和捐赠收入;经常性收入又包括了税收收入和非税收入。非税收入指政府在税收之外,处于生产或者提供公共物品或者服务而取得的不需要归还的补偿性收入。西方财政学在理论上将税收收入界定在政府提供纯公共产品的领域,而将非税收入界定在政府提供准公共产品的领域,因此非税收入经常被理解为政府部门提供准公共产品所产生成本的分担或者补偿以及因公共产权而获得的利益。① 从权利和义务角度观察政府非税收入,对于政府来说,非税收入无疑是一种实体权益,对非税收入交付人来说,则是一种实体义务。政府取得此种实体权益的依据无外

① 参见聂少林:《地方政府非税收入管理创新研究》,东北财经大学2011年博士学位论文,第94页。

乎通过公共权力或者公共产权,以此为标准将《通知》中10种类别的非税收入划分为公共权力类非税收入以及公共产权类非税收入。[①] 其二,根据政府收入与预算收入之间的对应性,明确政府性基金预算、国有资本经营预算并不是政府非税收入预算的替代物。二者之间存在概念逻辑上的差异,即政府性基金预算、国有资本经营预算均是政府非税收入预算的子集,后者的概念范围大于前者的概念范畴。其三,可以通过"限缩—扩充"或"合并—分类"的途径解决我国《预算法》第9条、第10条存在的政府非税收入概念体系混乱的漏洞。具体而言,"限缩—扩充"路径就是要将《预算法》第9条中政府性基金的范围予以缩小,将其规定为以无偿征收方式获取的财政资金,而排除以产权交易方式取得土地出让金的适用。同时,对其他类型政府非税收入通过设立特别预算的方式予以扩充,如设立行政事业性收费预算、彩票公益金预算等。事实上因"限缩—扩充"路径难以克服立法成本巨大、立法体例复杂的弊端,其实施的可能极小;"合并—分类"路径是将《预算法》第9条、第10条有关政府性基金预算和国有资本经营预算进行合并,并对《预算法》第6条中以税收为主体的一般公共预算做"减法",将不应纳入的非税收入分离出来,在此基础上创设"非税收入预算类别"涵摄公共权力类和公共产权类非税收入。

3. 后3本预算回归法律控制是实现全口径预算的必要条件。如果说上述第二点对现有复式预算规则体系重构的成本过大,可行性欠佳,那么恢复法律对后3本预算的控制权则当属务实之策。尽管《预算法》第28条与《预算法修正案》(二审稿)第25条相比,行文更加严谨,但充斥在后3本预算的编制、执行程序中效力较低的部门规章和财政政策中致使后3本预算的收支范围的法律控制落空。鉴于此,笔者以为,第一步,将现有关于后3本预算的部门规章和财政政策按照类型化进行整合形成行政法规,对散布其中不合理的条款予以修改,逐步形成《国有资本经营预算条例》《政府性基金预算条例》《社会保险基金预算条例》。以国有资本经营预算为例,将散落于国务院《关于国有资本经营预算的意见》、财政部《关于完善中央国有资本经营预算有关事项的通知》以及《关于推动地方开展国有资本经营预算工作的通知》等进行整合形成《国有资本经营预算条例》,并扩大国有资本经营预算的范围。第二步,在条件允许的情况下,分步骤将上述条例上升为法律,以适应《立法法》对法律保留的刚性要求。值得注意的是,在第一步中制定《政府性基金预算条例》时,必须对现有的政府性基金预算的范围进行限缩。上述两步策略的终极目的在于,解决后3本预算收支范围摇摆不定与全口径预算确定性之间的矛盾,化解政府财政收支行为的合法性危机。

(二)权力结构调整:应对全口径预算的现实障碍

1. 制度、观念、器物的转变:降低部门利益的扰动概率。政府部门已经将非税收入视为既得利益,在预算编制、执行过程中尽力实现部门利益最大化,这已成为实现全口径预

① 笔者认为,公共权力类非税收入包括政府性基金、罚没收入、行政事业性收费、彩票公益金;公共产权类非税收入包括国有资本经营收入、国有资源有偿使用收入、国有资产有偿使用收入、主管部门集中收入及利息。

算的主要路障。究其原因在于,我国政府间财政关系不尽合理,政府部门对非税收入所有权认识褊狭,以及非税收入收支征管与部门可支配资金未完全脱钩。金耀基曾指出,器物、制度和观念,是任何变革所不可或缺的基本要素。① 对此问题的解决办法从制度、器物和观念3个层面展开,以期降低部门利益对全口径预算的扰动概率:其一,在制度层面,建立地方事权与支出责任相匹配的财政制度,具体而言,改变我国行政性分权,在《宪法》中明确规定中央与地方的事权与支出责任的划分,可以考虑赋予地方政府适当的税收立法权。其二,在观念层面,树立非税收入公共财产的观念,实现从部门所有到公共所有的转变。在实践中政府部门信奉的"多征多得,部门所有"非税收入归属逻辑,是央地财政关系不明确的产物而非常态。事实上,非税收入是缴付相对人为了获得准公共物品和服务让渡私人财产而形成的公共财产,理应归属国家而不应归属政府的某一部门。其三,在器物层面,非税收入收支"征管脱媒"。征管脱媒的最终目的是减少非税收入收与支之间的中间环节,使政府部门可支配资金来源与非税收入相分离,因此需要进一步强化"收支两条线"以及"零余额账户"。

2. 构筑核心预算机构:优化机构设置推进全口径预算。正是核心预算部门的缺失才使准预算部门大行其道,肢解了政府预算的整体性和全面性,此亦说明我国政府内部预算权力配置不合理,尤其是预算编制权配置"碎片化"现象严重。可以说,核心预算部门的构建是全口径预算的当务之急。针对此问题,美国设置的直接归属于行政受难控制的预算管理局提供了可资借鉴的经验,对于我国来说,可以根据预算编制、执行、监督相互分离相互制约的关系,组建国家预算管理委员会,打造核心预算决策机构。具体而言,可以考虑将分散于财政部、发改委、科技部、教育部等具有一定预算编制职能的内部机构予以整合,尔后将预算编制职能从现有财政部分离出来,组建归属国务院直接领导的国家预算管理委员会,以期在政府预算编制、执行以及监督方面提供人员和制度保障。新组建的国家预算管理委员会可以集中以往的散落于准预算机构中"切块资金"的分配权。预算资金分配权统一由国家预算委员会行使,进而在机构设置上保障全口径预算改革进程的推进。

3. 改进现有法定支出:减少强制性支出对全口径预算的影响。上文已述,繁多且强制支付的法定支出冲淡了核心预算机构对有限财政资源分配的权力,进而影响了全口径预算的确定性和可操作性。对此问题可以从如下两个方面予以解决:

第一,树立《预算法》在预算资金分配中的权威地位,控制部门立法增设法定支出项目。美国在1990年通过"量入为出"的方式限制新增法定支出项目,即新增的法定支出必须由削减其他已有法定支出或者增加财政收入进行补偿,此种方法具有借镜意义。笔者认为,法定支出本质上是以部门立法向预算资金分配领域的扩张,破坏了正式预算规则的刚性约束,对此预算法可以采用"总额比例限制"的方式控制各级政府的法定支出,

① 参见金耀基:《从传统到现代》,广州文化出版社1989年版,第121页。

这样既可以保障年度核心预算部门预算编制的自主权,同时也能提升人大预算审批的能力,更重要的是通过“总额比例限制”可以促进法定支出项目之间的良性竞争。

第二,建立法定支出项目动态退出规则。对于繁多的法定支出的控制和管理应该从投入端转向支出端,摆脱以往仅以资金投入是否满足法律规定为标准的束缚,而以资金投入的结果为衡量标准。为了持续地观察法定支出设置的有效性,可以考虑对法定支出进行绩效和立法评估,以便对其进行适时的动态调整。具体而言,可以通过设置法定支出绩效指标体系以及绩效审计的方式对已有的法定支出项目进行绩效评估。此后,还应对其依附于部门法律规定的立法质量进行评估,即对规定的法定支出的部门法规则在实施一段时间后,通过调查,采用定量分析以及成本效益计算方法对法律规则的可行性进行研判,并对法律规则瑕疵提出修正意见。值得强调的是,法定支出的立法评估的目的在于衡量法定支出预算资金绩效的高低,以期发挥有限财政资源的补充教育、农业、科技等特殊领域的效用。在对法定支出绩效评估后,甄别法定支出的成本与收益,对已有的法定支出优胜劣汰的动态退出机制。此外,为了强化对法定支出的定期评估,可以引入“日落规则”技术,① 即已有的法定支出规则经过一段时间的运行后,倘若不能获得立法机关的肯定性评价,便自动废止。

4. 建立人大预算实质审查制度:强化全口预算的有力途径。从单纯的程序性形式审查向合理性实质审查转变,无疑是我国人大预算审批机制改革的大方向。就合理性实质审查机构的构建大致上可以从如下 4 个方面展开:其一,改进现有预算审查程序。现有的人大预算审查以形式性审查为主,而对预算草案内容合理性的少有关注,主要原因在于《预算法》第 48 条就人大预算审查的原则、主要内容与程序尚未作出规定,笔者建议在后续的预算法修改中加以完善。此外,为应对预算草案专业性太强,可以考虑组建人大审查预算案的专门机构,以提高审批质量。其二,适当延长人大代表对政府预算草案的审批时间。留足适当的时间以便人大代表对预算草案的内容进行充分的审议,以期提高人大的监督效能。其三,“三步曲”建立分项审批表决机制。针对现有综合审批模式导致人大预算审批徒具形式的瑕疵,可以在人大预算审议中引入分项审批表决机制。就具体操作而言,第一步,加强各级人大代表对预算知识的学习,为提升人大的预算审批能力奠定基础;第二步,在人大内部建立专家咨询机构,组织经验丰富的预算专家为人大代表审查政府预算提供协助;第三步,尝试在审批预算过程中实行分部门审议和分部门票决制度,以应对“整体否决”与“整体通过”的尴尬,最终提升预算的法治化水平。其四,赋予人大代表预算修正权,预算修正权的终极考量在于人大能够按照法定程序对政府所提交的预算草案进行修正,以避免人大与政府对预算草案意见不一致而导致“预算僵局”的出现。从总体来讲,赋予人大预算修正权既可以对政府的所有收支进行有效监督,也是人大预算审批从形式审批向实质审批转向的重要一环。

---

① 参见张献勇、吕洪雁:《“日落规则”对税收授权立法的规制》,载《税务研究》2014 年第 6 期。

五、结语

预算不仅涉及政府管理技术规则,更是权力和政治的话题。[①] 如果说,预算权力合理配置是决定有限公共资源分配的关键变量,全口径预算则是联系立法机构与行政机关的纽带。全口径预算表面上仅是对政府所有收支在数据与文字层面的预算控制,实则其背后暗含预算权力的争夺和分配。因此,全口径预算能否顺利实现不但要关注预算技术规则的合理性,更应该将研究的目光聚焦在全口径预算背后的权力结构。可以说,认真对待法律技术规则和预算权力结构是全口径预算实现的根基。反观我国2018年的《预算法》,尽管将全口径预算以法律条文的形式予以固化,但条文之间却潜藏各种冲突与矛盾,如上文所分析的预算体系模糊、政府性基金预算的无限膨胀、法律保留的突破等,这些因素将在不同程度上阻碍全口径预算"控权"理念的实现。此外,预算审批权受到人员组成非专业化、审批时间短促、实质权力缺失等影响,致使人大与政府预算权力配置的天平始终不平衡,甚至二者之间的权力配置结构存在一定程度的扭曲。尽管本文从规则修正和权力结构修正层面提出了相应的对策与建议,但不得不说解决上述难题与困境绝非一日之功。全口径预算的完全实现不仅需要在财政实践中进行渐进改革,更需要政府预算理念的适时更新。

---

① 参见熊伟:《认真对待权力:公共预算的法律要义》,载《政法论坛》2011年第5期。

参与式预算的法理探源与法治进路*

程国琴**

参与式预算的概念可以根据公民参与的程度进行广义和狭义的区分。狭义的参与式预算可以理解为公民的直接民主,即公民可以直接影响预算资金如何分配,侧重从结果面向实质地影响预算资金的分配。广义的参与式预算可以理解为预算的社会监督,不仅包括狭义的参与式预算所体现出来的直接民主,还包括公民在间接民主的基础上对预算资金分配所呈现多元化参与形式,侧重将公民的预算影响力从过程面向推动结果面向。本文研究的参与式预算采"广义说",主要基于我国目前公民在预算领域的参与还处于起步阶段,对预算资金分配的影响力还需要逐步提升,公民的参与还需要通过广泛参与所集聚的量变才能引发最终的质变。参与式预算逐渐引起了国内学者的广泛关注,学者大多从政治学的公共政策和政府治理的角度、经济学的公共财政支出的效率的角度和社会学的社会管理创新的角度进行论述。但是,学者很少从法学基础理论的角度去分析参与式预算,即缺乏在法学范畴内系统地梳理参与式预算。笔者试图从法学的角度对参与式预算进行界定,并从权利和权力的互动关系入手进行法理分析,探求参与式预算的法学进路。

一、参与式预算:通过对权力分享实现权力的优化

权力制约强调从外部进行监控,体现的是一种对立关系;权力分享强调从内部进行治理,体现的是一种合作关系。参与式预算中预算权力的分享通过两个维度得以实现:预算权力横向分享,是向国家之外的个人、社会分权,是公民、社会、国家在预算领域的共同治理,其中,个人自主和社会自治优先于国家强制;预算权力的纵向分享,是预算权力在中央和地方、地方各级政府之间的合理配置,地方自治优先于中央强制。

(一)权力分解:政府与社会的横向分享预算权力

权力的分解意味着国家集中型权力秩序模式向国家社会分享型权力结构模式的演变,作为权力结构演变的一种方式,权力的分解(disassemble)意指国家向社会"放权",将

* 本文原载《中国海洋大学学报(社会科学版)》2019 年第 1 期。

** 集美大学法学院副教授,法学博士。

应当属于社会的自治权归还给社会。公共预算应当是解决个人想做但又力所不能及的事项。既然如此，政府就不能单凭自己的意愿向社会提供自认为必需的公共服务，而是应当广泛征求实际需求者的真实意愿，然后在此基础上进行整合。参与式预算是政府向社会分享预算权力，是政府对社会尊重和关怀的体现。

1. 预算权力的运行方式从统治转向治理

以巴西为代表的公民参与式预算的意义渊源超越了社会问责，它是一种"共同治理的问责"，因为公民不再从外部或只在社区基层影响政策，而是直接进入政府内部，自己来作决策，与政治家一起进行治理。社会公权力产生于国家与社会的二元化进程中，它的出现是对传统公权力结构模式的突破。此时，国家不再是权力的唯一源泉和社会治理的唯一主体，人类的权力开始逐渐回归社会、复归人民。众多利益群体、社会组织与国家机构并存，并参与国家政治意志的表达，在公共领域实现社会公权力与国家公权力的合作、协调与互补；事实上，也只有多元化的社会力量参与其中，才能构建法治的和谐。

2. 预算权力的主体从封闭走向开放

参与式预算是一种经济民主的形式，预算资金的分配不是建立在大多数当选政治家的决定之上，而是建立在大多数公民的意愿基础之上。预算权力从封闭走向开放，公共预算涉及公共利益，应当允许利益相关方都有机会参与其中。立法机构、行政机关都不享有对公共预算的独占权，人民代表、政府官员都不应成为预算过程中的专属主体。公共预算应该向一般公众、专家等各类其他主体进行开放，引入多元化的主体进行协商治理。参与式预算通过赋予普通公众决定公共资源如何分配的权力开启了权力机关与社会力量共同治理的尝试。

个人自主和社会自治优先于国家强制。如果个人和社会愿意主动地表达合理的诉求，那么政府就应当设置相应的程序尊重并回应此类诉求。为了确保预算决策在内容上切实符合社会需求，就必须事先在程序上保障公民和社会的参与权。参与式预算是公共财政改革的一种突破，也是现行分权治理模式的一种创新，权力制约不能仅仅停留在权力对权力的相互制约之中，而是应该将权力制约放在更富开放性和更具广泛性的权力制约之下，这种制约已经不是单纯的监督，而是直接参与和渗透。事实上，政府通过参与式预算改革实现了权力和责任的共享和优化，促进基本公共服务均等化，从而实现了持续改善政府治理的绩效，进而提升了权力运行的正当性与权威性。

（二）权力下沉：中央政府与地方政府纵向分享预算权力

公共服务应尽可能由最接近居民的政府层级来提供。现阶段，参与式预算的实践主要由基层政府推行，基层政府提供的公共服务直接关系公民的生活质量，而公民参与基础政府的预算过程也比较现实可行。中央应当尽可能地保障地方财源的充足，在不影响宏观决策的前提下尽可能少地干预地方事项，留出地方政府和当地公民共同协商发展的空间。

1. 激发地方政府预算创新的积极性

地方政府既具有回应多元化预算参与诉求的意愿和动力，也具有推动预算制度变迁的客观有利条件。在我国整体预算法治水平不高、诸多预算法律问题都有待作出明确规范的现实背景下，这种“先行先试”的地方法治化探索无疑十分可贵。预算法和立法法分别从法律层面对地方进行授权，① 虽然预算监督领域的授权仅仅限于省级立法机关，立法权扩及设区市级人大及政府，但是这在一定程度上解决了地方立法的合法性问题，可以看出中央还是希望地方在遵循法律的前提下，因地制宜、自主创新，督促省级和市级立法机关及时将改革的成果制度化。在学界，一个普遍的担忧就是由于缺乏法律制度的保障，地方自发生成的参与式预算实践难以持续，从而影响地方政府预算创新的积极性和主动性。事实上，中央已经从法律层面向地方释放了肯定的信号，鼓励地方政府将参与式预算实践的成果逐步提升到地方性法规层面，确保参与式预算的稳定性和规范性。

2. 提升地方政府预算的竞争性

地方政府之间由彼此隔绝的“块块关系”，演变为相互竞争的关系。公权力的下移有利于增强回应性和民主参与，因为公共决策越是向下，便越能倾听民意，公众参与的意愿更强、机会越多。对于一个大国来说，允许地方适度的自治，具有一种激励制度创新的功能和制度竞争的功能。参与式预算旨在改变地方政府预算资金分配的思维惯性，从只注重政绩的“面子工程”逐渐地转向也关注民生的“里子工程”，从单纯地“向上负责”的评价体系逐渐地转变为也要“向下负责”。参与式预算在我国兴起及其发展，由点到面，由浅入深，已经逐渐显现出其在地方政府竞争中的重要性。预算是政府管理社会的工具，预算能力直接体现地方政府的治理能力；预算也是管理政府的工具，预算的终极目标是满足公共需求，满足程度直接反映了地方政府的民意基础。特别是当预算的绩效管理越来越精细化时，就更需要社会公众的广泛参与，事先广泛征求民意，优化预算目标的设计和项目库的管理；事中定期向公众反馈和回报，强化过程监管；事后由公众进行满意度评价，落实预算责任追究制度。因此，参与式预算不仅是地方政府预算竞争的表现形式，而且还是促进地方政府持续深入竞争的源动力。

二、参与式预算：通过正当程序促成权利主体与权力主体的合作

民主参与具有程序共识功能，即人民通过公开而理性的参与程序，学会在实体利益关注之外真正理解程序的价值，逐渐形成关于程序本身的共识。作为个体，我们可以偏好各种事情；但是，作为公民，我们必须准备愿意生活在共同的世界中。参与式预算的程序设置将“我想要”与“你想要”之间的竞争转化为“我想要”与“我们愿意”之间的合作。

---

① 《预算法》第 100 条规定：“省、自治区、直辖市人民代表大会或者其常务委员会根据本法，可以制定有关预算审查监督的决定或者地方性法规。”《立法法》第 73 条授权设区市的人大及其常委会一定的地方立法权，设区市的政府也可根据本级人大和常委会制定的地方性法规出台相应的地方政府规章。

（一）正当程序:权利主体与权力主体合作的基础

正当程序已成为现代法治的一个基本原则与重要标志。程序性约束已成为规范预算行为所必不可少的法律规则。预算行为的运行是预算法定程序运行的过程,无预算程序则无预算行为,预算程序是一个严肃的法律流程。预算法不仅是实体法,还是程序法,程序正义的保障同样是公共预算追求的价值取向。参与式预算引入了社会公众参与预算的程序,让公众以“看得见”的方式了解预算资金是如何配置的,以“摸得着”的方式影响预算资金的配置,以“管得住”的方式制约预算权力的行使,是程序正义理念在预算领域的贯彻。参与式预算不仅在实体层面致力于公民权利的加强和预算权力的优化,还在程序层面致力于预算编制、审议、执行程序的民主化、透明化、规范化,通过预算的程序理性推动预算实体内容的变革。

强调程序公正,就是要防止某种价值处于独尊的位置,而让不同的价值诉求都能在理想的对话条件下自由而平等地进行说服力的竞争,通过理由论证来达成共识、作出决定。公共预算从形式上看是一个法律程序的运作过程,从实质上看是资源配置问题。形式意义上的预算注重资源配置的程序正义,实质意义上的预算注重资源配置的效率,但是资源配置的程序是否合理往往决定了资源最终的配置是否正当。参与式预算从程序上保障了社会公众的知情权、参与权和监督权,缓解了政府与社会公众之间的紧张关系,使双方可以通过程序这一制度内的方式进行利益表达和意见交换,进而从实质上进行利益整合,提高资源分配的效率。

（二）参与式预算:权利主体与权力主体合作的平台

参与式预算对程序正义的关怀,通过重构社会秩序,扫除了权利和权力沟通的障碍,在程序范围内催生出权利和权力的新型关系,即由对立走向合作,由服从转为互动,并最终在结果上实现彼此的尊重和理解,走向善治。

1. 参与式预算的程序安排有助于提高公共预算的公信力

预算资源的有限性和社会公众需求的无限性这一矛盾是当今政府无法回避的问题。追求预算资金分配合理性的实体正义需要预算资金分配过程中的程序正义进行保障。权力合法性的根基在于合意,促成合意的程序机制是公正,这将提高公共预算的公信力。受预算影响的利益相关者在预算过程中的参与权的实现程度是决定社会公众是否信赖政府支配预算资金的重要因素。参与式预算则通过参与程序的设计畅通了利益表达机制,将充满主观色彩的利益主张在价值中立的程序性规则中得以整合,最终的预算方案也将得到大家的理解和支持。参与式预算使程序成为沟通公民愿望和预算实践的桥梁,转变了政府和公众的传统角色定位,公众被政府对待的方式也得以改善,将原先的管理与被管理的关系,转化为对话和协商的关系。社会公众通过预算参与能够理解政府在编制预算过程中进行的利益考量,切身感受政府的难处;政府将预算之门向社会公众打开,尊重社会公众的利益表达,在预算决策中纳入对公众诉求的考量。因为预算决策不再仅仅由政府制定,而是多元化利益主体共同参与的混合物,经过政府与社会公众反复论证的预算就不再仅仅是政府意愿,而是融合了公众意愿,公众对预算方案的信任就是建立在自我认同的基础之上了,这种内生的信任将强化预算的公信力。

2. 参与式预算的程序安排有助于促成权利主体与权力主体的合作

从理论上讲,在公共预算的实体成果方面,通过充分的公开和有序的参与机制,依法引导不同的利益主体在一个公平的平台上进行博弈和妥协,最终制定一个能够权衡利弊、均衡各方民意的合理方案,从而使预算案最大可能地反映公民的呼声和需要,避免预算执行中不同利益相关方对立所产生的长时间内耗,也可以在交流和沟通中激发新的合作方式、寻找新的解决方案,减少在非预算法治环境下可能存在的摩擦成本,从而为全面的财税体制改革奠定基石并吹响了号角。由于参与式预算推动的公共管理的透明度,税收拖欠行为减少。在巴西的阿雷格里港,在不到 10 年的时间内,财产税的拖欠行为从 20% 下降到 15% ,财产税收入占城市税收收入的比重从 6% 增长到 12% 。意大利的实践不仅表明了参与式预算有重要的教育作用,以及整合资源的能力,而且也帮助提高了过程的透明度,提高了政治体和管理者的责任意识。通过最大限度地引导最易受伤害的公民的参与,提高了政策的认同度。参与式预算在决策环节就向社会公众开放,政府将有关公共资金分配的问题与社会公众进行互动,通过广泛收集多方信息以确定社会公众对不同公共服务需求的轻重缓急,从源头上降低公共资金提供方和使用方之间存在的信息不对称,降低预算执行过程中的纠错成本。社会公众“身临其境”地参与预算的过程,可以认识到公共选择的复杂性与不确定性,逐渐理解决策过程的难度和难处,这样有助于社会公众对公共资金的“来龙去脉”“心知肚明”,提高对公共决策的理解力和支持力。

三、参与式预算的“瓶颈”:法制保障的缺失

公众参与在中央政策层面已经得到了认可,在地方的实践层面已经得到了一定程度的落实,但在法律层面却存在不足。虽然从法治理念的角度解读现行法律,能够推导出公众参与的合法性,但是往往由于缺乏明确的法律规定,导致参与式预算的持续推进存在不确定性。综观我国现有的法律制度,对公众参与的规定往往是点到为止,而没有明确系统的规定,这就导致公众参与既没有实现的程序路径,也没有救济的制度保障,社会公众参与式预算的积极性自然就会受到打击。如果在公众参与方面的相关法律制度没有建立起来之前,仅仅针对当下公众参与的现状就对参与式预算进行价值评判是不科学的,参与式预算的价值是随着法律制度的完善而不断释放的,是需要和法治建设同步推进的。

(一)宪法:根本法有心无力,原则性指导缺乏可操作性

1. 有关预算的规定

我国《宪法》对预算的规定主要散见于“国家机构”的章节,明确了权力机关的审批权、行政机关的预算编制权和执行权、审计机关的监督权,将预算视为国家管理社会的工具,并没有将预算视为管理国家机构的工具。

2. 有关公民参与的规定

公民享有的选举权属于事先授权的间接参与模式，只能保证公民对候选人的决定权，却无法保证选举出来的人对事的决定权符合选举人的意愿；公民的批评建议权和申诉、控告或者检举权属于事后微量救济的参与模式。至于政府决策和执行过程中的公民参与却没有对应的宪法规定，只能从原则性、抽象性的条文中进行推导。

综观整部宪法，没有关于公民参与权的规定，特别是在“公民基本权利”一章中没有涉及公民的参与权，唯一与公民参与权相关的内容是《宪法》的第 2 条。① 从该条内容，可以得出以下推论：

第一，宪法从根本法层面明确了社会公众可以参与预算管理，但是还没有上升到公民基本政治权利的层面。从条文的逻辑结构可以推出：第 1 款明确了人民是国家权力的最终归属。既然国家的权力源于人民，那么人民行使国家权力的路径有哪些？第 2 款进一步规定了人民代表大会是人民行使国家权力的机关，这是否意味着人民只能通过权力机关行使国家权力，或者说人民代表大会是人民行使国家权力的唯一方式？第 3 款补充规定人民还可以通过各种途径和形式依照法律规定行使管理的权力。可见，人民代表大会作为人民间接参与的方式是人民行使国家权力的主要方式，此外，人民还可以通过直接参与的方式行使国家权力。

第二，社会公众参与预算能否实现还有待法律的具体规定。虽然宪法赋予公众参与预算的可能性，但是对于公民参与预算的程序、参与预算的保障以及救济等方面的内容还需要法律（特别是《预算法》）的进一步规定。

第三，宪法缺乏对社会公众预算参与的保障机制。如果公民参与预算受阻，相关部门承担何种法律责任以及能否以宪法为依据进行诉讼还有待商榷。由于宪法的可诉性还存在争议，以至于自其颁布以来，没有一起以它为依据的法律诉讼发生。所以，社会公众可以从宪法层面找到参与预算的法律依据，但是宪法作为根本法也只能作抽象性规定，在实践中很难操作。

（二）预算法：法律依据模糊，预算权利有待明确

1. 社会公众难以依据预算法保障自己在预算过程中的合法权益

虽然宪法明确了公众参与管理公共事务的可能性，但是这种可能性能否成为一项切实的权利，能否成为公民维权的法律依据还有待预算法的具体规定。虽然 2014 年《预算法》较 1994 年的《预算法》在推动公众参与方面作出了努力，但是也仅仅是点到为止，社会公众参与式的面仍然很窄，只限于预算编制阶段和预算审查阶段之前的意见反馈以及对违法行为的有限监督，也没有配套的程序性规定，公众参与的效果如何只能依赖各级

---

① 《宪法》第 2 条第 1 款规定：“中华人民共和国的一切权力属于人民。”该条第 2 款规定：“人民行使国家权力的机关是全国人民代表大会和地方各级人民代表大会。”该条第 3 款规定：“人民依照法律规定，通过各种途径和形式，管理国家事务，管理经济和文化事业，管理社会事务。”

政府和人大的具体规定。现阶段各地关于参与式预算的实践大多出于政绩的考量或者现实的压力，而非一种制度内的刚性约束。虽然推行参与式预算的地区在不断增加，但是由于缺乏法律层面的制度指引和程序设计，更多的地方政府则采取"静观其变"的态度。

2. 权力机关的监督形式化，社会监督缺乏

人大对政府预算的刚性制约和社会监督对政府预算的柔性压力是相互促进的，特别是现阶段人大权力监督的弱化，就更需要社会监督这种自下而上的推动力，参与式预算就是在这一背景下走入公众视野的。虽然，《预算法》在"监督"章节增加了第91条规定，[①] 但是社会监督仍然束手束脚，会影响公众参与预算管理积极性。从社会监督的对象看，仅仅限于对预算行为的合法性监督，排除了社会公众对预算行为的合理性监督；从社会监督的方式看，仅仅限于对预算违法行为进行检举和控告，至于能否提出询问、提供建议等更广泛的监督方式则没有涉及；从监督的阶段来看，只是一种事后监督，即预算草案已经通过人大审批以后才有可能实施，因为预算公开是预算草案经过人大审批通过之后才进行的，至于预算编制阶段和预算审议阶段，由于社会公众获取预算信息的渠道不畅通，也难以监督预算违法行为。可以说，参与式预算本应该是在制度框架内实现的社会监督，现在却被推到了制度之外；本应该是公共预算的题中应有之义，现在只能成为开明政府的开拓创新之举。

预算权如何在相关主体间进行合理配置，直接关系预算的民主性和公共性。现阶段，我国的预算权偏重政府的预算编制权和执行权，以及人大的预算审批权，而社会公众的参与权则极其薄弱，预算权呈现权力的集中性和封闭性的色彩，进一步说，就是政府主导预算。预算参与权如何向社会开放，如何走向民主将是难以回避的议题。

四、参与式预算的突破：法律体系的系统构建

参与式预算法律体系构建的理想模式是法律文件效力等级从上而下的自然舒展，下位的规范性文件能够具体细化上位的规范性文件，逐级落实宪法和法律所要传导的价值取向。而现实的选择往往是下位的规范性文件在上位的规范性文件授权的前提下，或者在不违反上位的规范性文件的精神下进行制度创新，总结经验，提供参考，进而推动上位规范性文件的制度变迁。

（一）宪法层面

1. 财政民主原则的确立

我国现行的财政法律法规大多侧重从技术上规定财政权如何实施，从内容上规定财政权如何在政府各部门之间进行分配，却忽略了从本质上思考财政权的本源。要从实体上赋予公民在财政领域的权利，以及从程序上保障公民有效的参与财政，就需要从宪法

---

① 《预算法》第91条规定："公民、法人或者其他组织发现有违反本法的行为，可以依法向有关国家机关进行检举、控告。接受检举、控告的国家机关应当依法进行处理，并为检举人、控告人保密。任何单位或者个人不得压制和打击报复检举人、控告人。"

层面或者财政基本法层面提炼出基本原则以指导立法和实践。

财政民主原则是财政法领域最重要也是最基本的原则。理解财政民主原则需要注意以下两点:其一,财政资金的收入、管理、运营、支出都应当立足于服务纳税人的宗旨,规范财政收入的税收法定主义只是财政民主原则的起点,并非全部,规范财政支出的预算民主主义应当得到重视,只有财政资金规范、有效的使用,纳税人才能得偿所愿;其二,财政民主原则是人民主权原则的逻辑延伸,财政是因人民而存在、受人民之统治、为人民而服务,由此可以推导出,人民代表大会所代表的间接民主只是财政民主的主要形式,并不是唯一形式,应当允许直接民主有其存在的空间,并在宪法层面进行明确。

2. 公民参与权的确立

公众应当有机会去影响政府的活动,无论公众是否真正利用这个机会,在一个民主的社会里,保证公众有这样的机会是非常重要的,公民的参与对政府来说是有价值的和有利的。公民的纳税义务对应的公民的政治权利除享有选举权和被选举权外,还应该有公民的参与权。在今后的宪法修正案中补充规定,参与权应成为公民的一项基本的政治权利,实现与《宪法》第2条第3款规定的呼应,从而使公民参与公共事务获得根本法上的明确授权。预算参与权是公民参与权的一项重要内容,只有当公民的参与权能在宪法层面予以确立,才能推动参与权在预算法律领域进行内容上和程序上的具体落实。

(二)预算法层面

在法律层面对参与式预算作出原则性规定,明确公民享有的预算权利,不仅实现了与宪法的衔接,而且也为其他规范性文件定下基调,逐步将参与式预算纳入法治框架。

1. 明确预算权利

在预算法中应当单列一章规定公民应当享有的各项预算权利,其中应当包括预算知情权、预算参与权、预算监督权和预算问责权等,要求政府要为预算权利的实现创造条件,明确侵害公民预算权利应当承担的法律责任。只有强化预算权利本位的观念和制度设计,预算权力主体才能真正尊重预算权利主体的诉求。在这方面我国预算法虽然已经有重大突破,以预算公开为例,从无到有,为公众参与奠定了基础,但是此种公开只是预算通过人大审批之后的公开,是事后知情权的满足;也就是说,公众的知情权还没有延伸至预算的编制和审议环节,而公众在预算编制环节知悉公共资金的分配情况并及时进行反馈是保障预算公共性和科学性不可或缺的环节。仔细品读预算法可以看到,公众的预算权利还只是零星地"镶嵌"在政府预算权力的表面,没有深入进去,对社会的分权依然很有限,不利于培养社会公众的预算权利意识。预算法主要在现有制度框架内完善了权力之间的制约机制,至于预算权利主体对预算权力主体的外部问责机制则没有很好的呈现。因此,在预算法中,预算权利应当从边缘的从属地位回归到中心的主体地位,保障预算权利的实现是预算权力制度设计的合法性要求。

2. 明确参与式预算的原则性规定

预算法应当在法律层面对参与式预算的相关概念、目标追求、基本原则、适用条件等给出方向性的引导，确保参与式预算能够在培育民主精神、改善资源分配、促进社会公正、推动权利主体与权力主体合作方面发挥优势。例如，对社会公众有重大影响的预算项目，从预算决策阶段开始，就应当保障公民的预算参与权，否则预算程序就会缺乏合法性要件；对一般性的预算项目则要倡导公民进行预算参与，并尽可能地为公民参与预算创造便利条件。省级政府以上的公共预算过程应增强预算参与的专业性、科学性，应更多地吸收专家和社会组织进行直接参与，同时应当畅通公众反馈信息的渠道，搭建公众交换信息的平台，使公众能以间接参与的方式正当影响预算的决策；与中央和省级政府相比，地方政府预算往往与公众利益直接相关，应当要求制定预算需要公众的直接参与，至于参与式预算的实施方式、适用层级、流程安排等具体操作中的问题可以通过立法授权的方式允许地方因地制宜，进行制度创新。

明确参与式预算的原则性规定可以为地方制定的参与式预算的规范性文件提供指导。《预算法》第100条明确授权省级地方立法机关制定预算审查监督方面的规范性文件，而参与式预算就是预算监督的一种形式，这就有助于将各地参与式预算方面的成功经验逐步制度化，有助于参与式预算从“制度外”走向“制度内”，为地方开展参与式预算提供法律依据。随着地方不断总结参与式预算的成功经验，逐步将一些成熟的原则性的规定上升到法律层面，进而规范各地参与式预算向纵深推进。

（三）地方性法规层面

宪法的修改要求比较严格，程序比较复杂，而且在全社会达成广泛的共识之后才易启动修改程序。预算法的修改可谓是“千呼万唤始出来”，如果再次启动修改程序也要经过一个漫长过程。理想的做法是，顶层设计先构建好，然后再进行细化；现实的做法是，先将探索成功的经验进行制度化，然后再推动顶层设计。就参与式预算而言，更是如此，因为参与式预算适用的范围也主要在地方层面，特别是基层政府进行的制度创新。

1. 制定主体：设区市以上的人大及其常委会

立法法通过全国人大及其常委会以授权的方式旨在解决地方改革中的立法之急，将有立法权的主体由较大的市扩展至设区的市，能够更好地发挥地方人大及其常委会的自主性，后者可以因地制宜地为自身的实践创新提高法律支持和制度保障，这一做法为参与式预算的法治化提供了制度支持。目前，应当推动实施参与式预算的设区市的人大及其常委会尽快出台相应的地方性法规，明确参与式预算的程序规则，并提交上级人大常委会审批，形成制度化的预算参与，为参与式预算的长远发展提供法律保障。

2. 内容方面：能否就参与式预算的事项制定地方性法规

参与式预算不属于财政的基本制度，地方性法规规定参与式的内容不会违反《立法法》第8条对法律保留事项的规定。其一，预算的基本制度应当是代议制，即人民代表大会审批和监督政府预算，参与式预算只能是对代议制的补充。其二，参与式预算的适用范围主要界定在地方层面，参与的程度也因地域的扩大而有所减损。

地方性法规对参与式预算的规定不与上位法抵触，而且还贯彻了立法法和预算法的精神。目前，我国宪法和法律层面都没有预算参与的相关规定，自然不会存在与上位法抵触的情形。《立法法》规定设区市的人大及其常委会可以对城乡建设与管理、环境保护、历史文化保护等方面的事项制定地方性法规，用词是"可以"而不是"只能"，以及对"等方面"如何理解，就意味着存在解释上的弹性和开放性；参与式预算涉及的资金分配往往也同城乡建设与管理、环境保护、历史文化保护等方面密切相关，因此制定参与式预算方面的地方性法规契合了立法法的精神。《预算法》第100条对省级人大及其常委会在预算监督方面进行授权，参与式预算就是地方在预算监督方面的制度创新，由于现阶段参与式预算实施的地点主要在基层，比较理想的做法是先由设区市的人大及其常委会先行先试，进行实验性立法，等时机成熟之后，再由省级人大及其常委会进行立法。可以说，制定参与式预算方面的地方性法规契合了预算法授权地方探索预算监督制度的精神。

（四）地方政府规章

地方政府规章的内容呈现执行性和地方性的色彩，而且限制设区市以上的人民政府就城乡建设与管理、环境保护、历史文化保护等方面的事项进行规定。[①] 就参与式预算事项制定地方政府规章符合上述条件，属于落实保障民主的执行性措施，契合了地方施政的实际情况，而且城乡建设与管理、环境保护、历史文化保护等方面的事项也是参与式预算容易推行和公众广为关注的领域。

现阶段，推行参与式预算的试点大多集中在基层，制定地方性法规的条件还不成熟，可以考虑先制定地方政府规章。原因在于，制定地方政府规章不仅立法法有明确授权，而且属于保障公民、法人和其他组织的权利，符合立法的价值取向。[②]

---

① 《立法法》第82条第1款规定："省、自治区、直辖市和设区的市、自治州的人民政府，可以根据法律、行政法规和本省、自治区、直辖市的地方性法规，制定规章。"该条第2款规定："地方政府规章可以就下列事项作出规定：（一）为执行法律、行政法规、地方性法规的规定需要制定规章的事项；（二）属于本行政区域的具体行政管理事项。"该条第3款规定："设区的市、自治州的人民政府根据本条第一款、第二款制定地方政府规章，限于城乡建设与管理、环境保护、历史文化保护等方面的事项。已经制定的地方政府规章，涉及上述事项范围以外的，继续有效。"

② 《立法法》第82条第5款规定："应当制定地方性法规但条件尚不成熟的，因行政管理迫切需要，可以先制定地方政府规章。规章实施满两年需要继续实施规章所规定的行政措施的，应当提请本级人民代表大会或者其常务委员会制定地方性法规。"该条第6款规定："没有法律、行政法规、地方性法规的依据，地方政府规章不得设定减损公民、法人和其他组织权利或者增加其义务的规范。"

(五)其他规范性文件

根据宪法和组织法的相关规定,[①] 县级及以下的人大和政府在保证宪法、法律、行政法规执行的前提下,在行使本辖区的管理权限范围内,可以制定有关的规范性文件。立法法明确的立法授权止于设区市的人大及其常委会制定的地方性法规和设区市政府制定的地方政府规章。至于,县级市及以下的人大及其常委会和政府制定的规范性文件的性质、效力和等级问题,立法法并没有作出回答。

笔者之所以关注县级及以下的人大和政府制定的规范性文件的效力问题,原因在于,现阶段有关参与式预算的规定大多是由县级及以下的人大和政府出台的,这些规范性文件的效力如何直接影响参与式预算的稳定性和持续性。这些以参与式预算为内容的规范性文件虽然很难具有"法律渊源"的地位,但是仍然具有约束力,对政府行为仍有规范价值,不能因为政府领导人的更迭而随意变更;对公民权利仍有保障意义,不能阻却公民因此而进行的权利主张,也不能损害公民的信赖利益。

五、结语

参与式预算是一个比较小的切入口,与人大审议预算相比,参与式预算只能算作补充,但是却能推动人大监督预算制度的改革;与预算领域的其他制度相比,参与式预算似乎显得"微不足道",但是却能通过"润物细无声"的方式引发公共关注,凝聚公共精神,为其他预算制度的改革进行文化熏陶,奠定社会基础。参与式预算是通过公众参与促进权利对权力的监督,通过对权力的分享实现权力的优化配置,通过正当程序达成权利与权力的合作。参与式预算的延展离不开法律制度的系统构建。地方层面应当先在现有法律的框架内将参与式预算规范化,再逐步推动更高层次的制度建构。

---

① 《宪法》第99条第1款规定:"地方各级人民代表大会在本行政区域内,保证宪法、法律、行政法规的遵守和执行;依照法律规定的权限,通过和发布决议,审查和决定地方的经济建设、文化建设和公共事业建设的计划。"第107条第1款规定:"县级以上地方各级人民政府依照法律规定的权限,管理本行政区域内的经济、教育、科学、文化、卫生、体育事业、城乡建设事业和财政、民政、公安、民族事务、司法行政、计划生育等行政工作,发布决定和命令,任免、培训、考核和奖惩行政工作人员。"《地方各级人民代表大会和地方各级人民政府组织法》第59条规定:"县级以上的地方各级人民政府行使下列职权:……(五)执行国民经济和社会发展计划、预算,管理本行政区域内的经济、教育、科学、文化、卫生、体育事业、环境和资源保护、城乡建设事业和财政、民政、公安、民族事务、司法行政、监察、计划生育等行政工作……"第61条规定:"乡、民族乡、镇的人民政府行使下列职权:……(二)执行本行政区域内的经济和社会发展计划、预算,管理本行政区域内的经济、教育、科学、文化、卫生、体育事业和财政、民政、公安、司法行政、计划生育等行政工作……"

第三篇　全面落实税收法定与深化财税体制改革

论我国新时代税收体制的基本特征*

翟继光**

在习近平新时代中国特色社会主义思想的指导下，我国逐步形成了具有新时代特征的税收体制。认真总结这些特征并以这些特征为指导思想并进一步完善中国的税收制度，是当前和未来一段时期我国税收制度改革的重要任务。笔者认为，从整体看，我国新时代的税收体制已经形成了具有中国特色的税收法定、合理分权与实质公平3个基本特征。

一、税收法定

党的十八届三中全会通过的《中共中央关于全面深化改革若干重大问题的决定》明确提出“落实税收法定原则”。截至2019年年底，我国已经完成半数税种的立法工作。我国税收制度已经逐步形成了税收法定的基本特征。

（一）税收法定的基本要求与价值

税收法定是世界各国公认的税法首要原则，其基本要求是税收要素法定、税收要素明确和税收要素合宪。税收要素是税收制度必须具备的基本构成要件，包括纳税人、征税对象、税率、税收优惠、税收征管等。税收要素法定也被称为法律保留，是指由狭义的法律来规定税收要素，不允许其他规范性文件对税收要素进行规定。其在实务中的基本表现就是通过法律来征税，禁止由行政机关直接开征新税。税收要素明确也被称为禁止空白授权立法，是指法律对税收要素的规定应足够明确，严格限制行政机关的空白授权立法。税收要素合宪，是指立法机关对税收要素的规定，应符合宪法的原则及具体条款的明确规定。

税收法定是现代法治思想在税收领域的集中体现，也是国家治理现代化的重要保证。税收法定使纳税人成为税收立法的主人，纳税人既是税款的承担者，也是税款的享受者。① 这种合二为一的特殊身份，使纳税人不可能为了提高对税款的享受而增加自身

---

* 本文原载《税务研究》2020年第2期。

** 中国政法大学民商经济法学院副教授，法学博士。

① 参见朱大旗、张牧君：《美国纳税人权利保护制度及启示》，载《税务研究》2016年第3期。

的税收负担,也不可能为了减轻自身的税收负担而降低对税款的享受。税收法定确保了税收"取之于民,用之于民",能确保国家的整体税负处于纳税人选择的最优水平。从国家治理现代化的角度看,税收法定大大提高了税收制度的合法性与合理性,提高了纳税人的遵从度,由此可以大大降低税收征管的成本,最终提升执政党执政的合法性和稳定性。

(二)我国税收法定的实践

中华人民共和国成立后,我国就开始了税收法定的实践。1958年全国人民代表大会常务委员会通过了《农业税条例》,这是我国第一部由最高立法机关通过的税法。该法第1条还特别强调根据《宪法》第102条"中华人民共和国公民有依照法律纳税的义务"的规定,制定该条例。由此可见,我国早在20世纪50年代,就已经认识到税收法定的价值及其基本要求。

改革开放初期,在对外放开引进外资的过程中,我国更加注重对税收法定理论与实践的学习与尊重,全国人民代表大会在1980年通过了《中外合资经营企业所得税法》和《个人所得税法》,1981年通过了《外国企业所得税法》。在立法领域"百废待兴"的时期,在尚未完成《宪法》修改之际,全国人民代表大会能迅速通过3部税法,可见对税收法定的重视。①

2000年通过的《立法法》明确规定"基本经济制度以及财政、税收、海关、金融和外贸的基本制度"只能制定法律,这是在宪法性法律层面对税收法定的确认。但截至2000年年年底,我国大部分税种仍然是由国务院开征的,并未实现税收法定。

2013年党的十八届三中全会通过的《中共中央关于全面深化改革若干重大问题的决定》明确提出了"落实税收法定原则"的任务。为此,全国人民代表大会于2015年对《立法法》进行重大修正,进一步明确规定"税种的设立、税率的确定和税收征收管理等税收基本制度"只能制定法律。截至2019年8月底,我国现行征收的18个税种中,已经有企业所得税、个人所得税、车船税、环境保护税、船舶吨税、烟叶税、车辆购置税、耕地占用税和资源税9个税种实现了法定,还有土地增值税、印花税、城市维护建设税、增值税、消费税5个税种的立法草案已经向社会公开征求意见,随时可以进入全国人民代表大会常务委员会的审议程序。可以说,我国正在朝着全面落实税收法定原则的目标快速前进,有望在2020年年底基本实现税收法定。

(三)税收法定在我国的进一步落实

在落实税收法定原则的过程中,我国出现了比较明显的"平移立法"现象,即全国人民代表大会及其常务委员会将国务院现行税收暂行条例的主要内容基本不变地上升到

① 需提醒注意的是,上述3部法律均为全国人民代表大会通过,并非全国人民代表大会常务委员会通过。即使到今天,由全国人民代表大会通过的法律也并不多。

税收法律。①笔者认为,“平移立法”虽有形式主义之嫌,但其可以在较短时间内完成“落实税收法定原则”的任务,可以最大限度地减少在“落实税收法定原则”过程中给纳税人和税务机关带来的不便,同时也表明了国务院的税收暂行条例质量较高、全国人民代表大会及其常务委员会对国务院税收立法工作的高度认可。因此,“平移立法”在整体上是历史的进步。

笔者认为,现行的“平移立法”模式可以在以下两个方面进一步完善:第一,将税法与实施条例合二为一。我国现行税收立法的基本特点是,税法的规定比较原则,具体制度主要由国务院制定的实施条例规定。这种模式相当于将全国人民代表大会的部分税收立法权分配给了国务院,一方面不利于落实税收法定原则,另一方面也不利于提高税法的稳定性与权威性。因此,对于一些制度比较成熟的税种,建议将税法与实施条例合二为一,即只制定一部内容丰富的税法,不再制定实施条例。对税法部分条款的解释可以由财政部与国家税务总局联合发文来完成。第二,建立税法解释的体系,完善全国人民代表大会常务委员会、国务院和最高人民法院解释税法的制度。根据《宪法》和《立法法》的规定,全国人民代表大会常务委员会、国务院和最高人民法院都有权解释税法,但目前,全国人民代表大会常务委员会和国务院基本未行使这一权力,最高人民法院也仅限于在税收犯罪领域对刑法进行解释,基本未对税法进行解释。其实,税法解释可以分为税收专业知识与技术领域的解释以及法律专业知识与技术领域的解释。对于纯法律问题,全国人民代表大会常务委员会、国务院和最高人民法院的解释更加权威,更能增强税法解释的权威性和稳定性。对于税收专业问题,则可由财政部与国家税务总局等部门进行解释。

随着我国现行的18个税种在形式上实现税收法定,未来需要做的就是全国人民代表大会及其常务委员会要加强对税收立法的研究,要更大胆地采纳广大纳税人的立法建议,努力在实质上实现税收法定,充分发挥税收法定在促进国家治理现代化中的重要作用。

二、合理分权

党的十八届三中全会通过的《中共中央关于全面深化改革若干重大问题的决定》提出“建立现代财政制度,发挥中央和地方两个积极性”的任务,党的十八届四中全会通过的《中共中央关于全面推进依法治国若干重大问题的决定》明确提出“完善不同层级政府特别是中央和地方政府事权法律制度”的任务。在上述思想的指导下,我国近几年制定的税法中均给予省级人民代表大会及政府适当的税率确定权和税收优惠确定权,合理划分中央与地方在税收立法与征管中的权力已经逐步成为我国税收制度的基本特征。

---

① 参见刘剑文、郭维真:《准确理解税收法定进程中的“税制平移”》,载《中国社会科学报》2019年5月15日,第5版。

(一)合理分权在当代中国的现实意义

分权与集权是对立统一的,任何国家都没有绝对的集权,也没有绝对的分权,二者总是维持在一定的限度内,从而实现国家利益的最大化。从各国税收的立法现状看,联邦制国家均给予地方足够的税收立法权,包括开征与废止税收的权力,学界一般称为财政联邦主义。① 单一制国家中大部分也赋予地方税收立法权,但地方的权力远小于联邦制国家,学界一般称为分税制。我国属于单一制国家中赋予地方较小税收立法权的国家,实践证明,这一制度设计基本符合中国国情,基本上满足了中国经济社会发展的需要。

在一定历史阶段,强调集权还是强调分权,主要看哪一制度更能提高税收运行的效率。目前,无论是理论界还是实务界均难以就哪种模式更有利于提高当前中国税收运行的效率提出令人信服的论证,因此,进行一些必要的试点和尝试是值得肯定的。

(二)合理分权在我国现行税收立法中的体现

党的十九届四中全会通过的《中共中央关于坚持和完善中国特色社会主义制度、推进国家治理体系和治理能力现代化若干重大问题的决定》明确提出"健全充分发挥中央和地方两个积极性体制机制"。在税收立法权的配置上,我国也是一直坚持充分发挥中央和地方两个积极性的原则,特别是党的十八届三中全会以后的税收立法,更是比较注重给地方配置适当的税收立法权。如2016年通过、2018年修订的《环境保护税法》第6条将应税大气污染物和水污染物的具体适用税额的确定和调整权赋予了省级人民政府及同级人民代表大会常务委员会,第9条将增加同一排放口征收环境保护税的应税污染物项目数的权力赋予了省级人民政府及同级人民代表大会常务委员会;2018年修正后的《个人所得税法》第5条将对特定纳税人减征个人所得税的权力赋予了省级人民政府;2018年通过的《耕地占用税法》第4条、第12条将各地区耕地占用税适用税额的确定权赋予了省级人民政府及同级人民代表大会常务委员会,第5条将提高税额的权力赋予了省级人民政府;2019年修正的《车船税法》第2条将车辆具体适用税额的确定权赋予了省级人民政府,第5条将对特定车船减免税的权力赋予了省级人民政府。

由此可见,我国现行税收立法赋予地方的税收立法权仅限于在法定幅度内确定具体税率以及在一定范围内确定减免税。在我国大力建设社会主义统一市场、破除地方保护主义的阶段,赋予地方上述税收立法权整体上是适当的。但在不破坏社会主义统一市场、不会导致地方保护主义的前提下,是否可以就某个或某些税种赋予地方更大的税收立法权也是可以研究与尝试的。

(三)未来中国合理分权的界限

就我国目前开征的18个税种看,属于地方税且赋予地方较大税收立法权不会破坏

① 参见熊伟:《财政分税制与地方预算自主权》,载《武汉大学学报(哲学社会科学版)》2015年第3期。

全国统一市场、不会导致地方保护主义、纳税人很难“寻租”避税的税种主要有耕地占用税、城镇土地使用税、房产税和契税。这4个税种均和不动产有关，纳税人拥有上述应税财产后均无法流动，但可以通过转让和购买的方式进行间接流动。上述4个税种中，耕地占用税已经完成立法，并未赋予地方较大税收立法权。由于耕地领域进行宏观调控的空间不大，目前赋予地方合理确定税额和适当减免税的权力是适当的。但城镇土地使用税、房产税和契税涉及对房地产行业的宏观调控，各地房地产市场的发展状况差异也比较大，适宜赋予地方较大的税收立法权。

我国在房产税领域，实际上已经开始了地方立法的试点，即2011年上海和重庆对个人拥有的非营业用住房试点开征房产税。由于该试点的地域范围和征税对象都比较窄，难以对适当提高地方税收立法权是否会提升中国税收运行的效率进行准确判断，未来仍有必要进一步推进试点改革。

笔者建议，在正在起草的房地产税法中，增加扩大地方税收立法权试点的内容。即将对个人拥有的非营业用住房是否开征房地产税、如何征收房地产税的权力赋予省级人民代表大会，省级人民代表大会可以根据所辖各市的发展情况，再将相关权力赋予市级人民代表大会。如果试点效果比较好，城镇土地使用税和契税均可以将是否开征以及具体税收要素的确定权赋予地方人民代表大会，这样一方面可以减轻全国人民代表大会和国务院税收立法的负担，另一方面也利于充分调动地方税收立法的积极性。

三、实质公平

《中共中央关于全面深化改革若干重大问题的决定》提出了“统一税制、公平税负、促进公平竞争”的税收立法原则，《中共中央关于坚持和完善中国特色社会主义制度、推进国家治理体系和治理能力现代化若干重大问题的决定》提出“以良法保障善治”“健全社会公平正义法治保障制度”的任务。我国近几年的税收立法，在强调形式公平的基础上，越来越注重纳税人之间实际税负的公平，实质公平的理念逐渐成为我国税收制度的基本特征。

（一）实质公平与形式公平的权衡

公平是法律追求的价值目标之一，分为实质公平与形式公平。实质公平与形式公平并不矛盾，真正的形式公平肯定要考虑实质公平的要求，而真正的实质公平也必然符合形式公平的标准。我们要做的是如何更好地实现二者的平衡。

税收领域公平的标准是税收负担能力。根据税收负担能力设计税收制度的原则也称为量能课税原则。[①] 在衡量税收负担能力时，既要考虑形式标准，也要考虑实质标准，并尽量实现二者的统一。税收负担能力的衡量主要体现在计税依据和税率两个要素中。比例税率通常被认为主要遵循形式公平原则，而累进税率则被认为主要遵循实质公平原则，并且由于累进税率可以在级次的数量和级距上做文章，因此可以实现实质公平和形

① 参见曹明星：《量能课税原则新论》，载《税务研究》2012年第7期。

式公平的完美结合。在这一认识的基础上,税法中应大量采用累进税率,而不应仅在极个别税种中适用。在计税依据中如何实现形式公平与实质公平的结合更加复杂,而民主程序是实现这一结合的主要保障。民主程序可以提出更多的新思想、新设计,可以更加接近两种公平的完美结合。如我国个人所得税中的个别扣除项目,对穷人和富人的差别考虑不足,在扣除标准上差别不大,主要遵循形式公平原则。如子女教育扣除、赡养老人扣除对工薪阶层的意义很大,对特别富裕的人意义较小。以美国为代表的发达国家,其个人所得税中的很多扣除标准都额外照顾工薪阶层,而特别富裕的人则不允许享受。①

(二)我国现行税收立法对实质公平的遵循

我国现行税收立法越来越重视对实质公平的遵循,主要表现在企业所得税和个人所得税上。2008年1月1日实施的《企业所得税法》将企业所得税税率统一为25%,对小型微利企业(以下简称小微企业)给予20%的优惠税率。随后,财政部和国家税务总局在经国务院批准后,不断降低小微企业的实际税率。自2010年开始,年应纳税所得额低于3万元的小微企业的实际税率降低为10%。自2012年起,将年应纳税所得额的标准由3万元分别提高至6万元、10万元、20万元、30万元、50万元、100万元。自2019年起,将年应纳税所得额的标准提高至300万元,且对100万元以内的部分,实际税率降至5%,超过100万~300万元的部分实际税率降至10%。上述实际税率的不断降低明显是在追求实质公平,但也以破坏形式公平作为代价。

我国2018年修订的《个人所得税法》将4项所得改为综合征收,同时增加了6项专项附加扣除,向实质公平原则迈进了一大步。但我国《个人所得税法》在追求实质公平的改革过程中,形式公平的色彩仍然很重。比如,在个人所得税应纳税所得额的确定上,穷人和富人的扣除标准是相同的。如果将社会群体分为穷人、中产阶级和富人的话,2018年个人所得税改革,对穷人和富人的影响较小,但对中产阶级有较大影响,改革后大部分中产阶级的税负明显降低。

(三)未来如何进一步实现税收立法的实质公平

根据上文的论述,可以得出这样的结论,我国的税收立法在不断追求实质公平,但一方面破坏了形式公平,另一方面仍然存在初衷与目的的背离。破解的主要方法,就是在设计相关税收制度时,要始终以实质公平与形式公平相统一为指导思想。

以上述企业所得税税率的改革为例,首先要从实质公平和形式公平相统一的高度进行认识,即对小微企业实行低税率并非税收优惠,而是量能课税原则的本质要求。小微企业税收负担能力本来就比大中型企业低,无论根据形式公平还是实质公平的要求,均应适用较低税率,至于较低税率应为多少,是可以讨论的。在小微企业内部是否还需要进一步分类,即利润100万元的企业和利润300万元的企业是否需要区别对待,也是可

① 参见许多奇:《美国联邦个人所得税制度之历史嬗变、基本特征及其借鉴》,载《东方法学》2017年第6期。

以研究的。在这一思想指导下,企业所得税税率应当实行累进税率,针对微型企业、小型企业、中型企业和大型企业分别设计税率,其中对税率的调整权可以赋予国务院。全国人民代表大会及其常务委员会负责确定什么是形式公平,国务院负责确定什么是实质公平,这样就实现了形式公平与实质公平的完美结合,也是具有新时代中国特色的税收法定原则的具体要求。

再以上述个人所得税改革为例,不仅在税率上要体现出贫富差异,在计税依据上也应当有所体现。即穷人在计税依据的调整上也能获益,中产阶级在计税依据的调整上获益最大,富人在计税依据的调整上不获益。未来可以考虑如下改革:年收入在6万元以下的纳税人,不仅免纳个人所得税,还能获得国家在各方面给予的补贴(主要体现为低收入补贴),上述补贴使纳税人的年收入尽量接近6万元。为了在穷人内部体现公平,补贴的数额也应根据其收入水平保持一定的差异,在国家财力充足的前提下,可以实现所有穷人的年收入均达到6万元,如财力不足,则根据穷人的年收入与6万元之间差额的一定比例予以补贴。年收入超过6万元的享受专项附加扣除,为确保该项扣除仅为中产阶级享受,可以规定年收入超过100万元的不享受专项附加扣除。为防止制度设计的简单粗暴,也可以设定为年收入超过100万元的,逐步递减享受专项附加扣除,直至不享受。至于上述标准是100万元还是80万元,可以通过民主程序予以确定。

新时代中国税收制度需要在税收法定、合理分权、实质公平的道路上继续前进,也应当逐步建立自己的"新时代中国特色"特征,在税收法定的前提下,中央与地方之间合理分权,最终实现全体纳税人之间的实质公平。

2018 年《个人所得税法》反避税条款研究*

朱大旗**　范　瑶***

收入分配制度改革长期以来一直是我国社会关注的焦点问题，2018 年《个人所得税法》的修订公布，在充分反映社会公众意愿、着力调节收入分配的同时，也契合了新形势新问题对我国个人所得税法提出的新要求。其中值得关注的点之一是，本次个人所得税法修订首次在个人所得税领域引入了反避税规则，对于税收居民避税行为的规制，从此在个人所得税法上有法可依。本文将针对此次个人所得税法修订对反避税规则的引入及其不足进行分析，并为个人所得税反避税规则的进一步细化和完善提出对策建议。

一、避税定性与反避税法律规制的必要性

（一）避税的概念厘定

分析研究避税与反避税问题的前提是厘定避税的概念及其实质。只有首先明确其概念内涵与外延，并在此基础之上进一步分析避税行为的实质，才能解释反避税法律规制的必要性、合法性，并考虑对反避税规制手段予以必要的限制，防止国家征税权被滥用。

避税，即税收规避。学界对避税概念的理解一般可归纳为广义和狭义两类。

广义的避税概念包括纳税人为免除或减轻税负所采取的一切正当和不正当行为，进一步厘定又可区分为正当避税和不正当避税。正当避税的概念内涵类似于税收筹划，①是纳税人在不违反税法规范和税法宗旨的前提下，合理筹划和优化选择纳税方案，减轻纳税义务。不正当避税即狭义的避税，通常认为，指纳税义务人利用税法规范的漏洞，预先人为地对经济行为进行异常性安排，以排除或减轻税法的适用。对于“异常性安排”的理解，刘剑文教授将其解释为“行为人策划的法律所未预定的行为方式以达到与通常行

---

* 本文的删节版原载《学习与探索》2020 年第 1 期（总第 294 期）。

** 中国人民大学法学院经济法教研室主任、教授、博士研究生导师，法学博士。

*** 中国人民大学法学院经济法专业硕士生。

① 税收筹划，是指依法事先作出筹划和安排，来尽可能获得税收利益的行为。一般认为，税收筹划与节税是互换使用的概念。但也有人认为，税收筹划既包括合法的节税筹划，也包括采用非违法手段进行的避税筹划。本文所指“税收筹划”仅指狭义上的税收筹划概念，即节税筹划。

为方式同样的经济效果”。[①] 陈少英教授也提出了类似的观点，认为行为人“利用私法所赋予的自由，预先对经营和财务活动迂回安排……从而使得已满足课税要件的经济行为或者经济结果最终不再满足课税要件”。[②]

狭义的避税行为不同于税收筹划，也不同于逃税（偷税）行为。[③] 税收筹划是符合税法规则和税法宗旨的经济活动安排，具有形式上和实质上的合法性。逃税是行为人违反税法规则和税法宗旨，以非法手段来逃避税负的行为，具有形式上和实质上的违法性。狭义的避税行为并没有被法律明文禁止，而是利用法律的漏洞，通俗地说就是打法律的“擦边球”，是形式上合法但实质上违反税法宗旨的行为。因此，狭义的避税概念实际上可理解为活用税收优惠制度的税收筹划行为和违法实施的逃税行为两者的中间概念。

在英语国家，通常用“tax evasion”“tax avoidance”“tax saving”“tax planning/mitigation”等用语来区分不同的纳税人减免纳税情形。我国台湾地区学者则相应地译为“税收逃避”“税收规避”“税收节省”和“税收筹划/减轻”。[④] 在英国“IRC v. Willoughby案”中，法官认为，税收规避（tax avoidance）是指纳税人减少了纳税义务，却没有承担国会/法律预设中纳税人为减少纳税义务应遭受的经济后果。税收减轻（tax mitigation）则是指纳税人利用法律赋予的财政优惠选择权，并承担立法预设中为利用该选择权而遭受的经济后果。[⑤]

本文所讨论的避税概念仅指狭义的避税，即不正当避税行为。笔者认为，必须严格区分正当避税与不当避税，审慎辨别狭义避税与税收筹划、逃税行为，否则将使狭义的避

---

① 刘剑文、丁一：《避税之法理新探（下）》，载《涉外税务》2003 年第 9 期。

② 陈少英：《税法基本理论专题研究》，北京大学出版社 2009 年版，第 120 页。

③ 逃税与偷税所指实为同一种税收违法行为。我国在 1979 年《刑法》及《税收征收管理法》中采用的都是“偷税罪”的罪名。其后，《刑法修正案（七）》于 2009 年 2 月颁布后取消了“偷税”的表述，将“偷税”改为“逃避缴纳税款”，也即确定了“逃税罪”的罪名，但我国《税收征收管理法》因大规模的修订尚未完成，其仍然保留“偷税罪”的罪名。按“偷”的原本意义，是暗中将别人的财产非法占为己有，侵犯的是他人的财产所有权。而过去我国学界由于欠缺“税收债务关系说”的理论指引，没有将纳税行为（履行税收债务的行为）与国家税收（款）进行严格区分，故将未履行税收债务的行为视为非法占有国家税收，是偷国家的财产，也即为偷税。而在事实上，纳税人没有依法缴纳税款，只是逃避履行税法规定的法定债务，在征纳税过程中纳税人还没有将税款交给国家，该税款就不是国家的钱（财产），而只是国家依法享有的税收债权。故国际社会普遍使用的“逃税”的概念（逃避履行纳税义务）更加贴合本文所述的不履行税收债务行为的实质。换言之，逃税概念与偷税概念相较更能揭示该行为的本质。因此，本文在下文中仅统一采用“逃税”的表述。

④ 参见俞敏：《税收规避法律规制研究》，复旦大学出版社 2012 年版，第 15 ~ 41 页。

⑤ IRC v. Willoughby [1997] 1 W. L. R. 1075 at p. 1079. 原文是“The hall mark of tax avoidance is that the taxpayer reduces his liability to tax without incurring the economic consequences that Parliament intended to be suffered by any taxpayer qualifying for such reduction in his tax liability. The hall mark of tax mitigation, on the other hand, is that the taxpayer takes advantages of a fiscally attractive option afforded to him by the legislation, and genuinely suffers the economic consequences that Parliament intended to be suffered by those taking advantages of the option”。

税与正当避税之间的差异性难以界定,进而也就无法理解为何要对这种利用法律漏洞的避税行为予以否定性评价,并辅之以法律适当调整的必要性。

(二)避税在法律性质上是一种脱法行为

对避税行为法律性质的理解,学界的观点一般分为合法、违法和脱法3种。"避税合法说"认为,根据税收法定主义的要求,避税行为并不违反税法文义规定,行为人选择如何进行经济活动是私法赋予的自由,具有合法性。其理由是,税法以"有税必有法,无法则无税"为宗旨,对税法的解释应当以严格解释为原则,只能对税法条文进行解释,而不能进行目的解释或类推适用等扩大解释。由于税法规则本身并没有认定避税行为是违法的,避税行为就是合法的。持违法观点的学者则认为,避税行为虽然形式上符合税法文义规定,但它在实质上违反了税法量能课税原则的要求,与税法宗旨相悖,也直接妨碍了国家征税权的行使,导致税收财政收入的减少,故应认定其具有违法性。而且,虽然法律没有明文禁止这种行为,但法律本身具有滞后性,对避税行为进行动态调整也是必要的。第三种观点认为,避税行为是一种脱法行为。此种观点建立在税收法定主义和量能课税原则基础之上,从税收法定主义的角度来说,避税行为具有形式上的合法性,但基于量能课税原则的立场,避税行为违反了税法的宗旨,具有实质违法性。因此,从整体上看,避税行为既非合法行为也非违法行为,而是一种与税法目的相抵触但在法律上又无法具体加以适用且直接予以规范的行为,即避税行为无法直接成为税法条文的规制对象,无法被纳入法律条文的涵摄范围。这种兼具形式合法性和实质违法性的特性,使避税行为具有边界性,不能简单地将其归为违法行为或合法行为,而是一种脱法行为。

有学者认为,行为人如何选择自己的经济活动方式是私法赋予的自由,税法并不干涉这种选择自由,但如果行为人利用了这种选择的可能性,选择了与税法考虑的通常行为方式显然相异的行为方式,以达到减免税负的目的,则构成对选择可能性的滥用,从而被评价为避税行为。台湾大学黄茂荣教授将此定义为"滥用法律关系之形成自由"。[①]类似的观点如刘剑文教授提出,行为人利用法律形成可能性,选择了与税法所考量和预定的通常的行为方式显然相异且欠缺经济上合理理由的行为形式,通常表现为法律形式的烦琐化、复杂化、不经济、迂回和多阶段,来达到不满足对应于通常使用的法律形式的课税要件的目的,则可能构成法律形成可能性的滥用。[②]

可以认为,片面地将避税行为认定为合法行为或违法行为都是不合适的。认可避税行为合法,则无法将其与税收筹划行为作出区分,对避税行为进行法律规制就丧失了合法性基础。但若不对其进行规制,长此以往将使国家的税收收入大为减少,也使税法量能课税原则受到冲击。而若将避税行为直接认定为违法行为,也可能产生与逃税行为无法区别的问题,同时也无法找到法律规范上的支持,甚至可能导致征税权被滥用。因此,

---

① 参见黄茂荣:《法学方法与现代税法》,北京大学出版社2011年版,第245页。

② 参见刘剑文、丁一:《避税之法理新探(下)》,载《涉外税务》2003年第9期。

笔者赞同将避税行为认定为是一种脱法行为的观点，其实质是利用法律上的漏洞，滥用了私法赋予行为人的选择可能性进行的减轻税负行为，故应当对相关法律予以完善，填补漏洞，进而使避税行为得到控制。

(三)对避税行为进行反避税法律规制的必要性

对避税行为进行反避税法律规制，其必要性主要体现在以下两个方面。

1. 避税有悖于税法宗旨

税收是国家职能的重要体现，具有政治性与社会性。税法的宗旨主要体现为保障"税收三职能"的实现，即保障筹集财政收入、保障实施宏观调控、保障调节社会经济生活。避税行为通过滥用法律赋予的选择可能性，利用异常的经济行为活动安排以规避税负，直接损害了税收的财政职能，导致国家财政收入的流失。如果不加以规制，长此以往将促使大规模避税交易猖獗，导致财政收入的大幅减少，动摇国家税收根基。此外，避税活动中的异常经济行为和交易安排也在客观上使税收的调节功能无法发挥预期效果。例如，在诸多避税实例中，行为人通过设计交易的形式使经济活动得以适用税收优惠条款，从而规避较重的纳税义务。这些税收优惠条款的设立，本身是为了通过税制来引导和扶持国家重点产业，调整和优化市场结构，而避税行为则可能使国家对宏观经济的调控目的落空，无法实现税收对市场失灵的补救职能。况且，避税行为还直接影响了社会经济生活的有序性，阻碍市场经济的健康运行。避税行为所导致的税负不公平，将进一步导致分配不公平以及市场竞争秩序的不公平，长此以往甚至可能产生"劣币驱逐良币"的后果，破坏市场经济的稳定运行。

2. 避税不符合税法的基本原则

如上所述，对避税行为的界定建立在税收法定主义和量能课税原则基础之上。一方面，量能课税原则要求具有相同税负能力的纳税人承担相同的纳税义务，具有不同纳税能力的纳税人承担不同的纳税义务。避税行为有悖量能课税原则，避税人少纳税或不纳税，使获得同一经济效果的不同纳税人之间税负不相同，导致具有相同税负能力的纳税人可能缴纳不同的税。避税人所规避的税负，从实际来看又可能转移给其他纳税人承担，进一步加剧了纳税的不公平。另一方面，税收法定主义要求税务机关必须依照法律来征收，只有在法律明文规定的情况下纳税人才有纳税义务，就可能产生避税行为因无法适用法律而规避纳税的问题。因此，在论述反避税行为的合法性时需要调和税收法定主义和量能课税原则之间的冲突。

可以认为，税收法定主义和量能课税主义分别体现了税法对税收形式公平和实质公平的正义追求。在平衡二者时，不能出现重形式轻实质或重实质轻形式的情形，而要使两者协调统一以发挥税收职能。一方面，反避税规则存在的不足和漏洞应当而且也只能严格遵守税收法定主义的立场，做到反避税实践应有法可依——有税必有法、征税必依法；另一方面，也要不断推进反避税规则立法进程，使其对在实践中出现的反避税问题和趋势作出制度性回应，使量能课税原则的实质要求不断成文化、法定化，从而在防止反避税自由裁量权被滥用的前提下,实现税法形式公平和实质公平的齐头并进。

二、《个人所得税法》修改前我国个人所得税反避税规则体系的现状及问题

2018年《个人所得税法》修订之前,我国在个人所得税反避税规则方面几乎处于空白状态。《税收征收管理法》《企业所得税法》及其他税种法中有关的反避税规则针对的主体均是"企业",无法适用于个人所得税反避税领域。在实务中我国税务机关进行反避税工作的重点也是企业,很少关注个人的避税行为。其突出问题表现在以下几个方面。

(一)个人所得税反避税无明确立法

自1980年9月10日我国公布《个人所得税法》以来,个人所得税法在多次的修改过程中逐渐完善。但在个人所得税反避税问题上,在2018年《个人所得税法》修订公布之前,都没有制定明确的反避税规则。个人所得税法中既无对避税行为的特别调整规定,也无一般性的反避税规则,甚至也没有关于个人所得税避税行为的外延和要件的任何界定。在实践中税务机关经常援引《税收征收管理法》第35条第1款第6项"计税依据明显偏低,又无正当理由"作为反避税自由裁量权之规范依据。从适用范围看,此条款仅针对"采取的手段导致销项价格偏低或购进价格偏高的避税交易规制",[①] 但个人所得税避税手段并不仅限于改变交易价格,因此,此条款难以适用于所有的避税行为,无法充当反避税的兜底条款。此外,该项规定被置于《税收征收管理法》第35条"税收核定规则"体系中,在性质上应属于税收核定条款,而不是反避税条款(尽管其在实践中被泛化充当反避税条款使用)。若广泛援用甚至滥用此条款的规定,将危及整个税收征管体系和市场经济的正常秩序。

(二)其他反避税规则无法适用于个税避税行为

由于我国尚未制定税收基本法,《税收征收管理法》理应适用于所有税种的征收管理。但《税收征收管理法》第36条有关关联企业转让定价的独立交易原则,条文围绕的适用主体仅包括"企业",对于个体工商户、自然人与关联方之间的转让定价行为,该条文则无法适用。因此个人所得税反避税措施无法依照《税收征收管理法》执行。此外,在我国现行的实体税法体系中,其他税种税法中规定的反避税规则也无法适用于个税避税行为,存在法律不周延的情形。例如,我国《企业所得税法》专门规定了"特别纳税调整"专章作为反避税的适用规则,但按照税收法定主义的要求,《企业所得税法》及其实施条例中规定的反避税规则也同样无法适用于个人所得税避税行为,个人实施的避税行为依然缺乏税法的调整。

(三)个人所得税反避税监管力度过轻

从我国以往的反避税立法实践来看,我国的反避税立法工作主要针对的对象是企业,对个人的避税行为却鲜有关注,使个人所得税反避税立法长期以来处于空白状态,个

---

① 王宗涛:《"计税依据明显偏低无正当理由"条款的法律逻辑》,载熊伟主编:《税法解释与判例评注》第7卷,法律出版社2016年版,第250~262页。

人所得税反避税规则漏洞重重。立法规则上的缺位,使相关监管部门对个人所得税反避税问题也未引起足够重视,加之我国自然人个税申报数量又十分庞大,配套的税收征管信息系统建设水平也还不够高,要求税务机关对个税避税情况逐项核查难度过大。

总之,对于个人所得税反避税问题在客观上法律规则的缺位和实务中的主观重视不够,是我国个人所得税反避税监管力度很轻、流于形式的重要原因,也是个人所得税避税行为大量产生的重要根源之一。

三、我国 2018 年《个人所得税法》反避税条款的不足

(一)一般反避税规则及其仍存的不足

2018 年新修订的《个人所得税法》公布实施之前,税务机关针对自然人纳税人避税行为的监管工作进展艰难,在法律适用上也常常出现问题。在此之前,我国在税收征收管理规范和《企业所得税法》中均借鉴了"合理商业目的"的一般反避税规则,但适用的主体均是"企业"。本次修订的《个人所得税法》第 8 条规定:"……(三)个人实施其他不具有合理商业目的的安排而获取不当税收利益。税务机关依照前款规定作出纳税调整,需要补征税款的,应当补征税款,并依法加收利息。"首次在个税法中明确引入了"合理商业目的"的一般反避税规则,专门针对个税层面的不合理商业目的的安排加以规制。

但是,对于"合理商业目的"的判断标准,2018 年《个人所得税法》及其新实施条例并没有作出进一步的细化安排,且也没有规定可以比照适用其他税种税法或部门规章对"合理商业目的"作出的解释。若参考其他税种税法中的相关规范,《企业所得税法实施条例》将"不具有合理商业目的"解释为"以减少、免除或者推迟缴纳税款为主要目的"。此种解释显然也是过于宽泛的,对于"合理""商业目的"如何认定、何为"主要目的"等问题均存在极大的不确定性,也无法将避税行为与税收筹划进行区分。我国现行税法上对"合理商业目的"采用的抽象化和模糊化的处理方式,目的在于将其作为一般反避税条款以概括出对所有避税行为都行之有效的一般性规定,意图使其涵盖和适用于所有避税安排的行为模式。但在法律条文适用灵活性增强的同时,其可预测性和确定性也随之降低。[①] 过于宽泛的法律用语使税务机关拥有极大的自由裁量的空间,也使纳税人无法直接通过税法条文判断其行为是否存在避税风险。

在国家税务总局颁布的《特别纳税调整实施办法(试行)》(以下简称《实施办法》)[②]中,创造性地引入了"实质重于形式"的审核原则,要求税务机关按照经济实质对企业经济行为安排重新定性。2015 年生效的《一般反避税管理办法(试行)》(以下简称《管理

① 参见汤洁茵:《〈企业所得税法〉一般反避税条款适用要件的审思与确立——基于国外的经验与借鉴》,载《现代法学》2012 年第 5 期。

② 国家税务总局:《特别纳税调整实施办法(试行)》(国税发〔2009〕2 号),2008 年 1 月 1 日生效,部分已废止。

办法》）[①] 也贯彻了前述“实质重于形式”的审核原则，并将该项原则与“合理商业目的”原则并列作为判断避税行为的基准。

但问题在于，《实施办法》《管理办法》等相关部门规章与税法、行政法规之间存在矛盾抵牾之处。从法律条文本身来看，“合理商业目的”标准是一项单纯的主观判断标准，要求纳税人作出的经济安排是一项基于合理的商业目的考虑的主观行为，而“实质重于形式”标准则使税务机关可以通过客观性判断来考察纳税人安排的“经济实质”。因此就可能出现纳税人可以证明其具有合理商业目的，但税务机关仍以其经济实质认定其构成避税安排的情形。此外，对于这两者到底是属于同一个标准的构成内容还是两个独立的标准？两者之间适用上是并列关系还是存在优劣位序关系？这些问题也难以回答。如从法律位阶来看，“实质重于形式”原则应当是“合理商业目的”的下位概念，是它的内含要件。但《实施办法》又将“实质重于形式”作为反避税审查的核心，《管理办法》将两者并列，似乎违反了“上位法优于下位法”的原则。由此可能使我国反避税规范体系存在不自洽的情形，而这是为税收法定原则所不允许的。

（二）引入独立交易原则及其不足

在以往的税法规则中，由于对个人与关联方之间的交易没有作出明确的规定，一些中国居民纳税人在移居国外获得非居民身份后，利用与境内关联方进行关联交易将对应税所得予以移转，从而达到避税的目的。本次个人所得税法修改引入了独立交易原则，作为判断关联交易、转让定价的核心原则。2018 年《个人所得税法》第 8 条第 1 款第 1 项规定“个人与其关联方之间的业务往来不符合独立交易原则而减少本人或者其关联方应纳税额，且无正当理由”的，税务机关有权作出纳税调整。按照此条规定，税务机关可以参考第三方交易、根据实际情况预设交易的公平价格，进而确认关联交易应实现的利润水平，并将此利润与关联交易的实际利润进行比较，以衡量关联方之间是否存在通过抬高或压低交易价格的方式进行避税，即判断关联方是否存在“应取得而未得到的利润或收入”。[②] 若两者之间存在明显差异，且纳税人无法提供正当理由，则税务机关可以对其进行调查。

为了能将关联交易价格与独立第三方交易价格进行比较，就需要对影响整个交易价格的各个因素进行比较，即可比性分析。为此，国家税务总局发布的《特别纳税调查调整及相互协商程序管理办法》[③]中规定了 6 种转让定价方法，分别是可比非受控价格法、再销售价格法、成本加成法、交易净利润法、利润分割法和其他符合独立交易原则的方法。

---

① 国家税务总局：《一般反避税管理办法（试行）》（国家税务总局令第 32 号），2015 年 2 月 1 日生效。

② 参见吴旭东、李时：《独立交易原则与公允价值标准在税收实践中的运用》，载《涉外税务》2013 年第 2 期。

③ 国家税务总局《关于发布特别纳税调查调整及相互协商程序管理办法》的公告（国家税务总局公告 2017 年第 6 号），2017 年 5 月 1 日生效。

但上述管理办法，系依据《企业所得税法》《税收征收管理法》制定的。而《企业所得税法》中有关独立交易之规定规制的主体为“企业”，《税收征收管理法》第 36 条关联企业转让定价的独立交易原则围绕的主体也是“企业”。因此，从税收法定主义的立场出发，上述有关企业转让定价的 6 种可比性分析方法并不能直接适用于居民个人与关联方之间的交易。此外，这 6 种转让定价方法，几乎每种方法都依赖独立和可供比较的第三方交易价格。在实践中这种可比独立交易却很难找到，就算能找到可比性程度较高的交易，往往也是关联方的竞争者——另一个集团公司内的交易，而这种交易大多数也是关联交易。[①] 特别是在涉及专利和无形财产转让的情况下，由于其独占性的特点，转让定价更是几乎无从比较。

（三）借鉴受控外国公司（CFC）规则及其不足

随着我国在全球投资规模的不断扩大，我国已由过去单纯的资本输入国逐渐向资本输出国身份转变。随之而来的问题是许多跨国企业、个人为了追求利润最大化，想方设法地减轻或免除税务上的负担。它们在避税地设立国外公司，利用避税地的低税率或免税政策，将一部分交易和经营业务在避税地开展。同时通过转让定价等手段，将利润从高税地转移到低税地，并利用居住国推迟课税的相关规定，长时间地将利润保留在海外公司，从而达到最大限度地减轻其税负的目的。居民个人也同样可以利用这样的方法避税。例如，中国居民个人通过在低税地区英属维尔京群岛（BVI）、开曼等避税地设立无商业实质的“空壳公司”，直接或间接控制其他海外运营公司，运营公司取得的利润分配到 BVI、开曼等地后，就将利润保留在避税地不再分配，也不再汇回国内。由于 BVI、开曼等地几乎不征税，自然人股东就可以在未取得分红的情形下不在国内缴纳个税，但自然人股东有资金需要时，可直接从避税地公司账面上支出，以此来达到避税的效果。

我国 2008 年开始实施的《企业所得税法》已经对上述行为确立了相应的反避税规则，即无论受控外国公司（CFC）是否进行利润分配，或是否将利润汇回国内，我国都可以对这笔利润征税。此项规则被称为受控外国公司规则（CFC legislation）。我国 2018 年《个人所得税法》中同样引入了 CFC 规则，规定“居民个人控制的，或者居民个人和居民企业共同控制的设立在实际税负明显偏低的国家（地区）的企业，无合理经营需要，对应当归属于居民个人的利润不作分配或者减少分配”的，税务机关可以作出纳税调整。该条规定对于有海外公司股权的自然人股东影响重大，他们需要重新审视自己的持股架构是否存在税务风险。

《实施办法》专章对 CFC 规则的内容框架进行了细化。第 76 条规定的“受控外国企业”是指“由居民企业，或者由居民企业和居民个人（以下统称中国居民股东，包括中国居民企业股东和中国居民个人股东）控制的设立在实际税负低于所得税法第四条第一款

---

① 参见陈捷：《遵循独立交易原则，明确转让定价方法——〈特别纳税调整实施办法（试行）〉之“转让定价方法”》，载《涉外税务》2009 年第 5 期。

规定税率水平50%的国家(地区),并非出于合理经营需要对利润不作分配或减少分配的外国企业。"上述《实施办法》将CFC的范围限定在由居民企业控制或由居民企业和居民个人共同控制的外国企业,而居民个人(个体工商户、合伙企业、个人独资企业)控制的外国企业并不在《实施办法》CFC反避税规则的管辖范围内。并且《实施办法》第1条列举的该办法制定依据也仅包括了《企业所得税法》及其实施条例、《税收征收管理法》及其实施细则等,从而无法适用于个人所得税领域。实际上这种制度上不周延的情况与之前我国《个人所得税法》中反避税条款的空缺有很大关系,既然本次个人所得税法修订在个人所得税体系中引入了CFC规则,根据上位法优先于下位法的原则,《实施办法》中对于CFC规则的细化应当比照适用于中国居民个人控制的外国企业。但由此引出的问题是对CFC适用地域的税率判断标准存在《企业所得税法》与《个人所得税法》规定的税率标准不一致的问题,对居民个人控制的受控外国企业实际享受的税负应当采用何种标准,是下一步我国个人所得税法修订中应当关注的问题。

(四)加强税收联合监管及存在的问题

2018年个人所得税法修订加强了公安、人民银行、金融监管管理等政府部门和金融机构对税收征收的联合监管力度,要求有关部门依法将纳税人、扣缴义务人的身份、金融账户信息等履行个人所得税法的相关情况纳入信用信息系统,并实施联合激励或者惩戒。此外,本次个人所得税法修订还引入了自然人纳税人识别号制度,纳税人或扣缴义务人办理涉税业务需填写纳税人识别号。这使税务机关能以唯一的识别号来统一收集各自然人的涉税信息,并以识别号串联起自然人各方面的涉税内容。自然人纳税人识别号制度的引入也方便了各政府部门、金融机构等相关部门在获取有关税务信息后,能快速便捷地通过识别号将相关涉税情况纳入信用信息系统,加快涉税信息在各部门之间的传递、流通速度,使涉税信息更加透明、公开。同时,新《个人所得税法》强调加大税收联合监管,直接有力地督促了税务机关和各部门加强对个人所得税反避税问题的审查和关注,个人所得税反避税工作的开展正式提上了日程。

仍然存在的不足是,本次个人所得税法修订虽然强调了加强税收联合监管的问题,但在2018年《个人所得税法》及其实施条例以及现行的《税收征收管理法》及其实施条例中,对政府有关部门和金融机构具体应提供给税务机关哪些信息这一问题,都尚未作出明文规定。由于对各部门间涉税信息交换的范围没有作出清晰界定,因此可能在税收联合监管实践中,出现税务机关超越职责权限获取了涉税信息以外涉及纳税人隐私的信息,或是相关部门或机构不配合、不提供信息的情形。

四、我国个人所得税反避税规则的完善

避税是纳税人利用税法漏洞,滥用法律赋予的行为选择可能性,减轻或避免税负的行为。基于量能课税原则和税收法定主义的立场,反避税问题的关键在于弥缝税法漏洞,应尽量使税法能够涵盖实践中经常性出现的个人所得税反避税问题,并以法律的形式对税务机关的自由裁量权加以限制。

(一)对一般反避税规则的细化

1. 我国《税收征收管理法》中应增订一般反避税条款

一般反避税条款作为反避税规则体系的兜底条款,具有填补特别反避税规则漏洞的作用,在一项具体的避税安排无法满足特别反避税规则的构成要件时,则应适用一般性条款。因此,一般反避税条款发挥克服成文法立法不周延和滞后的弊端的功能。[①] 一般反避税规则同时也是一项授权性规则,使税务机关可以在税法规范无法完全适用时作出补充认定,灵活适用条文规范。

我国税法中将"合理商业目的"原则作为一般反避税规则,但此项原则长期以来只规定在《企业所得税法》中,适用于与企业有关的所得税避税安排。本次个人所得税法修订将"合理商业目的"原则引入了个人所得税领域,使个人所得税反避税领域也得以适用一般反避税规则。但是,对于其他税种而言能否同样适用一般反避税规则,仍然存在疑问。此外,如前所述,《企业所得税法》与《实施办法》《管理办法》等部门规章中有关该项原则的解释之间也存在矛盾之处。

一般反避税规则作为税法根本性、一般性的基础条款,应当在税收基本法中予以规定,这有助于整个税法反避税规则体系的完善。但鉴于我国尚未制定税收基本法,目前应当在适用于所有税种的《税收征收管理法》中增订一般反避税条款,明确避税行为的定义、构成要件、证明责任、程序规则等基本内容。如此,方可避免在各个税种税法中又分别引入一般反避税条款的烦琐程序,以及不同税种税法之间出现不一致的情形。此外,由于我国目前仍存在大量税种仅依暂行条例征管,还没有升格为法律,因此将一般反避税条款规定在《税收征收管理法》中,也有助于提升整个反避税规范体系的立法层次和效力水平,符合税收法定主义的要求。[②]

2. 完善对"合理商业目的"的界定

一般认为,行为人以获取税收利益为主要或唯一目的的经济活动安排应当被认定为"不具有合理商业目的"。[③] 但是,我国目前仍然无法明确行为人税收利益目的在整个经济活动安排中需要占多大比重才能被认定为"主要目的"。对此,林文生教授指出,反避税标准既要考虑交易是否存在商业目的判断,也要考虑交易是否存在经济实质,即考察纳税问题时应更侧重纳税人某一安排的经济效果而不是形式。[④] 刘剑文教授则认为,避税的构成要件仅包括行为要件和效果要件,而不包括对行为人主观目的的考察。在行为上,避税是滥用法律形成可能性的行为。在效果上,行为人通过其异常的法律形式达到

① 参见张晓婷:《一般反避税条款与实质正义——兼评〈企业所得税法〉》,载《经济问题》2009 年第 2 期。

② 参见余鹏峰:《反避税视角下的〈个人所得税法〉修改》,载《税务研究》2018 年第 2 期。

③ 参见王宗涛、陈涛:《试析我国避税认定标准与方法》,载《国际税收》2014 年第 6 期。

④ 参见林文生:《新〈企业所得税法〉中反避税一般条款法律适用的困境与对策》,载《税务研究》2008 年第 8 期。

了与通常法律形式相同的经济效果，且同时实现了税负规避的税收利益。[①]

国家税务总局 2008 年公布的《新企业所得税法精神宣传提纲》[②]对“不具有合理商业目的”作出界定：“一是必须存在一个安排，即人为规划的一个或一系列行动或交易；二是企业必须从该安排中获取‘税收利益’，即减少企业的应纳税收入或者所得额；三是企业获取税收利益是其安排的主要目的。”由此可推断出判断“不具有合理商业目的”的法条逻辑在于：首先，存在主观意义上的行动，即行为人人为对经济活动作出安排；其次，从这项行动中行为人获得了客观的利益，即税负的减少；最后，该项客观利益的获取是主观行动的最根本目标。

笔者认为，从条文规范的字面意思来看，“合理商业目的”是一个主观标准。但在实践中，纳税人主观目的只为本人知晓，对于纳税人以外的人（包括税务机关及其工作人员）难以有具体的、可操作的判断标准。因此，对主观目的的判断必须借助于对客观行为的考察。如若纳税人从事了某项异常性的经济交易活动，达到了与通常性交易活动相同的经济效果，并且同时减少或免除了税收负担，就可以作为推定其主观上“不具有合理商业目的”的证据。基于此，我们认为应在《税收征收管理法》一般反避税条款的增订中完善对“合理商业目的”的界定：（1）纳税人实施了某项异常性的经济活动安排；（2）通过异常性的经济活动安排减轻或免除了税负；（3）减轻或免除税负是此项安排的主要目的。此外，对“合理商业目的”的界定还应当遵循“主客观相一致”和“实质重于形式”标准的统一。即客观行为应是认定避税的主要标准，主观目的则是排除反避税规则适用的标准。只要证明行为人在客观上实施了前文所述的避税行为（包括异常安排及其减、免税结果），原则上就可推定其具有避税目的，除非行为人可以证明（反证）其交易并未以税收利益为主要或者唯一目的。

（二）对特殊反避税规则的完善

1. 加强与企业所得税反避税规则的衔接

不同于个人所得税反避税刚刚展开，我国企业所得税反避税工作已经逐渐成熟。两者同属于所得税的大范畴，在许多方面都具有相似性。同时，在实践中也常常出现反避税案例同时涉及企业和自然人的避税问题。虽然在理论层面我国学界和实务界普遍认可个人所得税领域可以适用企业所得税领域行之有效的反避税规则，但在法律层面上尚存在法条规定不周延的情形，个人所得税反避税规则与企业所得税反避税规则之间缺乏有机衔接。因此，有必要在厘清个人所得税反避税与企业所得税反避税差异的基础上，总结《企业所得税法》有关特殊反避税规则的立法和实践经验，在《个人所得税法》或《个人所得税法实施条例》中引入相关反避税制度设计，或者在《税收征收管理法》中增加适

---

① 参见刘剑文、丁一：《避税之法理新探（上）》，载《涉外税务》2003 年第 8 期。

② 国家税务总局《关于印发〈新企业所得税法精神宣传提纲〉的通知》（国税函〔2008〕159 号），2008 年 2 月 5 日生效。

用于所有税种的反避税规则,以进一步促进新《个人所得税法》与《企业所得税法》的良好衔接,推进个人所得税反避税规则的有效运行。

2. 对政府行政机关反避税立法进行约束

我国现行反避税规则有很大一部分是授权政府行政机关制定行政法规或通过更低层次的部门规章、规范性文件进行细化的。其中,尤其是国家税务总局、财政部制定的各项规章、规范性文件,在反避税实践中发挥广泛的反避税规则作用。我国个人所得税反避税工作刚刚展开,可以预见在未来也会出台越来越多的个人所得税反避税行政法规、规章及规范性文件。

行政机关主导的反避税立法工作,在一定程度上可以视为行政机关的积极作为。徐孟洲教授认为,根据法律不完备理论,"税法领域中的剩余立法权和剩余执法权被法律授予税务机关。尤其是面对层出不穷而又技高艺巧的避税行为,法律授予税务机关按照合理方法调整的权力,有助于改善不完备的税法规范"。① 行政机关作为在实践中反避税工作的直接参与主体,能够最快速和清晰地掌握反避税工作中存在的问题。行政机关进行反避税立法有助于提升反避税工作的效率,也有助于增强税法制度的针对性,使高层次的税法规范进一步细化和落到实处。

但无可避免的是,在我国反避税制度实践中,存在行政法规、部门规章、规范性文件与法律相矛盾,或是不恰当地扩大政府行政立法职权范围的情形,因此需要对行政机关反避税立法加以约束,防止其不正当地滥用反避税权力。对此,笔者认为,一是要严格按照《立法法》的要求,加快落实税收法定原则的进程,改革和完善税收授权立法制度。对于反避税税收基本制度,应由法律明确规定。在基本制度之外的反避税税收事项,才能授权行政立法。并且应当对授权立法的目的、事项、范围、期限以及被授权机关实施授权决定应该遵循的原则等予以明确规定,并完善相应的税收立法程序制度。二是要加强全国人大及常委会对国务院、国家税务总局、财政部制定的行政立法、部门规章、规范性文件的审查、监督和控制,防止被授权行政机关随意转授权或者越权立法。三是授权立法事项,经过实践检验制定法律的条件成熟时,应及时制定上升为法律。

3. 细化各部门、机构间涉税信息披露规则

开展反避税工作的前提是确保全面、准确地获得自然人的涉税信息。2018 年个人所得税法修订时借鉴了自然人纳税人识别号制度,并强调加强各政府部门、银行等金融机构与税务部门对税收征收的联合监管。但如上文所述,我国仍然存在对涉税信息披露范围与披露规则不明确的问题。笔者认为,在未来进行《个人所得税法》及其实施条例修订尤其是《税收征收管理法》及其实施细则的修改时,可考虑设置专章就有关信息披露问题作出以下专门规定:"政府有关部门和机构应当向财政、税务机关提供本单位掌握的市场主体资格、居民身份、专业资质、收入、财产、支出等与征税有关的信息。""银行和其他金

① 徐孟洲、叶姗:《特别纳税调整规则法理基础之探究》,载《税务研究》2008 年第 2 期。

融机构应向税务机关提供本单位掌握的账户持有人的账户、账号、投资收益以及账户的利息总额、期末余额等信息。对账户持有人单笔资金往来达到五万元或者一日内提取现金五万元以上的，银行和其他金融机构应向税务机关提交相关信息。”这样的规定便于国家财税部门掌握充分的涉税信息，开展税收征管及反避税工作。与此同时，也要明确规定“税务机关从其他部门、机构获得的纳税人信息只能用于税收目的，不得向第三方披露”，以切实维护纳税人的信息安全和相关合法权益。

4. 响应国际反避税行动，解决国际税收信息交换问题

近年来，中国在国际税收征管协作方面进展迅速。作为 G20 成员，中国签署了欧洲委员会和经济合作与发展组织（OECD）共同制定的《多边税收征管互助公约》，并积极推进 BEPS（税基侵蚀和利润转移）行动计划的开展。G20 税改和 BEPS 行动计划的一项重要内容就是要解决国际税收信息不对称的问题。为推动国与国之间税务信息的自动交换，OECD 发布了全球金融账户涉税信息自动交换标准——共同申报准则（CRS）。CRS 的落地使我国税务机关更容易大量获取纳税人海外金融账户的信息。例如，如果中国税收居民在同样采纳 CRS 标准的某海外国家设立金融账户，则该居民金融账户的个人信息以及账户收入所得情况会被该国家收集，并与中国相关政府部门进行信息交换。从理论上讲，中国税务机关可以借此掌握中国税收居民海外资产的大部分收入状况。截至 2018 年 12 月 31 日，我国已经完成了对存量客户的尽职调查程序，完成了与其他参与 CRS 的辖区首次辖区间的信息交换。进一步改进和加强这方面的工作，对于我国开展国际税收征管和所得税反避税工作，无疑具有十分重要的意义。

五、结语

鉴于自然人纳税人在经济活动中具有“理性经济人”的趋利性质，且自然人纳税人数量过于庞大，避税手段相较企业纳税人主体避税具有更强的灵活性，因此在实践中个人所得税反避税工作的开展并不尽如人意。本次我国《个人所得税法》的立法改革与修订首次在个人所得税领域引入反避税规则，是我国个人所得税反避税工作迈出的重要一步，也是国家整个反避税工作进程的一大实质性进步。我国个人所得税反避税下一步改革的重点方向，应当放在个人所得税反避税规则进一步完善和细化上，切实加强《个人所得税法》与《税收征收管理法》《企业所得税》等有关反避税规则的衔接。同时应基于我国现实国情，广泛借鉴国际反避税立法经验，推进自然人跨境涉税信息披露制度的开展，循序渐进，在实践中不断完善、细化个人所得税反避税的制度规定，形成适合我国社会实践需要的个人所得税反避税规则体系。

水资源税法律制度构建的思考

范锐敏*

2019年8月26日第十三届全国人大常委会第十二次会议表决通过了《资源税法》，该法将于2020年9月1日起施行。在这部最新颁布的《资源税法》中，其第14条对水资源税作了相关规定。① 我国的水资源税试点工作从2016年7月1日起在河北省实施，至2017年11月将这一试点扩展到北京、天津、山西、内蒙古、河南、山东、四川、宁夏、陕西9个省市。当前水资源税改革成效如何？在实践试点中存在哪些问题？今后水资源税法律规制的改进方向在哪里？围绕这些问题，本文立足现有的水资源税改革现状，对我国水资源税的法律制度构建进行反思，以寻求改进之道，助力中国的税收法治建设。

一、水资源费改税背景

水资源是一种极为特殊的可再生资源，它既是事关人类生存的必不可少的基础性自然资源，又是具有经济价值的战略性经济资源，更是能维护生态平衡的生态资源。因此，2011年中央1号文件②对水资源的定位为3个方面：生活之需、生产之要、生态之基。水资源的这种特殊性，形成了对其费、税规制的内在制约。

在实施水资源税试点改革之前，我国一直实行的是水资源费征收制度。对水资源收费，其实质主要依据政府作为公共管理者的管理权力，对特定水资源使用服务对象按照成本补偿和非营利原则实施管理性收费，从而获取对水资源使用的行政事业性收费。这一制度初步扭转了当时我国对水资源无偿使用和无序取水的局面，并在一定程度上改善了水资源管理经费不足的状态。

---

* 湖北经济学院法学院副教授。

① 《资源税法》第14条规定："国务院根据国民经济和社会发展需要，依照本法的原则，对取用地表水或者地下水的单位和个人试点征收水资源税。征收水资源税的，停止征收水资源费。水资源税根据当地水资源状况、取用水类型和经济发展等情况实行差别税率。水资源税试点实施办法由国务院规定，报全国人民代表大会常务委员会备案。国务院自本法施行之日起五年内，就征收水资源税试点情况向全国人民代表大会常务委员会报告，并及时提出修改法律的建议。"

② 2011年中央1号文件是中共中央、国务院《关于加快水利改革发展的决定》。

我国的水资源收费制度,历经4个阶段:免费用水阶段、明确征收对象阶段、完善制度阶段和严格征管阶段,① 虽取得了一定效果,但在实施中仍出现了一些问题,未达到节约水资源、合理利用和配置水资源的预期规制目的。一是水资源费征收标准的制定依据,是根据各地区的经济发展水平因素,而不是各地区水资源分布的数量状况,因而难以对水资源形成有效的保护机制。二是水资源费征收标准设置较简单,未充分考虑水资源流动性等特性,缺乏合理的动态调整机制。三是水资源费实际征收主体较多,导致相互争执的现象时有发生。虽然根据《水资源费征收使用管理办法》,地方水行政主管部门是水资源费的征收主体,但在有关的实际调研中②发现,除水行政主管部门外,供水公司、城建部门等机构多头征收水资源费的现象仍存在。

水资源费征收过程中出现的上述问题,再加上与税相比,费征收刚性较弱的特性,难以实现水资源的可持续利用,因此,在我国开展水资源“费改税”成为现实必然的选择。

二、我国水资源税试点改革现有成效

我国的水资源税改革最先于2016年在河北省试点,随后扩展到北京等9个省区市,到目前为止,试点改革实施3年多来,在促进水资源节约利用、提升水资源征管水平等方面取得了明显成效。

(一)征收水资源税促使试点地区节水效率明显提升

在水资源税试点改革中分别对地下水和地表水、生产用水和生活用水、工业用水和农业用水设立了差别税率,尤其是对高耗水企业、特种行业、地下水超采区设定了较高税率,这迫使一些企业、特种行业和地下水超采区开始采用节水措施,增设水循环利用装置,减少地下水使用,增加地表水使用等,节约了用水量,并提高了用水效率。例如,宁夏回族自治区在水资源税试点改革期间,2018年全自治区工业用水量4.34亿m^3,比2017年减少了1700万m^3,并且自治区万元单位工业增加值用水量比2017年降低了11%;③又如,河北邯钢公司在水资源试点改革中,引入新技术对水系统进行技术改造,不仅取用水量比未试点改革前的2015年降低了3.24%,而且还提高了水的品质。④

(二)征收水资源税优化了试点地区的用水结构

水资源税试点改革中采取的差异化税率,不仅促进了节水实效,而且由此增加的税收成本,使试点地区用水结构也发生了改变。2018年上半年,9个扩大试点省(自治区、

① 参见范宝学、倪建萍:《我国水资源税改革试点效应评价及改进对策》,载《理论月刊》2019年第8期。

② 参见水资源税(费)政策研究课题组:《中国水资源费政策的现状问题分析与对策建议》,载《财政研究》2010年第12期。

③ 参见陈丹、马如国:《宁夏水资源税改革试点探索与对策建议》,载《中国水利》2019年第13期。

④ 参见王英虎:《着力创新　扎实推进　河北水资源税改革试点工作成效显著》,载《河北水利》2017年第8期。

直辖市)超采区取用地下水量同比下降9.28%。① 由于各试点地区规定,超采区使用地下水的税额一般是地表水税额的4倍以上,最高达到近20倍,因此一些企业开始减少地下水的使用量,改为使用地表水。并且在管网覆盖领域内,这些企业开始主动接入公共供水管网,甚至有条件的企业改为取用非常规水源。以位于严重超采区的河北唐山三友集团公司为例,该集团公司在水资源“费改税”之前,使用地下水只需交纳每立方水2元的水资源费,但实行水资源税试点改革后,开始缴纳每立方水6元的水资源税,这需花费原来的3倍成本。因而,三友集体公司改为取用公共管网供水,其地下水采用比重从原来的60%降低到8%左右。

(三)征收水资源税提升了试点地区水资源管理水平

水资源税改革促进了水资源征税水平的提高。一是取水许可管理更加规范。税务部门联合水利部门通过纳税人信息共享机制建立了纳税人管理档案,并向符合条件的纳税人补发了取水许可证,从而使取水许可管理更加全面和规范。例如,河北省在水资源费改税后一年时间内,共补办取水许可证4300余套;又如,宁夏回族自治区至2018年12月,共确定了757户水资源税纳税人,比2017年增加了166户。据统计,截至2018年上半年,第二批9个试点省份新增水资源税纳税人共计约1.6万户。二是对纳税人实行分类管理模式。目前,河北省对水资源纳税人实行分类精准管理,对态度良好、行为规范的纳税人提升服务;对态度消极、行为违规的纳税人加强监管和督促;对纳税态度极为恶劣的纳税人则给予相应的处罚。这进一步提高了纳税征收管理服务水平。三是现代化信息技术在水资源税征管中得到一定的应用。为保证水资源税的顺利征收,各试点改革地区的税务部门和水利部门积极共建水资源税的纳税人信息共享平台。这不仅增强了税务部门与水利部门的纳税服务管理的紧密配合,而且也能确保水量核定和纳税申报的及时性与有效性。例如,北京市税务部门与水利部门就合作共同开发和共享了一个水资源税的纳税申报信息平台。

三、我国水资源税试点实施存在的法律问题

(一)水资源税中的中央与地方事权与税权收入不一致

财政部、国家税务总局《关于全面推进资源税改革的通知》规定,水资源税仍按水资源费中央与地方1∶9的分成比例不变。对于试点的河北省,在其缴纳南水北调工程基金期间,水资源税收入全部留给该省。② 随后,《扩大水资源税改革试点实施办法》又明确规定,“水资源税改革试点期间,水资源税收入全部归属试点省份”。可见,为充分调动试点省份实施水资源税改革的积极性,国家赋予了地方政府试点时期水资源税的全部纳

① 参见虞玉诚、梁宁、那英军:《我国水资源税改革现状分析及对策建议》,载《水利发展研究》2018年第12期。

② 参见财政部、国家税务总局《关于全面推进资源税改革的通知》(财税〔2016〕53号)规定,2016年5月9日颁布,已失效。

税收入。

然而,依据我国《水法》规定,国家对水资源实行行政区域管理与流域管理相结合的管理体制。由于水资源具有流动性,对其实行流域管理,就涉及跨区域管理的问题,这就意味着中央政府在水资源管理中具有重要地位。并且我国现行法规规定了中央、省和县都享有一定的水资源管理事权。其中,跨区域水中长期供求计划、饮用水资源保护区划定、中长期水利发展规划等事权,就属于中央事权或者中央与地方共同事权的范畴。同时,《中央分成水资源费使用管理暂行办法》也曾作出规定,中央享有的水资源费分成收入,主要用于水资源调查评价、规划、分配;水资源调度;水源地保护和管理;水资源管理信息系统建设和水资源信息采集与发布;节约用水的政策法规、标准体系建设等与水资源的合理开发、水资源节约、保护和管理有关的事项。① 因此,从长远来看,水资源税试点改革期间将水资源税全部税收收入都归于试点省份专享,虽在一定程度上调动了试点地区的改革积极性,但将会影响中央政府水资源管理事权的有效实施。

(二)差别化水资源税税率尚缺乏科学合理的体系

现行水资源税分别对不同性质、不同区域的水资源实行差异化税率标准,这种差异化税率形成了较复杂的税率构成,但试点地区的水资源复杂税率仍未构成科学合理的体系。如试点地区对不同性质水源地表水和地下水,非超采区取水、超采区取水和严重超采区取水,特殊行业取水和其他行业取水采取了差别税率;同时又在地域上区分为省辖市取水和县区取水,对不同的区域取水也实行不同的税率。此外,再加上水力发电、疏干排水等特殊税目,构成了试点地区过于复杂的税率设置。不仅如此,而且在已试点的10个地区内,地区间水资源禀赋具有差异性,但水资源税率却没有体现这种差异性。即使在同一地区,这种较统一的差异化的税率也未体现地方水资源特色,从而势必影响水资源税改革的推进。例如,宁夏回族自治区的引黄灌区,地下水水位普遍偏高,已引起当地土壤盐碱化问题。为有效解决这一问题,采取的措施之一就是鼓励当地取水单位使用浅层(距地面小于70m)地下水。但按照《宁夏回族自治区水资源税改革试点实施办法》,使用地下水的税额高于城市公共供水税额,这将必然导致当地取水单位不再取用浅层地下水而取用当地城市公共供水,而城市供水大多数取自深层地下水,这既无法解决当地土壤盐碱化问题,又与我国水资源税改革的方向和目标不符。

(三)税收优惠范围不够全面

当前,水资源税试点改革地区普遍规定了6条不征税和3条免征税条款,但梳理当前试点改革地区的税收优惠法律制度规定,可发现当前的水资源税税收优惠措施主要针对不同行业进行优惠,如对农业、畜牧业等方面的用水,大多数试点地区规定不征税或免税。但这种税收优惠制度,缺乏对积极节约使用水资源的纳税主体给予税收奖励或者减

① 参见财政部、水利部《关于印发〈中央分成水资源费使用管理暂行办法〉的通知》(财农〔2011〕24号)第5条规定,2011年3月30日颁布。

免的规定,从而将会打击用水企业和个人节约水资源的积极性和主动性。

另外,我国各省水资源分布情况不均衡,尤其是南、北方省份水资源储量差异较大,而当前水资源税改革试点地区主要集中在北方缺水地区,在水资源税试点税收优惠政策规定上,尚未充分考虑南北水资源禀赋的差异性。

此外,各试点地区对公共绿化用水也缺少税收优惠规定。

(四)税收征管有待完善

水资源税的试点改革,税务部门和水利部门需要加强合作,建立联动治理机制,但此方面尚缺少健全的合作治理机制。在一些试点地区,在征收水资源税的过程中,水利部门主要负责税收前的水利核准工作,而税务部门主要负责水资源税的征收工作,这两个部门仍然主要承担本部门的职能工作,一旦在税收征管中出现问题,只是临时的协商解决,没有建立长期紧密的合作协商和合作治理机制,从而影响了问题的有效解决。另外,在当前的水资源税征管中,利益相关方参与水资源税收治理较少,缺乏多元的税收征管治理模式。

四、我国水资源税法律规制的建议

(一)设置水资源税为共享税

在水资源的节约、保护和利用开发中,中央政府一直承担了相当的事权。例如,国家统一兴建了南水北调这类大型水利工程,并为此投入了大量的人力、物力和财力。同时按照新一轮财税体制改革的要求,事权必须与支出责任相一致。这就意味着有事权、也要有相应的收入来源和支出责任。据此,中央政府与地方政府在水资源管理中都具有相应的事权,因此,也应具有相应的收入来源和支出责任。

在当前水资源税改革试点过程中,为充分调动地方政府的改革积极性,暂时将水资源税全部收入都纳入地方政府财政,具有一定的道理。但从长期着眼,为了符合法律规定的水资源的管理体制,同时也为了符合当前财税体制改革中的事权与支出责任相适应的内容,在水资源税试点改革结束正式在全国推开时,建议将水资源税确定为中央与地方共享税。其具体分享的比例,可参照水资源费的分享比例,结合试点经验,酌情调整确定。

(二)科学制定差别化税率体系

制定科学合理的税率,是水资源税在全国推广的重要环节。税率的高低直接影响着水资源税纳税主体纳税的积极性和保护水资源改革目标的实现。针对当前水资源税试点地区尚未形成科学合理的税率体系问题,笔者建议:一是制定相对简明便捷的税率体系,以解决目前过于复杂的税率设置。二是实行地区间的差别化税率。为此,建议我国借鉴俄罗斯水资源税制定税率的方法,水资源丰富地区的税率要高于水资源匮乏地区的税率。比如,经济较发达但水资源相对匮乏的北京市、天津市,就可制定较高税率;而经济相对落后而水资源较丰富的内蒙古,则可制定较低的税率。这不仅能实现合理利用水资源的改革目的,而且也解决了不同水资源禀赋地区纳税负担差异化问题。三是建议考虑地方特色，实行统一差异化税率的例外规定。如针对宁夏回族自治区引黄灌区问题，可对宁夏回族自治区作出例外规定，允许当地对引黄灌区井深小于 70m 的浅层地下水，实行较低税率确定税额。

（三）持续优化完善水资源税税收优惠制度

目前，水资源税试点改革地区虽然规定了某些情形和行业不征税或免征税条款，如自备水源、临时应急取（排）水、符合规定的农业生产用水等可不征收或免征收，但优惠制度还需进一步扩大。笔者建议：第一，将承担改革成本的高耗水主体和节水纳税主体纳入税收优惠制度中。具体可考虑对因"费改税"增加了税收压力的高耗水企业，采取税收抵免等优惠制度，使其顺利度过"费改税"的转变期。同时，对节约用水的企业和个人实行税收减免等奖励优惠制度，以促进改革的顺利实施和水资源节约保护改革目的的实现。第二，对水资源禀赋不同的地区制定差异化的税收优惠制度。建议针对南、北方各省水资源禀赋的不同，赋予地方一定的税收优惠制度制定自主权，各地区要根据本地区的水资源分布特点、产业情况等，因地制宜地制定出具有当地特色的水资源税收优惠制度，如建筑疏干排水在丰水省份可考虑暂免征收水资源税等。第三，将公共绿化用水纳入水资源税税收优惠制度的适用范围。鉴于公共绿化对当地城市环境保护和构建生态文明城市的重要性，建议在全国范围开征水资源税时，对公共绿化用水予以减免等税收优惠规定。

（四）不断提升税收征管质效

水资源税可以在全国范围顺利推广。建议：首先，加强各部门的合作监管，尤其是税务部门与水利部门的联合监管治理，为纳税人提供便利化途径。具体可考虑为满足税务部门与水利部门信息共享利用、互通数据的需求，建议利用综合治税平台实现涉税信息的共享共用。同时，推出手机 App 客户端的水量申报功能，逐步取消纸质水量核定书和申报表，提升纳税人的办税体验，实现"让信息多跑路、让纳税人少跑路"的便捷办税目标。其次，建立一个科学的征收管理模式。可以借鉴法国、荷兰的水资源税的征管治理模式，把政府管理和公众参与相结合，使利益相关的主体参与到水资源税征管治理的工作中。这既有助于征纳双方的合作，也有利于提升公众保护节约水资源的意识。

整体观视野下社会主要矛盾的化解与财税法治的担当

郝琳琳*

党的十九大报告指出,"中国特色社会主义进入新时代,我国社会主要矛盾已经转化为人民日益增长的美好生活需要和不平衡不充分的发展之间的矛盾"。"新矛盾"判断是中国特色社会主义发展到一定阶段的深刻总结,是在把握时代发展演进特征的基础上得出的科学结论。"新矛盾"的化解也为财税法治建设和财税法研究提出了新要求。党的十九大报告中所蕴含的整体观哲学不仅是解读和化解矛盾的钥匙,也为新时代财税法治建设提供了明确精准的方向指引。中国传统的整体思想中蕴含的求同存异、相克相生、追求和谐之美的整体哲学有别于清晰差异、非此即彼、寻求原子之真的整体观念。它对于解释和解决新时代中国的各种问题仍然有现实意义和践行价值。

一、整体观溯源与传承

整体观念古已有之,它是人们从总体上直观地把握世界的一种思维方式。在各种整体观思想中,中国传统的整体思想最厚重和持久。其显著特征是强调整体、统一、和谐,从先秦的"天人合一"论到宋明时期的"万物一体"论,都是这一特征的集中体现。周易古经、道家智慧和禅宗觉悟构成了传统中国整体思想的主要来源。

中国传统的整体思想虽然不是始于《易经》,但在《易经》成书之时整体地观察世界已经成为中国传统文化一种牢固的思维方式。"夫《易》广矣大矣,以言乎远则不御,以言乎迩则静而正,以言乎天地之间则备矣。"(《系辞·上》)这里所谓的"广""大""远""备",不仅表明易卦可以包罗宇宙中的万事万物,更是为《易经》做到了从整体上认识世界、抓住了万物之本并对世事作出了令人满意的解释而点赞。① 易学理论中的部分与整体交融寓有、相存相依的关系,也是中国传统整体观的精髓。

这种观念不仅折射在易经的卦象里,也呈现在诸子百家尤其是道家的作品中。庄子曰:"天地与我并生,而万物与我为一。"老子云:"道生一,一生二,二生三,三生万物,万

* 北京工商大学法学院教授。

① 参见刘长林:《中国系统思维》,中国社会科学出版社1997年版,第58页。

物负阴而抱阳，冲气以为和。”禅宗的教诲虽然是形而上学意义上的，但是其倡导的天、地、人的内在统一和整体和谐仍然是传统中国整体思想的重要来源。主张天人合一，强调天与人的和谐一致是中国古代整体观的主要基调，其中蕴含的是求同存异、相生相克、追求和谐之美的整体哲学思想。①

中国传统的整体观孕育了融会贯通、协同共生、纵览全局的哲学文化，也铸就了中华民族的性格，塑造了中国哲人观察世界的饱含忧患的意识。中国传统整体观不仅是中华文明薪火相传的指导方法，也为解释和解决新时代中国的各种问题提供了指引和依据。

以整体观审视新时代的矛盾转变，应从需求和供给双方而非其中的一个方面来解读。立足需求一方，“人民日益增长的物质文化需要”升级为“人民日益增长的美好生活需要”。“需要”的内涵与外延都得到了极大拓展。“美好生活”，不仅拓展了“物质文化”的外延，已经包罗了经济、政治、文化、社会、生态等全方位追求；同时，提升了“需要”的内涵与质量，体现出讲品位、有层次的多样化特征。再从供给方来看，“落后的社会生产”转变为“不平衡不充分的发展”。这意味着供给超越了生产力的范畴，而呈现生产力与生产关系并重的格局。② “不平衡”涉及的范围和领域非常广泛，不仅与发达国家相比，我国发展总量与发展人均值存在位次的落差；而且在经济与社会发展、人与自然生态、物质文明与精神文明、国防现代化建设与经济建设之间，也都不同程度地存在不平衡、不协调问题，既有区域发展、城乡发展、行业发展的不平衡，也有资源配置的不平衡。

化解矛盾仍然需要整体观思维，而非仅仅致力于“头痛医头，脚痛医脚”。我国社会主要矛盾的变化是关系全局的历史性变化，化解矛盾需要以习近平新时代中国特色社会主义思想为引领，需要以协同共生、和谐演进的整体观来把握发展的内涵和要义，统筹推进“五位一体”总体布局，协调推进“四个全面”战略布局，着力解决好发展不平衡不充分问题，更好满足人民在经济、政治、文化、社会、生态等方面日益增长的需要，推动人的全面发展和社会的全面进步。

二、财税和财税法功能的拓展

在党的十九大报告中，“全面”成了热词。其实，“全面”思维体现的正是传统整体观的当代价值，即要整体、综合、全局地分析和解决问题，例如，统筹发展“五位一体”总体布局、协调推进“四个全面”战略布局，无不映射整体观思想。

新时代我国社会主要矛盾转化为人民日益增长的美好生活需要和不平衡不充分的发展之间的矛盾，“新矛盾”的判断和化解都需要整体观的视野。中国已经走出唯 GDP 的阶段，而今力图满足人民在经济、政治、文化、社会、生态等方面日益增长的需要。由此可见，中国近年来的进步是一种整体进步，而非某局部或者某方面的进步。从经济增长

① 参见刘敏：《生成的逻辑——系统科学“整体论”思想研究》，中国社会科学出版社 2013 年版。

② 参见危旭芳：《新时代、新变革、新内涵、新要求——如何理解我国社会主要矛盾转变》，载《岭南学刊》2017 年第 6 期。

到全面发展,新时代的结构变迁已经不局限于经济领域,发展也不只是经济建设,而是“五位一体”。社会矛盾可能也会表现在各个领域,但成因却往往是跨领域的。这需要打破部门分别改革的传统模式,从国家治理结构整体统筹考虑,加快推进结构性改革。①

自党的十八届三中全会将财政定位为国家治理的基础和重要支柱以来,财政与财税体制已经超越了经济范畴,同国家治理精准对接,对财政进行如此显要的定位,在西方经济学著述和观念里是无法寻得出处的,教材往往从经济学视角考量财政的职能,仅仅将财政视为经济学的一个分支,无法诠释财政作为“国家治理的基础和重要支柱”的职能。即使马斯格雷夫将财政职能扩展为“资源配置、收入分配和稳定经济”,依然无法超越经济学的视野。其实,财政不仅与经济融为一体,它与国家、政治乃至社会都是不可分割的。财政之于国家,有如血液之于人体,亦如脏器离不开血液,国家正常运转也须臾难离财政。

国家、经济、法治、社会等诸方面都与财政密切相关,不可分割。传统的整体观哲学不同于西方的机械论制衡观念,不是将事物直接对立,不强调“非此即彼”,而是求同存异,力图和谐共生。如以机械制衡论的观点审视财政,则会将其视为国家机器上的零部件,无法解释其“基础”和“支柱”地位。

在中国,财政概念的内涵已经扩大,财政的功能已经拓展,财政已经升级为国家治理的基础和重要支柱,这正是在整体观视野下对财政的审视。财税法治建设也将与国家治理的现代化进程紧密相连。越来越多的学者也不再囿于将财税法视为宏观调控法的组成部分,开始以更广袤的视野重新检视财税法。刘剑文教授开创性地将规范理财行为、促进社会公平和保障经济发展定位为财税法的三位一体功能,并认为这三大功能的适配组合能够起到“整体大于部分之和”的最优化效果,在国家治理的诸要素中协同发力、综合施治,共同为实现国家长治久安提供制度保障。② 因此,在新时代,以整体观来解释和化解社会主要矛盾,财税法必然会有担当。迈入新时代之初,在整体观视野下完善财税法律制度,应从全面落实税收法定原则和全面布局财税制度改革着手。

三、化解社会主要矛盾过程中财税法的担当

(一)全面落实税收法定原则

根据党的十八届三中全会《中共中央关于全面深化改革若干重大问题的决定》(以下简称《决定》)、十八届四中全会精神和《贯彻落实税收法定原则的实施意见》,落实税收法定原则的改革任务,将力争在2020年完成。具体措施包括:一是不再出台新的税收条例;拟新开征的税种,将根据相关工作的进展情况,同步起草相关法律草案,并适时提请全国人大常委会审议。二是与税制改革相关的税种,将配合税制改革进程,适时将相关税收条例上升为法律,并相应废止有关税收条例;其他不涉及税制改革的税种,可根据

① 参见刘尚希:《以整体观推进结构性改革》,载《中国财经报》2016年3月15日,第7版。

② 参见刘剑文:《财税法功能的定位及其当代变迁》,载《中国法学》2015年第4期。

相关工作进展情况和实际需要,按照积极、稳妥、有序、先易后难的原则,将相关税收条例逐步上升为法律。在每年的立法工作计划中安排相应的税收立法项目。① 三是待全部税收条例上升为法律或废止后,提请全国人民代表大会废止对国务院在税收立法上的授权。

税收法定不止表现在法律文本的形式上,还要蕴含在推动良法善治的实质中。将量能负担、公平税负、保障纳税人的基本权作为税收法定原则的题中之义。引入除外制度,将不具备纳税能力的人排除在纳税人之外,并基于经济政策和社会政策的需要,给予特定人群以税收优惠或者税收惩罚。② 此外,税收法定原则的落实还有赖"人本税法"的建立,实现税收征收和使用的统一,通过税收法定和预算法定的二元同构,赋予纳税人对税收立法的参与权、对税款收支的监督权以及税收信息的知情权,真正做到"以人为本",保护纳税人的利益。③ 深入推进科学立法、民主立法、依法立法,以正义税法促进发展,保障国家善治。

在整体观视野下,全面落实税收法定,除推进科学立法外,还要辅以严格执法、公正司法、全民守法,实现税收立法、执法、司法、守法全过程的法治化,提升税法遵从度和人民满意度,保护纳税人的合法权益。④

(二)全面布局财税制度改革

党的十九大报告中提出,要"加快建立现代财政制度,建立权责清晰、财力协调、区域均衡的中央和地方财政关系。建立全面规范透明、标准科学、约束有力的预算制度,全面实施绩效管理。深化税收制度改革,健全地方税体系"。这一目标表面看来与党的十八届三中全会部署的目标形似,且一脉相承,但是仔细观察依然能够发现变化。第一,虽然目标仍为3个,即建立现代财政制度、预算制度和深化税收制度改革,但是顺序已经与4年前不同,这就意味着三大目标的重要程度发生了次第上的变化,改革事权与支出责任制度由原来的末尾升至首位,预算与税收制度改革位居其后。第二,各组成部分都规定了具体确定的改革方向。例如,要求中央与地方财政关系达到"权责清晰、财力协调、区域均衡";完善的预算制度以"全面规范透明、标准科学、约束有力"为评判标准;税收制度改革则以"健全地方税体系"为指引。财税体制改革目标次序的变迁其实也印证了传统整体观的当代价值。财政制度、预算制度、税收制度共同构成财税体制,它不是一分为三,而是有机整体。无法单独进行财政制度或者税收制度改革,需要将3项制度视为财

① 目前,除个人所得税、企业所得税、车船税和环境保护税由法律规定征收外,增值税、消费税、营业税、资源税、城镇土地使用税、土地增值税、房产税、城市维护建设税、车辆购置税、印花税、契税、耕地占用税、烟叶税、船舶吨税、关税(海关法只规定征收关税,但具体税收要素由条例规定)15个税种由国务院制定的有关暂行条例规定征收。

② 参见张守文:《财税法疏议》,北京大学出版社2005年版,第224页。

③ 参见张怡等:《人本税法研究》,法律出版社2016年版,第55页。

④ 参见刘剑文:《落实税收法定原则的意义与路径》,载《中国人大》2017年第19期。

税制度的整体,共同推进,在不同历史时期都是如此。但是,3 项制度不是僵化运行的,进展速度不一,在不同的发展阶段其着力点也会有所不同。当演进到新时代,社会主要矛盾转化为人民日益增长的美好生活需要和不平衡、不充分的发展之间的矛盾后,建立权责清晰、财力协调、区域均衡的中央地方财政关系就显得尤为重要。

建立中央、地方财政关系,也需要践行整体观。例如,在全面“营改增”之后,营业税完全被增值税取而代之,作为地方税主体税种的营业税被取消之后,中央与地方的财政关系必然发生转变。增值税作为中央地方共享税种,“营改增”前后中央与地方的分成比例发生了变化,如果无视中央与地方的财政关系,无法做到“权责清晰、财力协调、区域均衡”,就无法在营业税取消之后寻找到合适的地方主体税种,也无法把握税收制度改革的方向。

由此可见,财税制度中的三个方面,互相影响,一发牵动全身。所以,建立现代财政制度,建立全面规范透明、标准科学、约束有力的预算制度,健全地方税体系,其实需要以协同共生的整体观,而不能单独考虑,分别解决。

1. 建立事权与支出责任相匹配的中央与地方财政关系

首先,明晰中央和地方收入的划分。遵循公平、效率原则,准确定位各税种的功能和属性,把收入波动较大并具有较强再分配功能、税基分配不均衡且流动性较强的税种,划归为中央税;将中央分成比例较多的,建设成为中央地方共享税;而对地方掌握比较充分信息,对本区域内资源配置影响较大且收入相对稳定的税种,列入地方税。当前应正视地方自有财源不足和地方承担较多事权的现状,在中央适度集中部分事权的同时,在充足地方财源上做文章。比较可行的方案安排是:在“营改增”后调整增值税收入分享比例、适当向地方倾斜;将消费税变更为共享税,进一步充实和协调地方财力;对未来个人居住用房征收的房地产税则可考虑作为地方主体税种;等等。①

其次,合理划分各级政府间事权和支出责任。其实在党的十八届三中全会《决定》中,对“建立事权与支出责任相适应的制度”已经指引了方向,即“加强中央事权和支出责任,国防、外交、国家安全、关系全国统一市场规则和管理等作为中央事权;部分社会保障、跨区域重大项目建设维护等作为中央和地方共同事权,逐步理顺事权关系;区域性公共服务作为地方事权。中央和地方按照事权划分相应承担和分担支出责任”。以公共产品供给为例,全国性公共产品应当由中央政府来提供;准全国性公共产品具有较大的利益外溢性,需要协调区域之间的利益与分工,由中央政府和地方政府共同提供;区域性公共产品则应由地方政府负责提供,以期高效运营并与成本、收益挂钩。由此,可以避免各地方因“同质竞争”甚至“恶性竞争”而导致的“产业同构”、“重复建设”和“产能过剩”等问题,优化配置资源,促进区域间协同、均衡发展,推进公共服务均等化目标的实现。

推进各级政府事权规范化、法律化,应在法律层面明确各级政府间的事权划分,通过

① 参见刘剑文、侯卓:《事权划分法治化的中国路径》,载《中国社会科学》2017 年第 2 期。

法律机制保障和促进各级政府履行事权，这不仅是深化财税改革和建设法治财税的重要举措，也是符合整体观哲学的政府治理之道。

2. 以减税为目标设计税收制度体系

日前，财政部部长刘昆接受新华社、《人民日报》等媒体采访时表示，2018年减税降费力度预计超过1.3万亿元，超过年初确定的1.1万亿元的政策目标，而且还在研究更大规模的减税、更加明显的降费措施。[①] 积极财政政策所彰显的"加力减负""补齐短板""促进消费""节用裕民"目标与扑面而来的全面落实税收法定原则的税收立法浪潮契合，恰好为顶层设计税收制度体系提供了优良契机，可以把各税种法中不符合全面建设小康社会目标、不符合新时代发展要求的内容进行修改，将整体观哲学和以人为本的思想理念注入税法条款之中，从而达到科学立法、民主立法、依法立法的新要求。

增值税法。全面实行"营改增"是为解决营业税无法进行税额抵扣而产生的重复征税问题，达到结构性减税、维护税收中性的目标。虽然营业税改征增值税以来，增值税税率几经调整，但是，由于交通运输业和金融业等可抵扣进项税额较少，税负不降反升。其实，由于税制模式选择及税收征管的原因，增值税抵扣制度的"有限性"就会凸显，即使是较早实行增值税的发达国家也难以完全精准分摊和抵扣。由此，增值税的减税力度还可以进一步加大，将16%和10%两档税率一次性再下调2个百分点，6%税率下调至5%；为最大限度地发挥增值税抵扣制度的功能，可以效仿其他国家的做法，采用"限制抵扣清单""例外条款"[②] 等方法，以彰显增值税的中立特性。此外，还应提速征税管理系统的现代化和信息化建设，推广"电子发票"，提升增值税发票开具和抵扣认证的效率。

消费税法。消费税承载了筹集财政收入、引导消费倾向以及合理配置资源的功能。在营业税完全取消之后，可以考虑将消费税的纳税环节由生产和委托加工环节调整为零售环节，并适当调整"法定消费品"的范围，从而增加税基。此外，纳税人对美好生活的需要日益增长，由温饱到小康带来的消费升级意味着中高档商品消费的增多，因此，高尔夫球、化妆品、高档手表等消费税的征税客体范围也应该适当调整，并降低适用税率。

企业所得税法。实施"创新驱动发展战略"是党的十九大报告中提出的全面建成小康社会和化解社会主要矛盾的基本要求，也是各类企业在新时代肩负的使命。那么，如何运用整体观哲学，在税法中回应创新战略要求，是企业所得税法改革的主要方向。创新激励应体现在企业所得税的税收优惠之中，首先是逐步提高间接优惠的比重，例如，增加国际通行的加速折旧、加大费用列支、投资抵免、延期纳税、提取研发准备金等间接优惠种类。其次是奖惩兼顾，鼓励企业投资有利于节能减排且附加价值较高的项目，对高

---

① 参见韩洁、刘红霞：《以更积极的财政政策护航中国经济行稳致远——财政部部长刘昆回应经济热点问题》，载新华网，http://www.xinhuanet.com/fortune/2018-10/08/c_1123525586.htm。

② 参见樊勇：《增值税抵扣：影响、复杂性与应对》，载《中国税务报》2016年5月4日，B01版。

污染、高能耗且工艺落后的企业实施惩罚性税收加成，鞭策企业加大技术改造投入和创新升级的步伐。此外，还应统筹考虑企业所得税与其他税种的协同配合，例如，提高对创新型人才薪酬的税前扣除额度、扩大对更新换代的固定资产的增值税抵扣范围，以财税法治共同激励企业提质增效和创新发展。

个人所得税法。在现代税制体系中，个人所得税不仅是许多国家筹集财政收入的主体税种，也是最能有效调节收入分配的税种。在2018年8月我国《个人所得税法》的第七次修订中，改革了税制模式，对部分劳动性所得实行综合征税，优化调整了税率结构，将综合所得基本减除费用标准提高至每月5000元，还增加规定了子女教育支出、继续教育支出、大病医疗支出、住房贷款利息和住房租金等与人民群众生活密切相关的专项附加扣除。但在本次修法之后，仍留下不少减税空间，例如，进一步提高基本费用扣除额、明确专项附加扣除标准、降低最高边际税率并扩大高档次税率的级距等。此外，个人所得税法还应适应时代背景，鼓励创新创业，致力于提高中国的国际竞争力，以应对极度复杂的国际环境。由此，应不断增加纳税人的收入获得感，也为化解社会矛盾、追求美好生活提供制度保障。

房地产税法。房地产税是直接税、财产税，也是各国通行的地方税，承担筹集地方财政收入，保障地方政府行使公共职能的功能。目前，房地产作为我国国民最主要的财富形式，通过开征房地产税这一直接税以增强对存量财富的调节，具有重要意义。自2011年1月对重庆、上海两地进行开征房产税试点以来，并未在全国范围内推广。直至党的十八届三中全会《决定》明确提出，“加快房地产税立法并适时推进改革”，并特别强调“落实税收法定原则”。《国民经济和社会发展第十三个五年规划纲要》则进一步要求“完善地方税体系，推进房地产税立法”。2018年以来，从国务院、全国人大到相关主管部门的持续公开信息看来，加快推进房地产税立法已毋庸置疑。在美国、澳大利亚和一些欧洲国家，房地产税都是地方主体税种，且地方政府对税基和税率的具体执行往往具有相当的自主权。① 中国房地产税也是典型的地方税种，应由全国人大制定房地产税法，并对基本税收构成要素作出原则性规定，对于减免优惠、开征时间等内容，可由各个地方通过制定实施条例作出具体规定。② 而且，保证实现房地产税良法善治还应具有整体观视野，辅之以开征的基础条件，包括建立完善的不动产登记制度与不动产评估制度等。

资源税法与环境保护税法。党的十八届三中全会之后进行的资源税改革体现了鲜明的现实需求导向，例如，明确矿产资源补偿费等收费基金适当并入资源税、将水资源税纳入改革试点、扩展从价计征适用范围等。但是，改革后的资源税与理想税制模式仍有差距。长期以来，资源税的功能定位在调节级差收入上，实行“普遍征收，级差调节”的原则。《资源税法》作为第十三届全国人大常委会一类立法项目，是目前财税体制改革的重

① 参见黄璟俐：《国外房产税的征收经验及对我国的启示》，载《财政研究》2013年第2期。

② 参见施正文：《房地产税立法及其改革路径》，载《第十三届中国财税法高端论坛论文集》，第141页。

点,而合理定位资源税的功能,确定《资源税法》的立法宗旨,成为新时期资源税改革的起点和归宿。资源税的功能究竟应该定位为调节级差收入还是解决外部性,抑或两者兼顾?虽然这一问题目前尚未达成共识,但资源税应着力于“解决负外部性和促进资源可持续利用而非调节级差收入”,已被越来越多的学者认可。① 在财政部、国家税务总局《关于全面推进资源税改革的通知》(财税〔2016〕53号)中提出的指导性意见,包括清费立税、合理确定资源税计税依据和税率水平,赋予地方适当的税政管理权以及循序渐进地逐步对水、森林、草场、滩涂等自然资源开征资源税等,其实已经为未来资源税立法作出了明确指引。此外,资源税制的设计有必要整体考虑与环境保护税、消费税、企业所得税等相关税种的协调,注重与相关税种的协同立法,尤其是环境保护税。唯有如此,各税种之间方能正向、协调运行,避免重复课税,推进“绿色税制”发展。环境保护税已经开始实施,其立法宗旨中所表述的“为了保护和改善环境,减少污染物排放,推进生态文明建设”的目标仍是许多人的期盼。因为,追求“美好生活”,当然也包括向往蓝天白云、绿水青山。

四、结语

以整体观来解释和化解社会主要矛盾,是新时代赋予财税法的使命。完善财税法律制度,应从全面落实税收法定原则和全面布局财税制度改革着手。面对全球减税浪潮和日益复杂的国际税收环境,财税法也要作出整体上的应对。为此,建立现代财税法律制度应该有助于国际竞争力的形成,正在进行的财税法治改革也需要高度关注全球财税动态并适时调整和回应。世界范围的结构性改革仍在如火如荼地进行中,各国纷纷寻求减税这一“撒手锏”,刺激本国经济加速上行。② 为此,李克强总理指出,“许多国家都在酝酿出台减税措施,在新一轮全球竞争中我们要有‘抢跑’意识,用实际举措提高企业的竞争力”。③“我们将实施更大规模的减税、更加明显的降费,包括明显降低社保费率,真正让企业轻装上阵、放手发展。”④ 由此可见,继续减税降负是大势所趋。因应结构性减税降负要求,以整体观构造减税降负的思路,包括调整税制结构,全面提升税制弹性,加大降费的力度,同时,考虑到财政资源的有限性,还需着力优化财政支出结构等,这些也正是供给侧改革的要旨所在。通过整体设计应对全球减税趋势的财税制度,创造良好的国内和国际法治财税环境,既能够保护纳税人的基本权利,也为企业提高全球竞争力提供了条件。

---

① 参见刘生旺:《资源税应调节级差收入吗?》,载《中央财经大学学报》2016年第5期;李胜、李春根:《资源税改革研析》,载《税务研究》2017年第8期。

② 参见《积极应对全球“减税潮”》,载《第一财经日报》2017年4月28日,A02版。

③ 《多国酝酿减税　李克强告诫有关部门要有“抢跑”意识》,载新浪财经网,http://finance.sina.com.cn/wm/2017-04-20/doc-ifyepnea4347476.shtml。

④ 《李克强:将实施更大规模的减税　更加明显的降费》,载中国财经网,http://finance.china.com.cn/news/20180921/4766409.shtml。

我国地方税收立法权的实现路径研究*

李俊英**　鲍晓敏***

党的十九大报告提出要"深化税收制度改革,健全地方税体系",重新探究央地财政关系,构建地方税体系是现代税收国家的必然要求。建立健全地方税体系离不开对地方税权的探讨,其中,税收立法权是具有原创力、也是最重要的税权。① 税收立法权是国家立法机关或国家政权机关依据法定权限和法定程序,制定、认可、修改、补充和废止税收法律、法规的权力。② 地方税收立法权是相对于中央税收立法权而言的,是指地方政府是否能够通过其权力机关立法征税,并以法律形式确立具体税制的权力,是采取分税制国家所必须解决的问题。③ 2015 年《立法法》第 8 条关于税收法定的规定,表明地方税收立法权不存在法律上的可能性。④ 正如有学者指出,我国地方享有的税权是"不完全税权"。⑤ 明确地方权力机关在部分税种的征收管理、减免税实施等事项的立法权力相应范畴具有重要意义。地方税收立法权是地方以税收手段筹集财政收入的保障,现阶段地方税收立法权缺位造成的影响,赋予地方税收立法权的理论依据,以及如何在税收法定背景下寻求落实路径,是值得深入探讨的问题。

一、我国地方税收立法权的现状及其不足

(一)我国地方税收立法处于无权状态

国发〔1993〕85 号文⑥规定无论是中央税、共享税还是地方税,立法权都要集中在中央,以保证中央政令统一,维护全国统一市场和企业平等竞争。现行《税收征收管理法》

---

* 本文为国家社科基金项目"中国分税制改革与地方税体系研究"(13XJY029)的成果之一。

** 常州大学中国财税法治战略研究院教授,经济学博士。

*** 常州大学史良法学院硕士研究生。

① 税权包括税收立法权、征管权和收益权,税收分权包括这三方面的分权。

② 参见汤贡亮:《合理划分税收立法权与税收管理权》,载《法学杂志》2005 年第 3 期。

③ 参见课题组:《境外地方税收制度研究及借鉴》,载《地方财政研究》2012 年第 9 期。

④ 参见朱大旗:《"分税制"财政体制下中国地方税权问题的研究》,载《安徽大学法律评论》2007 年第 2 期。

⑤ 参见汤玉刚、苑程浩:《不完全税权、政府竞争与税收增长》,载《经济学(季刊)》2011 年第 1 期。

⑥ 国务院《关于实行分税制财政管理体制的决定》(国发〔1993〕85 号)。

第3条表明，税收的征收及减免税的实施遵循法律保留原则，例外情形仅可依照法律授权国务院出台的行政法规。其他任何非法律、行政法规授权的单位和个人不得作出与法律、行政法规抵触的税收行政行为。① 2015年修改后的《立法法》第8条明确规定税种的设立、税率的确定和税收征收管理等税收基本制度只能制定法律。综观上下文，此处的"法律"仅指狭义的法律，即全国人民代表大会及其常务委员会制定的法律。因此可以说，我国地方在税收立法上处于无权状态。②

（二）地方税收立法权缺失下的税权滥用及地方财政困境

1. 地方税权滥用

我国是一个人口大国，经济发展不平衡，地方政府为促进当地经济社会发展，有必要立足于本地实际情况有效调动各项资源。然而，我国税收立法权高度集中，使地方政府失去通过立法手段获取财政收入资金的途径，当面临发展需要与实际收入相矛盾的情况时，往往采用其他非税方式来获取财政部分收入。而且，这些措施在一定程度上导致了各地出现越权、滥权的现象，如部分地方政府在利益驱动下，在对待税收问题上采取以权代法、擅自变通国家税法，越权减免税等的行为。上述行为的危害是多方面的，包括降低了地方合法的财政收入，影响了财政调节作用，并在无形中加重了纳税人的实际负担。地方税收立法权的缺失，也在很大程度上限制了地方根据地域特色因地制宜地运用税收政策调节经济发展的积极性、灵活性，束缚了地方经济社会的发展。

2. 地方财政困境

地方立法权的缺失也不利于地方财政困境的缓解。分税制改革以来，我国央地事权和财权不匹配，逻辑上引致地方政府形成了巨大的财政收支缺口，地方财政入不敷出，出现财政困境。如图1所示，自1994年以来，地方财政收入一直低于地方财政支出，且近年来呈扩大趋势。

① 《税收征收管理法》第3条规定："税收的开征、停征以及减税、免税、退税、补税，依照法律的规定执行；法律授权国务院规定的，依照国务院制定的行政法规的规定执行。任何机关、单位和个人不得违反法律、行政法规的规定，擅自作出税收开征、停征以及减税、免税、退税、补税和其他同税收法律、行政法规相抵触的决定。"

② 参见朱大旗：《"分税制"财政体制下中国地方税权问题的研究》，载《安徽大学法律评论》2007年第2期。

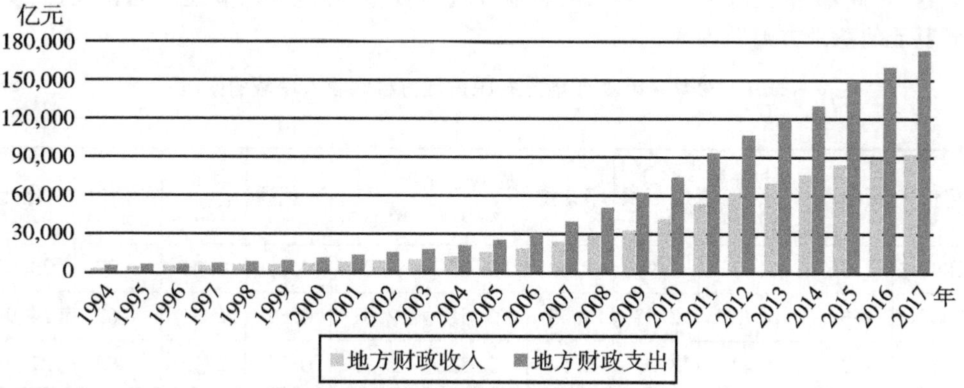

图1　1994～2017年地方财政收入和地方财政支出

资料来源:相关年度《中国统计年鉴》及财政部网站。

税收一直是我国财政收入的主要来源,但从地方层面看,地方依靠地方税的筹资能力非常有限。表1是地方税收入占地方税收收入总额的比重,在地方税收收入中,① 属于严格意义上的地方税,即由地方征收并由地方完全享有收入的税种收入主要有9种。② 这些税种都是零星小额税种,其总额虽然近年来有所提高,但也仅占地方税收收入的30%左右。而占据比重较大的增值税、个人所得税、企业所得税等,都是共享税种。“营改增”后,由于增值税向地方分成的过渡性措施,使共享税比例进一步提高。共享税代替地方税成为地方税收收入的支柱必然会淡化分税制色彩,使其演变成收入分成制,严重制约地方税体系的建设和完善。有学者指出,分税制改革后的地方税仅反映了央地之间的税收权益分配关系,“从形态上表现为归属于地方政府的若干税种和一定规模的税收收入”。③ 我们的分税制目标仅是一种“财税分工”而非“财税分权”,两者的根本区别在于,前者是执行性职能的划分,而后者则是权力的法律分配。④ 面对财政支出的硬约束,地方往往通过增设收费项目、发行地方债券、增加土地财政等行为获取收入。然而,地方采取的弥补财政缺口的措施,往往与市场经济公共财政框架中规范化的政府分配方式相悖,也潜伏巨大的财政危机。⑤ 上述分析也从侧面表明了赋予地方一定的税收立法权的

① 此处的地方税收收入是一般公共预算收入中的地方税收收入合计数,按照收入划分,只要地方享有的税收收入,则都算作地方税收收入。

② 包括资源税、城市维护建设税、房产税、印花税(不包括证券交易印花税)、城镇土地使用税、土地增值税、车船税、耕地占用税和契税。

③ 陈少英:《可持续的地方税体系之构建》,载《清华法学——以税权配置为视角》2014年第5期。

④ 参见沈寿文:《论我国“分税制”的宪法性质》,载《时代法学》2012年第12期。

⑤ 参见朱大旗:《“分税制”财政体制下中国地方税权问题的研究》,载《安徽大学法律评论》2007年第2期。

必要性，在此基础上，地方才有能力依靠地方税筹资，发挥地方调节经济的积极性，从而缓解甚至解决地方财政困境。

表 1　2007～2019 年地方各税占地方税收收入总额的比重

单位：%

年份	资源税	城市维护建设税	房产税	印花税	城镇土地使用税	土地增值税	车船税	耕地占用税	契税	合计
2007	1.36	5.97	2.99	1.64	2.00	2.09	0.35	0.96	6.27	23.63
2008	1.30	5.75	2.93	1.55	3.51	2.31	0.62	1.35	5.62	24.94
2009	1.29	5.43	3.07	1.54	3.52	2.75	0.71	2.42	6.63	27.36
2010	1.28	5.31	2.73	1.57	3.07	3.91	0.74	2.72	7.54	28.87
2011	1.45	6.35	2.68	1.50	2.97	5.02	0.73	2.62	6.73	30.05
2012	1.81	6.20	2.90	1.46	3.26	5.75	0.83	3.43	6.07	31.71
2013	1.78	6.02	2.93	1.46	3.19	6.11	0.88	3.36	7.13	32.86
2014	1.76	5.85	3.13	1.51	3.37	6.62	0.91	3.48	6.76	33.39
2015	1.59	5.92	3.27	1.54	3.42	6.12	0.98	3.35	6.22	32.41
2016	1.42	6.00	3.43	1.48	3.49	6.51	1.06	3.14	6.65	33.18
2017	1.90	6.12	3.79	1.66	3.44	7.15	1.12	2.40	7.15	34.73
2018	2.09	6.16	3.80	1.61	3.14	7.43	1.09	1.74	7.54	34.61
2019	2.30	5.99	3.88	1.60	2.85	8.40	1.14	1.81	8.07	36.05

资料来源：根据 2008～2020 年《中国统计年鉴》相关数据整理而得。

注：本表中不包括营业税、烟叶税和环境保护税。

二、赋予地方税收立法权的理论依据

为何地方要有一定的税收立法权，我们可以从财政分权理论、《宪法》中关于发挥“两个积极性”的描述和党的十九大关于健全地方税体系的要求中寻求理论依据。

（一）财政分权理论

中央与地方财税权力的划分是中央与地方关系的基础，宪法和法律对中央和地方的分配在多大程度上能够得到实现，实际上均依赖各自的财力，它是权力的真正基础。[①] 市场经济下的大多数国家都实行分权的财政体制，税收分权是财政分权的重要组成部分，地方税收立法权的配置就是税收分权的具体表现形式之一。

① 参见许善达：《中国税权研究》，中国税务出版社 2003 年版，第 255 页。

财政分权理论起源于20世纪50年代,蒂伯特(Teibout)作为第一代财政分权理论的代表,于1956年提出了“用脚投票”理论。① 该著名的理论认为,在公民可以自由流动的条件下,他们可以通过迁徙选择最适合今后发展的地区,也就是一种“用脚投票”的行为。这种行为可引发类似于市场竞争的地方竞争行为,地方政府的存在可以促进地方内税收与公共产品供给组合的最优化实现,依此论证了地方政府存在及向其分权的必要性与合理性。第一代财政分权理论实际上是论证了给予地方税权配置的必要性。以钱颖一和温格斯特(Weingast)为代表的第二代财政分权理论认为,政府具有扩张的本性,保护居民财产权的政府也有可能会侵害居民的利益,因而要对政府权力进行必要的限制。② 分权作为限制政府权力的一种方式,可以通过合理配置包括税权在内的财权,形成权力制衡,能够避免人民利益受损,从而使地方性公共产品供给效率最优。

(二)发挥“两个积极性”的要求

首先,税收法定写入《立法法》,加强了人大在立法中的主导作用,有利于防范行政专权和进一步规范授权立法与立法监督。我国地方权力机关也是代议机关、民意机关,因而地方性法规也具备一定的民主基础,地方权力机关的税收立法权不能被严格排斥。其次,我国宪法文本当中虽未明确规定地方自治原则,但其第3条确定了处理央地关系的基本原则。③ 第三章“国家机构”又专门对地方政府的组织和职权作出规定。这些规定说明地方具有一定的宪法主体地位,因而即使严格限制地方权力机关的税收立法权,也至少可以通过法律授权,寻求地方税收立法权的行使空间。在国家治理中,中央政府和地方政府具有不同的权力功能,地方的作用不可忽视。涉及处理地方事务和地方公共产品供给的权力时,适宜下放给地方政府,这样有利于充分调动地方的“两个积极性”,达到资源的优化配置。

(三)健全地方税体系的要求

“营改增”全面实施后,以营业税为主体税种的地方税体系成为历史,尽管目前增值税收入在央地之间“五五”分成,通过共享税收入能够临时性解决地方层面的收入问题,但地方缺少自主财源的现象并没有根本解决,而且我国财政关系频繁地调整,地方政府没有稳定的收入来源预期,这不仅限制了地方资源的调配,也不利于调动地方积极性和地方税体系的建设。党的十九大报告指出,要健全地方税体系,地方作为税收参与主体之一,被赋予地方完整的税权是进一步发挥税收调节作用的制度保障。地方没有税收立法权,就不可能有法律意义上的地方税,也没有真正的财政自主权。赋予地方在一定条

---

① See Tiebout C. M. A. , *Pure Theory of Local Expenditures*, Journal of Political Economy, 1956, 64(5), p. 416 - 424.

② See Qian Y. , *Weingast B R. Federalism as a Commitment to Preserving Market Incentives*, Working Papers, 1997, 11(4), p. 83 - 92.

③ 《宪法》第3条第4款规定:“中央和地方的国家机构职权的划分,遵循在中央的统一领导下,充分发挥地方的主动性、积极性的原则。”

件下的税收立法权，推动各地因地制宜地培育具有稳定收入来源的主体税种，是健全我国地方税体系，进一步发挥税收在国家治理中的基础性、支柱性、保障性作用的要求，有利于增强地方政府预期和财力自主性。

三、地方税收立法权的域外考察

世界上各国的政治体制基本分为单一制政体和联邦制，我们可以根据政体的不同考察各国在划分地方税收立法权的相关模式。

（一）单一制国家

日本是单一制政体的国家，其财政体制却体现出突出的联邦制特征，税权划分的特征是中央集权与地方自治相结合，属于适度分权模式。各级财政均有自己相对独立的税收收入，实行分税制并设立国税与地方税两套税制。日本的中央财政集中度较高、国税税源大、范围广（占税收收入的2/3以上），支出上，中央与地方的财政支出之比约为1∶1.6，地方税收入不足的部分由中央通过转移支付弥补。日本税制包括让与地方税，即国税中一部分税种按照课税对象让与地方。① 除上述两种转移支付外，日本还存在基于特定目的下拨给地方政府资金的财政行为，这类资金有严格的使用方向并且受国家监督。日本基本不实行共享税或统一税源，中央和地方分别征收税种，分税特征明显。在税收立法权方面，《日本宪法》第84条规定，开征新税、变更现行税种都需要在法律的框架下进行，由此确立了税收法定原则。② 依日本法律之规定，税收立法权主要集中在中央，只有在国会批准各项税收法律后才能生效执行，地方政府享有有限的立法权限，仅能够在税收基本法规范围内就地方税的征收制定有关条例。

法国的地方税改革注重保障地方稳定的收入来源。③ 地方分权要求中央政府赋予地方政府一定的税收自主权，从而确保地方政府拥有稳定的、自我调节的收入。1985年欧洲通过《欧洲自治宪章》，明确要求必须赋予地方政府一定的财政自治权。2003年法国通过修宪确认了其分权化的“单一制”政体，并增加地方税收立法权的有关规定，实际上授予了地方一定限度的立法权。④ 2004年颁布2004－758号组织法明确地方自由收入的范围，⑤ 是指地方政府可以决定税率和税基的所有类型的收入。近年来，法国地方政府

---

① 参见［日］金子宏：《日本税法》，战宪斌、郑林根等译，法律出版社2004年版，第12页。

② See Qian Y., *Weingast B R. Federalism as a Commitment to Preserving Market Incentives*, Working Papers, 1997, 11(4), p. 83－92.

③ 参见魏涛、蔡英红：《法国地方经济捐税改革：经验与借鉴》，载《税务研究》2013年第11期。

④ 参见张丽娟：《法国地方分权改革的新发展——以2003年法国宪法改革为中心》，载《中共云南省委党校学报》2006年第5期。

⑤ 参见https://www.legifrance.gouv.fr/eli/loi_organique/2004/7/29/2004－758/jo/article_3。该组织法适用于宪法72－2条规定。

的财政自给率都维持在50%以上。①

（二）联邦制国家

美国是典型的联邦制国家，由其联邦制度所决定，联邦与州税收立法权的划分基本上是美国国会就联邦税收进行立法，州议会就州税收进行立法。② 属于联邦的税收，国会可以立法，联邦政府征税必须按照国会通过的法律进行。税收收入归属各州的，该税种的立法权由州议会行使。大部分归属地方的税收也由州议会立法决定。地方一级一般按照州的规定进行征税，此外，地方民选的管理委员会在州的授权下也拥有一定的税收立法权，有权制定地方税方面的法律，享有税收减免和税率选择的权利。③ 相对联邦来说，州议会的立法权受到一定的限制。美国的相关法律规定，联邦有权判定州、地方的税收立法无效从而对地方税收立法权进行约束。

印度是世界上重要的发展中国家，且人口众多，经济保持高速增长的国情和我国相似性，印度地方政府的支出责任和地方税收体系对我国正在进行的财税体制改革来说，具有一定参照性。根据印度《宪法》第265条“税收非依法不得开征和征收”的规定，印度在《宪法》中确立了税收法定原则。在税收制度上，印度实行联邦、邦和地方三级课税制度，税收立法权、征管权和收益权都相对集中于联邦。1992年以来，中央政府加大权力下放力度，适当放宽邦级立法权限，并形成邦级财政委员会监管邦和下级地方政府的财政关系。④ 印度《宪法》授予联邦政府和邦政府立法权，规定联邦和邦各自可立法的事项。邦立法机构对《宪法》第七明细表中的邦清单（state list）中所列举的事项，在不与邦立法相抵触的情况下，享有独立的立法权；同时，邦立法机构对第七明细表中的共同清单（concurrent list）中所列举的事项与联邦议会一样也享有立法权。⑤

（三）经验借鉴

通过上述比较，可以总结出各国在税收立法权规定上的一些共性和趋势。

1. 坚持中央的主导地位，并适度向地方分权。世界上大部分采取分税制的国家均把主要的税收立法权集中在中央立法机关，同时也保证在宪法和法律规定的范围内，授予地方立法机关一定程度的税收立法权。地方税收立法权的享有和税收法定原则并不相互排斥，可以通过在宪法中增设相关条款或者制定税收基本法等赋予地方税收立法权。单一制国家，地方的税收立法权主要通过中央对其授权实现，例如，日本颁布《地方税法》明确规定，地方具有一定条件下开征和变更法定外地方税的权限。联邦制国家，通常各州具有相对独立的税收立法权。

---

① 参见张丽娟：《法国地方分权改革的新发展——以2003年法国宪法改革为中心》，载《中共云南省委党校学报》2006年第5期。

② 参见许善达：《中国税权研究》，中国税务出版社2003年版，第255页。

③ 参见孙文基、魏文斌：《税权划分的国际比较与借鉴》，载《国外社会科学》2011年第2期。

④ 参见文富德：《印度财政税收的发展、改革与经验教训》，载《南亚研究季刊》2015年第1期。

⑤ 参见童锦治、朱斌：《中印地方税制度比较分析》，载《国际税收》2008年第4期。

2. 坚持税收法定原则。税收法定萌芽于1215年《英国大宪章》中限制国王征税权的规定,自此,该原则被世界上众多国家纳入税法原则。从上述国家间的比较看,各国都以法律的形式对税收立法权进行明确规定,而无论其政体是联邦制还是单一制。例如,美国在其宪法中规定了国会征税的权力及其范围,法国宪法规定了必须以法律形式确定税基、税率和征收方式,日本也同样要求税种的开征和变更应由法律作出规定。税收法定要求划分中央政府和地方政府之间的立法权必须依照法律的规定。同时,税收本质上作为对个人财产的一种剥夺,征收必须基于人民的同意,地方立法机关具有民意基础,其所立之法也是税收法定之"法"的内容之一。

四、我国地方税收立法权的实现路径

上述的分析和国际经验表明,赋予地方税收立法权有其理论依据和现实必要性。地方立法方式主要有授权立法和自主立法两种,在我国,授权立法,是指地方人大及其常委会根据全国人大及其常委会的授权而进行的立法活动;自主立法,是指地方人大及其常委会在职权范围内自主制定税收方面的地方性法规。自主立法对地方的立法水平要求高,结合我国实际,授权性立法相较自主性立法更加符合统一税制的需要,符合我国地方立法能力相对较弱的现实。为了使地方立法行为有理有据,应先在税收法定中寻求授权地方立法的合法性依据,为地方税收立法权的享有破除制度障碍。在此基础上,明确授权主体和授权内容,通过授权性立法赋予地方一定的税收立法权,完善我国的税收法律体系。此外,必须给予地方立法全过程严密的监督,确保地方税收立法权在合法的框架下运行。

(一)从税收法定寻求授权地方立法的合法性依据

目前《立法法》第8条和第9条的规定似乎表明地方不存在税收立法权,我国的税收法定是否完全剥夺了地方立法的可能性,须考虑税收法定的本意是什么。如果税收法定意在维持全国统一税制,则税收方面的地方性法规制定权便应受到严格限制。但是从税收法定写入《立法法》之前和之后的观点来看,显然意不在此,如果赋予这层含义,则税收法定承受了其不该承受之重,也不符合我国幅员辽阔、地区发展不平衡的国情。如果税收法定意在防范行政专权,那么由于地方权力机关乃是民意机关,地方性法规也具备一定的民主基础,那么税收法律保留原则便不严格排斥地方权力机关的税收立法权。① 如前文所述,我国宪法要求充分发挥地方的主动性、积极性,拥有税收立法权显然能够调动地方参与本地发展的积极性,从规范政府行为、保护纳税人合法权益角度可以发现,税收法定的本意更倾向于此。

税收法定的精神实质在于税收立法权应当为人民代表机关所保留。将税收立法权收归全国人大及其常委会、纾解人大与政府之间在税收立法权配置方面的内在张力,是

① 参见陈鹏:《日本地方立法的范围与界限及其对我国的启示》,载《法学评论》2017年第6期。

《立法法》确立税收法定的直接动因和现实考量。[①] 可见，税收法定纳入《立法法》之初并没有充分考虑地方立法机关是否应该享有税收立法权，因而直接从中得出地方没有税收立法权的结论，似乎不是税收法定的本意。但是，不能否认的是，《立法法》确无明确的关于地方税收立法权的规定。其第 9 条只规定全国人大及其常委会可以授权国务院先制定行政法规，未规定向地方人大及其常委会授权，是不足以完整反映税收法定指导下地方税立法的行使格局的。[②] 从我国税法的立法实践也能看出，上述法律规定和现实需求之间存在的矛盾，2017 年实行的《环境保护税法》遵循了在中央统一立法的前提下，赋予地方一定的税基、税率调整权，这恰恰表明税收法定并没有完全排除地方立法的可能性。法律条文缺失带来的制度困境，最终还是需要从修正法律条文入手。可以考虑在《立法法》内增设授权地方立法的条款，授权地方人大及其常委会制定税收法规，明确容纳地方税收立法权的存在。税收法定原则是税法的最高原则，只有在此原则指导下的地方税收立法活动才有理有据，使人民信服。

（二）通过授权立法赋予地方税收立法权

授权地方立法在获得合法性依据的基础上，首先便需要厘清授权主体和被授权主体。从授权主体看，根据税收法定原则以及《立法法》中关于税收基本要素属于"法律相对保留"事项的规定，授权地方就税收相关事项立法的授权机关仅限于全国人大及其常委会，不能是国务院。[③] 被授权主体当且仅当是省级人大及其常委会。以往税收方面的相关授权实践为地方税收立法权的正式启动提供了一些经验，但是这些被授权主体都是地方政府，在未来的授权中，被授权主体只能是地方人大及其常委会。对于下放立法权会扩大地方的权力甚至滥用的担忧，是因为人们潜移默化地将税收立法权认为是各级政府的权力。地方税收立法权当且应当仅属于省级人大及其常委会。从而，立法权的行使是在约束地方政府的行为，而且省级以下人大及其常委立法水平相对较低，层层下放可能会造成立法活动的混乱无序。

具体来看，中央税和共享税涉及范围广、对宏观经济影响较大，应由中央统一立法，以增强中央的宏观调控能力和保证全国统一市场的运行，应渐进式地赋予地方税收立法权。首先，对于全国统一实施但对地方影响不大的税种，授权地方政府一定的税基、税率等税收要素的调整权；其次，授权地方选择是否开征某项税种的权力，在地方对有关税收有了充分的立法经验之后，逐步下放地方性税种的开征权。

1. 赋予地方在一定范围内调整税基、税率的权力。给予地方政府一定的税基、税率决定权有利于提高地方政府制定适合本地发展决策的能力和管理地方事务的积极性。

---

① 参见苗连营：《税收法定视域中的地方税收立法权》，载《中国法学》2016 年第 4 期。

② 参见刘剑文：《地方税立法的纵向授权机制设计》，载《北京大学学报（哲学社会科学版）》2016 年第 5 期。

③ 参见文富德：《印度财政税收的发展、改革与经验教训》，载《南亚研究季刊》2015 年第 1 期。

地方税应当具有税基非流动且分布广、符合受益原则、与中央税基关系较小且对宏观经济影响较小等特征,然而,目前我国地方税种都是一些零星小税种,并不符合此类特征,如果地方拥有充分的决定权,制定的税收政策可能产生负的外部性。可以考虑借鉴法国的做法,对于地方一旦改变税基和税率将会扭曲要素流动和资源配置、影响全国税制统一的税种,给予地方有限的税基、税率决定权。例如,中央设置这些税种税率的上限和下限,让地方在有限的范围内根据实际情况选择税率,且只适用于当地。

2.授予地方选择是否开征某项税种的权力。我国各地的经济发展水平、税源结构差别很大。在地方没有能力制定本地税种的情况下,可以考虑实行这样一种模式:全国人大及其常委会统一制定地方税法后,地方可以选择是否在本地实施,而且在选择实施的情况下,有权在一定范围内调整税收要素。① 这与我国历史上将屠宰税和筵席税下放至地方,由地方选择是否征收有一定的相似性。不同的是,地方可以自主调整税收要素,这样既可以兼顾地方的合理需求,又不至于使地区间差异太大。

3.逐步下放税种开征权。税种开征权是地方政府根据当地具体情况和实际需要,在本辖区内开征地方性税种的权力。地方政府一方面具有信息优势,更了解本地适宜开征的税种;另一方面能够激励相容和有利于强化问责,地方政府有积极性去开辟和培育地方税源,而且地方居民也会有动力问责地方财政资金的使用,要求政府提供数量更多、质量更好、更符合其偏好的公共产品和服务。但是,地方的税种开征权必须在保证全国税收制度和市场秩序的统一有序、不侵蚀中央及周边地区税源的条件下行使。保留中央对地方税种开征的约束和否决权,一旦发现地方开征的新税种存在严重负外部性,中央能够对地方的征税行为加以约束或制止,行使否决权宣布地方税法无效。

(三)建立地方税收立法权的监督机制

地方税收立法权应当受到严格的监督以确保税收法定和央地适度分权。具体措施有:一是拓宽监督渠道。税法对立法者的专业素养要求高,地方立法机关因专业性和经验所限,难免存在立法和实际需要相悖的可能性。为了使立法更科学、民主,符合地方实际需求,应当采取征求不同主体的意见和建议的做法,给予普通民众、税法专家、税务机关等参与税收立法的机会,在参与中监督立法。二是加强事后监督。"授权"只能一定程度上防范被授权机关的违法立法行为,并无完全的遏制功能,无法完全阻断地方滥用权力。全国人大及其常委会要充分利用备案、批准、撤销、裁决等现有的立法监督手段,及时纠正立法中的违法行为。待今后在我国的税法体系完善过程中,于税收基本法中对地方立法授权进行补充,进一步完善授权立法机制,这也是税收法定和授权明确性的要求。

① 参见熊伟:《税收法定原则与地方财政自主——关于地方税纵向授权立法的断想》,载《中国法律评论》2016年第1期。

五、结语

税收立法权是基本的原创性权力，是税权划分和合理分权的核心内容。税收立法由本地人民通过充分的表达、协商，经人民代表大会的民主机制与程序完成，不仅可以提高纳税人依法纳税的意识，也能够提高地方人大、政府参与地方事务管理的能力和积极性，从而增强税收法律的权威和人民对税法的遵从度。地方税权尤其是立法权的享有是完善地方税体系、推动地方治理现代化的要求，有利于理顺中央与地方的关系，推进我国分税制改革的进一步深化。

我国省级政府税权配置研究*

刘中建**　张召君***

作为我国现行财政体制的一个重要维度，央地税权配置的失衡状态为学界所普遍关注，且各相关学科已进行了相对深入的研究。但据实而论，鲜有学者专门就省级政府①税权配置问题进行系统研究。相对于中央，省级是地方政府，承担省及省以下经济、文化、政务管理的功能；而相对于省级以下各级政府，省级政府又承担类似中央政府的职能。作为连接中央与市、县各级政府的纽带，对省级政府税权配置进行专门研究对于我国财政体制的完善及建立现代财政制度有特殊意义。

一、我国省级政府税权配置现状

省级政府税权配置体现为两个层面：一是作为地方总代表，其与中央之间的税权配置；二是作为地方政府的一级，其与其他层级的税权配置。

（一）我国省级政府税权配置现状——基于央地关系

关于税权的内容，学界观点不一样，本文采用多数学者的意见，将其划分为立法权、征管权、收益权。考虑到时下正在积极推进的国、地税合并，我国的税收征管体制正在发生根本性变革，本文暂不涉及省级政府税收征管权的配置。②

在税权各项内容中，税收立法权的配置处于关键地位，其实质就是税收资源配置的决策权。我国《宪法》对于省级政府的税收立法权配置并未涉及。《立法法》规定："省、自治区、直辖市的人民代表大会及其常务委员会根据本行政区域的具体情况和实际需

---

* 本文源自著作《法学视野下我国地方税改革研究》（刘中建、陈伟著，知识产权出版社2007年版）第七章（该章标题与本论文同标题），书中第七章原篇幅为23,000字，现缩为7000字左右。

** 山东财经大学法学院副教授，法学博士。

*** 山东财经大学法学院硕士研究生。

① 本文所论之"省级政府"为包括立法机关、行政机关等在内的广义政府。

② 2018年3月13日十三届全国人大第一次会议审议通过了国务院机构改革方案，拟改革国税地税征管体制，将省级和省级以下国税地税机构合并，具体承担所辖区域内各项税收、非税收入征管等职责。国税地税机构合并后，实行以国家税务总局为主与省（区、市）人民政府双重领导体制。根据该方案，截至2018年7月20日，全国省市县乡四级税务机构分步合并和相应挂牌工作全部完成。由此，始于1994年的两套机关分立的税收征管体制成为历史。

要，在不同宪法、法律、行政法规相抵触的前提下，可以制定地方性法规。”由此，可以认为，《立法法》赋予了省级政府一定的立法权。与此同时，《立法法》又要求税种的设立、税率的确定和税收征收管理等税收基本制度必须由法律规定。这一规定似乎完全又剥夺了省级政府的税收立法权。事实上，我国多年来的立法实践大体体现了《立法法》所规定的央、地税收立法权配置思路。也就是说，与中央相比，我国省级政府在税收方面的立法权力极为有限，仅仅拥有解释和在既定框架内制定实施细则的权力；同时，省级政府亦可以在法律明确授权的前提下，制定不与相关税收法律、行政法规相违背的地方性税收法规、规章。此外，在一些特定的税种上，省级政府还拥有一定的税率的调整权，可以根据本地实际对相关税种作出加征或者减征的规定。

我国省级政府的税收收益权包括对地方专享税的收益权以及对中央地方共享税中属于地方政府部分的收益权。在目前央、地财权分配格局下，省级政府对国地税合并前具有征管权的各税种中，拥有除企业所得税、个人所得税外的其他所有税种的收益权。而对于企业所得税、[①] 个人所得税中央分享 60%，地方分享 40%；对于增值税，原定为中央分享 75%，地方分享 25%，“营改增”后，将分享比例调整为中央和地方各 50%；[②] 资源税按不同的资源品种划分，大部分资源税作为地方收入，海洋石油资源税作为中央收入。除以上税收收入外，由于我国幅员辽阔，各地经济发展不平衡，财政收益差距也较大，所以即使财政收益权划分很合理，也会存在地方收支不平衡的现象。为了保证中央的宏观调控作用，调节地区间的收入差距，我国设立了财政转移支付制度。财政转移支付制度是衡平地区间收入差距的重要举措，但是税源分配、税收分享是“初次分配”方式，而财政转移支付是一种财政的“再分配”方式，虽然都是政府获取财政收入的方式，但是在本质和作用上还是有区别的，不可将其混淆。

（二）我国省以下各级政府税权配置现状

尽管 1993 年国务院《关于实行分税制财政管理体制的决定》中曾明确要求各省级政府按照分税制原则确定省级以下的财政体制，但缘于省级政府对本辖区内财政体制拥有一定的自主权，加之各省省情多有不同，故而在实践中全国省级以下没有形式统一的分税制模式。2002 年的《关于完善省以下财政管理体制有关问题的意见》规定了合理划分省级以下各级政府财政收入的基本规则，但是没有规定具体的划分范围，甚至没有给出地方各级政府的税收收入体系框架。

如前文所述，现阶段省级政府缺乏相应的税收立法权，故而省级政府亦无法将税收

---

① 除铁路运输、国家邮政、中国工商银行、中国农业银行、中国银行、中国建设银行、国家开发银行、中国农业发展银行、中国进出口银行以及海洋石油天然气企业缴纳的所得税作为中央收入外。

② 2016 年《全面推开营改增试点后调整中央与地方增值税收入划分过渡方案》中规定，地方按税收缴纳地分享增值税的 50%。

立法权分配给省级以下政府,所以,我国省级以下各级政府税收没有税收立法权。[①] 此处我们重点关注省级以下各级税收收益权的划分。

分税制改革以来,由于我国地方主体税种偏少偏弱,加之地方政府层级过多,在实践中很难实现各级之间不同税种的分配,省以下地方政府分税制基本上是一个分成比例的概念。省级以下政府税收收入分配体制主要有以下几种不同的分享办法:一是按税种划分和按比例分享共存,代表性省份为海南。海南省参照中央对地方的分税制划分省与市、县的财政收入,按照税种划分省级固定收入,市、县固定收入以及省与市、县共享收入并将收入较多的增值税、企业所得税和个人所得税作为共享收入并确定各自分享比例。[②] 二是按比例分享。这是绝大多数省份采取的分享方式。以湖北省为例。湖北省将划分为地方税的增值税、一般企业所得税、一般个人所得税等在内的税收收入与市、县按比例划分,[③] 而不是按照税种或者归属地等原则划分收入。三是在区分不同地域或企业类型的基础上再按比例或税目分享。如重庆市对主城区的共享税实行市与区六四分享,对郊区县实行市与区四六分享。[④]

一个不可忽视的问题是,过于复杂的财政层级限制了地方政府间划分收入的可操作性。当前,在我国的地方财政层级设置中,四级制是主要的设置形式。过多的政府、税收层级带来的政府间税收收入划分的问题是,有限的税种经过一条过长的链条到达分税制体制末端时,很可能会无税可分。因此,我国很难像一些国家那样完全按照税种划分各级政府间的收入,而只能加大共享收入。

二、我国省级政府税权配置所面临的问题

我国省级政府税权配置所面临的问题同样体现为立法权、收益权两个方面。

(一)缺乏相应的税收立法权

在我国省级政府的税权配置中,最重要也是最严重的一个问题就是缺乏税收立法权。省级政府真正拥有的开征停征税种的权力只有屠宰税和筵席税,但这两种税或者已被取消,或者征收意义不大而很少开征,实质上省级政府没有真正拥有开征停征税种的权力。

省级政府税收立法权的缺失阻碍了地方积极性的发挥。笔者认为,由中央统一制定税法,尽管彰显了形式公平,但不利于实质公平的实现。一些具有地方特色的税收资源在中央看来可能没有制定税法的必要,但对于省级政府来说可能是取得财政收入的重要来源。一味由中央政府制定税收法律,就可能会造成税源的流失和浪费,不仅省级政府

---

① 需要特别说明的是,虽然省级以下政府税收立法权缺失,但是在税权配置的完善中,我们主张税收立法权最多下放到省一级政府,对省级以下政府仍然不予配置税收立法权。

② 2002年海南省人民政府《关于重新确定分税制财政管理体制的通知》。

③ 2010年湖北省人民政府《关于进一步调整和完善分税制财政管理体制的决定》。

④ 1995年重庆市人民政府《关于实行分税制财政管理体制的决定》。

丧失财政收入,也会导致资源配置效率低下。与之同时,由于我国分税制财政体制的不尽完善,财权集中于中央而事权不断下放的趋势十分明显。在省级政府没有税收立法权,不能针对本省自然、经济资源的实际开征新税种、开发新税源的情况下,不得不以税外收入保证政府的财政支出,这种现象不仅侵蚀了税收基础,而且扰乱了正常的社会经济秩序。

(二)省级政府缺乏相对稳定的税源

现行财政体制下,尽管属于省级政府的税种不少,但总体来说,难以满足省级政府的财政需求。省级政府税收的较稳定来源是企业所得税和个人所得税,以及之前的营业税。但是所得税和个人所得税都属于中央与地方共享税,而随着"营改增"的全面推开,营业税已经成为历史。此外,省级政府虽然也享有其他税种的收益权,但基本上都是分散的、难以进行征管的税种。地方税中的一些税种,如城市维护建设税、土地使用税等征收范围偏窄、税率较低,对省级政府税收增长作用不大。另外,财产税也没有形成体系,收入规模偏小,再加上税制改革滞后,亦难堪重任。总之,目前省级政府缺乏主体税种,收入增长缓慢。

省级政府是最高级别的地方政府,省级政府的税收收入依赖地方税的收入,并由省级政府安排省级以下地方政府的税权配置。省级政府主体税种的缺乏,不仅限制了省级政府的管理能力,更是限制了省级以下地方政府的管理职能的实现。过多地依靠中央政府的转移支付,也会使省级政府的自主性降低,难以充分发挥能动性促进辖区发展。

三、优化省级政府税权配置的指导思想

要合理配置省级政府税权,首先要确定税权配置的指导思想。

(一)遵守税收法定原则

税收法定原则,是指税收要素、税权的配置和调整都要有法律的明确规定。如果中央和省级政府之间的税权配置缺乏法律保障,便时常会出现中央政府临时调整政府间财政关系的情况。再考虑到与中央相比,作为下级政府的省级政府处于相对弱势的地位。故而,要严格按照税收法定的原则,将中央与省级政府、省级以下地方政府的税权配置关系以税收基本法的形式规定下来。所涉内容主要包括税权的初始配置形态、事权的配置原则和具体配置;事权和税权调整、变动的依据、原则、方法等,使在调整中央和地方政府税权关系时有法可依,有法必依。

(二)符合"发挥两个积极性"的宪法精神

我国《宪法》规定:"中央和地方的国家机构职权的划分,遵循在中央的统一领导下,充分发挥地方的主动性、积极性的原则。"考虑到税权向中央高度集中的现实国情,所谓充分发挥两个积极性,最主要的就是发挥地方政府的积极性。地方政府更加接近居民,在搜集辖区信息时更方便、有效率,更可能有针对性地对居民提供公共产品及服务。地方政府最接近纳税企业和单位,了解企业的形态及运营状况,在征收、管理税收事务时也比中央政府具有更高的征管能力,能够避免偷税漏税等违法问题的发生,增加政府的税收收入。总之,赋予地方政府更多的税收自主权,有利于提高地方政府的积极性,促成地方政府之间相互学习、竞争的良性互动机制。当然,探索发挥地方政府积极性的路径是以保持中央政府的积极性为前提的,在税权配置中要维护中央政府的基本权威。

(三)契合完善分税制财政管理体制的要求

分税制为世界各市场经济国家普遍采用的财政管理体制。完善的分税制财政管理体制要求各级政府之间的税权、事权划分科学合理,各级政府都能有足够的财政收入来满足事权支出的需要。我国目前的分税制财政管理体制与上述目标还有差距,主要体现为地方政府财政支出责任多、税权配置少等。所以,在对省级政府税权进行配置时,必须保证地方财政收入的独立性和自主性。

(四)兼顾地区间的差异

我国幅员辽阔,地区间在经济、社会、文化和资源等方面千差万别,税权配置要充分考虑各地区间的差异,应当赋予省级政府适当的调整权,使各地省级政府可以根据当地的实际情况对税收政策进行适当调整,实现税负的实质公平,以衡平各地区间的收入差距,促进地区间的协调发展。

四、省级政府税收立法权的配置

根据党的十八届三中全会"落实税收法定"的基本精神及《宪法》《立法法》的基本规定,探讨省级政府税收立法权的配置一定要以税收法定这一税法首要原则为前提。

(一)税收法定前提下扩大省级税收立法权的路径选择

扩大省级政府的税收立法权必须要在税收法定主义的前提下进行,其实质就是将省级政府的税收立法权以法律形式明确规定下来。一方面,以法律形式确定中央政府和省级政府各自的事权和税权范围,各项权力的运行均有法可依;另一方面,将省级政府的税收立法权以法律形式确定下来,也是对省级政府行使税权的一种监督和约束。

那么,在坚持税收法定主义的前提下如何扩大省级政府的税收立法权?笔者认为,正确认知和利用授权立法,全国人大通过制定地方税法、特别授权立法以及相关税法中法条授权都是切合我国国情的扩大地方税收立法权的途径。①

(二)省级政府税收立法权的权限范围

对省级政府税收立法权的权限范围要合理界定。笔者认为,省级政府税收立法权的权限范围应该包括以下几个方面。

第一,对地方专享税中的个别税种享有税收立法权。地方税由中央立法,但是地方税种中,有一些在全国不宜开征但是在某些地方已经条件成熟的税种,如遗产和赠与税,② 便可由省级政府决定在本地区开征。将该类税的税收立法权赋予省级政府,可以

① 详细论述参见刘中建、陈伟:《法学视野下的我国地方税改革研究》,知识产权出版社2017年版,第221页。

② 该税在税种分配时划归地方税,但是因为各种原因,遗产和赠与税一直没有开征。

很好地起到增加财政收入、衡平收入差距的作用。

第二，开征社会保障税。社会保障可以看作一种公共产品，由各地地方提供会更有效率，且"费改税"会使社会保障基金更具稳定性。此外，各地经济发展水平不同，社会保障的水平也不同，如果由中央统一立法、统一标准，可能会无法满足不同发展水平地区居民的需要，而由各省级政府立法能更符合辖区公民对社会保障的需求。

第三，对当地特有资源享有立法权。各省自然、人文资源分布不同，省级政府也可以根据当地特有资源或条件，在不与相关法律冲突的情况下开征新税种，以减少税源的流失和浪费，增加财政收入。

此外，考虑到我国的单一制国家结构形式以及地方立法能力，省级税收立法的扩大一定要掌握在一定限度之内。一是省级政府税收立法权不得与相关法律冲突，要在法律规定的框架内进行；二是省级政府税种的开征不得挤占中央政府税收资源，不得侵害国家整体利益和地方公共利益。

五、省级政府税收收益权的配置

所谓省级政府税收收益权的配置，主要就是地方税体系的构建及地方各税种在地方各级政府之间的分配，其核心内容即省级政府主体税种的选择以及省以下税收收入体制的完善。

（一）省级地方主体税种的选择

建立一个税种设置科学、税源稳定、适合地方税特点的地方税体系，是实行分税制财政体制的基础。[①] 相对中央政府，省级政府事权重而税权少；但相对省以下地方政府，省级政府的事权却具有一定的宏观性，而更大量具体的公共服务是由市、县级政府提供的。所以，在配置省级政府主体税种时，既要考虑中央与省级政府之间的税权关系，让中央政府适度下划部分税种的收益权；又要考虑省级政府与市、县级政府的税权关系，使省级政府在维持省级事权需要的同时赋予市、县级政府更多的收益权。

笔者认为，可以考虑将企业所得税、个人所得税以及增值税中划归地方分享的部分作为省与市、县共享税，并且合理划分二者的分享比例。将消费税、遗产和赠与税作为省级政府专享税种，并且将消费税作为省级政府的主体税种。对于消费税来说，真正的税源应当是消费，而不是生产，只有经过消费者检验的生产才是有效率的，否则只能是低效生产甚至无效生产。[②] 消费品只有被消费者购买才产生价值，所以消费税只有在零售环节而不是生产环节征收才真正体现消费税的价值。如果仅以单一的消费税作为主体税种而缺乏收入规模大的辅税种，可能会造成省级政府收入的不稳定，出现与"营改增"之后地方主体税缺失相似的状态，所以需要将企业所得税、个人所得税以及增值税中划归

① 参见霍军：《当代中国税收管理体制研究》，中国税务出版社 2014 年版，第 294 页。

② 参见李玉红、白彦峰：《地方税制改革格局中的主体税种选择问题研究》，载《中央财经大学学报》2010 年第 6 期。

地方分享的部分设为省与市、县地方共享税,合理分配省级以下地方政府的收益权。

(二)省级以下税收收入体制的完善

省级以下地方政府是负担事权最繁重的政府,同时也是财政收入最少的政府,因此完善省级以下税收收入体制十分有必要。从数量上看,要考虑各税种当前的收入规模及潜在能力,不能仅仅进行数量匹配。① 省与市以下政府间税种的划分,首先要考虑税种的特点,在匹配地方事权的前提下,要将税源稳定、波动幅度小、流动性弱、收入充足的税种划归省级以下各级政府。

所以,除上文中提到的设置省与市、县共享税外,需要将城镇土地使用税、房产税、土地增值税、契税等税种合并为房地产税,并将城市维护建设税(不含铁道部门、各银行总行、各保险总公司集中交纳的部分)、资源税(海洋石油资源除外)、车船税、烟叶税、环境保护税等作为市、县独享税种,并将房地产税作为县级政府的主体税种,资源税作为市级政府的主体税种。

房地产作为不动产,适合所在地政府管理。县级政府作为基层政府,为当地居民提供了优质的公共产品和服务,使辖区的房地产不断升值,同时升值后的房地产为政府带来大量的税收收入,这样会形成一个良性循环。同时,县级政府了解当地房地产业的实际情况,在征收方面具有优势。此外,房地产税会带来大量的税收收入,能够满足县财政需求。

值得说明的是,笔者主张,将资源税作为重要地方税在很大程度上是基于山东省的省情而得出的结论。考虑到全国各地自然资源分布情况不一,由此产生的税收收入有很大的不确定性,因此,地方税的配置尤其是地方各层级政府主体税的配置不存在一个完全统一的模式。在省与中央税权划分清楚的前提下,各省应当拥有决定本地各层级的税权配置的自主权,这是完善分税制体制及实现国家治理现代化的基本要求。

---

① 参见李波:《省以下地方税主体税种选择》,载《中南财经政法大学学报》2007年第6期。

我国政府性基金透明化治理的制度需求和法治构建*

闫　海**　王　洋***

政府性基金,是政府及其所属部门依法律、行政法规在一定期限内,向特定对象征收的专门用于实现特定经济社会政策目的的财政资金。2014 年《预算法》修正后,政府性基金预算成为四类预算之一,2018 年全国政府性基金预算收入 75,405 亿元,较 2017 年同比增长 22.6%,达到一般公共预算收入 40% 以上的水平,① 其对于我国财政收入体系的重要性不言而喻,但政府性基金法治化程度尚不能与之重要性相匹配。政府性基金法治构建的首要任务乃是明确其制度需求,而公开透明作为法的外在品德和一项重要的善治工具,应当成为贯穿政府性基金全过程法治构建的一项重要内容。

一、我国政府性基金透明化治理的制度需求

公开透明被认为是法律的基本特征或法律的美德,在一定程度上可以理解为,一项法律规范被众所周知,“就像人们能够轻易透过干净的玻璃看清事物一样”。② 20 世纪 90 年代以来,国际货币基金组织、经济合作与发展组织、国际预算合作组织、世界银行等国际组织普遍关注和推动以提高财政透明度为主题的“财政管理改革”。1998 年国际货币基金组织理事会通过的《财政透明度良好做法守则——原则宣言》及其之后发布的《财政透明度手册》等解释性文件,不仅指出财政透明化是实现政府优良管理和经济良好运行的关键,还明确提出评价财政透明度的四大原则,即政府作用和责任的澄清;公众获

---

* 本文为国家哲学社会科学一般项目“我国政府性基金治理困境的法治应对研究”(16BFX166)的阶段性成果。本文原载《税务与经济》2019 年第 5 期,文章名为《我国政府性基金透明化治理的制度需求和法治构建》。

** 辽宁大学法学院教授、博士研究生导师,法学博士。

*** 辽宁大学国家治理与法治研究中心助理研究员,法学博士研究生。

① 参见国库司:《2018 年财政收支情况》,载国库司官网,http://gks.mof.gov.cn/zhengfuxinxi/tongjishuju/201901/t20190123_3131221.html。

② William B. T. Mock, *An Interdisciplinary Introduction to Legal Transparency: A Tool for Rational Development*, 18 Dick. J. Int'l L. 293, 295 (2000).

得信息的难易程度；预算编制、执行和报告的公开；对真实性的担保。[①] 无论是以财政法定目标出发的明确透明法律体系建设，还是以财政民主目标出发的公开多元参与机制设计，均构成对我国政府性基金透明化治理的制度需求。

（一）基于财政法定需求的政府性基金透明化治理

政府性基金法治构建的基本前提由无法律约束状态向有法可依状态的转变，即解决政府性经济的"法制"问题。财政法定要求一国应当构建科学、完善的财政法律体系，一切财政行为均应依照法律规定或取得立法机关的授权。我国政府性基金法治运行有赖一个提纲挈领、总分结合的法律体系，其法律结构及其执行不应当过于复杂，须符合公开透明、权责清晰的要求。

目前，关于我国政府性基金尚无全国人大及其常委会的专门立法，除《预算法》第5条、第9条、第28条、第46条较抽象的规定外，其法律规范体系的基础仅为2010年财政部印发的《政府性基金管理暂行办法》，具体基金项目的法律依据则更多散见于相关部委的通知、决定等规范性文件中。以道路交通事故社会救助基金为例，其相关的法律依据包括《道路交通安全法》、《侵权责任法》（已失效）两部法律，国务院颁布的《道路交通安全法实施条例》《机动车交通事故责强制保险条例》，以及由财政部、原保监会、公安部、原卫生部和原农业部制定的《道路交通事故社会救助基金管理试行办法》，此试行办法又授权省、市级地方政府制定管理办法和实施细则，以致道路交通事故社会救助基金的法律文件庞大复杂，其中不乏缺漏、冲突之处。[②] 此外，诸如小型水库移民扶助金、铁路建设基金等9项政府性基金的设立依据仅为法律效力级别较低的国务院红头文件，完全游离于立法体系之外。

渊源多样、条块分割的行政部门管理体制，加之往往采取附加或提取的征收方式，公民、法人等缴纳对象难以直接获得相关信息，使我国政府性基金透明度大打折扣。因此，透明化治理应当成为推动我国政府性基金法律体系化、科学化的基础，是其法治建设中不可或缺的任务。以透明化治理为重点内容的政府性基金法治构建，应当对现有政府性基金的法律规范予以全面清理，剔除其中非正式的法律渊源，限定保留《政府性基金管理办法》第2条规定的法律和行政法规两类正式法律渊源，并且构筑金字塔式的法律规范效力层级，形成条分缕析的法律规范体系。

（二）基于财政民主需求的政府性基金透明化治理

社会公众有权通过一定程序和方式参与、决定或监督重大财政事项是财政民主的基

① 参见国际货币基金组织编著：《财政透明度》，财政部财政科学研究所整理，人民出版社2001年版，第8～10页。

② 参见闫海：《道路交通事故社会救助基金立法分析与完善建议》，载《交通运输部管理干部学院报》2015年第3期。

本要求。[1] 政府性基金可以视为国家对某些特殊群体私人财产的特别干预，目的在于促进此类群体的整体性福利或者为其提供特殊的公共服务。根据财政民主的需求，国家依据代议机关制定的法律征收各类政府性基金，亦有义务向社会公众提供信息，为实现对此项财政工具的监督提供基础，以确保征收的必要性、科学性、合理性。换言之，政府性基金法治构建应当通过透明化治理的民主功能，以强化政府性基金的正当性和可监督性。鉴于政府性基金“专款专用”的特点，更紧密的利益关联性有利于强化征收主体与缴纳对象之间直接的征缴法律关系，后者因而具有较强烈的权利保护意识和动力，而其在政府性基金的信息公开透明基础之上才能有效地维护自身财产权益和追求公共财产的正当性。

相较税收收入种类和税率的稳定性，我国政府性基金具有鲜明的政策或行政色彩，其设立目的是支持特定的公共基础设施建设和公共事业发展，为了因应政策目标的实现或变动，法定项目须及时调整乃至取消，其程序上因而存在“立法设立”和“审批开征”两个阶段，但后者往往仅依据财政部下发的通知，甚至在实践中财政部还授权地方政府决定某些项目的免征、停征和减征。此外，因为政府性基金项目的内容差异较大，往往由相应的政府职能部门负责征管，采取税费附加方式征收，有些委托于公用企业代为征收。政府性基金法治构建的财政民主不能局限于传统的“法律保留”或“强化人大监督”，应当根据其动态灵活的政策性和行政性特点，以政府性基金设立、征管和支出诸环节透明化治理为路径，保障征收对象的知情权，探索政府性基金民主监督、参与的切实可行的新机制。

二、构建政府性基金设立透明化治理的参与机制

相较税收“一税一法”的立法模式，政府性基金更宜采取“授权立法—立法监督”的模式，既保证法律依据的稳定性，又满足灵活性的需求。首先，由全国人大及其常委会制定法律作为政府性基金的设立依据；其次，由此法律授权的国务院或其所属部门制定政府性基金项目的行政法规或部门规章；最后，全国人大常委会予以备案审查。就权力运作视角而言，全国人大及其常委会行使政府性基金设立、授权立法和备案审查等职权，国务院及其所属部门行使行政立法权制定具体规则，而双方基于此项程序进行的相关政府性基金项目、范围、期限等系列问题的协商，构成宪法体制内的透明化。但是，政府性基金涵盖基础设施、文化产业、环境和自然资源保护等诸多领域，每个领域尚包括一些具体项目，即便相关主体履行一定立法的解释和说明义务，但“隔行如隔山”，专业性知识仍会造成全国人大及其常委会有效行使政府性基金授权立法和立法监督职权的障碍。申言之，在宪法体制内，全国人大及其常委会和行政部门之间围绕授权立法的双向互动，不足以实现制约、监督的目标，因此应当基于透明化治理的思路，引入专家和利益主体参与政府性基金的设立，以实现更广泛的监督。

---

① 参见刘剑文、陈立诚：《财税法总论论纲》，载《当代法学》2015 年第 3 期。

《立法法》《行政法规制定程序条例》《规章制定程序条例》均规定了专家咨询，即当法律草案专业性较强、存在重大分歧意见或所涉利益关系重大时，在草案咨询的环节应当"听取有关专家意见"。虽然广泛存在于我国立法和行政决策实践中的"专家咨询"保障了立法的科学性，展现了立法的民主公开性，但尚未形成较明确的专家咨询机制。政府性基金的专业性决定了专家咨询对于有全国人大及其常委会行使立法授权和立法监督的必要性，加之专家咨询作为第三方参与立法所彰显的民主公开性，因此专家咨询机制应当是政府性基金设立透明化治理的重点内容。我国应当根据不同政府性基金项目的特点，在一般性立法咨询环节明确要求相关领域的专家参与。在现代国家，立法和行政决策面临平衡专家意见的专业权威性和社会公众意见的民主性问题，因而尚须听取利益主体的意见。申言之，在我国政府性基金设立环节应当吸纳缴纳对象参与立法程序，由政府和缴纳对象代表基于各自立场展开讨论，全国人大及其常委会充当政府和缴纳对象之间利益协调者和裁断者的角色，判断某项"公共基础设施建设和公共事业发展"是否具有特定的群体利益，是否应当设立专项公共财产；抑或是仍属于公共利益，而维持从一般公共预算中支出。

三、完善政府性基金开征透明化治理的审批和清单管理

（一）改进政府性基金开征的审批管理

与税收的相对稳定性和持续性不同，依据法律设立的政府性基金项目是否发生征收效力，还取决于征收主体能否取得财政部乃至国务院的审批、批准。《政府性基金管理暂行办法》第 11 条规定，"法律、行政法规和中共中央、国务院文件没有明确规定征收政府性基金的，一律不予审批"；第 12 条规定，"法律、行政法规和中共中央、国务院文件明确规定征收政府性基金，但没有明确规定征收对象、范围和标准等内容"，根据相应的程序分别由财政部审批或国务院批准；第 32 条规定，"对未按本办法规定的审批程序批准，自行设立政府性基金项目，或者改变政府性基金征收对象、范围、标准和期限的，财政部应当会同有关部门予以纠正，公民、法人和其他组织有权拒绝缴纳并向财政部举报"。因此，政府性基金审批管理的信息公开程度和流动性是政府性基金透明化治理的关键环节。

基于政府性基金开征透明化治理的要求，基金开征审批应当从行政体系内部的信息流动走向外部公开。目前，政府性基金开征采取行政系统内部化审批流程，以致申请文件和是否批准的法律依据、理由等信息仅在申请主体、财政部或国务院之间传递，未向社会公开。《政府性基金管理暂行办法》第 13 条规定："征收政府性基金的申请文件应当包括下列内容：政府性基金项目名称、征收目的和依据、征收机构、征收对象、征收范围、征收标准、征收方式、资金用途、使用票据、使用单位、执行期限等，并说明有关理由。同时，还应当提交有关征收政府性基金的法律、行政法规和中共中央、国务院文件依据，以及国务院或财政部认为应当提交的其他相关数据和资料。"因此，上述信息的公开将成为政府性基金运行的外部监督和权利维护的主要信息源。此外，基金开征的内部审批还可以引入听证,通过听证实现政府性基金开征透明化治理,方便缴纳对象了解有关的公共基础设施建设和公共事业发展,征收主体亦可以广泛了解民意,确保征收范围、数额和时限设计的合理性。

(二)健全我国政府性基金开征的清单管理

党的十八大以来,我国在行政管理和经济管理体制改革中积极推行政府权力和责任清单、市场准入负面清单,清单管理已成为国家治理体系和治理能力现代化的一项善治工具,发挥明确政府在治理过程中与市场、社会各自分工行动的边界作用。① 政府性基金作为一项包含项目繁多且调整灵活的财政工具,不仅应当以法律授权得以公开,还应当以更严格的清单形式及时向社会公开,以增强其在开征环节的形式正当性。在我国,广义上的政府性基金开征清单包括以下两个:(1)依据《政府性基金管理暂行办法》第9条的规定,财政部每年向社会公布的“全国政府性基金项目目录”;(2)依据《预算法》第9条第2款的规定,政府性基金预算根据基金项目收入情况和实际支出需要,而在相关预决算文件中编制的基金项目。两个清单上的具体项目均由财政部规定,但存在交叉、重叠的现象。“全国政府性基金项目目录”基本符合《政府性基金管理暂行办法》第2条对政府性基金预算的法定范畴,即兼具“支持特定公共基础设施和公共事业发展”和“专款专用”的两个属性;政府性基金预算项目则主要基于预算管理角度,将“政府认可”且具备“专款专用”的财政资金纳入其中。因此,“全国政府性基金项目目录”更符合清单管理的要求,构成政府性基金开征的形式要件。“全国政府性基金项目目录清单”目前已经成为政府性基金开征透明化治理的重要内容,但既有的“全国政府性基金项目目录清单”只是简明扼要地列明政府性基金的项目名称、政策依据和资金管理方式,尚缺乏对缴纳要件的明确列示。政府性基金的征缴要件是征收主体行使权力和缴纳对象履行义务的基本条件。目前,在各类政府性基金项目繁杂、“令出多门”的情况下,“全国政府性基金项目目录清单”应当以简洁的方式对各类政府性基金的征缴要件予以集中公示,将基金征管机构和使用部门的职权和责任以清单方式向社会公众公开,使社会公众作为潜在缴纳对象得以明确自身的缴纳义务。

现代的责任政府不仅应当获得法律的明确授权,还负有对其行为向公众予以解释和说明的义务。质言之,政府性基金开征透明化治理不仅要求以清单方式单向度为征缴主体提供清晰的指引,还应当推进清单管理双向交流的实质化运作,即对“全国政府性基金目录清单”的任何调整,均应当向社会公众阐明理由。例如,2017年财政部出台《关于取消、调整部分政府性基金有关政策的通知》(财税〔2017〕18号),取消了城市公用事业附加和新型墙体材料专项基金,调整残疾人就业保障金征收政策,并授权地方政府在“十三五”期间自主决定免征、停征或减征地方水利建设基金、地方水库移民扶持基金。但是,

① 参见张杰、李和中:《清单式治理视域下的政府、市场与社会关系研究》,载《广西大学学报(哲学与社会科学版)》2018年第2期。

对于 3 类全国政府性基金项目作出重大调整的解释仅是“为切实减轻企业负担，促进实体经济发展”，以致社会公众无法真正了解上述调整背后的原因及其影响，对调整行为不能形成有效的约束力。既然有关部门对于政府性基金项目的调整决策经由专家广泛地论证和评估考量，倘若不涉及国家秘密的，不妨更详尽地阐述有关政府性基金调整的正当理由，通过透明化治理以回应社会公众的关切。

四、强化政府性基金运行透明化治理的预算公开管理

经过立法设立、行政审批和清单管理等环节，政府性基金进入运行环节，法治构建的要点转向政府性基金的形成和再分配是否合法、适度，能否实现其专款专用属性等问题。因此，确保政府性基金运行征收主体和缴纳对象之间的信息平衡，实现运行信息的充分、有效的传递，可以有效约束和制约财政机会主义。[①] 2007 年《政府信息公开条例》第 10 条第 4 项将财政预算、决算报告作为政府主动公开信息的重点内容。2014 年修正的《预算法》第 1 条开宗明义，“建立健全全面规范、公开透明的预算制度”，因此预算公开作为控制政府预算行为的基本方法，既是实现有效监督和制约的必要前提，又是确保预算权走向规范化的重要手段。《预算法》第 14 条关于预算公开主体、内容和程序等规定为我国公开预算信息提供了直接的法律依据，虽然预算公开走上了常态化、法定化轨道，但相关法律依据仍较笼统，导致我国财政透明度较低，信息披露大而化之，省际差距较大。[②] 因此，我国可以政府性基金预算公开范围、标准、载体和责任四个方面法治建构为重点，开展政府性基金预算运行的透明化治理。

首先，明确政府性基金预算公开的范围，严格规定不予公开的程序。《政府信息公开条例》第 8 条和《预算法》第 14 条第 4 款均在确立公开原则的同时确立国家秘密的除外条款，正当性涉及国家秘密的预算信息不宜向社会公众公开，此亦是世界各国的通行做法。但是，《预算法》等缺乏对国家秘密范围的清晰界定，以致遭到政府部门或地方政府滥用，成为拒绝公开预算信息的“挡箭牌”，在一定程度上造成预算公开的随意性。与一般性公共预算的统筹统支不同，政府性基金的设立、征收和运行均指向特定的公共领域和群体，鉴于公共基础设施和公共事业本身具有向社会公众公开的属性，政府性基金预算基本上不存在不宜公开的国家秘密，对其应当适用更加严格的公开原则。申言之，倘若有关部门以国家秘密为由拒绝公开的，应当明确公布相关信息属于具体何种不予公开的法定事项，不得适用“除外文件”理由，即以相关文件“不存在”为理由拒绝公开。

其次，制定统一、规范的政府性基金公开标准，增强相关信息的可获知性。预算公开标准是否统一、详细，是政府性基金预算公开能否传递有效信息的形式要求，亦是监督政

① 参见蒋悟真：《预算公开法治化：实质、困境及其出路》，载《中国法学》2013 年第 5 期。

② 参见邓淑莲、曾军平、郑春荣、朱颖：《中国省级财政透明度评估（2017）》，载《上海财经大学学报》2018 年第 3 期。

府性基金预算合理使用的前提。依据《预算法》第9条、第46条的规定,政府性基金预算按基金项目编制,做到以收定支,按其功能分类应当编列到项,但对其公开格式、口径等不存在统一标准,以致不同预算文件公开的数据缺乏可比性和准确性。因此,财政部应当统一预算公开格式、口径,明确要求用于具体工程项目、政府采购活动的政府性基金预算支出事项应当具备可行性,以督促基金使用部门合理支出。此外,政府性基金预算公开标准化应当以社会公众的易懂性为目标。《预算法》的修改,实现了预算公开原则从"向人大公开"到"向社会公众公开"的巨大转变,但信息表达效果尚不尽如人意,政府性基金预决算表、预决算说明及其预算报告有关内容普遍存在数字形式主义的问题,各项目收支数字、增减比例及项目对应领域发展的简单描述,无法反映政府性基金项目的实际运行情况。因此,政府性基金预算公开尚须强化基金使用部门、财政部门的说明义务,应当以社会公众尤其是基金缴纳和使用对象能够充分理解有关信息为目标,以文字说明、可视化图表等多种形式表达各类政府性基金项目的收支信息,增加缴纳和使用对象感兴趣的信息,以引导其参与预算信息的交流和互动,从而实现政府性基金预算在透明化治理中政府与社会沟通的桥梁作用。

再次,运用大数据和数字化平台,发展动态化、便利化的政府性基金公开载体。政府性基金预算的有效公开不仅需要达到标准化和易懂性,还应当便于社会公众的获得,符合便利化和及时性的要求。目前,社会公众获取政府性基金预算信息的主要途径是财政部和地方政府网站,但载体滞后、缺乏便民性的问题广泛存在。例如,有的省市网站仅设置一个层次栏目,不能分类别地予以细项公开,不利于帮助查阅者清晰、系统地了解具体信息。此外,缴纳对象对政府性基金运行的监督还有赖能否及时获得有关信息,但现行年度预算信息公开模式无法符合此项要求,存在较严重的时滞问题。基于政府性基金"以收定支"的运行特征,以及基金用于数量较有限的公共基础设施建设和公共事业发展,因此基金收支数据呈现较有限的动态变化态势,较之一般公共预算,政府性基金预算执行信息适合实时、持续地公开,可以由各级政府及其财政部门依托大数据、移动互联网等现代信息以长期化、便利化方式向公众传递。

最后,建设多元预算公开问责机制,强化主动公开的意识。我国预算公开质量不高、消极被动,其思想根源是各级政府、财政部门和基金使用部门等责任主体缺乏主动公开意识;其制度根源是问责机制不健全,以致我国人大、上级行政部门和审计部门等问责主体未能充分发挥监督和制约职能。因而,强化政府性基金运行透明化治理应当明确各级政府、财政部门和基金使用部门对问责主体的预算公开责任和说明义务:(1)向同级人大负责;(2)向行政体制内部的上级财政主管部门和本级政府行政首长负责;(3)向审计部门负责。各类问责主体应当定期评估各类政府性基金运行领域的发展问题,并向责任主体质询基金使用情况和绩效,尤其对突发社会公共事件,应及时启动事后问责程序,以迫使责任主体在事前更加主动地披露政府性基金运行信息,以减少信息不对称带来的问责风险。此外,违反政府性基金预算公开的行为侵害了缴纳对象的知情权,应当从维护缴纳对象对国家财政实行民主管理的角度,设置一个以保护缴纳对象基本权为目的的主观诉讼制度。① 因此,我国应当建立以政府性基金预算公开为诉求的公益诉讼机制,规定诸如举证责任倒置等鼓励诉讼问责的具体规则。

五、结语

近年来,我国政府性基金法治建设虽然取得了较大进展,但仍属于财政法治的薄弱领域,亟待推进以透明化治理为核心的政府性基金法治构建。政府性基金设立、开征、运行等透明化治理的法治构建尚属于中观层面的探索;就宏观层面而言,政府性基金在内的财政法治建设不是孤立的、体系内的制度调适,其与经济法、行政法乃至宪法等法律体系变革彼此相关交叉,须与一国法律体系和全社会法治意识配合协调;就微观层面而言,各类政府性基金项目分散在不同法律文件之中,所涉领域的运作规律各不相同,对其透明化治理的适用方式、程度应当有所区别。总之,以透明化治理为指导原则,将政府性基金作为我国财政法治构建的重要对象,能够实现我国财政法定、民主和可持续发展的目标,进而构建合作、良性的财政文化。

① 参见[日]北野弘久:《税法学原论》(第4版),陈刚等译,中国检察出版社2001年版,第32页。

后立法时代的船舶吨税法律制度再探讨

——兼论我国航运业结构性减税的路径设计*

欧阳天健**

2017年12月27日全国人大常委会正式通过了《船舶吨税法》,与同期通过的《烟叶税法》一道成为首批从条例"平移"而来的税收法律,是落实税收法定原则迈出的重要一步。从2012年《船舶吨税暂行条例》(已失效)颁布,到2016年《船舶吨税法》立法工作启动,再到2017年两次颁布草案并最终经全国人大常委会二读通过,船舶吨税——这个在我国财政收入中占比最小的税种立法也同样受到了社会各界的广泛关注。尤其是对航运业来说,在响应"一带一路"倡议的大背景之下,如何真正落实对航运业的结构性减税承诺,真正做到增强包括船舶吨税在内的我国税制的国际竞争力,是目前亟待研究的问题。鉴于此,本文以《船舶吨税法》为起点,对船舶吨税的法理争点再作分析,寻找并填补立法中尚存的疏漏之处,进而对现代吨税制度的建设问题进行回应,最终探寻适合我国航运业健康发展的税收环境建设路径。

一、传统与现代之间:我国船舶吨税的理论与实践困境

如上所述,船舶吨税是一个非常古老的税种,在我国历史上最早可以追溯到唐朝市舶司对过往商船征收的"舶脚""下碇税"等,在发达国家,吨税的历史也可以追溯至古罗马时期。在传统语境下,船舶吨税的内涵非常简单,即针对船舶使用海上航标等助航设施的行为设置的税种。① 历经千百年的发展,以希腊、英国为代表的欧洲诸国从20世纪五六十年代起,开始了对传统船舶吨税制度的改造,即取消对航运公司征收企业所得税,转而以吨位为依据征收统一的船舶吨税,这种变革极大地降低了航运企业的税收负担,为振兴欧洲航运业的发展作出了巨大贡献。目前,我国的船舶吨税仍然采用的是传统模

---

* 本文原载《大连海事大学学报(社会科学版)》2018年第5期。本文是司法部国家法治与法学理论研究项目中青年课题(18SFB3043)的阶段性成果。

** 华东政法大学经济法学院副研究员,法学博士、博士后。

① 参见财政部关税司等:《中华人民共和国船舶吨税暂行条例释义》,中国市场出版社2013年版,第1页。

式。因此，在我国，船舶吨税在全国财政收入中所占的比重非常小，截至《船舶吨税法》出台前的 2017 年 1～11 月，全国船舶吨税收入共 45.5 亿元，在各税种中排名末位。[①] 但即使是这样的“小税种”，在其理论上与实践操作中也还有诸多值得研究的地方。

（一）船舶吨税的性质之辨

目前，关于船舶吨税的性质，各方表述并不相同。有学者认为，船舶吨税属于财产税，是针对入境船舶按其吨位计征的一种税；[②] 有人认为是行为税，虽然征税范围是船舶这一财产，但其征税对象是进口船舶占用航道及各项港口设施的行为；[③] 还有学者认为，船舶吨税与关税类似，是一种“进出口税”，这主要是因为船舶吨税和关税一样，是由海关征收的。[④] 在这几种表述中，笔者认为，在我国时下的税法语境中，将船舶吨税定位为行为税是较适宜的。

所谓行为税，亦称特定目的税，是指为了实现特定的政策目的而以某些特定行为为征税对象的一类税，[⑤] 典型的行为税如印花税、城市维护建设税以及 2018 年刚刚开征的环境保护税等。在我国，行为税与财产税之间的分野始终不甚清晰，这也就造成了在性质上，许多人将船舶吨税与车船税相混淆，认为二者系属同源，有重复征税之嫌。笔者认为，首先，行为税的征收具有极强的、明确的政策目的性。车船税作为一种财产税，其主要目的在于筹集政府财政收入，并无明确的政策导向，而自 1952 年《海关船舶吨税暂行办法》（已失效）颁布之日起，船舶吨税的征收目的就在于为海上公用航标等航行设施的修建维护筹集资金，现在虽然将其税收收入已纳入一般公共预算进行统一管理，但并不能改变其征收的政策目的性，这一点从国外有些国家将船舶吨税称为灯塔税（light dues）亦可看出。其次，行为税的征收具有临时性、偶然性的特点。财产税往往是针对稳定税源所征收的税种，如在中国境内只要发生了车辆、船舶的所有权变更行为就必须缴纳，而船舶吨税则不然，只有当船舶从境外港口驶入我国港口时才需缴纳。换言之，对于一艘船舶来说，其应税行为并不是必然或者以常态发生的。因此，笔者认为，应当将船舶吨税的性质定位于行为税。性质的确定并非理论上的空中楼阁，这对下一阶段航运业所涉及的税收减并有重要影响。

（二）船舶吨税的边缘化之困

船舶吨税是一个非常古老的税种，但进入现代化税制时代后，其在各个税种中的地位被逐渐边缘化，一方面，表现在船舶吨税的税收收入较低，始终位居各税种的末位。据统计，船舶吨税占全国税收的比重始终在 0.04% 左右，其增长速度基本与全国税收收入

---

① 载国家财政部网站，http://gks.mof.gov.cn/zhengfuxinxi/tongjishuju/201712/t20171211_2771156.html。

② 参见张守文：《财税法学》（第 5 版），中国人民大学出版社 2016 年版，第 265 页。

③ 参见财政部关税司等：《中华人民共和国船舶吨税暂行条例释义》，中国市场出版社 2013 年版，第 9 页。

④ 参见刘剑文、熊伟：《财政税收法》，法律出版社 2015 年版，第 395 页。

⑤ 参见陈少英：《税法学》（第 2 版），格致出版社、上海人民出版社 2011 年版，第 272 页。

增幅相当。[①] 另一方面,在为航运业减负的大背景下,屡有学者提出要取消船舶吨税,或将之与其他税种合并。税收收入少就应当被取消或减并吗？其中的逻辑是不自洽的。

造成这一困局的原因,笔者认为主要有两点。一是目前理论与实务界对船舶吨税中的制度意蕴认识不足,这在很大程度上是由上述性质认识偏差所导致的。从某种意义上来说,船舶吨税与关税类似,是一国主权的象征。近代以来,海洋成为通往世界的"高速公路",而港口正是这些高速公路的连接点,"往来穿梭的船舶返回时必须有安全的港口","港口建设不仅关乎经济发展,更是主权的象征",[②] 为维护海洋主权,一国政府对驶入港口的船舶进行检验检疫、引水员引水等象征主权的各项举措,这些举措之中就包括征收船舶吨税。但随着经济的发展,带有此类性质的税、费过多、过杂,如领航费、移泊费、系解缆费、船舶港务费等不一而足,反而掩盖了船舶吨税内在的制度意涵。二是目前船舶吨税的税收收入不科学,根据中央"收支两条线"的精神,不再专用于航道设施维护,而是被纳入一般公共预算进行统一管理。新中国成立后,船舶吨税的税收收入划分也历经了多次变化,具体如表1所示。

表1　1951年以来船舶吨税税收收入归属情况变化

时间	收入归属	政策依据
1951年9月至1952年9月	船舶吨税划入财政部税务部门管理的车船使用牌照税范围,专款专用	《车船使用牌照税暂行条例》(政密字〔1951〕714号)
1952年9月至1986年9月	船舶吨税作为关税收入的组成部分,由海关负责征收和管理,所征税款与关税一并缴入中央国库,统收统支	《海关船舶吨税暂行办法》(海关总署1952年第6号通告)
1986年10月至2000年12月	船舶吨税划归交通部管理,专项用于海上的航标维护和建设,仍由海关代征	国务院《关于将海关吨税划归交通部管理问题的批复》(国函〔1986〕73号)
2001年1月至今	根据中央部门预算外收入收支两条线改革,船舶吨税收入统一纳入中央预算,明确由海关征收。用于航标建设和维护的支出则通过交通部的部门预算予以核拨,不再与吨税收入挂钩	国务院办公厅转发财政部《关于深化收支两条线改革进一步加强财政管理意见的通知》(国办发〔2001〕93号)

从表1中我们不难看出,从2001年至今,船舶吨税的税收收入是纳入一般公共预算

① 资料来源:《中国税务年鉴2016》。

② [美]马汉:《海权论》,宋毅译,华中科技大学出版社2016年版,第27～28页。

进行管理的,这种做法是国家进行财政收支分离,防止部门利益固化的必然举措,但其对行为税税收目的的淡化效应也是不容忽视的。从税法的一般原理来说,虽然税收"取之于民用之于民",其"付出"与"回报"之间的对价是非及时性的,但对于行为税这种税收目的性强的税种来说,并不适用这一一般原理,如环保税,就体现出典型的适用者付费原理,船舶吨税也是同理。当纳税人看不到,或无法及时看到所付税款产生效果时,税收的功能税法的遵从度就会逐渐淡化。

在上述两点原因的作用之下,船舶吨税的地位逐渐淡化、边缘化,甚至有学者提出,要将船舶吨税废除以减轻航运企业的负担也就不足为奇了。所幸立法者对船舶吨税的定位始终未曾动摇,此次立法可以说是对其法律性质的一次重新确认,稳固了船舶吨税在我国税收谱系中的地位。但形式正义并非法治的最终归宿,实质正义才是立法者所应孜孜追求的。因此,笔者要指出的是,即使在"后立法时代",船舶吨税制度依然存在一些不完备的地方有待以后改进。

二、立法之后:《船舶吨税法》中依然存在的问题

法律制度天然地具有"不完备性",只有不断地在发现问题与解决问题中前进,法治才能够与经济社会的发展相伴而行。《船舶吨税法》虽然是小税种立法,但在新法出台之后,依然存在若干有待下一阶段改革予以完善、改进的地方。具体来说,《船舶吨税法》的不足之处表现在以下两个方面。

(一)免征范围有待完善

《船舶吨税法》第9条规定了船舶吨税的免税范围,这一条规定基本是从《船舶吨税暂行条例》平移而来的,其免税范围主要包括:(1)对军用、警用、外交人员等使用船舶的政策性免税;(2)对渔业船舶、应纳税额为50元以下船舶的优惠性免税;(3)对初次到港的空载船舶的国际惯例性免税。这些免税范畴虽较《船舶吨税暂行条例》相比更臻完善,但仍有稍显不足之处。

第一,对渔业船舶的免税范围过窄。根据现行法律规定,仅养殖、捕捞船舶可以免交船舶吨税,这一范围规定得过于狭窄。一般来说,渔业船舶包括捕捞船、养殖船、水产运销船、冷藏加工船、油船、供应船、教学实习船、渔港工程船、渔政船和渔监船。除渔政船、渔监船以及捕捞船、养殖船外,其余的冷藏加工船等均可被统称为"渔业辅助船",这些船舶对渔业的发展起到了至关重要的作用,例如,对于远洋捕捞船来说,每次捕捞后都要回港卸货,非常消耗人力物力成本,这就需要冷藏加工船出海将渔获运回海港,这样捕捞船即可迅速进行下一轮捕捞工作,这些辅助类船舶的吨位往往较大,多艘捕捞船配套一艘冷藏加工船即可,这在很大程度上节约了渔业企业的成本。同时渔业辅助船的数量与捕捞船、养殖船相比数量较少,对其予以免税待遇并不会导致大规模的税基流失。其实,从比较法的视角来看,世界主要发达国家对于渔业辅助船一般都会给予船舶吨税的免税政策。英国2000年《税收法案》中明确对船舶吨税的免税范围作出规定,将渔业船舶

(fishing vessels)和渔业辅助船(factory ships)排除在课税范围之外,[①] 其中对渔业辅助船还作出了具体定义,明确渔业辅助船是为渔业船舶提供服务(services)和加工处理(processing)的船舶。[②] 除英国外,希腊、韩国等国的船舶吨税立法也都将渔船和渔业辅助船一同排除在课税范围之外。近年来,我国近海的渔业资源日渐枯竭,远洋渔业已成为我国海洋经济战略的重要组成部分,[③] 将渔业辅助船与渔船一道免除船舶吨税的纳税义务,是释放立法善意,促进渔业物流航运发展的有利推动因素。

第二,对非营利性质的船舶不给予税收优惠。现阶段,除商业运输船舶外,还有许多船舶是非营利性质的船舶,这些船舶往往是从事科考、海洋环境保护等公益性质的船舶,甚至这些船舶很多还属于政府船舶,如极地科考船等。这些船舶的航行本身不属于营利行为,根据税法学理论,不具有营利性的行为是否具有可税性本身就值得讨论,且对于国家所有的公务船舶还征收船舶吨税也有违基本的税法原理。

(二)税率设计有待细化

从1952年《海关船舶吨税暂行办法》起,我国立法者就根据船舶不同的吨税执照期限设置不同的税率档次。《海关船舶吨税暂行办法》中规定了3个月与30日两档税率,《船舶吨税暂行条例》增加一档,变更为30日、90日与一年三档。《船舶吨税法》沿袭了《船舶吨税暂行条例》中的划分方法,也采用三档制。船舶吨税税率档次演变表见表2。

表2　船舶吨税税率档次演变

法律规范名称	《海关船舶吨税暂行办法》	《船舶吨税暂行条例》	《船舶吨税法》
税率档次	3个月、30日	30日、90日、一年	30日、90日、一年

但笔者认为,单纯以吨税执照期限为标准进行税率设计的方法过于单一,应当增加以次为单位的征收方式。在实践中,海上货物运输往往分为班轮运输与租船运输,所谓租船运输,指的是不定期、不定航线的由一个或多个货主租用整条船进行的运输,往往大宗货物多采用这种运输方式。[④] 对于租船运输来讲,外籍船舶偶然应雇主要求装运货物进入我国港口,却要按照最少30日的标准缴纳船舶吨税,似乎不尽合理。不仅是租船运输,在班轮运输过程中,也常常出现因为船舶故障而由船公司指派另外的船舶临时替代的情况,但根据法律规定,船舶的吨税执照是仅能适用于一艘船舶的,那么这艘被临时指派的船舶也需要办理最少30日的船舶吨税执照并照此纳税。这在很大程度上加大了船舶企业的负担,与现代海上运输贸易迅捷、高效的理念不相符合。

① Section 20(1)(a) Finance Act 2000, U. K.

② Section 20(2) Finance Act 2000, U. K.

③ 参见国小雨:《中国远洋渔业发展现状及趋势研究》,载《海洋经济》2013年第5期。

④ 参见余劲松主编:《国际经济法概论》,北京大学出版社2015年版,第118页。

三、重压之下：航运业税收困境检视

见微知著，船舶吨税法律制度的仍待完善体现的是我国航运业整体税收环境的有待改进。船舶吨税背后的存废之争，不仅是一个简单的理论问题，更反映了我国航运业整体税收负担的无序现状。党的十九大提出，航运业作为我国"一带一路"倡议的重要支撑，成为我国下一阶段经济发展的重点扶植行业。这里所说的扶植，必然包括税收扶持在内。

（一）负担透视：我国航运业税制的国际竞争力较弱

前文已述及，我国船舶吨税逐渐处于边缘化地位，其中一个重要的原因就是航运企业其他杂项税费太多，掩盖了船舶吨税的真正制度意蕴。这也正是我国航运企业税负较高的重要原因之一。目前，跨境航运企业在我国面临的税收除关税、船舶吨税、企业所得税、增值税、车船税等外，还有船舶港务费、引航费、拖轮费、停泊费、系解缆费、灯标费、检疫费、搬运费、堆装费、平舱费、理货费等港口码头使用服务费。上述费用除货物港务费由货方负担外，其余费用均应按提单或租船合同规定，由船方或货方或承租人负担。[①] 其实这些费用中的许多都与船舶吨税性质相同，在其他国家大多按吨位折算，通过船舶吨税一并征收，这样不仅为企业节约经济成本，也节约了企业多头办理各类缴费手续的时间成本。

从税收层面来看，跨境航运企业所面临的主要税收负担其实并不是船舶吨税。船舶吨税在企业的税收成本之中只占很小的比重，所得税、流转税等大税种成为我国航运企业的主要税收负担。一般来说，对航运企业来说，各国政府均给予了不同程度的税收优惠。这主要是因为航运业是一个覆盖面很广的体系，不仅包括船舶的制造、维修，海上运输等传统概念中的航运，还与航运金融等一系列上下游行业密切相关。降低航运企业的税收负担实际上可以在很大程度上带动上下游行业的发展，是一种"放水养鱼"的战略抉择。但我国有关航运业的税收优惠力度依旧偏小。与采用现代吨税制度的我国香港特别行政区和新加坡相比，相关税种的比较如表3所示。

表3　中国内地与中国香港特别行政区、新加坡相关税种比较

国家或地区	进口环节关税、增值税	企业所得税	个人所得税	其他
中国内地	9%与17%（符合特定条件可免征）	25%，无税收优惠	3%～45%七级超额累进	服务业营业税、印花税、车船税等

① 参见陈继红：《"第二船籍制度"的思考》，载《中国远洋航务》2008年第9期。

续表

国家或地区	进口环节关税、增值税	企业所得税	个人所得税	其他
中国香港特别行政区	免征船舶进口关税;无增值税	16.5%,对国际航运企业境外所得免征	年内在本地停留时间累计不足60天免征个人所得税	无
新加坡	无,但征收3%的货物与服务进口税(GST)	8%,对国际航运企业境外所得免征	免征海员个人所得税	无

资料来源:参见张元波、张程:《改革并完善中国船舶吨税制度的若干思考》,载《哈尔滨工业大学学报》(社会科学版)2015年第2期。

虽然在“营改增”后,航运业的增值税税率为11%,下游企业能多获得4%的抵扣额(“营改增”前,航运业下游企业按7%进行抵扣),但这毕竟是宏观结构性减税的成果,并非针对航运业一家的税收优惠,而且这也无法从根本上改变航运企业税负较重的局面。据统计,从2006~2013年,我国“方便旗”船载重吨占船队总载重吨的比重从54.45%扩大到64.79%,且大吨位船舶更多在国外登记,中资外籍船舶的平均吨位为3.66万吨,而中国籍船舶仅为0.85万吨,① 这是因为吨位越大的船舶其所缴纳的进口关税和费用就越多。我国船舶纷纷选择巴拿马等“方便旗”国作为船舶登记地,使我国航运业呈“大而不强”的局面,造成我国税基侵蚀,税源外流。为解决这一困境,我国政府也多次试图运用税收政策吸引中资外籍船回国,但至今未能推出行之有效的解决方案。

(二)既有政策:我国现有税收优惠力度不足

我国目前针对航运业的税收优惠政策归纳起来无非两类。一类是地域性的税收优惠。如福建省对于符合条件的新增运力船舶,按照新增运力对地方级税收的贡献额,前2年给予80%奖励,后3年给予40%奖励。② 同时,对于在福建省内注册的船舶管理企业、国际船舶代理企业、无船承运企业、水路运输服务企业等也按照其地方级税收贡献额给予较大力度的奖励。类似的政策性优惠在浙江省、上海市等沿海省市也都以不同的形式存在。但此类政策本身存在的合法性基础有待商榷。根据我国《立法法》的规定,税收征收管理的基本制度只能由法律规定。《税收征收管理法》第3条也明确规定,“税收的开征、停征以及减税、免税、退税、补税,依照法律的规定执行;法律授权国务院规定的,依照国务院制定的行政法规的规定执行”。这也就意味着,地方政府的税收返还承诺在法理

① 参见刘海燕、顾睿:《中资外籍船舶关税待遇问题初探》,载《海关与经贸研究》2014年第6期。

② 参见福建省交通运输厅、福建省财政厅《关于印发促进航运业发展若干意见实施办法的通知》(闽交运〔2015〕151号)第4条第3项。

上是缺乏依据的。这类税收优惠往往通过地方政府的非规范性法律文件或会议纪要等形式发布,从性质来说无论将其认定为行政合同,还是行政允诺,都因其与我国法律的强制性规范抵触而无效。一旦地方政府违背了事前的税收返还承诺,纳税人很难通过诉讼等法定渠道寻求救济。加之近年来,中央日益加大地方性税收优惠的清理力度,明确提出“各地区、各部门已经出台的优惠政策,有规定期限的,按规定期限执行;没有规定期限又确需调整的,由地方政府和相关部门按照把握节奏、确保稳妥的原则设立过渡期,在过渡期内继续执行”。[①] 这给地方性税收优惠增加了不确定性。

另一类是国家层面基于政策考量出台的临时性税收优惠政策。为促使中资外籍船舶回国登记,2007 年交通运输部会同财政部报请国务院批准后出台了“特案免税”政策。所谓特案免税,是指当中资外籍船回国登记时可以“免税报关”,即免除船舶进港时的关税以及进口环节增值税。但特案免税制度自其实行以来,效果并不理想,据统计,自 2007 年特案免税制度推出后的两年,回国的中资外籍船也仅为 50 艘。[②] 造成效果不理想的原因有很多:第一,这一政策有时间限制,虽经两次延期,该政策也已于 2015 年 12 月 31 日到期,无法给企业提供长效的税收激励机制;第二,该政策所免除的仅为中资外籍船回国报关环节涉及的流转税,对于回国后经营过程中产生的所得税、增值税等税种并未给予任何的税收优惠,对企业来说并不能实际减轻其税收负担;第三,这一政策对回国船舶的经营范围、船龄、船舶种类以及今后的转让程序均有较大限制。有限的优惠加上烦琐的程序性限制降低了中资外籍船回国的意愿。

四、路径抉择:我国航运业税制的未来发展规划

通过上文的分析不难看出,我国航运业的税收环境已无法为“一带一路”背景下航运业的发展提供必要的支撑,既有税收优惠的激励效应也很薄弱,改革势在必行。那么在未来的改革过程中,是否要采用“现代吨税制度”呢?如若不然,又该如何在现有法律框架下,对相关税收制度进行完善?笔者在本部分将对这一问题进行具体分析。

(一)现代吨税发展趋势与我国选择

通过上文分析我们不难看出,目前我国既有的税收政策已成为阻碍航运业发展的重要因素。鉴于此,诸多学者提出了航运业的税负改革建议。有学者提出,应当引入现代化吨税制度,即将以船舶吨位为基础并乘以每吨核定的利润课征的现代吨税作为航运企业缴纳的唯一税种,取消航运企业的企业所得税等主要税种的纳税义务。

现代吨税起源于 1957 年的希腊,并被英国、荷兰等航运业大国所采纳。目前世界主要航运大国的现代吨税采用情况如表 4 所示。进入 21 世纪后,现代吨税制度又被引入印度等发展中国家,有力推动了上述国家的航运业发展。例如,印度政府 2005 年将原先针对航运企业征收的 33% 企业所得税骤降为 3% 的船舶吨税后,目前印度规模最大的私

---

① 参见国务院《关于税收等优惠政策相关事项的通知》(国发〔2015〕25 号)第 2 条。

② 参见徐敏霞:《“特案免税登记”政策优化建议》,载《水运管理》2010 年第 9 期。

人船东,拥有 73 艘货船的大东方航运公司可以年均减少缴纳税款 1110 万美元。

表 4　世界主要海运国家或地区实施现代吨税制情况

船队运力世界排名	国家（地区）	船舶数量/艘	总运力/千吨	占世界船队比重/%	实施现代吨税制情况
1	希腊	3989	282,200	17.68	1975 年实施
2	日本	4105	235,370	14.75	2008 年实施
3	中国	4750	184,444	11.56	未实施
4	德国	3811	126,976	7.96	1998 年实施
5	韩国	1595	83,425	5.23	2004 年实施
6	挪威	1561	57,405	3.60	1996 年实施
7	新加坡	1294	51,424	3.22	未实施;企业所得税率 17%,新加坡籍船舶从事国际运输收入所得免税,经审核的海运企业给予免税或 10% 的低税率
8	美国	1030	47,637	2.98	2004 年实施

资料来源:参见王玥、袁埜:《中国海运业需要加快引入现代吨税制度》,载《对外经贸实务》2015 年第 7 期。

虽然现代吨税制度在其他国家或地区取得了较好的"战绩",但笔者认为,如果我国现在骤然进行这一变革恐怕操之过急。我国此轮财税体制改革的主要目标在于梳理并完善现有税收制度,其核心在于落实税收法定,即做到税收法治建设的形式正义。目前《企业所得税法》已经完备,《船舶吨税法》立法工作刚刚完成,在这一情况下骤然将刚刚完成立法工作的船舶吨税进行大刀阔斧的改革,无疑是违背税收立法的可预期性的,有违纳税人信赖利益保护之嫌。税制改革应以比例原则为导向,在比例原则的 3 项基本内容中,必要性原则尤为重要,即任何改革都应遵循目的与手段之间的协调,要使用对整体税制伤害最小的方法达到最有效的目的。降低航运企业的税收负担其实并不是只有采用现代吨税制度这一条路可走,也不能简单地认为现代吨税制度就一定比传统吨税制度更发达、先进。

（二）现有法律框架下的航运业税制构建

综上所述,现代吨税制度与传统吨税制度均是税收制度设计过程中立法者可选取的若干备选方案之一,只要"排列组合"得当,均可发挥促进行业发展的效果。具体来说,笔者认为,在下一阶段我国可以通过如下措施来降低航运业的整体税收负担。

第一，降低航运业企业所得税税率。企业所得税是目前航运企业所要承担的最沉重的税负。在改革过程中，首先，应当降低航运企业的所得税税率，笔者建议，比照小微企业与高新技术企业，将税率定在 10% ~15% 为宜。其次，对航运企业购置的用于环境保护、节能节水、安全等专用设备应给予投资税收抵免待遇。

就改革范围而言，笔者认为，改革总是循序渐进的，在现阶段可以先选取部分地区作为航运企业所得税优惠的试点地区。一是能便于立法者控制改革走向；二是企业所得税降低后势必会吸引较多中资外籍船回国，在特定区域内实行改革试点有助于对这些船舶进行管理。在 2010 年前后，为鼓励中资外籍船"回家"，曾短时间内在上海市洋山港试点过"免除营业税纳税义务，照常征收企业所得税等其他税种"的优惠政策，但因种种原因这一改革方案旋即被叫停。① 新的企业所得税优惠政策的试点，笔者认为，依然可以选取洋山港为试点区域，在这一问题上上海市有关部门也多次在不同场合表达过这一意愿。②

在降低企业所得税的同时，对于回国注册的船舶来说，还应当降低其回国过程中的税收优惠。回国过程中的税收优惠与回国后经营活动中的税收优惠二者缺一不可，2007 年起实行的"特案免税"就是因为只对一个环节进行税收优惠而未获成功。因此，笔者建议，对于回国注册的船舶所需缴纳的关税、进口环节增值税予以一定的优惠，对审批费、引水费、靠泊费等行政事业性收费予以免除，同时提高船舶回国环节的行政审批手续的速度，目前中资外籍船回国注册办理全部手续大约需要 9 个月时间，大量提高了航运企业的时间成本，严重影响船舶回国登记的意愿。同时，还需放宽中资外籍船舶的船龄、吨位等限制条件。

第二，减并车船税与船舶吨税。长期以来，关于船舶吨税与车船税二者是否设计重复征税问题在学术界讨论不断。在本文的开篇，笔者已经明确了二者的性质，即车船税是财产税，船舶吨税是行为税，二者征税的客体不同，不存在重复征税问题。但之所以在此处提出将二者减并，主要是出于国内外税收公平的考量。船舶吨税的课税对象是从外国港口航行至我国港口的船舶，只要符合这一要求且不存在税收减免的情形，无论是船籍还是所在航运企业均需缴纳船舶吨税。车船税的纳税人只能是我国纳税居民，而这些中资外籍船的船籍国出于吸引船舶注册之考量，通常不会设置车船税这一类的财产税，这也就意味着中资外籍船少缴纳了一道车船税。这种"超国民待遇"无疑是不公平的。在国际税收中，一个重要的原则是"税收中立"，这意味着国际捐税体制不应对涉外纳税人之经济活动的区位选择以及企业的组织形式等产生影响，既不鼓励、也不阻碍纳税人在国内或国外投资、工作或消费本国产品或外国产品。③ 这种不公平的税制结构设计，形成了航运业的"挤出效应"，是一种反向歧视。这一问题在车船税法立法之初曾受到过立

① 赵少东：《中资外籍船的艰难"回家路"》，载《珠江水运》2015 年第 13 期。

② 上海市国家税务局课题组：《部分行业企业所得税优惠政策探讨》，载《税务研究》2010 年第 2 期。

③ 参见陈清秀：《国际税法》，法律出版社 2017 年版，第 3 页。

法者的注意,《车船税法实施条例》第 25 条第 1 款规定:“按照规定缴纳船舶吨税的机动船舶,自车船税法实施之日起 5 年内免征车船税。”这一规定给了航运企业一个缓冲期,避免其在骤然间受到船舶吨税和车船税的双重压力。但这 5 年的缓冲期已在 2016 年年底届满,应税船舶在缴纳船舶吨税的同时也应当缴纳车船税。因此笔者建议,出于国际税负公平的考虑,中国籍船舶在缴纳完船舶吨税后,可以根据吨税的纳税数额在车船税税额中进行抵免,这实际上是在保留这两个税种的前提下,在车船税和船舶吨税二者之中“择一就高”缴纳,有助于降低航运企业税负,提升其国际竞争力。

第三,成立航运基金。在未来降低航运业企业所得税、船舶吨税等税种的税率后,试点区域的地方财政收入会因航运企业的入住而增长,而经济增长后中央与地方的财政收入划分往往又成为央地财政矛盾的肇源点,2010 年前后,上海市洋山港的试点无疾而终在很大程度上归因于此。为避免纠纷,笔者建议参考发达国家,将航运业的所得税收入提取、或大部分提取出来设立航运基金。其实我国目前已经建立了航运基金制度,2009 年船舶产业投资基金在天津市正式投入运营,2010 年上海航运产业基金成立,2011 年大连港航产业基金成立。目前上述基金均已初具规模,吸引了部分民间资本的进入,并获得了国际社会的认可。但从实际运行情况来说,无论是融资规模,还是实际投资都还远未达到预期的目标。究其原因,非常重要的一点是航运基金的资金来源渠道单一且有限,从表 5 中可以看出,目前两个航运基金的主要资金来源是地方政府融资平台。地方融资平台的资金来源渠道,笔者认为应当固定下来,即从试点区域的航运企业所得缴纳的企业所得税中抽取。航运基金并非一次性投入,央行与银保监会等部门应当会同财政部、国家税务总局尽早制定航运基金管理办法,将税收收入转划航运基金的比例、频次等作出详细规定。在预算安排上,可通过从一般公共预算向政府性基金转拨的方式完成资金的转划。

表 5　我国航运产业基金及其融资机构

基金名称	融资机构	融资规模
中国船舶产业投资基金(天津市)	天津城市基础设施建设投资集团有限公司、天津市津能投资公司、天津新金融投资公司、北方国际信托股份有限公司、中船产业投资基金管理企业、庄吉集团	首期融资 28.5 亿元
上海航运产业基金	国泰君安创新投资有限公司、中海集团投资有限公司、上海国有资产经营有限公司、虹口区国有资产经营有限公司分别按照 3.5∶3∶2.5∶1 的比例出资	总融资规模 50 亿元
大连港航产业基金	大连长兴岛开发建设投资有限公司、大连港集团有限公司、上海福隆投资管理有限公司、大连船舶配套产业园有限公司、万邦(上海)船舶工业技术有限公司	总融资规模 50 亿元

资料来源:雷池玥:《我国发展航运产业基金存在的问题与对策分析》,载《对外经贸》2012 年第 1 期。

第四，对于远洋航运船舶的船员也应当在个人所得税上给予适当优惠。目前，在我国个人所得税法律制度中，对海员的个人所得税待遇相较一般的纳税人来说是较优惠的。首先，考虑到海员多采取年薪制，故规定海员的个人所得税按月预缴，待到年终再根据海员的年实际收入重新计算。其次，自2006年以来，海员个人所得税的免征额始终高于普通居民的免征额，为4800元。但是2006年以后，普通居民的免征额标准四度上涨至3500元，海员的免征额并未随之上涨。海员与普通居民的个人所得费用扣除比例从5倍缩减到1.37倍，其优势不再明显，尤其是2011年《个人所得税法》将原有的九级累进改为七级累进更使海员的收入不增反降，不利于我国高级海员人才队伍的建设。在发达国家，对于海员的个人所得税优惠是通例。例如，根据英国法律规定，海员在海上航行时间超过183天即可免除其个人所得税的纳税义务；新加坡对海员课征的个人所得税边际税率最高也仅为20%。海员是一个国际化程度非常高的行业，对海员的个人所得税政策制定更应当从国际视野予以考量。的确，在短时间内免除海员的个人所得税纳税义务对我国整体税制结构破坏较大，且容易为其他纳税人提供避税空间。故笔者认为，时下最简单的调整方案就是将海员的个人所得税免征额与普通居民的免征额同速率上涨，即维持政策制定之初二者之间5∶1的比例。同时对于海员的海上保险等特殊支出，允许其在税前进行扣除。但在享受这些优惠政策的同时，立法者也应当对海员的身份认定以及其年出海天数等进行一定的限制，防止优惠政策被滥用。

第五，优化现有吨税制度。前文已述及，在我国现有制度下，仍采取传统吨税制度为宜。虽然现行《船舶吨税法》已经规定得较完备，但仍有需要改进之处，这也是新时代下优化我国营商环境的重要举措。首先，应该进一步优化现行吨税制度的免税范围。将渔业辅助船视为渔业船舶免于征收船舶吨税，这将对促进我国远洋渔业以及渔业物流航运的发展大有裨益。同时还应当对科考船等非营利性船舶的航运行为免税，这些船舶本身具有公务船舶的性质，且其航运行为不以营利为目的，不具有可税性，加之其数量较小，对其免税不会对财政收入造成影响，故应当将其纳入免税之列。其次，在税率设计上，除按时间段征税外，还应当增加按次征税的计税方式。这将让航运企业在进行交易安排和进行成本筹划的过程中有更多的选择空间。按照国际惯例，按次征收的征收标准应不低于按月征收标准的1/3，以防止产生避税空间。

五、结语

船舶吨税立法是我国税收法治进程中的重要一步，应该看到，单靠船舶吨税改良并不能解决我国航运业目前所负担的沉重税收压力。但发达国家所采用的现代吨税制度也与我国时下的整体税制结构并不协调。因此，笔者立足现行税制结构，在进一步完善船舶吨税制度的同时，通过借鉴发达国家的有益经验，对航运业的企业所得税、个人所得税，以及船舶基金等财政路径作出规划，希望进一步对航运业发展的税收环境优化道路径进行设计，以助力我国航运业的发展。

英国气候变化税与欧盟碳排放权交易综合运用的经验与借鉴[*]

龙英锋[**]　丁　鹤[***]

英国依据《京都议定书》的内部分担协议承担12.5%的减排目标。英国在2003年通过的能源白皮书《我们的能源未来:创造低碳经济》提出,英国政府期望在2050年达到60%的减排目标。[①] 英国自2001年开始施行气候变化税(Climate Change Levy,CCL),在欧盟碳排放权交易施行之前,英国于2002年就先施行了与之相似的英国碳排放权交易体系。英国的气候变化税和欧盟碳排放权交易机制是同步运行、同时并存的两种制度,其综合运用的运行机制较复杂,两种制度之间的相互协调尤显重要。

一、英国气候变化税的主要内容

英国气候变化税作为一种能源税,于2001年4月开始在英国全国施行。作为一种全新的税种,气候变化税并不是为了增加政府的财政收入、开拓新税源,而是为了帮助英国实现温室气体减排国内和国际目标,促进英国国内企业有效利用能源、开发绿色新能源技术。

1. 气候变化税的征税对象。气候变化税的征税对象涵盖四类能源产品:为加热、照明或动能而消耗的电力、煤炭和焦炭、液化石油气、天然气。该税种是一种只向商用的特定能源征收的能源税,只涉及工商业、农业和公共服务等部门,家用能源消费不属于征收范围,小规模的企业所使用的能源也不在征收范围内。气候变化税对某些对象可以进行税收豁免,如热电联产机组产生的电力、用于慈善事业的能源将不被纳入征税范围。电力生产企业在其生产过程中所用的能源,由于碳排放权交易体系已经对其进行了调控,为了避免与之重叠而产生的二次征收,也没有被纳入气候变化税的征税对象。

---

* 本文原载《税务研究》2020年第1期。

** 上海立信会计金融学院法学院。

*** 上海对外经贸大学法学院。

① See Department of Trade and Industry, *Energy White Paper: Our Energy Future—Creating a Low Carbon Economy*, TSO, 2003, p. 1 – 138.

2. 气候变化税的征收与免除。气候变化税与英国的增值税在征收与减免环节的流程具有相互参考、协调的特点。① 在对能源产品征收气候变化税时,英国税务部门通过该能源产品的增值税证书所记载的内容来判断该产品的用途,如果增值税证书所记载的内容属于气候变化税豁免的范围,则可以对其免除征收气候变化税;反之,如果增值税证书所记载的内容被纳入了征税范围,那么将对其征收气候变化税,这样的操作流程大大减少了税务部门审核能源产品是否需要征税的人力物力,是一种快捷高效的鉴别方式。此外,英国的增值税有两种税率,一种是普通税率,另一种是减免税率。增值税的减免在大多数情况下能够保持与气候变化税的减免政策的协同性。例如,英国税法规定,对民用和非营利性质的慈善机构所使用的能源燃料免征气候变化税,同时也免征增值税。

3. 气候变化税税率的设定。英国自引入气候变化税到2007年为止,气候变化税的税率一直未曾提高。英国财政部在其2006年预算案中宣布,为了确保英国在应对气候变化方面取得进展,每年的气候变化税将随通货膨胀率的增加而上调。这种通货膨胀联动机制于2007年4月1日开始推行。例如,2010年,电力每千瓦时为0.470便士,天然气每千瓦时为0.164便士;2015年,电力每千瓦时为0.554便士,天然气每千瓦时为0.193便士;2016年,电力每千瓦时为0.559便士,天然气每千瓦时为0.195便士。由此可见,气候变化税的税率是一个平稳提高的发展走向,没有过大波动,主要是伴随通货膨胀而相应地进行调整。而英国对于天然气产业高度不发达的北爱尔兰地区,曾在2007~2011年免除了北爱尔兰商业消费者的天然气的大部分气候变化税,其初衷是为了推动该地区天然气产业的发展,直至2011年4月1日起恢复对该地区的天然气征收气候变化税。值得注意的是,针对天然气征收的气候变化税税率,始终低于针对电力、煤和石油等征收的气候变化税税率;该税率上所存在的差异主要是由于天然气的碳排量较之煤和石油非常低,因此天然气是污染最少的燃料。可见,气候变化税在税率的设定上,英国同时考量了不同燃料对环境的污染程度,对于污染较多的燃料类型设定较高的税率,反之则设定较低的税率;并以此为基础,征税率的变化始终伴随通货膨胀而逐步上调。

4. 气候变化税收入的循环应用。英国开征气候变化税的初衷并不是为了增加政府的财政开支,其秉持税收中立原则,并将其贯彻到税收收入再返还的实践中,以减少气候变化税的税收对市场经济运行所产生的负面干扰。英国政府主要通过3个途径将气候变化税的收入返还给企业:一是将所有被征收气候变化税的企业为雇员缴纳的国民保险金减少0.3个百分点,② 这样能够减少企业因缴纳气候变化税而增加的负担,在一定程度上消除了企业的抵触情绪,而政府获得的税收收入也恰好可以被用来抵减国民保险金

---

① EDF Energy, *Value Added Tax and Climate Change Levy Explained*, https://www.edfenergy.com/sites/default/files/sme_vat_guide_1212.

② 参见陈迎:《英国促进企业减排的激励措施及其对中国的借鉴》,载《气候变化研究进展》2006年第4期。

所带来的财政支出；二是通过“强化投资补贴”项目鼓励企业投资节能和环保的技术或设备；三是成立碳基金，为产业与公共部门的能源效率咨询提供免费服务、现场勘察与设计建议等，并为中小企业在促进能源效率方面提供贷款，支持短时间的能源效用提升活动。英国气候变化税一年大约能够筹措收入11亿~12亿英镑，其中，8.76亿英镑以减免社会保险税的方式返还给企业，1亿英镑成为节能投资的补贴，0.66亿英镑拨付给碳基金。据测算，至2010年，英国每年可减少250多吨的碳排放（相当于360万吨煤炭燃烧的排放量）。①

尽管英国气候变化税一直以来都坚持税收中性原则，使税收收入以另一种方式返还给企业，但根据相关统计表明，近几年气候变化税的税收收入一直呈现负数。这是由于气候变化税的税收收入低于国民保险金所减少的0.3%的数额。造成这种情况的因素之一可以归结为，伴随新能源技术的开发与运用，间接影响了气候变化税的税基，使之逐渐递减；与此同时，英国近几年的就业率有所改善、英国国民的人均收入相比过去而言在不断递增，这也同时影响了国民保险金的税基的扩增，最终导致英国政府的气候变化税税收收入低于其减少的国民保险金的0.3%的相应数额。②

二、英国气候变化税与欧盟碳排放权交易的综合运用

1.英国气候变化税和欧盟碳排放权交易体系的协同与互补。英国气候变化税和欧盟碳排放权交易体系是协同互补的两种制度。英国气候变化税针对的是能源的消耗，税基是能源的消耗量，和消耗能源所产生的温室气体没有直接关联，而欧盟碳排放权交易针对的是二氧化碳等温室气体的排放，二者协同互补，共同促进英国的能源减排，同时能在一定程度上减少对能源消耗或者碳排放的双面管控。同时，气候变化税的创设，能引导企业尝试使用绿色新技术、降能减排等措施，间接地契合了政府减少二氧化碳排放的目标。

2.运用“排放价格支持机制”加强调控强度。欧盟碳排放权交易市场的碳排放配额价格的低迷，③ 使“排放价格支持机制”在2013年应运而生。“排放价格支持机制”是气候变化税中一个独立的组成部分，指在电力生产企业的能源投入环节向其能源使用征收税款，而这些能源原本属于气候变化税免征的范围。“排放价格支持机制”对电力生产企业而言，表明该类企业消耗的化石燃料在欧盟碳排放权交易的调控外，还需被其他税收调控，接受双重调控。“排放价格支持机制”的实施，无疑能够完善对电力生产企业的二氧化碳等温室气体排放的调控强度。

---

① 参见潘家华、陈迎、庄贵阳、吴向阳：《英国低碳发展的激励措施及其借鉴》，载《中国经贸导刊》2006年第18期。

② Environmental Audit Committee, *Reducing Carbon Emissions from UK Business: The Role of the Climate Change Levy and Agreements*, Government Response to the Committee's Second Report of Session 2007 – 08, 8.

③ 参见郑爽、张敏思：《2012年欧盟碳市场评述》，载《中国能源》2013年第2期。

3. 气候变化协议赋予企业更多的灵活性。气候变化协议的出台在一定程度上推动了气候变化税的应用。英国气候变化税作为英国政府创设的一种独立的新税种，较之欧盟碳排放权交易体系依托市场经济的特点，带有较浓郁的公权力色彩，容易受到被征税的行业企业的抵触，英国政府在创设气候变化税前也充分考虑了气候变化税对企业的竞争力是否存在负面影响的问题。① 而气候变化协议是英国政府与能源密集型企业之间签订的自愿减排协议，与政府达成协议的企业只要完成了该协议所规定的碳减排标准，就能享受较高比例的气候变化税减免。气候变化协议就像是一个缓冲装置，通过与企业和行业签订一般协议和伞形协议的方式，保证了企业和行业的竞争力，减轻了政府施行气候变化税的潜在阻力，也赋予了企业和行业一定空间的灵活度。

总体来看，气候变化税在英国实施了20余年，它通过气候变化协议的帮助保证了特定企业和行业的竞争力。而“排放价格支持机制”作为气候变化税的一个独立组成部分，使其更好地和欧盟碳排放权交易体系进行对接与互补，促成了两种制度和相关政策的互相作用并得以在英国进行综合运用。

三、对我国的借鉴与启示

英国气候变化税在广义上具备碳税的属性，② 通过分析英国在实践中如何将其制定的气候变化税和欧盟碳排放权交易进行协调的方式，能够得知碳税和碳交易制度这两种制度的综合运用，能够产生互相补充、互相强化的成效。我国现阶段尚未开征碳税，未来开征碳税时，碳税和碳排放权交易在我国的协同调配可以参考英国以及其他诸如德国、法国等一些采取了广义上的碳税制度的欧洲国家的前车之鉴。③

1. 以特定能源的使用量为征税对象。英国将气候变化税的管控目标放在了特定能源的使用量上，而不是放在对二氧化碳等温室气体的排放量上，这一措施巧妙地避开了欧盟碳排放权交易的二次监管，且不会影响英国政府的减排目标，因为各企业仍然会出于财政支出、成本规划的考虑，为了抑制能源的使用量而在生产过程中有意识地减少二氧化碳等温室气体的排放量。我国在未来适时开征碳税时，也可以借鉴英国的做法，将碳税的管控目标放在对在生产作业中将会排碳的能源的使用量上，从而使企业积极限制能源的使用。将二氧化碳的排放控制在能源使用的源头，降低了碳税和碳交易机制对二氧化碳等温室气体重复管控的可能性，可极大地缓和两种制度共同存在所造成的政策协同上的复杂程度。

2. 构建碳税与碳交易两种制度之间的转换机制。我国政府在构建碳税制度的完善

① OECD, The United Kingdom Climate Change Levy: A Study in Political Economy, Environment Directorate Centre for Tax Policy and Administration, 2004, 37.

② 气候变化税有别于根据燃料的碳含量征税的碳税，但由于气候变化税设立的初衷是向能源征税以此减少温室气体的排放，因此它既是一种能源税，同时也可以被视作一种广义上的碳税。

③ 参见范允奇、王文举：《欧洲碳税政策实践对比研究与启示》，载《经济学家》2012年第7期。

过程中，可以适时尝试赋予符合要求的企业享有两种制度的自主选择权。政府可以制定一个碳排放权交易费用和碳税之间的转换机制，给予排放者在两种模式之间自由选择的权利，由政府根据碳市场的实时情况制定转换比例，被纳入配额管理范围的企业可以将碳排放权交易费用按照相应的比例转换成碳税，碳税也可以按照相应的比例转换成碳排放权交易费用。这种机制将显著提高固定税率的碳税制度的灵活性，符合一定要求的企业可以在自主选择缴纳碳税的同时受到碳交易机制的管控，也可以选择只缴纳碳税或者只受到碳交易制度的调控，削弱了潜在的阻力和企业的抵触情绪。

3. 税收收益中立特点在碳税制度上得以贯彻与体现。我国未来的碳税制度中应当体现碳税的税收收益中立特点，即将税收收入循环地使用于纳税主体。正如英国气候变化税将所有被征收气候变化税的企业为雇员交纳的国民保险金减少 0.3 个百分点，而我国倘若在将来开征碳税，其目的也不仅仅是通过碳税增加政府的财政收入，更多的是为了弥补碳排放权交易难以实现减排目标的缺点。一种做法是，我国可以借鉴英国的做法，在不考虑碳税是否会呈现负收益的情况下，将所有被征收碳税的企业为其员工缴纳的社会保险金抵扣一定比率的百分点；另一种做法是，政府在增收碳税的同时，也对被征收碳税的企业与个人所得税进行一定程度的减免，降低税制对资本、劳动产生的扭曲，形成更多的社会就业，使国民生产总值持续增长，弥补我国碳减排力度不够的缺陷，在实现改善环境状况的目标之余，也能促进国民经济发展的步伐。

2019年税务司法审判影响力案例评析

——"西安咸工进出口贸易有限公司与税务局行政管理案"

易　明*

基本案情

西安咸工进出口贸易有限公司(以下简称西安咸工公司)与第三人签订《外贸代理出口协议书》,委托第三人代理外贸出口。第三人所在地的税务机关(国家税务总局福州经济技术开发区税务局),对相关出口货物作出暂缓退税决定。西安咸工公司与第三人就暂缓退回的税款损失发生争议,经仲裁裁决,西安咸工公司应当向第三人返还第三人垫付且暂未获退回的货物税款。西安咸工公司对税务机关作出的暂缓退税决定不服,遂提起行政诉讼。

一审法院以西安咸工公司与行政行为不具有利害关系为由不予立案。西安咸工公司不服一审判决,上诉至二审法院。

争议焦点

税务机关对外贸代理企业作出其代理出口货物的暂缓退税决定,委托出口企业不服的,是否有就该决定提起行政诉讼的主体资格。

案件处理

二审法院认为,只要行政行为对公民、法人和其他组织的权利义务产生实际影响,公民、法人和其他组织便可以对其提起行政诉讼。在该案中,国家税务总局福州经济技术开发区税务局作出暂缓退税的决定导致西安咸工公司不能如期获得退税利益,已经对上诉人的财产权益造成了实际影响,上诉人是被诉行政行为的利害关系人。因此,西安咸工公司是该案适格原告,依法享有诉权。二审法院裁定撤销一审行政裁定,指令福州市台江区人民法院予以立案。

评委推选理由

该案在出口退税案例中具有代表性,外贸领域纳税主体有可能出现分离的现象,因

* 德恒律师事务所顾问,德恒税法服务与研究中心秘书长。

此人民法院应当依据该领域的特殊性作出是否受理案件的判断，而在不能确定是否应立案的情况下，应按照立案登记制原则应当先立案，这样有助于解决行政诉讼“立案难”的问题。同时，只要行政行为对公民、法人和其他组织的权利义务产生实际影响，公民、法人和其他组织便可以对其提起行政诉讼。认定的利害关系并非限于法律上的利害关系，而是包括导致经济利益受到影响的各种情形，该案具有普遍性和示范性效应。

法理分析

关于行政诉讼的原告主体资格，主要的法律依据是《行政诉讼法》第25条第1款，具体为：“行政行为的相对人以及其他与行政行为有利害关系的公民、法人或者其他组织，有权提起诉讼。”

从该条规定可知，具有行政诉讼原告的主体资格有两类：

一是行政行为的相对人。从该案来看，税务机关作出的暂缓退税决定，是对外贸出口代理企业作出的，因此该行政行为的相对人应为该外贸代理出口企业，也即案件中的第三人。该外贸代理出口企业作为行政行为直接指向的对象，毫无疑问地具有行政诉讼的主体资格。在实践中，对于行政行为的相对人具备行政诉讼的原告主体资格是没有争议的。容易产生的争议的，是第二类主体。

二是行政行为相对人以外、与行政行为有利害关系的公民、法人或其他组织，即行政行为的利害关系人。非行政行为相对人的公民、法人或其他组织要具备行政诉讼原告主体资格，就必须满足与行政行为之间有利害关系这一条件；否则，非行政行为相对人的公民、法人或其他组织不能成为行政诉讼的原告。

对于什么是利害关系，最高人民法院《关于适用〈中华人民共和国行政诉讼法〉的解释》（法释〔2018〕1号）（以下简称《行政诉讼法解释》）第12条列举了属于“利害关系”的几种情形：

“有下列情形之一的，属于行政诉讼法第二十五条第一款规定的‘与行政行为有利害关系’：

（一）被诉的行政行为涉及其相邻权或者公平竞争权的；

（二）在行政复议等行政程序中被追加为第三人的；

（三）要求行政机关依法追究加害人法律责任的；

（四）撤销或者变更行政行为涉及其合法权益的；

（五）为维护自身合法权益向行政机关投诉，具有处理投诉职责的行政机关作出或者未作出处理的；

（六）其他与行政行为有利害关系的情形。”

该司法解释把行政行为涉及其相邻权、公平竞争权的权利人，在行政复议等行政程序中被追加的第三人、要求追究加害人责任的受害人、为维护自身合法权益而投诉的投诉人，都列举为与行政行为有利害关系的行政诉讼原告。最后还加上了兜底条款“其他与行政行为有利害关系的情形”。但是，对于“利害关系”的内涵并没有进行阐释。

根据最高人民法院行政审批庭编著的《最高人民法院行政诉讼法司法解释理解与适用》一书的介绍,《行政诉讼法解释》第12条是"关于具有原告资格的几种特殊情形的规定",也就是说,列举出来的几种情形,是经过司法实践检验、并已形成共识的原告类型。此外,还有其他与行政行为具有利害关系,应该获得原告资格的情形。但对于什么是利害关系,如何判断是否具有利害关系,是《行政诉讼法》和《行政诉讼法解释》未明确解决的问题。

在实践中,除司法解释中明确列明属于与行政行为有利害关系的情形外,到底如何判断利害关系,哪些公民、法人和其他组织也属于与行政行为有利害关系,而应当取得行政诉讼原告资格,仍是一个常见的争议点。

在编纂《2019年中国税务行政诉讼大数据报告》的过程中,收集了中国裁判文书网、威科先行案例库和北大法宝案例库中公开的全部裁判于2019年的税务行政诉讼裁判文书1022个,经分析整理共涉及案件799个。其中,257个案件一审被以"不符合行政诉讼起诉条件"为由驳回起诉,占全部案件的32%。在这257个案件中,又有24%是以"不具备原告资格"为由驳回的。在因不具备原告主体资格一审被驳回起诉的案件中,有85.6%的案件进入了二审。进入二审的案件中又有22.6%的案件因争议极大,又进入了再审。在这些不具备原告资格的案件中,起诉人都是以利害关系人的身份起诉的,起诉人与行政行为之间是否有利害关系,是这些案件共同的争议焦点。由此可见,审慎对待、不断思考,以推动行政诉讼中利害关系理论和实践的发展及成熟,具有极大的现实意义。

实际上,在我国的行政诉讼法律规定、司法理论和实践中,原告的范围处于一个动态发展的过程。这也是世界各国行政诉讼制度发展的共同经验。

在我国最早关于公民、法人和其他组织可以提起行政诉讼的法律——《中外合资经营企业所得税法》(1980年,已失效)中,第15条规定:"合营企业同税务机关在纳税问题上发生争议时,必须先按照规定纳税,然后再向上级税务机关申请复议。如果不服复议后的决定,可以向当地人民法院提起诉讼。"根据这一规定,只有征税行为的相对人——纳税人——具有提起税务行政诉讼的原告资格,其他利害关系人并无提起行政诉讼的主体资格。

制定于1989年的《行政诉讼法》(已失效)第2条规定:"公民、法人或者其他组织认为行政机关和行政机关工作人员的具体行政行为侵犯其合法权益,有权依照本法向人民法院提起诉讼。"当时,包括法官、政府工作人员在内的不少人认为,只有行政行为的相对人才有权提起行政诉讼。在司法实务中,相邻权人等提起行政诉讼的,法院一般倾向否认其原告主体资格。

由于"行政相对人"标准限缩了行政诉讼原告资格的范围,不利于充分保护公民、法人和其他组织的合法权益,也不利于监督行政机关依法行政,纠正违法不当的行政行为,1999年通过的最高人民法院《关于执行〈中华人民共和国行政诉讼法〉若干问题的解释》(法释〔2000〕8号,已失效),第一次确立了"法律上的利害关系"标准。该解释第12条规定："与具体行政行为有法律上利害关系的公民、法人或者其他组织对该行为不服的，可以依法提起行政诉讼。"这一规定，明确地将行政诉讼的原告范围从行政行为的相对人扩展到了行政行为的利害关系人，是一个重大的突破和变化。

我国2014年修订的《行政诉讼法》(已失效)第25条第1款明确规定："行政行为的相对人以及其他与行政行为有利害关系的公民、法人或者其他组织，有权提起诉讼。"这一规定，将"法律上的利害关系"调整为"利害关系"。按照全国人大常委会法制工作委员会编写的《〈中华人民共和国行政诉讼法〉释义》中解释，这种调整是因为不同的人对于"法律上的利害关系"有不同的理解，在客观上可能限制公民、法人或者其他组织的起诉权利，用"直接的利害关系"作为标准，又可能被解释为行政行为的相对人，故而改用了"利害关系"的提法。

从上述行政诉讼原告资格的制度变迁中可以看到，行政诉讼的原告范围呈现一个逐渐拓宽的趋势。原告范围的不断扩展，部分是由于受到法律承认和保护的权利和利益在不断发展。随着经济社会的发展和法治水平的不断提升，越来越多的原本不被行政诉讼所保护的权利和利益渐渐被纳入行政诉讼的保护之中。这是社会进步的必然表现。

该案裁定书对案件事实部分描述比较简略，我们只能从寥寥数语中大致推断案件的基本事实。该案第三人是出口退税的申请人，暂缓退税决定系税务机关向该第三人作出的，因此该第三人是行政行为的相对人，毫无疑问具有行政诉讼的原告主体资格。但是由于第三人与西安咸工公司之间签有《外贸代理出口协议书》，根据该协议以及双方的生效裁决书，不能获得退税的不利后果并不由第三人承担，而由委托出口的西安咸工公司承担。根据协议和生效裁决，西安咸工公司负有将第三人前期已承担且暂不能获得退回的税款如数支付给第三人的义务。因此，不会承受实际损失的第三人，作为暂缓退税决定的相对人，不再有对该决定提起异议的主观动机。此时是否应当认可承受实际利益损失的西安咸工公司具有该案原告的主体资格？从一审裁定来看，一审法院认为西安咸工公司不具备主体资格，故裁定不予立案，二审法院则否定了一审法院的认定。

是否应该承认西安咸工公司的原告主体资格，要解决西安咸工公司与暂缓退税的行政行为之间是否有利害关系。

根据最高人民法院行政审判庭编著的《最高人民法院行政诉讼法司法解释理解与适用》，最高人民法院的行政法官认为，虽然从文义上看，利害关系具有不确定性，但经过多年的实践探索，已经形成很多共识，确定性逐渐增强。大致符合以下几个条件，就可以认定存在利害关系：一是原告主张的必须是权利或者类似权利的利益；二是权益归属于原告；三是权益损害是实际存在而非主观臆想；四是原告主张的权益受到行政法规的保护。也就是说，原告所主张的利益，从规范或者规范目的来看，行政机关作出行政行为时，本来也应在考虑范围之内。

可以根据上述条件来对该案进行分析。首先，原告主张的权益是其财产权，税务机关暂缓退税的决定导致原告负有向第三人支付一定金额的义务，影响的是原告的财产权,符合第一个条件。其次,该财产权归属于原告。按照原告与第三人之间签订的协议和生效的裁决书,向第三人支付一定金额的义务归属于原告,因此原告承担了因暂缓退税导致的财产权益损失,因此符合第二个条件。再次,原告的权益损害是实际存在的,由协议和生效裁决书所确认,因此符合第三个条件。最后,唯有第四个条件,原告主张的权益是否受到行政法规的保护,令人存疑。

从税法上来看,只有对于纳税人、扣缴义务人等的保护规定,包括纳税人退税权的保护,但没有对于负税人或者委托出口企业的相关规定。然而,税务机关在作出关于退税的行政决定时,必然需要考虑作为行政相对人的退税申请人利益的。但在该案退税利益被全部转移的情形下,相关税务行政决定实际上只关系西安咸工公司的利益,已无关第三人的利益。在退税利益被全部转移给实际的利益相关方,原有的行政行为相对人对行政行为不再有利益诉求,且当事人可以提供相应证据证实的情形下,是否能够让实际的利益相关方取得行政诉讼的原告主体资格?

鉴于行政诉讼理论和实践同经济、社会、文化一样,处于不断的探索、发展和臻于成熟的过程之中,笔者认为,该案承认西安咸工公司与税务机关的暂缓退税决定之间存在利害关系,认可其具有原告主体资格具有积极和典型性的意义。这也是该案例被专家评选委员会评选为2019年十大税务司法审判影响力案例的原因。具体理由如下:

第一,西安咸工公司主张的财产权益实际就是退税申请人的退税利益。退税利益也是财产权的一种,在退税利益转移的前提下,被完全传递给了该公司。该利益由于传递的事实,实际地归属于西安咸工公司,且是税务机关在作出暂缓退税决定时,按照退税相关行政法规范,必须予以充分考虑的利益。

最高人民法院行政审判庭编著的《最高人民法院行政诉讼法司法解释理解与适用》所载明的认定利害关系存在的4个条件,前文已进行分析。分析第四个条件,西安咸工公司主张的权益是否受到行政法规保护时,无法在现行税法中找到相关利益保护的规定,在税务机关作出决定时,也无须考虑西安咸工公司的情况。

但是,税务行政决定作出时,税务机关必须考虑行政相对人的合法权益。在该案中,即第三人的退税利益。该案的特殊性在于,在退税利益被完全转移的前提下(经协议和生效裁决确定),该利益在法律和事实上被传递给了西安咸工公司。第三人与暂缓退税的行政决定已经不再具有实质上的利害关系,退税与否已不会影响第三人的经济利益,即使相关决定不公,第三人也已失去争取公平的动力。此时,税法所保护的退税利益被传递给了西安咸工公司。如果不允许西安咸工公司行使权益救济的权利,“无救济则无权利”,那么该退税利益将无从实现。即使税务机关执法不公,当事人也无从寻求公正。

如果行政相对人仍然保有相关利益,尽管行政行为会在客观上影响行政相对人以外其他人的利益,如夫妻离婚登记对债权人利益造成影响,由于行政行为对相对人的利益影响仍然是最主要的,这部分利益并未被传递给其他人,仍然归属于行政相对人,那么,此时受到行政行为影响的其他人不能取得行政诉讼的主体资格。

因此，在该案中，首先，西安咸工公司主张的权益就是退税利益。其次，该退税利益因协议和生效裁决而从法律上和事实上从第三人完整地传递给了西安咸工公司，第三人不再保有该利益。再次，利益损害是实际存在而非主观臆想。最后，西安咸工公司主张的从第三人处继受而来的退税利益无疑是受到行政法规的保护的。综上所述，西安咸工公司具备与行政行为具有利害关系的4个条件，具备了主体资格。其中的关键在于，承认该案退税利益由于利益转移的事实而发生了归属上的转移。

第二，行政诉讼的原告范围始终处于一个不断扩大的趋势中，意味着将有越来越多的公民、法人和其他组织的权利和利益得到法律的认可和保护。而过去和现在，由于法治发展水平的限制，我们对于公民、法人和其他组织的权利和利益保护并非太多，而是不足。在生效法律文书确定了西安咸工公司财产权确实受到行政行为实际影响，退税利益已被全部传递给该公司的情形下，将实际的利益相关方纳入原告范围，是一个似乎意料之外，但仍在法理之中的结果，具有典型意义和积极意义。随着时代的进步和法治文明的发展，越来越多的当事人获得行政诉讼的原告资格，能够通过法律途径维护自己的利益，是未来的发展趋势。

在实践中，无论是承担执法职能的税务机关还是承担复议职能的税务机关，仍然倾向把行政诉讼和行政复议的原告或申请人资格限制于行政相对人，对于利害关系人提出权益救济的，始终抱有极大怀疑。这种历史包袱只能通过不断的实践探索才能逐步被抛弃。该案无疑是实践上的一次有益的探索和突破。

第三，承认实际利益相关方的诉权，有利于加强对行政机关和行政行为的监督。目前，我国对于行政机关行使行政权力的限制和监督并非太多，而是太少。税务机关与纳税人之间的力量对比关系，仍然处于强弱悬殊的状态。退税申请人在退税利益转移后，一是缺乏寻求权益救济的经济动力，二是虑及与税务机关对簿公堂的压力，几乎不可能行使权益救济的权利；那么，以行政复议和行政诉讼方式监督税务机关依法行政，纠正违法和不当的行政行为的目的自然也就无法实现。这样的情况在实践中并不鲜见。打开监督和纠正违法、不当行政行为的大门，让真正的利益相关方进入法律程序，切实行使监督职能，对于督促税务机关依法行政，降低社会交易成本，维护社会公共利益，繁荣社会主义市场经济，无疑是有积极意义的。

这一发展也应引起税务机关的高度关注。在税收征纳关系中，纳税义务转嫁的情形十分常见，其中部分负税人可能成为具备行政诉讼主体资格的利害关系人。在行政执法、行政复议和行政应诉等工作中，应依法、妥善予以应对。

第四篇　国地税机构合并与财税征管的制度完善

简析我国减征增值税后的利益分配*

刘　佐**

根据中共中央的决策和2019年3月召开的第十三届全国人民代表大会第二次会议批准的《政府工作报告》等文件,2019年我国将采取一系列减税降费的重大措施。这些措施的实施,应该能够促进我国的经济发展和民生改善,产生多方面的积极效应。在这些措施中,减征增值税无疑是最重要的一个项目。首先,增值税是目前我国18种税收中征收范围最广、收入最多的一个税种。2017年全国财政收支决算显示,当年全国的增值税收入为57,807.8亿元,占当年全国税收收入的40%。政府的其他收入,包括规模庞大且近年来持续快速增长的社会保险费收入,都比不上增值税收入。其次,2019年以来,国务院已经陆续采取了多项减征增值税的重要措施,范围之广、力度之大,远远超出了很多人包括本人的预期,由此可见社会对减征增值税呼声之高、高层解决这个问题决心之大。

减征增值税措施的实施会减少政府的财政收入,同时,减少的增值税收入会在政府、企业和个人之间,中央政府和地方政府之间,商家和消费者之间形成复杂的经济利益分配关系。本文试图从宏观、微观两个层面入手,根据相关数据,简要分析上述减税措施实施以后的利益分配情况。

一、政府、企业和个人

政府、企业和个人的之间的经济利益分配关系,是研究宏观经济问题特别是财税问题时必须妥善处理的一个重要问题。财税部门的统计数据显示,近年来我国采取减征增值税的措施以后,政府收入中的增值税收入和随增值税附征的税费收入已经大量减少,从而让企业和个人受益不少。有些人可能不太认同这一点,理由是我国的增值税收入不断增长。例如,财政部公布的初步统计数据显示,2018年我国的国内增值税收入比上年增长了9.1%,2019年1~2月此项收入的增幅更高达11.3%。

第一,判断是否减税,不仅要看税收绝对额的增减,还要看税收负担率。即便降低了税率,如果税基增大,应纳税额仍然可能增加。即便税率不变,如果税基缩小,应纳税额

* 本文原载《地方财政研究》2019年第3期,原标题为《增值税减征后多元主体间利润分配探析》。

** 中国法学会财税法学研究会副会长,国家税务总局税收科研所原所长。

仍然可能减少。

例如,某企业上个月的销售额(不含增值税,下同)为 100 万元,增值税适用税率为 10%,增值税应纳税额为 10 万元(100 万元 ×10% =10 万元,为了简要说明问题,这里暂不考虑进项税额抵扣因素,或者假设进项税额为 0,下同),增值税负担率为 10%(10 万元 ÷100 万元 =10%)。

如果该企业本月的销售额减少到 90 万元,增值税适用税率不变,增值税应纳税额就会减少到 9 万元(90 万元 ×10% =9 万元),但是增值税负担率未变,仍为 10%(9 万元 ÷90 万元 =10%)。由此可见,虽然该企业本月的增值税应纳税额比上个月减少了 1 万元(10 万元 -9 万元 =1 万元),减幅为 10%(1 万元 ÷10 万元 =10%),但是并非政府减税、降低税率所致,而是本企业销售额减少、税基缩小所致。

如果该企业本月的销售额增加到 110 万元,增值税适用税率不变,增值税应纳税额就会增加到 11 万元(110 万元 ×10% =11 万元),增值税负担率依然未变,仍为 10%(11 万元 ÷110 万元 =10%)。由此可见,虽然该企业本月的增值税应纳税额比上个月增加了 1 万元(11 万元 -10 万元 =1 万元),增幅为 10%(1 万元 ÷10 万元 =10%),但是并非政府加税、提高税率所致,而是本企业销售额增加、税基扩大所致,而且增值税负担率并没有提高。

如果该企业本月的销售额增加到 120 万元,政府将增值税适用税率降低到 9%,增值税应纳税额也会增加到 10.8 万元(120 万元 ×9% =10.8 万元),但是增值税负担率会降低到 9%(10.8 万元 ÷120 万元 =9%),比上个月下降 1 个百分点。由此可见,虽然该企业本月的增值税应纳税额比上个月增加了 0.8 万元(10.8 万元 -10 万元 =0.8 万元),增幅为 8%(0.8 万元 ÷10 万元 =8%),但是并非政府加税、提高税率所致,而是本企业销售额增加、税基扩大所致,而且增值税负担率下降了。

如果该企业本月的销售额仍为 100 万元,增值税适用税率也不变,但是政府规定企业的销售额可以减按 50% 计征增值税,因此增值税应纳税额会减少到 5 万元(100 万元 ×50% ×10% =5 万元),增值税负担率随之降低到 5%(5 万元 ÷100 万元 =5%),比上个月下降 5 个百分点。虽然该企业本月的增值税应纳税额比上个月减少了 5 万元(10 万元 -5 万元 =5 万元),减幅为 50%(5 万元 ÷10 万元 =50%),但是并非企业销售额减少、税基缩小所致,而是政府减税、减计税基所致,而且增值税负担率也随之下降。

第二,不应当用全年收入的增长否认期间的减收。2018 年减征增值税的措施是从当年 5 月 1 日起实施的,据国家税务总局统计,2018 年 5 ~ 12 月降低增值税税率减税 2780.5 亿元,统一小规模纳税人标准减税 89.2 亿元,办理留抵退税 1148.5 亿元,以上 3 项合计 4018.2 亿元,超过当年全国减税规模 8000 亿元的一半,相当于当年全国国内增值税收入 61,529 亿元的 6.5%。由于上述减税措施的"时间差",2018 年全国国内增值税收入的增速很不均衡,其中 1 ~ 5 月高达 19%,6 月以后逐渐减速。如果没有实施上述减税措施,当年全国国内增值税收入很可能继续保持百分之十几的增速。至于部分企业在上述减税措施实施过程中税负上升，可能有多方面的原因，但是应该不是实施上述减税措施所致，不会也不应该影响上述总体上的基本判断。同理，也不应该用2019年1～2月增值税收入的增速否认今年增值税减收的可能性。

2019年我国已经公布并实施的减征增值税的主要措施，一是1月17日，根据国务院的决定，财政部、国家税务总局发出《关于实施小微企业普惠性税收减免政策的通知》，其中规定：2019～2021年，月销售额10万元以下的增值税小规模纳税人免征增值税。二是3月20日，根据国务院的决定，财政部、国家税务总局和海关总署发布《关于深化增值税改革有关政策的公告》，其中规定的主要减税措施是：将16%的税率降至13%，将10%的税率降至9%；提供邮政服务、电信服务、现代服务和生活服务取得的销售额占全部销售额比重超过50%的纳税人，在规定的期限以内可以按照当期可抵扣进项税额加计10%，抵减应纳税额；纳税人购进国内旅客运输服务的进项税额可以抵扣销项税额；试行增值税期末留抵税额退税制度等。上述措施实施以后，我国的增值税收入会减少多少，有关方面已经陆续公布了一些测算情况：

3月5日国务院总理李克强在全国人民代表大会上所作的《政府工作报告》中提出，全年减轻企业税收和社保缴费负担近2万亿元，这是一个很有分量的指标，同时我们需要了解上述近2万亿元中税收是多少，税收中的增值税是多少。而且，增值税的征收范围很广，纳税人中既有企业，也有其他单位和个人。所以，本文前述减征增值税的措施实施以后，少缴增值税的纳税人也不限于企业。

3月7日在全国人民代表大会新闻中心召开的记者会上，财政部部长刘昆披露，2019年的减税降费措施以减税为主体，大约占七成，减税的份额中以降低增值税税率为主体。如果按照上述减税降费近2万亿元的七成推算，2019年减税的规模约为1.4万亿元，无疑增值税是其中的主体（包括降低税率和其他减税措施）。

3月12日国家税务总局局长王军在全国"两会""部长通道"接受媒体记者采访时披露：仅就减税而言，规模相当于2019年财政预算安排的税务部门组织收入的10%以上。如果以国家税务总局初步统计的2018年税务部门组织税收收入137,967亿元为基数，假设2019年的收入比去年增长7%（2018年比2017年增长约9.5%，全国人大批准的2019年全国一般公共预算收入的增速为5%，由于我国2019年经济增速可能减慢和继续实施减税措施，估计2019年税收的增速会明显低于2018年，但是可能会高于全国一般公共预算收入的增速），可以推算2019年的收入约为147,624.7亿元（137,967亿元×107%≈147,624.7亿元），按其10%计算约为14,762亿元，与上述刘昆部长介绍的情况大体相当。

3月27日在国务院新闻办公室召开的国务院政策例行吹风会上，财政部税政司司长王建凡进一步披露，我国2019年减征增值税的规模应该超过1万亿元。由此可以确认，增值税仍然是我国2019年减税的主要措施，减征的税额约占减税总量的七成（1万亿元÷1.4万亿元=71.4%）。

有观点认为,税务机关加强征收管理会抵销减税的作用,这种看法可能有些似是而非,或者存在一些误会。减税和征管都是税收工作的重要组成部分,而且两者密切相关,政府采取的减税措施需要税务机关在征管工作中实施。征管是税务机关的日常工作,无论政府是否采取减税措施,税务机关都需要不断改进工作、加强征管,这是多年来我国税收持续快速增长的主要原因之一。依法加强税收征管应该不会增加依法纳税的纳税人的税负,因为他们已经依法缴纳了自己应当缴纳的税款;堵塞制度设计和管理工作中的漏洞,依法打击逃税、骗取出口退税等税收违法活动,减少税收流失,也不应该增加相关纳税人的法定税负,但是由此增加的税收可以适当缓解政府采取减税措施以后面临的财政压力,并为未来进一步减税提供空间。

二、中央政府和地方政府

按照我国现行的分税制财政管理体制,增值税是中央政府与地方政府共享税。有些人因此以为由于采取减税措施而减少的增值税收入会由中央政府和地方政府各自承担50%,这种看法并不确切。

目前,我国的增值税收入在中央政府和地方政府之间的分配方法是:海关代征的进口环节的增值税,全部归中央政府;税务机关征收的国内增值税,暂定中央政府分享50%,地方政府按照缴纳地点分享50%。2019年3月27日海关总署关税征管司负责人介绍,2019年4月1日我国降低增值税的部分税率以后,全年将为进口企业减少进口环节增值税约2250亿元。如果按照这个数字和本文前述王建凡司长介绍的我国2019年增值税的减税规模应该超过1万亿元推算,2019年我国国内增值税的减税规模大约7750亿元(10,000亿元-2250亿元=7750亿元),其中中央政府负担50%即3875亿元(7750亿元×50%=3875亿元),加上上述海关代征的2250亿元,合计6125亿元(3875亿元+2250亿元=6125亿元),约占当年我国增值税减税规模的61.3%(6125亿元÷10,000亿元≈61.3%)。由此可见,由于采取减税措施而减少的增值税收入将由中央政府承担主要部分。

同时应当看到,根据征多少退多少、不征不退的出口退税基本原则,我国已经在降低增值税税率的同时同步降低了增值税的出口退税率,减少的增值税退税可以相应弥补降低税率带来的增值税减收。由于目前我国的出口退税全部由中央政府负担,所以上述减少的退税可以相应弥补中央政府的增值税减收。

从地方政府的财政收入看,与中央政府分享的增值税收入是地方政府税收、财政收入的主要来源。2017年全国财政收支决算显示,当年地方政府分享的增值税收入为28,212.2亿元,占地方政府本级税收收入68,672.7亿元、财政收入91,469.4亿元的比重分别为41.1%和30.8%。所以,减征增值税也会给地方政府的财政收入带来很大的压力。为此,国务院在决定大规模减征增值税的同时提出,要加大对地方财政转移支付的力度,重点向中西部地区和财政困难的县市倾斜,并且已经在2019年的财政预算中作出了相应安排。此举是从我国经济、税源分布的不均衡和中央政府的职责考虑的,无疑是非常必要的。由此可见,减征增值税的措施实施以后,中央财政面临的减收增支压力更大了。

应当如何应对上述局面？国务院总理李克强已经在2019年全国人民代表大会上所作的《政府工作报告》中对此提出了原则性的要求,即各级政府都要过紧日子,想方设法筹集资金。中央财政要开源节流,增加特定国有金融机构和央企上缴利润,一般性支出压减5%以上、“三公”经费再压减3%左右,长期沉淀资金一律收回。地方政府也要主动挖潜,大力优化支出结构,多渠道盘活各类资金和资产。我们应当相信,压力或许可以转化为动力,有了思路或许可以找到出路。只要各方面一起努力,在财政方面开源节流、增收节支、提高效率和降低成本的潜力应该是不小的。且税费征收和大型建设项目、大宗采购、会议、出差支出等方面管理工作有待进一步改进,哪怕全国在岗公职人员上班时每人多节约一度电、一升水、一个信封和一张白纸,全国汇总起来也是一笔非常可观的资金。政府税费取之于民、用之于民,一分钱也不应该浪费。习近平总书记曾经告诫领导干部不要忘记自己吃百姓之饭,穿百姓之衣。语重心长,寓意深刻,每一位公职人员都应当铭记在心,从自己做起,从每一件小事做起。

从完善我国的财政管理体制的角度看,根据增值税税基广泛、流动性强的特点和目前绝大多数国家的做法,为了提高征收效率和降低征纳成本,或许可以考虑将此税从中央与地方共享税改为中央税;或者将其分解为中央政府的增值税和地方政府的零售税,前者为主,后者为辅。地方政府因此减少的财政收入,由中央政府通过增加财政转移支付解决。同时,按照基本公共产品均等化的原则进一步完善财政转移支付制度,使之更加合理、规范和高效。

三、商家和消费者

增值税税率降低以后,企业(商家)和个人(消费者)的受益情况如何？到底是商家受益,还是消费者受益;或者双方受益,谁多谁少？近年来众说纷纭,看法不尽相同。这既是一个理论问题,也是一个现实问题,应当正本清源、具体分析,不宜一概而论和随意下结论。

从增值税的基本原理和制度安排看,增值税应当在商品(包括货物和劳务,下同)销售时由销售方(商家)在不含增值税的售价(以下简称不含税价)以外向购买方(消费者)收取,即销项税额;商家为了购进商品等支付的增值税为进项税额;销项税额减除进项税额以后的余额为应纳税额。在上述情况中,增值税是购买商品的消费者负担的,虽然他们并没有直接向税务机关申报缴纳增值税;出售商品的商家没有负担增值税,虽然他们直接向税务机关申报缴纳了增值税;也没有重复征税,因为商家进货时支付的进项税额已经抵扣了销货时收取的销项税额。

由此可见,从理论上说,政府降低增值税税率的优惠应当由消费者享受,即政府直接减少消费者购买商品时支付(负担)的增值税,与消费者所购商品的不含税价无关,不宜解释为政府给出售降低增值税税率的商品的企业减轻增值税负担。上述消费者,从广义来说，既包括购买商品用于消费的个人，也包括购买商品用于经营的企业等单位。

由于我国现行的增值税制度中存在一些不能抵扣的进项税额项目（如对贷款利息征收的增值税等）和进项税额不能抵扣的情况（如开具的发票不符合有关规定等），所以，这些不能抵扣的进项税额只能计入企业的成本。由此可见，企业也要负担一部分增值税，因此会减少企业的毛利，并导致重复征税。我国营业税改征增值税有利于减少商品流通中的重复征税，但是"彻底消除重复征税"的说法并不符合实际情况，2019 年 4 月 1 日以后纳税人购进国内旅客运输服务的进项税额可以抵扣销项税额的规定则有利于进一步减少重复征税。

增值税税率的降低通常与商品的价格密切相关，对不同的消费者和商家的影响可能不尽相同，具体分析以后才能了解实际情况，试以下列 3 种情况简要说明：

第一种情况：某件商品的不含税价为 100 元，2019 年 3 月 31 日消费者购买该商品时应当按照 16% 的适用税率支付增值税 16 元（100 元 × 16% = 16 元），上述不含税价加增值税即构成该商品的含税零售价（以下简称零售价）116 元（100 元 + 16 元 = 116 元）。4 月 1 日上述税率降到 13% 以后，该商品的不含税价不变，消费者购买时应当支付增值税 13 元（100 元 × 13% = 13 元），比原来少付了 3 元（16 元 − 13 元 = 3 元），减幅为 18.8%（3 元 ÷ 16 元 = 18.8%）；该商品的零售价随之降为 113 元（100 元 + 13 元 = 113 元），比原来降低了 3 元（116 元 − 113 元 = 3 元），降幅为 2.6%（3 元 ÷ 116 元 = 2.6%）。由此可见，该商品的零售价与增值税等额下降 3 元，全部由消费者受益。同时，按照增值税附征、计入商家经营成本的城建税、教育费附加和地方教育费附加随着增值税的减少而减少，如果分别按照增值税的 7%、3% 和 2% 合计 12% 计征，应为 0.36 元（3 元 × 12% = 0.36 元），商家的毛利相应增加。所以，在这种情况下，消费者受益远远大于商家受益。

第二种情况：上述商品的增值税适用税率从 16% 降低到 13% 以后，零售价 116 元不变，即商家把该商品的不含税价提高到 102.65 元，消费者按照 13% 的适用税率支付增值税 13.34 元（102.65 元 × 13% = 13.34 元，102.65 元 + 13.34 元 ≈ 116 元，第二个算式中的 0.01 元之差是计算过程中小数点四舍五入所致）。由此可见，虽然该商品的不含税价提高了，但是由于增值税的适用税率降低了，消费者支付的增值税仍然比原来减少了 2.66元（16 元 − 13.34 元 = 2.66 元），减幅为 16.6%（2.66 元 ÷ 16 元 = 16.6%）；只是商家提价，用消费者少付的增值税和随之减少的附征税费（2.66 元 × 12% = 0.32 元）增加了自己的毛利，并可能因此缴纳更多的企业所得税，而消费者并未从中受益。

第三种情况：上述商品的增值税适用税率从 16% 降低到 13% 以后，零售价降低到 115 元，即商家把该商品的不含税价提高到 101.77 元，消费者按照 13% 的适用税率支付增值税 13.23 元（101.77 元 × 13% = 13.23 元，101.77 元 + 13.23 元 = 115 元）。由此可见，商家并未通过提价把消费者少付的增值税 2.77 元（16 元 − 13.23 元 = 2.77 元，减幅为 2.77 元 ÷ 16 元 = 17.3%）全部变成自己的毛利，而是与消费者分享了，即一方面将不含税价提高了 1.77 元（101.77 元 − 100 元 = 1.77 元），增加了自己的毛利；另一方面将零售价降低了 1 元(116 元 - 115 元 = 1 元,降幅为 1 元 ÷ 116 元 = 0.9%),让消费者减少了支出。同时,不含税价提高和随增值税减少而减少的附征税费(2.77 元 × 12% = 0.33 元)增加了商家的毛利,商家也可能因此缴纳更多的企业所得税。所以,在这种情况下,商家受益明显大于消费者受益。

此外,对于适用 3% 征收率的增值税小规模纳税人来说,虽然 2019 年 4 月 1 日部分增值税税率下降以后它们适用的征收率没有改变,但是它们从此以后购进适用 13%、9% 的增值税税率的商品时支付的进项税额会比以前减少,从而可以降低经营成本,进而也可能适当降低不含税价,最终让消费者得到一些实惠。

2018 年 5 月 1 日我国增值税部分税率降低以后,上述情况都曾经出现过,有意者可以回忆和查询。预期 2019 年 4 月 1 日我国增值税部分税率降低以后,上述情况应当会继续出现(自 3 月中旬起,不少商家已经陆续宣布降低或者即将降低其产品的零售价;3 月 29 日国家发展改革委已经宣布自 4 月 1 日零时起降低国内汽油、柴油的最高零售价,降幅与增值税税率的下降大体匹配)。而且 2019 年增值税降税的措施比较多,力度比较大,实施以后商品的零售价应当会普遍下降,但是降价的时间、幅度和额度等可能不尽相同。

有观点认为,降低增值税税率必然导致商品零售价下降,这种看法可能有些简单、绝对。增值税只是影响商品零售价的诸多因素之一,减征增值税的措施也不限于降低税率。降低增值税税率不等于所有商品的零售价必然下降,更不等于降价商品的价格会同时、等幅和等额下降。商品的价格是否应当调整、如何调整和调整的幅度等,不会仅取决于政府调整增值税税率的情况,商家通常会综合考虑经营成本、税费核算和营销策略等多方面因素以后决定。实际情况如何,有意者看一看市场物价变化情况,或者到相关企业了解一下便知。

为了让公众更加清楚地了解商品价格和增值税的关系,增强人们的税法观念和维权意识,改进商品价格和税收管理,可建议我国借鉴部分实行增值税制度的国家的做法,全面改进商品的标价特别是商品零售环节的标价方法,即分别标明不含税价、增值税适用税率和税额,让大家看到每一件商品的不含税价、增值税适用税率和需要购买者支付的增值税是多少,从而监督商家制定的价格和政府制定的增值税税率及其调整是否合理,政府降低增值税税率时能否让消费者受益、受益多少,提高增值税税率时能否控制在消费者的负担能力以内,以保障民生,推动营商环境的改善和税制、税收征管的改进。

基于环保税征管实践的制度优化研究

薛 钢[*] 明海蓉[**]

一、引言

2016 年年末,我国通过并颁布《环境保护税法》(以下简称《环保税法》),并于 2018 年 1 月 1 日正式实施。不同于其他税种增加财政收入、调节收入公平等功能,根据《环保税法》总则第 1 条的规定,环保税立法目的主要就是保护和改善环境,减少污染物排放。相比过去的排污费,环保税法在征收标准、征管形式等方面有了较大变化,变化后的环保税能否实现其目标?

由于过去对环境污染的行为,通过征收排污费的形式加以管理。因此早期相关研究也都是建立在对排污费的分析基础上,主要对排污费的治污效应以及优化排污费制度等方面进行研究(李旭红、郑贞,2015 年),① 基本研究结论是不乐观的(李建军、刘元生,2015 年)。②

环保税自 2018 年开征以来,也有不少专家学者对此展开了探讨,叶金珍和安虎森(2017 年)从理论和实证两方面对"环保税"进行了研究,发现差异化环保税将激励污染行业转移,统一性环保税的长期治理效果优于差异化环保税。③ 刘晔和张训常(2018 年)以二氧化硫排污费征收标准为例,采用 2003 ~ 2015 年部分省份数据,发现提高二氧化硫排污费征收标准能够有效降低工业二氧化硫的排放,且在区域之间存在减排效应差别。④于佳曦、李新(2018 年)基于我国 2005 ~ 2015 年 30 个省份的面板数据建立模型,将排污费滞

---

* 中南财经政法大学财政税务学院副院长,教授。

** 中南财经政法大学财政税务学院博士研究生。

① 参见李旭红、郑贞:《我国环境保护税污染抑制效应的实证研究》,载《税务研究》2015 年第 11 期。

② 参见李建军、刘元生:《中国有关环境税费的污染减排效应实证研究》,载《中国人口·资源与环境》2015 年第 8 期。

③ 参见叶金珍、安虎森:《开征环保税能有效治理空气污染吗》,载《中国工业经济》2017 年第 5 期。

④ 参见刘晔、张训常:《环境保护税的减排效应及区域差异性分析——基于我国排污费调整的实证研究》,载《税务研究》2018 年第 2 期。

后一期作为工具变量，预测环保税政策效果。① 刘海英、安小甜（2018 年）从广义的环境税出发，将环境税作为调节变量，引入经济增长与环境污染之间的环境库兹涅茨曲线识别系统中，发现从全国范围看无论基于哪一类工业污染物排放，均存在倒“U”形的 EKC。② 卢洪友、刘啟明等（2019 年）通过 2006～2014 年中国省以下排污费征收标准的改革实践，从地级市层面检验中国环境保护税对地区环境质量的影响，发现提高二氧化硫排污费征收标准对二氧化硫排放产生污染减排效应，但是在工业废水上并没有发现这一政策的溢出效应。③

目前，我国学者主要通过构建实证模型来检验环保税减排治污效应，数据方面则主要以沿用过去排污费为基础进行分析。本文拟对上述问题做进一步探讨：一是根据目前环保税税额标准分析环保税对污染的减排作用。二是结合现实状况，采用实证分析方法检验了环保税收对污染排放量的影响。三是根据分析结论为环保税法的进一步完善提供依据。

二、我国《环保税法》与排污费的主要差异

（一）征税范围

环保税的征收范围有大气污染物、水污染物、固体废物和噪声 4 种；排污费的征收对象为污水、废气、固体废物及危险废物、噪声。相比而言，范围总体上没有太大的变化，但是在具体对象上，一方面，提出更具科学性的提法，将原来排污费中的污水、废气改为大气污染物、水污染物；另一方面，在《环保税法》中并未将危险废物纳入其中。

（二）征收标准

《环保税法》以排污费收费标准（大气污染物税额和水污染物税额分别为每污染当量 1.2 元和 1.4 元）为基础设置税额标准作为税额下限，且增设上限，即地方政府可以在此标准的 10 倍范围内调节，各省可以在上述幅度内选择大气污染物和水污染物的具体适用税额。征收环保税后大部分地区将排污费征收标准平移或者有小幅度范围的提升，其中有 6 个省（市）在国家下限的基础上有较大幅度的提高。当前各省的制定情况可大致划分为 3 个层次，如表 1 所示。

表 1 各地大气污染物和水污染物税额标准

上浮程度	税率幅度	适用省（直辖市）	备注
低水平（最低限征收）	按照国家规定的最低标准	黑龙江、辽宁、吉林、浙江、安徽、福建、江西、陕西、甘肃、青海、宁夏、新疆、西藏	大气污染 1.2 元； 水污染 1.4 元

① 参见于佳曦、李新：《我国环境保护税减排效果的实证研究》，载《税收经济研究》2018 年第 5 期。

② 参见刘海英、安小甜：《环境税的工业污染减排效应——基于环境库兹涅茨曲线（EKC）检验的视角》，载《山东大学学报（哲学社会科学版）》2018 年第 3 期。

③ 参见卢洪友、刘啟明、徐欣欣、杨娜娜：《环境保护税能实现“减污”和“增长”么？——基于中国排污费征收标准变迁视角》，载《中国人口·资源与环境》2019 年第 6 期。

续表

上浮程度	税率幅度	适用省(直辖市)	备注
中间水平(略高于最低标准)	大气污染物税额上浮1.5~3.5倍;水污染物税额上浮1.5~3倍	山西、内蒙古、山东、湖北、湖南、广东、广西、海南、重庆、四川、贵州、云南	有些省对不同污染因子按差异化标准征收。如湖北对水污染物中的五项主要重金属征收标准为2.8元,其余为1.4元;大气污染物中的二氧化硫和氮氧化物的税额为2.4元,其余为1.2元
高水平(上浮倍数较高)	大气污染物税额上浮4~10倍;水污染物税额上浮3.5~10倍	北京、天津、河北、上海、江苏、河南	北京市按最高征收标准征收;河北、江苏两省在省内不同区域确定了差异化的税额,如河北按照最低税额标准的8倍确定了环北京13个县的大气和水中主要污染物的适用税额

(三)征管形式

相比排污费由环保部门"自收自管"的征管模式,《环保税法》采取企业申报、税务征收、环保协同、信息共享的征管方式。即在环保税的征收过程中,环保部门和税务部门协同合作,环保部门负责向税务部门汇报企业排放污染物的总量,确定应税量,税务局负责税款的征收。

(四)减免及税收收入用途方面

过去排污费制度只规定了一档减排减免,即排污者排放大气污染物或者水污染物的浓度值低于规定标准50%的,减半征收排污费。《环保税法》在保持原有收费减免措施的基础上,增设了一档减排税收减免,即两者浓度值低于规定标准30%的,减按75%征收环境保护税。而收入分成上,过去排污费实行中央和地方1∶9分成,考虑到地方政府承担主要污染治理责任,为了调动地方的积极性,环保税收入完全归地方,中央不再参与分成,但没有规定是否采用专款专用的方式。

三、环保税治污效应分析

(一)环保税收与治污成本

根据庇古税原理,要想实现污染者付费原则,政府应依据污染所造成的危害程度对污染者征收相应的税,即为污染环境而征收的税收应等于环境治理成本,以此补偿环境污染带来的负面效应,将外部成本内部化,加重排污企业的负担,促使企业治理污染,最终达到污染排放量减少的作用。

鉴于环保税自2018年开征,实际税收收入数据难以获得,本文按照环保税的计税方式,采用我国2006~2015年各地区10年大气污染和水污染的排污数据(工业废气取污染当量前3项,工业废水第一类水污染物前5项,其他类水污染物前3项),按现行税额标准,估算得出各省(自治区、直辖市)大气污染物和水污染物环保税税收收入。

以各地现行的征收标准,计算得出的2006~2015年的估算税收难以弥补环境治理成本。其中低水平地区仅能弥补环境治理成本的12%～39%；中间水平地区估算税收大部分仅达到治理成本的50%；高水平地区估算税收虽然比较接近环境治理成本，但除河南省外均达不到治理成本水平。可见，以当前的税额标准征收的环保税收无法满足环境治理支出的需求，难以实现谁污染谁治理原则。①

由上述可知，无论是过去排污费还是现在环保税收都没能弥补治污成本，也难以体现污染者付费原则。

（二）环保税收对排污量的影响

为检验环保税收对环境保护到底起到多大程度的影响，以下从实证角度探讨估算税收对污染物排放量的影响。本文首先试图建立线性回归模型，以环保税估算税收作为自变量，大气污染物与水污染物排放量作为因变量，控制地区人均生产总值、人口密度、产业结构、环境治理投资额等影响因素，以2006～2015年我国31个省（直辖市、自治区）的数据，进行面板分析环保税对于环境污染排放量的影响，检验环保税的治污减排功效。再通过建立倒"U"形曲线模型，检测环保税变动对排污量是否存在先增后减，或先减后增效应。相应模型如下：

线性回归模型：$y_{it} = \alpha_i + \beta_1 X_{it} + \beta_2 Crotrol_{it} + \mu_{it}$

倒"U"形曲线模型：$y_{it} = \alpha_i + \beta_1 X_{it} + \beta_2 X_{it}^2 + \beta_3 Crotrol_{it} + \mu_{it}$

本文使用Stata15.0进行回归测算，得到如表2所示的回归结果。

表2　环保税收与污染物排放量线性回归结果

变量	工业废气排放量		工业废水排放量	
	系数值	标准差	系数值	标准差
大气污染物税收	0.4796993***	0.0354529		
水污染物税收			0.6507449***	0.0357835
人均GDP	-0.1659224***	0.0350639	-0.2119884***	0.0408111
人口密度	-0.0089305	0.0294015	-0.0271524	0.0344479
产业结构	0.219002***	0.0325916	0.0779813**	0.037932
治污投资额	0.3456606***	0.0407125	0.2597295***	0.0381655
常数项	0.0129043	0.0279091	1.37e-09	0.0328659
拟合优度	0.7344	0.6731		
样本数	310	310		

注：表2和表3中的***、**、*分别表示1%、5%、10%置信水平。

① 参见唐明、明海蓉：《最优税率视域下环境保护税以税治污功效分析——基于环境保护税开征实践的测算》，载《财贸研究》2018年第8期。

由上述回归结果可知,在工业废气排放模型和工业废气模型中,环保税收对相应污染物排放量的影响都在1%的置信水平上显著。控制变量中人均生产总值、产业结构、环境污染治理投资额对排污量存在影响。在工业废气排放模型中估算税收每增加1%,工业废气排放量增加0.48%。这说明,从全国范围来看,环保税收并没有起到遏制工业废气排放量的作用。而工业废水排放模型中估算税收每增加1%,工业废水排放量增加0.65%。与废气排放模型相似,水污染物税收同样不能抑制水污染物排放。

为检验倒"U"形态,即随着环保税的增加,排污量可能会形成一个逐渐上升的趋势,但当环保税上升到一定程度才能对污染物的排放起到一定的遏制作用,从而使排放量形成逐渐减少的下降趋势。以下引入倒"U"形曲线模型进行检验,得到如表3所示结果。

表3　环保税收与污染物排放量倒"U"形模型实证结果

变量	工业废气排放量		工业废水排放量	
	系数值	标准差	系数值	标准差
大气污染物税收	1.314311***	0.1688859		
大气污染物税收二次项	-0.0026634***	0.0008942		
水污染物税收			3.311591***	0.1867133
水污染物税收二次项			-0.0830805***	0.0070981
人均GDP	-6.396097***	1.200392	-1.364729***	0.1892106
人口密度	-0.0009322	0.0016751	-0.0001567	0.0002706
产业结构	1.785959***	0.2894594	0.0665849*	0.0460155
治污投资额	1.979412***	0.2396761	0.3392226***	0.0825709
常数项	-10.11825	14.74156	5.475024***	2.272897
拟合优度	0.7423	0.7770		
样本数	310	310		

在工业废气和工业废水倒"U"形模型中,二次项系数分别为-0.0026634、-0.0830805,均为负值,说明环保税税收与污染物排放符合倒"U"形模型。其中工业废水倒"U"形模型中对称轴X_{it}的值为19.93001,这说明当环保税水污染税收小于19.93001时,工业废水排放量会随着环保税的增加而增加;当环保税收大于19.93001时工业废水排放量会随着环保税的增加而减少,此时才能对污染排放起到遏制作用。在当前征收标准下,废水估算税收区间值为0.01~32.87,说明区间值大部分处于倒"U"形模型的左边,即工业废水排放量会随着环保税的增加而增加。

废气倒"U"形模型中对称轴X_{it}的值为246.7356,同理说明当环保税大气污染税收小于246.7356时，工业废水排放量会随着环保税的增加而增加；当环保税收大于246.7356时，工业大气污染物排放量会随着环保税的增加而减少，此时才能约束大气污染物的排放。按照当前的征收标准，废气估算税收区间值为0.15～219.83，均处于倒“U”形模型的左侧，工业废气排放量会随着环保税大气污染税收的增加而增加，当前环保税对大气污染物的排放难以抑制污染物的排放。

（三）基本实证分析结论

由上文可知，当前环保税收入既难以弥补环境治理成本，也难以遏制污染排放量，因此对企业排污行为缺乏足够的约束力。这说明当前环保税税收一时难以实现保护和改善环境，减少污染物排放，推进生态文明建设的功效。

当前环保税收入过低，主要可能是我国当前大部分地区的大气污染物和水污染物征收标准过低或者对实际排污量征收不足等原因造成的。唐明、明海蓉（2018年）通过环境成分治理分摊方法，测算了环保税的最优税率，对比最优税率发现当前各地大气污染和水污染的征收标准较低，尤其是低水平和中间水平地区，这样可能导致企业宁愿选择交环保税，也不愿意花更高的成本来治理环境污染。

根据《环保税法》可知，目前只对每一排放口或者没有排放口的应税大气污染物污染当量数前3项污染物；应税水污染物中第一类水污染物的前5项污染物，其他类水污染物的前3项污染物征税。这将导致纳入测算估算税收的污染量低于实际排污量，从而使税收较低。因此当前环境税制本身导致企业应负担的税收低于其实际排放污染物带来的负效应，因此当前的环保税难以发挥其以税治污的效果。

四、优化环保税法的政策建议

由前文可知，环保税收入还应在当前基础上进一步提高，使其接近治污成本，同时处于倒“U”形曲线的右侧，从而能有效保障环境治理成本，同时使污染物排放量呈下降趋势。

（一）提高征收标准

根据治污需求和经济发展情况，国家应适时提高环保税征收标准的最低限，对当前征收标准较低的地区应逐步提高税率。考虑到环境保护税开征之初，为保证税法的平稳推行，不宜过度提高，但从长远来看，要想真正通过税收机制起到约束企业排污并主动治污，减少污染物排放的目的，后期还应进一步提高大气污染物及水污染物的税率，从而增加环保税收。但我国环保税中大气污染物和水污染物的具体税额标准，由省（自治区、直辖市）人民政府制定报人大批准，因此地区间的征收标准可能不仅受到环境污染程度、经济发展水平等因素影响，还会受到邻近区域征收标准的制约。当地区之间税率高低差距过大时，必将引起重点污染企业的区域流动，增加企业的寻租成本，影响区域间经济，但如果征收标准太低，环境污染又得不到治理。因此，在国家提高征收标准最低限的同时，对征收标准处于低水平或者中间水平的地区，还应进一步提高征收标准。

(二)扩大征税范围

目前,我国《环保税法》只对污染环境的排放行为征收,而污染产品的消费抑制及二氧化碳排放等,均未纳入课税范围。纳入征税范围的,大气污染物有二氧化硫、氮氧化物、一氧化碳等 44 项;水污染物中,第一类水污染物包括总汞、总铬、总镉等 10 项,第二类水污染物包括悬浮物、生化需氧量、化学需氧量等 61 项。而二氧化碳、VOCs(持久性有机物)等对环境产生危害的污染物却没有纳入征税范围。因此,我国环保税在后续的完善中可根据现实情况,对环境保护税的征收范围进行调整和细化,逐步扩展到生态保护和污染产品等项目,充分体现其"绿色税制"功能。

(三)增加同一排污口征税污染项目数

我国《环保税法》规定,只对大气污染物每一排放口或者没有排放口的污染当量数前 3 项污染物,第一类水污染物的前 5 项污染物,以及其他类水污染物的前 3 项污染物征税。因此,排放量不在前 3 项或者前 5 项的其他污染物并未纳入征收范围,这使征收环保税的应税污染量低于企业实际排污量,纳入征税范围的排污物可能会少于实际排污物,这对污染物种类多、环境污染较严重的大型污染企业来说,是一种间接的减税,对其他排污种类单一的企业来说也将造成税负的不公平,这同样不利于环保税以税治污功效的发挥。因此,我国环保税应进一步扩大同一排污口污染物的征税范围,考虑到环保税的平稳过渡及征管监控技术等难题,建议将应税污染项目数按排放当量数予以适当扩大,从而将更多的污染物纳入征税范围。

环保税法中税务环保部门协作征管的问题与对策

洪治纲*

在环境保护税的征收管理中,环境保护税法确立了税务部门同生态环境主管部门协作征管环保税的征收管理机制。这一机制明显区别于以往其他税种的征收管理,体现了环保税征收管理的一大特色,也被学者们普遍概括为“协作征管”模式或者“协作共治”模式。① 协作征管机制运行得好与坏,将直接关系环保税的征纳与环保税法实施的效果。因此,有必要对环保税法中税务环保部门协作征管的问题进行深入研究,以确保环保税法的正确实施。

一、协作征管机制的必要性

1. 历史性的原因要求协作征管

众所周知,现行环保税是由原排污费平移而来的。鉴于此,环保税同排污费之间在缴纳主体、征收对象、计征依据、征收程序等方面有天然的多数一致性。环保税的开征不是简单地将排污费废弃,而是要将这些一致性的内容平移至环保税的征管体系之中。这些一致性内容的平移包括所有相关信息数据的移交与共享,如缴纳主体的识别信息、污染排放的状况信息、污染物的计量信息等,也包括排污监测技术、方法与程序的平移,也只有这样才能为环保税的顺利开征及运行提供应有的必要条件。

由于原排污费是由环境保护主管部门负责征收的,因而要完成这些信息数据的移交与共享,自然需要环保部门与税务部门之间的紧密协作。也正因如此,在环保税具体开征前,国家税务总局同环境保护主管部门之间达成了数据移交共享的安排,各地也根据该等安排相继完成了有关数据的移交与共享。而对于排污监测技术方法与程序来说,更

* 上海对外经贸大学法学院副教授,国际税法研究所所长,法学博士。

① 具体可参见彭丽娟:《环境保护税征管模式还需进一步完善——基于〈环境保护税(草案)〉征管模式的思考》,载《中国环境监督》2016 年第 10 期;胡学龙、杨倩:《我国环境保护税制度改进及征收管理研究》,载《税务研究》2018 年第 8 期;王鲁宁、巫晓慧、王乾:《环境保护税征管“协作共治”的思考》,载《国际税收》2018 年第 12 期等。

是需要生态环境主管部门同税务部门之间的持续、紧密协作。

2. 环保税自身的特殊性要求协作征管

从征管角度看,环保税自身的特殊性主要体现在征税对象识别的特殊性与计税依据计量的特殊性这两个方面。

依据《环境保护税法》(以下简称《环保税法》),环保税的征税对象包括大气污染物、水污染物、固体废物和噪声4类。与以往所有税种征税对象识别不同的是,环保税征税对象的识别需要有很专业的环保科学技术能力,例如,什么是六价铬,什么是苯并(a)芘,什么是化学需氧量,什么又是阴离子表面活性剂(LAS),什么又是构成色度等,这些显然是环保自然科学技术的范畴。可见,环保税的征税对象的识别具有典型的自然科学技术性特征。

鉴于以上环保自然科学技术性的特征,环保税计税依据的计量也存在复杂的科学技术性。依据环保税法,环保税的计税依据,根据征税对象的不同,分别为污染当量数、排放量与分贝数。其中,除固体废物的排放量的计量稍简单一些外,污染当量数和分贝数都需要依靠准确的测量科学技术与计算方法进行计量,包括运用自动监测技术设备。

面对环保税征管对象的这种科学技术性特征,一直负责征管以往税种的税务部门显然是难以应对的,但环保主管部门对此却是内行和专家,而又不可能让税务部门另行专门组建一个环保技术部门团队,另行专门组建团队既不现实又极其不经济。因此,要求环保主管部门在环保税征管中对税务部门的协作,既是必需的也是必然的。

二、协作征管存在的主要问题

协作征管对于环保税征管来说是必要的,也是环保税征管制度中的一项核心制度机制。但是,从目前环保税征管的情况来看,这项制度机制还存在一些需要进一步完善的重要问题。这些问题对环保税的征收效果产生了不利影响。

1. 数据信息交换共享制度不健全

《环保税法》第15条规定了生态环境主管部门和税务机关应当建立涉税信息共享平台,并规定生态环境主管部门应当将排污单位的排污许可、污染物排放数据、环境违法和受行政处罚情况等环境保护相关信息,定期交送税务机关;税务机关应当将纳税人的纳税申报、税款入库、减免税额、欠缴税款以及风险疑点等环境保护税涉税信息,定期交送生态环境主管部门。并且,《环境保护税法实施条例》(以下简称《实施条例》)第14条进一步明确国务院税务、环境保护主管部门制定涉税信息共享平台技术标准以及数据采集、存储、传输、查询和使用规范。同时,《实施条例》第15条和第16条对两部门相互交送的涉税信息也进行了一定的细化。这些是我国目前有关环保税征管数据信息交换共享制度的主要内容规定,看似清楚明了,但实际上还存在很不健全的问题。

首先,所列举的交换共享的信息中有不少是同协作征管关联性不大的信息,这不仅降低了信息交换共享的应有效果,而且还不当增大了信息交换的工作量。例如,税款入库信息与欠缴税款信息,这些信息所涉及的工作内容完全是税务部门分内的事情,本与环保部门无涉,环保部门在此等问题上的协作空间不大甚至没有,而要求税务部门向环保部门交换这些信息显然是偏离了信息交换中协作征管的重点,也白白增加了两部门的工作量,浪费了本就已经紧张的涉税行政资源。另外,关于相互交送环境违法和受行政处罚情况及涉税违法和受行政处罚情况的规定,也存在界定过宽的不当情况,因为就协作征管税收这一目标的完成而言并不是所有的违法和受行政处罚的情况都需要相互通报与交换。

其次,关于信息交送的时间要求在现行制度中缺失。《环保税法》中只规定了“定期交送”,《实施条例》中也未对交送时间进行明确。且不说这个“定期交送”是模糊的,让征管协作部门不知道是按周、按月、按季还是按年交送,就同环保税纳税时间规定的协调而言,“定期交送”也是同按次纳税的纳税时间相冲突的。事实上从过去已有的环保税征期的具体运行情况来看,在信息交送的时间上确实出现了一些问题。

2. 计税依据比对复核与核定制度存在缺陷

《环保税法》第 20 条规定:“税务机关应当将纳税人的纳税申报数据资料与生态环境主管部门交送的相关数据资料进行比对。税务机关发现纳税人的纳税申报数据资料异常或者纳税人未按照规定期限办理纳税申报的,可以提请生态环境主管部门进行复核,生态环境主管部门应当自收到税务机关的数据资料之日起十五日内向税务机关出具复核意见。税务机关应当按照生态环境主管部门复核的数据资料调整纳税人的应纳税额。”第 21 条规定:“依照本法第十条第四项的规定核定计算污染物排放量的,由税务机关会同生态环境主管部门核定污染物排放种类、数量和应纳税额。”另外,《实施条例》第 21 条规定:“纳税人申报的污染物排放数据与环境保护主管部门交送的相关数据不一致的,按照环境保护主管部门交送的数据确定应税污染物的计税依据。”此即我国环保税法征管中的计税依据比对、复核与核定制度。该等制度主要有如下几个方面的缺陷:

第一,纳税申报数据资料同生态环境主管部门交送用于比对的数据资料,是应当来源同一监测设施系统的数据资料,还是允许各自按照不同的监测设施系统监测并报送交送数据资料?这个问题是不清晰的,因为尽管《环保税法》规定了计税依据确定方法的顺序,但在同一顺位方法之下是否应当采用同一的监测设施系统的问题却付诸阙如。对这个问题规定的缺失将会导致数据资料的差异量不当增多,也因而导致比对工作量的不当增大,从而加重了环保税征管的复杂性与困难。

第二,复核的范围过于宽泛,并因此会导致诸多操作上的问题。另外,“可以提请”的用语可能导致复核制度缺乏应有的约束性并进而影响征税的确定性。纳税申报数据的范围很广,而真正需要生态环保部门复核的应当是仅限于与计税依据相关的数据。协作征管的缘由在于生态环保部门在排污的监测亦即计税依据的确定上具有专业的能力与经验,但在涉税的其他数据的确定问题上,生态环境主管部门既无专长亦无应有的职责。笼统地规定由生态环保部门复核,而不指定应有的复核范围,既会使复核工作失范,又可能不当加大环保部门的工作量,还可能造成对复核工作的推诿。而“可以提请”的用词,一方面给予税务部门过大的裁量权,导致在计税依据问题上的法定性不足,并可能导致税务部门在是否提请复核的问题上无所适从;另一方面也增加了生态环保部门抵触的心理和推诿的可能,因为是“可以”而不是“必须”,生态环保部门在心理上可能会倾向理解成是税务部门在向生态环保部门“摊派”任务。

第三,《实施条例》第21条的规定可能会导致复核制度的虚设。因为该条“一刀切”地规定纳税人申报的污染物排放数据与交送的相关数据不一致时应当以环保主管部门交送的数据为准,这会导致在数据比对的环节无论纳税申报数据是否异常,只要同环保主管部门的数据不一致的,就应当以环保主管部门交送的数据为准,那么复核制度还有多少存在的必要和空间?其结果就可能导致复核制度的虚设。

第四,在核定制度中的定位不清且存在错误。会同,意指联合、会合;会同办理,是指联合办理、共同办理。按照这样的含义,“由税务机关会同生态环境主管部门核定污染物排放种类、数量和应纳税额”,就是指由税务机关同生态环境主管部门联合核定与共同核定。这样的定位,既是不清晰的也是错误的。这种定位混淆了税收法律事实的认定与税收权利义务认定的概念,使生态环境主管部门超出了自身职能范畴而不当地承担了有关税收权利义务认定的职能,其结果就是造成了定位不清与定位错误。

3. 税务稽核制度不完善

从现行的法律规定来看,环保税的稽核制度是基本缺失的,即使把复核制度计入稽核制度的内容,整个稽核制度也是很不健全的,而现行税收征收管理法中的稽核制度大多均无法适用于《环保税法》,所以环保税的稽核制度基本上是缺位的。由于环保税征税对象在确定上具有现场性与瞬时性,且极难事后测定,因而与以往其他税种的稽核不同的是,环保税的稽核应当注重现场稽核与事前纳税评估,而非事后的单证化稽核。但是,当前的《环保税法》没有确定一套针对环保税的稽核制度,也没有明确生态环境主管部门在稽核问题上的具体协作职责,这使当前的协作征管制度存在严重缺陷。有研究发现,[①]“实际征管中,由于环保部门交送数据与税务机关对比数据不能有效衔接,税务机关在核定征收时没有数据可以进行对比,纳税人申报数据的异常情况无从得知,难以确定纳税人申报数据的真实性、准确性,导致环境保护税税款具有流失的风险”。

4. 协作部门间法律责任划分不清

协作征管的新机制使环保税纳税人在纳税过程中要同税务部门及生态环境主管部门发生征管关系,这不同于过去纳税人仅同税务部门发生征管关系的情况。在环保税征管关系的运行过程中,必然会产生这样或那样的争议,对这些争议的处理势必会涉及法律责任的判定与承担的问题。然而,现行《环保税法》在法律责任的划分上是不清晰的,并因此给争议的解决带来障碍。例如,就复核制度中的法律责任划分而言,如果在税务机关按照生态环境主管部门复核的数据资料调整纳税人应纳税额的问题上出现了争议,

① 戴芳、胡娇:《论我国环境保护税征管措施的优化》,载《税收经济研究》2018年第4期。

那么税务机关和生态环境主管部门是否应当作为共同被告？如果据此调整的应纳税额最终被裁判为错误，那么是应当两部门共同承担责任还是两部门各自承担区分的责任？又该怎么共同承担或者区分承担？

协作部门间法律责任的划分，不仅关系部门之间的协作问题以及协作征管职权的正当行使问题，而且关系纳税人的保护问题，并进而影响整个协作征管机制的正当运行，因而非常重要。

三、完善协作征管制度的对策建议

基于前文对存在主要问题的分析，环保税协作征管制度应当从如下几个方面予以进一步完善，以确保协作征管制度真正实现所设计的制度目标与实施绩效。

1. 完善数据信息交换共享制度

修正与完善对所交换数据信息的列举。应当围绕计税依据的正确确定来设定及列举所交换的数据信息，而对于关联性不大的数据信息则不列入交换的范围或者当且仅当构成相关性数据信息时再列入予以交换的范围。

另外，对于“定期交送”应当进一步明确。虽然财政部、税务总局、原环境保护部《关于全面做好环保税法实施准备工作的通知》（财税〔2017〕62 号）中对涉税信息交换的交换频率予以了明确，[①] 但是，由于信息交送的时间涉及纳税时间这一重要的税法构成要素问题，故建议在法律层面对定期交送的时间进行细化，或者至少在法律层面设置清楚“定期交送”中“定期”的确定原则与标准。具体在确定定期交送的时间时，应当以环保税的纳税期限为参照，即所确定的“定期交送”应当有利于纳税期限规定的顺利实施。

2. 修正计税依据比对复核与核定制度的缺陷

具体包括，应当进一步明确在计税依据的同一顺位确定方法之下须采用同一的监测设施系统来确定纳税申报数据信息与部门交送数据信息的原则，从而减少数据信息比对工作和复杂性与工作量，增强比对工作的效率，并减少协作征管的成本，包括纳税申报成本、数据信息交送成本以及比对成本。

应当解决复核的范围过于宽泛的问题，并增加复核制度的约束性。将“可以提请”修改成“应当提请”，并对应予提请复核的范围进行准确的界定。在界定复核的范围时应当紧紧围绕计税依据这一事实来选定，而对于计税依据事实之外的且与生态环境主管部门专业职能无关的数据资料则不应当置于复核的范围之中。

解决《实施条例》第 21 条规定可能导致复核制度虚设的问题。取消《实施条例》第 21 条，或者在该条中加入但书规定，即“但税务部门认为数据资料存在异常的，应当提请生态环境主管部门进行复核”。

解决生态环境主管部门在核定制度中的定位不清与定位错误的问题。生态环境主管部门在核定制度中应当仅有对计税依据这一事实进行核定的职权，而对于应纳税额等

---

① 参见何玮：《环保税征管模式：部门协作难题与解决对策》，载《中国总会计师》2018 年第 11 期。

涉及税收权利义务问题应无核定的职权。并且,在核定制度中,生态环境主管部门不应当处于联合核定与共同核定的法律地位,而应当修改为协助税务进行核定的法律地位。

3. 建立健全针对环保税的专门税务稽核制度

由于现行税收征收管理法中的相关稽核制度大多数无法适用环保税的稽核,加之环保税自身的特殊性,故应当在现行复核制度的基础上建立一套针对环保税的专门税务稽核制度,以确保环保税征收的确定性与适当性。

4. 准确划分协作部门间的法律责任

一方面,在税务部门、生态环境主管部门对纳税人之间的法律关系上,要进一步明确两部门法律责任的具体承担,以增加纳税便利及保护纳税人的应有权益。在这层法律责任的确定上,建议分别明确两部门作为共同责任主体的情况与条件,并明确两部门作为区分性的各自责任主体的情形与条件。需要进一步指出的是,对于纳税人来说,由于协作征管是为了实现同一目的即环保税的依法征纳,考虑到纳税便利原则,在纳税人这一端界定两部门法律责任时,应当以两部门作为共同责任主体为原则,以两部门作为区分性责任主体为例外。

另一方面,在税务部门与生态环境主管部门两者内部的法律关系上亦要明确其各自的法律责任。该层法律责任的确定应当以协作征管中职责范围的清晰界定为基础,并由两部门各自承担其职责范围内的相应法律责任。

求本溯源　存异求同：国际税收竞争与协调的最新发展与完善路径*

曹明星**　杜建伟***

从避免双重征税到打击税基侵蚀与利润转移，从推动资本全球逐利到争取利益回流应对财政危机，国际税收竞争与协调始终是全球经济一体化进程的重要组成部分。金融危机之后，随着经济困境的加深，国际税收竞争与协调的博弈渐趋深入。2016 年在 G20 杭州峰会上中国宣布“建立国际税收政策研究中心”加强系统研究，美国政府启动影响全球的税改方案，欧盟加速财税制度改革的内外应对，主要发展中国家也采取了针对性税制调整。政策变化对经济活动形成巨大挑战，业界对国际税收研究的关注程度日渐升温。本文从国际税收竞争与协调的基本认识出发，分析当前形势，提出工作建议，以期抛砖引玉，促进我国国际税收理论与实践的更好发展。

一、国际税收竞争与协调的形势与挑战

2008 年发生的金融危机导致了全球经济大循环的停滞和断裂。近 10 年来，资本竞争与合作、税基竞争与合作、发展竞争与合作形成了新的博弈态势。

（一）税收利益之争难见向缓趋势

从市场主体角度看，跨国公司和高净值个人将财富囤积于避税地与低税地区是经济理性的本能选择，2008 年以来的市场萧条对此更生推波助澜之效。从避税地政府角度看，要素禀赋使然，其结构性调整基础薄弱，低税取向、信息保密、离岸业务是安身之本，快速转向可能性、可行性都很低。从一般国家政府角度看，本轮经济周期以来，许多国家，尤其是发达经济体，都面临政府债务压力与减收增支需求并存的“财政三角困局”。国际货币基金组织（International Monetary Fund，IMF）《财政监测报告（2017）》预测，发达经济体公共债务中期应趋于稳定而非之前预期的下降，同时，利率加速上升、美元大幅升值以及大宗商品价格下跌均可能加剧新兴市场和发展中经济体债务的脆弱性。由此可

---

* 本文原载《国际税收》2019 年第 1 期。

** 中央财经大学中国财政发展协同创新中心执行副主任。

*** 财政部中国财政科学研究院。

见,中短期内,税收利益之争不可能呈现向缓趋势。

(二)国际税收竞争与协调中单边主义抬头

在二十国集团(Group 20)、经济合作与发展组织(Organization for Economic Cooperation and Development)、联合国(United Nations)等协调机制的推动下,主要经济体就保持税收中性、加强政策协调、促进要素自由流动、实现包容性增长达成了初步共识,但个别经济体在经济复苏缓乏、国内就业矛盾凸显、产业空心化渐重、货币政策乏力等因素下,出于资本回流、产业提振、稳定就业、复苏经济需求,将税收作为竞争和导流工具,巩固其全球利润分配强势地位和既得利益的单边主义取向有所抬头。美国、英国等运用其税种结构优势,通过低税率、宽列支、强抵免,外加"专利盒"制度等手段,进一步减税以增强税制竞争力的行动已然拉开帷幕。这其中一个不容忽视的因素是,跨国公司利用其资本、技术等生产要素垄断地位攫取超额利润,成为"中心国家"政府制定竞争性税制的税基比较优势,继而形成单边主义政策的经济基础和主要推动力。

(三)国际税收治理中话语权仍不对称

尽管发展中国家为维护自身权益进行了不懈努力,但目前国际税收治理实践中,"制度性话语权"和"规则创始红利"始终掌握在主要发达经济体手中。OECD作为权威主体的地位无人能及,并成为发达经济体宣扬其路径优势,固化其制度性话语权的主要平台。虽然上述情况在G20推进BEPS行动计划出台过程中有一定改善,以中国为代表的发展中新兴经济体在其中充当了较以往更积极的角色,"利润应在经济活动发生地和价值创造地征税"基本原则在BEPS行动计划中也得以体现,但目前话语权的不对称既有历史渊源又有现实压力,其均衡进程需要以发展中国家产业结构优化、自生能力强健、发展路径独立、发展阶段攀升为基础,这无疑将是一个艰难而长期的过程。

(四)"一带一路"倡议推进中涉税协调需求急迫

"一带一路"沿线国家中,既存在经济发展阶段的不同,也存在社会主义市场经济与资本主义市场经济两类发展路径。推进落实"一带一路"倡议,联合沿线国家共同实现包容性增长过程,也是不同发展路径包容协调的过程。财政作为国家治理的基石和重要支柱,税收制度作为发展路径的重要组成部分,其差异的协调是不可回避的问题。在这一过程中,我们不仅需要基于税收协定约定开展情报交换、征管互助、相互磋商程序等手段,解决税收利益的分配问题,更主要的是通过涉税协调,降低发展路径差异的摩擦,以在包容性增长的框架下,建立起税基共建与利润共享的财富创造与分配机制。

二、国际税收竞争与协调的现象与本质

国际税收竞争与协调的新态势对我国和世界的国际税收理论研究与实践发展形成诸多挑战,需要从现象到本质进行深入分析。

(一)国际税收竞争是税收利益之争

全球经济一体化进程中,价值创造与分配跨越国界,税收相关利益归属不仅体现为市场主体与政府间博弈,还会表现为政府间博弈。具体说来,跨国公司利用居民管辖权和来源地管辖权形式上的漏洞、避税地和低税地区的存在、法律所有权和经济所有权的分离逃避纳税义务，主要矛盾是跨国公司与对价值创造形成贡献的政府之间的矛盾；中心国家政府基于“经济人”理性，对跨国公司利用资本、技术等生产要素垄断，以独立不等价交换收割超额利润的行为放任支持，使外围国家税基受到侵蚀，主要矛盾是参与价值创造的外围国家政府与未参与或极其有限地参与价值创造的中心国家政府之间的矛盾。

（二）国际税收博弈影响政府宏观调控

税收是政府与市场的连接点之一，也是政府宏观调控的主要工具。开放经济中资本、技术、劳动力等生产要素自由流动，一国政府在使用税收工具进行宏观调控时，无论出于生产要素吸引、产业结构调整、贸易保护等考量，还是基于熨平经济周期、调节收入分配的目标，其宏观调控政策都会产生牵一发而动全身的外溢作用。单边利己政策引发的有害税收竞争，会通过要素流向扭曲、比较优势错配、市场竞争乏力等方式导致政府因势利导策略的失灵，也会使公共产品供给不足、收入分配差异调控不力等问题凸显。与之相对的，有效的国际税收协调，也会通过保证市场充分竞争、促进要素自由流动、甄别发挥比较优势等方式实现政府宏观调控的目标。

（三）国际税收博弈事关发展路径竞合

因为要素禀赋不同导致的比较优势差异，以及公私两类产权制度与市场经济制度分别结合，不同国家不仅处于不同的经济发展阶段，同时也走在不同的发展道路之上。税制差异的现实存在，不仅是经济发展阶段差异的体现，也是不同要素禀赋和产权制度所决定的发展路径差异的反映。税收制度是发展路径的重要组成部分，税制趋同在根本上说是发展路径的趋同。在不同发展路径并行时，税制差异导致的竞争局面与协调需求不可避免地要归结到不同发展路径的竞合。

三、改善国际税收竞争与协调的思路与建议

为了更好地解决国际税收竞争与协调的博弈难题，需要从基础理论方面进行突破，从长、中、短不同阶段进行策略设计。

（一）基于长期协调战略找准不同经济学流派在国际税收领域的结合点

尽管目前中心国家出于固化上游地位的意图采取了“逆全球化”的策略，但长期地、历史地来看，全球化趋势不可逆转，外围国家通过发挥比较优势改变要素禀赋，实现产业升级、价值链攀升，从而向中心迫近的决心和趋势更不可逆转。在这一进程中，无论是发展路径的复制，还是发展路径的协调，都需要一个共通的理论基础和对话工具。这一点在国际税收领域也不会例外。

就国际税收竞争与协调而言，围绕“利润应在经济活动发生地和价值创造地征税”“独立交易原则”等核心原则，有几个基本的理论问题，亟须找到共通的结合点：一是有关价值创造，如何在主观价值论与客观价值论之间、在劳动一元创造论与要素多元创造论之间找到结合点；二是有关市场与政府在经济发展中的角色和政府征税依据，要在“交换说”“权力说”“贡献说”之间寻找到共通之处，并在此基础上着重研究围绕政府贡献确定征税权力和征税规模的方法；三是有关税收管辖权，如何来实现价值创造地、劳动发生地、征税地的“三位一体”；四是有关独立交易原则，如何应对跨国公司极度扩张后关联交易大量存在所导致的“独立”交易难寻的尴尬境地，又如何解决垄断丛生中独立不等价交换导致的正义基础缺失问题。

（二）针对中、短期竞争态势加强“结构应对”和“非税应对”策略研究

如前所述，在财政支出刚性和经济提振需求的共同作用下，无论是发达经济体，还是发展中新兴经济体，中、短期内都将面临比较严峻的财力动员挑战。因此，随着BEPS行动计划的落地实施，一般国家合力打击利用避税地（低税地区）及税制差异进行利润转移的成果初现之后，一般国家间的税源竞争必然随动。其中尤其需要关注的是，在以“超额利润”作为“宽税基”的支撑之下，发达国家的单边减税政策，对我国及其他发展中经济体将形成一定的压力。

在这种情况下，除及时、深入跟踪其税改动向、预判未来走势外，应对策略的研究一定要基于“结构应对”与“非税应对”相结合的理念。就“结构应对”而言，与目前发达经济体企业所得税为辅不同，我国企业所得税占比较高、地位重要，再加上税基薄弱的劣势，我们一定要避免单一的税率对税率、税种对税种的正面竞争，要继续按照“结构性减税”的思路想办法。就非税应对而言，一方面，我国目前财政健康程度相对更好，政府债务和企业利润上缴还有一定扩大空间，通过研究优化税、费、债、利、租的收入结构组合，尤其研究用好“提债减税、提利减税”形成有效应对十分关键；另一方面，除税收这一“引流工具”外，劳动力成本、资源禀赋、市场潜力、基础设施等因素在吸引投资、留住投资方面的作用更为主要，甄别非税的“比较优势”，制定相应的因势利导政策，是中、短期内研究应对策略的关键领域。

（三）在推进“一带一路”进程中彰显中国特色社会主义税收制度优势

在“一带一路”包容性增长框架之下，我国与沿线国家的国际税收竞争与协调是建立在发展路径存异、发展目标求同的基础上的。需要清醒地认识到，BEPS行动计划框定的规则是建立在“税制趋同”和“价值链分工固化”目标基础上的，难以达成不同经济发展阶段国家间公平的、均衡的利益分配格局。税基共建与利润共享这样的增量创造与分配机制的建立，必然需要对既有规则再有突破。在这种情况下，“制度性话语权”与“规则创始红利”对于未来占据对话的主动权就十分关键。

我国改革开放近40年来，从利改税、分税制改革，到两税合并、“营改增”试点，再到金税三期上线和深度参与G20国际税改，顺应不同历史阶段的任务目标要求，我国逐步建立了符合初级阶段基本国情、把握市场经济改革方向、适应经济新常态、全面参与全球化等重要特征的中国特色社会主义税收制度体系，很好地发挥了财力汲取、宏观调控、收入分配三大职能。在激发市场主体活力、发展生产力的同时，为保持政府财政健康提供了坚实保证，在税制设计、征管实践、国际协调等方面积累了丰富的税收治理经验。如何在此基础上，研究在推进“一带一路”进程中彰显我国的税收制度优势，打造“制度性话

语权”，掌握“规则创始红利”，是国际税收研究的一个重要课题。

（四）打造代表发展中利益的多边合作的专业智库推动国际税收良性博弈

目前，在国际税收研究领域，OECD 代表发达国家固守利益格局，集合发展中国家努力成果的联合国协定范本和转让定价手册的落实效果并不理想，代表发展中国家利益、发出发展中国家声音的研究机构的缺失是亟须解决的问题。2016 年 7 月在 G20 成都高级别税收研讨会上，时任财政部部长的楼继伟提出建立国际税收政策研究中心的构想。2016 年 9 月 G20 领导人杭州峰会公报正式提出，中方愿作出自身贡献，成立一个旨在开展国际税收政策设计和研究的国际税收政策研究中心。

倡议建立国际税收政策研究中心，提出重构国际税收秩序的中国方案，贡献中国智慧，分享中国经验，拓展中国道路示范效应，是中国作为最大的发展中经济体不容推卸的责任。与此同时，将中心建设放在“一带一路”倡议和“金砖＋”合作的大背景下，吸引更多的发展中新兴经济体参与进来，共商、共建、共享，集成各方智慧与力量，将中心建设成多边合作的专业智库，是落实 G20 合作承诺，形成规则重构共识、共享规则创始红利的重要一步。这其中，以跨学科、跨业界、跨国界协同创新的研究机制，按照“（狭义学科化）国际税收—国际财税（财政经济学＋财政社会学＋财税法学）—（广义综合学科）国际税收”的研究路径，兼容并包吸收发达国家有益经验的同时，认真总结发展中国家的实践短板，最终形成代表发展中国家共同利益的国际税收理论是核心任务。

《税收征收管理法》的修订历程是中国税收征管发展的印证

孙红梅*

1978年12月18～22日召开的中国共产党第十一届中央委员会第三次全体会议揭开了我国改革开放的序幕,实现了中华人民共和国成立以来党的历史上具有深远意义的伟大转折,使我国进入了以改革开放和社会主义现代化建设为主要任务的历史新时期。随着改革的推进以及由其带来的经济、社会、文化、科技等方面的巨大进步,推动了财税体制机制以及理财治税思路的变革,曾经片面简化的税收制度体系也顺应经济社会发展形势,进行了一系列重大改革并逐步完善。同时,税收征管手段不断创新,税收征管改革也在积极稳妥地推进,以充分发挥税收职能作用,实现经济税收发展的良性互动。其中,在税收征管方面,无论是税务组织和征管模式,还是在征管规范以及征管方法等方面,全国税务系统不断探索、实践、改进和完善,其中主要成果通过一系列的税收征收管理法律制度集中体现出来。回首改革开放40年,税收征收管理法律制度也经历了逐步完善的过程,从最初散落在单个实体税法或税收条例中的征管办法,到国务院出台专门的税收征管条例,再到进一步统一规范全国税收征管办法并上升到由全国人大立法规范,并顺应形势发展不断修正修订和完善,形成了以《税收征收管理法》为主,其他相关法律法规规章为辅的较完备的税收征收管理制度体系。可以说,《税收征收管理法》制定和修订的历程,就是中国税收征收管理发展的最好印证。

一、《税收征收管理法》的制定和修订历程

党的十一届三中全会以后,中国进入了改革开放新时期,税制改革、征管实践不断推进和创新,税收征管制度经历了从无到有,再到不断完善的发展过程。

(一)税收征管制度的初步建立——《税收征收管理暂行条例》的发布

1980～1986年对外初步形成了一套大体适用的涉外税收制度,对内实施国营企业两步利改税和税收制度的全面改革,我国的税制逐步由简单税制转变为复合税制,与之相

---

* 国家税务总局税收科学研究所国际税收研究室主任。

适应,税收征管改革也在积极稳妥地推进。从1985年开始,国家税务局陆续进行征管改革试点,主要是改"统管"为"分离",将税收征管全过程划分为征收、管理、检查"三分离"或征收管理与检查"两分离"。为了配合税制改革,针对税收征管工作中出现的新情况,1985年5月,全国第一次征管工作会议召开,拉开了我国税收征管立法的序幕。这次会议确定了建立科学严密征管体系的战略目标,并修改了工商税收征管条例。为适应这一征管改革的需要,同时也为改变税收征管制度分散、不规范的状况,1986年4月21日国务院制定发布了我国第一部独立的税收征管行政法规——《税收征收管理暂行条例》,自当年7月1日起施行。该条例把分散在各税种法律法规中有关税收征管程序性的内容进行了梳理、整合和补充完善,规范了税务登记、纳税鉴定、纳税申报、税款征收、账务和票证管理、税务检查、违章处理等程序。同时规定,对于国务院制定的税收法规中规定由税务机关负责征收的各个税种,其征收管理,除国家法律另有规定者外,都应当按照条例的规定执行。这一法规的颁布实施,为税收征管提供了比较系统、规范的标准和方法,初步建立了税收征管制度,对于进一步加强税收征收管理、防止涉税违法行为和保障国家税收收入增长具有重要意义。

(二)税收征管制度的规范统一——《税收征收管理法》的实施

随着经济的发展和改革的进一步深入,中国税制改革也取得了重大进展,初步建成了一套内外有别、城乡不同的,以货物和劳务税、所得税为主体,财产税和其他税收相配合的新税制体系,大体适应了中国经济体制改革起步阶段的经济状况。进入20世纪90年代,每年由税务机关组织的收入占国家年度财政总收入的90%以上;税收直接参与国民收入分配和再分配,已广泛地介入经济、社会的各个领域,处于各种利益分配矛盾焦点上,偷税与反偷税、避税与反避税的斗争十分尖锐、复杂。这种形势对税收征管提出了更高的要求,1986年发布的《税收征收管理暂行条例》已不能完全适应这种形势的要求。因此,从1989年开始,国家税务总局着手研究通过立法解决税收征管中存在的问题,经过几年的准备,特别是邓小平同志南方重要讲话以后,我国的改革开放和经济建设进入了一个崭新阶段,税收工作面临许多新情况、新问题和新矛盾,坚持以法治税、加强税收管理是当时的一项重要课题。在不可能一下子将主要税种都立法的情况下,先行出台税收征管法是一个积极的举措,它使税收征收全过程从此有法可依。1992年9月4日第七届全国人民代表大会常务委员会第二十七次会议通过了《税收征收管理法》、全国人民代表大会常务委员会《关于惩治偷税、抗税犯罪的补充规定》,当日国家主席令第六十号、第六十一号分别公布,自1993年1月1日起施行,1986年4月21日国务院发布的《税收征收管理暂行条例》同时废止。《税收征收管理法》是中国第一部税收征管方面的法律,也是中国第一部统一的税收程序法,对税收的征收管理法律、法规、制度等进行了归纳与完善,形成了较系统和规范的税收征收管理法。

《税收征收管理法》的出台是中华人民共和国成立以来以法治税的重大突破,它结束了长期以来我国缺少税收征管法律的历史,并在加强税收法制建设、适应改革开放新形势中逐渐显现其重要性。《税收征收管理法》的颁布实施是当时改革开放不断深入、国民经济发展的必然产物,标志着我国税收征管纳入了法制化的轨道,树立了以法治税的里程碑,并推动我国税收工作迈上一个新的台阶。

(三)税收征管制度的不断完善——对《税收征收管理法》的修正和修订

1.《税收征收管理法》1995 年修正:明确发票印制的管理机关

1994 年税制改革方案实施后,税收征管体制发生了很大变化,原有的税务机关在省以下已经分为国家税务局和地方税务局,由此在税收征管实践中面临的一个突出问题是对发票印制的管理。国家税务总局在总结经验和研究论证的基础上,为适应新税制的需要,草拟了《税收征收管理法修正案(草案)》,在经国务院常务会议讨论通过后提交第八届全国人大常委会审议。1995 年 2 月 28 日第八届全国人民代表大会常务委员会第十二次会议决定对《税收征收管理法》作第一次修正。

2.《税收征收管理法》2001 年修订:加大对纳税人权利的保护

经过近 8 年的实践,《税收征收管理法》为税收的应收尽收、收入的稳定持续增长和增强中央的宏观调控能力、保证各项改革任务的顺利完成发挥了积极作用。1993 年以来,国家政治经济形势、财政管理体制和税制都发生了巨大变化,尽管 1995 年对《税收征收管理法》作了一些修正,但是随着时间的推移,其本身存在的一些问题和不足,使其作用还没有充分发挥出来,迫切需要修改,以适应不断发展变化的经济社会形势、体制机制、管理理念和管理手段。国家税务总局自 1996 年下半年起,开始着手进行《税收征收管理法》修订的调研工作,1999 年 2 月上报国务院,2000 年 7 月国务院常务会议审议通过,提交全国人大常委会,经过全国人大常委会 4 次审议,2001 年 4 月 28 日第九届全国人大会常委会第二十一次会议修订通过了《税收征收管理法》。由于修改的内容比较多,因此,原全国人大法律委员会决定不再用修正案,而直接用修订案发布一部新法,并以中华人民共和国主席令第四十九号公布,自 2001 年 5 月 1 日起施行。此后,税收征管方面的法律法规逐步完善,初步形成了"税收法律—行政法规—行政规章—规范性文件"相互配套、互相补充、便于实际操作的税收征管法律体系。

此次修订的《税收征收管理法》,明确规定了纳税人拥有的 16 项权利。这些权利的法定化,不仅使纳税人的法律主体地位得以确定,而且使纳税人与税务机关两者的法律地位得以平衡。这对于加强税收征管,规范税收征收和缴纳行为,保障国家税收收入,保护纳税人的合法权益,促进经济和社会发展,进一步推进依法治税,具有十分重要的意义。

3.《税收征收管理法》2013 年修订:简化纳税人办理税务登记流程

虽然 2001 年修订的《税收征收管理法》对促进经济和社会发展发挥了积极作用,但是 10 多年来,经济全球化、信息化和我国社会主义市场经济快速发展,税收征管面临的形势发生了深刻变化:中国特色社会主义法律体系进一步完善,纳税人的法律意识和维权意识不断增强,企业经济活动、经营方式日趋复杂,信息技术和税收信息化日新月异,征纳双方信息不对称状况加剧，税源管理面临高度的复杂性和诸多不确定性，传统的人海战术、以票控税等税源管理方式已难以适应信息化社会的迅猛发展。《税收征收管理法》与税收征管工作实际需要之间的矛盾日渐突出，因此，对《税收征收管理法》进行再次修订已势在必行。2013 年 6 月 29 日第十二届全国人大常委会第三次会议通过了相关决定，对《税收征收管理法》作第二次修订。此次修订简化了纳税人办理税务登记流程，税务机关不再需要在 30 日内对纳税人的税务登记申报进行审核，而应在当天办理登记并发放税务登记证件。

4.《税收征收管理法》2015 年修正：简化纳税人的减税、免税申请

2015 年 4 月 24 日第十二届全国人民代表大会常务委员会第十四次会议通过相关决定，对《税收征收管理法》作第三次修订。此次修正后，纳税人可以直接依照法律、行政法规的规定办理减税、免税，不再需要向税务机关书面申请、经税务机关审批。

（四）税收征管制度的新探索——《税收征收管理法修订草案（征求意见稿）》（以下简称《征求意见稿》）的公布

现行《税收征收管理法》自 2001 年 5 月 1 日施行以来，对于规范税收征收和缴纳行为，保障国家税收收入，保护纳税人合法权益，促进经济和社会发展，发挥了积极作用。但随着我国改革开放的不断深化，社会经济生活已发生深刻变化，经济全球化、社会信息化趋势日益明显，纳税人的涉税活动更复杂，纳税人权益意识不断增强，现行税收征管法已经难以适应税收征纳环境的变化。而且，随着中国特色社会主义法律体系的形成和进一步完善，现行《税收征收管理法》与相关法律制度不衔接的问题也日益突出。为了进一步增强立法的公开性、透明度，提高立法质量，国务院法制办公室 2015 年 1 月 5 日将税务总局、财政部起草的《征求意见稿》及其说明全文公布，征求社会各界意见。《征求意见稿》是在党的十八届三中、四中全会的《中共中央关于全面深化改革若干重大问题的决定》《中共中央关于全面推进依法治国若干重大问题的决定》和中央政治局通过的《深化财税体制改革总体方案》的宏观部署下展开的，是新一轮财税体制改革的重要组成部分。《征求意见稿》主要修订内容包括以下几个方面：一是修改了立法宗旨；二是完善纳税人权益保护体系；三是进一步规范税收征管行为；四是建设信息管税机制；五是实现与其他法律的衔接。《征求意见稿》内容的变化说明，我国的税收征管法律制度正在向功能更多元、理念更先进、细节更明确、操作更便捷的现代化目标迈进。

二、《税收征收管理法》的实施效应

《税收征收管理法》的制定和修订，进一步完善和健全了我国税收法律制度，对于加强税收征收管理，保障国家税收法律、法规的贯彻实施，维护国家的税收权益，保护纳税人的合法权益，发挥了重要作用。自《税收征收管理法》颁布实施以来，税收征管逐渐走上了法治化、规范化的道路，有效提升了税收治理能力，助力税收现代化的实现，为国家发展提供了财力保障。

一是初步形成了“税收法律—行政法规—行政规章—规范性文件”相互配套、互相补

充、便于实际操作的税收征管法律体系。自《税收征收管理法》施行以来,国家和各地又相继制定了与之配套实施的法规、规章和规范性文件,从而大体形成了以《税收征收管理法》为龙头和母法,以税收征收管理各专门法和单行法为重要组成部分的税收征管法律框架,初步形成了"税收法律—行政法规—行政规章—规范性文件"相互配套、互相补充、便于实际操作的税收征管法律体系。

二是《税收征收管理法》的实施有力地促进了税收征管体制改革,税收征管逐步实现规范化、法治化和信息化。20 世纪 80 年代中期以前,我国税收征管采取的是税务专管员专责管理模式,即"一员进厂、各税统管,集征管查于一身"的税收征管模式。《税收征收管理暂行条例》的实施,统一了税收征管制度,为税收征管提供了较系统、规范的标准和方法,推进了当时进行的"征管查分离"的税收征管改革。1993 年《税收征收管理法》实施以后,随着税制改革的落地和管理理念的转变,在国家税务总局的统一部署下,全国范围内逐步实现了从税收专管员上门收税到纳税自行申报纳税的转变,初步实现了征收、管理、检查各项权力的分权制约,积极利用现代信息技术手段促进税收征管,征管工作科技含量明显提升。

顺应以金税工程为代表的信息化建设的突破性进展,现代信息技术在税收管理领域得到广泛利用,2001 年修订后的《税收征收管理法》第一次将税收信息化和现代化写进法律,国家税务总局明确提出要充分利用高科技,尤其是以计算机和网络为核心的现代信息技术,为税收管理提供现代化手段,在管理理念、管理体制、管理方法上创新,使之成为依法治税和从严治税的重要依托。2003 年形成了以"申报纳税和优化为基础,以计算机网络为依托,集中征收、重点稽查、强化管理"的 34 字征管模式。

随着《税收征收管理法》的修订完善,税收征管模式也在不断完善,税收征管的科学化、信息化、国际化进程不断加快,初步建成与税制改革相促进、与税源状况相适应、与科技创新相协同、与有关部门相配合,以税收风险管理为导向,以分类分级管理为基础的现代税收征管体制。

三是《税收征收管理法》的实施有效地促进了征管质量和效率的提高,进而促进了税收收入的平稳较快增长。税收征管是整个税收管理活动的中心环节,是实现税收管理目标,将潜在的税源变为现实税收收入的实现手段,也是贯彻国家产业政策、指导监督纳税人正确履行纳税义务,发挥税收作用的重要工作。自《税收征收管理暂行条例》以及此后的《税收征收管理法》实施以来,我国税收征管效率和质量明显提高,进而促进了税收收入的平稳较快增长。

《税收征收管理法》实施前的 1992 年,全国税收收入为 3297 亿元,占 GDP 的比重为 12.12%,2017 年全国税收收入达到 144,360 亿元,25 年间增长 43 倍,是《税收征收管理暂行条例》实施前 1985 年的 71 倍,占 GDP 的比重增加到 17.45%,比 1992 年提高了 5.33 个百分点。

三、《税收征收管理法》的未来发展方向

目前，我国经济发展进入新常态，经济结构不断优化升级，经济增长从要素驱动、投资驱动转向创新驱动，互联网、大数据、云计算、人工智能等新技术突飞猛进。在这样的背景下，及时修订《税收征收管理法》既有必要又很紧迫。2018 年立法工作计划显示，耕地占用税法、车辆购置税法、税收征收管理法（修改）、资源税法 4 部税法提上日程，计划分别在 8 月、10 月、12 月的全国人大常委会上审议。为顺应国内外经济形势和新技术发展，贯彻落实税收法定原则，适应深化税制改革的要求，下一步《税收征收管理法》的修订方向应该体现以下几方面内容：

一是适应税制改革要求，完善自然人税收法律制度。按照党的十八届三中全会决定确定的税制改革任务，深化税制改革进入攻坚阶段。推进税制改革，急需税收征管措施的配套；否则，税制改革的进程将会受到很大影响，甚至难以实施。因此，《税收征收管理法》的修订，应当前瞻税制改革的内在要求和发展趋势，构建一个能够适用税制改革的新型税收征管体制。此次《税收征收管理法》修订的重中之重，是解决深化税制改革的征管保障问题，这也是当前加快推动《税收征收管理法》修订的直接动因。

全面推进深化税制改革的各项任务，都不同程度地迫切需要加快税收征管措施的配套，特别是个人所得税的改革、房地产税的立法，将促使自然人税收征管制度尽快实现法治化、体系化。因此，就完善自然人税收征管制度来说，更多地考虑如何为个人所得税改革、房地产税立法等直接税改革提供程序法支撑。现行《税收征收管理法》对自然人的征收管理规定较单薄，如果将自然人纳税人的税收管理作为下一步的修订内容，会对直接税的改革起到很好的保驾护航作用。

二是以落实《国税地税征管体制改革方案》（以下简称《改革方案》）为契机，促进改革成果法治化。2018 年 6 月 15 日全国各省（自治区、直辖市）级以及计划单列市国税局、地税局合并且统一挂牌，标志我国税收征管体制改革迈出阶段性关键一步。7 月 20 日中共中央办公厅、国务院办公厅印发了《改革方案》。《改革方案》强调，通过改革，逐步构建起优化高效统一的税收征管体系，为纳税人和缴费人提供更加优质高效便利的服务，提高税法遵从度和社会满意度，提高征管效率，降低征纳成本，增强税费治理能力，确保税收职能作用充分发挥，夯实国家治理的重要基础。这是继 20 世纪 80 年代“利改税”和 1994 年分税制改革后，顺应新时代发展要求，我国税收征管体制的第三次重大改革。这一改革是政府构建一个规范、高效、统一的税收征管体系和纳税服务体系的前提，将对深化税制改革、推进税收治理现代化产生深远影响。税务组织机构由原来的国税、地税，合并为一个税务机构，税收征管职责范围扩大到所辖区域内各项税收、社保费和非税收入征管等职责。征税主体的变化和征管职能范围的扩展，与现行《税收征收管理法》条款有诸多冲突，必须及时加以修订，通过法律固定下来。

三是以税收确定性为核心，保障纳税人合法权益。“相对确定的社会生活不仅符合人类直觉性的安全偏好，而且有利于我们对社会生活作出主动计划和安排，增进社会生

活的品质。"① 在税收领域,税收确定性原则的确立,不仅是为了防止征税机关的任意专断征税,增加纳税人税收实体负担,还要求征税的方式、步骤、时限和顺序确定,从程序角度满足纳税人对税收确定性的需求。

《税收征收管理法》是税务机关与纳税人进行征纳活动的基本规范,进一步强化税收确定性原则是《税收征收管理法》修订的基本要求之一。从行政法"控权"角度考虑,《税收征收管理法》也应对纳税人的"防御权"进行明确。现行《税收征收管理法》对纳税人权益的保障性条款规定得比较笼统,纳税人在征税程序中如何行使陈述申辩权、异议权及保密权等基本权利,没有与税务机关征税程序对应。在《税收征收管理法》修订时要把纳税人的权利设定和税务机关的重要执法环节有机结合起来,这样才能进一步提升税收的确定性。

四是顺应"互联网+"时代发展,实现税收征管现代化。数字时代的到来,人们的生活习惯、工作方式、商业模式等社会生活的方方面面都发生了巨大变化。法律不能脱离于社会生活,从《税收征收管理法》修订的角度看,税收征管程序的设计,应当充分考虑当前征管工作面对的社会状况,数字化变革就是很重要的因素之一。

一方面,互联网的蓬勃发展,是影响税收征管程序的重要外部因素。越来越多的行业通过互联网从事交易活动,基于"互联网+"的新兴商业模式应运而生。从税收实体角度看,应税行为在互联网上发生,纳税义务人、征税对象、纳税义务发生时间等课税要素的识别标准需要重新设计;从税收程序角度看,针对互联网经济的税收管辖权、涉税电子数据的检查权、电子发票的使用、征纳双方数字签章的效力等基本制度还需要通过修订《税收征收管理法》予以建立和完善。

另一方面,电子政务的长足发展,是影响税收征管程序的内在重要因素。互联网革命发端于技术领域,发展于经济领域,如今已经渗透经济社会的各个角落,给政府治理方式也带来了新的挑战和机遇。除政府部门间的数据共享成为现实外,如今,税务机关与纳税人通过互联网交互,绝大多数涉税业务都可以在互联网上完成;税务部门之间的任务下达、结果反馈、信息共享也完全通过数据交换完成。

以大数据、云计算、互联网、物联网、人工智能等为代表的新技术,催生了新的经济业态,新业态加大了税收征管难度,而新技术则为税收征管创造了机遇。税务部门应该抓住机遇,重塑现代税收征管模式,即需要以动态信用管理为核心,以数据管税为依托,以个性化服务和智能稽查为手段,兼具国际标准和中国特色,使新技术对税收征管的冲击、挑战和机遇,充分体现在下一步《税收征收管理法》的修订中。

---

① 周院生、熊丙万、鲍艳:《法律的确定性与不确定性》,载《法制日报》2013年11月20日,第12版。

欠税公告、黑名单和联合惩戒制度的法律问题

王　惠*

近年来,我国税收征管是以互联网为依托,按照集中征收、分类管理、重点稽查的改革方向,形成一个既相互独立又相互配合、制约的征、管、查分离模式,强化金税三期双随机工作平台的运用和管理,加强信用管理,完善税务稽查执法机制,原来很大一部分税收征管的工作放手改为纳税人自主承担和申报;同时又借鉴国际经验,与一些企业签订税收遵从合作协议,建立起一种平等、透明、互信的新型的征纳税关系,提高企业自觉遵从税法的意识,共同管控税收风险。笔者认为,根据2016年国务院"放管服"改革要求建立起来的税务部门的"放管服",实质是:一方面,健全和规范纳税申报制度,明确征纳税双方的权力(权利)、责任(义务),推进依法治税,增强纳税人自我管理、自助办税、自查自纠的责任;发挥互联网、大数据、云计算等信息共享技术支撑多部门协同服务的作用,提供高效税务服务;加强纳税人、扣缴义务人和涉税中介服务机构与人员的事中、事后监管与处罚。另一方面,对于税务纠纷,采取和解、调解、复议、诉讼(今后可能增加仲裁)等多种方式化解,尽可能保持税收征纳关系的和谐稳定。此外,在处罚方式上,除保持刑法的高压态势外,处罚手段也发生变化,最突出的变化就是欠税公告、黑名单和联合惩戒制度的实施。通过这些"软性处罚"的方式,强化税收管控。对于纳税人来说,这种"软性处罚"成为不可不防的税收法律风险问题。

一、欠税公告的税收法律风险

(一)欠税公告制度

依法纳税是宪法对公民的强制性基本义务,税款作为征纳税双方权利义务所共同指向的客体,除可利用税收法律法规合法、合理节税外,不能拖欠更不得偷逃,否则就要承担相关的行政或刑事法律后果。根据《税收征收管理法》及其实施细则规定的欠税公告制度,国税总局发布《欠税公告办法(试行)》(2004年国家税务总局令第9号发布,2018年国家税务总局令第44号修正),此后各地方税务部门为履行职责,预防和减少欠税发

* 浙江工商大学法学院教授,经济法系主任,经济法学学科带头人,浙江工商大学财税法学研究中心负责人。

生，保障国家税收收入及时、准确、足额入库，防范欠税法律风险发生，又制定了各自的《欠税管理办法》，建立起本部门欠税管控制度，加强欠税检查，实行欠税公告。

（二）欠税公告的税务法律风险

应当说，欠税公告对纳税人的有形财产和人身自由并没有法律上的强制和约束力，它的作用在于通过社会负面评价对纳税人心理产生"间接强制"，迫使纳税人履行义务。因为在现代社会，任何个人和单位的名誉，都是其一项重要的人身权利，是其进行民事活动，乃至其他社会活动的基本条件，对其在社会上的生存与发展都是至关重要的。所以民法中规定了名誉权制度，明确个人和单位依法享有对自己所获得的客观社会评价、排除他人侵害的权利。而纳税人欠税的事实一经公告，便会对纳税人的履约能力和社会声誉产生重大的不利影响，欠税公告正是通过"公开告之"的方式让欠税者的社会信誉、声望和形象降低，进而让欠税者的非税权益可能遭受损失（如原来的供货人不予供货，贷款者不予贷款等），以此促使欠税者尽快自觉缴纳其所欠税款。故欠税公告是一种不是行政处罚也不是刑事处罚的"软性处罚"，起到的催缴税款的效果往往胜过税务行政处罚或涉税刑事处罚。

由于《税收征收管理法》及其实施细则对欠税公告只是原则性规定，所以具体操作的主要依据是《欠税公告办法（试行）》以及地方性规定。为了增强欠税公告行政行为的公正性、科学性、透明度，《欠税公告办法（试行）》规定了欠税公告适用的范围以及一定的程序。[①] 然而，虽然《税收征收管理法》中对纳税人欠税的处罚根据"主观故意"和"非主观故意"而不同，《欠税公告办法（试行）》却只要求"确保公告数据的真实、准确"而不分欠税的主客观缘由（如因国家实施宏观经济紧缩政策后流通资金紧张而导致的欠税、税收政策因素导致欠税等非主观故意的欠税）；《税收征收管理法》及其实施细则规定欠税公告只限定于"欠税纳税人"的"欠缴税款情况"，但《欠税公告办法（试行）》扩大到公告欠税企业或单位的"法定代表人或负责人姓名、居民身份证或其他有效身份证件号码、经营地点"等。[②]《重大税收违法案件信息公布办法（试行）》（国家税务总局公告2014年第41号）明确规定，公布重大税收违法案件信息包括自然人姓名、性别、身份证号码（隐去出生年、月、日号码段，下同），法人或者其他组织，公布其名称、纳税人识别号、组织机构代码、注册地址以及法定代表人或者负责人、直接责任的财务人员姓名、性别及公民身份号码等。[③] 而且同时还规定"扣缴义务人、纳税担保人的欠税公告参照本办法的规定执行"，显然国税总局扩大被公告者的范围，并没有上位法的明确依据；对于欠税者（包括纳税人、扣缴义务人、纳税担保人）来说，欠税公告本身隐藏巨大的税务风险。

而且，《欠税公告办法（试行）》规定中并无如公告前置程序、听取纳税人陈述或申

① 参见《欠税公告办法（试行）》第3条。

② 参见《欠税公告办法（试行）》第4条。

③ 参见《重大税收违法案件信息公布办法（试行）》第7条。

辩、向欠税人说明公告理由等相关的正当程序规定,更无权益救济的规定。从税收法治的角度说,欠税公告的前提是存在"已经被税务机关认定、且纳税人不存在异议的欠缴税款的事实",否则,税务机关的欠税公告超越了公告本身的目标,造成纳税人的其他名誉权或其他预期商业利益损失,就应当依法承担民法、行政赔偿责任,尽管这种结果非税务机关的主观意愿但不排除个别税务人员以此打击报复或以此威胁纳税人而进行"权力寻租"。所以,《欠税公告办法(试行)》全文找不到一条有关对税务机关公告错误应当承担的责任的规定,不得不让人对《欠税公告办法(试行)》的公正性产生疑问。

(三)欠税公告的性质及其法律问题

欠税公告的性质及其可能导致的不良后果也引起学界的质疑。有学者认为,"不无疑问,税务机关确认纳税人欠税的行为属于行政法律行为,然而,欠税公告则是因'公告'给纳税人的非税法上的权益带来了损害,其中并未包含税务机关本身的意思表示"。[①]也有人认为税务机关的"欠税公告行为"是一种"行政事实行为",而非"行政法律行为";"由于其行政事实行为的性质使然,税务机关在实施欠税公告行为时很可能由于程序不周延导致纳税人权益受到不应有的损害,给纳税人带来相应的法律风险。此外,如果税务机关发布的欠税公告行为不当,纳税人就有可能实施司法维权行动,从而给税务机关也带来相应的法律风险"。[②] 由于篇幅关系,本文在此不去探讨"行政法律行为"与"行政事实行为"的区别。目前,我国《行政处罚法》《行政复议法》《行政诉讼法》《国家赔偿法》主要是针对具体行政法律行为构建的,如果"欠税公告行为"是"行政法律行为",自然要受这些法律的制约。但笔者认为,从《欠税公告办法(试行)》的内容及具体操作看,国家税务总局显然未将"欠税公告行为"视为"行政法律行为",而是作为"行政事实行为"。然而,根据任何行政活动都必须服膺于"依法行政""无法律就无行政"的现代法治理念,即便"欠税公告行为"是行政事实行为,作为对税收管理相对人权利义务产生重大影响的一种行政行为,应该符合相应的合法性要求。何况,"欠税公告行为"虽然不具有法律强制力,但对欠税者"可致权益损害性"应当就是税务机关实施"欠税公告"的主要威慑作用所在。然而,一旦发出欠税公告,会给欠税人造成什么样的、什么程度的"可致权益损害性",对税务机关来说是不可知、不可控的,它极有可能对行政相对人的合法权益造成与欠税违法不相匹配的权益损害。因而,如何在确保国家税款"应收必收、及时入库",促进税务机关依法行政的同时,防止税务行政权力膨胀失控导致行政事实行为侵权的发生,更好地保障欠税人的合法权益,是应当慎重考虑的。

为促进纳税人履行纳税义务,税务机关对纳税人涉税信息实施欠税公告无可厚非,但必须符合法律规定、法律的原则和精神。税务机关通过税务调查和纳税人自行申报以及"互联网+大数据"等方式建立的纳税人"涉税信息资料库",涉及个人的财务行为、纳

① 龙稳全、李刚:《欠税公告的法律思考》,载《涉外税务》2006年第6期。

② 李建人:《欠税公告的制度的完善》,载《税务研究》2014年第2期。

税状况、身份信息等私密事实,是个人和家庭成员私生活和经济活动的档案,能够反映纳税人和家庭成员在某方面的隐私。纳税人涉税信息隐私权是信息隐私权在税法领域的具体化,纳税人有权要求税务机关依法收集、保存、使用自己的信息,当税务机关违法收集、保存和使用个人信息时纳税人享有寻求救济的权利。纳税人提供的涉税信息中涉及隐私权的信息大致分为四类:一是纳税人户籍信息,即姓名、年龄、籍贯、身份证号码等信息。二是纳税人财产状况信息,如收入、金融、财产公证等信息。三是统计信息,即税源普查、税收分析形成的信息。四是包含个人数据的电子文件、电子档案。① 这些信息都会涉及隐私权,是隐私权的信息载体。税务机关在纳税人信息收集、使用等过程中,应充分尊重纳税人涉税信息权益。况且,《纳税人涉税保密信息管理暂行办法》只是规定:"纳税人的税收违法行为信息不属于保密信息范围。"② 因此,税务机关公告欠税等"税收违法行为信息"与税务机关不得泄露纳税人的个人隐私并不是完全对立和矛盾的,对数据进行相应的处理,在公布纳税人税收违法行为的同时也保护其涉税信息中的隐私权是完全可行的。税务机关实施的欠税公告不应当包括纳税人的身份证明、联系方式、家庭住址、家庭成员等信息,否则将是对纳税人隐私权的侵犯。

二、黑名单及联合惩戒制度的税收法律风险

(一)威力强大的税收黑名单及联合惩戒制度

《重大税收违法案件信息公布办法(试行)》(2014年第41号)开启了纳税人等税收违法的联合惩戒,随后国家发展改革委、国家税务总局等22个国家重要部门联合签署《关于对重大税收违法案件当事人实施联合惩戒措施的合作备忘录》(发改财金〔2014〕3062号,以下简称《联合惩戒备忘录》),③对那些长期不履行纳税义务、欠缴税款数额较大、多次催缴仍不履行纳税义务的纳税人,实现重大税收违法案件当事人信息的推送,并对其实施联合惩戒,紧跟着各地方税务局都建立起税收诚信纳税黑榜名单及惩戒措施。总之,针对税收违法犯罪行为,我国已建立起"税收行政处罚+联合惩戒失信+税务刑事处罚"的多维、立体、互补的严密制裁体系。

《联合惩戒备忘录》共计有18项联合惩戒的措施,无论是自然人还是企业,必须"自觉"遵从税法规定、遵从税务部门监管,否则联合惩戒带来的严重后果是违法当事人在出境、担任企业的法定代表人、董事、监事及经理、融资授信、高消费、取得政府供应土地、出入境检验检疫信用、参加政府采购活动、适用海关认证企业管理、证券期货市场经营、保险市场经营、受让收费公路权益、政府性资金支持、企业债券发行、进口关税配额分配等

---

① 参见王辉、许蒙亚:《纳税人隐私权保护中的问题与对策》,载《中国行政管理》2008年第11期。

② 参见《纳税人涉税保密信息管理暂行办法》第2条。

③ 这些部门为国家发展改革委、国家税务总局、中央文明办、最高人民法院、公安部、财政部、原国土资源部、交通运输部、商务部、人民银行、海关总署、工商总局、质检总局、食品药品监管总局、互联网信息办、原银监会、证监会、原保监会、民航局、全国总工会、中国铁路总公司等。

等方面，面临种种限制或禁止。同时，这些失信者的基本信息案件以及违法事实、处理结果、法律依据也会通过税务总局门户网站、主要新闻网站被公布。而且，按照《重大税收违法案件信息公布办法（试行）》（国家税务总局公告2016年第24号）规定：重大税收违法案件信息自公布之日起满2年的，从税务机关公布栏中撤出，相关失信记录仍会在后台予以保存。只有当事人缴清税款、滞纳金和罚款的，有关部门才能根据税务部门的通知及依据各自法定职责，按照法律法规和有关规定实施惩戒或者解除惩戒。

国家税务总局统计数据显示联合惩治威力强大，[①] 越来越多的税务违法行为被稽查，纳税人税务失信被联合惩戒的法律风险在增加。一旦成为联合惩戒的失信者，其不仅名誉受损，而且生活、事业各方面受到的种种"约束与限制"，足以让"失信者"在现代社会寸步难行。而且，不仅是针对纳税人，有关涉税专业服务机构的法律责任及对其的监管也日益严厉。仅2017年来国家税务总局发布的规范涉税专业服务的监管新规就有：《关于发布〈涉税专业服务监管办法（试行）〉的公告》（2017年第13号）、《关于发布〈税务师事务所行政登记规程（试行）〉的公告》（2017年第31号）、《关于发布〈涉税专业服务信息公告与推送办法（试行）〉的公告》（2017年第42号）、《关于发布〈涉税专业服务信用评价管理办法（试行）〉的公告》（2017年第48号）、《关于采集涉税专业服务基本信息和业务信息有关事项的公告》（2017年第49号）、《关于税务师事务所行政登记有关问题的公告》（2018年第4号）等。这些监管新规强化了以信用管理为核心的事中事后监管，信用情况将直接影响税务师事务所承接业务的规模和便利性。尤其是2018年国家税务总局又启用《涉税专业服务机构信用积分指标体系及积分规则》，涉税专业服务机构自身的纳税信用等级会直接影响其经营绩效，并对其信用评价带来有利或不利影响。而社会公众有权举报、投诉涉税专业服务违法行为，也给涉税专业服务机构形成压力与风险。

（二）税收黑名单及联合惩戒制度的合理性、合法性问题

然而，纳税人仅仅是违反税法规定，凭什么在其他方面受到联合惩戒限制或处罚？联合惩戒究竟是什么性质的处罚？它符合"一事不二罚"原则吗？它的合理性、合法性依据在哪里？从形式上看，《联合惩戒备忘录》对每一惩戒措施的法律依据都作了具体说明。例如，《联合惩戒备忘录》"在强化税务管理方面的惩戒措施"是"纳税信用级别直接判为D级"，[②] 并说明以上惩戒措施的法律及政策依据是《纳税信用管理办法》（国税总局公告2014年第40号）第32条和《重大税收违法案件信息公布办法》（国税总局公告2014年第41号）第8条。然而，查看《重大税收违法案件信息公布办法（试行）》第8条

① 2017年全国各级税务机关共计公布税收违法"黑名单"4228件，同比2016年增长近2倍；推送多部门联合惩戒6.42万户次，同比2016年增长153%。而2018年1～6月，各级税务机关公布"黑名单"案件2781件，比2017年同期增长80%；"黑名单"全部推送至同级相关部门，共计实施各项联合惩戒措施2.5万户次。（资料来源：载国家税务总局官网：http://www.chinatax.gov.cn/。）

② 参见《纳税信用管理办法（试行）》关于D级纳税人的管理措施。

第1款的内容,几乎就是《联合惩戒备忘录》重复的内容。又如,《联合惩戒备忘录》中说明"通过主要新闻网站向社会公布"惩戒措施的法律及政策依据是"(1)《中华人民共和国政府信息公开条例》第九条;(2)《互联网新闻信息服务管理规定》第三条"。

那么,再查看2008年5月1日起实施的《政府信息公开条例》第9条,内容却是:"行政机关对符合下列基本要求之一的政府信息应当主动公开:(一)涉及公民、法人或者其他组织切身利益的;(二)需要社会公众广泛知晓或者参与的;(三)反映本行政机关机构设置、职能、办事程序等情况的;(四)其他依照法律、法规和国家有关规定应当主动公开的。"而其依据却是2005年信息产业部、国务院新闻办公室发布的《互联网新闻信息服务管理规定》第3条规定。由于2014年8月26日国务院正式将全国"互联网信息内容"的监管权限全面授权给当时重新组建的国家网信办,而由国家网信办审议通过、2017年6月1日实施的《互联网新闻信息服务管理规定》第3条规定:"提供互联网新闻信息服务,应当遵守宪法、法律和行政法规,坚持为人民服务、为社会主义服务的方向,坚持正确舆论导向,发挥舆论监督作用,促进形成积极健康、向上向善的网络文化,维护国家利益和公共利益。"最终结果是"通过主要新闻网站向社会公布"惩戒措施的两项法律规定及政策依据,内容几乎相同,即仅仅是"提供互联网新闻信息服务,应当遵守宪法、法律和行政法规——维护国家利益和公共利益"的原则性规定。

《行政处罚法》第24条规定了"一事不二罚"原则,目的在于防止法律规范设定冲突,保护当事人的合法权益。而"联合惩戒"制度设计涉嫌对违法企业的同一违法行为进行两次处罚,甚至"联合惩戒"制度所联合的政府部门正在向越来越多的方向发展,纳税人一旦成为"重大税收违法案件"的当事人,就面临"一事多罚"的境遇,显然这一制度已经导致税法背离了税收公平原则和"一事不二罚"原则。因为,"对违法者处罚过重不仅仅违反了一事不二罚原则,从法律责任的效果以及制度的效益来看,过分处罚本身就是一个效益的损失。国家浪费了制度资源,违法者损失了额外的利益。同时,过分处罚不仅达不到教育违法者的目的,还能够激起违法者的报复心理和对法律制度公正性的怀疑"。① 政府部门应当明白一个道理:"惩罚的目的是弥补国家、社会和他人因违法者的违法行为所遭受的损失以及惩戒和教育违法者,使其在将来不再成为违法者或者尽量降低成为违法者的可能性。但过分惩罚却达不到这个目的,国家通过过分惩罚违法者所获得的利益可能是微不足道的,但对违法者所造成的伤害则是巨大的,对法律责任的目的和宗旨的损害也是巨大的。一旦法律惩罚激起了更多、更严重的违法行为,那么,惩罚和违法将进入一个恶性循环,最终所导致的就是国家、社会和违法者两败俱伤。税法就成了导致这一恶性循环的罪魁祸首之一。"② 再从《立法法》第9条的规定看,《联合惩戒备忘录》及国家税务总局的一系列部门规章已超出了《立法法》《税收征收管理法》《行政处

① 翟继光:《税法学原理——税法理论的反思与重构》,立信会计出版社2011年版,第32页。

② 翟继光:《论税法的道德性——税法不能承受之重》,载《西南政法大学学报》2008年第1期。

罚法》等法律、法规的执法边界，触动、约束、限制甚至侵犯了纳税人宪法和法律层面的权利，如果能进行“合宪性审查”，显然是违法上位法的。

“每一个拥有权力的人都容易滥用权力，这是一条万古不变的经验。”税务机关掌握了大量信息，就会产生侵犯合法权益的风险，在赋予税务机关涉税信息获取权时，有必要给权力设定合理的边界和限制，规定严格的程序，防止权力被滥用。笔者认为，税收法定原则对税收联合惩戒制度的要求应表现为：(1)制定处罚的权力是法定的；(2)决定处罚的依据是法定的；(3)实施处罚的主体是法定的；(4)处罚的程序是法定的；(5)处罚的种类是法定的；(6)处罚的标准是法定的。如此，在形成强大合力的公权力面前，纳税人才可能控制因公权滥用而产生的税收风险，防范惩戒失信制度对纳税人自由、财产、隐私等产生的种种威胁。

三、“纳税诚信制度”与税收诚信原则

（一）现行的“纳税诚信制度”

“税无法不成，法无信不立。”现代税法的立法目的就是规范征纳税行为，体现出征纳税主体双方遵守和履行的诚信，所以“诚信”是现代税法的本质特征。税法就是征纳税双方共同遵从的税收契约。税法应当是明确、稳定和可预测的，这既是税收法定原则的基本要求，也是诚信原则的基本要求。国家作为税法的制定者，有义务提供明确、稳定的税法，以便人们能够预测自己的权利与义务，进而建立相互信任的良好的税收法律关系。由于我国税法规定存在概括性、模糊性、不周延性，加之纳税人在利益驱动下可能故意对税法进行曲解，税务机关及其工作人员亦可因各种主客观原因而滥用、误用税法等，这使税法的缺陷需要通过诚实信用的机制予以弥补，诚信原则构成对税法的执法与守法的非正式约束；在税收征纳关系中，它是由诚实、合作等征纳税行为组成的一整套税收道德规范。

为规范纳税信用管理、促进纳税人诚信自律，提高税法遵从度，国家税务总局发布了《纳税信用管理办法（试行）》（国家税务总局公告2014年第40号）、《纳税信用评价指标和评价方式（试行）》（国家税务总局公告2014年第48号）等有关“纳税信用管理”的文件，规定由税务机关根据纳税人履行纳税义务的情况，就纳税人在一定周期内的纳税信用评定级别等级。为明确纳税信用补评和复评的操作程序、使用文书以及工作要求，国家税务总局先后还发布了《关于明确纳税信用补评和复评事项的公告》（国家税务总局公告2015年第46号），《关于明确纳税信用管理若干业务口径的公告》（国家税务总局公告2015年第85号），《税务行政处罚裁量权行使规则》（国家税务总局公告2016年第78号），2018年国家税务总局又发布《关于纳税信用评价有关事项的公告》（国家税务总局公告2018年第8号）将纳税信用级别设为A、B、M、C、D五级，并规定，“主动公开A级纳税人名单及相关信息”，“根据社会信用体系建设需要，以及与相关部门信用信息共建共享合作备忘录、协议等规定，逐步开放B、C、D级纳税人名单及相关信息”。显然，上黑名单与失信惩戒是纳税人因不遵从税收征管而面临的又一税收法律风险。而税务机关将自身置于税收诚信约束之外，高高在上地对纳税人实施“纳税信用管理”，既破坏了征纳税双方平等、平衡的法律关系，也违背了税收诚信的基本道德。

（二）双向约束的税收诚信原则

税收诚信是一种双向约束机制，它的重要机能是平衡当事人之间的利益冲突，税法所调整的税收关系，本质上体现为社会产品的分配关系，即国家与纳税主体之间的利益分配关系，作为征税主体的国家，为了使履行职能需要的物质利益得到长期、持续的满足，维护社会稳定和发展，就必须公平地分配税收负担，通过税负调节各主体间的利益冲突，并通过税法将这种利益分配关系确立下来，在公众监督下执行。税收诚信原则的适用，实质上是要求征纳税双方彼此为对方承担善意、真诚、守信不欺、公平合理的义务，由此产生征税主体在诚信原则适用上的义务和纳税主体在诚实信用适用上的义务。在征纳税双方诚实信用的氛围下，征税主体可以减少因不信任纳税主体而采取的各种防范措施，纳税主体则会减少因不信任征税主体而采取的各种避税行为，国家与纳税人都减少了因缺乏诚信而进行的征纳税博弈，彼此忠诚、守信，由此大大降低了征税成本和纳税成本，进而间接地降低了社会交易成本，促进了社会经济的健康发展。

消费税征收环节的法律调整*

席晓娟**

党的十八届三中全会通过的《中共中央关于全面深化改革若干重大问题的决定》在第五部分“深化财税体制改革”中提出完善税收制度，明确消费税的改革方向是调整消费税的征收范围、环节、税率，把高耗能、高污染产品及部分高档消费品纳入征收范围。《中华人民共和国国民经济和社会发展第十三个五年规划纲要》第十五章“加快财税体制改革”在“改革和完善税费制度”部分，提出完善消费税制度。新一轮财税体制改革要求到2020年基本建立现代财政制度，其中税制改革的重点为增值税、消费税、资源税、环境保护税等六大税种。作为税制改革重要组成部分的消费税，征收环节作为修法对象应予以重点研究。

一、消费税征收环节的法律规定

消费税有广义与狭义之分，我国征收的消费税是狭义消费税，即特别消费税。特别消费税，是指在转让或交易环节以特定消费品或消费行为为课税对象而征收的一种税，通常又称为选择性消费税。①

1951年1月政务院正式颁布实施了《特种消费行为税暂行条例》，纳入征税范围的项目包括电影、戏剧、娱乐、舞场、筵席、冷食、旅馆等消费行为，并规定了幅度比例税率和起征点，实行从价计征，以适应不同规模城市特种消费程度的差异状况，并兼顾部分纳税人的基本生活需要。1953年修正税制时，特种消费行为税改称文化娱乐税，“电影戏剧及娱乐”税率不变，对筵席、冷食、旅馆、舞厅的征税并入营业税内征收。② 其后1988年的筵席税及1989年的特别消费税，因征税对象范围极其有限，即特定场所举办的宴席及彩色电视机、进口小轿车，消费税尚不足以独立存在。乘着分税制改革的东风，1993年12月13日颁布的《消费税暂行条例》，使消费税重新成为我国流转税的主税种之一。

---

* 本文原载熊伟主编：《税法解释与判例评注》第11卷，法律出版社2019年版。

** 西北政法大学经济法学院副教授，法学博士。

① 参见解学智、张志勇主编：《世界税制现状与趋势（2014）》，中国税务出版2014年版，第208页。

② 《财经大辞典》第2版编委会编：《财经大辞典》，中国财政经济出版社2013年版，第642页。

消费税是在征收增值税的基础上,对特定商品选择性加征的一道税。分税制是基于增强中央财力的需要而产生的,因此,对纳税人来说,虽然消费税税目在选择上具有倾向性,税率上存在差异性,但在消费税征税目的作用下,其总体税负增加是必然的。消费税是中央税,其税收收入占比始终位居第三位,2017 年才被个人所得税取代而位居第四位。可见,财政收入功能是消费税的基础功能与首要功能,因此,税收征管能力及征管效率成为决定财政收入的重要因素。消费税征收环节是确定纳税义务发生的主要条件之一,征收环节影响纳税人数量的多寡,亦决定征税机关的征管效率及征管效果。因此,梳理我国消费税纳税环节的法律规定,是研究消费税纳税环节改革的第一步。

(一)消费税纳税环节的基本法律规定

现行《消费税暂行条例》第 13 条规定,纳税人销售的应税消费品,以及自产自用的应税消费品,除国务院财政、税务主管部门另有规定外,应当向纳税人机构所在地或者居住地的主管税务机关申报纳税。委托加工的应税消费品,除受托方为个人外,由受托方向机构所在地或者居住地的主管税务机关解缴消费税税款。进口的应税消费品,应当向报关地海关申报纳税。《消费税暂行条例实施细则》第 24 条对《消费税暂行条例》第 13 条进行了适用解释。①

由此可见,消费税征收环节涉及生产环节、批发环节、零售环节、委托加工环节和进口环节,这是由其流转税的属性所决定的。基于委托加工环节与进口环节适用对象的特定性及有限性,消费税征收环节的调整以生产环节、批发环节及零售环节为研究对象,现行消费税征收以生产环节为主。

(二)消费税纳税环节的特殊法律规定

财政部《关于调整金银首饰消费税纳税环节后有关会计处理规定的通知》规定,自 1995 年 1 月 1 日起,所有金银首饰的消费税由生产销售环节征收改为零售环节征收。②财政部、国家税务总局《关于调整烟产品消费税政策的通知》规定,自 2009 年 5 月 1 日起,在中华人民共和国境内从事卷烟批发业务的单位和个人,批发销售的所有牌号规格

---

① 《消费税暂行条例实施细则》第 24 条规定,纳税人到外县(市)销售或者委托外县(市)代销自产应税消费品的,于应税消费品销售后,向机构所在地或者居住地主管税务机关申报纳税。纳税人的总机构与分支机构不在同一县(市)的,应当分别向各自机构所在地的主管税务机关申报纳税;经财政部、国家税务总局或者其授权的财政、税务机关批准,可以由总机构汇总向总机构所在地的主管税务机关申报纳税。委托个人加工的应税消费品,由委托方向其机构所在地或者居住地主管税务机关申报纳税。进口的应税消费品,由进口人或者其代理人向报关地海关申报纳税。

② 财政部和国家税务总局联合发布的《关于调整金银首饰消费税纳税环节有关问题的通知》(财税字〔1994〕95 号)规定,自 1995 年 1 月 1 日起,所有金、银和金基、银基合金首饰,以及金、银和金基、银基合金的镶嵌首饰的消费税由生产销售环节征收改为零售环节征收。金银首饰在进口环节和出口环节,以及经中国人民银行总行批准经营金银首饰批发业务的单位将金银首饰销售给同时持有《经营金银制品业务许可证》影印件及《金银首饰购货(加工)管理证明单》的经营单位,均不计算消费。

的卷烟,在卷烟批发环节加征一道适用税率为5%的从价税。[①] 财政部、国家税务总局《关于对超豪华小汽车加征消费税有关事项的通知》规定,对超豪华小汽车,在生产(进口)环节按现行税率征收消费税基础上,在零售环节加征消费税,税率为10%。[②]

由此可见,批发环节对卷烟加征一道从价消费税。在零售环节征收消费税包括金银首饰及超豪华小汽车。金银首饰消费税是由生产销售环节征收改为零售环节征收,而超豪华小汽车则是在零售环节加征消费税。

二、消费税不同征收环节的利弊分析

比较消费税不同征收环节利弊是调整征收环节的基础。消费税的主要征收环节为生产、批发及零售,因批发环节只有卷烟一个税目,且征收环节由生产环节向零售环节后移问题是研究重点,因此,本部分只比较生产环节与零售环节的利弊。

(一)消费税生产环节征收之利弊

现行绝大多数的消费税税目在生产环节征税。生产环节征收消费税的优势在于,能够从源头保证税款的足额入库,税收征管无须耗费大量的人力、物力。缺点之一是消费税税基较小。消费税间接税的性质决定了其实际赋税人是消费者,基于消费者众多造成不易监管的原因,因而选择在生产环节征收,但因生产者纳税人数量较少,使消费税税基变小。缺点之二是一旦在生产环节出现逃漏税,因征收环节的单一性,无法通过下一环节补征,易造成税款流失。缺点之三是纳税人容易钻法律漏洞以达到不交税或少交税的目的。纳税人通常采用关联企业转让定价方式,或者通过改变企业自身经营模式,将同一产品的不同部分分开生产,实行独立运营,建立独立核算的销售公司的方式,使原本属于生产环节实现的价值嫁接到流通环节上,由此造成消费税税基减小,进而达到不交税或少交税的目的。缺点之四是如果应该在批发或零售环节征收的消费税在生产环节征收,则相当于本应留存企业的资金被税款的形式占用,增加了生产经营者的资金负担。

(二)消费税零售环节征收之利弊

零售环节征收消费税在当前仍属个例。零售环节征收消费税的优势是零售环节纳税人的数量比生产环节的增加很多,能够通过扩大税基增加税收收入,使本应在生产环节缴纳的税款延迟至零售环节缴纳,能够增加企业的流动资金规模。因从生产到零售间环节的增多,必然导致应税消费品价格的增长,以高价来调节和抑制纳税人的消费需求,有利于消费税调节引导功能的实现。其缺点是增加了税收征管的难度。因为零售环节纳税人数量远远超过生产环节纳税人数量,在税种众多且征管力量不足的现状下,如何能够保证税款应收尽收、足额入库,显然是消费税征收的一道难题。

---

① 财政部、国家税务总局《关于调整烟产品消费税政策的通知》(财税〔2009〕84号)。

② 财政部、国家税务总局《关于对超豪华小汽车加征消费税有关事项的通知》(财税〔2016〕129号)。

三、消费税征收环节调整的动因分析

(一)调整消费税征收环节是实现税收功能的需要

我国消费税是有选择性地对特定消费品征税。现有消费税税目选择主要集中在三类商品,第一类是具有劣值品性质的消费品,包括烟、酒等;[①] 第二类是具有负外部性的消费品,主要是针对与化石能源直接关联的产品,如汽油、柴油、燃油机动车等;[②] 第三类是具有收入再分配效应的消费品,包括珠宝首饰、高档化妆品、高档手表、高尔夫球及球具、游艇等。[③] 1993 年颁布的《消费税暂行条例》所确定的 14 种消费税税目,有其经济发展的时代背景。14 种税目均为特定消费商品,未包括特定消费行为,其主要原因是当时作为第三产业的服务业刚刚起步,尚未成为市场消费的主流,因此消费行为并未纳入消费税征税范围。

消费税是分税制改革的结果。分税制以加强中央政府财权为初衷,因此消费税的征收也更多关注于税收收入,而税款能否入库又是征管部门的工作重心。因此,消费税征收环节的制度设计,首先要考虑保证税款的及时足额入库。相较零售环节,生产环节的源头征收使税收征管部门无须耗费大量的人力、物力,就能够从源头保证税款的足额入库。但从消费税财政收入与调节分配的功能出发,生产环节有限的税源成为掣肘,因此,对消费税征收环节的调整应考虑征收环节后移,以增加税源进而实现的消费税功能。

(二)流转税结构调整对消费税征收环节的影响

"营改增"启动了流转税的改革,在统合商品与劳务为增值税征税对象的同时,因增值税结构性减税的目标要求,致使税率不断下调。就具体税目而言,原营业税适用 5% ~ 20% 的幅度比例税率的休闲娱乐业,并入增值税后被放在生活服务业,娱乐服务的增值税税率为 6% 。显然原营业税的娱乐业税负在增值税抵扣原理的作用下,纳税人实际税负大幅下降。其他营业税税目由 3% 或 5% 的税率在改征增值税后适用 6% 或 10% 的税率,在增值税抵扣原理的作用下,纳税人实际税负有所减轻但变化不大。娱乐服务具体包括歌厅、舞厅、夜总会、酒吧、台球、高尔夫球、保龄球、游艺(包括射击、狩猎、跑马、游戏机、蹦极、卡丁车、热气球、动力伞、射箭、飞镖),其奢侈性消费的特点使其有别于一般服务业。现行较低的增值税税率虽有利于娱乐业的行业发展,但无法达到"营改增"前对娱乐业适用较高税率,以引导其适度发展的目的。

将服务行为纳入消费税税目范围的国家不在少数。奥地利有娱乐税和广告税,法国有电视服务税,菲律宾有娱乐税和赛马税,匈牙利和荷兰有博彩税,比利时、保加利亚和

---

① 劣值品,是指消费者自身的评价高于社会理性评价的商品,消费者对这类商品的消费可能会上瘾。酗酒、过度吸烟会危害健康,而且容易引发事故、失职、犯罪及对家庭的破坏,从而给社会带来损失。

② 负外部性的消费品,实质上是消费者自身承受的边际成本低于社会承受的边际成本,通过征税有望实现二者的相等。

③ 参见朱柏铭:《公共经济学若干概念辨析》,中国财政经济出版社 2016 年版,第 279 页。

越南则有赌博税。[①] 增值税具有中性特征，增值税现有税率级次有待进一步减并，因此不可能在增值税体系中对娱乐业再单独设置高税率级次。[②] 在现有增值税税目及税率既定前提下，可以考虑借鉴发达国家经验，扩大消费税的征收范围，将原营业税中娱乐业税目从增值税征税对象调整为消费税征税对象；同时，还可以将狩猎、高档宾馆消费（价格超过一定标准的宾馆房间）、飞机租赁等其他消费行为也纳入征收范围。[③] 通过发挥消费税抑制奢侈消费品行为的功能。基于此，除传统消费商品外，可以将消费行为作为征收环节。

（三）消费税征税范围调整需要适时调整征收环节

调整消费税的征税范围是本次消费税改革的重头戏。消费税现有 15 个税目，主要针对过度消费会影响人类健康及生态环境的商品、高档非生活必需品、不可再生和替代的资源品、高污染和高耗能产品及具有一定财政意义的商品征收。《中共中央关于全面深化改革若干重大问题的决定》明确提出把高耗能、高污染产品及部分高档消费品纳入征收范围，做好消费税税目加法是消费税征收环节调整的前提。消费税征税范围调整应该做加减法，但考虑到减少的税目已不再征收消费税，因此不作为征收环节调整的研究对象。

一是高耗能、高污染产品。高耗能产品，是指高耗能行业生产出来的产品。[④] 高污染产品，是指可以作为中间产品和最终消费品，在生产和使用过程中造成有毒、有害的废水和废气排放的产品，以及废弃后如果不妥善处理会对水体、土壤等自然环境或城市生活环境造成损害的产品。[⑤] “双高”产品危害生态环境的特性与绿色环保可持续发展的社会发展理念相冲突，征收消费税能够减少高耗能、高污染产品的排放，促进生产者改进生产工艺。[⑥] 由于环境保护税已于 2018 年 1 月 1 日起开征，新确定的消费税税目应将已纳入环境保护税的“双高产品”排除在外，避免重复征税。

二是部分高档消费品，主要是奢侈消费品。奢侈品是奢侈消费的主要对象。奢侈消费，通常是指超越人生存与发展需要的奢靡性消费，与一定时期社会生产力水平条件下

---

① 参见叶金育：《消费税制调整的法治逻辑》，载《上海经济评论》2016 年 5 月 3 日，B10 ~ 11 版。

② 参见张子洋、刘建、张淑娟：《将特殊消费行为纳入消费税征税范围的国际经验与建议》，载《国际税收》2018 年第 3 期。

③ 参见张学诞：《探寻消费税改革思路》，载《中国财经报》2017 年 7 月 18 日，第 2 版。

④ 《2010 年国民经济和社会发展统计报告》中提到的六大高耗能行业分别为：化学原料及化学制品制造业、非金属矿物制品业、黑色金属冶炼及压延加工业、有色金属冶炼及压延加工业、石油加工炼焦及核燃料加工业、电力热力的生产和供应业。

⑤ 参见韩函霄：《我国高污染产品消费税的税制设计》，载《税务研究》2015 年第 4 期。

⑥ 2014 年环保部向国家发展改革委、财政部、商务部、人民银行等 13 个部门提交了《环境保护综合名录（2014 年版）》。该综合名录向社会公开了 777 项“高污染、高环境风险”产品。其中包含 40 余种二氧化硫、氮氧化物、化学需氧量、氨氮产污量大的产品，30 余种产生大量挥发性有机污染物的产品，200 余种涉重金属污染的产品，以及近 500 种高环境风险产品。

的社会消费水平相联系,一般不从个体的角度来衡量。奢侈消费的定义和范围随着历史的发展而发展,在不同时期具有不同的内容。[①] 奢侈品又称为非生活必需品,是一个相对的、动态的、含义模糊的一个概念。从奢侈品的类别来看,现代主流的奢侈品消费分为服饰皮具、香水化妆品、腕表珠宝、高档汽车、高档酒店和度假村,以及游艇、私人飞机等。奢侈品可以存在于任何产品类别中,只要是必备品存在的领域,就可以有奢侈品的生存空间。[②] 奢侈品市场较成熟的国家的历史经验表明,在奢侈品消费增长的初期,消费量最大且增长最快的是个人用奢侈品,而后期逐步由具体的奢侈商品转而追求奢侈的生活方式和体验。[③]《2017 年中国奢侈品市场研究》显示,2017 年中国奢侈品销售额为 1420 亿美元,增速达到 20%,已超过海外市场,中国奢侈品的市场规模仅次于美国位居世界第二。从全球奢侈品消费者的比例看,中国消费群体占据全球市场份额的 32%。[④] 事实上,奢侈品消费税更多体现的是一种具有一定民意基础的政治倾向。虽然奢侈品消费税的课税范围涉及面有限,所增加的收入在财政收入体系中的占比很低,但明确代表了政府在"劫富济贫"上的政策意图和决心。[⑤] 现阶段,根据我国实际情况,奢侈品消费税主要集中于个人用的奢侈品,包括私人飞机、高档箱包、高档家具、高档服饰、古董字画等。

针对新增的高耗能、高污染产品及奢侈品税目,应该在立法时明确消费税征收环节。

四、消费税征收环节调整标准的确立

确立消费税征收环节调整标准,需要从消费税的税收功能定位、税种属性划分、税目的自身性质等方面考虑。

(一)消费税的税收功能定位

消费税功能包括组织财政收入的基本功能与调节引导消费的辅助功能。[⑥] 消费税作为我国第三大税种的地位直至 2017 年才被个人所得税所取代。[⑦] 仅有 15 种征税商品的消费税税收收入,能长期仅次于增值税与企业所得税而位居第三,充分说明组织财政收入是消费税的基本功能。因此,征收环节的确立应考虑组织税收收入的便宜性。

---

① 参见财政部财政科学研究所:《税收与消费》,中国财政经济出版社 2012 年版,第 7 页。

② 《2017 年中国奢侈品市场研究报告》,载中商情报网,http://www.askci.com/news/chanye/20180119/102951116367.shtml。

③ 参见赵娴主编、褚晓琳副主编:《产业经济热点问题研究》第 3 辑,社会科学文献出版社 2015 年版,第 162 页。

④ 从市场份额来看,中国人的奢侈品消费在全球消费份额的占比不断上升,从 2000 年的 1% 提升至 2017 年的 32%(较 2016 年增加 2 个百分点),成为最大消费者来源国。

⑤ 参见朱为群、陆施予:《我国奢侈品消费税改革探讨》,载《税务研究》2018 年第 7 期。

⑥ 有观点认为,消费税功能除财政功能外,还包括引导消费者合理消费、调节负外部性、调节收入差距及环境保护、促进资源节约等,但从消费税设立的初衷来看,财政收入功能是基本功能,调节收入分配是辅助功能,其他功能应属于派生功能。

⑦ 2016 年国内消费税收入 10,217 亿元,个人所得税收入 10,089 亿元。2017 年国内消费税收入 10,225 亿元,个人所得税 11,966 亿元。

虽然消费税征税对象可分为过度消费会影响人类健康及生态环境的商品、高档非生活必需品、不可再生和替代的资源品、高污染和高耗能产品及具有一定财政意义的商品，但可通过调节引导功能加以规制。对过度消费会影响人类健康及生态环境的商品以及高档非生活必需品，通过征收消费税引导消费者减少或放弃该类商品的购买及使用，使纳税人免于受到有害物质的身体侵害及奢侈享受的精神侵蚀，同时实现对收入分配的调节作用。对于不可再生和替代的资源品，通过征收消费税引导纳税人节约资源并集约利用。对于高污染和高耗能产品，通过征收消费税减少其污染物排放量，引导生产者改进生产工艺。

（二）消费税的税种属性划分

消费税作为中央税的税种属性，因"营改增"造成地方政府税收收入锐减的现状，而被纳入地方政府增收税种属性再划分之列。有观点认为，消费税应该设置为地方税，其理由是消费税税源丰富、具有税收的双向调节作用，能够有效缓解地方的财政压力。[①] 亦有观点反对将消费税作为地方税，其理由是消费税征税对象具有选择性不宜作为地方税，消费税归地方不足以弥补财力不足，消费税归属关系的调整需要结合税制建设全局予以确定。[②] 但更多观点认为，应将消费税确定为中央与地方共享税，理由是消费税本身具有的宏观调控职能和管理属性决定了其不应作为完全的地方税。消费税作为选择性的特殊商品税，其征税商品的选择与税目设置同相关消费行为调节、资源节约利用和生态环境保护等直接挂钩，而资源节约利用和生态环境保护本身就具有跨区域和全局性，这是地方政府在宏观调控中力所难及的。[③]

现行消费税征收环节以生产环节为主，其中央税的性质使消费品产地政府不会以税收利益为导向，刻意引导本地发展相关消费品的生产。以烟、酒这两类消费税收入占比前列的税目为例，卷烟及白酒产地政府对于此类利润大、税收收入高的消费品，固然从发展当地经济的角度予以扶持，但消费税收入的中央税性质，使当地政府在此类商品消费税高税率的诱惑下，即使加大扶持力度，考虑到税收收入上缴国库，其扶持力度也必然有限。但如果将消费税划归为地方税，则地方政府为增加当地的税收收入，将会不惜冒违法违规之风险加以扶持，全国范围内的无序竞争成为必然，但烟、酒之所以实行高税率，其立法目的是抑制而不是提倡。如此一来，因消费税税种属性的变化造成资源的浪费、无序的竞争，与消费税的立法初衷相悖。

将消费税税种属性定为中央与地方共享税，既考虑到消费税对不良消费行为抑制作

① 参见王莲莲、弋桂凤：《消费税建设为地方税主体税种可行性分析》，载《合作经济与科技》2015 年第 17 期。

② 参见李梦娟：《我国消费税改革的考量与权衡》，载《税务研究》2014 年第 5 期。

③ 参见国家税务总局税收科学研究所课题组：《从收入分享视角看我国消费税改革》，载《国家税收》2015 年第 5 期。

用的实现，又在一定程度上消除了“营改增”对地方政府税收减收的冲击。部分消费品由生产环节改为批发或零售环节征收，所带来纳税人数量的增加使共享税税基增大，在分成比例不变的情况下，地方政府消费税收入自然增加。同时，克服单纯地方税属性所带来的盲目发展及功利发展的负效应，中央政府在分成收税的基础上，通过转移支付调节因受制于税源产地而收入不均衡的地方政府间差异。

（三）消费税税目的自身性质

在现有的 15 个税目中，除批发环节对卷烟加征一道从价消费税，金银首饰及超豪华小汽车在零售环节征收消费税外，其余税目均在生产环节征收。大部分税目选择在生产环节征收是因源泉征收能够保障税收收入的应收尽收，避免零售环节逃漏税现象的发生。但在消费税定位为中央与地方共享税的前提下，从税收征管的角度出发，作为消费税征收对象的不同商品，其自身性质可能会影响征收环节的确立。

分析作为消费税主要税源的卷烟、酒、成品油和机动车，这 4 类消费品的自身性质恰能说明对消费税征收环节调整的必要性。数据显示，一类烟销量最大的是浙江省，位居前五的省份分别是浙江、江苏、湖北、广东与四川。① 不可否认，这些省份的人口数量及经济发展程度对卷烟销量产生的影响。如果将卷烟消费税征收环节改为零售环节，因纳税人的大幅增加，在征管力量不足的情况下，可以预见税款逃漏必然发生。酒类消费税征收环节不宜放在零售环节与卷烟同理。按照成品油从炼厂到最终消费者的流通环节，我国成品油销售主要包括批发和零售两大市场。生产环节征收成品油消费税固然能够控制税源，但征收成品油消费税以抑制污染品为目的，因此，宜改为在批发或零售环节征收。机动车虽然是动产，但《物权法》（已失效）规定，机动车的设立、变更、转让和消灭，未经登记，不得对抗善意第三人，因此我国严格的机动车注册管理制度，为税源控管提供了便利，可以在零售环节征税。我国已对超豪华小汽车在零售环节加征了一道消费税。

此外新增税目的高耗能、高污染产品，因其污染物是在产生过程中产生的，为使排污成本分摊计入生产成本，应该在生产环节征收消费税。奢侈品的稀缺性决定了其销售网点数量必然低于一般商品的零售网点数量，且多设置于有奢侈品购买力的大中城市，加之征税可以抑制对该类非生活必需品的消费，因此，适合在零售环节课征。

五、消费税征收环节的调整：以征税环节后移为中心问题

鉴于特定消费行为的自身性质，应于提供服务环节征收消费税。具体操作上分两种情况：一是对服务提供者征税，二是对服务的消费者征税，多数国家规定由服务提供者缴纳消费税。② 因此，消费税征收环节的调整以特定消费商品为限，且以生产环节征收后移

① 参见《2017 年全国各省市一类卷烟销售分析，你所在省市表现如何？》，载搜狐网，https://www.sohu.com/a/215519403_650910，最后访问日期：2018 年 9 月 1 日。

② 参见国家税务总局税收科学研究所课题组、靳东升、龚辉文、李平：《消费税征收环节及收入归属的国际比较研究与借鉴》，载《国际税收》2015 年第 5 期。

至零售环节征收为中心问题。

（一）生产环节征收后移至零售环节征收的观点之辨

生产环节征收后移至零售环节征收的观点主要有3种。

第一种观点，主张逐步将征收环节完全过渡到零售环节。可考虑结合当前的征管水平和征管条件，将消费税课税环节改在销售环节，由消费者在其购买时缴纳，使消费税真正调节消费行为而不是调节生产，从而使其收入调节和消费导向功能得到更好的发挥。目前，可以先将容易控管的税目，如小汽车、摩托车、卷烟等，直接改在零售环节征收，购车人凭完税凭证申领机动车牌照，卷烟零售商凭代收代缴凭证向烟草公司申请进货，因而可以保证税款的及时缴纳。随着征管水平和纳税意识的提高，可以逐步将课税环节完全过渡到零售环节。①

第二种观点，部分消费品的纳税环节向后推移到零售环节。对目前已经具备条件的消费品，可改为在零售环节征收；对尚不具备条件的消费品，可根据实际情况在批发环节或生产环节征收，在未来条件具备后再适时后移到零售环节；对于完全不适合在零售环节征收或征管成本过大的商品，仍应坚持在生产环节征收。②

第三种观点，实行多环节征税，在保留生产环节征税的基础上，增加零售环节征税。限制消费的商品如卷烟，关系国计民生的重要商品如成品油，以及需要兼顾消费税各项功能实现的商品如小汽车。③ 对烟、酒等市场需求量大、物价上涨快，国家限制生产又不提倡消费的消费品，可以在生产、消费两道环节征收消费税。④

基于消费税目商品各自的天然属性及税务机关实际的税收征管能力，显然主张将消费税征收环节最终确定为零售环节的观点有失偏颇，不符合我国当下消费税改革的要求。将部分消费品的纳税环节向后推移到零售环节的观点与在保留生产环节征税的基础上增加零售环节征税的观点，前者重在征收环节的选择，后者重在纳税义务的增加，可并行不悖实施。

（二）消费税征收环节的税法要素重构

通过对消费税不同征收环节利弊的比较，在分析征收环节调整动因的基础上，明确消费税的税收功能实现、税种属性划分及税目自身性质作为消费税征收环节调整标准确立的依据，需要重构消费税征收环节这一税法要素。

一是在生产环节征收消费税。对于完全不适合在零售环节征收或征管成本过大的消费税税目商品仍应保持在生产环节征收，包括烟、酒、能源产品、高能耗、高污染产品。根据确定征税环节要与高能耗、高污染产品造成损害环节相一致原则，对于高能耗、高污

① 参见岳树民、王怡璞：《对商品税促进收入公平分配作用的探讨》，载《涉外税务》2013年第2期。

② 参见张学诞：《探寻消费税改革思路》，载《中国财经报》2017年7月19日，第2版。

③ 参见谷彦芳：《后营改增时代消费税改革的再思考》，载《税务研究》2017年第5期。

④ 参见陈宗贵：《我国消费税制的局限性》，载《财经科学》1998年第3期。

染产品在生产环节征收消费税。

二是在批发环节征收消费税。目前的做法是卷烟在批发环节加征了一道从价消费税。早在2009年成品油税费改革初期,业界就曾讨论过征收环节问题。但国内成品油销售环节的多样性令价税分离实行起来难度极大,国家遂规定消费税暂由以两大集团为主的生产企业在出厂环节代缴。[①] 2008年国务院《关于实施成品油价格和税费改革的通知》中提出,今后将结合完善消费税制度,积极创造条件,适时将消费税征收环节后移到批发环节,并改为价外征收。2018年1月2日国家税务总局《关于成品油消费税征收管理有关问题的公告》规定,所有成品油发票均须通过增值税发票管理新系统中成品油发票开具模块开具。这样,通过以票控税的方式为成品油征收环节后移到批发环节创造了积极条件。加之成品油批发企业在全国分布相对平衡,跨省销售较少,较之零售环节易于监管,因此,应将成品油消费税征收环节确定为批发环节。

三是在零售环节征收消费税。现有税目中金银首饰在零售环节征收,而超豪华小汽车则是在零售环节加征消费税。因此,在零售环节征收消费税可分为两类。一类是由生产环节改为零售环节征收,包括机动车与奢侈品。机动车因其严格的注册管理制度,零售环节无法逃避纳税义务,可考虑增加纳税人凭完税凭证申领机动车牌照,以确保零售环节税收征管的有效性。奢侈品组成中的一部分是已有税目中的高档护肤品、高尔夫球及球具、高档手表及游艇,另一部分是新增税目中的私人飞机、高档箱包、高档家具、高档服饰等商品。另一类是在保留现有生产环节征收消费税的基础上,加征一道零售环节消费税,通过增加税负的方式引导消费者减少或停止消费,可考虑对酒类及实木地板加征一道零售的环节消费税。

六、结语

征收环节作为消费税的税法要素之一,虽不及税率对征收效果的作用,但不同税目征收环节的差异性,使消费税功能体现在不同环节,以实现财政收入及调节引导消费的目标。

① 参见陈其珏、朱贤佳:《成品油消费税或移至销售环节征收》,载搜狐网,http://business.sohu.com/20120925/n353865101.shtml。

雄安新区产业承接中的税收收入归属及其法治逻辑

李大庆*

雄安新区建设是党中央为实现京津冀协同发展国家战略作出的重大举措,也是推进我国国家治理体系和治理能力现代化的重要契机。习近平总书记强调,规划雄安新区建设要坚持以人民为中心、注重保障和改善民生。法治是国家治理体系和治理能力的重要依托,在国家战略中具有基础性的地位,它要求维护宪法法律权威,保障人民基本权利。首先,在"京津冀协同发展"的国家战略中,所涉及的政府主体绝非京津冀3个省级地方政府,而是由中央政府、省级政府和县市级政府所组成的一个立体化结构。从财政关系的角度看,它是一个涉及纵向和横向交错的政府间财政关系协调的问题。其次,在京津冀区域,分布着发达地区和欠发达地区、东部地区和中西部地区、城市与乡村等非均衡的经济体,可以将之看作整个国家经济发展非均衡的一个缩影。解决京津冀协同发展的问题,实际上对整个国家的发展具有示范性的意义。雄安新区是具有全国意义的新区,新区建设作为京津冀协同发展国家战略的一个具体化措施,是一项重大的历史性战略选择,其可能辐射的功效范围绝不仅止于经济社会发展,必然会对国家治理中的体制机制以及正当性问题带来深刻影响。尤其是不能忽略在全面依法治国的背景下,法治政府的内涵更加丰富。不仅在对外执法过程中需要格外注重法治方式,在许多政府内部事务处理的过程中也需要恪守法治原则,财税事项首当其冲。从政府财务和公共财政两个不同的层次来看,后者的法治意味更加凸显。而预算公开原则的确立使政府财务也被置于法治化的公共视野之内。故而有必要以政府间财政关系正当化视角对京津冀协同发展中的财税政策进行审视,提出政府间税收利益分配在逻辑、主体以及程序上的法律界限,同时以财政疏解引导"有序疏解北京非首都功能",促进京津冀协同发展中财税制度的法治化。

一、问题的提出

疏解北京非首都功能是京津冀协同发展的中心任务,雄安新区是主要承载地,尤其

* 河北经贸大学法学院副教授。

是承接来自北京的产业转移,如一般性制造业、区域性物流基地和区域性批发市场等。雄安新区将瞄准承接京津产业转移,把央企、知名民企、世界500强、国内500强作为主攻方向,把引进高附加值、高税收项目作为主要目标,力争2017年内引进有带动能力的重大产业项目。产业转移涉及土地权属流转、人口迁移、税收归属变化等诸多复杂因素,需要综合考虑各方利益统筹全局。与此同时,各项决策必须坚持法治精神,提高运用法治思维和法治方式的能力,协调推进雄安新区建设,把全面推进依法治国和法治中国建设的理念渗透到京津冀协同发展的国家战略中去。值得注意的是,我们对"京津冀协同发展"和雄安新区建设的认识需要真正提升到国家战略的层面,其已经超越作为区域性经济社会政策的"京津冀一体化"概念。尤其是在"四个全面"协同推进的背景下,"京津冀协同发展"和雄安新区建设在内涵上也超越单纯的经济发展,而应当从国家治理和顶层设计的高度来重新认识其中的意义。

二、京津冀协同发展及雄安新区产业承接的税收收入分配政策评析

财税问题的法治化是我国法治建设的重中之重。这一命题内含对财税政策进行法治化评价的要求。也就是说,作为与法律治理具有同等效果的政策治理需要经受法治标准的考验。从经验的角度而言,应当从理论上摆脱政策与法律相区分的惯性思维,更加关注二者之间的沟通与互动。就京津冀协同发展中产业转移的税收收入归属而言,开展法律规范意义上的分析显然面临诸多障碍。原因在于,这一问题中大量的制度资源不是法律而是政策。但是法律分析也并非束手无策。一个可能的转换性思路是扩大法治的含义——不再局限于传统意义上的规范性文件,而是对实际行动中的做法进行规范性研究,探寻其中是否存在法律上的依据以及可能存在的正当性。

确定此次产业转移中税收收入归属的关键性的税收政策是2015年6月3日财政部、国家税务总局发布的《京津冀协同发展产业转移对接企业税收收入分享办法》(财预〔2015〕92号,以下简称《分享办法》),其明确了京津冀协同发展中企业搬迁的财税政策。雄安新区作为主要承接地是企业搬迁的集中迁入地,而其在行政区划上属于河北省。从财税与行政区划的关系来看,这一政策必然影响河北省的税收收入,涉及迁出地(主要是北京市)与迁入地(主要是河北省)之间的搬迁企业税收收益归属问题。尽管上述《分享办法》具有政策性特点,但是这并不能排除对其合理性与正当性进行审视的必要。从法治的角度观察,《分享办法》的出发点与定位不甚明确,决策程序缺乏必要的公开和透明,而且制定思路不够清晰和严谨,制定主体和程序也不妥当。这些问题不仅容易引发地方政府之间税收利益的冲突与失衡,更严重的是背离了财税法治的基本要求,难以体现中央提出的"落实税收法定原则"和完善税法制度的要求。首先,税收法定原则所要规范的,除国家与纳税人之间的关系外,还包括中央与地方之间的财税关系以及人大与政府之间的权力配置关系。税法制度不仅规范纳税人的应税行为及其所负担的纳税义务,同时也要规范税收收入的归属。从"财税一体化"的视角来看,税收实际上是一定层级和区域的政府承担公共服务的经济来源,哪一层级和区域的政府承担公共服务的事权和支出

责任,其就应当享有税收的收益权,否则就会带来财政收支上的逻辑错位,违背基本的法治精神。其次,从程序上看,该文件的文号为"财预〔2015〕92号",系财政部预算司从预算管理角度发布的文件,而具体内容却是由财政部和国家税务总局联合发布的,仅在文件的开头注明了"经国务院批准"。由于文件的内容涉及京津冀政府间税收收益权的分配问题,并且会对地方政府税收收入带来实质性的影响。无论是从财税法定原则还是利益相关性的立场出发,财政部(预算司)和国家税务总局都不应当是该政策合格的制定和发布主体。最后,该文件在性质上属于政策而非法律。然而政策的制定也需要考虑合法性与正当性的问题。由于涉及纵向和横向的政府间利益,各方在此过程中均应获得利益表达和诉求回应的机会,否则就无法确保程序正义。上述分析表明,我国当前仍然未能摆脱在财税领域内多年来始终存在的"合法性危机",从"财政是国家治理的基础和重要支柱"的地位来看,这将不利于国家治理体系和治理能力的现代化,不利于法治政府建设。

三、政府间税收利益分配的法律逻辑

政府在实施行政管理的过程中应当主动适应法治的要求,进行合法性审查。财税在外观上可以表现为政策之治,然而其内在的本质却应当追求法律之治。退言之,财政法定原则原本也并不要求财政事项均以法律行之,这既无必要也可能。因而财政法治的要求不在表面而在内里。例如,对财政事项进行程序控制、对相关主体的权力进行必要的限制、对财税法基本原则的坚持等。因此,财税法治可以有多种呈现方式,但无论如何要体现出其符合法律的目的宗旨。① 在税收收入分配的过程中,不同主体之间存在零和博弈,因而具有明显的法治诉求。财政权力作为税收收入利益归属的主导性元素必然遵循法治要求,其主要目的是明确财政关系中利益分配的法律界限。② 从分配结果来看,财税法治的实质意义重于形式意义。税收收入的归属是一种实质利益,为合法性评价的主要对象。因此,政府间税收利益分配必然贯彻法治的逻辑。

以时间序列展开,财政的运行逐次表现为收入、管理和支出。因而政府间财政关系可以对应界定为收入关系、管理关系和支出关系。按照税收收入归属的主体不同,我国的税种划分为中央税、地方税和共享税,其中,地方税的税收收益权归属于地方政府,共享税的税收收益权由中央与地方共享,税收收入按照预先确定的比例在中央与地方政府之间分配。也就是说,企业所在地的地方政府对企业所缴纳的税收享有收益权,除特殊情况外,其他任何主体都无权剥夺地方政府的税收利益。这为地方政府之间的税收利益归属划出一条较清晰和明确的界限。根据1993年制定发布的国务院《关于实行分税制财政管理体制的决定》,营业税收入(不含铁道部门、各银行总行、各保险总公司集中缴纳的营业税)和地方企业所得税收入(不含上述地方银行和外资银行及非银行金融企业所

① 参见刘剑文主编:《财税法学》(第2版),高等教育出版社2012年版,第21页。

② 同上。

得税）均属于地方固定收入。增值税收入属于中央和地方共享收入，在“营改增”基本完成之后，地方享有增值税收入的50%。尽管如此，地方税收益权的属地原则也并不是绝对的。在一些特殊情况之下，地方政府之间的税收利益还是会发生改变，如在企业的政策性搬迁、地区间对口支援等过程中，为了平衡政府间利益而实施的过渡政策。这说明，地方政府之间的税收利益协调并非地方政府可以完全自主决定的，有时会受到干预。这是基于财政均衡原则统筹考虑的，也具有现实合理性。

那么，在京津冀协同发展和雄安新区建设过程中，产业转移所涉及的企业税收收入归属原则究竟应当遵循属地原则还是有所调整呢？《分享办法》规定，纳入税收收入分享的企业范围是“由迁出地区政府主导、符合迁入地区产业布局条件、且迁出前三年内年均缴纳‘三税’大于或等于2000万元的企业”。此外，《分享办法》还规定，“属于市场行为的自由迁移企业，不纳入分享范围”。其中，“迁出地区政府主导”是一个值得重点关注的因素。这似乎表明，由于企业的迁出是基于政府的要求，那么迁出地政府因此而损失的税收利益就应当获得补偿。在这里，可以发现一个“税收利益补偿”的规则逻辑，即由于企业的迁出使得迁出地政府丧失了原有的税收利益，因此改变税收收益权属地原则，在一定时间和数额范围内分享迁出企业的税收。反言之，如果企业自主迁出，完全是基于市场的自由选择，不存在迁出地政府的意志，那么迁出地政府就不存在获得税收利益补偿的问题。有必要强调的是，属地原则是地方税收益权归属的固有原则，在没有充分理由的情况下是不得轻易改变的。“迁出地政府主导”是否构成改变属地原则的充分理由？这需要回到京津冀协同发展政策本身来考虑。京津冀协同发展的核心在于疏解北京的非首都功能，对于北京来说，疏解非首都功能本身是一种优化首都功能定位和提升首都治理水平的受益过程，它有利于地方政府财政“减负”，降低首都城市治理的成本，而企业迁出的税收利益损失是一种必然的代价。

另外，从财政平衡和公共服务均等化的目标来看，中央财政理应优先用于支持河北省的经济和社会发展。这与京津冀协同发展和雄安新区建设的宗旨是相吻合的。《分享方案》规定，“若三年仍未达到分享上限，分享期限再延长两年，此后迁出地区不再分享，由中央财政一次性给予迁出地区适当补助”也有不妥。

从京津冀本身的经济发展和财政实力来看，河北省处于相对落后的地区，急需产业转移来带动产业优化升级和经济结构调整，这符合国家实施京津冀协同发展的国家战略，也是雄安新区建设所要带动的重大转型。因此，在雄安新区产业承接过程中，切实保障迁入地的税收利益，需要在现有政策的实体规定方面作出改进。在程序方面，税收利益是关涉区内全体社会成员的基本权益，会影响政府公共产品的提供和民众所能享受的基本公共服务，其决策过程应当强调程序的民主化和公开化，充分吸收各方意见并回应诉求方能符合程序正义的要求。

四、雄安新区产业承接中税收利益分配的规则构建

根据《分享办法》的规定，涉及税收收入分享的企业范围是“由迁出地区政府主导、

符合迁入地区产业布局条件、且迁出前三年内年均缴纳‘三税’大于或等于2000万元的企业”，并且明确“属于市场行为的自由迁移企业，不纳入分享范围”。这里涉及企业迁移的动因是基于政府强制性安排还是自愿选择的差别。尽管产业转移是在京津冀协同发展战略驱动下的选择，但是政府作出这一决策的动因是基于京津冀区域经济和社会协调发展的客观规律，符合三地的公共利益。企业从首都迁出的决策并非完全是政府行政命令的结果，而是有利于企业自身发展的理性选择。而且，并非所有的企业都会纳入产业转移的范围，企业自身仍然享有选择的权利。可见，京津冀协同发展中的产业转移在本质上仍然是市场化过程。《分享办法》实际上注意区分了两种不同情况，但是对企业搬迁的背景和性质判断存在一定疏失。如果从京津冀协同发展和雄安新区建设的目的出发，所谓政府主导应当是政府通过各项政策来引导和疏解聚集在北京的企业。[①] 这是从京津冀整体利益出发进行资源重组的过程。因此，这种产业转移从本质上来看仍然是市场化的，其中的企业搬迁行为仍然具有政策性搬迁的属性。税收政策的制定首先应当以尊重市场为前提，促进市场功能的发挥，其次其立场和着眼点必须从市场化的角度来看待产业转移。

（一）产业转移中税收收益分配的法理逻辑

从税种来看，《分享办法》涉及企业所得税、营业税和增值税，[②] 这些税均属于中央地方共享税。就财税法的基本原理而言，税收是政府提供公共产品和公共服务的对价。由于财政分权的存在，不同层级政府所提供的公共产品和公共服务是不同的，即事权的划分，由此对应形成的支出责任也不同，由此形成了事权决定支出责任，支出责任决定税收权益的“财税法治链条”。地方政府给予其事权和支出责任而获取地方税收利益就具有了法理上的正当性。产业转移意味着企业在地理位置和空间上的动态变化，其中包含企业所承载的公共需求，即政府为其提供的公共产品和公共服务，也发生了相应变化。这种变化表现为迁出地政府解除了对企业的事权和支出责任，而迁入地政府则对应地承担起了事权和支出责任。那么，税收收益的归属应当与此同步，否则就会使“事权—支出责任—税收收益”的链条被割裂，无法形成恰当的逻辑关系。根据《分享办法》的规定，“迁出企业完成工商和税务登记变更并达产”是进行税收收入分享的起点和时间标准，这意味着企业已经完成空间转移，进入正常的运营状态并享受迁入地政府所提供的公共产品和公共服务。而与此形成对价的税收利益却并未完全归属于当地政府。对企业迁出地来说，迁出企业不再享受公共服务，而当地政府无理由可以分享企业缴纳的部分税款，

---

① 2015年4月30日，中央政治局审议通过的《京津冀协同发展规划纲要》指出，推动京津冀协同发展是一个重大国家战略，核心是有序疏解北京非首都功能。北京之所以积聚了各种非首都功能的负担，正是因为资源配置被人为扭曲，需要通过市场化的方式进行矫正。通过产业专业疏解一部分企业的目的是使北京回归首都的定位，这本身就是一个市场化的过程。

② 2016年5月1日之后，营业税全部改为增值税，因此不再涉及营业税。

这就造成税收收益与支出责任的背离。财税制度的科学性要求符合税收归属与税收来源一致性原则。① 税收归属与税收来源相一致,避免出现“有税源无税收,无税源得税收”的情形,损害税源地的税收权益。② 据此,产业转移中税收收益归属一般贯彻“属地原则”。当然,也能存在例外情形。当产业转移完全是为了解决迁入地区的经济发展、人口就业等特殊问题,如基于对贫困地区的扶助等。在这种情况下,由于产业转移具有“非市场性”,给迁出地的正常财政收入带来了一定的损失,因此可以安排必要的过渡性措施给予补偿。这种理由足以改变税收收益归属上的属地原则,具有法理的正当性。

(二)产业转移中税收收益分配的规范路径

在我国当前的财税体制中,税收收益在政府间的分配仍然是一个政策性问题,并未完全实现法治化。自 1994 年实施分税制的财政管理体制以来,税收收入在政府间的分配始终处于动态调整的进程中,并且主要集中于税收收益在中央和地方政府之间的纵向分配,对地方政府之间的横向分配鲜有涉及。具体到产业转移中企业搬迁导致税源流动可能带来的税收收益分配问题更是缺乏基本的规范路径。究其原因,从根本方面来看,我国的财政体制建立在单一制政权结构基础之上,尽管我国在实践中部分认可地方的财政自主权,但在总体上,仍强调中央的财政统一领导。地方财政自主权意识并不突出,博弈格局尚未形成。地方政府缺乏基本的法律和格局维护本地合法的税收利益。在面临产业转移过程中税源空间的变化时往往难以通过有效的方式确保税收收益归属的法治效果。另一方面,我国财税法学研究对基础理论关注不够,对税收收益分配这种最根本性的问题未能展开深入研究,难以回应现实需求。一直以来,我国税法理论研究“重对策轻理由”的现象非常明显,理论研究也将很多精力投入对策研究,忽略了一些基础性的问题。就产业转移中的税收收益分配而言,在制度层面应属于财政体制中解决的基本问题,应当通过财政基本法的形式予以明确。目前,我国财税法律制度体系尚不完善,一些基础性的法律制度尚未成形,如税法总则、财政基本法等。财政制度的基本构架表现为变动不居的政策,与法治化的要求相去甚远。为此应当加强财政基本制度法治化的研究和实践推进。

在京津冀协同发展的背景下,规范产业转移中的税收收益分配需要建立法治化的路径。首先应当明确战略的定位是国家战略,而非地方化的安排。从财政视角来看,在京津冀协同发展战略中,存在的是一个立体化的财政结构,即“中央—京津冀地方”。要特别注意的是不能把其中的北京市地方财政等于中央财政。尽管二者在空间在存在一定程度的重合性,但是二者在功能和财政级次上完全处于不同的地位。“疏解非首都功能”实际上是要把作为地方的背景和作为首都的中央进行明晰的划分。疏解非首都功能就

① 参见王道树:《企业所得税收入归属机制研究》,载《财贸经济》2007 年第 4 期。

② 参见京津冀协同发展税收问题研究课题组:《京津冀协同发展税收问题研究》,载《天津经济》2015 年第 7 期。

是要为北京“减负”,驱散不良的和过度集中的利益。这有利于北京作为一个地方区域的健康发展。不能把京津冀协同发展和疏解非首都功能异化为“包袱要甩掉,利益要留下”的“劫贫济富”。造成这一错误认识的原因在于,中央政府地处首都北京,大量的政府机构及其工作人员享受北京市政府提供的地方公共服务。北京市的地方税收利益与其所能享受的公共服务水平直接相关。在企业迁出的同时尽可能保留更多的财政和税收利益是其维护自身利益的选择。然而,这一选择的出发点显然基于地方和部门本位利益,隐含一种变相的“地方保护主义”,也暴露典型的“部门利益法律化”。要真正落实京津冀协同发展战略,把雄安新区建设作为一个突破口,就应当树立整体化的发展观念,而不能将观察问题的视野和利益判断的标准锁定于某个局部。尽管北京作为首都在京津冀三地具有特殊的地位,但是不能损害基本的社会公平正义来求得特殊的利益。

(三)产业转移中税收收益分配的程序控制

通过程序正义实现实体权益的保障是法治运行的基本思维方式,尤其是在税收收益、财政性资金等利益分配的场合。从程序角度来看,由于涉及的是产业转移中搬迁企业所缴纳税款的地方税部分,相关利益主体为迁出地和迁入地的地方财政主体。鉴于税收收益属于地方财政中的基本事项,按照财政民主原则,两地的地方权力机构是适格的代表主体。地方税收收入从根本上说,源于地方经济发展的成果和属地纳税人劳动所创造的社会财富,在“公共财产法”① 的视野中,这部分利益属于当地社会公共利益。当发生产业转移时,企业搬迁原本依照属地原则确定税收收益归属即可。如果迁出地与迁入地之间发生归属争议,那么解决争议的基本程序应当是两个地方权力机关进行协商。当然,作为双方的上位机构,中央权力机关享有最终的裁决权。但是,在《分享办法》制定过程中无法反映出通过上述程序确定税收收益的过程。

长期以来,我国财政事项的决策形成了行政代替立法习惯。客观而言,行政决策的确具有迅速、高效的优势,满足了国家治理中的效率追求。但是,任何决策机制从来都需要兼顾效率和公平。税收收益的归属显然是重大财政事项,理应坚持公平优先的决策思路。当实体权益的分配面临困境时,通过规范的程序加以解决无疑具有合理性。回溯《分享办法》的决策过程,应当由迁出地和迁入地政府进行协商,达成一致后分别由两地权力机构审议批准,必要时报全国人大常委会裁决或者备案,方可体现出应有的程序公正。

五、结论

京津冀协同发展是一个重大的国家战略,核心是有序疏解北京非首都功能。雄安新区是北京非首都功能的集中承载地,面临大量的企业迁入。京津冀三地的经济与社会格局所发生的变化必然带来财政格局的调整。需要看到,要破解京津冀发展中的难题,首先应当深刻理解其内涵和功能。京津冀协同发展是国家战略而非地方区域性发展规划,

① 参见刘剑文、王桦宇:《公共财产权的概念及其法治逻辑》,载《中国社会科学》2014 年第 8 期。

从政府间关系的角度来看，是中央政府与京津冀 3 个地方政府之间的立体协同，而非 3 个地方政府之间的平面协同。在“疏解北京非首都功能”目标下，需要厘清作为地方的“北京”和作为中央的“首都”之间的关系。从财税法治的视角切入，要解决京津冀发展中城镇体系发展失衡、区域与城乡发展差距不断扩大等突出问题，必须强化中央与地方的财政协同，同时以“疏解”理念平衡京津冀三地的财政资源，构建立体化、法治化的政府间财税关系。

《分享办法》所确定的税收分享方案背离了属地原则，并且不利于“疏解北京非首都功能”目标的实现。在政府间财政关系中，需要考虑中央财力对落后地区(主要集中在河北)的补助，具体形态可能包括一般性转移支付和生态补偿等专项转移支付。同时，应当将“首都财政”从北京市地方财政体系中剥离出来。

在产业转移过程中涉及土地权属流转、人口迁移、税收归属变化等诸多复杂因素，需要综合考虑各方利益以统筹全局。与此同时，各项决策必须坚持法治精神，提高运用法治思维和法治方式的能力，推进京津冀协同发展，把全面推进依法治国和法治中国建设的理念渗透到京津冀协同发展的国家战略中去。值得注意的是，我们对“京津冀协同发展”的认识需要真正提升到国家战略的层面，其已经超越作为区域性经济社会政策的“京津冀一体化”概念。尤其是在“四个全面”协同推进的背景下，“京津冀协同发展”在内涵上也超越单纯的经济发展，而应当从国家治理和顶层设计的高度来重新认识其中的意义。税收是一国或者地区治理的基础性要素，税收法治奠定治理法治化的基础。税收收入的归属问题本身就内在于“利益分配法治化”的含义之中，如果不能坚持法治化的路径解决利益分配的问题，那么法治国家的建设就无从谈起。在这场税收收益归属的博弈中，政府的法治思维经受着考验。税收利益不仅是政府自身存在的物质基础，更重要的是，税收是满足社会公共需要的物质基础。政府的利益可以是多元化的，但是无疑应当将社会公共利益置于首位。作为公权的执掌者和公共利益的代表人，政府应当以维护本地区利益作为首要职责，这其中就包含税收利益的维护。如果我们从法治的层面对税收竞争本身及其结果进行评价，良性的税收竞争有利于激发地方经济活力，促进经济发展，也有利于在财税领域形成“善治”的局面，但是这需要以公平正义为基石，以正当程序作为保障。相反，不良的税收竞争却可能产生负面影响。以财政分权和政府绩效管理为主要目标的政府间的税收竞争在京津冀协同发展背景和雄安新区建设的过程中表现得更复杂。这就要求政府能够不断提升治理的法治化水平，在利益分配的过程中避免“本位主义”的干扰，从有利于共同体利益的角度出发，在公共利益的框架内寻找自身利益的实现途径。以税收收益归属为代表的政府间税收关系迫切需要以法治的方式加以协调，以实现政府间财税关系的和谐。[①] 在这个过程中，需要充分发挥立法(包括政策制定)、执法和司法的综合作用，有效协调各方利益，并为可能产生的纠纷提供合理有序的解决途

① 参见徐孟洲、叶姗：《论地方政府间税收不当竞争的法律规制》，载《政治与法律》2006 年第 6 期。

径。而处于不同位置的地方政府,也应当树立守法意识——不仅是不违反法律,而且是善于运用法律的机制来完成治理任务,通过法治化的方式建立健全保障国家区域发展总体战略有效实施的制度、机制与政策系统,在本区域协同发展的过程中为实施国家战略营造法治环境。[①]

① 参见公丕祥:《法治中国进程中的区域法治发展》,载《法学》2015 年第 1 期。

税收征管治理的合同法制度借鉴

程 勇*

完善和发展中国特色社会主义制度,推进国家治理体系和治理能力现代化,是党的十八届三中全会提出的全面深化改革总目标。国家治理体系包括经济、政治、文化、社会、生态文明和党的建设等各领域体制机制、法律法规安排。① 税收征管作为国家治理体系的重要一环,其治理方式的科学性、有效性与国家治理能力息息相关。为进一步提高我国的税收征管能力,构建服务型税收征管方式,保证国家税收安全与稳定,本文将在公法私法化的背景下,以合同法范式为研究路径,为税收征管提供新的治理思路。

一、合同法范式研究的可行性分析

公法与私法的二元对立,是传统大陆法系划分的基本方法,肇始于古罗马法学家乌尔比安。这一划分逻辑内在地包含政治国家与社会的对立,根本上体现为商品经济与生活的连接程度。尽管公私法概念诞生已久,但其划分标准至今没有形成统一意见,综观法理学界与部门法学界,皆提出了不同的对公私法划分的观点,如"目的说""意思说""关系说""主体说",不一而足。但无论哪种划分,都大致包含了公法中的"权力"要素与私法中的"权利"要素。职是之故,公法与政治国家相对应,其主体至少有一方或由国家授予公权并以公权主体之身份参与法律关系者;而私法与社会相对应,其主体都是个人、非公权者的团体或非以公权主体身份参与法律关系的国家或公权者。② 在这一理论构想下,每一时代的法学学者都在对法律进行分析与综合,对每一类伴随时代产生的法律进行新的归类。

然而,伴随法学研究的不断深入,出现了许多公私法划分相对化的趋势,谓之渗透与交融。一方面,公法渗入私法,私法自治原则逐步受到干预与挑战,使本应完全平等的私法主体受到公法改造后在法律模型中呈现不平等性或社会性;另一方面,以私法手段进行公共管理的运动也开始在反公共行政扩张的世界运动中展开,公私法融合成为了一种

---

* 重庆至立律师事务所主任。

① 参见《中共中央关于全面深化改革若干重大问题的决定》。

② 参见梁慧星:《民法总论》(第5版),法律出版社2017年版,第34页。

全新的管理方式。在这一背景下，兼具公私法特征的第三类法——经济法学随之诞生。税法作为经济法的重要组成部分经历了从公法到经济法的重要调整。

(一)税收法律关系的公私法性质分野

法律关系作为民法的重要概念被各个法学学科所借鉴，成为各个部门法的基本范畴。税收法律关系从主体而言包括征税主体与纳税主体：国家是实质意义上的征税主体，征税机关及其工作人员是形式意义上的征税主体。在这一基础上，最初的税法学者凭借这一主体特性将税法划入行政法的亚部门法，① 而随着经济法理论的深入发展，税法作为经济法中的宏观调控法的观点成为主流。②

但是，由于经济法兼具公法与私法特征，因此税法法律关系的定性仍然在权力关系与债务关系之间游移。德国行政法学家奥托·迈耶认为，税收是国民对国家课税权的服从关系。③ 在这一学说下，税法完全成为行政法律规范，丧失了独立性。而德国法学家阿尔巴特·亨塞尔主张，税收是国家请求纳税人履行税收债务的关系，这使税收法律关系成为民法之债却不具有平等性等民法实质，并且，这一观点与长期以来国家作为课税主体的强制性相矛盾，并不为税法主流观点接受。

我国有学者提出，税收法律关系包括实体法律关系与程序法律关系，前者的重心是债务关系，后者的基础是权力关系。④ 笔者赞同这一性质划分，即应根据内容所涉及的主体以及其所处于国家税收活动的不同阶段来定性。因此，税收法律关系体现了经济法所特有的公法性与私法性。当我们探讨其债务关系的性质时，不得不面临债务关系中的"平等性"问题，对此，在曾经以行政法为主导的税法理论研究中，主体平等性问题不可能成为税法研究的对象，因为似乎二者天然排斥。但是，在公法私法化的大潮下，即使如行政法一般最具代表性的公法也开始引入许多民法范式进行学理突破。故有学者开始了税法主体平等性的理论尝试，⑤ 甚至有学者提出，不仅征税机关与纳税人具有平等性，甚至国家与纳税人都是平等的。⑥ 这种观点给我们提供了一条新的研究税法的思路——通过民法范式来为税收征管提供新的规范手段。

(二)税法与合同法的连接

税收作为国家治理的重要手段，之所以能够站在合同法的视阈下进行研究，基于以下几个共性。

1. 理念共性

抽象人格、私的所有、私法自治、自己责任是近代民法的基本模型，在此基础上，现代

---

① 参见[日]金子宏：《日本税法》，战宪斌、郑林根等译，法律出版社2004年版，第20页。

② 参见漆多俊：《经济法基础理论》(第5版)，法律出版社2017年版，第298～314页。

③ 参见刘剑文、李刚：《税收法律关系新论》，载《法学研究》1999年第4期。

④ 同上。

⑤ 刘剑文、熊伟：《税法基础理论》，北京大学出版社2004年版，第189～192页。

⑥ 参见涂龙力、王鸿貌主编：《税收基本法研究》，东北财经大学出版社1998年版，第112～115页。

民法模型集中表现为具体人格、私的所有的社会制约、受规制的竞争、社会责任。① 近代民法向现代民法转型的过程中已引入了大量社会本位理念，这使民法出现了公法化倾向，从而为税法的私法范式研究提供了可能性。

2. 价值共性

民法的核心在于契约自由，即合同法的契约精神成为民法的价值内核。而税法，自法律规范尚未产生、仅有税收行为时，便以契约精神和平等原则为基石。在自然法学派看来，人们之所以能从自然状态向社会状态转变，是因为人们在国家成立之初缔结了契约，通过纳税等行为让渡自然权利的一部分，从而在私权利受到侵犯时寻求公共权力的救济，此所谓社会契约论，以此为法律基础发展出了"交换说"与"公共需要论"。② 因此，税法与合同法本质上都追求契约价值。但应当指出的是，税法以社会契约论论证税收行为的正当性却不当然等同于税收行为得以准用合同法，笔者仅仅论证二者在价值上包含了契约精神与平等观念。

3. 实践共性

近年来，行政合同理论研究逐步深入，将行政行为与民事行为相融合，第二次世界大战之后，行政合同作为行政机关执行政府计划的一种政策和有效手段，被广泛应用于经济发展、资源开发、社会保障，以及其他社会事项等诸多领域。1976 年德国《联邦行政程序法》设专章规定行政合同，使德国成为第一个在法律中确立行政合同制度的国家。如行政法一般公法性质强烈的部分法皆已展开了私法性治理手段，故兼具公法性与私法性的税法实无难度。

二、合同法范式视角下的税收征管

当税收法律关系定性为公法上的债权债务关系后，税法与合同法就联通了对话的桥梁。因此，在研究税收的合同法治理问题时，首先解决的是合同法能够为税收征管带来的新路径，与此同时也需要解决二者不兼容的桎梏。合同法立法理念集中体现了契约自由，这种契约自由既包括税务机关与纳税人之间的契约自由，亦包括纳税人与第三人之间的契约自由，因此，税收征管的合同法治理方式实际上是通过引用合同法规则降低课税难度、实现税收的可预期性。我们暂以合同法契约自由为切入点对三类实践中典型的合同法范式下的税收征管治理方式进行探讨。

（一）预约定价制度

预约定价安排（Advance Pricing Arrangement，APA），是指企业就其未来年度关联交易的定价原则和计算方法，向税务机关提出申请，与税务机关按照独立交易原则协商、确认后达成的协议，适用于主管税务机关向企业送达接收其谈签意向的《税务事项通知书》

---

① 参见梁慧星：《民法总论》（第 5 版），法律出版社 2017 年版，第 34 页。

② "交换说"与"公共需要论"皆是经济分析法学派的观点。"交换说"认为，国家征税和公民纳税是一种权利和义务，税收是国家保护公民利益所应获得的对价；"公共需要论"认为，税收是用于支付公共事业费用的必要成本。

之日所属纳税年度起 3 ~ 5 个年度的关联交易。[①] 我国自 20 世纪 90 年代末开始预约定价安排的实践,[②] 经过 20 年的发展,法律规范逐步完善。现阶段,我国预约定价安排的谈签和执行过程包括预备会谈、谈签意向、分析评估、正式申请、协商签署和监控 6 个阶段。企业可向税务机关提交预备会谈申请书;待税务机关与企业展开预备会谈后,企业未发生不符合预约定价安排之情形方可向其送达税务事项通知书;企业向税务机关递交《谈签意向书》时,应同时递交预约定价安排申请草案;税务机关分析评估后,可分别作出同意递交正式申请、拒绝正式申请等通知;企业收到税务机关同意正式申请的通知书后,方可递交正式申请;税务机关与企业协商后签署正式协议。

在这一整个预约定价协议的签署过程中,前 4 个阶段皆是该税务合同的准备阶段,在合同法的语境下,皆为要约邀请,只有税务机关同企业协商谈判后,方进入要约与承诺阶段。预约定价制度尽管本质上是税务机关与纳税人之间的税务协议,却远比一般民事合同的构成要件要复杂,同时,该制度一般适用于主管税务机关向企业送达接收其谈签意向的《税务事项通知书》之日所属纳税年度前 3 个年度每年度发生的关联交易金额 4000 万元人民币以上的企业,故笔者认为,当前预约定价制度流程仍过于冗杂,对于中小企业来说,预约定价安排的适用主体空间较小。另外,从国家税务总局发布的预约定价安排年度报告来看,我国双边 APA 签订数量较少,多边 APA 几无签订。因此,在"一带一路"倡议的推动下,可考虑扩大预约定价制度的适用范围,简化程序,促进多边预约定价的签订将有助于降低我国跨国企业的税收遵从成本,带来稳定的收入预期。

另外,伴随行政法理论的不断深入构建,行政协议理论取得了进一步的发展。最高人民法院杨科雄认为,行政协议是游离于公法与私法之间的协议,基于公行政的目的与私协商的手段。[③] 税法中的预约定价制度事实上与行政协议如出一辙,都是基于公目的与私手段产生的协议,然而进一步产生的问题是,税法上的协议的诉讼问题,适用行政诉

---

① 国家税务总局《中国预约定价安排年度报告(2016)》。

② 2002 年,《税收征收管理法实施细则》(国务院令第 362 号)第 53 条正式列入预约定价制度,预约定价由转让定价的调整方法上升为一种制度。2004 年,国家税务总局颁布了《关联企业间业务往来预约定价实施规则(试行)》(国税发〔2004〕118 号),对预约定价安排谈签步骤、要求及后续监控执行等具体操作程序作出详细规定,从而规范了中国的预约定价安排管理。2009 年年初,为配合新《企业所得税法》及其实施条例的实施,国家税务总局颁布实施了《特别纳税调整实施办法(试行)》(国税发〔2009〕2 号,已部分废止),其中第六章进一步明确了中国预约定价安排制度及操作规范,并首次制定了双边预约定价安排的谈签程序及具体规定。2016 年 10 月,为落实税基侵蚀和利润转移(BEPS)行动计划成果、完善预约定价安排工作流程,国家税务总局颁布实施了《关于完善预约定价安排管理有关事项的公告》(国家税务总局公告 2016 年第 64 号,已被修改)。2017 年 3 月,为践行 BEPS 第 14 项行动计划争端解决机制最低标准的相关要求,提高相互协商程序结案效率,积极为纳税人消除国际重复征税,国家税务总局颁布实施了《关于发布〈特别纳税调查调整及相互协商程序管理办法〉的公告》(国家税务总局公告 2017 年第 6 号,已部分废止)。

③ 参见杨科雄:《行政协议的制度逻辑与实践选择》,载微信公众号"行政法"2018 年 12 月 9 日,https://mp.weixin.qq.com/s/RhCVSdzf9YQYhp84hxCFZw。

讼程序抑或是民事诉讼程序、协议中的管辖约定之效力等问题都有待税法、行政法、诉讼法等理论的后续研究。

(二)税法上的第三人代为履行

第三人代为履行,是指第三人与当事人约定或按照法律规定,由第三人代为履行当事人的义务。第三人代为履行在当前税法中尚无明文规定,但在实践中十分常见。例如,房屋买卖合同中约定由买受人承担个人所得税、建设工程施工合同中约定由承包人缴纳企业所得税等。随着司法实践的发展,对于税收的第三人代为履行的认知基本上形成了较统一的认识:纳税义务系税法上的义务,而承担税费系合同中约定的义务,本质上是该笔款项的支付义务,故尽管当事人约定了第三人代为履行纳税义务,但合同中约定的代为履行仅为款项支付责任的转移,不会影响纳税义务的履行。因此,约定第三人代为履行纳税义务的合同有效。① 税法明文规定了纳税义务,但是纳税义务人与第三人约定转移税收之债的契约并非转移纳税义务,该合同的成立并不导致纳税义务人不再承担纳税义务,故并不违反法律规定,税法无须干涉。② 相反,第三人代为履行的合同客观上还增强了税收债权实现的能力,③ 因此,不禁止纳税义务人与第三人约定税收支付义务的转移不仅能有效保证课税征收,还能在税收法定的基础上最大限度地保证当事人的意思自治。但是,税收的第三人代为履行仅仅是司法评价上的肯定,税法并未将该制度予以援用。笔者认为,可以在税法的制度构建上承认第三人代为履行,当第三人与纳税义务人达成税收转移的协议并在税务机关备案后,得径直赋予第三人之纳税义务,税务机关得选择对第三人或原纳税义务人实施税收征管,此所谓税法上的"并存的债务承担"。④ 这

---

① 参见最高人民法院(2007)民一终字第62号民事判决书(《最高人民法院公报》2008年第3期公报案例),该判决认为,虽然我国税收管理方面的法律法规对于各种税收的征收均明确规定了纳税义务人,但是并未禁止纳税义务人与合同相对人约定由合同相对人或第三人缴纳税款。税法对于税种、税率、税额的规定是强制性的,而对于实际由谁缴纳税款没有作出强制性或禁止性规定。故关于税费负担的约定并不违反税收管理方面的法律法规的规定,属合法有效协议。最高人民法院(2014)民提字第23号一案中,合同双方约定,在国家出台免税政策后,一方应当保证另一方优先享受该政策,否则应当承担全部税费,该判决认为,合同约定条件成就,且无证据证明此项约定违反法律、行政法规的强制性规定,约定应当执行。最高人民法院(2013)民申字第2248号一案中,公司股东约定公司的各种税收、前后期债权债务及经营风险等一切事项均由一个股东全权处理并承担法律责任,该裁定认为,该约定属于股东之间权利义务的约定,系双方真实意思表示,不违背法律禁止性规定,也不损害公司及公司其他债权人的利益,该约定合法有效,应该按照该约定履行。

② 国家税务总局《关于中国银行海外分行取得来源于境内利息收入税务处理问题的函》(国税函〔2001〕189号)对"包税"条款的问题作了回复。该函认为:外国企业与国内企业所签订的合同中,有关税收问题,无论条款如何表述,不能改变税法所规定的义务。至于合同条款中约定由国内企业在经济上负担外国企业的税款,属于合同当事人之间的一种商业约定,税务部门将不予干涉。该规定已于2011年废止,但其体现出税法与民法之处理手段,具有参考意义。

③ 参见杨小强、叶金育:《合同的税法考量》,山东人民出版社2007年版,第53~57页。

④ 并存的债务承担,又称附加的债务承担,或重叠的债务承担,是指第三人加入债的关系中,与原债务人一起向债权人承担同一债务的现象。参见崔建远:《合同法》,北京大学出版社2015年版,第191~196页。

一路径不仅不会影响税收安全;相反,能够促进交易的增加,促使合同的达成。

(三)税法上的代位权与撤销权

第三人代位权和撤销权是合同法中突破合同相对性的重要制度,日本民法典规定了征税机关行使代位权的要件,[①] 我国税收征收管理法中也直接引入了合同法的关于第三人代位权与撤销权的规定。[②] 一般而言,税收法律关系的主体系税收征收人与纳税人,自当不应突破二者的权利义务关系由税收法律关系以外的第三人来承担赋税义务。这一逻辑架构与合同法是一致的,合同法坚持合同相对性,原则上不由合同以外的第三人承担责任或享受权利。但是,合同法在此问题上作出了突破,有利于债权人利益的保护。税收征管法将该制度直接嫁接,在某种程度上也代表了立法者认为在税收征收法律关系中,国家作为税收征管主体,构成债权人的身份,因此,税法立法的逻辑表明税收法律关系体现出其公法上的债权债务关系之性质。

通过以上实践中已经出现的合同法治理税收征管问题的方式,我们可以进行初步总结:税收法定是税法的帝王原则,这体现出税收稳定性与公平性的双重价值考量;而合同法的立法根基是私法自治原则,即由私主体之间自由制定双方权利义务规则。从某种程度上说,税法与合同法的立法逻辑是矛盾的,集中体现在主体平等性、客体法定性等方面。但是,随着民法社会化的不断推进,合同法主体平等的立法根基有所松动,立法天然保护合同一方当事人之情形逐渐增多,同时,公法也逐渐深入合同自由的约定中,如禁止权利滥用、禁止损害第三人利益等。因此,当我们剥离出近代民法主体绝对平等、意思绝对自治的价值取向后,可以发现合同法的契约精神融入了众多部门法中,而税法亦当然能够通过吸收合同法中的规则提高税务机关的管理能力。

另外,合同法中尚有大量制度可以被税收征管所借鉴,诸如预期违约制度、[③] 情势变更制度、[④] 违约责任制度等。而本文之主要目的是从实践中已经初步成型的治理模式中探寻出该类治理方式的共性,从而开启税法研究的新的类型化方向。

---

① 《日本民法典》第423条规定,债权人代位权的要件:(1)债权人有必要保全自己的债权时,可以行使债务人的权利(以下称"被代位权利")。但是,专属于债务本身的权利及禁止扣押的权利,不在此限;(2)债权人在其债权的期限未届至期间,不得行使被代位权利。但是保存行为,不在此限;(3)债权人在其债权不能依强制执行实现时,不得行使被代位权利。参见《日本民法典》,刘士国、牟宪魁、杨瑞贺译,中国法制出版社2018年版,第92页。

② 我国《税收征收管理法》第50条第1款规定:"欠缴税款的纳税人因怠于行使到期债权,或者放弃到期债权,或者无偿转让财产,或者以明显不合理的低价转让财产而受让人知道该情形,对国家税收造成损害的,税务机关可以依照合同法第七十三条、第七十四条的规定行使代位权、撤销权。"

③ 参见马蔡琛、余琼子:《税法中的合同法适用问题研究》,载《湖南财政经济学院学报》2016年第1期。

④ 如我国台湾地区财政事务主管部门"关务署""平衡税及反倾销税课征实施办法"直接规定了情势变更制度作为课税的停征或减征情形。

三、中国税收征管改革的模型

(一)坚持税收法定原则不动摇

税收法定是税法的基本原则，但是，我国目前税法制度的现状仍是法律缺位，具体实践操作内容由规范性文件承担了作为主要规范依据的重任。同时，尽管部分合同法治理规则已经从立法层面引入税法，但合同法中尚存大量规则在税收征管中的效力不明，不同的机关、不同的工作人员的法律评价方式截然不同。因此，将合同法适用原则、实施范围等通过立法纳入税法方符合税收法定的实质。

(二)援引合同法治理方式为补充

笔者主张，通过合同法的治理方式扩大税收征管的途径，并不意味着笔者认为动辄适用合同法，突破税法的稳定性，实现全面的税率自治、纳税方式自治。合同法的治理方式亦仅仅是税收征管的补充性手段，在税法规范完全能够调整当前税收法律关系的情况下，不宜通过其他部门法增加治理方式。合同法的治理仅仅是作为补充，在国际税收、第三人代缴、向第三人追缴等不妨碍税法稳定性且不导致税收减少的情形下，方可援引，同时，所谓的援引亦应当在税收法定之前提下，通过立法为税收征管的合同法治理方式提供方法论。

(三)补足合同法治理的救济手段

通过合同法治理手段进行税收征收，必然会扩大税务机关的自由裁量权，如预约定价安排中的征税额度拟定、第三人代缴税收合同中的逃税情节判断等都对税务机关提出了新要求。这也将在司法上带来新问题，诸如税务机关在税务合同中的行为构成行政合同还是民事合同；税务机关在纳税义务人与第三人代缴税收合同中的行政行为引发的诉讼如何与原民事合同引发的诉讼衔接等。因此，当适用合同法手段来对税收征管进行调整时，还应对其救济手段进行充分设计。我们应从内部监督与外部监督两方面来进行救济手段的设计。

1. 内部监督。税收征管部门作为行政机关的重要组成部门，必然沿袭行政管理的管理模型，因此，内部监督是行政行为合法性与合理性约束的有力途径。合同法治理方式由于引入了私法中的协商手段，必然会扩大税务机关的自由裁量权，故应充分提高税务机关执法的公开性与透明性。因此，必须通过备案公示、审批核准、举报投诉等内部监督方式公开“协商”定案的依据，保证同类企业税收恒定。同时，扩大社会监督渠道，保证税收征管工作的合法性。

2. 外部监督。现有的外部监督手段较丰富，包括社会监督、舆论监督、司法监督等各类途径，而其中最常见亦最有力的手段当为司法监督。但如前所述，合同法治理方式带来的问题是税收协议的定性，进一步引发了行政诉讼与民事诉讼的争议。笔者认为，尽管税收征管通过合同法治理，并不意味着纳税义务人与征税机关之间的合同构成民事合同，其更具有行政协议的性质。因此，在救济程序上，仍应以行政救济为主要救济方式。至于一般行政合同与税务合同的区分有待于我们更进一步的研究。

四、结语

在推进国家治理体系和治理能力现代化的目标下，税收征管作为国家治理体系的重要内容，努力寻求治理手段的突破甚有必要。随着领域法学①等新兴研究范式的展开，法学研究早已突破了传统部门法研究的路径。在总结实践中存在的、合理的调整税收征管现象的基础上，笔者认为，这一系列治理手段皆是合同法的治理手段，因此，通过引入合同法规则进行税收征管的治理，不仅有利于税收工作的高效开展，更是权力型政府向服务型政府转变的体现。

① 领域法学，是以问题为导向，以特定经济社会领域全部与法律有关的现象为研究对象，融经济学、政治学和社会学等多种研究范式于一体的交叉性、开放性、应用性和整合性的新型法学学科体系、学术体系和话语体系。参见刘剑文：《论领域法学——一种立足新兴交叉领域的法学研究范式》，载《政法论丛》2016 年第 5 期。

论事先裁定制度公开程序的构建

吴骁龙*

我国于2015年公布的《税收征收管理法修订草案（征求意见稿）》（以下简称《征求意见稿》）引入了税收事先裁定这一制度，意在解决纳税人预期交易的税法适用不确定性问题，是税务机关就纳税人申请的关于未来的特定事项应如何适用税法而专门发布解释性文件的行政程序。① 引入税收事先裁定制度被认为是《征求意见稿》的一大亮点，是我国税收征管立法与国际接轨的体现，有利于我国税收治理现代化的推进与和谐征纳关系的构建。虽然事先裁定制度的基本框架已经在《征求意见稿》中得到构建，但在细节上仍存在问题，本文试以《征求意见稿》第46条为切入点，在纳税人权利保护的视野下分析并解决问题。

一、问题的提出：以对《征求意见稿》第46条之评析为基础

关于税收事先裁定制度的内容集中规定在《征求意见稿》第46条中。② 该条分为三款，其中第1款为总括性条款，规定："税务机关应当建立纳税人适用税法的预约裁定制度。"这一条款并不涉及事先裁定制度的实体或程序性规定，故不作分析。第2款和第3款则分别规定了事先裁定制度的适用情形和裁定主体，下面我们试从适用情形与裁定主体两个方面对本条进行分析。

《征求意见稿》第46条第2款规定："纳税人对其预期未来发生、有重要经济利益关系的特定复杂事项，难以直接适用税法制度进行核算和计税时，可以申请预约裁定……"本款规定了税收事先裁定制度的适用范围，即"预期未来发生""有重要经济利益关系""特定复杂事项""难以直接适用税法制度进行核算和计税"。《征求意见稿》关于事先裁定适用范围的规定可谓详细，但其合理性在学界仍存在争议。有学者认为，"难以直接适

---

* 中南财经政法大学硕士研究生。

① 参见黄家强：《税务事先裁定制度的性质判定与效力审思》，载《税务与经济》2018年第2期。

② 《征求意见稿》第46条规定，税务机关应当建立纳税人适用税法的预约裁定制度。纳税人对其预期未来发生、有重要经济利益关系的特定复杂事项，难以直接适用税法制度进行核算和计税时，可以申请预约裁定。省以上税务机关可以在法定权限内对纳税人适用税法问题作出书面预约裁定。纳税人遵从预约裁定而出现未缴或少缴税款的，免除缴纳责任。

用税法制度进行核算和计税”这一范围限定过于严苛,不利于制度功能的发挥。[①] 关于事先裁定的适用范围的确值得商榷:规定得过于严格不利于纳税人通过这一制度明确未来交易的税法后果;规定得过于宽松则可能导致事先裁定的泛滥,造成行政资源的浪费。笔者认为,《征求意见稿》规定的适用情形虽然较严苛,但在制度引入之初可以防止其滥用,并且随着税收实践的发展可以慢慢放宽条件,这样的适用情形较合理。

关于事先裁定的主体,《征求意见稿》第 46 条第 2 款规定:“……省以上税务机关可以在法定权限内对纳税人适用税法问题作出书面预约裁定。”第 3 款规定:“纳税人遵从预约裁定而出现未缴或少缴税款的,免除缴纳责任。”笔者认为,《征求意见稿》将裁定主体限制为省级以上税务机关主要有两个目的:首先是确保作出裁定主体的专业性,若将事先裁定权授予下级税务机关,则可能无法确保纳税人的税法适用问题得到解决;其次是保证事先裁定适用的灵活性,各省关于税法适用的理解难免存在差异,纳税人可以通过向不同省份提出事先裁定的申请,选择自己最优的交易方案。虽然有观点认为,将税收事先裁定权分散到省级税务机关,很难保证税法解释在全国范围内的统一,[②] 但是将裁定主体限定为国家税务总局会造成其工作量剧增,不具有可操作性。因此,裁定主体规定为省级以上税务机关是目前合适的选择。

《征求意见稿》第 46 条并未对事先裁定的公开程序进行规定。对于事先裁定结果的公开具有其必要性:首先,事先裁定制度作为一种行政程序,公开与否涉及监督的问题,同样涉及纳税人的知情权保护问题。税收裁定的结果不公开则无法让社会公众参与到对这一行政程序的监督中来,更无法保证纳税人知情权的实现。其次,将事先裁定结果公开的目的在于,为其他可能遇到类似情况的纳税人提供税法适用的参考,同样情况的纳税人申请裁定应当得到同样的裁定结果,这是对纳税人平等权的承认,而公开程序则是确保平等权实现的路径。因此,事先裁定公开程序规定的缺失不利于纳税人权利的保护,在一定程度上会阻碍事先裁定制度的本土化构建。

综上所述,《征求意见稿》第 46 条规定的适用情形较严苛,但是在新制度引入之初对其“阀门”进行把控有助于集中行政资源为真正需要事先裁定的纳税人进行服务;将裁定主体规定为省级以上税务机关既保证了裁定主体的专业性,也给予纳税人选择的灵活空间,有利于事先裁定功能的发挥;至于公开程序的缺失,则是失去了纳税人知情权与平等权实现的路径,在纳税人权利保护的视角下,事先裁定制度引入的最大问题即在于此。

二、事先裁定的法律性质界定

一项法律制度的背后隐含着价值的选择,选择不同则法律制度的构建亦不同。[③] 分析了《征求意见稿》后笔者发现,其问题在于缺少对公开程序的规定,而厘清事先裁定这

---

① 参见朱大旗、姜姿含:《税收事先裁定制度的理论基础与本土构建》,载《法学家》2016 年第 6 期。

② 参见虞青松:《税收事先裁定权限应集中到税务总局》,载《中国税务报》2014 年 9 月 3 日,B07 版。

③ 参见朱大旗、姜姿含:《税收事先裁定制度的理论基础与本土构建》,载《法学家》2016 年第 6 期。

一法律制度的性质，有助于揭示其核心价值，从而进一步完善公开制度。

（一）事先裁定法律性质的文献梳理

学界关于事先裁定制度的法律性质和法律地位存在多种认识，较有代表性的是“纳税服务说”、“行政承诺说”、“行政指导说”与“税法解释说”。①

首先是源自美国税法的“纳税服务说”。纳税服务，是指税务机关依据税收法律、行政法规的规定，在税收征收、管理、检查和实施税收法律救济过程中，向纳税人提供的服务事项和措施。② 美国是民主与法治的大国，围绕着“纳税人权利至上”的理念，创设了诸多纳税服务，其中信函裁定是与事先裁定相近的一种纳税服务。③ 信函裁定指基于纳税人申请，就其预期发生或已经发生的特定交易事项如何适用和解释税法而从税务机关获得的书面说明。④ 从定义中可知，美国税法上的信函裁定的适用范围包括“预期发生”和“已经发生”的交易事项；而税收事先裁定所对应的美国税法上的概念就是除去对已发生事项申请裁定部分后的信函裁定制度。⑤

其次是德国税法上的“行政承诺说”。所谓行政承诺，是指“行政机关基于嗣后作为或不作为之受拘束意思”。⑥ 德国税法承诺制度有四个构成要件：（1）案件事实过去已被税务机关评价，并具有重复性和持续性；（2）交易尚未实际进行，存在税务机关变动原有税法评价的重大风险；（3）须纳税人向税务机关提出请求获取承诺的申请；（4）税务机关经过实地调查，基于申请内容作出有拘束力的承诺。⑦ 从构成要件来看，行政承诺制度与事先裁定制度的法律属性并不等同：事先裁定制度要解决的是税法适用的不确定问题，重在保护纳税人的确定权；而德国税法上的承诺制度解决前后两次裁定税法适用的稳定性问题，重在保护纳税人的信赖利益。

再次是我国有学者提出的“行政指导说”，认为税务事先裁定中的个人裁定接近于税务行政指导。⑧ 行政指导，是指“行政主体在其职责、任务或其所管辖的事务范围内，为适应复杂多变的经济和社会生活的需要，基于国家的法律原则和政策，在行政相对方的同意或协助下，适时灵活地采取非强制手段，以有效地实现一定的行政目的，不直接产生法律效果的行为”。⑨ 行政指导与事先裁定的相似之处在于，它们对纳税人都不具有法

① 参见董学智：《税收事先裁定是一种行政行为类型吗——兼论税法与行政法的关系》，载《税务与经济》2018 年第 1 期。

② 参见饶立新：《纳税服务的内涵与外延——兼谈服务与管理的区别》，载《税务研究》2016 年第 2 期。

③ 参见叶美萍、叶金育、徐双泉：《美国纳税服务的经验与启示》，载《税收经济研究》2012 年第 1 期。

④ 参见杨默如：《美国税法中裁定规则的应用及启示》，载《国际税收》2016 年第 4 期。

⑤ 参见熊伟：《美国联邦税收程序》，北京大学出版社 2006 年版，第 47 ~ 49 页。

⑥ 城仲模：《行政法之一般法律原则（二）》，台北，三民书局 1997 年版，第 20 页。

⑦ 参见黄家强：《税务事先裁定制度的性质判定与效力审思》，载《税务与经济》2018 年第 2 期。

⑧ 参见王明世：《税务事先裁定程序规则的构建研究》，载《税收经济研究》2015 年第 1 期。

⑨ 郭润生、宋功德：《行政指导概念界探》，载《山西大学学报（哲学社会科学版）》2000 年第 2 期。

律强制力,除此之外,事先裁定很难与行政指导的概念、特征相对应。

最后是目前我国大多数学者承认的“税法解释说”。税法解释是对纳税人未来的税收事实进行解释和提供意见的活动。事先裁定是对纳税人申请的纳税事项进行个案解释的过程,这与税法解释的定义基本契合,并且由于事先裁定的主体是税务机关,事先裁定属于税法行政解释的一种。然而,如果仅仅将事先裁定看作税法解释的“一套程序系统”或“程序的总称”,则不能概括其纳税服务的内涵。①

上文诸说从不同的方面揭示了事先裁定制度的特点:“纳税服务说”重服务,强调纳税人权利至上;“行政承诺说”强调对税务机关的约束,同样是对纳税人权利的保护;“行政指导说”与“税法解释说”是我国学者提出的学说,其中“税法解释说”与事先裁定的定义基本相符,获得了大多数学者的认可。

(二)事先裁定法律性质的重塑

虽然上述4种学说都能在某些维度与事先裁定建立联系,但仍存在一定的缺点:“纳税服务说”虽然重视纳税人权利的保护,但是“服务”一词严格来说并非法律用语。“行政承诺说”为事先裁定法律性质的界定提供了新视角,但行政承诺的构成要件决定了其与事先裁定的法律属性不同。至于“行政指导说”,尽管行政指导的特征与事先裁定有相似之处,但是其内涵与外延与事先裁定差异甚大,“行政指导说”不足以为体系化的立法构建提供充分的理论支持。② “税法解释说”作为获得最多肯定的学说基本能解释事先裁定制度的功能,但其内涵稍显单薄,不能涵盖事先裁定的应有价值。

虽然上述学说都无法圆满解释事先裁定的法律性质,但综合它们与事先裁定的相似之处可以明确,事先裁定制度的核心在于纳税服务特性与税法解释功能。在明确了事先裁定的核心之后,我们应当为其寻找一件合适的“外衣”。有观点认为,在事先裁定法律性质的界定上,应回归到行政法的视角,将其定性为准行政行为。③ 准行政行为,是指行政主体运用行政权以观念表示的方式作出的间接产生法律效果的行政行为,其核心在于“行政行为”、“观念表示”与“间接产生法律效果”。④ 相较前4种学说,“准行政行为说”更准确地契合了事先裁定制度的内涵:在特性上,事先裁定是税务机关依申请行使行政职权的行为,符合“行政行为”这一要点;在形式上,事先裁定是税务机关对尚未发生的交易的税法适用问题的一种观念表示,仅在纳税人依照原计划开展交易,裁定才生效;⑤ 在效力上,事先裁定对纳税人不具有直接的法律效力,而是间接地影响纳税人预期交易的选择。综上所述,将“纳税服务特性”与“税法解释功能”的核心同“准行政行为”的外衣

① 参见虞青松:《构建税务事先裁定制度》,载《中国社会科学报》2013年11月20日,A07版。

② 参见刘磊、熊晓青、周妍:《事先裁定制度研究》,载《税务研究》2012年第9期。

③ 参见王明世:《税收预约裁定制度:路径与方法选择》(第4版),中国税务出版社2016年版,第100~102页。

④ 皮宗泰、王彦:《准行政行为研究》,载《行政法学研究》2004年第1期。

⑤ 参见黄家强:《税务事先裁定制度的性质判定与效力审思》,载《税务与经济》2018年第2期。

糅合在一起,把税收事先裁定界定为"以税法解释功能为核心,为纳税人提供服务的准行政行为"。

(三)事先裁定中纳税人权利保护的引入

上文我们明晰了事先裁定制度的法律性质,这是完善其程序构建的前提。在明确了"以税法解释功能为核心,为纳税人提供服务的准行政行为"这一法律性质后,我们要在这一定性中找到公开程序的必要性依据。我们可以从"纳税服务"与"准行政行为"这两方面进行分析。

首先,事先裁定制度的建立源自纳税人对税法确定权的要求,① 其作为一项纳税服务必然以保护纳税人的确定权为核心要义。确定权是纳税人对其活动的税法后果获得明确认知的一项权利,② 其作为纳税人的一项基本权利并未在我国法律中得到规定。但是在税法原则和纳税人权利中,我们可以将确定权拆分为纳税人的知情权,平等权与信赖利益受保护的权利。纳税人的知情权要求信息公开,一切与纳税有关的事项应当明确公开以便让纳税人了解;纳税人的平等权是知情权的延续,预先裁定的结果需要对外公开,其他纳税人才能主张裁定的平等适用;预先裁定结果的公开有利于将社会公众纳入对税务机关的监督体系中,使税务机关不得随意撤销其作出的事先裁定,从而促使纳税人的信赖利益得到保护。

其次,事先裁定作为一种准行政行为,是税务机关依纳税人申请行使行政职权作出的行政行为。既然事先裁定是行政行为,就应当受行政法基本原则的约束。正当法律程序原则作为行政法基本原则的一项,其子原则中就包括了"行政公开"原则,③ 因此,构建公开程序是承认事先裁定准行政行为法律性质的题中应有之义。

综上所述,从"纳税服务"的维度看,事先裁定的目的在于保证纳税人的确定权,确定权在我国法律语境下可理解为知情权、平等权与信赖利益受保护权,而这3种权利实现的关键在于公开;从"准行政行为"的维度看,公开程序是行政法基本原则的要求,事先裁定作为行政行为的一种,其结果应当公开。

三、事先裁定公开程序的路径选择

如前文所述,事先裁定制度作为一种为纳税人服务的准行政行为,裁定结果的公开具有必要性,但是《征求意见稿》第46条中并未对事先裁定的公开程序作出规定。公开程序是保证纳税人知情权实现的前提,也是进一步实现纳税人平等权的保障,更是纳税人信赖利益得到保护的重要基础。为了使事先裁定制度的功能得到更好的发挥,试从纳税人知情权,平等权与信赖利益保护3个维度对事先裁定公开程序作出规制。

---

① 参见聂淼、熊伟:《预先裁定制度与纳税人权利保护》,载《国际税收》2016年第1期。

② 参见刘剑文、熊伟:《税法基础理论》,北京大学出版社2004年版,第50~52页。

③ 参见周佑勇:《行政法基本原则研究》,武汉大学出版社2005年版,第45页。

（一）纳税人知情权保护的维度

纳税人知情权在《税收征收管理法》中得到体现，其第8条第1款规定："纳税人、扣缴义务人有权向税务机关了解国家税收法律、行政法规的规定以及与纳税程序有关的情况。"分析该条可知，知情权的权利人是纳税人与扣缴义务人；知情权的内容是向国家了解税收法律、行政法规及与纳税程序有关的情况。

事先裁定的公开程序既要保护申请人的知情权，也要保护其他纳税人的知情权，两者公开的信息差异在于不能向社会公众公布涉及申请人隐私与商业秘密的信息。因此，对于提出事先裁定申请的纳税人，一切与事先裁定有关的事项都应当对申请人进行公开。由于其中可能含有涉及商业秘密与个人隐私的信息，公开的方式应当选取信函、电话或者类似的方式。公开的信息应当做到明确具体，让纳税人能够真正理解。对于除申请人外的其他纳税人，首先应当将事先裁定结果中涉及申请人商业秘密与个人隐私的信息剔除，然后通过适当的方式进行公开。借鉴域外操作模式，澳大利亚在其税务局网站上建立了专门的事先裁定数据库，加拿大将事先裁定结果交给商业出版社出版。[①] 在获取信息途径多样化的今天，事先裁定结果公开的方式选择也趋于多样化，互联网、报纸、新媒体等都是可行的公开途径。

一方面要规制税务机关进行公开的途径，另一方面也要规定纳税人进行问询的途径。为了确保公开的效果，可以建立反馈通道，让对结果存疑的纳税人有途径向税务机关进行反映，并由税务机关专门进行解答，以保障公开程序的有效性，确保纳税人的知情权得到落实。

（二）纳税人平等权保护的维度

将税收事先裁定公开的目的之一在于，为其他可能遇到类似情况的纳税人提供税法适用的参考。对于究竟能否将事先裁定适用于申请人之外的第三人，在学理上仍存在争议。笔者认为，既然纳税人享有平等权，在情况相同的主体之间，应该适用相同的税法效果。与纳税人平等权保护相关的是事先裁定结果的公开，只有公开了结果，其他纳税人才有可能主张裁定的平等适用。[②] 因此，事先裁定结果的公开程序是纳税人主张平等权的前提，是对税务机关进行监督、保护纳税人的手段。

基于纳税人平等权的视角，应对事先裁定公开的适用情形进行规定。事先裁定的效力具有多样性，应分情况讨论：在正常裁定的情况下，纳税人遵从裁定结果，裁定结果对税务机关以及纳税人具有约束力，第三人可以援引平等权要求得到相同的税法适用；若是纳税人违反裁定结果或是放弃交易计划，则裁定结果对税务机关不具有约束力，第三人援引平等权没有意义。[③] 在异常裁定的情况下，裁定可能失效，也可能形成新的裁定，

① 参见刘磊、熊晓青、周妍：《事先裁定制度研究》，载《税务研究》2012年第9期。

② 参见聂森、熊伟：《预先裁定制度与纳税人权利保护》，载《国际税收》2016年第1期。

③ 参见黄家强：《税务事先裁定制度的性质判定与效力审思》，载《税务与经济》2018年第2期。

若是没有形成有效力的裁定,则第三人无法援引平等权,因为裁定对税务机关不具有约束力。综上,在纳税人平等权保护的视角下,需要公布的只是那些生效的,对税务机关具有约束力的裁定结果,因此可以将事先裁定公开程序的适用范围明确为仅生效的裁定结果需要进行公开。这样既可以节约行政资源,又可以保证纳税人平等权得以保护。

(三)纳税人信赖利益保护的维度

事先裁定是对纳税人未来交易适用税法的一种安排,存在一定的不确定性,因此纳税人信赖利益的保护就尤为重要。信赖利益保护本身也是税法确定权的核心要求,若税务机关通过事先裁定明确了税法的适用但是又随意改变或撤销裁定的结果,那么在纳税人信赖利益遭到破坏的同时,其确定权也无从实现。

税务机关对事先裁定结果作出改变的动机往往在于其在事后发现裁定有误,此时虽然基于信赖利益保护原则,税务机关不应该更改或撤销裁定,但是由于事先裁定本身不具有可诉性,很难保证税务机关依法行政,此时就需要引入其他的监督机制来保护纳税人的信赖利益。公开程序作为这样的机制较恰当,将裁定的结果公开,并规定"裁定结果一经公开,税务机关不得进行更改",则可将税务机关的行为纳入社会公众的监督之下,防止纳税人的信赖利益遭到侵犯。

若税务机关作出裁定后,发现裁定有误,则可以变更对税法的解释,但是这种解释只能对未来发生效力。为了防止其他纳税人滥用平等权,税务机关应当将修正后的裁定结果向公众公开,事实情况相同的申请人之后提出申请时以修正后的结果为准,但之前已经形成的裁定结果则不予改变。这是在纳税人的信赖利益与平等权之间作出的平衡。因此,公开的内容应当包括税务机关修正后的结果,这样既防止了税务机关的税源流失,也保护了申请人的信赖利益。

四、结语

事先裁定作为一种"以税法解释功能为核心,为纳税人提供服务的准行政行为",其公开程序的构建具有必要性。事先裁定公开程序的构建应当从纳税人权利保护出发,以纳税人知情权、平等权、信赖利益权为维度:为保护纳税人知情权,应对公开的途径进行区分;为保护纳税人平等权,应对公开的适用范围进行限制;为保护纳税人的信赖利益并防止平等权的滥用,应将税务机关修正后的结果纳入公开的内容中。事先裁定作为一项近年引入、仍未付诸实施的新制度,其内容上必定还存在许多值得商榷之处,应当保持对事先裁定制度的关注,力求对其完善提出新的建议,使事先裁定能在纳税人权利保护领域发挥更好的作用。

论税收救济制度中纳税前置规则的废除

陈心心*

一、问题之提出

（一）案例引入

2016年年初禹州市地方税务局立案查处“陈某某等人转让公司股权事项涉及税收违法案”。2016年3月禹州市地方税务局作出税务处理决定，责令陈某某限期补交印花税及个人所得税。该处理决定书同时告知：你若同我局在纳税上有争议，须先依照本决定的期限缴纳税款及滞纳金或提供相应的担保，然后可自上述款项缴清或提供相应担保被税务机关确认之日起60日内依法向许昌市地方税务局或禹州市人民政府申请复议。陈某某后向许昌市地方税务局提出复议申请，但许昌市地方税务局作出《不予受理决定书》，理由是陈某某提供的纳税担保不符合《税收征收管理法》第88条①和《税务行政复议规则》第33条②的规定。后陈某某向法院提起行政诉讼，请求依法撤销禹州市地方税务局作出的税务处理决定。然一审及二审法院均裁定驳回其起诉或上诉，理由为陈某某虽向行政复议机关申请了行政复议，但却以无能力为由并未按照《税收征收管理法》第88条的规定先行缴纳或解缴税款及滞纳金或者提供相应的担保，故其行政复议申请不符合法律规定的受理条件，禹州市地方税务局据此作出的税务处理决定符合法律规定。③

依据《税务行政复议规则》第33条的规定，税务机关主张陈某某提供的担保不符合其审查标准，即可以此为据对其复议申请不予受理。而若陈某某主张的纳税争议未经过复议程序，依据《税收征收管理法》第88条之规定，一审及二审法院即可驳回陈某某的起诉或上诉，因为此规定暗含诉讼须以复议之经过为前提。虽该案判决并无不当之处，然

---

* 中南财经政法大学硕士研究生。

① 《税收征收管理法》第88条第1款规定，纳税人、扣缴义务人、纳税担保人同税务机关在纳税上发生争议时，必须先依照税务机关的纳税决定缴纳或者解缴税款及滞纳金或者提供相应的担保，然后可以依法申请行政复议；对行政复议决定不服的，可以依法向人民法院起诉。

② 《税务行政复议规则》第33条规定，作出具体行政行为的税务机关应当对抵押人、出质人提供的抵押担保、质押担保进行审查，对不符合法律规定的抵押担保、质押担保，不予确认。

③ 参见河南省许昌市中级人民法院（2016）豫10行终80号行政判决书。

回思此纳税争议之处理进路，仅以纳税人①无能力缴纳税款或提供纳税担保之由，断然使其无法获得行政复议及诉讼之救济，理由何在？复议前置纵为其门槛之一，然属另一范畴之考量，本文并不过多赘述。

（二）问题浮出

“陈某某案”为纳税前置规则在税务实践运行过程中的范本之一，因纳税问题产生争议却无法寻得及时有效之救济。税务机关之处理决定与法院之裁定虽无可指摘，其个中问题却不容忽视：税收救济制度冠以“救济”之名，自当以对纳税人救济权之保护为核心，然在程序启动之初却以纳税前置之隐形门槛设置障碍，救济之本意如何体现？有条件之救济在纳税前置语境下成为有争议必有救济的替代品。试想若无纳税前置之情形，“陈某某案”必当呈现截然不同之景象。

前述“陈某某案”并非个案，经由检索，税务机关依上述规定以纳税人未提供担保或缴纳及解缴税款为由而对其税务争议不予受理之情形，获取“长林贸易有限公司诉江门市稽查局税务行政管理案”、② “圣源祥邢台分公司诉邢台市地方税务局复议案”、③ “锦程经贸有限公司诉黑河市国家税务局案”④3 例典型案件，而此 3 例案件中法院均循“陈某某案”之判决思路，以纳税人未满足纳税前置之条件而未经由复议前置，进而未达至诉讼要件为由，判决驳回诉讼请求或裁定驳回起诉。在纳税争议司法实践中存有诸多涉及纳税前置正当性及合理性之问题，而言及正当合理与否，势必以纳税前置制度所含括的制度意蕴的梳理与界定为前设。

二、纳税前置之制度意蕴

纳税前置在税务实践中面临的诸多争议，在现行税收法律体系框架内是否存有解答，其制度含义究竟为何，文章从指导纳税争议处理及解决的《税收征收管理法》及其实施细则、《税务行政复议规则》等法律规范性文件出发，以文义解释、体系解释等法律解释方法为媒介，探索纳税前置之制度意蕴。

（一）“纳税前置”含义之廓清

纳税前置之内涵系界定其制度性质的核心要素，对此尚需依据法律解释廓清。依据条文用语之文义与通常之理解进行解读，即文义解释，当为法律解释之第一步骤，后就其结果方有论理解释之可能。⑤ 纳税义务之前置为纳税前置固有之意，为我国税法所创制“双重前置”⑥ 之一环，特为基于纳税争议之独特性而立。以纳税前置为考量对象，其含义有如下两层：其一，“纳税”非仅包含“税款缴纳”之内容，对其理解须采“广义说”，根据

① 文章提及之纳税人，如无特别说明均为包括纳税人、扣缴义务人、纳税担保人在内之广义上之纳税人。

② 参见广东省江门市中级人民法院（2018）粤07行终170号行政判决书。

③ 参见河北省邢台市中级人民法院（2014）邢行终字第192号行政判决书。

④ 参见黑龙江省黑河市中级人民法院（2015）黑中行终字第25号行政裁定书。

⑤ 参见杨仁寿：《法学方法论》（第2版），中国政法大学出版社2013年版，第142页。

⑥ 文章以纳税前置为论述核心，复议前置问题将另撰文解决。

《税收征收管理法》之具体规定尚且包括滞纳金之缴纳、纳税担保之提供等情事；其二，依前置对象不同，此处指称“前置”包括“前置于复议”及“前置于诉讼”两种情形，[①] 依《税收征收管理法》第 88 条之内容可知现行法律采“前置于复议”模式，然“前置于诉讼”却未尝不可。2015 年 1 月《税收征收管理法修正案（征求意见稿）》[②]（以下简称《征求意见稿》）经国务院法制办修订后公布，在第十章“争议处理”中以第 126 条规定的诉讼前纳税前置模式替代现行征管法中对于纳税前置于复议的相关规定。

以现行规定为参照（见表 1），《征求意见稿》之共异性显而易见：“共”性表现为纳税前置及复议前置的存在；“异”处体现于纳税人获得行政复议救济。可能性陡然增加，原置于行政复议前位之纳税环节于另处体现，以纳税争议为争讼对象的行政复议之成立条件更简单；另一不同之处在于直接涉及税款的行政处罚救济途径由现行的复议选择模式归入前置制度适用范围之内，与纳税争议同等处之。《征求意见稿》此番制度调整或被视为针对纳税前置的一大制度变革，对纳税人救济权之实现有重要意义，然仔细审视即可探知，此举至多可称为“小步微调”，虽有进步，却无法根本消除因制度存在而带来之弊端。针对纳税争议的行政复议虽借此调整得以畅通其路径，然就救济之根本题旨而言，获得地位独立之第三方裁判为其应有之义。质言之，在税务争讼中，行政诉讼较之行政复议更能探寻至“救济”真正含义，然前置环节的转移却致使纳税人通往诉讼之路仍困难重重。

表 1　现行规定与《征求意见稿》之对比

对比内容	现行规定	《征求意见稿》
针对纳税争议提起行政复议	纳税前置	无纳税前置
针对纳税争议提起行政诉讼	纳税前置（于复议）+ 复议前置	复议前置 + 纳税前置（于诉讼）
税收处罚、强制执行、税收保全	无前置制度	无前置制度（直接涉及税款的行政处罚除外）
前置制度适用范围	与纳税相关的争议	纳税争议和直接涉及税款的行政处罚

（二）纳税前置规则之体系探究

对于纳税前置制度的确立起根本性作用的法律规则见于文首述及的《税收征收管理

① 参见刘剑文、侯卓：《纳税前置制度的反思与超越》，载《江汉论坛》2015 年第 6 期。

② 国务院法制办在 2013 年和 2015 年分别公布了两个《征求意见稿》，2015 年的《征求意见稿》在前者的基础上，结合社会各界反馈的意见作了修改。本文所称《征求意见稿》如无特别说明，均指的是 2015 年的《征求意见稿》。

法》第88条第1款之规定,该条款囊括3层基本含义:其一,纳税人与税务机关因税收问题产生争议之时,纳税人享有获得行政与司法双重救济之权;其二,纳税人意欲获得中立性之司法救济,须以在先提起针对税务机关之行政复议为前设要件,即为"复议前置"规则的确立;其三,行政复议之提起须以在先之税款清缴或担保提供为必要,是为"纳税前置"。"双重前置"规则之设立使纳税人如欲达致司法救济之殿堂,必将跨越上述两道门槛。然对此规则深层次理解以其中"纳税争议"核心要素本意之探寻为必要,此时辅之以体系解释方法显得尤为必要,即以法律条文在法律体系上之地位,依其编章节条款项之前后关联位置,或相关法条之法意,阐明其规范意旨。①

《税收征收管理法实施细则》(以下简称《实施细则》)第100条对于《税收征收管理法》第88条提及之"纳税争议"进行了广泛界定,包括了税率、纳税主体、征税范围、纳税地点、环节、期限等税法构成要素;而《税务行政复议规则》第14条列举了包括征税行为、税务行政处罚、资格认定、纳税信用等级评定行为等11项具体税收行政行为和兜底条款"其他具体行政行为",转而又于第33条规定了针对前述条款第1项行政行为的救济措施,两相对比即可得知,第14条第1项之规定为针对"纳税争议"范围之界定,较之《实施细则》的宽泛界定,《税务行政复议规则》之范围则更显得尤为包容,将纳税前置之适用空间进一步拓展。

由前述纳税前置规则之体系化梳理,以《征求意见稿》为范本,辅之以现行法律及部门规章,整理可得税务争议处理流程图两例(见图1、图2)。

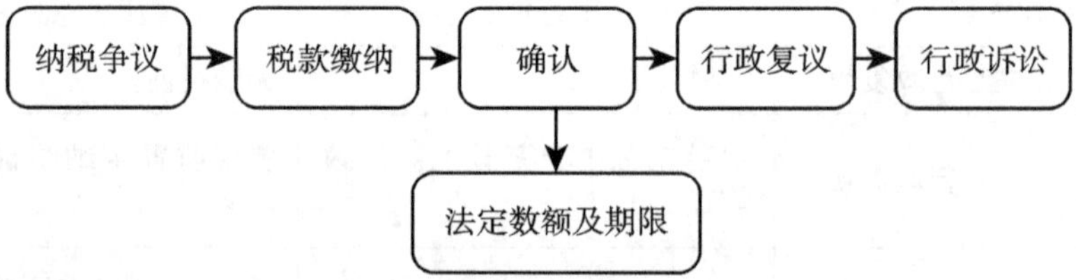

图1 现行规定之争议处理流程

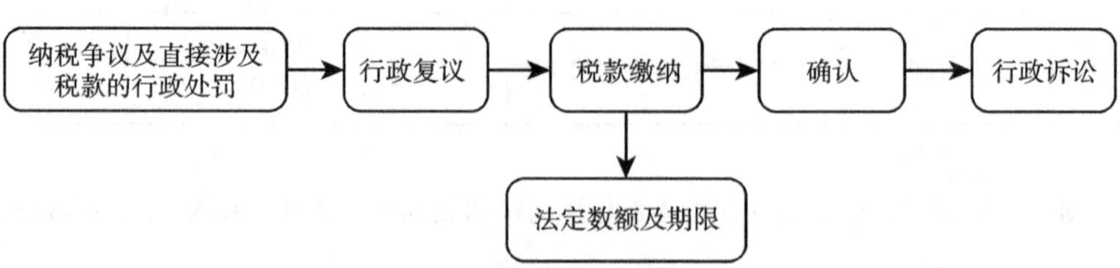

图2 《征求意见稿》之争议处理流程

① 参见杨仁寿:《法学方法论》(第2版),中国政法大学出版社2013年版,第143页。

（三）纳税前置之目的探寻

德国学者耶林在强调法律目的的重要性时，曾提出"目的乃系一切法律的创造者"①的说法，该说法至今仍得到法学者的广泛承认。此处所指称之目的系针对某法律制度之整个目的或某法条之立法旨趣或立法本旨而言。② 言及纳税前置制度，此规则的设立以避免国家财政收入之流失为目的，因国家收入涵括费、债、税、利4项，而税收则为其中最核心之一环，倘若此一环之缺失或短缺，将直接危及国家机器之运转及公民社会服务之获得。但是对此目的之考量不应脱离其制度环境，《税收征收管理法》第88条第1款的本意在于为纳税人提供税收救济，纳税前置为此目的之下避免纳税人以漫长救济过程损及税收之一环，不应本末倒置，与税收法治相悖。此外，较之纳税人因救济而需付出的时间及金钱成本，税务机关却无市场竞争之困扰，成本筹划多不在其考量范围之内，两相对比，纳税人因风险自担则处于完全相反之境态，故税务机关处于实然之单边垄断状态，③纳税人因之而遭受救济之不利。

对纳税前置制度之目的考量实则触及现行税法之立法理念偏向。在纳税人权利与国家财政之深层博弈中，"国库中心主义"与"纳税人主义"处于天平之两端，纳税前置之设立正是前者在立法中的缩影。"国库中心主义"指向这样一种理念：在税收立法及司法实践中，税务及立法机关有意、无意中将国家财政收入置于优先考量位置，为了保证财政收入的获得，较少考虑甚或直接忽视对纳税人利益之保护。而"纳税人主义"则恰与之相反，对纳税人利益之保护处于优先考量地位。④ 在税制改革之初，从保障国家财政收入之立场，"国库中心主义"有其特定的时代背景与烙印，然经过中国税制的有序发展及国民纳税意识水平的提高，将纳税人置于主体地位有更重要的意义，毕竟"能够完成最伟大功绩的并不是重税的王国，而是适度税收的王国"。⑤ 以正确的法治理念为导向，方可报之以公正合理的争议救济体系。

三、纳税前置废除之妥适性证成

通过纳税前置内含制度意蕴之探寻，辅之以《征求意见稿》的审视，不难发现纳税前置之现实适用空间有扩张趋势，且因以"国库中心主义"为导向，纳税人寻求税收救济之路仍崎岖难行。如欲在此基础上获致对其更为全面、客观之探询，须进行两个维度之考察：其一，以当下视角从纳税人保护立场对纳税前置规则进行检视；其二，以未来视角设想若将现行规则废除会否导致纳税人权益与财政利益二者间之关系失衡。以考察之结果，决定制度再造抑或废除。

---

① ［日］五十岚清：《法学入门》，第141页。

② 参见杨仁寿：《法学方法论》（第2版），中国政法大学出版社2013年版，第172页。

③ 参见王霞、陈辉：《税收救济"双重前置"规则的法律经济学解读》，载《税务研究》2015年第3期。

④ 参见叶金育：《税法解释中纳税人主义研究》，武汉大学2015年博士学位论文，第26页。

⑤ ［美］查尔斯·亚当斯：《善与恶——税收在文明进程中的影响》（第2版），翟继光译，中国政法大学出版社2013年版，第490页。

(一)纳税前置规则之检视:以纳税人权利保护为中心

首先,前提设定偏颇,假定纳税人为过错一方。在文章所分析之"陈某某案"中,陈某某若想经由复议得到救济除遵循前置之纳税义务外别无他法,此举实为法律已事先将作为税务机关相对面之纳税人假定为存有过错一方,法律之正义与对纳税人基本权的尊重着实无从体现。在法律所设定之语境之下,循此逻辑:因纳税人存有违法行为(存有过错)而需承担因之带来的不利(先行缴纳税款),此义务之履行与补偿因在先行为之违法而应承担的责任无异,然正是此种假定使法律义务与法律责任的逻辑与时空关系彻底混乱,义务之不履行导致责任的产生,而非先行承担责任转而认定义务是否存在。① 此举实质为预先推定欲寻求针对纳税争议之行政复议救济的纳税人存有背离税收法律规范之行为,这也使纳税人在与税务机关的博弈中或有意或无意地将自己置于过错或弱势一方。② 然矛盾之处在于:双方之争议尚处于晦暗不明之态,此时即假定纳税人为过错一方,仅待其"纠错"之后才具备对所谓"过错"进行认定之资格,对纳税人基本权之侵犯不言而喻。纵使《征求意见稿》将纳税之时间节点移位于诉讼之前,本质却并无不同,对行政行为的履行与对其正当合法性的质疑本就应是并行不悖的,二者不应混淆纠缠于一处而使逻辑混乱。行政领域合作治理日渐兴起,在二者合作及契约履行中责任性显得尤为重要,而"责任性要求更多关注的是公共机构而不是私人主体",③ 这就要求我们在司法实践中应优先考量对纳税人利益的保护而非总是置国家财政利益于首位。

其次,纳税人最后的救济渠道被设限。法谚有云:"没有救济的权利不是真正的权利。"其要义是权利人若认为自身权利受到侵害,就能通过一定途径获得救济,④ 此救济不应是有所限制的,不应给救济设置准入门槛以致只有达到标准的纳税人才可进入救济之门。以前述争议处理流程为参考进行分析,无论是现行规定还是《征求意见稿》,纳税人只有在规定期限内缴纳税款并得到税务机关确认之际才能获致真正意义上的完整的救济权。然法律作为解决社会矛盾的最后一道防线,其有效运作依赖一定前提与场域条件的满足,其中之一即为司法者目之所及范围内作为前端运行的事实行为的存在。而对无力缴纳税款或提供有效担保的纳税人来说,运行良好的法律体系必备的司法可及性因此规定而被阻断,救济仅以静止状态停留于纸面之上。⑤ 税务行政复议虽有专业性、迅捷性之特征,但其公正性却因"内部裁判"而逊于司法诉讼。《征求意见稿》虽有进步,却仍存在因财富状况之不同而堵塞纳税人救济路径之可能,难以称为恰当合理之立法选择。

最后,平等保护的法律精神遭受冲击。国家课税的正当性不仅来自法律依据的确

① 参见刘剑文、侯卓:《纳税前置制度的反思与超越》,载《江汉论坛》2015年第6期。

② See Charles W. Wolfram, *Modern Legal Ethics*, Thomson Sweet & Maxwell, 2006, p. 43.

③ [美]朱迪·弗里曼:《合作治理与新行政法》,毕洪海等译,商务印书馆2010年版,第4页。

④ 参见付大学:《比例原则视角下税务诉讼"双重前置"之审视》,载《政治与法律》2016年第1期。

⑤ 参见刘剑文、侯卓:《纳税前置制度的反思与超越》,载《江汉论坛》2015年第6期。

立,更要通过平等原则的考量。“财产权保障体现了个人选择的精神,同时强调税收须符合比例原则且不应造成实质征收的效果。”① 这是现代财政制度的均衡性品格及作为公民基本权利的平等权在税法领域的体现。② 以税法为例,其平等体现在实体及程序两个层面,前者如税率平等,后者如救济平等。纳税前置对平等保护的冲击主要体现在若纳税人无力缴纳税款或提供担保,其通向救济的大门将被彻底关闭,从而造成花钱买本应享有之救济的怪状。此种法律规定的确给予了国家税收以保障,却在无形中克扣了纳税人的救济权,使救济因财力状况之不均等而充满歧视。③ 纳税前置实际造成了这样一种现象:将纳税人以是否缴纳税款为依据划分为两类,并以此作为纳税人能否有资格提起复议或诉讼的标准,这就技术性地将本应适用于全体纳税人的救济权限缩为部分人享有。④ 而《征求意见稿》对纳税人之救济权的保护虽有所缓和,却未根本改变此不平等之局面。“失败者正义”原则要求将“第一次机会”赋予经济弱者,在此情事之下即为给予因财力之不足而无法获致救济的纳税人一种利益。⑤

(二)纳税前置废除之审视:以利益均衡为核心

如上文所讲内容,我国之所以在税收征管体系中规定纳税前置,有保障国家财政收入的理由,纳税前置也因此丧失其存在之必要性,且使纳税人权益与财政利益二者达致一更好之均衡点。

一方面,就国家财政收入之保障而言,自中国经济发展进入新时期以来我国的财政收入和税收收入均呈现大幅增长,且体量较大(如表 2 所示),国家机器之运转得到良好支撑。就总体趋势而言,除却 2015 年及 2016 年,我们的税收收入与国内生产总值增速之比均大于 1,因 2015 年及 2016 年为国家实施税制改革及减税政策以降低企业税负,助推供给侧结构性改革和企业转型升级,属特殊情况,故将其排除对比行列。笔者认为,理论上二者比值大于 1,传达出这样一种信息:国家财富在分配之时倾斜于公共财政而非私人财产,即仍以“国库中心主义”为导向。由于现有财政体量之大远非纳税前置设立之时可与之比拟,在此境况之下,若国库利益与纳税人私人财产保护发生冲突,虽不应盲目以“纳税人主义”为行事方针,但在制度层面向纳税人财产保护方向倾斜却是必要且可行的,因之属形式层面之内容,且与税法理念之变革一脉相承,系顺应现今之税制改革趋势之举。

① 陈薇芸:《社会福利与所得税法》,翰芦图书出版有限公司 2009 年版,第 115 页。
② 参见刘剑文、侯卓:《现代财政制度的法学审思》,载《政法论丛》2014 年第 2 期。
③ 参见胡玉鸿:《“失败者正义”原则与弱者权益保护》,载《中国法学》2014 年第 5 期。
④ See Malcolm Gammie & Jeremy de Souza, *Land Taxation*, Sweet & Maxwell, 2006, p. 331.
⑤ 参见胡玉鸿:《“失败者正义”原则与弱者权益保护》,载《中国法学》2014 年第 5 期。

表2　2009~2018年我国实现财政收入、税收收入及增速

年份	财政收入/亿元	财政收入增速/%	税收收入/亿元	税收收入增速/%
2009	68,518.30	11.7	59,521.59	9.8
2010	83,101.51	21.3	73,210.79	23.0
2011	103,874.43	25.0	89,738.39	22.6
2012	117,253.52	12.9	100,614.28	12.1
2013	129,209.64	10.2	110,530.70	9.8
2014	140,370.03	8.6	119,175.31	7.82
2015	152,269.23	5.8	124,922.20	4.82
2016	159,604.97	4.5	130,360.73	4.35
2017	172,592.77	7.4	144,369.87	10.75
2018	183,351.84	6.2	156,400.52	8.33

资料来源:中华人民共和国国家统计局网站。

另一方面,从法律体系之宏观布局来看,纵使取消现行《税收征收管理法》中的纳税前置规则,也不会实质影响国家财政收入之获得。由《行政复议法》及《行政诉讼法》的相关规定可知,在纳税争议期间,无论是处于复议抑或诉讼之进程之中,税务机关均可强制执行,即使是在《征求意见稿》中也援引《行政复议法》之内容对此进行明文规定。此外,现行《税收征收管理法》及《征求意见稿》中对于税收保全及强制执行措施也有规定,在税务机关集多种征税工具于一身的情况下,再加之以侵害纳税人权利的纳税前置措施实无必要,国家之财政收入已能得到周全保障。既然如此,二者之间并无实质联系,① 且其存在有悖于行政法上的比例原则,即实施对行政相对人权益不利的行政行为时,只有认定该行为对于达到相应行政目的或目标是必要和必需的,才能实施。② 反向观之,若取消纳税前置之规定,既对国家财政收入之取得没有影响,又可保护纳税人之权益,改变过往过分偏袒前者的立法导向,使二者达致利益均衡之状态,大有裨益。

① 参见朱大旗、胡明:《正当程序理念下我国〈税收征收管理法〉的修改》,载《中国人民大学学报》2014年第5期。

② 参见姜明安:《行政法与行政诉讼法》(第5版),北京大学出版社2011年版,第74~75页。

四、结语

在我国税收立法的实践中，面对因纳税前置之存在而阻断纳税人获得救济之情形，已有海关法对关税之征收问题进行修改，正如有学者所说："新海关法实施以来并未出现由于申请复议、提起诉讼而影响国家征收关税的问题。关税的征收与税收的征收其性质基本相同，海关法可以取消缴清关税才能申请复议的条件，为什么税收征收管理法就不能取消这一规定呢？！"① 纳税前置之废除则彰显出税法理念之转变，以国家公权力之维系与纳税人权利之保护间的良性对话为底色，顺应治理能力现代化之时代潮流。

① 蔡小雪：《行政复议与行政诉讼的衔接》，中国法制出版社2003年版，第101页。

税法领域中偷税的构成要件分析

李东来*

一、偷税的构成要件

(一)案例导入

在(2018)粤07行终216号案件中,原告不服税务机关作出的税务处罚而提出上诉。在该案中,涉及房产税等多种税款的缴纳,在税款的认定上存在争议。纳税人转让其所有的一处畜牧场时,在财务处理上存在少列收入、多列支出的问题。虽然存在一些问题,但是纳税人在会计账簿上如实记载了转让收入,同时缴纳了法律规定所要缴纳的税款,完成了相关年份的纳税申报。如果认定纳税人存在偷税行为,依照我国法律的规定,不是税务机关原因导致少缴的税款,税务机关追缴税款,不受前款规定期限的限制,所以税务机关请求法院认定纳税人存在偷税行为。但是,法院认为,依照所能得到的证据,对于纳税人的主观状态不能认定故意,双方只是对纳税的计税基础存在争议,法院最后判定支持纳税人的合法请求。

从上述案件中不难看出,在对偷税的构成要件上,现实中存在许多问题。首先,偷税是否要求要有主观故意?如果要求有主观故意,主观故意在现实中又该如何认定?现有的法律规定是否都需要对纳税人的主观故意进行认定?如果纳税人在税务机关追缴之前缴纳税款,是否影响偷税的认定?其次,对于没有造成偷税漏税结果的,是否仍然可以认定为偷税?这些问题在现实中都存在一定争议,需要在法理上予以明确。

(二)偷税的法律规定

我国目前对于偷税的规定主要集中在刑法以及《税收征收管理法》的相关规定中。在这里我们主要研究税法领域的相关规定。根据《税收征收管理法》的规定,如果要构成偷税,必须具备一定行为,并且纳税人通过实施该行为产生了一定的后果。在行为的认

* 中南财经政法大学硕士研究生。

定上,《税收征收管理法》规定了4种情形。[①] 如果行为都没有,何来偷税之说？在具备了行为要件之后,《税收征收管理法》规定了结果要件即造成了不缴或者少缴税款。按照《税收征收管理法》的逻辑,只有具备了法律规定的行为,才构成偷税行为。如果没有造成不缴或者少缴税款的结果,则不构成偷税。

与《税收征收管理法》中偷税有关的文件还包括国务院的回函。

第一个函件是国税办函〔2007〕513号文件。在该回函中,对于纳税人纠正自己的少缴税款行为的性质问题,并没有一个明确答复。应该按照《税收征收管理法》的规定,如果不能证明纳税人有偷税的故意,就不能认为是偷税。

第二个函件是税总函〔2013〕196号文件。该批复中认为应遵循《税收征收管理法》的规定,纳税人补缴税款不影响对其行为的认定。但是依然有例外情形,如果在税务检查前主动补缴,税务机关不能证明纳税人具有偷税的故意,就不能认定为偷税。

第三个函件是税总函〔2016〕274号文件。该函件是对一个具体案件的复核意见。该回复认为,如果现有的证据不足以支撑纳税人具有主观故意,那么对于纳税人的行为,就不能定性为偷税。

二、主观故意之认定

(一)税收征管角度下的主观故意

从《税收征收管理法》的角度来看,对于纳税人偷税的认定主要是集中在第63条。对第63条是否包括主观故意,有两种观点。一种观点认为,只要符合法条中规定的要件,就不需要考虑是否具有主观故意,即只要符合行为和结果要件,就可以认定为是偷税。在现实中,有的地区是这样做的,如在京国税发〔2007〕363号文件中就规定,税务机关在认定是否构成偷税时,直接按照法律的规定,不用考虑其法律条文之外的情况。另一种观点认为,对于偷税的认定,要考虑主观故意,而且在相关的法条中也有体现。在这一观点下,又有两种不同的路径。第一种路径是《税收征收管理法》对偷税行为的表述中已经明显地包含主观故意,从一个正常人的角度来说,都能够理解其中的主观故意,没有必要加上多余的修饰词。第二种路径是对于在《税收征收管理法》中对偷税行为的列举中,前3种行为从字面意思上就能看出来其包含主观故意,但是对于纳税人进行虚假的纳税申报,要考虑纳税人的主观状态。像前文所述案例,每个单位的会计处理由于种种原因是不同的,而这种差异又是允许存在的,此种行为是否应该被定性为偷税？如果认为偷税不需要主观故意,那么该行为就应该认定为偷税,但将该种行为认定为偷税很明显是不合理的,此时就需要考虑纳税人的主观状态。

在实践中除有以上两种情形外,还出现了其他的做法。例如,在青岛市国家税务局

---

① 《税收征收管理法》第63条规定了构成偷税行为的4种情形,即纳税人伪造、变造、隐匿、擅自销毁账簿、记账凭证,或者在账簿上多列支出或者不列、少列收入,或者经税务机关通知申报而拒不申报或者进行虚假的纳税申报,不缴或者少缴应纳税款的,是偷税。

《关于印发〈青岛市国家税务局税务行政处罚实施办法(试行)〉的通知》(青国税发〔2008〕116 号,已废止)中就指出,对于认定纳税人的偷税行为,不仅要有行为和结果,同时还要有偷税的目的,无法证明主观故意的,不能认定为偷税,这实际上是和国务院的 3 个批复表达的意思是一致的。

(二)批复中的主观故意

在国务院的批复中都提到了主观故意,但是对于如何认定并没有提出明确的意见。3 个批复均从反方向来推定纳税人不具有主观故意,把举证责任分配给税务机关,由税务机关负责证明纳税人不具有主观故意。可见,在批复中是承认了主观故意的,即认定纳税人构成偷税要具有主观故意。这从侧面也是对偷税认定之主观故意的一种佐证。

(三)刑法中的主观故意

在我国刑法中,将偷税罪修改为逃税罪,在认定上和《税收征收管理法》相同,采用行为加结果的模式,即纳税人通过一定的行为,造成了少缴税款的结果,并且在达到了一定的程度时,就属于刑法规定的逃税罪。但这只是在模式上相同,在具体内容上与《税收征收管理法》有明显不同。值得注意的是,在我国现行的《税收征收管理法征求意见稿》中已经按照刑法上的相关规定进行了统一,如果将来新的《税收征收管理法》出台能够保留下来,将会有利于法律之间的协调。

刑法上认为,故意就是希望或者放任自己,而这一行为会对社会产生不好的影响。在故意的认定上,包括"明知结果"以及"希望"和"放任"。在刑法学界,故意又可以分为直接、间接,有些过失也包括在故意之中。只有不符合刑法上的故意和过失,才属于意外事件,才不会受到刑法的处罚。

那么,比照刑法,税法上的主观故意也应该有一个明确的区分,要区分故意的不同程度,才能更好地应对现实中的困境。比如,如果一个单位专门为了偷税虚开发票,那么这种行为就应该被认定为一种直接的故意,就要处以较重的处罚。对于单位由于会计上的差错导致税款的补缴,要明确其过失的程度给予不同的处罚。如果不加以区分,对于国家的税收来说将是较大损失。对纳税人的违法行为也起不到好的惩罚效果。

主观故意是一种复杂的情况。现在税法学界普遍认为,偷税应具备主观故意,那么对于主观故意的认定,要持严谨的态度。不能简简单单地凭借税务执法机关的认定就轻易地认为是主观故意,出现"应该是故意的""不是故意的"等判定语句。既然在《税收征收管理法》的修订上都在一定程度上和刑法挂钩,在主观故意的认定上也应该规范化、体系化,解决实务中的困境。

(四)对是否应有主观故意的争论

在我国,对偷税是否应该具有主观故意,持同意和不同意的观点都有。不同意税收应具有主观故意的人认为,首先,在行政领域,对于偷税主要是为了追究行为人的责任,只要纳税人有行为,给国家的税收造成了损害,就构成偷税,主观故意不能影响结果的认定;其次,税收行政处罚属于无过错原则,对行为人的行政处罚不会考虑行为人的主观故意;[①] 最后,在我国《税收征收管理法》发展的过程中,是有过"偷税"和"漏税"两个不同的概念的,漏税,是指非故意导致少缴或者没有缴纳税款的行为,既然我国税法在修订过程中删除"漏税",可见,在这个过程中是不需要考虑纳税人的主观故意的。与之相反,另一种观点则认为偷税应具备主观故意。这一要件是必不可少的。

(五)偷税应具备主观故意

1. 偷税演变的历史

在中华人民共和国成立初期,"偷税"和"漏税"之间没有明确的界限,各个地方的实践各不相同。在那个年代,人们通俗的理解就是偷税是主动的,漏税是消极的行为。可见,从偷税的出现,就包含故意的意思。在《外国企业所得税法实施细则》(已失效)中出现"偷税"的法律术语,在其对偷税的界定中直接使用"有意"一词表明偷税需要有"故意"。在《税收征收管理暂行条例》(已失效)中,对偷税的表述中没有保留"故意"等字样,而是直接规定具有欺骗、隐瞒的行为。在相关条文的表述中并没有出现"故意"等字样,但是通过与"漏税""抗税""欠税"等概念的比较,很容易知道偷税需要有主观上的故意。[②] 在1992年以后,没有在法条中直接表述"故意"等词,而是对偷税行为进行明确的列举,但是从法律条文的表述中,明显包含主观故意。可见,从偷税产生到现在,就一直包含主观上的故意。

2. 通常之理解

虽然在1992年之前,法律对偷税的界定中一直明确包含"故意",在之后的表述中没有用"故意"这样的词语,但是这并不能说明偷税不需要主观故意,这一变化只是立法技术的变化,与偷税的内涵没有太多联系。违法行为的主观故意与否,是不需要在法条中明确表现出来的。并且,法条对主观故意的表达有两种方式:第一种是明示,即直接在法律条文中说明;第二种是隐含在法律条文之中,法条本身就包含故意的意思,就不需要加上特定的强调。就像刑法中的盗窃罪,在法律条文的表述中并没有故意等用语,但是很明显,其包含故意,不能因为条文中没有表述就认为盗窃罪不需要主观故意。不加故意只是为了符合传统的语法要求。

在税收征管法中,相关的法条中没有出现"故意"等词语,这是否意味偷税就不需要主观故意?对此不同的人有不同的理解。对现有法律条文有不同够理解的情况下,就需要对法律条文作出解释,而解释法律条文,要遵循通常解释的原则,要符合人们通常的理解。法律是为了约束人的行为的,制定出来的法律条文只有符合广大人民群众的根本诉求,才能被人们所遵守。偷税中的"偷",很明显就包含故意的意思,如果没有故意,就不

① 参见陈少英:《税法学教程》,北京大学出版社2005年版,第486页。

② 参见何小王:《论偷逃税违法以主观故意为要件》,载《中南林业科技大学学报(社会科学版)》2010年第2期。

能认定为偷。而且在现行的税收征管法中，用“伪造”“变造”等词语，也是明显包含主观故意，在实际操作中，不能曲解其中的意思，自行造法。

3. 对行政处罚的制约

在刑法中，必须考虑行为人的主观故意，这在理论上和具体实践中已经没有争议。但在行政处罚中，有些人认为，在刑法上的偷税有故意，但是在税务稽查中，又不同于刑法，不必关注纳税人的主观状态，这种将两个不同的法律部门对立起来的做法是不适当的。对于行政法和刑法上对应的违法行为，目前有一个比较统一的认识就是，违法行为在不同的法律中只是程度上的差异。程度较深的违法行为由刑法制裁。行政违法行为达到一定的量，就成为行政犯罪。① 因此，违法行为与犯罪行为二者在程度上可以存在差异，但是在内涵上不应该有较大的区别。

在行政法中，对违法事实认定所需要的证据，并没有达成一个统一的标准。在实际执行中，有许多案件没有足够的证据，但是被处以行政处罚，这就导致了行政机关认定构成偷税，而法院却不认为构成偷税的情况存在。从目前的实践来看，出现的主要争议时法院认为认定偷税时需要主观故意，但是行政机关在执法中不考虑主观故意，如果纳税人提请行政诉讼，请求撤销相关的行政处罚。而在刑事判决中已经明确偷税要有相应的主观要件，法院不可能推翻自己已经作出的判决。这时候，就必然出现行政机关败诉的结果。如果不认定行政机关败诉，对于同一种情形出现不同的结果，会影响司法裁判的公信力。所以行政机关在认定是否构成偷税时，要对主观故意加以考虑。

三、税务检查前补缴税款之认定

在税务实践中，如果纳税人实施一定的补救措施纠正自己的行为，并且是在税务机关发现之前，对于该种情形该如何认定？目前认为偷税和不构成偷税的观点都存在。认为不构成偷税主要是基于将行为定性为延期申报。如果在少缴税款后不久就进行了补缴，在特殊的条件下可以认定为是延期申报。但相较之下，对于纳税人在税务检查前补缴税款认定为偷税符合法律的规定。如果纳税人的行为符合偷税要件，即使其在税务机关检查前主动补缴了税款，也不能改变其行为的性质。纳税人没有在规定的时间缴纳税款，已经给国家的税收造成了一定的损失，如果因为纳税人税后的补缴就不认定为偷税，难免有失公平。如前文所述，如果纳税人在税务机关有关系，提前得到要税务检查的消息，那么此时补缴税款，并不妨碍对其偷税行为的认定。在这里，我们依然可以借鉴刑法上的观点，虽然属于不同的法律部门，但某些法律理念具有相关性。比如，刑法上在认定盗窃罪的时候，如果违法行为人在受害人发现之前将盗窃的物品归还给受害人，依然要认定构成盗窃罪既遂。即使受害人并不知道违法行为的发生。在税法中，纳税人已经少缴税款，不能因为其补缴税款就不认定其行为的违法性。至于其补缴的事实，可以在惩罚程度上予以减轻。

① 参见贾宇、舒洪水：《论行政刑罚》，载《中国法学》2005 年第 1 期。

四、举证责任的分配

(一)国外有关举证责任的分配

在税务领域举证责任的分配上,每个国家都有不同的做法。美国在税务领域的举证责任分配上,前后有较大改变。在前期,如果纳税人对税务机关作出的决定不服,那么其必须拿出相应的证据。随后美国修改了这一规则,规定在一定条件下纳税人可以将举证责任转移给税务机关。当然有一般的原则就会存在例外,在某些情况下举证责任是专属于税务机关的。

作为大陆法系的代表——德国关于举证责任的分配原则是职权调查主义。举证责任主要由税务机关承担,纳税人只承担某些必要的部分。此外,德国还通过法律上的事实推定以及个案诉讼对上一原则进行某些程度的修正。

由此可见,在英美法系国家,主要是坚持"谁主张,谁举证"的原则,而在大陆法系国家,则和我国的行政诉讼中的规则大致相同。①

(二)我国关于偷税的认定

在具体实践中,常常会遇到偷税行为认定中举证责任的问题。在法院的判决中可以找到支持举证责任由税务机关承担的案例。② 对于举证责任,要兼顾保护纳税人以及国家的财政收入,对于一些重要的事项,应由税务机关承担才能做到实质的公平。

在我国的行政诉讼中,被告要对原告的主张提供相应的证据,当然,原告也可以提供证据。在国务院的3个批复中也清楚地表明,对于纳税人的主观故意,行政机关要有足够的证据来证明,否则就不能认定为偷税行为。可见,纳税人主观故意的举证责任一直是由税务机关承担的。

税务机关在执法过程中,对于纳税人的通过外在行为所表现的心理活动,是很难判断的。因此,在操作上,就选择忽略其主观故意,只要符合行为要件,就认定为偷税。随后进入诉讼领域,对纳税人主观故意的举证又成为不得不面对的问题。在民事活动中,一般由提出主张的一方负责提供相应的证据,但在税收领域,考虑到双方当事人的地位、能力以及公平等因素,如果依然坚持传统民事领域的举证原则是不合适的。

在税收领域,双方的地位不像传统的民事领域中二者是相等的,相反纳税人在税务机关面前十分弱小。在税务机关作出具体的行政行为的时候,只是依据自己所掌握的信息,纳税人在其中起到的作用很小,税务机关对纳税人的处理行为不需要考虑纳税人的意见,完全由自己作出;同时,纳税人也无法知道税务机关作出具体行政行为的依据。如果税务机关作出的行政处罚行为纳税人不接受,纳税人可以提出行政复议和诉讼。在这个过程中,都是税务机关处于主动地位。税务机关在作出行政行为时如果没有尽责尽

---

① 参见倪晓勇:《论税务行政诉讼举证责任之分配》,吉林大学2008年硕士学位论文,第12页。

② 在(2017)京行申1402号行政裁定书中,法院认为行政机关以偷税对纳税人进行处罚,应当对纳税人的主观状况调查认定在提起行政诉讼后承担举证责任。

职，诉讼就成了纳税人维护自己权利最后的保障。所以在主观故意的举证责任上，税务机关要承担举证责任，从而维护双方实质上的平等地位。

除一般的规定外，考虑到实质上的公平，应该有例外情况的规定。比如，在税收减免上，就与一般的原则不同，如果将这一举证责任交由税务机关，在实践中难以操作。同时，如果纳税资料主要在纳税人手中，还坚持由行政机关承担举证责任，往往会损害行政机关的利益。所以，如果出现此种情况，可以规定，纳税人没有尽到协助义务，那么可以适当减轻税务机关的举证责任。这在外国的法律中已有相关法律实践。

五、偷税的结果要件

从一般意义上来说，行政违法行为一般不需要结果要件，只要相对人实施了法律规定的行为，就可以定性为违法行为，这与刑法上的犯罪构成要件有一定区别。但是对有些行政违法行为则需要有结果要件，必须要有结果才能认定构成行政违法行为。我国税收征管法规定，纳税人有少缴税款的事实，就可以将其行为定性为偷税。所以在形式上看，税收征管法上的偷税是需要结果要件的。在国家税务总局《关于税务检查期间补正申报补缴税款是否影响偷税行为定性有关问题的批复》（税总函〔2013〕196 号）中，只要纳税人构成偷税，事后补缴行为并不能改变对行为的定性。所以偷税需要以结果为构成要件，事后的补缴行为，并不能够弥补已经造成的结果，该情节可以作为行政处罚的参考依据，适当地减轻对行为人的处罚。如果只有偷税的行为，没有造成偷税的结果该如何认定？对于此种行为应该认为是编制虚假计税依据。[①] 结果要件对于偷税至关重要，因为不同的行为其处罚后果是不同的，如果认为构成偷税，对纳税人的行政处罚要比其他行为处罚的更加严重，从维护纳税人利益的角度来说，更应该谨慎为之。

① 参见王利娜、王丹芳：《关于偷税认定若干问题的思考》，载《当代财经》2006 年第 1 期。

第五篇　中国台湾地区学者专论

长期照顾之财税工具

葛克昌[*]　吴德丰[**]

一、问题概说

(一)长期照顾定义

随着高龄化社会的来临,长期照顾机构(以下简称长照)服务之需求与财源即将成为沉重负担与艰困之挑战,[①] 而就纳税者而言,为维持自己及受扶养亲属享有之符合人性尊严之基本生活而所需之费用,并不得予以课税,中国台湾地区"纳税者权利保护法"第4条第1项已定有明文。其中,老年者受扶养亲属基本生活所需之费用,往往需求甚为庞大且日益紧迫,从而当局自须对长照之机构与财税法制预为安排,此亦为重要财政法课题。所谓"长期照顾"此一定义,有其广狭之分,最常见者系指身心失能之状态持续已达或预期将达6个月以上者,而依其个人或照顾者之需要,所加以提供之生活支持、协助、社会参与、照顾及相关之医护服务(中国台湾地区"长期照顾服务法"第3条第1项第1款参照)。此种社会福利上之定义,与税法上长期照护者有所不同,盖原则上中国台湾地区"所得税法"中特别扣除额或费用支出,均较"社会福利法"中长期照顾之概念范围狭隘。[②]

(二)长照三分支传统体系表

长照三分支传统体系为德国20世纪60年代(当时为西德)在对长照定义无法单一明确表达之情形下,所发展出以区分三种不同体系之分支,来界定长照阶段意义之理论。其第一分支为公法组织形式之独立长期照顾机构,第二分支为老年长期照顾之需求。随着人口迅速老化之发展,老年或长者之健康自立生活能力应受到重视,从而应有设立社

* 东吴大学法学院客座教授,中国台湾地区税法学会理事长。

** 资诚联合会计师事务所副所长。

① 2018年9月5日中国台湾地区卫生福利事务主管部门在行政管理机构报告"长照十年2.0成果"指出,在长照2.0资源投入部分,自2017年的50亿元新台币,已成长至本年度(2019年)支出338亿元新台币,并评估2020年将达近400亿元新台币,同时预估至2026年将迈入"超高龄社会",老年人口占总人数将逾20%。报载:《工商时报》,《长照支出四年成长八倍,2020年预算近400亿》,2019年9月6日,A18版。

② Pl, Myßen, Private Altersvorsorge Soziale Absicherung contra selbstverantwortlicher Altersvorsorge DStJG 29 (2006), S. 250.

区长照中心之需要，并且依照行政区划为单位进行安排，而此第二分支主要针对者为失智老人之关怀，与预防或延缓失能之发生；同时，其亦可作为第一分支之补充功能。第三分支，系指私营之老人长期照顾，包含长照保险之推动与私营长照机构之设置。①

（三）三阶段模式之长期照顾体系

20 世纪 90 年代以后，依长期照顾服务自身之性质，逐步发展出三阶段模式之长期照顾体系。长照三分支传统体系系本于社会政策之理念，并以长照之性质加以区别，与之不同者，三阶段模式是由"税法"规范之观点延伸而得。其中，第一阶段为基础照顾，即长期照顾之初阶；第二阶照顾为须仰赖税收支持之私人照顾或由私人企业所提供之照顾；第三阶段为当前二者均无法达成照顾服务提供之目标时，改由具强制性之社会保险或当局基金加以介入，促其实现。②

（四）量能原则作为结构性原则之影响

量能平等负担原则为结构性原则，量能原则之最基本要求，即无负担能力者不得课税。纳税人本人或其扶养亲属长期照顾支出，非在其可得自由支配之所得范围。中国台湾地区"所得税法"之所得，系扣除成本、费用、亏损后之客观净所得。换言之，所得税非以毛所得为其税基基础，应税所得之计算，应须同时扣除疾病、灾害、扶养亲属等支出或费用，从而，长照支出本质上本非所得税之课税对象或课税范围。诚如中国台湾地区"纳税者权利保护法"第 4 条第 1 项明确揭示："纳税者为维持自己及受扶养亲属享有符合人性尊严之基本生活所需之费用，不得加以课税。"至于低所得者无力聘雇长期照顾者，或无须缴纳所得税之现象，此系所得税采行所得扣除法之不当，宜采行税额扣抵法：长照支出应予扣抵，无须缴纳者应予退税。理想税额扣抵之模式，应是给予全额扣抵，而无论如何至少应为限额扣抵。③

---

① Kaempfe, Die Systemfunktionen Privater Altervorsorge im Gesamtsystem sozialer Sicherung, 2005. S. 79.

② M. Myßen, a. a. O, S. 256.

③ 就此，近期中国台湾地区"所得税法"第 17 条有所修正，凡符合台湾地区卫生福利事务主管部门公告须长期照顾之身心失能者，无论是聘用看护、使用长照服务或由家人自行照顾，无须检附费用凭证，每人每年定额减除长期照顾特别扣除额 12 万元新台币；并订定排除适用规定，当年度综合所得税申报适用税率在 20% 以上（包括适用累进税率 20% 以上、股利按 28% 税率分开计税，或按 20% 课征基本税额）者，不适用之，以使行政机关资源得以有效运用。参见中国台湾地区财政事务主管部门新闻稿，中国台湾地区立法机构"三读"通过"所得税法"修正草案，修正薪资费用减除规定及增订长期照顾特别扣除额，更新日期：2019 年 7 月 1 日。其适用条件为：

1. 纳税义务人、配偶或受扶养亲属，符合中国台湾地区卫生福利事务主管部门公告须长期照顾之身心失能者。

2. 排除适用之情形：

（1）经减除幼儿学前特别扣除额及长期照顾特别扣除额后，适用税率在 20% 以上；

（2）选择就其申报户股利及盈余按 28% 税率分开计算应纳税额；

（3）纳税义务人依中国台湾地区"所得基本税额条例"计算之基本所得额超过扣除金额（现为 670 万元新台币）。

（五）长期照顾之财政手段

支持长期照顾政策之推动，而在财政上之支持方式，首先应以所得税之扣除额或税额扣抵为优先，其法理基础系补充性原则。其次为社会给付之手段，而其多种给付方式，应以为金钱，次为实物给付。即以家庭照顾最优先，次之为民间长期照顾，最后才为长照。其财源亦以社会保险型为优先。其中，如系以税收支应，宜以统筹统支之方式使用该等税捐收入；如系不得已非以指定用途税方式为之时，其指定用途之择定上，亦不得违反不当连结禁止原则。

二、补充性原则

对于此一原则之内容精神，可由以下几点作为观察。

1. 长期照顾与私人长期照顾相较，前者应居补充性地位。

2. 补充性原则之具体实践，在于假设个人得以通过商业长照保险或家人之居家照顾，能获得质量较完善之服务，而无须依赖社会救助或保障，若能够通过家庭功能之发挥或以保险之方式提供协助，在此即为长期照顾体系停止介入之处。

3. 私人之长期照顾，原则上而言，在医疗给付、病患照料、家庭长期照顾等劳务层面

此外，资诚联合会计师事务所税务法律服务会计师洪连盛表示，依中国台湾地区“纳税者权利保护法”计算之维持基本生活所需费用，新增之长期照顾特别扣除额因属基本生活费用性质，所以将会纳入基本生活所需费用总额的比较基础。

比较基准	类型	是否列入比较
免税额	—	√
标准扣除额或列举扣除额	择一适用	√
特别扣除额	储蓄投资特别扣除	√
	教育学费特别扣除	√
	幼儿学前特别扣除	√
	身心障碍特别扣除	√
	长期照顾特别扣除	√
	薪资所得特别扣除	×
	财产交易损失特别扣除	×
	储蓄投资特别扣除	√

另参照中国台湾地区“纳税者权利保护法施行细则”第3条的规定：

第4条第1项所称维持基本生活所需之费用，不得加以课税，指纳税者按“主管机关”公告当年度每人基本生活所需之费用乘以纳税者本人、配偶及受扶养亲属人数计算之基本生活所需费用总额，超过其依中国台湾地区“所得税法”规定得自综合所得总额减除之本人、配偶及受扶养亲属免税额及扣除额合计数之金额部分，得自纳税者当年度综合所得总额中减除。

前项扣除额不包括财产交易损失及薪资所得特别扣除额。

中国台湾地区财政事务主管部门应于每年12月底前，依第4条第2项规定公告当年度每人基本生活所需之费用，其金额以千元新台币为单位，未达千元新台币者按百元数四舍五入。

之给付提供，更具有效率、更富人性；至于商业长照保险，则是使保险契约之受益人直接受益，建立其享受长照服务之经济基础，其效果亦相当具体直接。

4. 首先须照顾社会弱势，对高龄化社会及须受长期照顾之老人，应维持其最低生活水平，并满足其基本生活所需。唯公权力之介入时点，宜严守补充性原则。长期照顾，笔者认为，首先应采行租税改革措施，即以长照特别扣除额之方式，而得以资助私人选择使用长照商业保险或私人照顾机构，营造老年长照服务规划之经济条件。因此，此种特别扣除额应力求充分。其次才是由长照（公部门组织）弥补私人救助可能之不足。

5. 长期照顾，应先运用自己或家人长期照顾此一方式，承袭本文前述，首先应借由所得税上扣除额之制度来达成。此时配合民间之长期照顾机构，以满足受照顾者之照护服务需求。而若竭尽一切能力，尚无法达成，始再通过社会给付方式，或设立相关机构。于此种补充原则下可推论出，其已隐含个人自由优先之社会任务。此种补充性原则，依据笔者观点，已具备优先效力，即公权力应尽力促成实现个人基本权。又补充性原则亦涉及职业活动自由及私经济自由，强调个人对自己生活安排之自我负责。凡个人得以自我实现、自我成就时，社会之义务便退居幕后。只是在现代给付社会中，行政机关仍应负有最基础之财务责任与负担，譬如可通过“所得税”之扣除额实践。换言之，由行政机关承受此部分税收短少之财政负担。①

6. 重分配功能及财务责任与财务负担，依据笔者观点，如图1② 和图2所示。

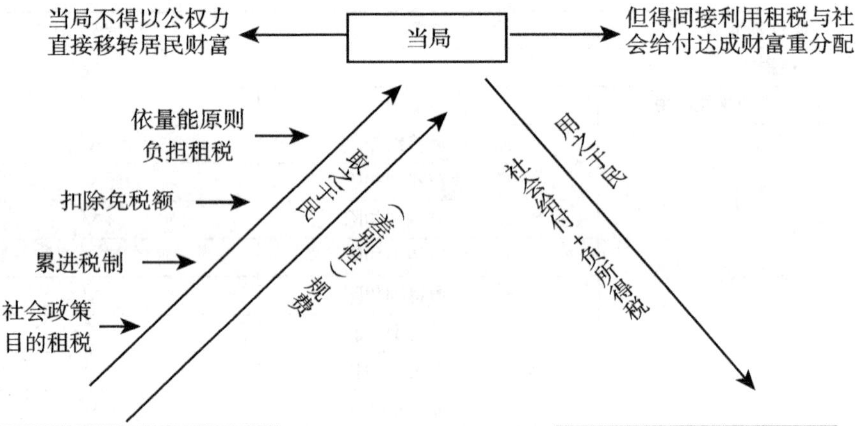

图1　重分配功能

① F. Kirchhof, Finanzierungsinstrument des Sozialstaats, in DStJG, 29(2001), S. 46ff。

② 图1另见葛克昌：《所得重分配——国家任务与团结互助社群》，载葛克昌：《租税国的危机》，厦门大学出版社2016年版，第56页。

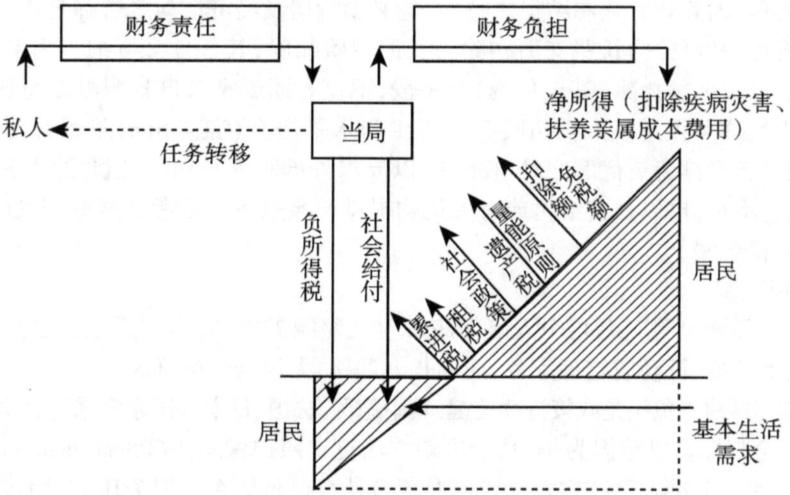

图2　财务责任与财务负担

三、长照之财源划分①

(一)长期照顾政策

行政机关制定长照政策时,从最初之制度规划、财源搜集与分配,以及后续政策内容之执行,均应审慎评估为细部规划,即必须考虑经济能力、财政现况、未来人口及社会经济发展、社会需求以及居民受妥适照顾之权利等多方面向。而以日本之经验为例,其长期照护保险法政策之拟定、法制建构之发展背景与制度设计,以及政策之施行成效与财政问题,值得作为借镜。如何一方面实现居民基本权利之保障,另一方面又可同时兼顾行政机关财政负担之条件,避免财政赤字或预算缺口扩大,均是行政机关于相关政策规划推动时,所要考虑之实际问题。②

在现今人口高龄化日渐成为不可避免的趋势下,传统之固有家庭个人照护,越来越难以支持随之而来的经济压力。受少子化影响,个别家庭之照顾负担,必将趋于沉重,能否应付未来需求亦有疑问。因此,即有人认为,不应任由需要照护者与其家庭独自负担,需有社会保障体系之介入。③

依补充性原则,笔者认为,应优先按所得税特别扣除额或税额扣抵制度以为实现,而由行政机关承受财务责任,已如前述。其理由在于,此种制度对居民自由之干预最少(以

① 有关德国长照法制及其财源基础,另见 M. Myßen, Private Altersvorsorge in DStJG, 29(2006), S. 249ff.; K. Otto, Der Irrgarten der betrieblichen Altersvorsorgung und die Forderungen der Entgeltumwandlung in StJG 29 (2006), S. 301ff。

② 参见吴秀玲:《长期照顾法制与国家财政能力负担》(上),载《中正财经法学》2012 年第 4 期。

③ 参见谢荣堂、周佳宥:《德国照护保险法制之研究》,载《军法专刊》2009 年第 5 期。

社会保险为例,因其具有强制纳保之特性,势必影响居民经济活动之选择自由)。所得税扣除额之设计,又可分为长照支出扣除与长照保险扣除,其各自又可细分为实额扣除与上限扣除。通过税额扣除(甚至免税)之手段,不仅有助于家人自我照顾之意愿(有减轻税负之效果),亦可促进私人长照服务之提供与水平提升(盖除由被照顾者之家庭照顾外,更可使其自身具备更优渥之经济条件,以寻求外部私人长照所提供之服务或协助)。而后,如仍有不足,再以社会给付或有关机构提供长照服务。后者之财源,制度上可划分为保险制与税金制。

(二)保险制

1. 所谓"照顾风险",乃指个人因伤病所生之照顾需求性,当人无法自己从事日常身体照顾、饮食准备、行动或整理家务,而须长期照顾,尤以老年族群居多。

2. 长期照顾财务负担是政策持续关键,其中德国、法国、日本等国家多采行社会保险契约方式形成社会保障。以德国为例,其于早期立法订定照护保险法(Pflegeversicherunggesetz, PflegeVG),而后考量人口结构之改变以及原有社会保障体系之财务压力,因应民众之照护需求,曾多次进行修正。①

3. 量能原则或风险衡量

社会保险的特性有别于一般商业保险,尽管两者皆以全体被保险人作为危险共同体,通过保费负担及事故理赔给付之方式,达到危险共同分担之风险分散目的;但社会保险之保费额度,非以危险高低程度为计算标准,而是考量被保险人之收入高低,即个别被保险人之经济给付条件,作为保费精算之衡量因素。② 以中国台湾地区之居民健康保险为例,台湾地区"台湾居民健康保险有关规范"规定所定第一类至第四类被保险人及其眷属之保险费,依被保险人之投保金额及其保险费率计算之。此项保险费系为确保台湾居民健康保险制度之运作而向被保险人强制收取之费用,属于公法上金钱给付之一种,具分担金之性质,保险费率系依预期损失率,经精算予以核计。其衡酌之原则以填补保险给付支出之一切费用为度,鉴于台湾居民健康保险为社会保险,对于不同所得者,收取不同保险费,以符量能负担之公平性。换言之,社会保险更强调被保险人群体互助之精神,因此保费额度之设计上,必须考虑个别被保险人之给付能力。

4. 社会保险具强制性

长照社会保险之特性,在于强制性与全面计划性,从自由主义者观点来看,是否参加及参加何种保险,乃个人自主决定事项,公权力不宜介入。然长期追踪观察,个人纵有储蓄及保险,由于通货膨胀之影响及经济环境之变迁,自我救助之负担能力可能有所变动致有不足,而不得不面临生存之威胁。建制长照保险法制,强制居民投保,或可弥补此一

① 关于德国照护保险法之立法内容与发展,参见谢荣堂、周佳宥:《德国照顾保险法制之研究》,载《军法专刊》2009 年第 5 期。

② 参见谢荣堂、周佳宥:《德国照护保险法制之研究》,载《军法专刊》2009 年第 5 期。

不确定风险。

5. 以社会保险应付长照需求仍有不足

以中国台湾地区为例，现行之社会保险，尚有居民健康保险及公保、劳保及居民年金险等年金保险，对于居民之平时医疗需求，固可仰赖健保之给付；对于退休生活后之规划，一定限度内尚可以该等年金保险支应，但其给付方式，恐仅能维系基本生活需求，确保其符合基本生活水平。然而，对于此种具有长期延续性质之照顾服务而言，上开两种保险恐无法满足其需求，特别是居家照护服务之提供，非单纯以该等保险之金钱给付即能完全填补其需要。① 是以，未来是否有必要另成立特别为支持长照政策推动之社会保险，仍是须考虑之选项。

6. 社会保险制之利弊

关于社会保险之方式，有论者认为，居民以保险方式受领给付，较能产生权利对价性的感受。换言之，居民通过平时负担缴纳保费之义务，而于日后真正需要长照服务时，该等服务之提供可视为支付保险费之对价。再者，只要符合保险给付条件，任何人均能申请，从弱势保障与人性尊严维护之角度，更能免去外界社会标签的观感。② 然而，社会保险制度实际运作仍有其部分问题尚待解决，如如何决定纳保对象之范围，给付标准如何订定，是否容许事后有检讨修正之空间，均仍须详加讨论。

（三）税金制

现行中国台湾地区长照财源，采税金制，由房地合一税、遗产赠与税、烟酒税中烟品税及烟品健康税之税捐收入支应。唯：

1. 若采行税金制，以为宜由量能平等负担之所得税或具普遍性之加值型营业税之税课收入，作为支应。

2. 由房地合一、遗产税、烟税支应，不仅其他国家和地区无此立法例，且财源变动太大，恐无法足额供给。而若以烟税作为财源基础，因烟税之课征，本身立目的即寓有减少居民吸烟之动机（厂商之税捐负担最后可转嫁予消费者），且考量吸烟人口所带给社会之外部成本，于一定额度内课予税负，亦有弥补之效。然而此目的是否与长照政策推动之目的有所冲突，实有疑问。烟税每一年度之税课收入，一部分受到吸烟人口多寡、消费量或厂商生产量之影响，则在其收入减少之同时，是否意味着吸烟人口数之减少，从保障居民健康福祉之观点，似而非属坏事，但其税收短少却可能阻碍长照政策之推动。此外，除烟税外，现行规范尚有烟品健康福利捐之课征，一旦烟税之税课有所不足，恐通过调高烟捐之手段，达到财源无虞之目的，但如此，是否造成特定族群之过度不利负担，值得吾人

① 参见钟秉正：《论长期照顾制度之宪法保障》，载钟秉正：《社会法与基本权保障》，台北，元照出版有限公司2010年版，第227页。

② 参见廖钦福：《社会保障财政法之概念原则建制》，载《财税研究》第44卷第6期。

再思。[①] 此外,亦有论者认为,现行烟品健康福利捐之收入,已作为许多社会福利资金之来源,若仍将纳入长照财源,非但财源不稳,亦可能造成分食效果,[②] 影响其他社会福利措施之运作。

3. 税捐收入原本为统筹统支,以利调度,通过预算程序,针对不同政策需要由有关部门编列预算项目因应。仅于例外情形采行指定用途税,直接指定税课收入之用途。但指定用途税,为其所指定用途与所征收之税课间具有合理性关联,否则有违不当联结禁止之原则,而有手段与目的并无关联之争议,有违"税法"体系正义。

4. 此外,采取税金制,不免会有纳税义务人为逃漏税捐,致有税收短收或征纳不到之问题,此一问题就社会保险之保险费收取,亦会面临相同情况。是以,是否并行采用二者制度,或系配合本文前面所强调之税额扣抵或免除(至少在一定范围内),适度舒缓由居民与其家庭分担长照需求之压力,及具有重要意义。从而,本次中国台湾地区"所得税法"修改,新增长照扣除额之意义,或许可以作为弥补长照基金中因税收不足致所产生之资金缺口,而造成资源不足以应付长照服务需求,即借由此种扣除额之待遇,使有长照需求者更能借由自身之经济力量,满足自己所需之照护服务。

四、结论

就长照财政工具之选择,无论系以保险给付或以税课收入支应长照基金之财源,均有其利弊得失,利用保险制度,其居民与当局间,内部负担额之分配,以及给付方式之选择,势必影响政策施行之成效;而以税收支应,除相关税目之选择,理应遵守不当联结禁止原则外,亦须考虑该等税课收入之稳定程度,更重要者,乃仍应贯彻量能平等负担原则之要求。此外,或许兼采社会保险与税制上有利居民措施之模式,可为未来精进制度设计之重要规划。但是,除上开金钱给付之方式外,长照机构之设立与居家照护服务之配合,亦属影响长照政策之重要因素。即便配合中国台湾地区现行"所得税法"使纳税义务人享有扣除额之方式,仍须有当局出资设立之照顾机构,或由当局主动提供人力支援作为配套措施,方能健全整体长照政策。

---

① 有关现行烟税与烟捐之性质,以及相关课征、使用之问题,参见廖钦福:《论烟税与烟品健康福利捐之财政民主统制》,载《科技法律评析》2016年第9期。

② 参见廖钦福:《社会保障财政法之概念原则建制》,载《财税研究》第44卷第6期。另详见中国台湾地区"烟品健康福利捐分配及运作办法"第4条。

特种基金预算制度之指导原则

陈清秀*

一、概说：特种基金之设置之必要性

为确保财政健全，原则上财政收入应采取“统收统支原则”，以提升财政支出效能，同时应得通体观察每一会计年度之政策措施，而以采取“单一预算之原则”（单一会计原则）较妥当。然而行政活动广泛而复杂，单凭单一会计方式，无法明确计算各个事业营运情况以及资金运用实绩，因此，有特别独立分离设置“特种基金”（特别会计），计算特定之岁入及岁出，而与普通基金之一般预算会计有别，以明了特定事业及资金用途之情况。在上述背景下，乃有特种基金之设置之必要性。①

特种基金之附属单位预算制度，乃是由行政机关以自己的财政权力及预算权力所设置之制度，其受行政机关委托运用公共资金，经由行政机关预算补助，或由行政机关所容许之营利经济活动之资金，执行行政机关任务。②

所谓政府性基金，“是指各级人民政府及其所属部门根据法律、行政法规和中共中央、国务院文件规定，为支持特定公共基础设施建设和公共事业发展，向公民、法人和其他组织无偿征收的具有专项用途的财政资金”，即属于特种基金之性质。（中国《政府性基金管理暂行办法》第2条）

二、特种基金之种类及实施现况

（一）特种基金之种类

依据中国台湾地区“预算法”第4条的规定，行政基金分为普通基金及特种基金两大类，而特种基金指岁入之供特殊用途者，包括营业基金、作业基金、特别收入基金、资本计

---

* 东吴大学法律学系专任教授。

① 本文感谢台北市郑瑞成及台湾地区行政主管机关吕秋香提供的宝贵资料及意见，使本文内容更充实。参见日本财务省，特别会计ガイドブック（平成30年版），载https://www.mof.go.jp/budget/topics/special_account/fy2018/1syoutokubetukaikeiseido.pdf，最后访问日期：2019年8月23日。

② Michael Kilian, Nebenshaushalte des Bundes, 1993, S. 275. 在德国，附属单位预算，如一般所熟知的特别财产（联邦邮政机构，Bundespost）外，包括社会保障机构（Sozialversicherungsträger）、公共信用机构、广播机构、经营管理领域、科学促进机构以及对外文化政策之设施机构，均属之。

划基金、债务基金及信托基金6种。有关各种特种基金介绍如下。

(1)营业基金:供营业循环运用者。

原本纳入营业基金者,尚有劳工保险基金以及台湾居民健康保险基金,类似保险公司之公营事业模式经营(有关员工薪资及奖金,比照公营事业单位员工支给),其后改制为公务单位,改为作业基金模式,员工薪资待遇比照公务员支给。

(2)债务基金,是指依法定或约定之条件,筹措财源供偿还债本之用者。

(3)信托基金为有关机关、团体或私人之利益,依所定条件管理或处分者。

如公务人员退休抚恤基金,其所有权并非当局所有,而是全体公务员及退休人员所共有信托与"铨叙部"管理,而为信托基金;又如,民间捐款成立奖学金而由当局代为管理,亦属于信托基金性质。

(4)作业基金,凡经付出仍可收回,而非用于营业者。

2019年年度编制附属单位预算之作业基金共有75家单位。

(5)特别收入基金:有特定收入来源,而供特殊用途者。

2019年年度编制附属单位预算之特别收入基金共有25家单位。

(6)资本计划基金:处理有关机关重大公共工程建设计划者。

一般均将特种基金中非属营业基金及信托基金部分,称为"非营业特种基金",即非营业特种基金,是指中国台湾地区"预算法"第4条所定债务基金、作业基金、特别收入基金及资本计划基金之通称,系历年来当局为因应经济、交通建设、教育、社会福利、环境保护、农业及科技研发等需要,依台湾地区"预算法"及相关规定予以设置,在当局推动相关政策时,扮演重要角色。[①] 2019年年度各基金配合施政重点,"将有效运用基金资源协助推动扩大公共建设投资、促进能源结构转型、落实空气污染防治、充实长期照顾服务资源、推动社会住宅政策、创新驱动产业升级、强化区域链结及加强人才培育等工作"。[②]

上述特种基金中"资本计划基金、特别收入基金以及债务基金"三种基金所推动或补助之计划活动,原则上与普通基金同属公共政策层面或政事性质,由指定之特别财源予以专款专用,故又称为"政事基金"(又称政事型特种基金)。[③] 而作业基金及营业基金两种基金之运作,倾向商业营运性质,营业基金以营利为目的,作业基金则以成本回收为目的,又称为"业权基金"(又称业权型特种基金)。[④]

---

① 中国台湾地区行政管理机构"主计总处"2019年年度"非营业特种基金预算案"总说明,载 https://www.dgbas.gov.tw/ct.asp?xItem=43247&ctNode=6507&mp=1,最后访问日期:2019年8月10日。

② 同上。

③ 2018年12月18日中国台湾地区行政管理机构授主基字第1070201436A号函修正"附属单位预算执行要点"第3点第2款。

④ 前揭"附属单位预算执行要点"第3点第1款;林嬋娟主持:政事型特种基金之预算及绩效管考制度研究,委托研究报告,2004年12月,第11页。

（二）特种基金之实施现况及问题

在2019年年度中国台湾地区行政管理机构提请立法机构审议之“总预算案”，“岁入新台币（以下亦同）1兆9770亿元，较2018年年度预算数1兆9192亿元，增加578亿元，约增3.0%；岁出2兆220亿元，较2018年年度预算数1兆9669亿元，增加551亿元，约增2.8%。上述岁入、岁出相抵差短为450亿元，连同债务还本835亿元，合共须融资调度财源1285亿元，全数以举借债务予以弥平”。

在2019年度中国台湾地区之“预算案”中，关于“特种基金”规模收入5兆5856亿元，支出5兆3272亿元，（剩余）2584亿元，解缴2056亿元。如扣除营业基金、债务金基金后，仅就作业基金、特别收入基金以及资本计划基金计算，年度收入预算规模为2兆197亿元。其“特种基金预算案”之规模大于“总预算案”之岁入1兆9770亿元之规模，可见特种基金之重要性，如表1所示。

表1　2019年度中国台湾地区之“预算案”中“特种基金”规模情况

“特种基金”种类	收入	支出	剩余
总额合计	5兆5856亿元	5兆3272亿元	（剩余）2584亿元，解缴2056亿元
营业基金	2兆7546亿元	2兆5443亿元	税后净利2103亿元，解缴1975亿元
作业基金	1兆7404亿元	1兆7130亿元	剩余274亿元，解缴63亿元
债务基金	8113.22亿元	8113.21亿元	剩余0.01亿元，备供以后年度财源
特别收入基金	2737亿元	2154亿元	剩余223亿元，解缴18亿元，连同以前年度基金余额4972亿元，尚余5177亿元，备供以后年度财源
资本计划基金	56亿元	72亿元	以前年度基金余额支应本年度短绌16亿元后，尚余基金余额490亿元，备供以后年度财源

资料来源：中国台湾地区行政主管机关“主计总处”。

依据中国台湾地区行政管理机构“主计总处”之统计分析，有关特种基金迄至2018年年度预算已经设置营业及非营业特种基金合计230个单位，办理业务涵盖民生经济、农业发展、教育文化、交通建设、社会保险、医疗照护、环境保护等各个公共行政领域，2018年年度“特种基金”收支规模达5兆余元，达“总预算”岁出规模2兆元之2.5倍，解缴2021亿元，加计预计缴纳之税捐1299亿元，合计3320亿元，占当局总预算岁入1兆8974亿元之17.5%，构成当局的重要财源，其基金之运用管理绩效成功与否，也是达成其施政目标之重要关键因素。①

① 参见吕秋香：《特种基金与政府施政》，载《主计月刊》2018年第748期。

然而特种基金之运作,在实务中仍然存在许多问题,包括:①

1. 基金营运计划及预算编列未能核实评估,不符合成本效益,导致部分非营业特种基金主要营运计划执行率未达30%,未能发挥基金设置功能。

2. 构建固定资产计划执行效率欠佳,2014~2017年执行率60%~77%,且逐年下降。

3. 又特种基金从事补助及捐助支出预算大幅增加,2016年补捐助支出(包括社会福利、科技发展、从业发展、能源及贸易推广、环境保护、睦邻经费及其他基金)决算986亿元,2017年则增加为1380亿元,2018年增加为1696亿元,但部分绩效未达预期,有待检讨。

4. 部分基金并无适当财源,而仰赖当局拨补,造成重大的财政负担。

5. 部分公有土地闲置或低度利用,有待活化。

6. 特种基金为因应重大投资计划或业务推动需要,而大量举债,截至2017年年底特种基金平均债务余额已经达到2兆元,且部分基金之借款利率,超过平均借款利率,或闲置资金未能依先偿还债务,举债过多等情况。

三、特种基金在财政上之要求

(一)概说

《德国基本法》第110条规定:"一、联邦之一切收支应编入预算计划,联邦企业及特别财产仅须列其收入(Zuführungen)或支出(die Ablieferungen),预算计划应收支平衡。二、预算计划适用于一会计年度或数个会计年度,而按照年度区分,于第一会计年度开始前以预算法订定之。预算计划之某些部分,亦得规定适用于不同时间,而就会计年别区分。三、前项第一句提出之法律案,以及修正预算法及预算计划之修正提案,应在提交联邦议院的同时,提交联邦议院;参议院有权于六周内,修正案则于三周内,表示其意见。四、预算法中仅能包含有关联邦收入与支出,以及该法适用期间之有关规定。预算法得规定其条款于次一预算法公布时,或依第一百十五条之授权于较晚之时始告失效。"②

(二)法律保留原则:预算单一原则之例外

德国学说上认为,预算单一性原则(Grundsatz der Haushaltseinheit),要求国家各项收入及支出,均应于单一整体预算中以毛额方式表达,以便于统收统支,整体衡量各种财政需要,而得设定其先后优先级,而使各项收入脱离目的联结以及特种基金营运模式,此一单一性原则属于具有宪法位阶效力之原则。③ 因此,原则上不允许有别于总体预算之附属预算。但仍容许宪法上所设定之例外类型。例如,法律上独立之特定财产,即属之。④

在运用特别公课作为专款专用之特种基金用途的情形,德国学说认为,因为没有纳

---

① 参见吕秋香:《特种基金与政府施政》,载《主计月刊》2018年第748期。

② 载 https://dasbestedasbeste.pixnet.net/blog/post/50659471,最后访问日期:2019年7月23日。

③ Kube, in: Maunz/Dürig, Grundgesetz, Lfg. 70, 2013, Art. 110, Rn. 104.

④ Kube, in: Maunz/Dürig, Grundgesetz, Lfg. 70, 2013, Art. 110, Rn. 106.

入政府预算收支内，可能导致侵犯国会对于预算监督权、损及预算之完整性、透明性以及公开性。① 由于其与个人之间并无对待给付关系，而与租税处于竞合状态，又因其征收权限之宪法规定不明确，导致地方政府运用特别公课手段，而侵犯中央对于国税课征的权限。且有关特别公课之负担义务主体，如果有不当联结时，即容易产生人民之负担不公平现象。②

有关设立特种基金，既然违反预算单一性原则，而构成例外情形，应有充分的特别事理上之正当理由，而且要在组织及财务上独立，也应经国会同意，即应适用形式"法律保留原则"，而需有法律之依据。③ 另外，有从民主原则与法治原则导出"制度性法律保留"与"组织上法律保留"。必须有"特别法"设立依据，以便规范其任务财务、经济活动之种类、单独预算之编制，或经营计划，企业会计制度：单独设账记账。

在实践中，允许预算单一性原则以及整体满足原则之例外，如果法律有明文规定或预算计划中允许，即得将某些收入限制使用于特定目的用途。④ 例如，《德国联邦预算法》第8条第2项规定："基于法律已经有明文规定或在预算计划中已经允许者，得将某些收入限制使用于特定目的用途。"

日本为了与一般会计区分进行会计管理，而设置特别会计，并制定有《特别会计法》（特别会计に関する法律），对于特种基金运作之目的、管理及经理等事项，进行法律规范。

为防止泛滥设置特种基金，中国财政部于2010年9月10日发布《政府性基金管理暂行办法》，为加强政府性基金管理，进一步规范审批、征收、使用、监管等行为，保护公民、法人和其他组织的合法权益，根据中共中央国务院《关于坚决制止乱收费、乱罚款和各种摊派的决定》（中发〔1990〕16号）、国务院《关于加强预算外资金管理的决定》（国发〔1996〕29号）和中共中央国务院《关于治理向企业乱收费、乱罚款和各种摊派等问题的决定》（中发〔1997〕14号）的规定，制定本办法。同办法第11条规定："国务院所属部门（含直属机构，下同）、地方各级人民政府及其所属部门申请征收政府性基金，必须以法律、行政法规和中共中央、国务院文件为依据，法律、行政法规和中共中央、国务院文件没有明确规定征收政府性基金的，一律不予审批。"要求各级政府设置特种基金应有中央法令依据。

基于中央法令保留原则，政府性基金不得在中央法令之外，另行设置征收基金，即"除法律、行政法规和中共中央、国务院或者财政部规定外，其他任何部门、单位和地方各

---

① Werner Heun, in: Dreier, Grundgesetz Kommentar, 3. Aufl., 2018, Band 3, S. 1174f.

② Henning Tappe/Rainer Wernsmann, Öffentliches Finanzrecht, 2. Aufl., 2019, S. 70ff.

③ Kube, in: Maunz/Dürig, Grundgesetz, Lfg. 70, 2013, Art. 110, Rn. 10; Thomas Puhl, Budgetflucht und Haushaltsverfassung, 1996, S. 177.

④ Reus/Mühlhausen, Haushaltsrecht in Bund und Ländern, 1. Aufl., 2014, S. 106.

级人民政府均不得批准设立或者征收政府性基金,不得改变征收对象、调整征收范围、标准及期限,不得减征、免征、缓征、停征或者撤销政府性基金,不得以行政事业性收费名义变相设立政府性基金项目"(同该暂行办法第21条)。

其后,中国2018年12月29日修正的《预算法》第9条第1项规定:"政府性基金预算是对依照法律、行政法规的规定在一定期限内向特定对象征收、收取或者以其他方式筹集的资金,专项用于特定公共事业发展的收支预算。"要求政府性基金之设置,应有法律、行政法规作为征收依据。

(三)正当性原则(具有正当理由)

税捐收入一般适用"统收统支原则"(整体填补之要求)(Gebot der Gesamtdeckung),所谓"统收统支原则",系指所有的各项收入,原则上均应统筹作为所有各项支出之支应财源,以提高整体财政支出效能,从而可避免对于特定类型之支出项目,优先支应。否则,有关特定目的收入无法动用,将使其他重要支出无法筹措足够财源清偿。①

政府性基金预算的专款专用,一方面,限制了资金的统筹使用,不能随着政府职能转变调整支出结构,逐渐固化为部门利益,降低了资金使用效率,增大了部门违规风险;另一方面,将部分属于税收属性的财政收入纳入费的范畴,便会形成巨大的征管漏洞,可能避开税法的规制。②

在此有关设立特种基金之附属预算,原则上应有实质上的"说明理由义务"(Begründungspflicht),附属预算如果没有提出具体的任务,则欠缺正当理由,应属违宪。③设立附属预算应有其界限,由于《德国基本法》并未明文规定有何界限。因此,德国学者米歇尔·凯廉(Michael Kilian)提出主张,在此应符合体系正义之不成文宪法之要求。由此导出应符合一般的程序正义、任务正义以及财政正义,但并未要求较高标准之正当性。④ 设立特种基金财产,属于整体预算主义之例外,应有特别正当理由,在此有认为必须有经营上或行政组织上需要独立单独预算之理由存在。⑤

就此,《日本财政法》第13条第2项规定,设置特种基金要件有下列三种类型:

1. 国家从事特定之事业之情形。

2. 国家保有特定之资金以进行其运用之情形。

3. 其他以特定之岁入,充作特定之岁出,而有必要与一般岁入岁出区分,独立进行会计管理的情形。

---

① 参见陈清秀:《预算法之基本原理之探讨》,载《交大法学》2012年第1期。

② 参见岳红举、单飞跃:《政府性基金预算与一般公共预算统筹衔接的法治化路径》,载《财政研究》2018年第1期。

③ Dr. Ulrich Häde, Nebenhaushalte des Bundes, NVwZ 1995, 467.

④ Michael Kilian, Nebenhaushalte des Bundes, 1993, S. 557ff. 转引自 Dr. Ulrich Häde, Nebenhaushalte des Bundes, NVwZ 1995, 467。

⑤ Fischer-Menshausen, in: v. Münch, GG 3, 2. Aufl., Art. 110Rn. 9.

在上述情形中，得依特别规定，设置特种基金。

另有学者认为，有关特种基金之设立，其可想象之理由包括下列几种：①

1. 经营效能考量：以独立的机构，提供经济上的任务（公营企业）。使用商业会计的可能性。

2. 解除管制之考量（支出弹性化）：解除行政法以及预算法之束缚，减少行政监督，并独立于议会多数之变动。使财政支出运用灵活，减少管制。

3. 财务管理考量：限制承担法律责任（以股份有限公司形态经营公营企业），改善财务状况（设立股份有限公司对外募股筹措资金）；隐藏财务状况，或隐藏负债、财务赤字或费用支出。

4. 地方间跨越辖区进行合作，可以通过特种基金运作。

又目的事业主管机关，为执行特定公共事务，得依有关规定设立公法人（行政法人），以独立营运，其预算经费独立，经费运用较弹性（不受预算法有关预算科目留用之限制）。其成立之正当理由在于：(1)具有专业需求或须强化成本效益及经营效能者；(2)不适合由政府机关推动，亦不宜交由民间办理者；(3)所涉公权力行使程度较低者。虽然行政法人之预算并非属于特种基金之范围，但仍有其成立之正当性理由，仍可供参考。

（四）特种基金财源之要求

1. 目的税

财政收入之统收统支原则之例外情形，其中一种为将特定税捐收入，明定"专款专用"，在特定税捐收入与特定目的联结，而指定特殊用途时，即所谓"目的税"（Zwecksteuer），其通过该项税捐可以执行此种公共任务，但并非具体的对待给付。目的税为支应履行公共任务的财政需要，并不具有公课权利人为有利于公课义务人之对待给付的特征。在此乃欠缺对待给付的直接性。因此，目的税之税捐义务人之范围，并未联结由该行政目的用途计划获得经济上利益之人。②

目的税属于租税之一种，自应适用租税法律原则（税收法定原则）以及量能课税原则。如果该税捐种类具有社会目的税性质，也应符合公益原则、平等原则以及比例原则等原则，始得正当化。

有关目的税之合宪性，德国联邦宪法法院2004年4月20日曾经判决认为，在财政宪法上乃为法之所许。盖统收统支原则，属于预算法上之原则，并非宪法位阶之原则，③ 因此特定税收专款专用，并不违宪。④ 在该案件中，法律特别规定将电力税以及矿油税（为

---

① Lexikon zur öffentlichen Haushalts-und Finanzwirtschaft, https://www.haushaltssteuerung.de/lexikon-nebenhaushalt.html.

② BVerfG Urteil vom 18. Juli 2018 – 1 BvR 1675/16.

③ 参见陈清秀：《现代财税法原理》（第2版），厦门大学出版社2016年版，第534页以下、第580页以下。

④ Urteil vom 20. April 2004 – 1 BvR 1748/99, BVerfGE 110, 274, 294. https://www.bundesverfassungsgericht.de/SharedDocs/Entscheidungen/DE/2004/04/rs20040420_1bvr174899.html.

节约能源而加重课税之消费税,具有生态税性质)之税捐收入,专款专用于降低年金保险费用之所产生财政需要,该判决认为,除专款专用之用途联结明显不当之例外情形外,原则上国会立法者可以立法裁量决定某项税收是否专款专用。

2. 特别公课

在设立“特别收入基金”或“特别财产基金”(Sondervermögen)的情形,如果有因此课征“特别公课”(Sonderabgaben)以作为基金目的用途之财源时,则在“财政预算宪法”上之“违宪性”问题,乃存在于具体的特别公课是否“合宪”之问题,而不涉及特定财产基金之“违宪性”问题,盖于此情形,立法者仍可透过预算审议进行监督。①

中国为了资助特定公共基础建设以及公共事业发展,而向人民无偿征收之政府性基金,有认为相当于发达国家之特别公课性质,其二者有3项重合之处:一是为了追求特定经济或社会目的;二是所筹措资金仅得使用于特定的用途;三是都具有无偿性,政府无须提供对价。差异之处是特别公课强调缴纳义务人与特别公课所要实现的事业具有特殊关联,而政府性基金则无此要求。②

在中国台湾地区,特别公课并非以获得收入为目的,因此并非税捐,其课征并非毫无限制,而仅于例外情形。否则将有违公课负担平等原则。其课征设立之基础与税捐设立不同,应有关基本权利之限制规定。③ 由于特别公课系当局对于居民之财产权及营业自由之限制,因此,应符合平等原则及比例原则。而有关规范是否符合平等原则之要求,应视该有关规范所以为差别待遇之目的是否正当,其所采取之分类与规范目的之达成之间,是否存有一定程度之关联性而定。另外,为正当公益之目的限制居民权利,其所采手段必要,且限制并未过当者,始与比例原则无违。

例如,环境特别公课或环境税使“外部环境成本内部化”,对于环境危害之补偿责任,而受“等价原则”之支配,具有正当性。④ 即租税作为当局给付之对价或对于当局支出之成本费用之补偿(污染者负担原则)。

德国联邦宪法法院判决认为,特别公课的合法性(Zulässigkeit)乃系于:在公课义务人方面与其课征公课所追求的目的两者间的特殊关系,该负担公课的群体,必须比其他任何群体或一般纳税人,就课征公课所追求的目的,显然存在更密切的关系。从公课义务人与公课目的间之事物的关系,必须对于利用特别公课提供经费之任务的达成,产生特别的群体责任。此项任务必须绝大部分属于所负担群体的事务责任,而不是属于国家的整体责任;否则,其乃涉及公共的事务,其负担仅涉及一般性,因此基本上仅得以税款

① Reimer, in: Epping/Hillgruber, BeckOK Grundgesetz, 41. Edition, Stand: 15.02.2018, Art. 110 Rn. 37.

② 参见熊伟:《财政法基本问题》,北京大学出版社2012年版,第299页以下。

③ Vgl. Tipke/Lang, Steuerrecht, 20. Aufl., 2010, § 3 Rz. 24.

④ Tipke/Lang, Steuerrecht, 20. Aufl., 2010, § 8 Rz. 118.

支应其需要。①

也有学者指出，政府性基金具备下列的特征："一是预算收入特定性，而非普遍征收性。政府性基金是为解决特定公共事业所产生的外部性，而采用使用者付费原则将外部成本内部化。二是预算支出特定性，而非一般公用性。资金的专用性决定了政府性基金难以纳入公共预算之中统筹使用，而是依据成本补偿原则，通过专款专用，优先发展国家支持的公共事业。三是利益关联性，而非无偿性或者直接对价性。基金的缴纳义务主体和特定公共事业之间存在潜在的利益对价，不是国家单方的权力行为，而是国家与特定群体之间合意互动的过程。四是国家政策性，而非固定性。特定公共事业发展方向是基于国家政策的考量，国家根据不同发展阶段、发展重点选择支持或者退出，并经由成本核算、目录公示、适时停征等机制，确保符合非营利原则。五是财政辅助性，而非主导性。政府性基金预算是一定期限内，国家基于一般公共预算难以支撑特定公共事业发展下的次优选择，财政收入并非其主要目的，而是其附随目的，从而确保一般公共预算的主导地位。"② 其基金之特征与特别公课相当。

3. 规费

在作业基金如医疗基金，应适用"成本回收原则"。在校务基金中，亦应适用"费用填补原则"，其向学生收取学费，以填补学校费用支出。但基于量能负担考量，对于中低收入户学生，亦应减免学费。在健保基金，原则上基于"受益负担"原则，征收健康保险费。但也可能基于负担公平考量，适用"量能负担原则"，按照所得高低适用不同费率征收保险费。

4. 罚金罚锾

现行有关规定明定将具有统收统支性质之罚金或罚锾，纳入作为特种基金之财源者，计有 12 只基金，包括空气污染防制基金、土壤及地下水污染整治基金、国道公路建设管理基金等，2019 年年度预算约 6 亿元，此一做法并不符合统收统支原则，且容易导致外界质疑当局为开辟基金财源，而大量裁处罚金、罚锾。

5. 拨补财源

非营业特种基金 2019 年年度预算拨补 2137 亿元，占"预算"总岁出 19,980 亿元规模之 10.7%，似无助于行政效率之提升。其中，2019 年年度预算 100% 拨补之基金有：大专转型基金、花东基金、农灾基金、农再基金、家暴基金。占 90% 以上拨补之基金有：高中校务基金、农损基金、科发基金、民营化基金。尤其有以有关规定明文规定由财政拨补一定额度之基金有 7 个单位，合计 5210 亿元，造成财政负担，破坏财政纪律。

---

① Tipke/Lang, Steuerrecht, 20. Aufl., 2010, § 3 Rz. 24 ff.; Dieter Birk, Steuerrecht Ⅰ, 12. Aufl., 2009, § 2 Rn. 124.; Vgl. BVerfGE 55, S. 274 ff.

② 岳红举、单飞跃：《政府性基金预算与一般公共预算统筹衔接的法治化路径》，载《财政研究》2018 年第 1 期。

（五）促进经济均衡发展与永续发展

《德国基本法》第 109 条第 2 项规定“二、联邦与各邦在财务管理方面应考虑全面经济均势之需要。”财政管理负担“促进经济均衡发展”之义务。此项义务亦应适用于非独立的特种基金之附属预算，包括公法人、全部公股之公营企业。[①] 但混合的公私合营企业，则无此义务。[②]

特种基金应致力于“经济发展”，加强投资建设（如农特基金），并应致力于建立“均衡的公义社会”，包括促进区域均衡发展，扶助弱势、协助青年创业、促进就业、确保居住正义等。例如，离岛建设基金、就业安定基金与住宅基金，均担负此一功能任务。特种基金也应致力于“永续发展”，加强培育人才、科技创新，研究发展，提升居民文化素养，保障环境永续，节约能源。[③]

四、特种基金设置之管制

（一）中国台湾地区“预算法”上之管制

1. 特种基金之设置管制：法定原则以及核准保留原则

特种基金之设置，依据现行有关规定，有下列两种方式：[④]

一为条约、协定明定应设置者。

二为层请中国台湾地区行政主管机关核准设置：各机关申请设立特种基金时，应事先详叙设立目的、基金来源及运用范围，层请行政主管机关核准。此一经行政主管机关核准设立之特种基金，均应编列预算完成法定程序后，始得设立。

此类中国台湾地区行政主管机关核准之特种基金，其属于特别收入基金者，如台湾地区内政事务主管部门之社会福利基金，经济事务主管部门管理之核能发电后端营运基金，交通事务主管部门管理之航港建设基金，农业主管机关负责之农业特别收入基金，卫生福利事务主管部门管理之健康照护基金，环境保护主管机关管理之环境保护基金，文化建设主管机关负责之文化建设基金等。

非营业特种基金须依“有关规定或配合重要施政需要”，按中国台湾地区“预算法”第 4 条规定，并应具备“特（指）定资金来源”，始得设立。前项基金属新设者，其特（指）定资金来源，应具备新增适足之财源，且所办业务未能纳入现有基金办理。

2. 发布特种基金收支保管及运用办法

特种基金之运用，仍应有有关规范作为执行依据。即特种基金之设立于完成预算程序后，主管机关应即拟具“收支保管及运用办法”，报请行政主管机构核定发布，并送台湾地区立法机构。各种特种基金以“收支保管及运用办法”加以规律。其收支保管及运用

① Thomas Puhl, Budgetflucht und Haushaltsverfassung, 1996, S. 441ff.

② Thomas Puhl, Budgetflucht und Haushaltsverfassung, 1996, S. 459ff.

③ 参见吕秋香：《特种基金预算之新作为》，载《主计月刊》2019 年第 760 期。

④ 林嬋娟主持：政事型特种基金之预算及绩效管考制度研究，委托研究报告，2004 年 12 月，第 25 页。

办法,应载明下列事项:(1)基金设立之目的;(2)基金之性质;(3)管理机关;(4)基金来源;(5)基金用途;(6)预、决算处理程序;(7)财务事务处理程序;(8)会计事务处理程序;(9)其他有关事项。

前项中国台湾地区"收支保管及运用办法",属于拨充事业机关股本或资本之各类营业基金,应依有关规定办理,得不另订定。

现行非营业特种基金有专责组织运作者,合计有153个单位,其运作较能发挥功能,主要办理社会保险(如劳健保)、教育人才及教学研究(校务基金)、医疗服务(医院)、道路建设与维护、长照服务等业务。

另外,非营业特种基金没有专责组织运作者,合计有38个单位,而是由各机关派员兼办,主要办理债务还本付息、农业补助、污染防制、促进就业、推广贸易等业务。其中,自筹财源比例低于50%以下有9个单位,多数系2000年以后设置之特别收入基金,包括农灾基金、农再基金、劳工权益基金(以上自筹财源比率为0%)、大专转型基金、农损基金、原住民族基金、农发基金及新住民基金等。在业务单纯基金,又无专责组织运作者,似可回归一般公务预算办理,而无成立基金必要。

(二)中国台湾地区"财政纪律法"之管制

为贯彻零基预算精神,2019年4月10日公布的中国台湾地区"财政纪律法"第7条规定:各级行政事务主管部门不得增订固定经费额度或比率保障,或将行政机关既有收入以成立基金方式限定专款专用。其制定理由指出:行政机关各项收入纳入公务预算采统收统支运用,有利财政调度,倘明定指定用途纳入基金,虽具独立性及专属性,唯影响行政机关统筹运用资源能力,无法弹性因应政经环境及发展需要,调整年度施政重点。故为提高行政机关预算资源配置效益,不得强制规定特定用途经费以固定额度或比率保障,或将税收、规费等既有收入成立基金限定专款专用。

五、特种基金预算之营运管理原则

(一)特种基金之设置管理之基本理念:财政之效率化以及透明化构造

对于特别基金之设置管理及营运,为谋求财政之效率化以及透明化构造,日本《特别会计法》第1条之2因此规定有下列5项之基本理念:

1. 每个特别会计中的管理事务及事业,除由国家自己执行属于必要不可欠缺的情形外,将转移到独立的行政法人以及国家以外之其他人,以便能够准确应对经济和社会情势的变化,并最有效果及最有效率地实施。

2. 各项特别会计与一般会计区分管理之必要性,应不断地检讨,如果检讨结果,其存续欠缺必要性时,应统合纳入一般会计,而在租税收入作为特别会计之岁出财源之情形,该项租税收入,应纳入一般会计之岁入,且该项特别会计所需金额,从一般会计拨入,而得以综合观察国家整体的财政状况。

3. 即使特别会计需要特别管理,特殊会计也将被细分,并且将对管理分类进行持续审查,以便避免进行无效率的预算执行及资产持有。

4. 应对于剩余款采取适当的处理及其他必要措施,以避免在各个特别会计中,持有超过实施其事务及事业所需必要资金之额度财产。

5. 有关特别会计之资产及负债状况以及其他有关特别会计之财务状况的信息,应向公众广泛公开。

在上述基本理念中,特别值得注意的是,特种基金不应持有过多不必要之资产,而应对于剩余款采取适当的处理及其他必要措施,避免其持有超过实施其事务及事业所需必要资金之额度财产。又特种基金之资产负债状况应该透明公开,接受监督。

(二)特种基金之预算编制原则

1. 收支平衡原则与量入为出原则

有关特种基金之预算编列,应遵守收支平衡原则。例如,中国《预算法》第9条第2款规定:“政府性基金预算应当根据基金项目收入情况和实际支出需要,按基金项目编制,做到以收定支。”对于政府性基金预算之编列,采取“以收定支”之量入为出原则,以维持“收支平衡之原则”。

2. 合目的性原则及计划预算原则

各基金预算之编列,应符合基金设置目的,本撙节原则,审慎估列基金来源及用途。[①]各基金预算编列范围应与公务预算明确划分,符合基金“设置目的及基金用途”者,始得编列于基金预算中。各基金应落实“计划预算制度”,依核定之计划核实编列预算,凡绩效不彰之计划及不经济或无必要之支出,均不得编列预算。特别收入基金及资本计划基金应审慎推估可用资金,并妥作中长程资金运用规划,且应在基金中程可用资金范围内,依据设置目的及用途,拟具业务计划,并配合编列预算。[②]

3. 成本效益原则

除营业基金及信托基金外,其他特种基金除应达成基金“设置目的”外,实务上认为,应以“追求最高效益”为原则,但有认为倘若财政支出主要目的在提供公共产品及服务时,其目的不在追求利益最大化,而在追求社会整体效益。[③] 即仍应注意公共任务之目的。

营业基金应依“企业化经营原则”,提升营运绩效,除独占性或依政策设置者以追求合理盈余为目标外,应以“追求最高盈余”为目标。信托基金应依其所定条件管理或处分。

各基金固定资产建设计划、资金转投资计划及其他重大投资计划应建立风险管理机制,其预算之编制,应妥作先期规划,核实“成本效益分析”,据以核实编列年度预算。重

---

① 关于2019年非营业特种基金之筹编原则第1项,载 https://www.dgbas.gov.tw/ct.asp?xItem=43247&ctNode=6507&mp=1,最后访问日期:2019年8月12日。

② 2019年关于非营业特种基金之筹编原则第4项。

③ 参见郭维真:《中国财政支出制度的法学解析:以合宪性为视角》,法律出版社2012年版,第243页。

要公共工程建设及重大新兴计划，应先行制作选择方案与替代方案及其成本效益分析，且应确实评估未来营运、维修成本等财务之可行性，并提供财源筹措及资金运用之说明。

4. 成本回收原则

除依有关规定费率征收之收入，并用于特定用途者外，各基金所提供之产品价格或服务费率，应适时检讨调整，至少应能完整"回收成本"。

5. 人力资源之总员额管制原则

有关非营业特种基金进用人才，固然得以特种基金预算支应，但仍应受行政机关公务人力之"总员额管制"，并非得任意扩张人力。

6. 基金预算支出之程序理性原则

有学者主张，应以"程序理性"为中心来建构财政支出法，最终能增强公共支出的整体正当性。① 在财政支出实施过程中，应保障利害关系人之参与，给予表示意见之机会。② 同时，应将支出信息公开，以确保"财政透明度"。③ 并应完善财政支出实施过程中的权利救济途径（尤其应完善行政内部救济途径）。④ 而对于违反支出程序规定之行为，也应有追究法律责任之规定，并应考虑引进"程序性责任"，以"宣告无效"作为制裁方式。⑤

7. 财政支出合法性原则

根据平等原则以及公平竞争原则，有关预算行政资源之运用分配（如补助款等给付），应本于客观、公平及公开、透明之资源分配原则办理，并应遵守中立原则，应公正执行职务，不得对任何团体或个人予以差别待遇。公务人员对于职务上掌管之行政资源，受理或不受理政党、其他政治团体或公职候选人申请之事项，其裁量应秉持公正、公平之立场处理，不得有差别待遇。又如，为保障全体居民基本生活条件之满足，此类社会基本运行支出，应符合"保障足够性原则"，以充分保障基本权利之实现。⑥

（三）特种基金之预算编制之特殊性

1. 经营计划书或其摘要之制作

特种基金之预算编制，与一般预算编制不同，如公营企业应制作业务经营计划，附在预算之后或包含在解释性说明中。《德国联邦预算法》第 26 条即特别规定："（1）如果不适合按预算计划的收入及支出营运，联邦企业应制定业务经营计划（Wirtschaftsplan）。经营计划或经营计划之摘要，应附在预算之后或包含在解释性说明中。在预算计划中，

---

① 参见刘剑文、侯卓、耿颖、陈立诚：《财税法总论》，北京大学出版社 2016 年版，第 334 页。

② 同上书，第 335 页。

③ 同上书，第 336 页。

④ 同上。

⑤ 同上书，第 337 页。

⑥ 参见郭维真：《中国财政支出制度的法学解析：以合宪性为视角》，法律出版社 2012 年版，第 241 页以下。

只估算分配或交付。计划部门应在预算计划中按照绩效群组与职称（Besoldungsgruppen und Amtsbezeichnungen）进行分配。

（2）对于特殊财产，仅于预算计划中估算其各项支出与盈余分配情形。对特种财产的收入、支出及授权义务，应将其摘要附加于预算计划作为附件或列入解释性说明。

（3）关于下列之各项收入及各项支出：第一，全部或部分由联邦维持的公法上法人，以及第二，联邦政府以外的单位，接受联邦政府的拨款，用于支付全部或部分支出，应将其摘要作为附件附在预算中或包含在解释性说明中。联邦财政部可能允许例外。"

2. 特种基金与总预算之关系

附属单位预算应编入总预算者，在营业基金为盈余之应解库额及亏损之由库拨补额与资本由库增拨或收回额；在其他特种基金，为由库拨补额或应缴库额。各附属单位预算机关办理以前年度依程序所提列之公积转账增资时，以中国台湾地区立法机构通过之当年年度各该附属单位预算所列数额为准，不受前项应编入总预算之限制。故非营业特种基金办理公积或累积剩余拨充基金，以预算所列数额为准。[①]

附属单位预算中，营业基金以外其他特种基金预算应编入总预算者，为由库拨补额或应缴库额，但其作业剩余或公积拨充基金额，不在此限，其预算之编制、审议及执行，除信托基金依其所定条件外，凡为余绌及成本计算者，准用营业基金之规定（中国台湾地区"预算法"第 89 条）。

（四）特种基金之举债上限管制

《德国基本法》第 115 条第 1 项第 1 句："一、信用贷款及为未来会计年度之支出而为之保证或其他担保，须具有依数额而定之联邦法律授权。"此一举借债务应有法律授权之法律保留原则，也适用于特种基金之附属预算。[②]

《德国基本法》第 115 条第 1 项第 2 句："信用贷款不得超过预算案中所估投资支出之数额；例外情形仅限于为消除整体经济均势之障碍时，始得准许，其细节由联邦法律定之。二、关于联邦之特别财产得依联邦法律排除第一项之适用。"特种基金举债金额，最高不得超过其在经营预算中所列投资资本支出金额，作为实质上信用界限之法则。[③]

在中国台湾地区，非营业特种基金举借债务之总额，连同其他行政机关债务之总额受有总量管制之限制，台湾地区"公共债务法"第 5 条第 1 项前段规定：各级行政事务主管部门在其总预算、特别预算及在营业基金、信托基金以外之特种基金预算内，所举借之 1 年以上公共债务未偿余额预算数，合计不得超过行政管理机构发布之前三年度名目台湾地区生产毛额平均数之 50%。又特种基金举债用途，亦有其限制，其举借公共债务除

---

① 中国台湾地区行政管理机构"主计总处"2006 年 4 月 14 日处实一字第 0950002383 号令。

② Thomas Puhl, Budgetflucht und Haushaltsverfassung, 1996, S. 497ff.

③ Thomas Puhl, Budgetflucht und Haushaltsverfassung, 1996, S. 514ff.

有关规定别有规范外,应以调节资本支出为目的。

又为强化特种基金之债务管理,各基金为办理各项业务所举借之债务,应确具“可靠之偿还财源”,并运用多元筹资管道,弹性灵活调度资金,降低利息负担,倘偿债财源有不足以清偿债务本息之虞时,应即研提营运改善及债务清偿计划,确保债务之清偿。为加强办理各项债务管理措施,包括闲置资金应“优先偿还债务”、调整债务结构及积极协调金融机构调降利率等。①

(五)特种基金之预算执行之弹性

各编制营业基金预算之机关,应依其业务情形及第 76 条之规定编造分期实施计划及收支估计表,其配合业务增减需要随同调整之收支,并入决算办理。前项分期实施计划及收支估计表,应报由各该主管机关核定执行,并转送主计机关、审计机关及财政主管机关备查。

附属单位预算之执行,如因经营环境发生重大变迁或正常业务之确实需要,报经台湾地区行政管理机构核准者,得先行办理,并得不受第 25 条至第 27 条之限制。但其中有关固定资产之建设、改良、扩充及资金之转投资、资产之变卖及长期债务之举借、偿还,仍应补办预算。每笔数额营业基金 3 亿元新台币以上,其他基金 1 亿元新台币以上者,应送中国台湾地区“立法”机构备查;但因应紧急灾害动支者,不在此限。公务机关因其业务附带有事业或营业行为之作业者,该项预算之执行,准用前项之规定。第一项所称附属单位预算之正常业务,系指附属单位经常性业务范围。

故附属单位预算之执行,因正常业务需要或经营环境发生重大变迁,致需修正原预算所列或办理未列预算之增拨或折减基金计划,报经行政管理机构核准者,得先行办理。② 故经常门业务支出,具有预算执行弹性,不受中国台湾地区“预算法”规定流用比例限制,仅需并入决算办理。而资本门支出,则仅需“补办预算”“追认”之。③

为避免预算执行泛滥,不受控制,在“附属单位预算执行要点”中,对于特种基金额外增加预算金额支出者,设有内部控制机制。即在一定金额以上者(如业权基金之捐、补助款超过 50 万元新台币,而在 2000 万元新台币以下者),应将“项目报由主管机关核定”,个别项目超过预算金额巨大者(如业权基金之捐、补助款超过 2000 万元新台币),应将“项目报主管机关核转行政管理机构核定”。④ 而县市地方各特种基金之成本费用预计超支预算时,亦应报由主管机关(单位)核转各该县市核定,并于年度决算时办理。⑤ 至

① 2019 年关于非营业特种基金之筹编原则第 6 项。

② 中国台湾地区行政管理机构“主计总处”1995 年 4 月 14 日处实一字第 0950002383 号令。

③ 台北市为监督特种基金之执行,曾经决议要求有关资本门支出超过新台币 1000 万元者,应备查。超过新台币 5000 万元时,应提出项目报告(台北市郑瑞成于 2019 年 8 月 19 日之访谈意见)。

④ 2018 年 12 月 18 日修正“附属单位预算执行要点”第 10 点第 1 项第 7 款第 2 目。

⑤ 2018 年 12 月 18 日修正“附属单位预算执行要点”第 10 点第 2 项。

于“直辖市”则准予参照前项规定,自订规定办理。[①] 而在政事基金,如已经编列预算之业务计划之执行,需要增加超支预算经费时,也应报由主管机关核定。即:

1. 县(市)级以上各基金,应报由主管机关核定。但增加公库负担者,应将项目报由主管机关分别依其所属核转行政管理机构、“直辖市”核定。

2. 县(市)各基金业务计划应将项目报由主管机关(单位)核转各该县(市)行政机关核定。

(六)特种基金预算运作之会计制度

依据中国台湾地区“会计法”第17条第2项规定:凡性质相同或类似之机关或基金,其会计制度应为一致之规定。行政机关会计基础,除公库出纳会计外,应采用权责发生制。特种基金之会计处理,均采取一般公认会计原则办理,[②] 其会计基础采取“权责发生制”。其中当局之营业基金部分,其中属于公开发行公司之事业者,依据金融监督管理有关机关的规定,为与国际接轨,自2013年起导入“国际财务报告准则”(International Financial Reporting Standards,IFRs)。为便于比较绩效,并提高事业财务报表质量,行政管理机构主计总处以实施计划规定对于其他事业,也全面采用IFRs。[③] 而在作业基金部分,考量IFRs制度过于复杂,不适合作业基金的全面实施,而有简化必要,自2018年年度预算起,全面导入适用于中小企业而较简明易懂之“企业会计准则”(Enterprise Accounting Standard,EAS)。[④]

至于地方公营事业及作业基金之会计制度,为提升财务报表质量,除目的事业主管机关另有规定外,一致采取“企业会计准则”。[⑤]

(七)组织功能最适原则

特种基金之运作模式,有成立专责单位办事者,亦有由公务员兼任办理者,以信托基金中之公务员退休抚恤基金为例,由于并无专责单位管理,只能委外经营,但多年来绩效不彰,似有成立专责单位引进专业人才管理之必要。

---

① 2018年12月18日修正“附属单位预算执行要点”第10点第3项。

② 中国台湾地区行政管理机构“主计总处会计决算处”:《精进会计作业,提升主计效能》,载《主计月刊》2018年第747期。

③ 参见林秀燕:《导入国际财务报导准则》,载《主计月刊》2012年第677期。

④ 参见吕秋香:《特种基金预算之新作为》,载《主计月刊》2019年第760期。现行上市柜公司适用之“IFRSs”,则过于复杂,不适用于现行中小企业环境下推动。鉴于此,财团法人“会计研究发展基金会”于2015年着手制定了一套非公开发行企业专属适用之“企业会计准则公报”,明定各项会计项目之简易入账方式,用以减轻中小企业财务报表编制成本,并于2016年开始配合新修正的台湾地区“商业会计法”实施(2017年1月3日正航高雄ERP顾问师,载https://www.chi.com.tw/ifrs-eas/,最后访问日期:2019年8月23日)。

⑤ 中国台湾地区行政管理机构“主计总处会计决算处”:《精进会计作业,提升主计效能》,载《主计月刊》2019年第747期。

六、特种基金之合并及裁撤

(一)特种基金之合并

非营业特种基金有下列情形之一者,应以合并为原则:

(1)同一性质政事在同一主管机关内,分由不同非营业特种基金办理。在此基金合并之合理性在于政治事务相同,资源可以相互融通,才有合并价值。否则倘若资金各自持有,无法相互流通,则形式上合并结果,仍须各自为政,并无合并效益。

(2)非依有关规定设立,或其设立所依据之有关规定未定明应设立基金,且所办业务可纳入其他基金办理。

(3)业务单纯、规模过小,且所办业务可纳入其他基金办理。

(二)特种基金之裁撤

各特种基金因情势变更,或执行绩效不彰,或基金设置之目的业已完成,或设立之期限届满时,应裁撤之。在非营业特种基金,有下列情形之一者,应以裁撤为原则:

(1)已完成或未能达成设立目的、经检讨行政机关得去除任务。

(2)业务可委由民间经营、公民营合办、移转民营、改制法人或移拨地方行政机关。

(3)基金营运绩效长期欠佳,或已丧失原定财源,长期累积巨额短绌未能改善。

(4)业务单纯、规模过小,无设立必要。

七、特种基金制度之改革

中国台湾地区的特种基金,各级行政机关之规模远超过一般总预算规模,实质上扮演行政机关施政的重要角色。由于"专款专用",变成各机关持有的"小金库",加上其预算支出弹性自由,更让各机关偏爱设置。导致规模愈趋庞大,难以节制,使台湾地区"预算法"追求的"统收统支原则"以及"预算单一原则",难以实现。

按日本于2006年(平成十八年)6月2日施行《行政改革推进法》,要求检讨特种基金之设立,其理由认为设立多数特种基金,导致预算整体构造复杂化,妨害财政之整体透明性,令民难以了解并监督,导致无效率之浪费支出。且由于持有固定固有财源,导致开办不急迫、必要之事业,且多额剩余款项无法活用造成浪费。因此,有改革必要。即检讨事业业务之合理化、效率化,以及对于国家财政之贡献(普查资产将剩余不必要之闲置资金财产缴库),引进企业会计惯例,将有关资产及负债之公开揭露法定化,特种基金之"信息公开"透明化制度。①

其后日本于2007年制定施行《特别会计法》(特别会計に関する法律),对于特种基金运作之目的、管理及经理等事项,进行法律规范。其中,在各会计年度于决算时有剩余时,该项剩余款再扣除累积为公积金或纳入资本后,仍有剩余时,应递延作为该特种基金之下年度之岁入,或者将该剩余款之全部或一部分,依据预算规定,纳入作为一般总预算

---

① 日本财务省,特别会计ガイドブック(平成三十年版),https://www.mof.go.jp/budget/topics/special_account/fy2018/3syoutokubetukaikeinokaikaku.pdf.,最后访问日期:2019年8月23日。

之岁入(日本《特别会计法》第8条)。又为能充分活用特种基金之资金,如果各个特种基金在支付上有现金余裕时,得将该款项存入财政融资资金中(日本《特别会计法》第11条)。又各个特种基金之公积金或基金资金,亦得存款于财政融资资金中加以运用(日本《特别会计法》第12条)。

以上日本立法例,可供参考。

八、结语

展望未来,在中国台湾地区,由于特种基金之设置管理,台湾地区"预算法"规定相当简略,主要系以职权命令加以规范,未来似应的制度化,以强化监督。而地方行政机关之特种基金预算之管理制度,如仅以职权命令规范,其位阶过低,并不受职权命令或行政规则之拘束。

中国台湾地区特种基金有扩大适用之趋势,导致"统收统支"金额受到压缩,应可重新检讨是否应有节制,或裁并废止。其次既然非营业特种基金承担了许多公共政策任务,则应本于合目的性原则,落实专款专用之精神,不得移作其他用途,并应致力于成本效益使用基金款项,同时其支出用途应促进经济均衡发展与永续发展。

又特种基金之预算及决算信息,也应力求透明化,对于其资产及负债情况以及有关决算之财务报表,在网络上公开或以其他适当方法公开之(参照日本《特别会计法》第20条)。此种特种基金预算公开的功能,在于规范财政权力的运作过程,保护民众的知情权、参与权利及监督权;并可促进治理的现代化。①。

此外,为能活化特种基金之剩余资金,应导入统筹运用资金制度,通过基金借贷方式,以供其他需用资金之部门短期融通使用,避免资金闲置浪费,并提升资金运用效能。②

---

① 参见刘剑文:《理财治国观——财税法的历史担当》,法律出版社2016年版,第200页以下。

② 此为目前台北市之做法。

论税收法定原则下之正当法源与法律保留事项

黄茂荣*

在财税法律体系基本上皆已具备现代的框架，并已积累相当丰富之理论及实践的经验的基础上，为更上一层楼，亟须总结至目前为止之有关规定及实务资料，探讨关于税捐法之基础建制原则的实践，有哪些需要精进的项目。这里所指基础建制原则为税收法定原则、量能课税原则及稽征经济原则。本文拟就税收法定原则，探讨其在实践上常见之深一层的问题：课征税捐之正当法源及法律保留事项。①

一、正当法源

依税收法定原则，税捐之课征应有法律为其依据。因此，对税收法定原则的探讨，传统上讨论课征税捐之正当法源的问题。即探讨当中之法律所指究竟为何？通常限将立法机关制定之规范，称为法律。由之引申，是否将课税之规范依据亦限于法律？其肯定的见解，称为国会保留原则（Parlamentsvorbehalt）。② 其让步为：容许立法机关在其制定之法律中，授权行政机关制订行政命令，供为课征税捐之依据。此种行政命令对外（法院及纳税义务人）具有授权其制订之法律位阶的规范上拘束力（外部效力），所以称为法规命令。未经立法机关授权，而制订之行政命令，称为行政规则。行政规则之制订因未经立法机关授权，所以无规范上之拘束力。仅在其内容尚在其所解释之法律或法规命令之文义范围内，且符合其规范意旨，并为行政机关或法院引为决定或裁判之依据时，有事实上之拘束力。但法院就其解释内容，如有不同的看法，法院不受其拘束，得采取自己认为正确的见解（内部效力）。法规命令有拘束法院及纳税义务人之外部效力，行政规则仅有拘束行政机关之内部效力。其效力上的差异，有时被引为其区别之基准。然其实，这是不正确的。其理由为：该效力上之区别是行政命令经分别定性为法规命令或行政规则衍

* 台湾大学终身特聘教授。

① 参见陈孟婵：《论税捐法上法律保留事项及其正当法源》，台湾大学法律学研究所2014年硕士学位论文。

② *Hey* in *Tipke/Lang*, Steuerrecht, 23. Aufl., Otto Schmidt, 2018, § 3 Rz. 231.

生之不同的效力状态,而非其发生之存在上的区别。其发生之存在上的区别为:立法机关有为一定之目的、在一定之内容及范围内,在法律中对行政机关为明确之授权的规定(授权明确性原则),且行政机关基于该授权,在其制颁之行政命令中,必须表明其授权依据,该行政命令始成为法规命令,从而有类似法律之外部效力,可拘束法院及纳税义务人。在要件该当时,法院应据该法规命令而为裁判。必要时,法院仅得审查该法规命令是否逾越其授权所依据之母法。

上述法律、法规命令及行政规则为基于行政法规之发生的权力基础,所作之基本划分。其在不同立法例之适用情形,可能视不同情况而有不同的配置。与之关联的问题主要为行政规则之外部拘束力、法律保留事项及非法律保留事项的划分。

在国家法治现代化之进程中,关于行政规则之外部拘束力,难免有一时配合不上,致未经法律授权,而以行政命令规定本应以法律规范之事项的情形。这时关于行政规则之制颁,必须针对是否赋予外部效力,分别建立其制颁之行政机关及制订的程序,以确保其接近于法律适用之一般性、可预测性及安定性。即便如此,还是要对规范层级逐步进行检讨、调整,使之符合法律、法规命令及行政规则之基本分类,非有必要,即不标新立异。

在经立法机关授权制订之行政命令中,基于授权明确性之要求,有得否以经概括授权制订之施行细则,规定法律保留事项的疑问。中国台湾地区在司法实务中原则上采否定的见解。如中国台湾地区司法管理机构释字第566号解释理由书……居民有纳税之义务,系指居民有依有关规定所定之纳税主体、税目、税率、纳税方法及税捐减免等项目,负缴纳税捐之义务或享受减免税捐之优惠,主管机关基于有关规定概括授权而订定之施行细则,仅得就实施“母法”所定纳税义务及其要件有关之事项予以规范,不得另为增减,否则即属违反租税法律主义;又有关居民自由权利之限制,应以有关规定规范之,且不得逾越必要之程度,如制定机关授权行政机关发布命令为补充规定者,[①] 行政机关于符合订立意旨且未逾越“母法”规定之限度内,[②] 亦得就执行有关规定相关之细节性、技术性事项以施行细则定之,唯其内容不得牴触“母法”或对居民之自由权利增加有关规定所无之限制。是租税法律主义之目的,亦在于防止行政机关恣意以行政命令逾越“母法”之规定,变更纳税义务,致侵害居民权益。

就税捐优惠,行政机关得否以行政规则规定应遵守之行政程序,且附以足生失权效力之时限的规定?这虽涉及以行政规则规定“法律保留事项”,但中国台湾地区司法管理机构释字第480号解释理由书采肯定见解……对居民自由权利之限制,应以有关规定规

① 这里授权行政机关发布命令之授权,如非像“施行细则”这种概括授权,其基于该授权所制颁之行政命令属于行政命令,在其授权范围内,行政机关所发布之命令得规范之事项,并不限于细节性、技术性之次要事项,也可及于“法律保留事项”。行政机关发布之行政命令,如仅是关于“非法律保留事项”,即仅是关于细节性、技术性之次要事项之规定,其发布并不需制定机关之授权。

② 发布之行政命令,如符合订立意旨且未逾越“母法”规定,且尚在有关规定之文义范围内者,属于解释性行政规则,其规定内容纵涉及“法律保留事项”,亦无须制定机关之授权。

范之且不得逾必要程度。但有关规定内容不能巨细靡遗,一律加以规定,其属细节性、技术性之事项,有关规定自得授权主管机关以命令定之,俾利有关规定之实施。行政机关基于此种授权,在符合订立意旨且未逾越“母法”规定之限度内所发布之施行细则或命令。唯在“母法”概括授权情形下,行政机关所发布之施行细则或命令究竟是否已超越授权,不应拘泥于条文所用之文字,而应就该规定本身之目的,及其整体规定之关联意义为综合判断。……中国台湾地区“促进产业升级条例”第16条第2款规定,公司以其未分配盈余增资偿还因增置或更新同条第1款所定之机器、设备或运输设备之贷款或未付款者,其股东因而取得之新发行记名股票,免予计入该股东当年度综合所得额;其股东为营利事业者,免予计入当年度营利事业所得额课税。为执行上开条文之规定,主管机关于1993年10月27日修正发布之同“条例施行细则”第32条之1第2项第8款(现行“细则”第38条第2项第8款)明定,适用该“条例”之公司于核定本次增资偿还计划之期限内完成偿还贷款或未付款,并于完成后6个月内检具清偿证明复印件或经会计师查核签证之清偿证明文件,向原核备机关申请核发完成证明。如因实际需要得依同“细则”第34条第2项(现行“细则”第44条第2项)规定于原核备完成期限前向原计划核备机关申请展延至4年。上开“施行细则”有关6个月申请期间之规定,对纳税义务人来说,虽属较短之期限,唯原计划已准其有一定完成之期限,兹复有4年延展期间之设,如无一定申请期间之限制,税捐核课之目的即难以落实。而此等期间之规定,除已斟酌适用本“条例”之公司之实际需要外,并系兼顾中国台湾地区“税捐稽征法”第21条租税核课期间及台湾地区“商业会计法”第38条会计凭证保存期限而设,为执行“母法”及相关规定所必要。是上开“细则”有关6个月期间之规定,符合订立意旨且未逾越“母法”之限度。涉及失权效力之程序规定,是否为“非法律保留事项”之规定,值得检讨。

二、法律保留事项

关于税收法定原则之实践,对应其正当法源之限制,在其相关制度之规划,必须将其规范事项区分为“法律保留事项”及“非法律保留事项”。在台湾地区就“法律保留事项”曾为多次正面之释示:如台湾地区司法管理机构释字第705号解释理由书释示:居民有纳税之义务,系指当局课居民以缴纳税捐之义务或给予居民减免税捐之优惠时,应就租税主体、租税客体、租税客体对租税主体之归属、税基、税率、纳税方法及纳税期间等租税构成要件,以有关规定或有关规定具体明确授权之命令定之;若仅属执行有关规定之细节性、技术性次要事项,始得由主管机关发布行政规则为必要之规范。

其中“租税主体、租税客体、租税客体对租税主体之归属、税基、税率”为关于税捐债务之发生的构成要件;[①] “纳税方法及纳税期间”为关于如何履行税捐债务之规定。这相当于债法上关于债务人应依债务本旨履行债务之规定。这些事项依该号解释,应以

① 税收法定原则之适用,除税捐债务之发生的构成要件外,是否包含其联结之法律效力,应采肯定的见解。*Hey*, *Tipke/Lang*, aaO.(FN.1) § 3 Rz. 230.

“有关规定或有关规定具体明确授权之命令”为其请求权之规范基础。是故,可以将之总称为“法律保留事项”。上开“法律保留事项”所涉事项,其概念界线虽相对明朗,但其遵守并不一贯。即有时会以补充性的“行政规则”规定“法律保留事项”。其所以如此,问题出在:对于“法律保留事项”,是否应明确规定,是否容许税捐稽征机关以行政规则,对之为可拘束法院之行政解释或补充。这涉及解释性的行政规则及补充性的行政规则之拘束力,以及“法律保留事项”之适格法源的问题。

“非法律保留事项”通常称为“技术性及细节性之次要事项”。至于何为“技术性及细节性之次要事项”,制定机关并未对之为解释。从“法律保留事项”及“非法律保留事项”之二分法穷尽的分类逻辑观之,① 可认为非前开明定之“法律保留事项”,即是“非法律保留事项”。至其内容,该号解释虽就其属性及适格之规范基础规定,“若仅属执行‘法律’之细节性、技术性次要事项”,始得由主管机关发布行政规则为必要之规范。但就当中所提“执行‘法律’之细节性、技术性次要事项”所指者究竟为何,其直接的描述并不清晰。于是,仅能从其整段文字中加以诠释:依扣除法,推认应指“租税主体、租税客体、租税客体对租税主体之归属、税基、税率、纳税方法及纳税期间等租税构成要件”以外之事项。然其具体内容为何,仍待在个案中逐一检视。在实务中常见各种率性的认定,并无一定之章法。

按在法律及法规命令之制定,其使用之文字常有多义性,因此在其适用上必须取向于其规范目的,通过诠释,厘清其规范内容。当在其文字之文义范围内之诠释,已能明确认识符合其规范意旨之规范内容时,基于该诠释所颁布之行政规则即是解释性的行政规则。司法机关虽不受其拘束,但法院无不同意见时,其适用不违反税收法定原则;反之,如在其文字之文义范围内之诠释,不能明确认识符合其规范意旨之规范内容,而必须在其文义范围外为诠释,始能得到明确符合其规范意旨之规范内容时,基于该诠释所颁布之行政规则即是补充性的行政规则。就法律保留事项之规范基础,补充性行政规则的适用,涉及是否容许法律补充的问题。如果因所涉规范事项属于法律保留事项,不容许补充,则通过其补充性的行政规则所具体化下来之行政规则,不得引用为税捐债务之规范基础。如果勉强为之,即违反税收法定原则。

按法律补充的方法,依其法律漏洞之存在态样定之。② 其适合之补充方法可要分为:类推适用、目的性扩张、目的性限缩、创制性补充。③ 其区别为:类推适用以法律规定之类

① 如在不动产及动产之定义上的区分,仅就不动产为定义,而就动产则在二分法穷尽之假定下,采扣除法,规定不属于不动产之物便是动产。如中国台湾地区“民法”第66条第1项规定,不动产者,谓土地及其定着物。第67条规定,称动产者,为前条所称不动产以外之物。

② *Larenz*, aaO. (FN. 1), S. 401f; *Canaris*, Die Feststellung von Lücken im Gesetz, 2. Aufl., 1983. 黄茂荣:《法学方法与现代民法》(增订6版),2011年9月版,第536~537页。

③ *Larenz*, aaO. (FN 1), S. 370ff. 黄茂荣:《法学方法与现代民法》(增订6版),2011年9月版,第600~616页。

型与待判断类型之类似性为其补充适用之论据。目的性扩张及目的性限缩，以系争法律规定之规范目的，是否应涵盖待判断之类型为其补充适用之论据。原规定涵盖之范围太窄者，应予目的性扩张；太广者，应予目的性限缩。创制性补充不以既有之明文规定，而以法理为补充的基础，特别是以法理中之“事务性质”为其论据。[①] 由以上说明可见，不同之补充方法与现行明文规定之关联的紧密程度不等。其中，以类推适用最密切，以创制性补充最疏远，目的性扩张及目的性限缩居于其中。是故，在税制之发展上，首先讨论是否容许类推适用，并先从准许有利于纳税义务人之类推适用开始，而后及于不利于纳税义务人之类推适用。至于目的性扩张及目的性限缩，通常隐藏于举重明轻或举轻明重之论理中。[②]

例如，关于税捐客体，行政规则将胶原蛋白燕窝饮料，认定属于台湾地区“货物税条例”第 8 条第 1 项明定之清凉饮料时，其认定是否尚在清凉饮料之文义范围内？[③] 如不在其在文义范围内，其认定已属关于税捐客体之规定的补充。因税捐客体是“法律保留事项”，不得将对其加以诠释之行政规则，定性为关于技术性或细节性之次要事项的规定，不受“法律保留事项”之法源资格规定的制约。同理，利息之有无及其数额之规定，与税捐客体或税基之认定有关，属于“法律保留事项”。因此，如要对无息之借贷，规定得设算其有利息收入[④]同样不得以未经制定机关授权制定之行政规则其依据。反之，关于构成遗产之债券利息，行政规则以继承事故发生日为分界点，规定继承事故发生以前之利息，

---

① *Larenz*, aaO. (FN 1), SS. 417 – 421. 黄茂荣：《法学方法与现代民法》（增订 6 版），2011 年 9 月版，第 613 ~ 616 页。

② *Tipke*, Die Steuerrechtsordnung, Band I, Otto Schmidt 1993, S. 202ff. . *Englisch*, in *Tipke/Lang*, Steuerrecht, 23. Aufl. , Otto Schmidt, 2018, § 5 Rz. 84.

③ 中国台湾地区司法管理机构释字第 697 号规定，……本条例第 8 条第 1 项规定：饮料品：凡设厂机制之清凉饮料品均属之。其税率如下：（1）稀释天然果蔬汁从价征收 8%。（2）其他饮料品从价征收 15%。其中，有关清凉饮料品之规定，与明确性原则尚无不合。……台湾地区财政事务主管部门台财税第 790367324 号函，以内含固体量是否达到 50% 作为饮料品之认定标准，及台湾地区财政事务主管部门 1995 年 11 月 24 日台财税第 841660961 号函，对厂商进口或产制之燕窝类饮料，认属台湾地区“货物税条例”第 8 条规定之应税饮料品，尚不违反租税法律主义之意旨。其理由含……同条第 3 项虽就“设厂机制”为明文之定义，而未就“清凉饮料品”予以定义。唯所谓“清凉”者，乃相对之概念，并非与温度有绝对关联，而市售此类饮料种类众多，制订者实无从预先巨细靡遗悉加以规定。消费者于购买饮料品后，开封即可饮用，凡符合此一特性者，即属于清凉饮料品，此非受规范者所不能预见，与明确性原则尚无不合。

④ 设算利息收入，如中国台湾地区司法管理机构释字第 650 号规定，……公司之资金贷与股东或任何他人未收取利息，或约定之利息偏低者，应按当年 1 月 1 日所适用“台湾银行”之基本放款利率计算利息收入课税。稽征机关据此得就公司资金贷与股东或他人而未收取利息等情形，径予设算利息收入，课征营利事业所得税。上开规定欠缺中国台湾地区“所得税法”之明确授权，增加纳税义务人所无之租税义务。本号“解释”所涉问题，核其性质，因公司不能为无偿之行为，所以就其无偿之外部行为，实属通谋虚伪之意思表示，至于其中之隐藏行为是什么，视当事人间之实质关系而定。其为劳资关系者，为隐藏之薪资；其为公司与股东之关系者，为隐藏之盈余分配；其为货物或劳务之交易关系者，可能为隐藏之回扣。如探求其真正之隐藏行为，以认定税捐客体之发生的原因行为，则只是核实课征，无关税收法定原则之违反的问题。然如要以其表见行为为基础，即以该通谋虚伪意思表示为真，设算贷与公司当有之利息收入，则涉及课税事实之拟制，需有依据。

归属于遗产,课征遗产税;继承事故发生后之利息,归属于继承人,对继承人课征所得税时,该行政规则属于依利息(法定孳息)之归属规定(中国台湾地区“民法”第70条第2项规定:“有收取法定孳息权利之人,按其权利存续期间内之日数,取得其孳息。”)在适用上的解释或重申,属于解释性之“行政规则”。其颁布虽与“法律保留事项”有关,但无涉于法律补充。因此,不违反税收法定原则。

关于境内免税区之设置所衍生之准进口或出口的解释问题。核其性质为免税区之设置自然衍生之法律性质上之拟制。在其拟制效力所及,从货物或劳务,自课税区向免税区移动,自构成准出口;自免税区向课税区移动,自构成准进口。应分别适用关于进出口有关的规定,课征税捐。因此,关于认定其为准进口或出口的行政规则,不是“有关课税之技术性及细节性事项”的规定,而是有关“法律保留事项”之解释性的行政规则。所以台湾地区司法管理机构释字第519号解释理由书在论据上尚有商榷余地,即……居民有纳税之义务。故任何税捐之课征,均应有有关规定依据。唯有关规定不能巨细靡遗,有关课税之技术性及细节性事项,于符合有关规定意旨之限度内,尚非不得以行政命令为必要之释示。……台湾地区财政事务主管部门1987年8月31日台财税字第7623300号函示所称:免税出口区内之外销事业、科学工业园区内之园区事业、海关管理之保税工厂或保税仓库,销售货物至境内课税区,其依有关规定无须报关者,应由销售货物之营业人开立统一发票,并依台湾地区“营业税法”第35条之规定报缴营业税。系主管机关基于职权,为执行台湾地区“营业税法”关于营业税之课征,避免保税区事业销售无须报关之非保税货物至境内课税区时逃漏税捐而为之技术性补充规定,符合前述台湾地区“营业税法”之意旨,尚未违背租税法定主义,与台湾地区“营业税法”第2条、第5条第2款、第41条第1项前段规定均无牴触。

解释性行政规则:法律解释应在条文文义之范围内为之,超出文义范围已非法律解释,而是法律补充。关于解释性行政规则之合法性的说明,司法实务倾向于,将所解释之事项归类为不属于“法律保留事项”,为其论据。这是不正确的。正确的论据应是,其解释只是在文义范围内,阐释明文规定之具体的规范内容。① 因此,纵使所解释之内容涉及

① Hey, in Ti*pke/Lang*, aaO. (FN. 1), § 3 Rz. 237. 中国台湾地区司法管理机构释字第597号解释理由书谓,……居民有纳税之义务,租税主体、租税客体、税基、税率等租税构成要件,均应依有关规定明定之。各该有关规定之内容且应符合量能课税及公平原则。唯有关规定不能巨细靡遗,有关课税之技术性及细节性事项,尚非不得以“行政命令”为必要之释示。故主管机关于适用职权范围内之条文发生疑义者,本于职权就相关规定为阐释,如其解释符合各该有关规定之订立目的、租税之经济意义及实质课税之公平原则,即与租税法律主义尚无违背。其中所谓(关于被继承人死亡日后所孳生之利息,系属继承人本人之所得等语)实际上在重申中国台湾地区“民法”第70条第2项之规定“有收取法定孳息权利之人,按其权利存续期间内之日数,取得其孳息”是相关规定文义范围内之解释。然法定孳息中有依其性质不能“按其权利存续期间内之日数”归属的情形,如股利。这种情形其归属必须借助于分配基准日之规定(中国台湾地区“公司法”第165条第2项)。基准日在继承事故之后者,因为构成遗产之股票可预期之股利已反映至继承事故发生时之股价,所以与股利有关股份价值的部分,其遗产税与股利所得税,便可能因税基重叠,而构成重复课征。

"法律保留事项",其适用亦不违反税收法定原则。

关于脱"法"行为,应按其实际存在之有关事实,适用该当之有关规定,定其效力,是否需要明文规定?例如,台湾地区财政事务主管部门 1993 年 10 月 7 日台财税第 821498791 号函略谓:"取得免征土地增值税之农业用地,如经查明系第三者利用农民名义购买,应按该宗土地原免征之土地增值税额补税。"① 这有如通谋虚伪意思表示之规定,应探求其真意,解释按其隐藏之意思表示,认定其关系。纵使无直接之"税法"规定,亦当依台湾地区"民法"第 87 条第 2 项关于"虚伪意思表示,隐藏他项行为者,适用关于该项行为之规定"的意旨,认定其相关之课税事实。脱"法"行为,亦然。

关于证据,可能认为,其非属实体事项之规范,有是否属于"法律保留事项"之疑问。鉴于在税捐法上,关于"法律保留事项"之正当法源基础的要求,在于确保纳税义务人之税捐债务之核定的正确性。所以,应认为不仅其构成要件事实之规定,而且与构成要件事实之有无的证明有关事项,如证据方法之证据能力、举证责任之分配,及其证据方法之提出时限的规定,皆应归属于"法律保留事项",以确保"法律保留事项"之正当法源要求予以落实。

关于证据之证据能力及举证责任之分配的规定,是否为"法律保留事项"。司法实务采否定之见解,值得检讨。如以抵押权为担保之债权,载明约定利息者,行政规则得否规定,该管税捐稽征机关,得依地政机关抵押权设定及涂销等登记资料,认定该抵押权所担保之债权的债权人有利息收入?② 因以抵押权为担保之债权,其载明约定利息者,仅能证明利息债权之存在,而不能证明该利息债权之实现。③ 而在所得税之课征,关于所得之有

---

① 中国台湾地区司法管理机构释字第 635 号解释理由书谓,……居民有纳税之义务,系指当局课居民以缴纳税捐之义务或给予居民减免税捐之优惠时,应就租税主体、租税客体、税基、税率等租税构成要件,以有关规定定之,唯有关规定之规定不能巨细靡遗,有关课税之技术性及细节性事项,尚非不得以行政命令为必要之释示。故主管机关于职权范围内适用之条文发生疑义者,本于职权就相关规定予以阐释。

② 中国台湾地区司法管理机构释字第 217 号规定,居民有纳税之义务,系指居民仅依有关规定所定之纳税主体、税目、税率、纳税方法及纳税期间等项而负纳税之义务。至于课税原因事实之有无及有关证据之证明力如何,乃属事实认定问题,不属于租税法律主义之范围。台湾地区财政事务主管部门(1983 年)台财税字第 31229 号函示所属财税机关,对设定抵押权为担保之债权,并载明约定利息者,得依有关机关抵押权设定及涂销登记资料,核计债权人之利息所得,课征所得税,当事人如主张其未收取利息者,应就其事实负举证责任等语,系对于稽征机关本身就课税原因事实之认定方法所为之指示,既非不许当事人提出反证,法院于审判案件时,仍应斟酌全辩论意旨及调查证据之结果,判断事实之真伪,并不受其拘束,尚难谓已侵害居民权利。

③ 构成证据方法之事实与待证事实间之因果上的逻辑关联,有远近及是否被中断的问题。当其太远,则可能实际上不具有相当性,从而在不明了时,应为无相当因果关系的论断。当其受较强之原因力中断时,原来可能引起系争结果之原因,便丧失其原因力,成为实际上无因果关系之原因。一个债权固然通常会因履行而实现,但是否真有人为履行,却是其最后是否实现之决定因素。因此,债权之存在,充其量只能推定,在清偿期届至时,债权人可能实现其债权。但不能肯定其确有实现其债权。而无论事实之推定或拟制,皆须有有关规定为其依据。否则,静者恒静,除非另有不同之规定,主张事实状态有变动者,应负举证责任。

无的认定,采实现原则。①

系争纳税义务人关于所得之计算,采权责发生制的情形,其利息债权之未实现,应通过呆账之处理有关的规定为之。这时关于利息债权之未实现,利息债权人应负举证责任。反之,在采现金收付制的情形,就其实现,该稽征机关负举证责任。至其举证之困难,应通过协力义务的规定,课利息债权人提出利息债务人尚未清偿利息债务的证据方法予以解决。例如,自利息债务人取得承认利息债务尚未履行之文据,或利息债务人经声请强制执行或破产宣告者,取得执行法院或破产管理人出具其利息债权未获清偿之债权凭证等。

关于费用之证据方法及数额之限制。中国台湾地区司法主管机构释字第438号解释理由书谓:……居民有纳税之义务。涉及租税事项之有关规定,应本于租税法律主义之精神,依各该有关规定之订立目的,衡酌经济上之意义及实质课税之公平原则解释之……台湾地区"营利事业所得税查核准则"第92条第5款第5目乃对于佣金之认定与举证方式等技术性、细节性事项加以规定,为简化稽征作业、避免境外佣金泛滥列报所必要,并未逾越台湾地区"所得税法"等相关之规定,亦未加重居民税负。对于在台湾地区以新台币支付境外佣金,与同"准则"第92条其他规定之境外佣金,仅就认定标准为斟酌事实情况之差异所为之不同规定,对于超过标准部分,仍许营利事业提出其他证明文件予以认定。佣金之认定与举证方式等事项,直接关系税基之计算,显然属于"法律保留事项",而非技术性、细节性事项。在实务中纵有防止泛滥列报之必要,如要加以限制,亦应以有关规定或命令定之。这涉及目的不当然能正当化其手段之事务法则,不得将目的无限上纲,不择手段。终究行政权力的行使,还是应符合比例原则,选择有用、低费、均衡之方法(中国台湾地区"行政程序法"第7条)。

关于证据方法之提出,如有时限的限制,除适用于核定应纳税额外,是否亦适用于漏税额之认定基础(中国台湾地区司法主管机构释字第700号解释)?关于应纳税额的核定部分或可基于稽征纪律的观点,规定相关证据方法的提出如有逾期,在当期即不再计入,但关于漏税额之处罚,则应以核实计算之结果为基础,纵有明文规定,其规定亦当因违反核实课征原则而无效。

① *Hey* in *Tipke/Lang*, Steuerrecht, 23. Aufl., Otto Schmidt, 2018, §8 Rz. 52; *Hennrichs*, in *Tipke/Lang*, Steuerrecht, 23. Aufl., Otto Schmidt, 2018, §9 Rz. 79, 400ff.

以受益所有人要件防止租税协定滥用立法趋势变化初探

段士良*

得否适用租税协定取得租税优惠，长期以来在跨境交易中，一直是一项重要的考量因素。近年来，国际反避税风潮，也体现在协定滥用的限制上，诸如强化受益所得人要件、在协定中增加一般或特殊反避税条款限制等。虽然受益所有人相关限制的要件较具体化，但可以预见的是，各地取得租税协定优惠税率未来将受到更严格的限制。此外，协定中新增的一般或特殊反避税规则会如何运用，仍待未来更多案例与解释说明。

一、前言

近年来，国际反避税风潮云涌，税收协定优惠待遇所面临的要求，也随之有所修改。例如，OECD 与 EU 租税协定模板，纳入 OECD 税基侵蚀与利润移转（Base Erosion and Profit Shifting，BEPS）行动计划 6——协定滥用、行动计划 15——各国及地区发展多边工具（Multilateral Instrument，MLI）签署多边公约以修改双边租税协定等新的观念与精神。这些新的国际趋势对于长期以来跨境支付所涉及的协定适用议题产生什么影响，本文将作初步分析。

二、国际反避税趋势

2017 年 OECD 和 UN 个别更新所得与资本的租税协定模板（Model Tax Conventions），这些模板是目前国际上两国或地区协商制订避免双重课税租税协定的主要参考基础模板。这些协定约定：两国或地区放弃多少内国法或地区内规定赋予的课税权以避免双重课税、防止税基侵蚀和避税以及鼓励投资。而这些模板中的注释（commentaries）也常作为协定的补充解释。

两个 2017 年模板中的规定大致都反映了 2015 年 10 月税基侵蚀与利润移转行动计划和后续讨论内容。这些更新反映当前各成员间观点的最大公约数。这些 BEPS 相关事项特别关注混合错配（行动计划 2）、协定滥用（行动计划 6）、常设机构（Permanent

* 资诚联合会计师事务所税务法律服务会计师。

Establishment，PE）门槛（行动计划 7）和纷争解决机制（行动计划 14）。自 2014 年（OECD）和 2011 年（UN）的模板以来所协商之非 BEPS 相关修正也包含在内。

其中，为防止对租税协定之滥用（行动计划 6），相关修订内容主要包括三个部分：修正协定目的、明确化协定中原有的受益所有人要件，以及协定另增加的其他反避税规则模式（如主要目的测试条款、利益限缩条款等），以下分别说明。

（一）修正协定目的

主要协定目的是回应 BEPS 行动计划 6，目的在于解决所谓的纳税人选购租税协定（treaty shopping）和其他协定滥用（treaty abuse）策略去破坏租税主权的情况。也就是说，租税协定利益的不当赋予会剥夺他国或地区的课税权。租税协定的“序言”（preamble）澄清了双重不课税不是租税协定的本意（此外，滥用租税协定目的也包括减轻第三方居民的间接利益）。租税协定模板建议协定目的也包括双边协议国家或地区发展经济关系或强化税务合作。

（二）协定中的受益所有人要件

在协定模板于 2017 年更新前，受益所有人就是协定模板中原本设定用来避免协定滥用的要件，用以避免滥用租税协定取得股利、利息与权利金优惠待遇。即取得股利、利息与权利金所得者，虽然具有一方税务居民身份，并符合特定条件（如持股比例），且主张对来源国或来源地所扣缴的税率可适用两国或地区签署租税协定下所赋予的优惠税率（如中国香港特别行政区公司主张从中国内地子公司取得的股利可以扣缴 5% 而非企业所得税法下的 10%），但是协定中亦明订：其还必须是该项所得的受益所得人（beneficial owner），否则无法主张适用协定优惠税率。

如何认定是否构成受益所得人，得参照 OECD 租税协定模板第 10 条、第 11 条和第 12 条的相关注释内容，以股利所得为例，第 10 条第 12 点第一节到第七节作出相关规定，其中第四节、第五节、第六节 3 个小节为新增。这些项目是判断是否构成受益所有人，从而得享受优惠税率的基准。以下分别说明。

1. 不能作字面解读

“受益所有人”应该从 OECD 解释文的文章段落中被解释，而不是被技术性的特定国家的国内法所定义。“受益所有人”不应该从狭隘的字面意义去解释，而应该被理解为与“paid to a resident”（支付给他方税务居民）相关，并根据租税协定模板的目标和宗旨作出判断。

2. 不符合资格状况——代理人、代名人

如果收入项目是付给代理人或名义上所有人的缔约国居民，会与租税协定中来源国给予他方税务居民的直接收入租税优惠的目的不一致。在这种情况下，直接收入的取得者虽然具有居民身份，但是不被视为税法上收入的实质拥有者，所以不会造成潜在的“双重课税”（double taxation）的状况，无须适用协定来避免双重征税。

3. 不符合资格状况——财务导管实体

直接收入取得者仅是真正取得利益者的“导管”时，前者不能取得协定租税优惠。“导管公司”一般而言无法被认定为受益所有人，因为其虽然是名义上的所得所有人，但实际操作中却仅有很有限的权利加以运用，仅仅是为利益相关主体承担监督者或管理者的角色。

4. 穿透测试

当中间人（如代理人或者代名人）位于第三方国家（地区）或者签约国（地），假设受益所有人是签约国（地）的税务居民，则还是可以该所得的真正受益所有人的身份适用租税优惠。

5. 支付义务（新增）

当直接取得所得人使用和享受所得的权利，基于合约或者法律义务约束必须给予另外一个人时，可以判定所得人并不具有受益所有人身份。该义务正常可从相关的法律文件中找到，但是也可能基于事实或者从情状中判断出来；即使没有合约或者法律义务限制，取得所得人显然没有权利使用和享受不受合同或法律义务约束的股息。这种类型的义务不会包含集合投资工具以及养老基金典型的分配利润的义务（依据租税协定模板注释第1条第10点到第48点所揭示的原则）。

6. 受益所有人要件还要搭配其他一般反避税规则一并适用（新增）

即便股利的收取者，满足了上述所有条件，因此被认定为该所得的受益所有人，也不代表所得来源国（地）必须自动授予租税协定优惠。受益所有人要件还要搭配其他一般反避税规则一并适用，即租税协定模板第29条的规定和第1条注释中“公约的不当使用”一节中提出的原则也应被应用于防止协定滥用。受益所有人的概念涉及某种形式的租税规避，但它没有处理其他类型的滥用案件的内容，如特定的租税协定滥用，因此需要与其他一般反避税规则一并适用。

7. 不同于共同申报准则（Common Reporting Standard for Automatic Exchange of Financial Account Information in Tax Matters）中的受益所有人概念，二者须加以区分。（新增）

（三）协定所增加的其他反避税规则模式

OECD 及 UN 租税协定模板中新增的第29条——享受租税优惠的权利，都依照 BEPS 行动计划6的建议纳入（1）主要目的测试条款（Principle Purpose Test, PPT），及（2）利益限缩条款（Limitation-on-Benefits Provisions, LOB）。这些条款可以依照租税协定模板所规定的原则或依据 BEPS 行动计划6最低标准（minimum standard），分别使用或加以并用，以达避免租税协定滥用的目的。此外，依据 BEPS 行动计划15——各国或地区发展多边工具（Multilateral Instrument, MLI）签署多边公约以修改双边租税协定，此项多边工具中亦纳入主要目的测试法、利益限缩条款,并经各国或地区陆续签署后执行。[①]

1. 主要目的测试条款(PPT)

OECD租税协定模板第29条第9项规定了主要目的测试条款(也被称为一般反滥用规则):在考量任何安排或交易的所有相关事实和状况后,假设他们的主要目的仍被认为是取得直接或间接的租税优惠,则不应该依照模板给予相关所得或资本利得上的租税优惠。除非给予的租税优惠确定符合这个模板相关规定的目标及宗旨。

协定模板第29条注释中提出以下几个要点:[②]

(1)"租税优惠"一词包括根据税务协定获得的任何优惠,例如,双重税负减免、避免不公平及所得来源国的限制(如减税、免税、递延税负、退税或税收饶让)。

(2)安排交易的间接结果将被多方检视,如果交易的安排与核心商业活动密不可分,并且取得租税优惠不是主要的考量,则这个交易的主要目的不太可能会被视为为了取得租税优惠。

(3)交易安排可能包括取得租税优惠的所得或收益、拥有该所得或收益的人/相关资产等。

(4)必须客观考虑针对交易不同解释的可能性,仅从审查租税优惠的效果很难判定交易安排的背景与结论(但如一项安排唯一合理的解释仅为使用租税协定的租税优惠,则可能被视为主要目的之一是取得租税优惠)。

根据该条注释第182点G小项的例子,一个控股公司采用集团管理控制模式,作为集团内部区域服务公司,得以满足主要目的测试条款的需求。

2. 利益限缩条款(LOB)

利益限缩条款大致上包含以下几种类型,在满足其中一种条件的情况下可以满足利益限缩条款要求:

(1)符合资格的人:缔约国的个人居民/公开交易公司等。

(2)积极商业活动:在居住国积极参与商业活动,且所得与该商业活动有关。

(3)衍生优惠:被符合资格人所持有,如7个或更少的同等受益人拥有95%的所有权并满足税基侵蚀测试者,即便直接取得所得者并非符合资格的人,也得取得协定衍生优惠利益。

(4)总部公司。

(5)自主决定权的优惠:主管机关可给予租税优惠或就特定项目的所得或资本给予优惠。

针对上述第二点积极商业活动,协定模板第29条注释第73点指出:此处不包含纯

---

① OECD协定模板注释第29条第187点亦规定了另一种反导管机制,与上述LOB并用。

② OECD and UN updated income and capital Model Tax Conventions provide guidance on BEPS and other issues, PwC Tax Policy Bulletin, 6 August 2018.

控股或者控股公司兼做其他行政支援管理活动,然而该条接着也说明了个别国家或地区可以调整或不采用本限制规定。因此,似可推断出,纯控股公司仍有机会满足这里的利益限缩条款限制,从而享受协定优惠。

三、中国出台相关文件纳入国际趋势

国家税务总局自2009年以来陆续出台了国税函2009年601号(以下简称601号文)、国家税务总局公告2012年第30号(以下简称30号公告)等文件,规定了受益所有人的7个判定因素,并针对特定股权架构下的股息协定待遇提供了安全港制度。

国家税务总局在2018年2月3日出台了国家税务总局公告2018年第9号(以下简称9号公告),废止了601号文和30号公告,大幅更新了税务机关对于受益所有人的判定规则,同时也参照国际租税的立法趋势,采用主要目的测试条款(PPT)。根据2019年10月30日针对国家税务总局关于发布《非居民纳税人享受协定待遇管理办法》的公告(35号公告),国家税务总局作出解读,享受股息、利息、特许权使用费条款协定待遇的,未来将改为以"自行判断、申报享受、相关资料留存备查"的方式办理。纳税人应留存证明"受益所有人"身份的相关资料,而此处证明"受益所有人"身份的相关资料就是指9号公告第7条、第8条规定的资料。

1. 具体化受益所有人适用要件

与之前的601号文和30号公告相比,9号公告对执行税收协定股息条款的解释作出了两项重大改进:一是扩大了股息条款适用安全港规定的范围;二是对存在境外多层控股的架构,在符合一定条件的情况下,可以适用"相同国家/相同协定待遇规则"。这些都增加了非居民纳税人享受股息的协定优惠待遇的机会。但是,与此同时,9号公告收紧了601号文中的第(一)项、第(二)项不利因素的判定标准,这可能会给部分非居民纳税人带来一定的挑战,造成"受益所有人"身份被否定,享受不到协定优惠待遇。

更新后的五大判定标准,值得注意的有以下三大要点。

(1)支付义务

依照9号公告第2条第一子项目,申请人有义务在收到所得的12个月内将所得的50%以上支付给第三国(地区)居民,"有义务"包括约定义务和虽未约定义务但已形成支付事实的情形。

支付事实的涵盖范围可能很广,例如,即使申请人分配时未发生现金流,一些集团内部抵销交易的安排,或者申请人将收到的所得用于向集团公司提供货款这种正常的商业行为,也可能被认为形成了支付的事实,而对申请人的受益所有人身份认定不利。①

(2)实质性经营活动

依照9号公告第2条第二子项目,申请人从事的经营活动不构成实质性经营活动。实质性经营活动包括具有实质性的制造、经销、管理等活动。申请人从事的经营活动是

---

① 受益所有人的标准更清晰,普华永道税务新知2018年2月第6期。

否具有实质性,应根据其实际履行的功能及承担的风险进行判定。

申请人从事的具有实质性的投资控股管理活动,可以构成实质性经营活动;申请人从事不构成实质性经营活动的投资控股管理活动,同时从事其他经营活动的,如果其他经营活动不够显著,不构成实质性经营活动。

国家税务总局发布的解读对此有更进一步的说明。① 为便于理解相关规定,国家税务总局发布解读举例说明,所举案例的前提为:按照中国与A国、B国的税收协定,A国居民可享受的股息优惠税率为10%,B国居民可享受的股息优惠税率为5%。

①需有实质性经营活动。分析申请人是否从事实质性经营活动时,通常还应当关注:申请人是否拥有与其履行的职能相匹配的资产和人员配置;对于所得或所得据以产生的财产或权利,申请人是否承担相应风险;等等。

②控股管理是否构成实质性活动。投资控股管理活动作为管理活动的一种,可以构成实质性经营活动,但需要符合一定条件,即实际履行的职能及承担的风险足以证实其活动具有实质性。一般而言,申请人需要从事投资前期研究、评估分析、投资决策、投资实施以及投资后续管理等活动。

以下为国家税务总局发布的解读中所举的例子:

①不具有实质性:A国公司通过设立在B国的子公司投资中国,B国公司拟就其从中国取得的股息所得享受税收协定待遇。B国公司声称其从事投资控股管理活动并有5名雇员,但经核实:

A. B国公司并未开展行业研究、市场分析等,未履行投资控股管理等职能。

B. 其声称的5名雇员实际与A国公司签订合同并履行A国公司的职能。

C. 其收到的股息暂无投资计划,在账户中闲置。

D. 中国公司的外方董事不是由其直接股东B国公司派出而是由A国公司直接派出;中国公司的章程称该公司的招聘、培训、融资、财务等责任由B国公司承担,但B国公司并无承担上述责任的人员,经核实上述责任实际为A国公司在北京的办事处承担。

E. B国公司对中国公司和从中国公司取得的股息不承担相应风险。

该案例中,B国公司虽声称从事投资控股管理活动,但实际履行的职能及承担的风险有限,不足以证实其活动具有实质性。

②具有一定实质性:A国公司在B国设立公司作为亚洲区域总部,B国公司除投资中国外,还投资另外50家亚洲公司。虽然市场调研、行业研究等部分职能由设在中国的投资公司承担,但评估分析、投资决策以及亚洲区域内各公司之间的资金统筹调配等职能由B国公司承担,应认为B国公司承担的区域总部功能具有一定的实质性。

③其他经营活动是否构成实质性经营活动

不构成实质性经营活动:A国公司由B国公司控股中国各子公司并取得股息,B国

① 国家税务总局《关于税收协定中“受益所有人”有关问题的公告》的解读。

公司从事的投资控股管理活动不构成实质性经营活动。

集团内其他公司提供采购服务并收取服务费,或者从集团外其他公司采购然后销售给集团内公司并赚取进销差价。但是,申请人从事的其他经营活动不够显著,不构成实质性经营活动,原因在于:

A. 相关采购活动之前由 A 国公司设立在中国某省的子公司从事,2010 年集团将相关采购活动调整为由 B 国公司从事,B 国公司无法证明作此调整的商业必要性;

B. B 国公司从事的采购等其他经营活动取得的所得占其全部所得(含从中国取得的全部所得)的比例仅为 8%。

(3)"相同国家/相同协定待遇规则"扩大适用

依照 9 号公告第 3 条的规定,申请人从中国取得的所得为股息时,申请人虽不符合"受益所有人"条件,但直接或间接持有申请人 100% 股份的人符合"受益所有人"条件,并且属于以下两种情形之一的,应认为申请人具有"受益所有人"身份:

①上述符合"受益所有人"条件的人为申请人所属居民国(地区)居民;

②上述符合"受益所有人"条件的人虽不为申请人所属居民国(地区)居民,但该人和间接持有股份情形下的中间层均为符合条件的人。

针对上述相同国家规则,图 1 为国家税务总局发布解读中所举的例子。

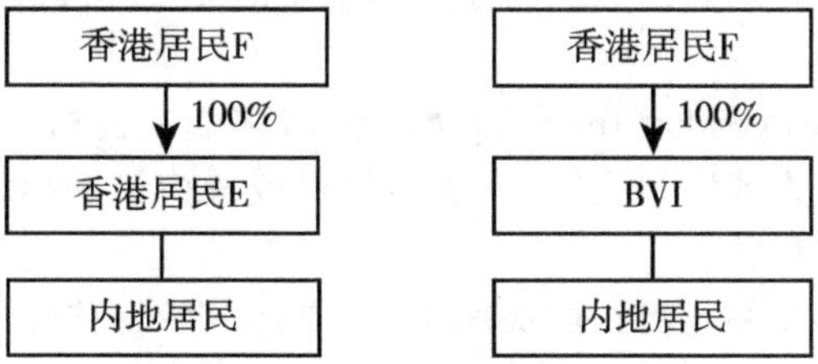

图 1 受益所有人

香港居民 F 和香港居民 E 是同一个地方的税收居民,虽然香港居民 E 不符合受益所有人条件,但如果香港居民 F 符合受益所有人条件,则香港居民 E 可被视同为股息的受益所有人(即使在他们之间具有 100% 控股关系的中间层控股公司是其他国家/地区的税务居民)。

2. 参照国际租税立法趋势,采用主要目的测试条款(PPT)

9 号公告第 10 条明确规定,申请人虽具有"受益所有人"身份,但主管税务机关发现需要适用税收协定主要目的测试条款或国内税收法律规定的一般反避税规则的,适用一般反避税相关规定。

此外,参照 OECD 的 BEPS 项目行动计划 6 的要求,中国采用最低标准,即"主要目的测试"条款。因此,9 号公告不再使用 601 号文及 30 号公告中的"导管公司""避税目的"等字眼,这为税法机关适用主要目的测试方法否决协定待遇提供了路径。

四、中国台湾地区具体化要件并简化程序

1. 修改受益所有人要件上，中国台湾地区财政事务主管部门于 2019 年发布“台财际字第 10800577770 号令”，核释有关所得税协定受益所有人之相关规定。在函令中，修改了受益所有人要件，也纳入反避税规定。

（1）简化申请程序

根据新规定，简化纳税者协力义务，基金或信托等集合型投资工具取得股利或利息之外国机构投资人（foreign institutional investor），可用“自我声明”为受益所得人的方法，直接适用协定优惠。

以往税务稽征机关实务上已于相关申请书/表中载明，在一般情况下，得由所得人自我声明为受益所有人，从而得以适用租税协定优惠，此函释扩大此一做法扩大至境外机构投资人，但有限制：一是以自有资金投资；二是以基金形态或信托方式投资境内有价证券取得股利及利息，且该等基金或信托为他方缔约方居住者，始有适用。

（2）明确化税捐机关的查核标准

首先，明确税捐机关的查核标准，明确列出排除构成受益所得人的情况。依照有关规定税捐机关认定有下列情形的，不属于所得之受益所有人，包括：

①代理人（agent），为代理之本人取得案关所得之人。

②代名人（nominee），以自己名义为他人利益取得案关所得，且就该所得无运用决定权之人。

③财务“导管”实体（conduit financing entity，俗称纸上公司），对案关所得不具运用决定权或无权享有之法人或法律安排，其系为规避或减少该所得税负、延缓该所得税款缴纳或退还该所得有关税款。

④其他依案关所得相关之契约或法律义务，应将该所得移转予他人，限缩其对该所得运用决定权或享有该所得权利之人。

其次，修改部分参照国际租税立法趋势，与 OECD 的 BEPS 行动计划 6 接轨。由于 OECD 租税协定模板注释中明文规定子受益所有人的范围，并且肯定符合规范之集合投资工具及退休基金为受益人所有人适用协定，中国台湾地区财政事务主管部门亦在此次制定有关规定中补足相关规定。①

2. 说明立场将在协定中采纳的反避税规定。

依照中国台湾地区财政事务主管部门新闻稿，经其自我检视 32 个签署生效租税协定（议），多数符合 BEPS 最低标准。此外，为表达台湾地区支持 BEPS 租税协定相关措施的立场，公开说明与行动计划 6 相关的多边公约的初步立场如下。

① 发布“‘核释所得税协定受益所有人适用’解释令”，中国台湾地区财政事务主管部门新闻稿，载 https://www.mof.gov.tw/Detail/Index? nodeid = 137&pid = 84849。

(1)行动计划6(防止租税协定滥用)最低标准——前言(preamble)

依多边公约MLI第6条(协定目的)第2项规定,以同条第1项所订下列"前言"文字"取代现有"(in place of)或"新增于未订有"(in the absence of)相关规定之台湾地区租税协定:咸欲于不为逃税或避税行为提供双重不课税或减免税机会下(包括第三地居住者借由协定竞购安排间接获取本协定利益),缔结避免所得税及资本税消除双重课税协定。

(2)行动计划6最低标准——主要目的测试(principal purpose test)

依多边公约MLI第7条(防止协定滥用)第2项规定,以同条第1项所订下列"主要目的测试"条款"取代现有"或"新增于未订有"相关规定之台湾地区租税协定:"倘考虑所有事实及情况后,可以合理认为安排或交易之主要目的系为直接或间接取得协定利益,则其相关之所得或资本不适用本协定利益,不受其他规定之限制。但能证明在此情况下给予利益符合本协定相关条款之宗旨及目的者,不在此限。"

五、结语

国际反避税趋势带动了税制更新。例如,租税协定模板引进积极营运活动原则,作为防止协定滥用机制的一环,相应地,国家税务总局9号公告也明确化这部分的要件;此外,9号公告中将支付义务增加一种事实上支付的模式,此一限制亦在OECD租税协定模板注释新版中提及。租税协定模板与多边公约MLI中新增几种一般或特殊反避税条款,同样地,国家税务总局也强调要取得协定优惠也必须符合主要目的测试,仅具有受益所有人资格并不足以适用租税协定享受较低的股息、利息与权利金扣缴税率。中国台湾地区除强调受益所有人定义的明确化外,也参照国际协定模板规定肯定符合规范之集合投资工具及退休基金为受益人所有人适用协定,不会认为具有支付义务在表面上就推断不具有受益所有人身份。

值得注意的是,对于一个中间控股公司所取得的股利所得是否可以享受协定股利优惠税率,长期以来存在不确定性。本次中国与国际租税协定模板,对此都有比较正面的肯认与更进一步的说明,值得赞许,但具体适用上似乎控股公司需要承担更多的职能者方有机会适用。例如,从国家税务总局所发布的例子来看,此一控股公司还需要履行类似区域集团总部管理服务的职能,方能满足积极营运活动要求;此外,根据OECD租税协定模板第29条注释第182点G小项的例子,一个控股公司采用集团管理控制模式,作为集团内部的区域服务公司,得以满足主要目的测试条款的需求。

总体来说,虽然受益所有人相关限制的要件较具体化,但可以预见的是,各地取得租税协定优惠税率未来将受到更严格限制;此外,新增的一般或特殊反避税规则如PPT与LOB将如何运用,仍待未来更多的案例与解释说明。